高等职业教育法律类系列教材

民法学

（第二版）

主　编　许建苏

副主编　王　彦　刘志秀

C I V I L　　L A W

WUHAN UNIVERSITY PRESS
武汉大学出版社

图书在版编目(CIP)数据

民法学 / 许建苏主编. --2 版. -- 武汉：武汉大学出版社，2025.2.
高等职业教育法律类系列教材. -- ISBN 978-7-307-24879-3

Ⅰ. D920.4

中国国家版本馆 CIP 数据核字第 20246EC076 号

责任编辑:喻　叶　　　责任校对:汪欣怡　　　版式设计:马　佳

出版发行:**武汉大学出版社** 　（430072　武昌　珞珈山）

（电子邮箱：cbs22@whu.edu.cn　网址：www.wdp.com.cn）

印刷:湖北金海印务有限公司

开本:787×1092　1/16　印张:31.75　字数:709 千字　插页:1

版次:2021 年 3 月第 1 版　　2025 年 2 月第 2 版

2025 年 2 月第 2 版第 1 次印刷

ISBN 978-7-307-24879-3　　定价:88.00 元

缩 略 语 表

主要法律法规	缩略语
《中华人民共和国民法典》	《民法典》
《中华人民共和国农村土地承包法》	《农村土地承包法》
《中华人民共和国土地管理法》	《土地管理法》
《中华人民共和国城市房地产管理法》	《城市房地产管理法》
《中华人民共和国合伙企业法》	《合伙企业法》
《中华人民共和国环境保护法》	《环境保护法》
《中华人民共和国公司法》	《公司法》
《中华人民共和国个人独资企业法》	《个人独资企业法》
《中华人民共和国道路交通安全法》	《道路交通安全法》
《中华人民共和国产品质量法》	《产品质量法》
《中华人民共和国食品安全法》	《食品安全法》
《中华人民共和国商业银行法》	《商业银行法》
《中华人民共和国证券法》	《证券法》
《中华人民共和国保险法》	《保险法》
《中华人民共和国未成年人保护法》	《未成年人保护法》
《中华人民共和国消费者权益保护法》	《消费者权益保护法》
《中华人民共和国国家赔偿法》	《国家赔偿法》

主要司法解释	缩略语
《最高人民法院关于适用〈中华人民共和国民法典〉时间效力的若干规定》	《民法典时间效力规定》
《最高人民法院关于适用〈中华人民共和国民法典〉总则编若干问题的解释》	《民法典总则编解释》

《最高人民法院关于审理民事案件适用诉讼时效制度若干问题的规定》　《诉讼时效规定》

《最高人民法院关于适用〈中华人民共和国民法典〉物权编的解释（一）》　《民法典物权编解释一》

《最高人民法院关于审理建筑物区分所有权纠纷案件具体应用法律若干问题的解释》　《建筑物区分所有权解释》

《最高人民法院关于适用〈中华人民共和国民法典〉有关担保制度的解释》　《民法典担保制度解释》

《最高人民法院关于适用〈中华人民共和国民法典〉合同编通则若干问题的解释》　《民法典合同编通则解释》

《最高人民法院关于审理买卖合同纠纷案件适用法律若干问题的解释》　《买卖合同解释》

《最高人民法院关于审理商品房买卖合同纠纷案件适用法律问题的解释》　《商品房买卖合同解释》

《最高人民法院关于审理融资租赁合同纠纷案件适用法律问题的解释》　《融资租赁合同解释》

《最高人民法院关于审理城镇房屋租赁合同纠纷案件具体应用法律若干问题的解释》　《租赁合同解释》

《最高人民法院关于审理民间借贷案件适用法律若干问题的规定》　《民间借贷规定》

《最高人民法院关于审理技术合同纠纷案件适用法律若干问题的解释》　《技术合同解释》

《最高人民法院关于审理建设工程施工合同纠纷案件适用法律问题的解释（一）》　《建设工程施工合同解释（一）》

《最高人民法院关于适用〈中华人民共和国民法典〉继承编的解释（一）》　《民法典继承编解释一》

《最高人民法院关于审理人身损害赔偿案件适用法律若干问题的意见》　《人身损害赔偿解释》

《最高人民法院关于审理道路交通事故损害赔偿案件适用法律若干问题的解释》　《道路交通事故损害赔偿解释》

《最高人民法院关于确定民事侵权精神损害赔偿责任若干问题的解释》　《精神损害赔偿解释》

《最高人民法院关于审理环境侵权责任纠纷案件适
用法律若干问题的解释》

《环境侵权解释》

《最高人民法院关于审理生态环境侵权纠纷案件适
用惩罚性赔偿的解释》

《生态环境侵权解释》

《最高人民法院关于审理利用信息网络侵害人身权
益民事纠纷案件适用法律若干问题的规定》

《利用信息网络侵害的规
定》

序　言

2020 年 5 月 28 日，十三届全国人大三次会议表决通过了《中华人民共和国民法典》，《民法典》是中华人民共和国第一部以法典命名的法律，是中国特色社会主义法治体系的重要组成部分。正如习近平总书记指出的，《民法典》是一部固根本、稳预期、利长远的基础性法律。《民法典》在我国社会生活中起重要作用，不仅保护自然人的人身权、财产权等基本权利，调整自然人在婚姻、家庭及社会生活中的人身关系、财产关系，还调整各种市场主体在商事活动中的交易关系，为社会主义市场经济保驾护航。为进一步提高高职法律事务专业学生的基本理论素养和专业实践能力，河北政法职业学院应用法律系在原有教材基础上，组织多名法学理论深厚、实践经验丰富的专兼职教师编写了《民法学》教材。《民法学》教材以《民法典》体例为参考，融入平等、诚信、公正、法治等社会主义核心价值观，结合典型案例，合理设计教学项目和任务，用形式灵活的法律语言将民法理论和法律规则说清讲透。同时，由于《民法典》内容博大精深，加之编写人员的时间与能力所限，书中不妥之处在所难免，欢迎广大读者批评指正，以便进一步修订与完善。

本书由许建苏担任主编，王彦、刘志秀担任副主编。编写分工为：

许建苏：项目一、二，项目三任务一、二，项目三十、三十一、三十二。

陈青（北京大成（石家庄）律师事务所律师）：项目三任务三、四。

邵和平：项目四、五、十二、十三。

赵欣：项目六、十四、十五、十六，项目二十二任务二、五、七、八，项目二十三。

张暘：项目七、八。

王彦：项目九，项目十任务一、二。

孟凡靖（河北济民律师事务所律师）：项目十任务三、四。

李雪英（河北济民律师事务所律师）：项目十任务五、六。

王伟英：项目十七、十八、十九、二十、二十一，项目二十二任务一、三、四、六、九。

刘志秀：项目十一、二十四、二十五、二十六、二十七、二十八、二十九。

目　录

模块二　物权法律事务处理

模块六　侵权法律事务处理

模块一　走进民法

项目一 初识民法

◎ **知识目标**

- 了解民法的渊源、特征及适用范围。
- 掌握民法的概念、调整对象和基本原则等知识内容。

◎ **技能目标**

- 会判断一个案件的性质是否属于民事纠纷、是否应该适用民法解决。
- 会运用民法的基本原则处理具体民事案件。

◎ **素质目标**

- 树立守法意识，培养遵守社会公共秩序和善良风俗的习惯。
- 树立权利意识，懂得在权利受到侵犯时如何运用法律武器捍卫自己的权利。在行使自身合法权利时，不得侵犯他人的合法权利。
- 培养规则意识，坚持平等诚信的原则，尊重和理解他人，维护社会的公平正义。

任务一 认识民法的概念和特征

◎ **案例导入：**

【案例1-1】张三和李四是邻居，李四家翻盖房屋打地基时，张三认为李四占了自己的宅基地，遂前去阻挠施工，二人发生打斗，李四拿起施工用的铁钎对张三头部猛烈一击，致张三倒地昏厥，经送医院抢救无效死亡。随后，李四被公安机关依法逮捕。

请思考：本案当中双方的宅基地纠纷、李四故意伤害致人死亡、张三的亲属要求赔偿等事项，哪些由民法调整？

◎ **知识准备：**

这起案件涉及刑事、行政、民事法律关系，要从众多的法律关系中分析哪些由民法调整，首先要知道民法的含义及调整对象。

一、民法的含义

根据《民法典》的规定，民法是调整平等主体的自然人、法人和非法人组织之间的人身关系和财产关系的法律规范的总和。

"民法"有多种含义，应从形式意义与实质意义两个方面加以理解。

（一）形式意义上的民法

形式意义上的民法是指按照一定体例编纂、以"民法典""民法"等命名的法律，如《日本民法典》《法国民法典》《德国民法典》《中华人民共和国民法典》等。

《中华人民共和国民法典》是中华人民共和国第一部以法典命名的法律，2020年5月28日，十三届全国人大三次会议表决通过了《中华人民共和国民法典》。《民法典》共7编1260条，各编依次为总则、物权、合同、人格权、婚姻家庭、继承、侵权责任以及附则，该法典自2021年1月1日起施行。

（二）实质意义上的民法

实质意义上的民法是指所有调整民事关系的法律规范的总称，包括形式意义上的民法及其他法律、法规中有关民事法律的规范。实质意义上的民法不限于民事法律，还包括行政法规、地方性法规、部门规章等大量的规范性文件和司法解释、民事习惯中的民事法律规范，因而，实质意义上的民法也称为广义上的民法。

二、民法的调整对象

依据《民法典》第2条，民法调整平等主体的自然人、法人和非法人组织之间的人身关系和财产关系。《民法典》不仅在总则中规定了民法的调整对象，各分编也规定了各自的调整对象。

民法调整对象的平等性主要表现在：第一，当事人在具体法律关系中的地位是平等的，任何一方都不能凌驾于对方之上。法律地位的平等，决定了双方能平等协商，自由表达自己的意愿。第二，平等地适用规则。任何民事主体参与民事活动都要遵守民事法律规范，都要受到民法的约束，法律面前人人平等。第三，权利保护平等。民法对民事主体合法权益的保护，适用相同的保护规则。对在民事活动中违反法律规定、违反合同约定的当事人，民法规定的法律责任一体适用，为权利人提供平等保护和救济。

（一）民法调整平等主体之间的人身关系

平等主体之间的人身关系是指平等主体之间基于人格利益和身份利益而发生的不具有直接财产内容的人格关系和身份关系。人身关系是"人格关系"和"身份关系"的合称。这两类法律关系在民法上表现为人格权和身份权。

1. 人格关系

人格关系是基于民事主体的人格而形成的关系。这些关系在民法上表现为民事主体的人格权，如生命权、身体权、健康权、姓名权、肖像权、名誉权、隐私权等权利；此外，凡是属于《民法典》第109条规定的自然人的人身自由、人格尊严范畴的人格权益，都属于因人格产生的人身关系。人格在法律上不得抛弃、不得转让并不得被剥夺。

2. 身份关系

所谓身份，是基于民事主体的特定身份形成的相互关系，包括亲属间的身份关系和基于智力创作获得的知识产权中的身份关系，这些关系在民法上表现为身份权，前者表现为夫妻之间、父母子女之间、有抚养关系的祖父母与孙子女或外祖父母与外孙子女之间依法相互享有的身份权，以及因监护关系产生的监护权等；后者指通过智力创作活动取得著作权、专利权、商标权而享有的身份权，以及发现权和发明权中的身份权。

（二）民法调整平等主体之间的财产关系

财产关系，是指人们在产品的生产、分配、交换和消费过程中所形成的具有经济内容的关系。民法调整的财产关系是发生在平等主体之间的，人们基于财产的支配和交易而形成的社会关系。平等主体之间的财产关系可分为两类：归属型与流转型。

1. 财产归属关系

财产归属关系是指财产所有人和其他权利人因对财产占有、使用、收益、处分而发生的社会关系，反映在权利上主要是物权，由《民法典》物权编调整；对于物权的保护，主要由《民法典》侵权责任编提供救济。

2. 财产流转关系

财产流转关系是指因财产的交换而发生的社会关系，指财产因买卖、租赁、借贷、承揽等行为而发生的移转，表现为债的关系，反映在权利上主要是债权。财产归属关系往往是发生财产流转关系的前提条件，财产流转关系通常是实现财产归属关系的方法。

◎ **案例分析：**

案例 1-1 中，张三和李四之间的宅基地纠纷是双方在地位平等的基础上因宅基地使用权发生的纠纷，属民法的调整范围；李四故意伤害他人致死为刑事犯罪，由司法机关依法进行追究；李四将张三打死，张三的亲属要求李四赔偿相关损失，是因张三的生命权被侵害给张三的亲属带来了经济损失和精神痛苦，属于民事纠纷范畴。因此，双方的宅基地纠纷、张三的亲属要求赔偿都属于该案件中的民事问题。

◎ **交互练习：**

下列社会关系中，应由民法调整的是(　　　　)。

A. 某国有企业和其职工形成的劳动合同关系

B. 甲男和乙女之间的恋爱关系

C. 专利局对李某发明的专利予以宣告无效

D. 甲、乙两村对某块土地的所有权归属发生争议

三、民法的特征

民法作为我国法律体系中的一个重要部门，有如下特征：

（一）民法在本质上反映了商品经济活动的客观要求

民法本质上是商品经济的法律形式。商品经济由古代的简单商品经济发展为现代的市场经济，民法也相应地由反映简单商品经济的古典民法发展为反映现代市场经济

的现代民法。民事主体、物权、合同、知识产权等制度界定了市场经济主体，规范了市场交易行为，保障了市场经济主体支配其有形财产和无形财产从事商品生产经营活动。民事责任制度和债的担保制度又是维护市场交易安全的有力保证。

（二）民法是私法

公法和私法的划分最初是由罗马法学家乌尔比安等提出的，起源于古罗马时期。他们将内容体现为政治、公共秩序以及国家利益的法归于公法，将内容体现为私人利益的法归于私法。私法关系的参与主体都是平等主体，国家介入也是作为特殊的民事主体来参与的；而公法关系中必然有一方是公权主体，其参与社会关系也仍然要行使公权力。作为单纯调整市民社会生活关系的法律，民法以私人平等和自治为基本理念，着眼于私人个体的权利保护，其内容具有明确的私法性质。

（三）民法是权利法

民法最基本的职能在于对民事权利的确认和保护。首先，民法的一切制度都是以权利为轴心建立起来的，它规定了权利主体（自然人、法人、非法人组织）、行使权利的方式（民事法律行为和代理）、民事权利的种类（物权、债权、知识产权、人身权）、权利保护的方式（民事责任）、权利保护的时间限制（诉讼时效）等内容。其次，民法以权利为归宿，体现出权利本位的特点。民法的规范多为授权性规范，重在鼓励民事主体积极进行活动并对这种活动进行引导。

◎ **思政点滴：**

《民法典》第1条指出，《民法典》的立法目的之一是要弘扬社会主义核心价值观，社会主义核心价值观塑造了《民法典》的精神灵魂。《民法典》通过规定诚信、公序良俗、平等、合法等原则，规定法律行为、民事责任等制度，发挥民事法律对民事活动的规范和引领作用，对于强化规则意识、引领社会风尚、维护公共秩序具有重要意义。

◎ **延伸阅读：**

民法典的主要制度与创新。

◎ **相关法律：**

《民法典》第1~2条。

◎ **实务操作：**

张丽途经一个十字路口时，被闯红灯逆向行驶的李林驾驶的面包车撞倒。交警认定李林负事故的全部责任。该起事故造成张丽流产且出现抑郁症状。张丽向李林提出赔偿医疗费、就医交通费、营养费、夫妻双方误工费、后续一年治疗费及精神损害抚慰金等共计人民币8万余元。

请分析：本案中李林闯红灯的行为、撞伤张丽的行为、张丽要求李林赔偿的行为哪些由民法调整？

任务二　认识民法的基本原则

◎ **案例导入**：

【**案例 1-2**】交警张某驾驶单位的汽车执勤时发生与王某驾驶的汽车相撞的交通事故。经现场勘察，张某应负主要责任。双方对责任性质并无异议，但就赔偿事宜未达成一致。王某遂向法院起诉，要求交警队赔偿。交警队称，自己就是交通事故的执法处理机关，与原告系管理与被管理的关系，此事应由交警队自己解决，法院不应当受理，遂拒绝出庭。

请思考：交警队的说法有无道理？

◎ **知识准备**：

要判断交警队的说法是否有道理，应明确其与张某之间存在哪些法律关系，在这些法律关系中，他们之间是否具有平等的法律地位，这就涉及民法中的基本原则。

民法的基本原则即观察、处理民法问题的准绳，是民事立法的准则，是民事主体进行民事活动的基本准则，也是法院解释法律补充法律漏洞的基本依据。法官在裁判案件时，有具体规定时应当首先适用具体规定；没有具体规定时，借助基本原则的规定。根据《民法典》的规定，我国民法有如下基本原则。

一、民事权益受法律保护原则

《民法典》第 3 条规定，民事主体的人身权利、财产权利以及其他合法权益受法律保护，任何组织或者个人不得侵犯。本条确立了民事权益受法律保护的原则。

民事权利及其他合法权益受法律保护是民法的基本精神，也是民事立法的出发点和落脚点。民事权益受法律保护原则包括以下内容：（1）民法主要保护人身、财产等权益；（2）民法不仅保护权力，还保护利益；（3）对新型民事权益进行保护，如针对互联网和大数据等技术发展带来的侵害个人信息现象规定了个人信息的保护规则；（4）在民事权益受到侵害时，民法要给予权利人以救济。

二、平等原则

平等原则也称为法律地位平等原则。《民法典》第 4 条规定："民事主体在民事活动中的法律地位一律平等。"平等原则是民事法律关系区分于刑事法律关系、行政法律关系的主要标志。

平等原则主要体现在以下方面：（1）民事主体资格（民事权利能力）平等；（2）民事主体在民事活动中的地位平等；（3）民事主体平等地享有权利，承担义务；（4）民事主体的民事权益平等地受法律保护；（5）民事主体平等地负担义务和承担民事责任。

◎ **思政点滴：**

　　平等体现在民法的各个方面。在物权法上，平等表现为一切主体的法律地位平等；在合同法上，则表现为一方不得把自己的意志强加给另一方，合同法上的平等也构成了双方自愿协商的前提；在婚姻法上，平等表现为男女平等，并对妇女、儿童和老人的合法权益加以特别保护；在继承法上，平等表现为继承权男女平等。

◎ **案例分析：**

　　案例 1-2 中，交警队一方面是处理交通事故的行政执法部门，与王某之间有行政法律关系；另一方面，也是交通事故当事人的隶属单位，与王某之间存在民事侵权法律关系。在民事侵权法律关系中，双方法律地位平等，交警队不能依仗职权凌驾于王某之上，应该参加民事诉讼，由法院解决王某提出的民事赔偿请求。

三、自愿原则

　　自愿原则又称意思自治原则，是指民事主体依法享有在法定范围内进行民事活动的自由，可以根据自己的意思设立、变更、终止民事法律关系。《民法典》第 5 条规定："民事主体从事民事活动，应当遵循自愿原则，按照自己的意思设立、变更、终止民事法律关系。"法律地位平等是自愿原则的前提，自愿原则是法律地位平等的表现。

　　自愿原则主要包含自己行为和自己责任两个方面的内容。体现在：（1）民事主体有权决定是否参加及如何参加某一民事活动。自愿原则的核心是合同自由，合同自由包括以下内容：缔约自由、选择相对人的自由、内容自由、变更或解除合同的自由、选择合同形式以及解决争议方式的自由。（2）民事主体有权决定民事法律关系的变动。（3）民事主体应当承受相应的法律后果。

　　合同自由从来都不是绝对的、无限制的，要受到国家利益和社会公共利益及他人合法权益的限制。合同的强制订立即是对合同自由的限制，例如，在我国的邮政、电信、交通运输、医疗以及电、水、气、热力供应等领域存在的强制承诺义务，在保险、运输等许多领域盛行的格式合同，法律进行了相应的规制，都是对合同自由的限制。

四、公平原则

　　公平原则是指民事主体应当依据社会公认的公平观念实施民事行为，立法者和裁判者在民事立法和司法过程中应维持民事主体之间的利益均衡。《民法典》第 6 条规定："民事主体从事民事活动，应当遵循公平原则，合理确定各方的权利和义务。"

　　公平原则主要体现在以下方面：（1）民法在规范民事主体的权利义务与责任的承担上，兼顾各方利益。《民法典》第 183 条规定："因保护他人民事权益使自己受到损害的，由侵权人承担民事责任，受益人可以给予适当补偿。没有侵权人、侵权人逃逸或者无力承担民事责任，受害人请求补偿的，受益人应当给予适当补偿。"这是对法定补偿义务的规定，是公平原则的典型体现。民法规范还有平衡当事人利益的特别条款。例如，对显失公平的民事行为，当事人有权请求撤销；格式条款有两种以上解释时，应作出不利于提供格式条款一方的解释。（2）民事主体应当本着公平的观念进行民事活动，正当行使民事权利和履行民事义务，兼顾他人利益和社会公共利益。如《民法典》规定，采用格式条款订立合同的，提供格式条款的一方应当遵循公平原则确定当事人之间的权利和义务。（3）法院处理民事案件时，按照法律规定处理就体现了公平原则；在法律无规定或者规定不具体、当事人也无约定的情况下，法官应依公平原则进行裁决。

五、诚实信用原则

《民法典》第7条规定："民事主体从事民事活动，应当遵循诚信原则，秉持诚实，恪守承诺。"这一条确定了诚实信用原则。诚实信用，是指民事主体在从事任何民事活动时，应当秉持诚实、善意，信守自己的承诺。诚实信用原则在现代民法中具有重要地位，被称为民法特别是债法中的最高指导原则或"帝王规则"。

诚信原则在民法中的具体体现为：（1）民事主体从事民事行为时，应当将必要事项告知对方，不作假不欺诈；（2）双方达成合意后，应当重合同、守信用，不擅自毁约；（3）在当事人的约定不明确或订约后客观情形发生重大改变时，应依诚信原则确定当事人之间的权利、义务和责任；（4）民事活动中发生损害，应当及时采取补救措施，避免和减少损失。

诚信原则确立了当事人参与民事活动的行为规则，且具有填补法律漏洞的功能，当裁判机关遇到立法当时未预见的新情况新问题时，可直接依照诚信原则行使自由裁量权。

六、守法和公序良俗原则

《民法典》第8条规定："民事主体从事民事活动，不得违反法律，不得违背公序良俗。"本条是关于民事活动守法与公序良俗原则的规定。这一规定包含了两个方面：一是民事活动合法性原则；二是遵守公序良俗原则。

民事活动合法性包括：（1）民事行为的内容必须合法，不能违反法律、行政法规的强制性规定。（2）民事行为的形式应当合法。

公序良俗是指"公共秩序"和"善良风俗"。公共秩序指由法律、行政法规的强制性规定建构的秩序，包括社会公共秩序和生活秩序。危害公共秩序的行为通常也是违反法律的强制性规定的行为，如订立的买卖毒品合同因内容违法而无效。善良风俗，是指在一定地区得到人们普遍公认，且不违反法律和国家政策，在生活实践中反复适用的一些习惯和通行的做法。如救死扶伤、助人为乐、见义勇为等；公序良俗原则是指民事主体在民事活动中不得违反社会公德，不得损害社会利益和国家利益。

七、绿色原则

绿色原则是指民事主体在从事民事活动时，应当有利于节约资源、保护生态环境。绿色原则的内涵包括节约资源和保护生态环境两项。《民法典》规定绿色原则，既传承了天地人和、人与自然和谐共生的优秀传统文化理念，又体现了党的十八大以来的新发展理念，与我国是人口大国、需要长期处理好人与资源生态的矛盾这样一个国情相适应。

作为绿色原则的具体化，《民法典》物权编确认，用益物权人行使权利，应当遵守合理开发利用资源、保护生态环境的规定；合同编确认，当事人在履行合同过程中，应当避免浪费资源、污染环境和破坏生态；侵权责任编设专章规定环境污染和生态破坏责任，这是"绿色发展理念"在《民法典》分编中最直接、最集中的体现。

综上，就民法的基本原则而言，平等原则是基础，是自愿原则的前提。自愿原则是民法最重要、最有代表性的原则，民法最重要的使命就是确认并保障民事主体自由的实现；公平原则意在追求当事人之间的利益平衡，是对自愿原则的有益补充；诚实信用原则将最低限度的道德要求上升为法律要求，以谋求个人利益与社会公共利益之间的和谐；公序良俗原则对个人与国家和社会公共利益之间的矛盾和冲突发挥调整功能，其与诚实信用原则一样，也是以道德要求为核心的；绿色原则是对自愿原则的必要限制，意在实现人与自然的和谐共生。

◎ **交互练习：**

甲公司和乙公司签订了一份买卖折扇的合同，不料当年夏天连续降雨，天气一直异常凉爽，折扇销量严重下降，订购方甲向乙折扇制造厂提出要求解除合同遭到拒绝，甲公司诉至法院，法院经过审理判定合同解除。法院的这一判决依据的是民法的（　　　）。

A. 自愿原则　B. 公平原则　C. 公序良俗原则　D. 诚实信用原则

◎ **延伸阅读：**

了解公序良俗原则。

◎ **相关法律：**

《民法典》第 3~9 条。

◎ **实务操作：**

小王在某超市工作，中秋节来临，超市的月饼销售火爆。中秋节过后，超市让员工每人购买两盒月饼，有的员工不愿意，被超市告知都得买，月饼钱从工资中扣。

请分析：超市的做法是否妥当？

任务三　认识民法的表现形式和适用范围

◎ **案例导入：**

【案例 1-3】甲是法国人，乙是英国人，两人均在中国的同一家公司工作。

两人因琐事发生打架，甲将乙打伤。乙要求甲按照英国法律赔偿损失。

　　请分析：甲将乙打伤的纠纷应适用哪国法律解决？

◎ **知识准备：**

本案例涉及民法的适用范围，首先需要了解民法的表现形式。

一、民法的表现形式

民法的表现形式又称为民法的渊源，指民事法律规范的表现形式。我国民法的表现形式主要是国家机关在其职权范围内所制定的有关民事方面的规范性文件。

（一）宪法中的民事规定

宪法是全国人民代表大会制定的国家根本大法，具有最高的法律效力，是各部门法的立法依据。宪法中关于财产所有制和所有权的规定、关于公民基本权利和义务的规定等都是调整民事关系的法律规范，也是《民法典》制定时必须遵循的法律依据。

（二）民事法律

民事法律是由全国人民代表大会及其常委会依据宪法的规定制定和颁布的民事立法文件，是我国民事立法的主要表现形式。在全国范围内具有仅次于宪法的效力。民事法律主要由两部分组成：（1）民事基本法，即调整最基本民事关系的法律，如《民法典》。（2）民事单行法，即调整某一领域民事关系的法律，如《公司法》《涉外民事关系法律适用法》。对于民事法律，全国人民代表大会及其常委会有最高解释权，其解释同样具有法律效力。

（三）其他法律中的民事规范

除民事法律外，其他法律中涉及民事问题的法律规范，也属于民法的渊源，如《中华人民共和国土地管理法》《中华人民共和国产品质量法》《中华人民共和国道路交通安全法》等法律中有关民事问题的规定，也是解决民事纠纷的依据。

（四）行政法规中的民事规范

国务院根据宪法、法律和全国人民代表大会常务委员会的授权，制定、批准和发布法规、决定和命令，其中有关民事的法规、决定和命令是民法的重要表现形式，其效力仅次于宪法和民事法律。国务院制定的民事法规有两类：一类是根据政府行政职能，为立法部门制定的与法律配套的实施条例，如《土地管理法实施条例》《著作权法实施条例》；另一类是含有民事法律规范的单行行政法规，如《城镇国有土地使用权出让和转让暂行条例》《国有土地上房屋征收与补偿条例》等。

（五）行政规章中的民事规范

行政规章是指国务院各部委以及地方人民政府为贯彻法律、法规所制定的规范性文件。规章一般不能直接作为法院判案的依据，但在法律、法规没有具体规定时，可作为处理纠纷的重要参照规范。因此，在不与法律、法规相抵触的情况下，规章中有关的民事规范，属于民法的渊源。

（六）地方性法规或自治条例和单行条例

地方性法规，是指地方各级人民代表大会及其常务委员会，在宪法、法律规定的权限内所制定、发布的决议、命令、法规等规范性法律文件。自治条例是指民族自治地方的人民代表大会依据宪法和法律，结合当地民族自治地区特点所制定的、管理自治地方事务的综合性法规。单行条例是指民族自治地方的人民代表大会及其常务委员会在宪法和法律所规定的自治权范围内，结合民族地区的特点，就某方面具体问题所制定的法规。《最高人民法院关于裁判文书引用法律、法规等规范性法律文件的规定》第 4 条规定："民事裁判文书应当引用法律、法律解释或者司法解释。对于应当适用的行政法规、地方性法规或者自治条例和单行条例，可以直接引用。"据此，地方性法规、自治条例和单行条例可以作为民事裁判的依据，可以成为民法的渊源，但只在制定发布机关的辖区内有效。

（七）最高人民法院的司法解释

最高人民法院是最高审判机关，依法享有司法解释权。从法理的角度看，司法解释并不属于法律体系的组成部分，但司法解释已成为我国各级审判机关在处理案件中的裁判规则，因此，司法解释事实上已成为法律渊源。最高人民法院指导性的指示属于司法解释，其解释对各级人民法院的司法审判具有指导作用，可以作为判案依据。

（八）国际条约和国际惯例

在涉外民事关系的法律适用中，我国政府签订并经全国人大批准的国际条约或双边协定为民法的渊源。当然，国际条约优先于国内法适用仅仅限于涉外民事关系领域，并且我国法律声明保留的条款足以排除国际条约的适用，而国际惯例也只是在中国法律和中国缔结或参加的国际条约没有规定时才能适用。

（九）民事习惯

习惯指一定范围、一定地域的人们长期形成的，为多数人认可并遵从的行为规则。《民法典》第 10 条规定，处理民事纠纷，应当依照法律；法律没有规定的，可以适用习惯，但是不得违背公序良俗。本条规定的"习惯"主要指民事习惯。习惯要成为裁判依据的话，须经过"合法性"判断，不得违反法律和公序良俗。适用习惯处理民事纠纷在《民法典》物权编、合同编均有体现。

二、民法的适用范围

民法的适用范围，即民法的效力，指民法对什么人、在什么地方和什么时间发生效力。

（一）民法对人的适用范围

民法对人的适用范围即民法对人的效力，指民法适用于哪些人。民法对人的适用范围主要是：（1）在我国境内的中国公民、法人和非法人组织；（2）在我国领域内的外国人、无国籍人和外国法人，但我国法律另有规定的除外；（3）居留在外国的我国公民，原则上适用所在国民法，但依照我国民法和我国签订的国际条约、双边协定以及认可的国际惯例，应当适用我国法律的，我国民法对其具有法律效力。

◎ **案例分析：**

案例 1-3 中，虽然甲、乙都是外国人，但他们都在中国工作，因此他们之间的侵权纠纷应当适用我国民法解决，而不能适用英国法律。

（二）民法在空间上的适用范围

民法在空间上的适用范围即民法在空间上的效力。《民法典》第12条规定："中华人民共和国领域内的民事活动，适用中华人民共和国法律。法律另有规定的，依照其规定。"民事法律法规因颁布机关不同，在空间效力上亦有差别。这分为两种情况：第一，凡属全国性的民法规范，如无特别规定，适用于我国的领土、领空、领海，以及根据国际法、国际惯例应当视为我国领域的我国驻外使馆、在领域外航行或停泊的我国船舶和飞行器等。第二，地方性的民事法规，只在当地人民政府所辖行政区域内发生法律效力。

◎ **交互练习：**

下列领域内发生的民事关系不应该适用我国民法调整的是（　　）。

A. 公海上航行的中国籍货轮　　B. 飞往伦敦的中国籍客机
C. 中国驻日本的大使馆　　　　D. 中国开往鹿特丹的国际列车

（三）民法在时间上的适用范围

民法在时间上的适用范围即民法的时间效力，主要是指民法在何时生效、何时失效以及有无溯及既往的效力。

1. 民法的生效和失效

民法的生效时间分为两种：一种是自颁布之日起开始生效；另一种是颁布后经过一段时间才能生效，例如《民法典》2020年5月28日通过，自2021年1月1日起施行。

民法的失效时间有三种：一种是新法规定直接废止旧法，如《民法典》第1260条规定民法典自2021年1月1日起施行，《婚姻法》等系列民事单行法同时废止；第二种是新法颁布后，旧法与新法相抵触的部分当然失去法律效力，如《物权法》颁布实施后，之前《担保法》的内容与《物权法》相抵触的部分失去法律效力；第三种是由国家机关通过发布命令或作出决定的方式宣布某项民法规范废止。

2. 关于民法的溯及力问题

民法一般不具有溯及既往的效力。例外情况下实行法律溯及既往原则，即采取有利追溯原则，这种溯及既往对各方当事人都是有利的，且不损害国家和社会公共利益。《民法典时间效力规定》第2条规定："民法典施行前的法律事实引起的民事纠纷案件，当时的法律、司法解释有规定，适用当时的法律、司法解释的规定，但是适用民法典的规定更有利于保护民事主体合法权益，更有利于维护社会和经济秩序，更有利于弘扬社会主义核心价值观的除外。"

◎ **延伸阅读：**

民法典以"不溯及既往"为基本原则。

◎ **相关法律：**

《民法典》第 12 条。

《民法典时间效力规定》第 1~5 条。

项目综合训练

原告刘某系两被告的独生女。原、被告共同购买一套商品房，大部分房款由两被告支付，双方就房屋产权约定：原告占 90% 份额，两被告各占 5% 的份额。该房是两被告的唯一住房。后原、被告因房屋装修产生矛盾，原告向法院提起诉讼，请求判决将两被告所占房屋的产权份额转让给自己所有，原告补偿两被告 2.8 万元。被告认为该房屋主要是自己出资购买，不同意向原告转让份额。法院经审理后认为，虽然本案讼争房屋系原、被告按份共有，但双方系父母子女关系，两被告支付了大部分房款，出于对女儿的疼爱，将 90% 的产权登记在原告名下，原告要求将房屋份额转让于自己的诉求与善良风俗、传统美德不符，依法不予支持。

请分析：原告的诉求违反了民法的什么原则？

本项目答案

项目二　明确民事法律关系

◎ 知识目标
- 了解民事法律关系的三要素。
- 掌握民事法律关系发生、变更和终止的原因。
- 熟悉民事权利的分类。

◎ 技能目标
- 能区分不同的民事法律关系。
- 会运用民事法律关系原理分析处理简单民事案件。
- 能够判断某一侵权行为构成对何种民事权利的侵害。

◎ 素质目标
- 树立权利意识，养成依法行使权利、正确履行义务的观念。
- 在民事交往中本着双方平等的观念，形成和谐有序的社会生活秩序。

任务一　分析民事法律关系

◎ 案例导入：

【案例 2-1】张某与李某是朋友，张某借李某 5000 元，约定期限 1 年。到期后李某催要，张某拒不返还。张某称李某曾丢失张某的手机一部，要求以借款折抵手机损失。李某承认曾借用张的手机不慎丢失，但是丢失手机与借款是两回事。张某仍然坚持不还款。李某一气之下，找几个朋友将张某打了一顿，张某住院治疗，花费医疗费 3000 元。

请思考：本案中有几个民事法律关系？

◎ 知识准备：

本任务是学会区分不同的民事法律关系，想要作出正确判断，首先需要知道什么是民事法律关系。

一、民事法律关系

民事法律关系是由民法规范确立的以民事权利、民事义务为内容的社会关系，是民法所调整的平等主体之间的人身关系和财产关系在法律上的表现。它与其他法律关系相对比，具备如下特征：

第一，主体的私人性。私人性指民事法律关系具有平等性，民法是调整平等主体之间的人身关系和财产关系的法律规范，故而民法所调整的社会关系也是平等主体之间的私人法律关系，即使政府、法院等公权力机关参与到民事法律关系中，也只能以民事主体的身份参与，不能以公权谋私利。

第二，产生的自治性。自治性指民事法律关系具有一定程度的任意性，在大多数情况下，民事法律关系是当事人根据自己的意愿自主设定的，民事法律一般只对意思表示规定严格的条件，当事人只要遵循该条件，即可自由设定民事法律关系，并且受到法律的承认。

第三，内容的对等性、相互性。作为民事法律关系内容的民事权利和民事义务一般是对等的、相互的。这一点尤其在合同部分体现得最为明显，民事主体既作为权利人享有权利，也作为义务人负有义务。这种权利义务也是对等的、相互的。

◎ **交互练习：**

下列哪种情形成立民事法律关系？（　　　　）

A. 甲与乙约定某日商谈合作开发房地产事宜。

B. 甲对乙说：如果你考上研究生，我就嫁给你。

C. 甲不知乙不胜酒力而极力劝酒，致乙酒精中毒住院治疗。

D. 甲应同事乙之邀前往某水库游泳，因抽筋溺水身亡。

二、民事法律关系的要素

民事法律关系的要素是指构成民事法律关系的必要因素，包括主体、客体、内容三要素。

（一）民事法律关系的主体

民事法律关系主体，简称民事主体，是指参加民事法律关系并在民事法律关系中享受民事权利、承担民事义务的人。民事法律关系主体包括自然人、法人和非法人组织，国家有时也直接参与民事活动，但其身份只能是公法人。

民事法律关系的当事人中，享有权利的一方为权利主体，又称权利人；负有义务的一方为义务主体，又称义务人。在大多数民事法律关系中，当事人既享有权利又负有义务，当事人既是权利主体，又是义务主体。

（二）民事法律关系的客体

民事法律关系的客体是指主体享有的民事权利和负有的民事义务所指向的对象。民事法律关系的客体应区别不同的民事法律关系确定，主要有物、行为、智力成果和人身利益。

（1）物。物是能满足人的需要，能够被人支配或控制的物质实体或自然力。自然力，是指各种自然资源，特别是各种能源，如天然气、电能等。大多数民事法律关系与物有密切联系，物主要是物权法律关系的客体。

（2）行为。行为通常也称给付。行为主要是债这一民事法律关系的客体，因为债权是请求权，债权人只能就自己的利益请求债务人为一定给付，如交付物、完成工作。债的客体都是行为，表现为债务人应当作出的行为或不作为。即便是涉及物的债，其客体也不是物，例如在买卖合同中，债权人只能请求债务人交付标的物，而不能直接支配标的物。

（3）智力成果。智力成果是人脑力劳动创造的精神财富，是知识产权的客体，包括文学、艺术、科技作品、发明、实用新型、外观设计以及商标等。知识产权保护的不是智力成果的载体，而是载体上的信息，载体本身属物权保护对象。《民法典》第 123 条规定："民事主体依法享有知识产权，知识产权是权利人依法就下列客体享有的专有的权利：（一）作品；（二）发明、实用新型、外观设计；（三）商标；（四）地理标志；（五）商业秘密；（六）集成电路布图设计；（七）植物新品种；（八）法律规定的其他客体。"

（4）人身利益。人身利益是指民事主体依法享有的，与其自身不可分离也不可转让的，没有直接财产内容的利益。人身利益包括人格利益和身份利益，是人身权法律关系的客体。

除了以上客体外，《民法典》对数据、网络虚拟财产、个人信息也给予保护，这些也可以成为民事法律关系的客体。

（三）民事法律关系的内容

民事法律关系的内容指民事法律关系中的权利主体所享有的权利和义务主体所承担的义务，即民事权利和民事义务。民事权利是由国家强制力保障的民事主体所享有的利益。民事义务是义务人为满足民事主体的权利要求为一定行为或不为一定行为的法律或合同负担。

民事法律关系的三个要素中，民事法律关系的内容是核心，判断民事法律关系的性质、类别的根据主要是民事主体之间的权利义务关系，正是主体之间千差万别的权利义务构成了各种类型的民事法律关系。

◎ **案例分析：**

案例 2-1 中存在三个民事法律关系，一是两人之间的借款合同关系，李某有权要求张某偿还借款；二是丢失手机的损害赔偿关系，张某有权要求李某赔偿手机损失；三是人身损害赔偿关系，李某及其朋友应赔偿因侵权致张某的医疗费损失。三个法律关系独立存在，不能简单折抵。

可见，正是对上述法律关系的内容进行分析，才能准确判断民事法律关系的性质，进而找到与之相对应的法律规范进行处理。

◎ **延伸阅读：**

请上网查找并阅读《民事案件案由规定（2020 年修正）》。

◎ **实务操作：**

甲将房屋出租给乙开饭店，乙经常约朋友来饭店赌博，乙累计欠朋友赌资 3 万元。一次，乙与朋友赌博时被公安机关查获，乙及其朋友受到公安机关处罚。

请分析：本案中涉及哪些民事法律关系？

任务二　判断民事法律事实

◎ 案例导入：

【案例 2-2】甲、乙系夫妻，二人饭后在路边散步时，被丙驾驶的汽车撞倒，甲当场死亡，乙受轻伤。乙因受到严重打击，早产一男婴丁。

请思考：当事人之间民事法律关系的变动及原因。

◎ 知识准备：

任何社会关系总是在不断发展变化的，民事法律关系也在不断地发生、变更或消灭，通过一定的法律事实在当事人之间发生法律关系或者使原来的法律关系变更或消灭。

一、民事法律关系的变动与民事法律事实

能够引起民事法律关系发生、变更或消灭的客观事实，即为民事法律事实。并非一切客观现象均能够成为民事法律事实，只有为法律规定或承认的并能够产生民事法律后果的那些事实才能成为法律事实。产生民事法律后果是指引起民事法律关系产生、变更或消灭的法律后果。属于自然现象的日出、日落、刮风、下雨，属于人的活动的吃饭、睡觉等不能引起民事法律关系的发生、变更和消灭的事实，不能成为法律事实，而人的出生、死亡、结婚、离婚都为法律所规定或承认并能引起民事法律关系的变动，能够产生民事法律后果，因而属于民事法律事实。

二、民事法律事实的分类

根据客观事实是否与人的意志有关，可将法律事实分为两类，即自然事实和人的行为。

（一）自然事实

自然事实，是指与人的意志无关、能够引起民事法律后果的客观现象。自然事实又可分为两类：状态和事件。

（1）状态。状态是指某种客观情况的持续，例如人的下落不明、精神失常，对物的持续占有，权利的持续不行使等。

（2）事件。事件指某种客观情况的发生。例如人的出生、死亡，发生自然灾害、意外事故、战争爆发、洪水、台风来袭等。人的死亡使继承人取得继承遗产的权利，物的灭失引起所有权法律关系的消灭。这里应当注意的是，无民事行为能力人在无意识或精神失常中的行为，也应属于事件。

（二）人的行为

人的行为是指与当事人意志有关的那些法律事实。行为一般是受人的意志所支配

的活动，即有目的有意识的活动。行为分为以下类型：

（1）民事法律行为，是指行为人旨在设立、变更或消灭民事法律关系的行为。有的民事法律行为符合法律要求，为有效的民事法律行为；有的民事法律行为不符合或者不完全符合法律要求，发生与当事人的意志相悖的法律后果，称为无效的、可撤销的或效力待定的民事法律行为。民事法律行为是最主要的民事法律事实。

（2）事实行为，是指行为人实施了一定的行为，一旦符合了法律的构成要件，无论行为人主观上是否有设立、变更或者消灭某一民事法律关系的意思，都会由于法律的规定，引起一定的民事法律后果的行为。事实行为有合法的，也有不合法的，拾得他人的遗失物属于合法的，侵害他人的人身或财产权利则是不合法的。

◎ **案例分析：**

案例 2-2 中，丙将甲撞死、将乙撞伤，发生侵权法律关系，这一关系产生的原因是丙的侵权行为。甲死亡，致使甲、乙之间的婚姻关系消灭、继承关系发生，其变动的原因均为甲死亡这一事件。丁出生，产生人身法律关系，这一法律关系的产生原因为事件。

◎ **交互练习：**

关于民事法律关系，下列选项正确的是(　　　　)。

A. 民事法律关系只能由当事人自主设立

B. 民事法律关系的主体即自然人和法人

C. 民事法律关系的客体包括不作为

D. 民事法律关系的内容均由法律规定

三、民事法律事实的结合

民事法律事实的结合，是指依法律的规定或当事人的约定，一个民事法律关系的发生、变更或消灭需要两个以上的法律事实相结合。例如：遗嘱继承法律关系，需要有被继承人立有有效的遗嘱、被继承人死亡和继承人未拒绝接受遗嘱继承这三个法律事实才能够发生。此外，当事人亦可对法律关系的建立作出约定，如赠与关系的双方当事人约定除依法达成赠与合意外，还要办理公证手续，则该赠与关系的产生须具备合意与公证两个法律事实。

总之，民事法律关系的发生、变更和消灭，需要借助于一个民事法律事实的发生或多个民事法律事实的结合。法律事实是建立民事法律关系的基石，民事法律关系是民事法律事实必然导致的法律结果。

◎ **延伸阅读：**

民事法律行为与事实行为的区别。

◎ **实务操作：**

王某在超市购物后，保安认为王某有盗窃行为，将其带到办公室搜身。王某与其发生争执，不小心将办公桌上的电脑碰到地上摔坏；并且，王某出办公室时，由于地面太滑而摔伤。

请分析：王某与超市之间因何种民事法律事实发生何种民事法律关系？

任务三 认识民事权利、民事义务、民事责任

◎ **案例导入：**

【案例 2-3】 甲、乙是邻居，甲、乙两家的围墙相隔只有 5 厘米，甲建起了一栋三层楼房，后乙在自家的宅基地上紧邻围墙的地方挖鱼塘，但由于离甲的楼房太近，造成甲的房屋地基出现裂缝，房屋开裂、下沉，甲请求乙承担损害赔偿责任，而乙则主张，其挖的鱼塘在自家宅基地上，不应当赔偿甲的损失。

请思考：乙是否构成侵权？

【案例 2-4】 甲药厂生产的药品具有缺陷，乙医院在诊疗过程中使用该药物导致患者丙人身损害，造成财产损失 35 万元。

请思考：谁应对丙的损害负责？

◎ **知识准备：**

上述案例涉及民事主体的权利及保护，首先要了解我们享有哪些民事权利。

一、民事权利

民事权利是民事主体依法享有并受法律保护的利益范围或实施一定行为以实现某种利益的可能性。

（一）民事权利的分类

依据《民法典》规定，民事权利包括人身权、物权、债权、知识产权、继承权、股权和其他投资性权利以及法律规定的其他民事权利。这些权利根据不同的标准，可以作如下分类：

1. 根据民事权利有无财产内容，分为财产权、人身权、综合性权利

财产权，是以主体的财产利益为内容的民事权利。财产权包括两大类，物权和债权，该权利不具有专属性，可以转让、放弃和继承。人身权，是以主体的人身利益为内容的、与权利人的人身密不可分的民事权利，包括人格权和身份权，一般情况下是不能转让和继承的。综合性权利是指由财产权和人身权结合产生的一类权利，其内容既包括人身利益，又包括财产利益。典型的综合性权利包括：第一，知识产权；第二，社员权，即在某个团体中的成员依据法律规定的团体章程对团体享有的各种权利的总称。股权是典型的社员权。第三，继承权。

2. 根据民事权利的作用，分为支配权、请求权、抗辩权、形成权

支配权，是指民事权利主体直接支配权利客体并排斥他人干涉的权利。物权、知识产权、人身权、继承权都属于支配权。支配权的最大特点在于排他性，权利主体行使权利不需他人配合，但他人不可为同样的支配行为。

请求权，是指权利人能够要求他人为特定行为（或不为特定行为）的权利，请求权的作用体现为请求而非支配。请求权俗称为对人权（这里的"人"指的是义务主体），是一个主体对另一主体的权利。请求权的特点是权利人的利益须通过义务人履行义务方可实现。请求权因基础权利的不同可分为：债权请求权、物权请求权、人格权请求权、身份权请求权、知识产权请求权。其中债权请求权属于独立请求权，可以独立存在；其他请求权属于非独立请求权，是以权利的救济手段出现的。

抗辩权，是指对抗请求权的权利。抗辩权依其行使效果可分为永久抗辩权和一时抗辩权。永久抗辩权是指可以永久性阻止某项请求权的实现，如诉讼时效期间届满产生的时效抗辩权。一时抗辩权是指可以暂时阻止某项请求权实现的抗辩权，如同时履行抗辩权、不安抗辩权、一般保证中保证人的先诉抗辩权等。

形成权，是指当事人一方可以以自己的意思表示使法律关系发生变动的权利。解除权、追认权、抵销权、选择权等都属于形成权。根据形成权的行使是否需要通过诉讼程序，可以将形成权分为简单形成权和形成诉权，前者如合同解除权，后者如债权人的撤销权。

3. 根据民事权利的效力范围，分为绝对权与相对权

绝对权是指民事权利的效力及于权利人之外的一切人的权利，又称为"对世权"。权利人无须通过义务人的协助即可实现其权利，义务的内容是对他人权利的尊重和不侵扰，义务主体是不特定的。典型的绝对权有所有权、知识产权、人身权、继承权等。

相对权是指权利的效力仅及于特定的民事主体的权利。相对权因其义务主体的特定性，因而又称为"对人权"。权利人须通过特定义务人实施一定的行为才能实现其权利。债权是典型的相对权。

4. 根据民事权利之间的依存关系，分为主权利与从权利

在互有关联的两个以上的民事权利中，可以独立存在的民事权利为主权利；依赖于主权利存在的叫从权利。主权利成立和生效，从权利才有可能产生和生效；主权利转让，从权利也应依法转让。例如，抵押权的存在，是以其所担保的债权为前提的。债权为主权利，抵押权为从权利。

5. 根据两项民事权利之间的派生关系，分为原权利与救济权

救济权是因基础权利受侵害或有受侵害之危险时产生的援助性的权利，基础权利即为原权利。通常的权利均是原权利，当原权利受侵害时，权利人可行使停止侵害请求权、消除影响请求权或提起诉讼。

6. 根据民事权利的实现条件是否完全具备，分为既得权与期待权

既得权指成立要件全部具备的权利，一般权利如物权、债权等都是既得权。期待权是指成立要件尚未全部实现，将来有实现可能的权利，如附条件民事法律行为设定的权利在条件成就前就是期待权。继承开始前，法定继承人享有的继承权，也属于期

待权。

◎ **交互练习：**

甲被乙家的狗咬伤，要求乙赔偿医药费，乙认为甲被狗咬与自己无关拒绝赔偿。下列选项正确的是（　　　）。

A. 甲乙之间的赔偿关系属于民法所调整的人身关系

B. 甲请求乙赔偿的权利属于绝对权

C. 甲请求乙赔偿的权利适用诉讼时效

D. 乙拒绝赔偿是行使抗辩权

（二）民事权利的取得和行使

依据《民法典》第 129 条，民事权利可以依据民事法律行为、事实行为、法律规定的事件或者法律规定的其他方式取得。

民事权利的行使有事实方式和法律方式。事实方式是权利主体通过某种事实行为行使权利，如所有权人自己占有和使用房屋；法律方式是权利主体通过民事法律行为行使权利，如所有权人将房屋出租。

民事权利的行使应依权利人的意思，以自由行使为原则。依据《民法典》第 130 条，民事主体按照自己的意愿依法行使民事权利，不受干涉；但是权利人在行使权利时应当履行法律规定的和当事人约定的义务，不得滥用民事权利损害国家利益、社会公共利益或者他人合法权益。

◎ **案例分析：**

案例 2-3 中，由于甲、乙的宅基地相邻，乙虽然在自己的宅基地上挖鱼塘，但不顾甲的房屋安全而打造地基，造成甲之房屋出现裂缝、下沉，构成权利的滥用，应当对甲的损害承担赔偿责任。

二、民事义务

民事义务是指义务人为满足权利人的需要而为一定行为或不为一定行为的法律约束。

根据民事义务的发生原因，民事义务分为法定义务和约定义务。法定义务是根据法律规定而发生的义务；约定义务是由当事人自行约定的义务。

根据民事义务的内容，民事义务可以分为积极义务和消极义务。积极义务是指义务人须为一定积极行为的义务，如买卖合同中卖方交付标的物的义务；消极义务是指义务人不为一定行为的义务，如不得侵害他人所有权。

三、民事责任

民事责任是指民事主体违反民事义务所应承担的不利后果。《民法典》第 176 条规定："民事主体依照法律规定或者按照当事人约定，履行民事义务，承担民事责任。"

（一）民事责任的分类

1. 违约责任、侵权责任与其他责任

这是根据责任发生的原因与法律要件不同而作的划分。违约责任，是指违反合同义务产生的责任；侵权责任，是指因侵犯他人的财产权或人身权产生的责任。其他责任就是合同责任与侵权责任之外的其他民事责任，如不履行不当得利债务、无因管理债务等产生的责任。

2. 过错责任、无过错责任、公平分担损失

这是根据责任的构成是否以当事人的过错为要件进行的分类。

过错责任是指因行为人过错导致他人损害时应承担的责任。一般侵权责任以当事人有过错为要件，若当事人没有过错，即便有损害发生，行为人也没有责任。

无过错责任是指依照法律规定没有过错也要承担的民事责任。只有在法律有明确规定的情况下，才适用无过错责任。

公平分担损失是指当事人双方对造成的损害都无过错，由人民法院根据公平的观念，在考虑行为的手段、损失大小、影响程度、双方当事人的经济状况等实际情况，依照法律规定由双方分担损失。公平分担损失在调整当事人之间利益平衡、救济受害人权益方面起到一定作用。

3. 按份责任、连带责任、不真正连带责任

这是根据共同责任中责任人之间的关系进行的分类。

按份责任是指责任人为多人时，各责任人按照一定的份额向权利人承担民事责任。连带责任是指依照法律规定或者当事人约定，两个以上的责任主体向权利人连带承担全部赔偿责任，权利人有权要求连带责任人中的一人或数人承担全部责任，而一人或数人在承担全部赔偿责任后，将免除其他责任人的赔偿责任的民事责任形态。不真正连带责任是指两个以上债务人就同一债务共同对债权人承担责任，对外任何一个债务人均负有清偿全部债务的义务，对内只有一人承担最终责任，如产品生产者与销售者之间的连带责任、第三人与动物饲养人或者管理人对因动物致害的受害人承担的连带责任等都属于不真正连带责任。

◎ **案例分析：**

在案例 2-4 中，甲药厂与乙医院应承担不真正连带责任。对外，它与连带责任没有区别，丙有权要求甲药厂、乙医院单独或者共同赔偿 35 万元；对内，它与连带责任有区别，即只有一个最终责任承担者甲药厂，如果是由乙医院对丙承担了赔偿责任，乙医院可以向甲药厂追偿。

（二）民事责任的承担方式

《民法典》第 179 条规定了承担民事责任的方式，包括：（1）停止侵害；（2）排除妨碍；（3）消除危险；（4）返还财产；（5）恢复原状；（6）修理、重作、更换；

（7）继续履行；（8）赔偿损失；（9）支付违约金；（10）消除影响、恢复名誉；（11）赔礼道歉。法律规定惩罚性赔偿的，依照其规定。

（三）民事责任的免责事由

《民法典》第180条至第184条规定了免责事由，其中既包括免除责任的事由，也包括减轻责任的事由。具体包括：不可抗力、正当防卫、紧急避险、自愿实施紧急救助。不可抗力、正当防卫、紧急避险在项目三十中详细讲解。

自愿实施紧急救助，是救助人在无法定义务或约定义务时，自愿实施的救助行为。依据《民法典》第184条，因自愿实施紧急救助行为造成受助人损害的，救助人不承担民事责任。这一条款又被称为"好人条款"，作出如此规定是鼓励见义勇为的行为。

（四）民事补偿

民事补偿是指受益人对于受害人的损失给予补偿的制度。与民事赔偿不同，受益人给予受害人民事补偿，不是基于违法行为，而是基于受益的原因，是基于公平原则的考量。依据《民法典》第183条，因保护他人民事权益使自己受到损害的，由侵权人承担民事责任，受益人可以给予适当补偿。没有侵权人、侵权人逃逸或者无力承担民事责任，受害人请求补偿的，受益人应当给予适当补偿。该条规定了见义勇为情形下受益人的补偿义务。通过规定补偿义务，有利于鼓励人们实施见义勇为的行为，对于弘扬正气、弘扬社会主义核心价值观有重要意义。

◎ 思政点滴：

《民法典》第185条规定："侵害英雄烈士等的姓名、肖像、名誉、荣誉，损害社会公共利益的，应当承担民事责任。"本规定包含几个方面：（1）保护对象包括已经牺牲的烈士和未牺牲的英雄；（2）保护的对象是英雄烈士的人格利益；（3）侵害英雄烈士人格利益的行为损害了社会公共利益。英雄、烈士是一个国家和民族精神的重要体现，是人们行为的榜样，强化对英雄、烈士的姓名等人格利益的保护，对于促进社会尊崇英烈、扬善抑恶、弘扬社会公共道德具有重要意义。

◎ 延伸阅读：

请查阅涉英烈权益保护十大典型案例，中国法院网，2022年12月9日。

◎ 相关法律：

《民法典》第109~132条，第176~187条。

◎ 实务操作：

（1）胡大山与儿子胡小林因家庭琐事争吵，胡小林一时冲动，将汽油泼洒在二楼的房间内，扬言要点火焚烧全家。胡大山高喊救命，苏小辉、苏小兴、许立河等人闻讯赶来。胡小林见有人进来就不顾一切用打火机点燃了汽油，苏小辉、苏小兴、许立河用着火的身体撞破窗户，使得火势随风转向屋外，胡小林被救出。苏小辉、苏小兴、许立河被烧伤，各花去医疗费若干元。

　　请分析：谁应对三人的损失负责？

　　（2）韩某、谢某、许某是同一宿舍的学生。夏天，韩某、谢某想剃光头，约许某一起剃。许某坚决不同意。韩某和谢某剃完以后，还想让许某剃光头，遂商量借了理发剪，在夜晚趁许某热睡之机，将许某的头发剪掉。许某气愤，在向校保卫处控告得不到解决的情况下，向当地法院起诉，追究韩某、谢某的侵权责任。

　　请分析：该案中韩某、谢某侵犯了许某什么权利？

项目综合训练

　　甲、乙、丙三村分别按20%、30%、50%的比例共同投资兴建了一座水库，约定用水量按投资比例分配。某年夏天，丙村与丁村约定当年7月中旬丙村从自己的用水量中向丁村供应灌溉用水1万立方米，丁村支付价款1万元。供水时，水渠流经戊村，戊村将水全部截留灌溉本村。丁村因未及时得到供水，致秧苗损失5千元。丁村以为丙村故意不给供水，即派村民将水库堤坝挖一缺口以放水，堤坝因此受损，需2万元方可修复。因缺口大，水下泻造成甲村鱼塘中鱼苗损失2千元。

　　请分析：本案涉及哪些民事法律关系？

本项目答案

项目三 自 然 人

◎ **知识目标**
- 掌握自然人的民事权利能力和民事行为能力的概念。
- 理解监护制度的基本内容。
- 把握宣告失踪和宣告死亡制度的基本规则。

◎ **技能目标**
- 能够运用自然人的民事能力制度分析民事案例和解决实际问题。
- 能够为无民事行为能力人和限制民事行为能力人确定监护人。
- 能够分析宣告失踪和宣告死亡的案例。

◎ **素质目标**
- 学习监护制度，增强对社会责任的认识，关注弱势群体，培养公民责任感。
- 培养尊老爱幼、扶弱济困的传统美德。
- 认识法律在保护弱势群体方面的作用以及对维护社会秩序和公平正义的重要性。

任务一 确定自然人的民事权利能力和民事行为能力

◎ **案例导入：**

【案例 3-1】 陈某 17 岁，在某工厂工作，月工资 2000 元，每月除满足基本生活外，略有剩余。一日陈某骑车将一老太撞倒，致老太受伤，住院治疗花费 4000 元。老太要求陈某赔偿医疗费，陈某表示没钱。老太要求陈某的父母赔偿，被陈某父母拒绝。

请思考： 由谁来赔偿老太的损失？

【案例 3-2】 程某的孙子程林 7 岁，程林用爷爷的手机玩游戏。程某将支付宝密码告诉了孙子。当程林还手机时，程某发现支付宝转账 30 次共 5 万元，原来程林下载了由某公司开发的"口袋妖怪 VS"游戏，并用支付宝买了 50 多万个充值钻石。程某与该公司客服联系，说明了情况并要求将充值的钱返还，

请思考： 该网络公司应否将 5 万元还给程某？

◎ **知识准备：**

这两个案例都涉及行为人的民事行为能力问题，与此相关的是民事主体的民事权利能力。最重要的民事主体是自然人。

自然人，是指依自然规律出生的人。自然人不同于公民，公民是宪法上的概念，是指具有某一国家的国籍，根据该国的法律享有权利和承担义务的自然人。自然人的概念比公民的概念范围更广。

一、自然人的民事权利能力

（一）自然人民事权利能力的含义

自然人的民事权利能力，也叫民事主体资格，是指法律赋予自然人享有民事权利、承担民事义务的资格，是自然人享有权利的资格与负担义务的资格的统一体。

自然人的民事权利能力与自然人享有的民事权利既有联系又有区别：民事权利能力是自然人取得民事权利的前提，民事权利是自然人民事权利能力实现的结果；民事权利能力包括享有民事权利的能力和承担民事义务的能力，民事权利仅指权利，不包括义务；民事权利能力与主体不可分割，而民事权利是可以放弃、可以转让、可以与主体分离的；民事权利能力的内容、范围不因民事主体的年龄、智力而有所区别，而民事权利的客体、内容、取得、行使方式和存续期间皆有不同。

（二）民事权利能力的开始

《民法典》第 13 条规定，自然人自出生时起到死亡时止，具有民事权利能力，依法享有民事权利，承担民事义务。也就是说自然人的民事权利能力的取得始于出生。

如何认定出生时间？《民法典》第 15 条规定："自然人的出生时间，以出生证明记载的时间为准；没有出生证明的，以户籍登记或者其他有效身份登记记载的时间为准。有其他证据足以推翻以上记载时间的，以该证据证明的时间为准。"其他有效身份登记包括我国公民居住证、港澳同胞回乡证、台湾居民的有效旅行证件、外国人居留证等。

对未出生胎儿的法律地位的确认，考虑到胎儿将成为婴儿的事实，由法律作出特别规定，对胎儿利益给予特殊保护。《民法典》第 16 条规定："涉及遗产继承、接受赠与等胎儿利益保护的，胎儿视为具有民事权利能力。但是胎儿娩出时为死体的，其民事权利能力自始不存在。"第 1155 条规定："遗产分割时，应当保留胎儿的继承份额。胎儿娩出时是死体的，保留的份额按照法定继承办理。"由此可见，《民法典》以自然人的民事权利能力始于出生为原则，但在涉及遗产继承、接受赠与时，胎儿视为具有民事权利能力，可以作为民事主体。

（三）民事权利能力的终止

自然人的民事权利能力终于死亡。死亡包括生理死亡和宣告死亡。

生理死亡又称自然死亡，是自然人生命的终结。关于如何认定生理死亡的时间，《民法典》第 15 条规定，自然人的死亡时间，以死亡证明记载的时间为准；没有死亡证明的，以户籍登记或者其他有效身份登记记载的时间为准。有其他证据足以推翻以上记载时间的，以该证据证明的时间为准。

宣告死亡是经利害关系人申请，由人民法院宣告下落不明满一定期间的自然人死亡。人民法院宣告死亡的判决作出之日视为其死亡的日期；因意外事件下落不明宣告死亡的，意外事件发生之日视为其死亡的日期。《民法典》第49条规定："自然人被宣告死亡但是并未死亡的，不影响该自然人在被宣告死亡期间实施的民事法律行为的效力。"因此，如果被宣告死亡人实际上还活着，则应视为其权利能力仍然存在。

自然人死亡后，其民事权利能力终止，不再享有民事权利。但是，其姓名、名誉、肖像、隐私等利益受到侵害的，依法给予保护。我国《民法典》第994条规定："死者的姓名、肖像、名誉、荣誉、隐私、遗体等受到侵害的，其配偶、子女、父母有权依法请求行为人承担民事责任；死者没有配偶、子女且父母已经死亡的，其他近亲属有权依法请求行为人承担民事责任。"侵害死者人格也会侵害其近亲属的追思之情，理应依法予以救济。

二、自然人的民事行为能力

（一）民事行为能力的概念

自然人的民事行为能力是指自然人能够以自己的行为参与民事法律关系，取得民事权利、承担民事义务的资格，简言之，是自然人可以独立进行民事活动的能力或资格。

具有民事权利能力，是自然人参与民事活动的资格，但能不能参与民事活动，还受认识、判断事物能力等主观条件的制约。所以，有民事权利能力者不一定就有民事行为能力，两者确认的标准不同。自然人要有民事行为能力，一方面要达到一定的年龄，从而具备一定的社会活动经验；另一方面还要具有正常的精神状态，能够理智地进行民事活动。我国现行民事立法就是以自然人的年龄和精神健康状况作为划分民事行为能力的依据。

（二）自然人民事行为能力的划分

1. 完全民事行为能力

完全民事行为能力，是指自然人能以自己的行为独立享有民事权利、承担民事义务的资格。下列两类人具有完全民事行为能力：一是十八周岁以上的成年人。根据《民法典》第18条，成年人为完全民事行为能力人，可以独立实施民事法律行为。二是十六周岁以上的未成年人，以自己的劳动收入为主要生活来源的，视为完全民事行为能力人。"以自己的劳动收入为主要生活来源"是指"能够以自己的劳动取得收入，并能维持当地群众一般生活水平"。

◎ **案例分析：**

案例3-1中，陈某属于以自己的劳动收入为主要生活来源的人，为完全民事行为能力人，给他人造成的损失应自己承担，如现在没钱，可以采取分期赔偿的方式解决，父母没有义务替他承担责任。

2. 限制民事行为能力

限制民事行为能力，是指自然人只在一定范围内具有民事行为能力，超出这一范围便不具有相应的民事行为能力。根据《民法典》的规定，限制民事行为能力人有两种：

第一，八周岁以上的未成年人。《民法典》第 19 条规定："八周岁以上的未成年人为限制民事行为能力人，实施民事法律行为由其法定代理人代理或者经其法定代理人同意、追认；但是可以独立实施纯获利益的民事法律行为或者与其年龄、智力相适应的民事法律行为。"

第二，不能完全辨认自己行为的成年人。一些成年人（如精神病人）由于其精神方面的障碍，对重大复杂的民事活动缺乏判断能力和自我保护能力，但其并未完全丧失意思能力，能够进行与其精神健康状况相适应的民事活动。《民法典》第 22 条规定："不能完全辨认自己行为的成年人为限制民事行为能力人，实施民事法律行为由其法定代理人代理或者经其法定代理人同意、追认，但是可以独立实施纯获利益的民事法律行为或者与其智力、精神健康状况相适应的民事法律行为。"

可见，限制民事行为能力人可以独立实施两类民事法律行为：第一，纯获利益的民事法律行为；第二，与其年龄、智力、精神健康状况相适应的民事法律行为，限制民事行为能力人所进行的民事活动是否与其年龄、智力、精神健康状况相适应，应从行为与本人生活相关联的程度、本人的智力、精神状态能否理解其行为，并预见相应的行为后果，以及行为标的数额等方面认定。

3. 无民事行为能力

无民事行为能力，是指自然人不具有以自己的行为取得民事权利、承担民事义务的资格。无民事行为能力人包括：

第一，不满八周岁的未成年人。《民法典》第 20 条规定："不满八周岁的未成年人为无民事行为能力人，由其法定代理人代理实施民事法律行为。"

第二，不能辨认自己行为的人。《民法典》第 21 条规定："不能辨认自己行为的成年人为无民事行为能力人，由其法定代理人代理实施民事法律行为。八周岁以上的未成年人不能辨认自己行为的，适用前款规定。"不能辨认自己行为的人，由于丧失了意思能力，不具有识别能力和判断自己行为后果的能力，从保护他们的利益出发，将他们规定为无民事行为能力人，由他们的法定代理人代理其民事活动。

◎ **案例分析：**

案例 3-2 中程林属于无民事行为能力人，其花掉爷爷手机支付宝中 5 万元钱的行为因未经爷爷同意，属于无效的民事法律行为，网络公司应将 5 万元还给程爷爷。

◎ **交互练习：**

小刘从小就显示出很高的文学天赋，九岁时写了小说《隐形翅膀》，并将该小说的网络传播权转让给某网站。小刘的父母反对转让。下列说法正确是（　　）。

A. 小刘父母享有该小说的著作权，因为小刘是无民事行为能力人

B. 小刘及其父母均不享有著作权，因为该小说未发表

C. 小刘对该小说享有著作权，但网络传播权转让合同无效

D. 小刘对该小说享有著作权，网络传播权转让合同有效

（三）自然人民事行为能力的认定

自然人民事行为能力的认定分为以下两种情况：

1. 申请认定为无民事行为能力人或限制民事行为能力人

《民法典》第 24 条第 1 款规定："不能辨认或者不能完全辨认自己行为的成年人，其利害关系人或者有关组织，可以向人民法院申请认定该成年人为无民事行为能力人或者限制民事行为能力人。"利害关系人主要是指被申请人的配偶、父母、成年子女以及其他近亲属等。有关组织是指居民委员会、村民委员会、学校、医疗机构、妇女联合会、残疾人联合会、依法设立的老年人组织、民政部门等。

人民法院应当根据司法精神病学鉴定或参照医院的诊断、鉴定确认，在不具备诊断、鉴定条件的情况下，也可以参照群众公认的当事人的精神状态认定。

八周岁以上的未成年人不能辨认自己行为的，也应类推适用前述规定。

2. 民事行为能力的恢复与部分恢复

自然人被宣告为无民事行为能力人或限制民事行为能力人，其行为只是处于一时的中止或受限制的状态，所以，当其智力障碍消除，具有辨认事物的能力时，应当通过法定程序，认定其为限制民事行为能力人或完全民事行为能力人。

《民法典》第 24 条第 2 款规定："被人民法院认定为无民事行为能力人或者限制民事行为能力人的，经本人、利害关系人或者有关组织申请，人民法院可以根据其智力、精神健康恢复的状况，认定该成年人恢复为限制民事行为能力人或者完全民事行为能力人。"

◎ 延伸阅读：

全国首例"准胎儿"获赔抚养费案。

◎ 相关法律：

《民法典》第 13~25 条。

◎ 实务操作：

甲 16 周岁，无业，偶尔打零工挣点零花钱。某日，甲因没钱玩游戏，在向父母要钱遭拒后，趁家中无人，便将自己价值近 5000 元的电脑低价卖给收旧家电的乙，得款 1500 元。甲的父亲丙回家后发现电脑不翼而飞，经询问，得知是甲卖给了乙。几天后，丙找到乙，要求返还电脑。乙拒绝。

请分析：（1）甲是否具有民事权利能力？（2）甲的民事行为能力应当如何认定？（3）甲是否有权出卖自己的电脑？

任务二　设定监护人

◎ **案例导入：**

【**案例 3-3**】王强与张红婚后育有一子王小健。因二人工作忙，在王小健满周岁后就一直由王强的哥哥王大强照看。王小健 5 岁时，王强夫妇在一次事故中死亡。处理完二人的后事后，王大强与张红的父母就王小健的监护问题发生争议。张红的父母将王大强告上法庭，要求得到王小健的监护权。

请思考：法院应如何处理？

【**案例 3-4**】李强在一公司上班，因受刺激得了精神病，公司将其送回老家交其父亲照顾。不久，李强又回到公司，吃住在宿舍，每天外出转悠。公司见其尚能够自理，遂任由其在宿舍生活。一日，李强外出时将一路人某甲打伤。某甲要求公司承担赔偿责任，公司称自己不是李强的监护人，应由监护人李强之父承担责任。

请思考：谁应是李强的监护人？

◎ **知识准备：**

上面两个案例涉及为无民事行为能力人或限制行为能力人设置监护人的问题。

一、监护的含义

监护是对无民事行为能力人和限制民事行为能力人的人身、财产及其他合法权益进行监督和保护的一种民事法律制度。履行监督和保护职责的人，称为监护人；被监督、保护的人，称为被监护人。监护包括两个方面：一是未成年人的监护制度，即针对未达到成年年龄的人设立的；二是成年人的监护制度，包括对无民事行为能力、限制民事行为能力的成年人的法定监护与意定监护。

设置监护的目的，一方面是为保护无民事行为能力人、限制民事行为能力人的合法权益；另一方面是为维护社会秩序。

二、监护人的设立方式

根据设立方式，监护可分为法定监护、协议监护、指定监护、遗嘱监护、意定监护、委托监护。

（一）法定监护

法定监护是由法律直接规定监护人范围和顺序的监护。法定监护人可以由一人或多人担任。

1. 未成年人的法定监护人

根据《民法典》第 27 条规定："父母是未成年子女的监护人。未成年人的父母已经死亡或者没有监护能力的，由下列有监护能力的人按顺序担任监护人：（一）祖父母、外祖父母；（二）兄、姐；（三）其他愿意担任监护人的个人或者组织，但是须经未成年人住所地的居民委员会、村民委员会或者民政部门同意。"

法定监护顺序在前者优先于在后者担任监护人。

◎ **案例分析：**

案例3-3中，尽管王大强照顾王小健好几年，但由于王小健的外祖父母是王小健的第二顺序的法定监护人，在王小健父母去世后，应由外祖父母担任其监护人。

2. 成年人的法定监护人

根据《民法典》第28条的规定："无民事行为能力或者限制民事行为能力的成年人，由下列有监护能力的人按顺序担任监护人：（一）配偶；（二）父母、子女；（三）其他近亲属；（四）其他愿意担任监护人的个人或者组织，但是须经被监护人住所地的居民委员会、村民委员会或者民政部门同意。"

◎ **案例分析：**

案例3-4中，因李强有父亲，就轮不到其所在单位担任监护人。

如果无民事行为能力、限制民事行为能力人没有上述监护人的，监护人由民政部门担任，也可以由具备履行监护职责条件的被监护人住所地的居民委员会、村民委员会担任。

（二）遗嘱监护

遗嘱监护是指被监护人的父母通过订立遗嘱为处于自己监护之下的子女指定监护人的法律行为。《民法典》第29条规定："被监护人的父母担任监护人的，可以通过遗嘱指定监护人。"遗嘱监护有如下特征：第一，遗嘱监护既适用于对未成年人的监护，也适用于对欠缺行为能力的成年人的监护。第二，父母在设定遗嘱监护时必须具有监护人资格。第三，遗嘱指定监护人不受法定监护人范围及顺序的限制。第四，遗嘱监护的生效需要被指定的人同意担任监护人。遗嘱监护制度有助于满足实践中一些父母在生前为其需要监护的子女做出监护安排的要求，体现了对父母意愿的尊重，也有利于更好地保护被监护人的利益。遗嘱监护应当优先于法定监护。

（三）协议监护

《民法典》第30条规定：依法具有监护资格的人之间可以协议确定监护人。协议确定监护人应当尊重被监护人的真实意愿。协议监护需要注意：第一，必须是在依法具有监护资格的人之间进行协商，且要尊重监护人的法定顺序。第二，对于未成年人，协议监护只限于父母死亡或没有监护能力的情形。父母有监护能力的，不能与他人签订协议，由他人担任监护人。第三，要尊重被监护人的真实意愿。协议监护仍然属于法定监护的一种，因为协议只能在依法具有监护资格的人之间订立。

（四）指定监护

指定监护是指有法定监护资格的人之间对担任监护人有争议时，由有关机关指定监护人的制度。《民法典》第 31 条第 1 款规定："对监护人的确定有争议的，由被监护人住所地的居民委员会、村民委员会或者民政部门指定监护人，有关当事人对指定不服的，可以向人民法院申请指定监护人；有关当事人也可以直接向人民法院申请指定监护人。"

从这一规定看，指定监护实际上是法定监护的延伸，仍属法定监护范畴。

在居民委员会、村民委员会、民政部门或人民法院指定监护人前，被监护人的人身权利、财产权利以及其他合法权益处于无人保护状态的，由被监护人住所地的居民委员会、村民委员会、法律规定的有关组织或者民政部门担任临时监护人。监护人被指定后，不得擅自变更；擅自变更的，不免除被指定的监护人的责任。

（五）意定监护

我国人口老龄化趋势明显，为利于成年人基于自己的意愿选任监护人，具有完全民事行为能力的成年人，可以与其近亲属、其他愿意担任监护人的个人或者组织事先协商，以书面形式确定自己的监护人，在该成年人丧失或者部分丧失民事行为能力时由该监护人履行监护职责，这就是意定监护。

协议的任何一方在该成年人丧失或者部分丧失民事行为能力前请求解除协议的，人民法院依法予以支持。该成年人丧失或者部分丧失民事行为能力后，协议确定的监护人无正当理由请求解除协议的，人民法院不予支持。

（六）委托监护

监护人可以将监护职责部分或全部委托给他人。《民法典》第 1189 条规定："无民事行为能力人、限制民事行为能力人造成他人损害，监护人将监护职责委托给他人的，监护人应当承担侵权责任；受托人有过错的，承担相应的责任。"如父母将子女委托祖父母或保姆照料就属于委托监护。委托监护不论是全权委托或限权委托，监护人仍要对被监护人的侵权行为承担民事责任，受委托人只有在确有过错时，才负相应的责任。

案例 3-4 中王大强对王小健的监护即属于委托监护。

◎ 交互练习：

关于监护，下列表述正确的是（　　　）。

A. 甲委托医院照料其患精神病的配偶乙，医院是委托监护人

B. 甲的幼子乙在寄宿制幼儿园期间，甲的监护职责全部转移给幼儿园

C. 甲丧夫后携幼子乙改嫁，乙的爷爷有权要求人民法院确定自己为乙的法定监护人

D. 甲、乙之子丙 5 周岁，甲乙离婚后对谁担任丙的监护人发生争议，丙住所地的居民委员会有权指定

◎ 思政点滴：

监护的意义不仅在于保护无民事行为能力人和限制民事行为能力人的合法权益，

更在于通过这种法律制度实现对他们的关爱和支持，促进社会的公平正义与和谐发展。

三、监护人的职责及履行

（一）监护职责的内容

《民法典》第34条第1款规定："监护人的职责是代理被监护人实施民事法律行为，保护被监护人的人身权利、财产权利以及其他合法权益等。"监护人应履行下列职责：

（1）教育和照顾被监护人。监护人应给被监护人关心和照料，对未成年人提供必要的物质和文化生活条件，对于丧失民事行为能力的人要给以必要的治疗。

（2）代理被监护人实施民事法律行为。

（3）保护被监护人的人身权利、财产权利以及其他合法权益。监护人应保护被监护人人身权利不受侵害，妥善管理和保护被监护人的合法财产。

（4）当被监护人给他人造成损害时，由监护人承担民事责任。监护人应当对被监护人进行必要的监督和约束，当被监护人实施不法行为给他人造成损害时，监护人应当承担民事责任。监护人尽了监护职责的，可以适当减轻责任。监护人在承担赔偿责任时，应首先从被监护人的财产中支付赔偿费用，不足部分由监护人以自己的财产承担。

为了全面保护被监护人的权益，《民法典》第34条第4款规定了临时生活照料。因发生突发事件等紧急情况，监护人暂时无法履行监护职责，被监护人的生活无人照料的，居民委员会、村民委员会或者民政部门应当为被监护人安排必要的临时生活照料措施。

（二）监护职责的履行

依据《民法典》第35条规定，监护人应当按照最有利于被监护人的原则履行监护职责。监护人除为维护被监护人利益外，不得处分被监护人的财产。因此，监护人履行监护职责应遵循如下原则：第一，按照最有利于被监护人的原则履行监护职责。第二，不得擅自处分被监护人的财产，除非为了被监护人的利益。第三，尊重被监护人的意愿。

四、监护人资格的撤销与恢复

（一）撤销监护人

在监护关系设立后，监护人因各种原因不履行监护职责的，为保护被监护人利益，有必要设立撤销监护人制度。

依据《民法典》第36条规定，监护人有下列情形之一的，人民法院根据有关个人或者组织的申请，撤销其监护人资格，安排必要的临时监护措施，并按照最有利于被监护人的原则依法指定监护人：（1）实施严重损害被监护人身心健康的行为；（2）怠于履行监护职责，或者无法履行监护职责且拒绝将监护职责部分或者全部委托给他人，导致被监护人处于危困状态；（3）实施严重侵害被监护人合法权益的其他行为。这里的有关个人指其他依法具有监护资格的人，有关组织包括：居民委员会、村民委员会、学校、医疗机构、妇女联合会、残疾人联合会、未成年人保护组织、依法设立的老年人组织、民政部门等。如果有关个人和民政部门以外的组织未及时向人民法院申请撤销监护人资格的，民政部门应当向人民法院申请。

撤销监护人的后果有二：一是设置必要的临时监护措施，撤销监护人后，如果被监护人处于无人监护的状态，其人身、财产极易受侵害，人民法院应当指定临时监护人。二是依法指定新的监护人。

依法负担被监护人抚养费、赡养费、扶养费的父母、子女、配偶等，被人民法院撤销监护人资格后，应当继续履行负担抚养费、赡养费、扶养费的义务。抚养、赡养、扶养义务是公民的法定义务，这些义务不因监护关系的终止而终止。

（二）监护资格的恢复

监护资格被撤销后，并不意味着永远丧失，在一定条件下还可以恢复。《民法典》第 38 条规定："被监护人的父母或者子女被人民法院撤销监护人资格后，除对被监护人实施故意犯罪的外，确有悔改表现的，经其申请，人民法院可以在尊重被监护人真实意愿的前提下，视情况恢复其监护人资格，人民法院指定的监护人与被监护人的监护关系同时终止。"

申请恢复监护资格的仅限于被监护人的父母或子女，作为监护人的其他个人或组织一旦被撤销监护资格，即不再恢复。申请恢复监护人资格，应征求被监护人的意见，由被监护人决定是否同意恢复监护关系。监护人因对被监护人故意实施犯罪而被撤销监护资格的，意味着其监护资格永久丧失，无法恢复。

五、监护的终止

依据《民法典》第 39 条规定，有下列情形之一的，监护关系终止：（1）被监护人取得或者恢复完全民事行为能力；（2）监护人丧失监护能力；（3）被监护人或者监护人死亡；（4）人民法院认定监护关系终止的其他情形。监护关系终止后，被监护人仍然需要监护的，应当依法另行确定监护人。

除以上监护关系终止的法定情形外，有关当事人有正当理由，也可以向法院申请变更监护人，经法院许可后，原监护关系终止。监护人有正当理由不能履行监护职责时，可以向指定机关提出申请，辞去监护资格，如监护人病重，家庭困难，迁居等。

监护关系终止后，被监护人仍然需要监护的，应当依法另行确定监护人。

◎ 延伸阅读：

（1）乐平市民政局申请撤销罗某监护人资格案。

（2）请上网查阅最高人民法院指导性案例 228 号：张某诉李某、刘某监护权纠纷案。

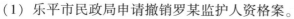

◎ 相关法律：

《民法典》第 26~39 条。

◎ 实务操作：

安某精神发育迟滞，居住在天津市南开区某社区。安某的父母早年离异，其一直跟随父亲生活，其母与父子少有联系。2024 年 4 月 30 日，安某的父亲突发疾病离世，居委会通过公安机关联系安某的母亲，其母明确表示自己年迈无法履行对安某的监护职责。由于安某已无其他近亲属，居委会遂将安某安置在养老院。安某在养老院生活亟需支付相关费用，其父去世后留有一套房屋和部分现金，但由于安某患有精神障碍，其个人无法独立处分上述遗产。

请分析：如何确定安某的监护人？

任务三　宣告失踪和宣告死亡

◎ 案例导入：

【案例 3-5】张三因与家人闹矛盾离家出走，外出经商，10 年不与家人联系。家人经多方寻找未果，于是申请宣告张三死亡。后张三经商失败，欠多人债务 40 余万元。无奈之下，张三回到老家。债权人查找到张三老家，要求其归还欠款。张三称所欠款项是其在被宣告死亡期间所为，所以该行为无效。

请思考：张三被宣告死亡期间行为的性质。

◎ 知识准备：

本任务是如何认定下落不明人为失踪人或死亡人，以及被宣告失踪或死亡的后果。

一、宣告失踪

宣告失踪，是指自然人离开自己的住所，下落不明达到法定期限，经利害关系人申请，由人民法院宣告其为失踪人的法律制度。如果一个人下落不明，会导致财产无人管理、所负担的义务得不到履行。民法上确立了宣告失踪的法律制度，通过宣告下落不明人为失踪人，为其设立财产代管人，保管失踪人财产、处理未了结的债权债务，保护失踪人和利害关系人的利益，维护社会秩序的稳定。

（一）宣告失踪的法律要件

依据《民法典》第 40、41 条的规定，宣告自然人失踪须具备以下条件：

1. 须有自然人下落不明满 2 年的事实

下落不明是指自然人离开最后居住地后没有任何音讯。自然人只有持续下落不明满 2 年的，利害关系人才能向人民法院申请宣告其为失踪人。自然人下落不明的时间，应从其音讯消失之日起计算。战争期间下落不明的，从战争结束之日起计算，如果有关机关确定了自然人下落不明的时间，则自确定的时间起算。

2. 须由利害关系人向人民法院提出申请

利害关系人包括：（1）被申请人的近亲属；（2）依据《民法典》第 1128 条、第 1129 条规定对被申请人有继承权的亲属，包括代位继承人、对公婆尽了主要赡养义务的丧偶儿媳和对岳父母尽了主要赡养义务的丧偶女婿；（3）债权人、债务人、合伙人等与被申请人有民事权利义务关系的民事主体，但是不申请宣告失踪不影响其权利行使、义务履行的除外。

利害关系人可以单独申请，也可以同时申请，而且其申请也没有顺序限制。

3. 须由人民法院依照法定程序宣告

人民法院接到宣告失踪的申请后，应发布寻找下落不明人的公告，公告期为 3 个月。公告期届满，仍没有该自然人音讯的，人民法院应当作出宣告失踪的判决。

（二）宣告失踪的法律后果

自然人被宣告失踪后，其民事主体资格仍然存在，因而不发生继承，也不改变与其人身有关的民事法律关系，而仅发生财产关系方面的法律后果，即为失踪人设立财产代管人，以解决因其失踪而引起的财产关系不稳定状态。

根据《民法典》第 42 条的规定，失踪人的财产由其配偶、成年子女、父母或者其他愿意担任财产代管人的人代管。代管有争议，没有以上规定的人，或者以上规定的人无代管能力的，由人民法院指定的人代管。

财产代管人应当妥善管理失踪人的财产，维护其财产权益。失踪人所欠税款、债务和应付的其他费用，由财产代管人从失踪人的财产中支付。代管人有权要求失踪人的债务人偿还债务，涉及失踪人的财产诉讼，财产代管人应当作为原告或被告参加。

财产代管人因故意或者重大过失造成失踪人财产损失的，应当承担赔偿责任。

财产代管人不履行代管职责、侵害失踪人财产权益或者丧失代管能力的，失踪人的利害关系人可以向人民法院申请变更财产代管人。代管人有正当理由的，也可以向人民法院申请变更代管人。人民法院变更财产代管人的，变更后的财产代管人有权要求原代管人及时移交有关财产并报告财产代管情况。

（三）失踪宣告的撤销

根据《民法典》第 45 条，失踪人重新出现，经本人或者利害关系人申请，人民法院应当撤销失踪宣告。失踪宣告一经撤销，财产代管人的代管职责也相应消灭。失踪人重新出现，有权请求财产代管人及时移交有关财产并报告财产代管情况。

二、宣告死亡

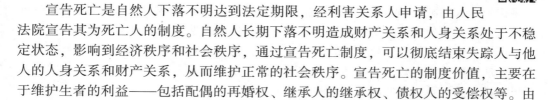

宣告死亡是自然人下落不明达到法定期限，经利害关系人申请，由人民法院宣告其为死亡人的制度。自然人长期下落不明造成财产关系和人身关系处于不稳定状态，影响到经济秩序和社会秩序，通过宣告死亡制度，可以彻底结束失踪人与他人的人身关系和财产关系，从而维护正常的社会秩序。宣告死亡的制度价值，主要在于维护生者的利益——包括配偶的再婚权、继承人的继承权、债权人的受偿权等。由于宣告死亡要消灭被宣告死亡人的民事主体资格，所以，宣告死亡条件要比宣告失踪更为严格。

（一）宣告死亡的法律要件

1. 自然人下落不明达到法定期限

一般情况下，自然人下落不明满 4 年，可宣告其死亡；因意外事件下落不明的，期限为 2 年。因意外事件下落不明，经有关机关证明该自然人不可能生存的，申请宣告死亡不受 2 年的限制。战争期间下落不明的，适用 4 年的规定。期间的起始与宣告失踪相同。

2. 须由利害关系人申请

利害关系人包括：被申请人的配偶、父母、子女，以及对公婆尽了主要赡养义务的丧偶儿媳和对岳父母尽了主要赡养义务的丧偶女婿。以下两种情形下，被申请人的其他近亲属、被申请人的代位继承人应当认定为利害关系人：被申请人的配偶、父母、子女均已死亡或者下落不明的；不申请宣告死亡不能保护其相应合法权益的。被申请人的债权人、债务人、合伙人等民事主体不能认定为利害关系人，但是不申请宣告死亡不能保护其相应合法权益的除外。

《民法典》第 47 条规定："对同一自然人，有的利害关系人申请宣告死亡，有的利害关系人申请宣告失踪，符合本法规定的宣告死亡条件的，人民法院应当宣告死亡。"宣告失踪不是宣告死亡的必经程序，自然人下落不明，符合宣告死亡的条件的，可以不经宣告失踪而直接申请宣告死亡，但利害关系人只申请宣告失踪的，应当宣告失踪。

3. 须由人民法院进行宣告

人民法院受理宣告死亡的案件后，须发出寻找下落不明人的公告，公告期为 1 年，因意外事故下落不明，经有关机关证明该自然人不可能生存的，宣告死亡的公告期间为 3 个月。公告期间届满仍不能确定下落不明人尚生存的，人民法院才能依法对其作出死亡宣告。被宣告死亡的人，法院宣告死亡的判决作出之日视为其死亡日期，因意外事件下落不明的，意外事件发生之日视为其死亡的日期。

（二）宣告死亡的法律后果

自然人被宣告死亡的，产生与生理死亡相同的法律后果。这主要包括：

（1）民事权利能力终止。

（2）其个人合法财产转变为遗产，由继承人继承。

（3）婚姻关系消灭。

（4）其下落不明前参加的民事法律关系终止。

但是，宣告死亡只是对失踪人的死亡推定，事实上该失踪人的生命不一定终结。为维护失踪人的利益和正常的社会生活秩序，《民法典》第 49 条规定，自然人被宣告死亡但是并未死亡的，不影响该自然人在被宣告死亡期间实施的民事法律行为的效力。即被宣告死亡和自然死亡的时间不一致时，被宣告死亡所引起的法律后果和真实行为的法律后果均有效，但自然死亡前实施的民事法律行为与被宣告死亡引起的法律后果相抵触的，则以其实施的民事法律行为为准。

◎ **案例分析：**

案例 3-5 中，张三虽被宣告死亡，但并未真正死亡，其在被宣告死亡期间与他人之间发生的债务行为当然有效，因而张三所欠款项应予偿还。

（三）死亡宣告的撤销

失踪人被宣告死亡只是在法律上推定其死亡，当被宣告死亡的人重新出现，或有人确知其仍然生存时，经本人或利害关系人申请，人民法院应当撤销对他的死亡宣告。

死亡宣告撤销的效力是有溯及力的，但在人身关系和财产关系方面，为了保护善意第三人，法律对溯及力作了限制。

第一，在人身关系方面。死亡宣告被撤销的，婚姻关系自撤销死亡宣告之日自行恢复；但是其配偶再婚或向婚姻登记机关书面声明不愿意恢复的除外。配偶已再婚的，再婚效力不受撤销宣告的影响，即使再婚后离婚或再婚配偶又死亡的，婚姻关系也不当然恢复；配偶未再婚，但向婚姻登记机关书面声明不愿意恢复夫妻关系的，婚姻关系也不能恢复。

《民法典》第 52 条规定，被宣告死亡的人在被宣告死亡期间，其子女被他人依法收养的，在死亡宣告被撤销后，不得以未经本人同意为由主张收养关系无效。

第二，在财产关系方面。被撤销死亡宣告的人，有权请求依照《民法典》继承编取得其财产的民事主体返还财产，返还原则应是原物及孳息，无法返还原物的，应当折价补偿；原物已被第三人善意取得时，则免除原物返还义务，代之以适当补偿。

宣告死亡若系利害关系人隐瞒真相恶意所致，属于侵权行为，侵权人不仅要返还所取得的财产及孳息，还应当对由此给被宣告死亡人造成的损失承担赔偿责任。

◎ **交互练习：**

甲出海打鱼遇到暴风雨失去音讯。五年没有任何消息，家属去法院申请宣告了甲死亡，宣告之后便依法分别继承了甲的遗产，妻子改嫁。八年后甲风尘仆仆赶回家中，在得知真相后去法院申请撤销了死亡宣告。下列选项中正确的是（　　　）。

A. 甲的妻子继承了房屋一间应当返还
B. 甲的儿子继承了汽车一辆，赠予了女朋友李某，李某应当返还汽车
C. 甲的女儿继承了粮食 10000 斤，现已消耗完毕，应当折价返还
D. 甲与妻子的婚姻关系应当自然恢复

◎ **延伸阅读：**

"亡者归来"刘某申请撤销宣告死亡案。

◎ **相关法律：**

《民法典》第 40~53 条。

◎ **实务操作：**

甲下落不明，妻子乙申请宣告甲死亡，法院于 2019 年 9 月 1 日为死亡宣告的判决作出之日。事实上，甲没死。

请分析：（1）甲死亡的时间如何确定？会产生何种法律后果？

（2）甲被宣告死亡后，其近亲属按法律规定继承了其遗产。但甲于 2020 年 9 月 1 日订立遗嘱，遗嘱确定自己在老家的遗产由其母亲丙一人继承，甲于 2020 年 10 月 10 日自然死亡。甲的遗产如何处理？

任务四　识别个体工商户和农村承包经营户

"户"属于我国现行民事立法认可的独立类型的民事主体，包括个体工商户和农村承包经营户。

一、个体工商户

个体工商户，是指在法律允许的范围内，依法经核准登记，从事工商业经营的自然人或家庭。《民法典》第 54 条规定："自然人从事工商业经营，经依法登记，为个体工商户。个体工商户可以起字号。"此处的"户"，是作为工商管理上的管理单位。个体工商户有以下特征。

（1）以"户"为经营单位。个体工商户可以个人经营，也可以家庭经营，但都是以"户"的名义从事经营活动，以"户"的名义享有民事权利和承担民事义务。

（2）从事个体工商业经营。

（3）应依法进行核准登记。申请登记为个体工商户，应当向经营场所所在地登记机关申请注册登记。个体工商户登记事项包括经营者姓名和住所、组成形式、经营范围、经营场所。个体工商户使用名称的，名称作为登记事项。

（4）对债务负无限清偿责任。关于个体工商户的债务承担，要区分个人经营和家庭经营。个人经营的，以个人财产承担；家庭经营的，以家庭财产承担；无法区分的，以家庭财产承担。

二、农村承包经营户

依据《民法典》第 55 条，农村集体经济组织的成员，依法取得农村土地承包经营权，从事家庭承包经营的，为农村承包经营户。农村承包经营户的特征是：

（1）是农村集体经济组织的成员。实践中，他们既可以是本集体经济组织内部成员，也可以是本集体经济组织以外的其他人员，非农村集体经济组织成员，一般不能成为农村承包经营户。

（2）依法取得农村土地承包经营权。农村集体经济组织的成员与发包方签订了承包合同，取得土地承包经营权，依法对其承包经营的耕地、林地、草地等享有占有、使用、收益的权利。

（3）从事的是土地承包经营。与个体工商户不同的是，农村承包经营户主要从事的是农业生产，而非工商业活动，并没有明确的经营范围。

（4）对经营期间的债务承担无限清偿责任。农村承包经营户的债务，以从事农村土地承包经营的农户财产承担；事实上由农户部分成员经营的，以该部分成员的财产承担。

◎ **相关法律：**

《民法典》第54～56条。

项目综合训练

（1）张某出生于2005年12月11日，2022年10月，张某外出打工，但经常入不敷出，难以维持自己的正常生活。2023年4月15日，张某与黄某言语不和发生争吵，进而发生打斗，张某用小刀将黄某的手臂划伤。黄某为此花费了治疗费若干。黄某向法院提起诉讼，要求张某的父母赔偿自己的损失。张某父母认为，张某已参加工作，应该由自己承担赔偿责任。

请分析： 法院应如何处理？

（2）张某家住A城，多年来往返A、B两城经商。2015年4月1日张某离家未归后杳无音讯。张某之妻谭红与三岁女儿张某燕一起生活，其同事李某对二人照顾多年，2019年5月，李某请求与谭某结婚，收养张某燕，并对张某申请宣告死亡。2021年张某被宣告死亡，2023年张某返回A城。

请分析： ①谭某、张某燕、李某应该由谁向法院申请对张某宣告死亡，为什么？

②张某在下落不明期间一直居住于B城，并于2022年在B城购买了王某的房子。后楼市看涨，王浩能否以张某已被宣告死亡为由主张买卖合同无效？为什么？

③张某返回A城后发现谭某与李某已结婚，张某燕已由李某依法收养，他与谭某、张某燕的法律关系如何？

本项目答案

项目四 法 人

◎ **知识目标**
- 了解法人的特征和分类。
- 掌握法人的民事权利能力、民事行为能力和民事责任能力。

◎ **技能目标**
- 会识别民事主体是否具有法人资格。
- 会运用法人的成立、变更和终止的基本规则分析案件。

◎ **素质目标**
- 树立法人独立责任意识，构建健康完善的社会组织体系。
- 树立法人机关结构制衡意识，构建现代法人治理结构。

任 务 一 认 识 法 人

◎ **案例导入：**

【案例 4-1】甲建筑公司承建某酒店时急需一批木材，经人介绍后，派业务经理丙与乙木材厂李厂长洽谈，双方协商一致后，丙以甲公司的名义与乙木材厂签订了《木材购销合同》。3 天后，丙辞去甲建筑公司的工作。因该种类木材交易价格变动，甲公司的法定代表人欲解除合同，并称一切责任应由原业务经理丙承担。

请思考：辞去甲公司工作的业务经理丙与乙木材厂签订的《木材购销合同》还有效吗？谁来享有合同权利、负担合同义务？

◎ **知识准备：**

本任务是正确认识法人，首先了解法人的含义。

一、法人的概念和特征

法人，是具有民事权利能力和民事行为能力，依法独立享有民事权利、负担民事义务的组织。

法人，是一种集合体，不同于自然人，属于社会组织，由法律赋予该组织独立的法律人格。法人既可以是人的集合体，也可以是财产的集合体（目的性财产）。法人具有以下特征：

（一）法定性

社会生活中有各种组织体，以组织体的名义，进行各种民事活动，但只有依法成立的、满足特定设立条件的组织体，才具有拟制的民事主体资格，能以自己的名义独立享有民事权利、承担民事义务。

以营利法人中公司法人为例，设立人需要满足《公司法》规定的有限责任公司、股份有限公司的设立条件，才能设立相应的公司法人。

（二）独立性

法人制度的核心特征是区分社团与社团成员的人格。作为法人的社会组织，具有独立法人资格，法人与其成员分属民法上各自独立的主体。法人与其成员在三方面各自独立：

1. 人格独立

依法成立的法人，可独立作为民事法律关系的主体，以自己的名义对外进行各种民事活动，如签订、履行合同。法人名称同自然人姓名一样，法人名称的独立性更强，自然人可能发生重名，法人一般不会出现这种情况。

2. 财产独立

法人拥有独立的财产，法人的财产由设立人出资的财产（或经费）和法人经营积累的财产构成。法人以其全部财产为限，独立承担民事责任。法人财产独立，一方面，法人财产与法人设立人或股东的财产相区分；另一方面，法人的财产与其他法人的财产相区分。例如公司法人，公司财产与其股东财产及其设立的子公司财产各自独立。法人以其财产对其债务承担责任。

3. 责任独立

法人独立承担民事责任，是指法人能以法人的全部财产独立承担民事责任，而不是由法人的设立者、法人成员或其他组织来承担。法人独立承担责任是法人区别于非法人组织的一大特点。

二、法人的民事权利能力

法人的民事权利能力，是指法人作为民事主体，能够以自己的名义参与民事法律关系，享有民事权利和承担民事义务的资格。

（一）法人民事权利能力的开始与终止

1. 法人的民事权利能力始于法人成立

法人的民事权利能力始于法人成立，而法人成立的具体时间因法人类型的不同而有所区别。营利法人，需要登记的，经依法登记颁证后成立。非营利法人，需要登记时，经依法登记成立，取得事业单位法人或社会团体法人资格；不需要登记的从成立之日起取得法人资格。特别法人中，机关法人依法不需要办理法人登记的，从批文成立之日起，具有法人资格。农村集体经济组织、城镇农村的合作经济组织，依法登记取得法人资格。

2. 法人的民事权利能力终于法人注销

法人民事权利能力终于法人注销登记。法人可因解散、被宣告破产以及法律规定的其他原因终止。根据《民法典》的规定，法人终止，应当依法进行清算。清算期间法人存续，但民事权利能力受到极大限制，即只能从事与清算有关的活动。法人清算结束并完成法人注销登记时，法人终止；依法不需要办理法人登记的，清算结束时，法人终止。

（二）法人民事权利能力的限制

虽然法人具有民事权利能力，属于民事主体，具有民法中的"人"的资格。但因其组织属性，导致某些专属于自然人的权利，法人不可能享有。法人的民事权利能力会受到以下限制：

1. 自身性质的限制

专属于自然人的某些权利，法人不可能享有。如自然人享有的生命权、身体权、健康权、婚姻家庭中的权利、继承权、精神损害赔偿请求权等。

2. 法律法规的限制

法人的民事权利能力还可能受到法律上的限制。如《合伙企业法》第 3 条规定国有独资公司、国有企业、上市公司以及公益性的事业单位、社会团体不得成为普通合伙人。

此外，法人的民事权利能力还可能受到其章程有关目的事业方面的限制。

◎ 交互练习：

关于自然人和法人的权利能力，下列哪一选项是正确的？（　　　）

A. 自然人和法人都享有人格权

B. 自然人和法人人格权受侵害时都可向法院请求精神损害赔偿

C. 自然人与法人民事权利能力的范围相同

D. 各类法人的民事权利能力的范围相同

三、法人的民事行为能力

法人的民事行为能力，是法律赋予法人依法开展民事活动的资格。与自然人的民事行为能力相比，法人的民事行为能力具有以下特点：

（一）法人的民事行为能力与民事权利能力同时产生、同时终止

当法人依法定程序取得法人资格后，既具有了民事权利能力，也具有了民事行为能力。当法人因注销登记而终止时，其民事权利能力和民事行为能力都随之终止。自然人的民事权利能力因自然人出生而享有，但其要具备完全民事行为能力则需达到一定年龄，并且精神状况正常才能享有。自然人的民事权利能力因自然人的死亡而终止，自然人的民事行为能力则可能在其生存期间因其精神失常而丧失。

（二）法人的民事行为能力范围与民事权利能力范围一致

不同的法人，其民事行为能力范围是有差别的。就每一个具体的法人而言，一旦其民事权利能力范围确定，其民事行为能力范围也随之确定，且二者的范围完全重合。

（三）法人的民事行为能力通常是由法人机关或法人委托的代理人实现

法人机关，是指根据法律或法人章程的规定，对内管理法人事务，对外代表法人从事民事活动的个人或集体。法人的机关通常分为意思机关、执行机关和监督机关。意思机关，是形成法人意思的机关（或称权力机关、决策机关），如股东大会、职工代表大会等。执行机关是法人权力机关的执行机关，负责实现业已形成的法人意志，如董事会、厂长、经理等。代表机关，是代表法人对外从事民事活动的机关。监督机关是对法人执行机关的行为进行监督的机关，如公司的监事会。

法人的民事行为通过法人机关作出，其行为的法律后果由法人承担。法人委托其他自然人、法人或非法人组织以法人名义实施的行为，其行为后果亦由法人承担，如公司委托的业务经理的职务行为，由法人承担法律后果。

四、法人的民事责任能力

法人的民事责任能力，是指法人以其全部财产独立承担民事责任的资格。

《民法典》第 60 条规定，法人以其全部财产独立承担民事责任。第 61 条规定，法定代表人以法人名义从事的民事活动，其法律后果由法人承受。第 62 条规定法定代表人因执行职务造成他人损害的，由法人承担民事责任。法人承担民事责任后，依照法律或者法人章程的规定，可以向有过错的法定代表人追偿。

◎ **案例分析：**

案例 4-1 中，甲建筑公司的业务经理丙，与木材厂签订木材购销合同的行为，是以甲建筑公司的名义实施，丙的行为属于受托的职务代理行为，应视为甲建筑公司的行为，由公司承担相应的法律后果。新任的甲公司的法定代表人，作为公司法人的机关，不得以合同中木材价格变动为由要求解除木材购销合同。

法人的民事责任能力不同于法人的民事责任。法人的民事责任，是基于违反法定或约定的义务，法人所需承担的不利后果，包括缔约过失责任、违约责任、侵权责任等。以营利法人的民事责任为例，其民事责任有两层含义：一是营利法人对其债务独立承担责任；二是营利法人的出资人、设立人以其认缴的出资额为限对法人的债务承担有限责任。所谓的有限责任，只是一种形象的说法，只要出资人、设立人完成了出资，就对法人不再承担任何责任，无论法人欠下多少债务，皆以法人自身财产承担民事责任。需要注意的是，营利法人的出资人不得滥用出资人权利损害法人或者其他出资人的利益；滥用出资人权利造成法人或者其他出资人损失的，应当依法承担民事责任。营利法人的出资人不得滥用法人独立地位和出资人有限责任损害法人债权人利益；滥用法人独立地位和出资人有限责任，逃避债务，严重损害法人债权人利益的，应当对法人的债务承担连带责任。

◎ **思政点滴：**

营利法人的出资人，应当诚实守信、出资真实、勤勉忠实于法人的独立人格。若营利法人的控股股东或实际控制人实施了滥用法人独立地位和出资人的有限责任的行为来规避债务，那么应当对法人的人格进行个案否认，使出资人以其全部财产就法人的债务直接承担无限连带责任。

五、法人的机关及分支机构

（一）法人机关概述

法人机关，是根据法律或法人章程的规定，对内管理法人事务或者对外代表法人从事民事活动的个人或集体。法人机关是法人的组成部分，法人机关的权限配置应受法律或法人章程的限制。因法人的类型不同，法人机关也存在区别。

法人机关可分为独任机关与合议制机关。

由单个个人形成的法人机关称为独任机关，如法人的法定代表人。

由集体组成的法人机关称为合议制机关，如公司法人的股东会、董事会和监事会，农村集体经济组织的成员大会、理事会和监事会。

（二）法定代表人

法定代表人，是指根据法律或法人章程的规定，对外代表法人行使职权的独任机关。法定代表人因其特定身份无须法人的特别授权，就可以以法人的名义，对外代表法人从事民事活动。法定代表人对外以法人名义实施的职务行为，视为法人的行为，其后果由法人承担。

法定代表人的权限可以受到法人章程或法人权力机构的限制，但该项限制不得对抗善意相对人。

营利法人的执行机构为董事会或者执行董事的，董事长、执行董事或者经理按照法人章程的规定担任法定代表人；未设董事会或者执行董事的，法人章程规定的主要负责人为其执行机构和法定代表人。

事业单位法人的法定代表人，依照法律、行政法规或者法人章程的规定产生。

社会团体法人的理事长或者会长等负责人，按照法人章程的规定担任法定代表人。

捐助法人的理事长等负责人，按照法人章程的规定担任法定代表人。

（三）合议制机关

合议制机关，由集体组成的按照法律规定或法人章程约定的决议程序和方式产生决议行为的效果来运行的法人机关。

以营利法人为例，其合议制法人机关一般由权力机构、执行机构和监督机构组成。（1）权力机构，是法人意思的形成和决策机关。权力机构有权决定法人生产经营活动中的重大问题：如修改法人章程，行使召集权力机构会议，决定法人内部管理机构的设置，选举或者更换执行机构、监督机构的成员，决定法人的经营计划和投资方案，以及法人章程规定的其他职权。权力机构通常不能代表法人对外进行民事活动。（2）执行机构，是法人权力机构的执行机关，对法人的权力机构负责，以实现业已形成的法人意志，或经权力机构授权就相关事项作出决断。执行机构通常是代表法人对外进行民事活动的机关。（3）监督机构，依法监督检查法人财务、监督执行机构成员、高级管理人员执行法人职务的行为，以及法人章程规定的其他职权。监督机构是对法人执行机构的行为进行监督检查的机关，通常也不得代表法人对外进行民事活动。需要注意的是，2023年修订后《公司法》第69条规定，有限责任公司可以按照公司章程的规定在董事会中设置由董事组成的审计委员会，行使本法规定的监事会的职权，不设监事会或者监事。公司董事会成员中的职工代表可以成为审计委员会成员。

事业单位法人设理事会的，除法律另有规定外，理事会为其决策机构。

社会团体法人应当设会员大会或者会员代表大会等权力机构以及理事会等执行机构。

捐助法人应当设理事会、民主管理组织等决策机构，并设执行机构；捐助法人应当设监事会等监督机构。

（四）法人分支机构

法人可以依法设立分支机构。法人的分支机构是法人的组成部分，它是法人在某一区域设置的完成法人部分职能的业务活动机构。法律、行政法规规定分支机构应当登记的，依照其规定。法人的分支机构经法人授权并办理登记，可以自己的名义参与民事活动。

法人的分支机构进行的民事活动所发生的债务和所产生的责任由法人承担；分支机构有财产的，先以该分支机构管理的财产承担，不足以承担的，由法人承担。法人的分支机构可以自己的名义参与民事诉讼。

◎ **延伸阅读：**

最高人民法院指导案例15号：徐工集团工程机械股份有限公司诉成都川交工贸有限责任公司等买卖合同纠纷案。

◎ **相关法律：**

《民法典》第57~62、74、83、87~95、96~101条。

《公司法》第10、11、21、58~83条。

◎ **实务操作：**

保定某公司北京办事处，系保定某公司的分支机构，张某是该办事处的负责人。张某与北京的王某签订《房屋租赁合同》，约定：王某将自己位于通州区健康路建筑面积270平方米二层楼房临街门面房租赁给保定某公司北京办事处用于办公。房屋租赁3年，租金15万元，分三年付清。合同签订后，前两年承租人每年按期缴付房租，第三年租金未付。现王某起诉至法院，要求被告一保定某公司北京办事处支付第三年租金5万元，被告二张某对租金承担无限连带责任。

请分析：法院应该如何处理？

<h1 style="text-align:center">任务二　识别法人类型</h1>

◎ **案例导入：**

　　【案例4-2】 甲以自己的名义，用家庭共有财产捐资设立以资助治疗麻风病为目的的基金会法人，由乙任理事长。后因我国对该病的防治工作卓有成效使其几乎绝迹，为实现基金会的公益性，现欲改变该基金的宗旨和目的。甲咨询朋友：有人说，甲作出决定即可，因甲是创始人和出资人；有人说，理事长乙作出决定即可，因乙是法定代表人；还有人说，应由甲的家庭成员共同决定，因甲是用家庭共有财产捐资的。

　　请思考： 以上谁的说法正确，应当如何合法解决甲的问题？

◎ **知识准备：**

　　本任务是识别不同类型的法人。营利法人、非营利法人和特别法人在设立程序、目的宗旨、组织结构、治理结构都有各自的特点。

一、《民法典》对法人的分类

　　《民法典》将法人分为营利法人、非营利法人和特别法人。此种分类是以法人成立的目的是否具有营利性（且取得利润并分配给出资人或设立人）为标准，将法人分为营利法人和非营利法人。此种分类无法包括所有的法人类型，《民法典》还规定了特别法人。具体见图4.1。

```
          ┌①有限责任公司
    营利法人┤②股份有限公司
          └③其他企业法人（非公司制的国有企业法人、集体所有制企业、乡镇企业）
          ┌①事业单位法人
  非营利法人┤②社会团体法人
          └③捐助法人（基金会、社会服务机构、宗教活动场所）
          ┌①机关法人
          │②农村集体经济组织法人
    特别法人┤③合作经济组织法人
          └④基层群众性自治组织法人（居民委员会、村民委员会）
```
图4.1　《民法典》法人分类图

　　（一）营利法人

　　《民法典》第76条第1款规定："以取得利润并分配给股东等出资人为目的成立的法人，为营利法人。"由此可见"营利"的含义，不仅在于法人是否从事经营活动并谋取经济利益，更在于所得利益是否分配给法人的股东等出资人。从组织形式来看，我国营利法人包括公司制营利法人和非公司制营利法人。

营利法人应当依法制定法人章程，依法登记成立。营业执照签发日期为营利法人的成立日期。

（二）非营利法人

《民法典》第87条规定："为公益目的或者其他非营利目的成立，不向出资人、设立人或者会员分配所取得利润的法人，为非营利法人。""非营利法人包括事业单位、社会团体、基金会、社会服务机构等。"

"非营利"是指法人成立时，为公益目的或者其他非营利目的，且不向出资人、设立人或者成员分配所取得利润；法人终止时，不得向出资人、设立人或者会员分配剩余财产。非营利法人的剩余财产，应当按照法人章程的规定或者权力机构的决议用于公益目的；无法按照法人章程的规定或者权力机构的决议处理的，由主管机关主持转给宗旨相同或者相近的法人，并向社会公告。

非营利法人包括三类：事业单位法人、社会团体法人、捐助法人。

1. 事业单位法人（典型代表：公办学校）

具备法人条件，为适应经济社会发展需要，提供公益服务设立的事业单位，经依法登记成立，取得事业单位法人资格；依法不需要办理法人登记的，从成立之日起，具有事业单位法人资格。

2. 社会团体法人（典型代表：协会）

具备法人条件，基于会员共同意愿，为公益目的或者会员共同利益等非营利目的设立的社会组织，经依法登记成立，取得社会团体法人资格；依法不需要办理法人登记的，从成立之日起，具有社会团体法人资格。社会团体的登记机关为民政部门。设立社会团体法人应当依法制定法人章程。社会团体法人应当设会员大会或者会员代表大会等权力机构。社会团体法人应当设理事会等执行机构。理事长或者会长等负责人按照法人章程的规定担任法定代表人。

3. 捐助法人（典型代表：基金会）

具备法人条件，为公益目的以捐助财产设立的基金会、社会服务机构等，经依法登记成立，取得捐助法人资格。捐助人出于从事慈善活动的目的，向基金会、社会服务机构、宗教活动场所等捐赠财产。设立捐助法人应当依法制定法人章程。捐助法人应当设理事会、民主管理组织等决策机构，并设执行机构。理事长等负责人按照法人章程的规定担任法定代表人。捐助法人应当设监事会等监督机构。

为了保护捐助人的权益和捐助财产的安全，使捐助财产真正用于慈善事业，《民法典》第94条明确了捐助人对所捐助财产使用、管理情况的监督权。捐助法人的决策机构、执行机构或者法定代表人作出决定的程序违反法律、行政法规、法人章程，或者决定内容违反法人章程的，捐助人等利害关系人或者主管机关可以请求人民法院撤销该决定。

◎ **案例分析：**

案例4-2中，基金会法人为捐助法人，其法人目的之变更，唯主管机关有权为之。应由基金会法人按照登记机关的程序申请，并经过主管部门批准方可变更。

◎ 交互练习：

关于法人分类，下列哪一表述是正确的？（　　　）

A. 社团法人均属营利法人

B. 基金会法人均属公益法人

C. 社团法人均属公益法人

D. 民办非企业单位法人均属营利法人

（三）特别法人

《民法典》第 96 条规定："本节规定的机关法人、农村集体经济组织法人、城镇农村的合作经济组织法人、基层群众性自治组织法人，为特别法人。"

1. 机关法人

机关法人是指依法行使国家权力，并因行使国家权力的需要而享有相应的民事权利能力和民事行为能力的国家机关。具体包含政党机关、人大机关、政协机关、行政机关、监察机关、司法机关、军事机关。机关法人不具有营利性。

2. 农村集体经济组织法人

农村集体经济组织是农村集体资产经营管理的主体，依法代表农民集体行使农村集体资产所有权。农村集体经济组织兼具营利性、公益性或互益性的特点。

3. 城镇农村的合作经济组织法人

城镇农村的合作经济组织是按照自愿互利、民主管理、协作服务原则组建的城乡合作组织，主要是指供销合作社等。城镇农村的合作经济组织兼具营利性、公益性或互益性的特点。

4. 基层群众性自治组织

基层群众性自治组织是指在城市按居民、在农村按村民的居住地区，建立起来的居民委员会和村民委员会。居民委员会、村民委员会是建立在我国社会的最基层并与群众直接联系的组织，是在自愿的基础上，由群众按照居住地区，自己组织起来管理自己事务的"自我管理、自我教育、自我服务"的组织。基层群众性自治组织不具有营利性。

二、大陆法系的法人学理分类

（一）公法人和私法人

以法人设立的目的及所依据的法律不同，将法人区分为公法人和私法人。公法人是指以实现公共福利为目的、依据公法所设立的法人。国家机关是典型的公法人。追求私人目的，依据私法所设立的法人为私法人。公司是典型的私法人。

（二）社团法人和财团法人

以法人成立的基础为标准，可以把私法人区分为社团法人和财团法人。社团法人是指以成员的组合为法人成立基础的私法人，如有限责任公司是以股东的组合为成立基础，有限责任公司属于社团法人。财团法人是以一定的财产作为成立基础的私法人，如各种基金会。

（三）公益法人、营利法人和中间法人

以法人的设立目的为标准，可将法人区分为公益法人、营利法人和中间法人。以营利为目的设立的法人是营利法人，反之为公益法人。中间法人是指既不以营利为目的，也不符合公益性要求的，因特别法而被赋予法人资格的团体组织。社团法人大多为营利法人，也有的属于公益法人，财团法人必为公益法人。

◎ **延伸阅读：**
中国法人与大陆法系法人分类的交互归属图。

◎ **相关法律：**
《民法典》第 76~101 条。

◎ **实务操作：**
甲、乙、丙三人分别出资 30 万、20 万、10 万，共计 60 万元设立某有限责任公司。在经营过程中，投资决策失误，致使公司遭受巨额亏损，累计负债 100 万元。现公司全部资产仅为 30 万元，请问剩余的 70 万元债务应如何处理？A 说，由甲、乙、丙按出资比例偿还；B 说，由甲、乙、丙平均分担；C 说，由甲、乙、丙负连带责任；D 说，由某有限责任公司偿还，无力偿还的部分通过破产程序处理。

请分析： 以上说法哪个正确？

任务三 设立、变更和终止法人

◎ **案例导入：**

【案例 4-3】 黄峰、黄金和黄现共同出资，拟设立名为"××县黄金黄商贸有限责任公司"的营利法人。设立过程中，黄峰以"××县黄金黄商贸有限责任公司"名义与某科技园签署了为期 3 年的商铺租赁协议，月租金 2 万元，押金金额为 3 个月租金，预付 1 个月租金。此外，黄金为设立"××县黄金黄商贸有限责任公司"以个人名义向某打印机销售维修公司租赁了一台激光打印机。

请思考： 如黄金黄公司未成立，某科技园的租赁债权如何处理？如黄金黄公司成立后，某打印机销售维修公司的租赁债权如何处理？

◎ **知识准备：**

一、法人的成立

成立法人须经过"设立人设立行为"和"法人资格取得"两个阶段。

（一）设立人设立行为

法人的设立，是指设立人创办法人、构建法人的组织机构等一系列为使法人具有主体资格而进行的多种形式的连续准备行为。它是法人成立的前置阶段。法人的设立方式主要有：

1. 发起设立

发起设立，是指通过若干发起人的设立行为设立法人。此种设立方式适用于有限责任公司、部分采用发起方式设立的股份有限公司，由发起人认购公司应发行的全部股份；社会团体法人也采用发起方式设立。

发起人的设立行为，通常包括订立发起人协议、合资协议、合作协议以及制定章程的法律行为。章程由全体发起人以合意的方式制定，发起人一致同意并签字即可生效。

2. 募集设立

募集设立，是指在设立法人时，发起人仅认购部分股份出资，其余股份出资向他人募集。《公司法》第 91 条规定，股份有限公司还可以采用募集设立的方式设立。募集方式分为定向募集和公开募集。募集设立的股份有限公司，其章程由发起人制订，但须在公司创立大会上由出席会议的认股人所持表决权过半数通过，此时该股份有限公司的章程生效。

3. 捐助设立

非营利法人中的捐助法人，采用捐助设立方式设立，设立人须实施一项捐助行为。捐助行为，是指为设立捐助法人而捐出财产的法律行为。捐助行为在性质上是单方法律行为。因为在实施捐助法律行为时，财团法人尚未成立，不可能存在受领人。捐助行为，可以是生前行为，也可以是死因行为，如遗嘱捐助。在我国设立捐助法人，还需要获得主管机关的许可。

4. 命令或组建设立

公法人采用命令或组建方式设立，如特别法人中的机关法人，是通过此种方式设立的。一些机关法人，依据法律规定并通过一定程序组建而成，如国家监察委员会；还有一些机关法人，直接基于政府的命令而设立，如地方人民政府设立职能部门或者派出机关。此类法人的设立行为，都是公法上的行为。

需要注意的是，设立人在设立法人过程中所负债务的负担问题。设立人为设立法人从事的民事活动，其法律后果由成立后的法人承受；法人未成立的，其法律后果由设立人承受，设立人为二人以上的，享有连带债权，承担连带债务。设立人，为设立法人以自己的名义从事民事活动产生的民事责任，第三人有权选择请求法人或者设立人承担。

◎ **案例分析：**

案例 4-3 中，如果黄金黄公司未成立，某科技园的租赁债权并不消灭，某科技园就租赁债权，仍可向黄峰、黄金、黄现 3 人主张；就某科技园的租赁债务，由黄峰等 3 人承担连带责任。如果黄金黄公司设立后，某打印机销售维修公司就租赁债权，既可向黄金黄公司主张，也可向黄金主张。

（二）法人资格取得

1. 满足法人成立的条件

根据《民法典》第58条的规定，应具备以下条件：

（1）依法成立。指法人的目的合法、机构合法、宗旨合法、设立方式、经营范围等均符合法律法规规定。

（2）有必要的财产或经费。财产是法人享有民事权利和承担民事义务的物质基础，也是法人独立承担民事责任的物质保障。必要的财产是对营利法人的要求；必要的经费是对非营利法人的要求；必要的经费来源是对特别法人的要求。

（3）有自己的名称、组织机构、住所。法人以其主要办事机构所在地为住所。法人的住所可以是法人自己所有的，也可以是租赁他人的。依法需要办理法人登记的，应当将主要办事机构所在地登记为住所。法人的住所和法人的场所不同，法人的活动场所可以是多个，而法人的住所具有唯一性。

（4）满足法律规定的其他条件。设立中的法人还需满足法律规定的其他条件。如《公司法》第5条规定，设立公司应当依法制定公司章程。再如《社会团体登记管理条例》第11条规定，申请成立社会团体，发起人应当向登记管理机关提交下列文件：登记申请书；业务主管单位的批准文件；验资报告、场所使用权证明；发起人和拟任负责人的基本情况、身份证明；章程草案。符合以上条件，法人成立。

2. 法人资格取得时点

依法设立的法人，由于法人类型不同，其设立的法律依据不同，各类法人资格取得的时点也不同，具体见本项目任务一中"法人民事权利能力的开始与终止"。

二、法人的变更

法人的变更，是指在法人存续期间内，法人在组织机构、责任形式和其他重要事项上发生的变动。

（一）法人组织机构的变更

1. 法人合并

法人合并，是指两个以上的法人集合成为一个法人的民事法律行为。法人合并可分为吸收合并和新设合并。吸收合并，是指一个法人吸收被合并的其他法人，合并后只有一个法人存续，被吸收法人均消灭的合并方式。新设合并，是指两个以上的法人合并为一个新法人。新设合并导致原来的法人均消灭，新的法人产生。

为保障各合并法人的债权人的利益，法人应在合并前通知债权人，债权人有权要求法人清偿债务或提供相应的担保。法人合并的，合并各方的权利和义务由合并后存续的法人或者新设的法人享有和承担。

2. 法人分立

法人分立，是指一个法人分成两个或两个以上法人的民事法律行为。法人的分立分为新设分立和派生分立。新设分立，是指解散原法人，而分立为两个以上的新法人。派生分立，是指原法人继续存在，从中分出新的法人。

法人分立的，其权利和义务由分立后的法人享有连带债权，承担连带债务，但是债权人和债务人另有约定的除外。

◎ **交互练习**：

某市国有资产管理部门决定将甲、乙两个国有独资公司撤销，合并成立甲股份有限公司，合并后的甲股份有限公司仍然使用原甲公司的字号，该合并事项已经有关部门批准。该事例中发生的现象是(　　　　)。

A. 新设合并　　　　　　B. 吸收合并

C. 新设分立　　　　　　D. 派生分立

（二）法人责任形式的变更

对于公司法人而言，存在公司责任形式的变更问题。如有限责任公司在符合法定条件的前提下，经全体股东一致同意，可以变更为股份有限公司，但这种形式的变更，同新设立一样，应获得有关部门批准，方能进行变更登记。

有限责任公司变更为股份有限公司，应当符合《公司法》规定的股份有限公司的条件。股份有限公司变更为有限责任公司，应当符合《公司法》规定的有限责任公司的条件。有限责任公司变更为股份有限公司的，或者股份有限公司变更为有限责任公司的，公司变更前的债权、债务由变更后的公司承继。

（三）法人其他重要事项的变更

法人其他重要事项的变更，是指法人的业务活动范围、财产、名称、住所、隶属关系、法定代表人等事项的变更。法人存续期间登记事项发生变化的，应当依法向登记机关申请变更登记。法人的实际情况与登记的事项不一致的，不得对抗善意相对人。登记机关应当依法及时公示法人登记的有关信息。

三、法人的终止

法人终止，又称法人消灭，是指法人丧失民事主体资格，其民事权利能力和民事行为能力终止。法人终止的条件包括：具备法定事由、依法完成清算程序、依法完成注销登记。

（一）具有法人终止的法定事由

1. 法人解散

法人解散的主要原因：（1）自主解散。包括法人章程规定的存续期间届满或其他解散事由出现；法人的权力机构决议解散；因法人合并或分立需要解散。（2）行政解散。法人依法被吊销营业执照、登记证书，被责令关闭或者被撤销等。

2. 法人被宣告破产

企业法人不能清偿到期债务，并且资产不足以清偿全部债务或者明显缺乏清偿能力的，经债权人或债务人申请破产清算，由人民法院裁定是否受理。经人民法院审查，受理申请并认为该企业符合破产条件的，依法宣告其破产。

3. 法律规定的其他原因

《民法典》有关法人终止原因规定了弹性兜底条款，即除上述原因外，法人还可因法律规定的其他原因而终止，如公司僵局股东申请司法解散等。

法人终止，法律、行政法规规定须经有关机关批准的，经主管机关批准后法人终止。比如，《公司法》规定，重要的国有独资公司合并、分立、解散、申请破产的，应当由国有资产监督管理机构审核后，报本级人民政府批准。

（二）依法完成清算程序

法人的清算，是指由依法成立的清算组织，清理即将终止的法人财产，了却其作为民事主体的法律关系，使法人归于消灭的程序。

法人解散的，除合并或者分立的情形外，清算义务人应当及时组成清算组进行清算。除法律、行政法规另有规定外，法人的董事、理事等执行机构或决策机构的成员为清算义务人。主管机关或者利害关系人可以申请人民法院指定有关人员组成清算组进行清算。

法人的清算程序和清算组职权，依照有关法律的规定；没有规定的，参照适用公司法的有关规定。清算期间，法人的主体资格并不消灭，但法人的民事行为能力受到限制，清算组织只能从事以清算为目的的活动，不得创设新的法律关系。清算组织对内清理法人财产，处理法人的有关事务；对外代表法人清偿债务，收取债权。法人清算后的剩余财产，根据法人章程的规定或者法人权力机构的决议处理。法律另有规定的，依照其规定。

（三）依法完成注销登记

在法人具有法人终止的法定事由发生后，法人的主体资格并不立即消灭，只有经过清算并依法完成注销登记，法人主体资格才归于消灭。

清算结束，并完成法人注销登记时，法人终止；依法不需要办理法人登记的，清算结束时，法人终止。法人被宣告破产的，依法进行破产清算并完成法人注销登记时，法人终止。

◎ **延伸阅读：**

有限责任公司的清算义务人。

◎ **相关法律：**

《民法典》第 58、64~75 条。

《公司法》第 23、25、76、77、90、232 条。

◎ **实务操作：**

某市制药厂与某市物资公司签订了一份购买药材合同。合同约定，物资公司向制药厂供应 4 吨药材，每吨单价为 10 万元，交货期限为当年 8 月底，制药厂应于 6 月 30 日前预付款 20 万元，其余货款待交付药材后 10 天内全部付清。合同签订后，制药厂按期预付了 20 万元的货款。7 月中旬，制药厂由于改制的需要，分立为药业有限公司和对外服务公司。制药厂向物资公司购买的 4 吨药材作为分配财产为药业有限公司所有。制药厂在清理原订合同时和物资公司协商约定，所购药材剩余价款由分立后的两个单位各负担一半。8 月底，物资公司送货时被告知药材运至药业有限公司，药业有限公司向物资公司支付了 10 万元，物资公司向其追要剩余的 10 万元，药业有限公司按照公司分立时签订的协议回复，自己对这笔债务只负担一半，其余一半应由对外服务公司支付。而对外服务公司提出自己资金紧张，而且并未占有、使用这 4 吨药材，这是药业有限公司所欠的货款，与己无关。物资公司追索无果，遂向法院提起了诉讼。

请分析：该案如何处理？

项目综合训练

（1）A、B、C 各出资 100 万元设立甲有限责任公司，甲公司在经营中对乙公司负担 300 万元债务。A、B、C 对甲公司一经出资后，其出资归甲公司所有，不再归A、B、C 个人所有，A、B、C 仅因此享有与其出资数额比例相应的股权。甲公司经营期间经营取得的财产，归甲公司所有，而非 A、B、C 个人所有。

请问：此乃法人什么特征？

（2）A、B、C 虽为甲有限责任公司的股东，但 A、B、C 与甲公司在民法上，为各自独立的民事主体，甲公司具有独立的法人意志。A、B、C 中的一人或数人退出或者死亡，不影响甲公司民法上人格的存在。

请问：此乃法人什么特征？

（3）甲公司对乙公司的 300 万元债务，由甲公司以其所有的财产承担无限责任；A、B、C 自身仅以其出资额为限承担有限责任，在原则上不对这 300 万元债务承担连带责任。

请问：此乃法人什么特征？

本项目答案

项目五　非法人组织

◎ **知识目标**
- 了解非法人组织的设立、运行、解散、清算与终止。
- 掌握合伙的特征、运行、偿债规则。

◎ **技能目标**
- 能识别个人独资企业、合伙企业、不具有法人资格的专业服务机构。
- 能解决合伙企业运营管理、入伙退伙、合伙事务纠纷。

◎ **素质目标**
- 能结合社会生活实际处理合伙企业内部事务。
- 能分析具体案件中合伙企业内部、外部关系。

任务一　认识非法人组织

◎ **案例导入：**

【案例 5-1】 甲、乙、丙、丁打算成立一家修理汽车的合伙企业，名称为保定新星汽车维修服务中心。甲以货币出资，乙以房屋使用权出资，丙以设备出资，丁以劳务出资，甲、乙、丙、丁商议后签订《合伙协议》，并一致同意丙作为合伙事务执行人，对外代表合伙企业。

请分析： 该汽车服务中心属于哪一类型的企业？该中心由谁对外签订合同？该中心对外产生的债务如何承担？

◎ **知识准备：**

本任务是明确非法人组织的含义，认识非法人组织的常见形式。

一、非法人组织概述

（一）非法人组织的概念

非法人组织，是指不具有法人资格，但是能够依法以自己的名义从事民事活动的组织。

非法人组织包括个人独资企业、合伙企业、不具有法人资格的专业服务机构（如律师事务所、会计师事务所、审计事务所、资产评估机构等）。另外，还包括未取得法人资格的中外合作经营企业、外资企业、乡镇企业、街道企业等。

（二）非法人组织的特征

1. 非法人组织有独立的名义

非法人组织，以组织名义独立进行民事活动，是介于自然人和法人之间的第三类民事主体。如以组织名义独立对外签订合同、起诉、应诉、申请贷款等。

2. 依法登记设立

《民法典》第103条规定："非法人组织应当依照法律的规定登记。设立非法人组织，法律、行政法规规定须经有关机关批准的，依照其规定。"依据本条规定，非法人组织原则上都应当进行登记，这就使非法人组织既区别于未进行登记的民事合伙、设立中的法人，又不同于根据法人内部的规章成立的内部职能部门，如组成法人的车间、班组或科室。

3. 有一定的财产或经费

非法人组织，应有与其经营活动和经营规模相适应的财产或者经费，作为其参与民事活动、享有民事权利、负担民事义务的物质基础和财产保证。非法人组织的财产或经费与法人的财产或经费不同，即它不是独立的，而是其设立人财产的组成部分。

4. 不能独立地承担民事责任

非法人组织没有独立的财产或经费，因而它不具有独立承担民事责任的能力。这是非法人组织与法人的最大区别。当其因对外进行民事活动而需要承担民事责任时，如其自身所拥有的财产能够承担责任，则由其自身承担；如其自身所拥有的财产不足以承担责任时，则由其出资人或设立人承担连带责任。出资人和设立人承担民事责任时，是一种补充性连带责任，即当非法人组织的财产不足以清偿全部债务时，才由非法人组织的出资人或设立人对财产不足部分承担无限连带责任。

二、非法人组织的类型

（一）个人独资企业

依据《个人独资企业法》第2条的规定，个人独资企业是指，"在中国境内设立，由一个自然人投资，财产为投资人个人所有，投资人以其个人财产对企业债务承担无限责任的经营实体"。个人独资企业的主要特点为：

其一，仅有一个投资者，且该投资者为自然人。

其二，企业财产不具有独立性，财产属于投资者个人所有。依据《个人独资企业法》第17条规定："个人独资企业投资人对本企业的财产依法享有所有权，其有关权利可以依法进行转让或继承"。因此，个人独资企业的财产属于投资者个人所有，投资者有权将其投入企业的财产依法转让，如果投资者以家庭共有财产投资，则企业的财产属于家庭共有。

其三，企业的所有权和经营权主体可以合一，也可以分离。依据《个人独资企业法》第19条规定："个人独资企业投资人可以自行管理企业事务，也可以委托或者聘用其他具有民事行为能力的人负责企业的事务管理"。

其四，投资人对企业债务承担无限责任。依据《个人独资企业法》第31条的规定，"个人独资企业财产不足以清偿债务的，投资人应当以其个人的其他财产予以清偿"。个人独资企业的责任最终是由投资者个人承担的。如果投资者以家庭共有财产作为出资，并在申请企业设立登记时明确登记的，则以家庭共有财产对企业债务承担无限责任。

（二）合伙企业

根据《合伙企业法》第 2 条规定，合伙企业，是指自然人、法人和其他组织依照该法在中国境内设立的普通合伙企业和有限合伙企业。

1. 普通合伙企业

普通合伙企业由普通合伙人组成，合伙人对合伙企业债务承担无限连带责任。法律对合伙人承担责任的形式有特别规定的（如特殊的普通合伙企业），从其规定。国有独资公司、国有企业、上市公司以及公益性的事业单位、社会团体不得成为普通合伙人。

普通合伙人可以用货币、实物、知识产权、土地使用权或者其他财产权利出资，也可以用劳务出资。

2. 有限合伙企业

有限合伙企业，由普通合伙人和有限合伙人组成，其中普通合伙人对合伙企业债务承担无限连带责任，有限合伙人则以其认缴的出资额为限对合伙企业债务承担责任。

有限合伙人可以用货币、实物、知识产权、土地使用权或者其他财产权利作价出资。有限合伙人不得以劳务出资。有限合伙人不执行合伙事务，不得对外代表有限合伙企业。有限合伙人未经授权以有限合伙企业名义与他人进行交易，给有限合伙企业或者其他合伙人造成损失的，该有限合伙人应当承担赔偿责任。

◎ **案例分析：**

案例 5-1 中，甲、乙、丙、丁成立的汽车服务中心应为普通合伙企业。依照《合伙企业法》第 16 条第 1 款的规定，普通合伙的合伙人可以以劳务出资。甲、乙、丙、丁一致同意委托丙作为合伙事务执行人，应由丙来代表合伙企业对外签订合同。依据《合伙企业法》第 27 条的规定，委托一个或者数个合伙人执行合伙事务的，其他合伙人不再执行合伙事务，但有权监督执行事务合伙人执行合伙事务的情况。合伙企业的对外债务承担由合伙人分担，对外各普通合伙人承担无限连带责任。

◎ **交互练习：**

甲、乙、丙、丁打算设立一家普通合伙企业，以下说法正确的是(　　　)。

A. 甲、乙、丙、丁作为合伙人不得以劳务出资

B. 若乙仅以其房屋使用权作为出资，则不必办理房产过户登记

C. 该合伙企业名称中以丙的名字"丙大厨"为字号并标明"普通合伙"

D. 《合伙协议》经全体合伙人签名、盖章，并经登记后生效

（三）不具有法人资格的专业服务机构

不具有法人资格的专业服务机构，是指应用某方面的专业技能和专业知识，按照服务对象的需求在相应专业知识领域内提供服务的社会组织。例如会计师事务所、律师事务所。其主要特征表现为：

1. 设立的特殊性

从《民法典》第 103 条的规定来看，非法人组织的设立一般应当依法登记。同时，按照《律师法》《注册会计师法》设立不具有法人资格的专业服务机构，一般都需要经过上级主管部门的审批。

2. 业务范围的特殊性

不具有法人资格的专业服务机构是以提供专业服务为内容，并且要求其从业人员具有特定的执业资格和职业能力。如律师主要为当事人代理诉讼案件和提供非诉法律服务，会计师事务所为企业提供审计报告等专业服务。

三、非法人组织的设立

非法人组织的设立程序分两种：一是登记设立，即非法人组织依法进行登记即可设立；二是审批设立，即非法人组织还需要依据其他法律、行政法规的规定完成相应的批准程序才能设立。按照《个人独资企业》《合伙企业法》设立的企业类非法人组织，其经营范围若属于法律、行政法规要求在登记前须经批准的经营项目的，这两类非法人组织设立还要依法经过有关部门的批准。

（一）登记设立

个人独资企业和一般的普通合伙企业通过登记设立。《民法典》第 103 条第 1 款规定，"非法人组织应当依照法律的规定进行登记。"《个人独资企业法》第 9 条第 1 款规定："申请设立个人独资企业，应当由投资人或者其委托的代理人向个人独资企业所在地的登记机关提交设立申请书、投资人身份证明、生产经营场所使用证明等文件。委托代理人申请设立登记时，应当出具投资人的委托书和代理人的合法证明。"《合伙企业法》第 9 条第 1 款规定："申请设立合伙企业，应当向企业登记机关提交登记申请书、合伙协议书、合伙人身份证明等文件。"

（二）审批设立

从事特许经营业务的个人独资企业、有限合伙企业和特殊的普通合伙企业需要通过审批设立。《民法典》第 103 条第 2 款规定："设立非法人组织，法律、行政法规规定须经有关机关批准的，依照其规定。"对于应当经批准设立的非法人组织而言，在批准之后，仍然应当办理登记。非法人组织设立需要审批的情况包括如下两种：

一是非法人组织的设立本身不需要经过批准，但其经营范围属于需要批准的事项，则应当经有关部门批准。例如《个人独资企业法》第 9 条第 2 款规定："个人独资企业不得从事法律、行政法规禁止经营的业务；从事法律、行政法规规定须报经有关部门审批的业务，应当在申请设立登记时提交有关部门的批准文件。"

二是非法人组织设立本身需要经过批准。例如《律师法》第 18 条规定："设立律师事务所，应当向设区的市级或者直辖市的区人民政府司法行政部门提出申请，受理申请的部门应当自受理之日起二十日内予以审查，并将审查意见和全部申请材料报送省、自治区、直辖市人民政府司法行政部门。省、自治区、直辖市人民政府司法行政部门应当自收到报送材料之日起十日内予以审核，做出是否准予设立的决定。准予设立的，向申请人颁发律师事务所执业证书；不准予设立的，向申请人书面说明理由。"此外，设立会计师事务所，可以采取普通合伙、特殊普通合伙和有限责任公司形式，均需要省级财政部门批准。

四、非法人组织的债务承担

《民法典》第 104 条规定："非法人组织的财产不足以清偿债务的，其出资人或者设立人承担无限责任。法律另有规定的，依照其规定。"据此，非法人组织的债务承担规则包含以下三层含义：

（1）非法人组织的财产优先清偿债务。非法人组织是独立的民事主体，能够以自己的名义独立参与民事活动并享有财产权利。因此，应首先以非法人组织的财产清偿其债务。

（2）非法人组织的财产不足以清偿债务的部分，由其出资人或者设立人承担无限责任。

（3）法律另有规定的，依照其规定。例如《个人独资企业法》第 28 条规定，个人独资企业解散后，原投资人对个人独资企业存续期间的债务仍应承担偿还责任，但债权人在 5 年内未向债务人提出偿债请求的，该请求权消灭。

五、非法人组织的代表人

非法人组织代表人，是指根据章程、协议或者经出资人共同决定，来确定由其代表该非法人组织对外从事民事活动的人。非法人组织的代表人可以是一个人，也可以是多个人。非法人组织代表人对外从事民事活动而产生的民事权利和民事义务由非法人组织承担。

以合伙企业为例，按照合伙协议的约定或者经全体合伙人决定，可以委托一个或者数个合伙人对外代表合伙企业，执行合伙事务，其他合伙人不再执行合伙事务。

六、非法人组织的终止

非法人组织的终止，即非法人组织根据章程或出资人、设立人的决议，或者法律规定的事由出现而解散，进行清算后，终止其民事主体资格的法律程序。分为两个阶段：

（1）非法人组织的解散。非法人组织解散，指非法人组织营业的停止，而不是非法人组织的终止。非法人组织常见的解散事由包括三类：章程规定的存续期间届满或章程规定的其他解散事由出现；出资人或者设立人决定解散；法律规定的其他情形。

（2）非法人组织清算。非法人组织解散后，还需要依法经过清算程序，结束与其相关的外部权利义务关系（如收回债权、清偿债务）并分配财产，办理注销登记，非法人组织的主体资格才归于消灭。

七、非法人组织终止后的债务清偿责任

个人独资企业、合伙企业清算注销后，尚未清偿的债务，仍由投资人、普通合伙人以其个人财产予以清偿。个人独资企业注销后，原投资人对个人独资企业存续期间的债务仍应承担偿还责任，但债权人在 5 年内未向债务人提出偿债请求的，该责任消灭。合伙企业注销后，原普通合伙人对合伙企业存续期间的债务仍应承担无限连带责任。

◎ 延伸阅读：
　　非法人组织中合伙人的权利结构。

◎ 相关法律：
　　《民法典》第 102~108 条。
　　《个人独资企业法》第 2、17、19、28、31 条。
　　《合伙企业法》第 2、16、17、19、26~30 条。

◎ 实务操作：
　　"知味府"饭馆是张某自然人投资的个人独资企业。张某在申请企业设立登记时，明确表示以其家庭共有财产作为出资，并且让其儿子张小某负责饭馆的事务管理，五年后因疫情导致经营陷入亏损，张某决定解散该企业，此时 A 啤酒供货商在其饭馆尚有 15 万元货款未结清。
　　请分析：该饭馆的作法有无问题？对外债务应如何处理？

任务二　处理合伙事务

◎ 案例导入：
　　【案例 5-2】甲、乙、丙三人合伙成立了一家从事科技开发的普通合伙企业，合伙协议明确约定三人各出资 100 万元，甲、乙承担合伙企业的全部亏损，合伙企业的收益由三人按照投资比例分配。后该合伙企业因经营不善，对外负债 500 万元，合伙企业现有全部财产 200 万元。
　　请思考：甲、乙、丙应如何对合伙企业的债务承担责任？

◎ 知识准备：
　　本任务是认识合伙企业、处理合伙人入伙和退伙事宜、解决合伙企业终止与债务承担问题。

一、认识合伙企业

合伙企业是指两个或两个以上的民事主体，根据合伙协议设立的共同出资、共同经营、共享收益、共担风险的营利性组织。根据《合伙企业法》第 2 条的规定，合伙企业包括普通合伙企业和有限合伙企业。

普通合伙企业由普通合伙人组成，只要没有法律的特别规定，则全体普通合伙人应当对合伙企业债务承担无限连带责任。有限合伙企业由普通合伙人和有限合伙人组成，普通合伙人对合伙企业债务承担无限连带责任，有限合伙人以其认缴的出资额为限对合伙企业债务承担责任。需要加以注意的是，如果有限合伙企业仅剩有限合伙人的，应当解散；有限合伙企业仅剩普通合伙人的，转为普通合伙企业。

合伙企业有如下特点：

（一）合伙合同是合伙企业成立的法律基础

合伙合同是两个以上的合伙人为了共同的事业目的，订立的共享利益、共担风险的协议。在内部关系上，合伙合同是用以确定合伙人之间的权利义务关系的依据，是合伙企业成立的基础。在对外表现形式上，合伙企业是由全体合伙人作为整体与第三人产生法律关系的组织体。

合伙合同需载明合伙企业的名称和主要经营场所；合伙目的和合伙企业的经营范围；合伙人的姓名及其住所；合伙人出资的方式、数额和缴付出资的期限；利润分配和亏损分担办法；合伙企业事务的执行；入伙和退伙；合伙企业的解散和清算及违约责任等。

（二）合伙人共同出资是合伙经营的物质基础

依据《民法典》第 968 条，合伙人应当按照约定的出资方式、数额和交付期限，履行出资义务。合伙人可以用货币、实物、知识产权、土地使用权或其他财产权利出资，也可以用劳务出资（有限合伙人不得以劳务出资）。合伙人以非货币财产形式出资需要评估作价的，可以由全体合伙人协商确定，也可以由全体合伙人委托法定评估机构评估，依照法律、行政法规的规定，需要办理财产权转移手续的，应当依法办理。

合伙人按其出资比例享有一定的财产份额，除合伙合同另有约定外，合伙人向合伙人以外的人转让其在合伙企业中的全部或者部分财产份额时，须经其他合伙人一致同意，在同等条件下，其他合伙人有优先购买权。合伙人之间转让在合伙企业中的全部或者部分财产份额时，应当通知其他合伙人。

（三）合伙人共同经营是实现合伙事业目的的基础

合伙事业经营，包括合伙事务的经营决策和合伙事务执行两个方面。

依据《民法典》第 970 条之规定，除合伙合同另有约定，合伙事务的决定应当经全体合伙人一致同意。《合伙企业法》规定，除合伙协议另有约定外，合伙企业的下列事项应当经全体合伙人一致同意：修改或者补充合伙协议；向合伙人以外的人转让其在合伙企业中的全部或者部分财产份额；合伙人以其在合伙企业中的财产份额出质；改变合伙企业的名称；改变合伙企业的经营范围、主要经营场所的地点；处分合伙企业的不动产；转让或者处分合伙企业的知识产权和其他财产权利；以合伙企业名义为他人提供担保；聘任合伙人以外的人担任合伙企业的经营管理人员；新合伙人入伙；合伙人除名；合伙人死亡或被宣告死亡的，继承人通过继承取得合伙人资格；合伙人的继承人为无民事行为能力人或者限制民事行为能力人的，经全体合伙人一致同意，可以依法成为有限合伙人，普通合伙企业依法转为有限合伙企业；普通合伙人转变为有限合伙人，或者有限合伙人转变为普通合伙人。

共同经营并不意味着每一个合伙人都必须执行合伙事务，可以全体合伙人共同执行合伙事务；也可以按照合伙合同的约定或者全体合伙人的决定，委托一个或者数个合伙人对外代表合伙企业执行合伙事务，其他合伙人不再执行，但是有权监督执行情况；还可以由合伙人分别执行合伙事务，执行事务合伙人可以对其他合伙人执行的事务提出异议，提出异议后，其他合伙人应当暂停该事务的执行。在有限合伙企业中，有限合伙人不执行合伙事务，不得对外代表有限合伙企业。

普通合伙企业的合伙人不得从事损害本合伙企业利益的活动。合伙人不得自营或者同他人合作经营与本合伙企业相竞争的业务。除合伙协议另有约定或者经全体合伙人一致同意外，合伙人不得同本合伙企业进行交易。

（四）合伙人共享收益、共担风险，是合伙关系的本质特征

合伙财产三部分：包括合伙人的出资、以合伙名义取得的收益和依法取得的其他财产。根据《民法典》第 969 条的规定，合伙人在合伙合同终止前，不得请求分割合伙的财产。

合伙企业的利润分配、亏损分担的方法：①按照合伙合同的约定办理。②合伙合同未约定或者约定不明确的，由合伙人协商决定。③协商不成的，由合伙人按照实缴出资比例分配、分担。④无法确定出资比例的，由合伙人平均分配、分担。合伙合同不得约定将全部利润分配给部分合伙人或者由部分合伙人承担全部亏损。应当注意的是，有限合伙企业不得将全部利润分配给部分合伙人；但是，合伙协议另有约定的除外。

◎ **案例分析：**

案例 5-2 中，甲、乙、丙为普通合伙人，合伙协议不得约定将全部利润分配给部分合伙人或者由部分合伙人承担全部亏损。合伙企业对外负债 500 万元，合伙企业首先以现有全部财产 200 万元承担责任。对于剩余的 300 万元债务，甲、乙、丙应承担无限连带责任。合伙人由于承担无限连带责任，清偿数额超过其亏损分担比例的，有权向其他合伙人追偿。

◎ **思政点滴：**

合伙人之间的关系处理是合伙企业运营中至关重要的一环，良好的合伙人关系能够促进企业的稳定发展，合伙人之间需要明确职责、有效沟通、共同目标、公平对待，建立起健康、稳定的合伙人关系，为企业的长期发展奠定坚实基础。

二、入伙和退伙

（一）入伙

入伙，是指合伙企业成立后，第三人加入合伙组织并取得合伙人资格的行为。新合伙人入伙，应当接受原合伙协议的基本内容，经全体合伙人一致同意，签订书面入伙协议。订立入伙协议时，原合伙人应当向新合伙人如实告知原合伙企业的经营状况和财务状况。合伙企业登记事项发生变更的，执行合伙事务的合伙人应当自作出变更决定或者发生变更事由之日起15日内，向企业登记机关申请办理变更登记。除入伙协议另有约定外，入伙的新合伙人与原合伙人享有同等权利，承担同等责任。新合伙人对入伙前合伙企业的债务承担无限连带责任。

（二）退伙

退伙，是指合伙人在合伙存续期间退出合伙组织，丧失合伙人资格的行为。退伙有以下三种形式：

1. 自愿退伙

自愿退伙，包含约定合伙期限的退伙和未约定合伙期限的退伙。

约定合伙期限的退伙，根据《合伙企业法》第45条规定，合伙协议约定合伙期限的，在合伙企业存续期间，发生下列情形：合伙协议约定的退伙事由出现；经全体合伙人一致同意；发生合伙人难以继续参加合伙的事由；其他合伙人严重违反合伙协议约定的义务的，合伙人可以退伙。

未约定合伙期限的退伙，根据《合伙企业法》第46条规定，合伙协议未约定合伙期限的，合伙人在不给合伙企业事务执行造成不利影响的情况下，可以退伙，但应当提前30日通知其他合伙人。

2. 法定退伙

法定退伙（当然退伙），是指基于法律的直接规定而退伙。依据《合伙企业法》第48条的规定，普通合伙人有下列情形，当然退伙：作为合伙人的自然人死亡或被宣告死亡；个人丧失偿债能力；作为合伙人的法人或者其他组织依法被吊销营业执照、责令关闭、撤销，或者被宣告破产；法律规定或合伙协议约定合伙人必须具有相关资格而丧失该资格；合伙人在合伙企业中的全部财产份额被人民法院强制执行。有限合伙人丧失个人偿债能力；丧失法律规定或合伙协议约定合伙人必须具有相关资格的，不当然退伙。

合伙人被依法认定为无、限制民事行为能力人的，经其他合伙人一致同意，可以依法转为有限合伙人，普通合伙企业依法转为有限合伙企业。其他合伙人未能一致同意的，该无、限制民事行为能力的合伙人退伙。退伙事由实际发生之日为退伙生效日。

3. 强制退伙

强制退伙（除名退伙），是指合伙人有不法或不当行为，其他合伙人可以决定该合伙人退伙。根据《合伙企业法》第49条的规定，合伙人有下列情形之一的，经其他合伙人一致同意，可以决议将其除名：未履行出资义务；因故意或重大过失给合伙企业造成损失；执行合伙事务时有不当行为；发生合伙协议约定的除名事由。对合伙人的除名决议应当书面通知被除名人。被除名人自接到除名通知之日，除名生效，被除名人退伙。被除名人对除名决议有异议的，可自接到除名通知之日起 30 日内，向人民法院起诉。除名退伙有诉讼救济途径。

合伙人退伙，其他合伙人应当与该退伙人按照退伙时的合伙企业财产状况进行结算，退还退伙人的财产份额。退伙人对给合伙企业造成的损失负有赔偿责任的，相应扣减其应当赔偿的数额。退伙时有未了结的合伙企业事务的，待该事务了结后进行结算。退伙人在合伙企业中财产份额的退还办法，由合伙协议约定或者由全体合伙人决定，可以退还货币，也可以退还实物。

退伙人对基于其退伙前的原因发生的合伙企业债务，承担无限连带责任。合伙人退伙时，合伙企业财产少于合伙企业债务的，退伙人应当依法分担亏损。

合伙人违反合伙协议中有关存续期限、退伙事由的约定而擅自退伙的，应当承担由此给合伙企业造成的损失。

三、合伙的终止

合伙的终止，是合伙解散、清算和注销一系列法律行为完成后，使合伙法律关系归于消灭的过程。

（一）合伙的解散

合伙的解散是导致合伙终止的原因。合伙的解散包括自愿解散和强制解散。合伙企业因合伙协议约定的经营期限届满合伙人决定不再经营、因合伙协议约定的解散事由出现、因全体合伙人决定解散而解散，属自愿解散。合伙企业因依法被吊销营业执照、责令关闭撤销、被宣告破产而解散的，属强制解散。

合伙的解散并不意味着合伙企业终止。合伙解散后应进行清算。

◎ **交互练习：**

合伙的终止，主要有以下原因（　　　　）。

A. 合伙协议决定的经营期限届满，合伙人不愿继续经营的

B. 合伙协议约定的解散事由出现

C. 全体合伙人决定解散

D. 合伙因为违反法律而被依法吊销营业执照

（二）合伙企业的清算

合伙企业解散后应当进行清算，并通知和公告债权人。清算人由全体合伙人担任。未能由全体合伙人担任清算人的，经全体合伙人过半数同意，可以自合伙企业解散事由出现后 15 日内指定一名或者数名合伙人、或者委托第三人，担任清算人。15 日内未确定清算人的，合伙人或者其他利害关系人可以申请人民法院指定清算人。

清算人在清算期间执行下列事务：清理合伙企业财产，分别编制资产负债表和财产清单；处理与清算有关的合伙企业未了结的事务；清缴所欠税款；清理债权、债

务；处理合伙企业清偿债务后的剩余财产；代表合伙企业参加诉讼或者仲裁活动。

合伙企业财产在支付清算费用后，按下列顺序清偿：合伙企业所欠招用的职工工资、社会保险费用、法定补偿金、合伙企业所欠税款、合伙企业的债务。合伙企业财产按上述顺序清偿后仍有剩余的，依据《合伙企业法》第 33 条第 1 款利润分配比例进行分配。

（三）合伙企业的注销

清算结束，应当编制清算报告，经全体合伙人签名、盖章后，在 15 日内向企业登记机关报送清算报告，办理合伙企业注销登记，合伙企业才终止。

合伙企业注销后，原普通合伙人对合伙企业存续期间的债务仍应承担无限连带责任。

◎ **延伸阅读：**

非法人组织中合伙人的义务结构。

◎ **相关法律：**

《民法典》第 102～108 条。

《合伙企业法》第 2、13、16、19、22、25、31～33、43、45、46、48～50、53、82、85～92 条。

◎ **实务操作：**

甲、乙、丙设立一普通合伙企业。2023 年 8 月，该合伙企业欠日升公司货款 56 万元，同年 10 月，丙经甲、乙同意退伙，依约承担了 15 万元的合伙债务。2024 年 2 月，丁经甲、乙同意入伙，并约定：丁对入伙前该合伙企业所欠债务不承担责任。

请分析：谁应对合伙企业欠日升公司的债务承担无限连带责任？

项目综合训练

张某有两间临街住房，李某准备租用开发屋，张某表示可以拿出一间房开发屋，但他不要租金，而要从发屋的盈利中分一部分。李某同意，双方签了合伙协议约定：张某以房屋使用权出资，李某以手艺和设备出资，合伙经营期限为 5 年，张某与李某二人按三、七分配利润，张某不干预李某的经营，也不参与发屋经营，李某是发屋事务执行人。随后，以天翼发屋为名称办理了工商登记。发屋经营的前两年，双方依合伙协议分利，张某每年收入 15000 元左右，李某每年收益 35000 元。一天，李某在营业时使用电器不当，引起电线走火，酿成火灾，发屋损失 5000 元，邻居家庭财产损失达 1 万元。邻居要求李某赔偿损失，李某主张按照利润分配比例负担亏损，张某应当与自己一起承担所有损失，张某拒绝，双方发生纠纷。后邻居诉至法院。

请分析：

（1）张某是否为发屋的合伙人？为什么？

（2）由火灾所引起的损失由谁承担？为什么？

（3）假如火灾是因为李某使用电炉做饭而引起，那么发屋的损失、张家的损失、邻居的损失应由谁承担？为什么？

本项目答案

项目六 评价民事法律行为

◎ **知识目标**
- 理解民事法律行为的概念、特征，熟悉民事法律行为的分类及表现形式。
- 掌握民事法律行为的成立要件及无效民事法律行为、可撤销民事法律行为和效力待定民事法律行为的种类。

◎ **能力目标**
- 能够结合实际案例对民事法律行为的效力进行判断。
- 能够对无效民事法律行为、效力待定民事法律行为、可撤销民事法律行为的后果进行分析处理。

◎ **素质目标**
- 通过完成任务，培养自由、平等、守信的契约精神。
- 树立法律至上的理念，培养严谨公正的职业素养。

任务一 认识民事法律行为

◎ **案例导入**：

【案例 6-1】 甲被乙打成重伤，支付医药费 5 万元。甲与乙达成如下协议："乙向甲赔偿医药费 5 万元，甲不得告发乙。"甲获得 5 万元赔偿后，向公安机关报案，后乙被判刑。

请思考：甲、乙之间的协议是否有效？

◎ **知识准备**：

甲乙之间订立的协议效力如何？该协议的性质为民事法律行为，那么什么是民事法律行为呢？

一、民事法律行为的含义

民事法律行为，简称为法律行为，是指民事主体通过意思表示设立、变更、终止民事法律关系的行为。民事法律行为是一种表意行为，是以意思表示为核心要素的行为。民事主体从事的民事行为，包括合法的民事行为、无效的民事行为、可撤销的民事行为、效力待定的民事行为等，都统称为民事法律行为。民事法律行为有如下特征：

（一）是民事主体实施的以设立、变更、终止民事法律关系为目的的行为

其一，民事法律行为是由民事主体实施的行为。不是民事主体实施的行为，如行政裁决、法院判决、仲裁裁决等，也可能产生法律后果，但不是民事法律行为。

其二，民事法律行为应能产生法律后果，即导致民事权利义务关系的设立、变更或终止。凡不能产生法律效果的行为，如日常生活中的体育锻炼、看书学习等，均不是民事法律行为。

其三，民事法律行为可能是合法的，也可能是不合法的。不合法的行为也能产生法律效果，如胁迫属于非法行为，可能产生合同被撤销的法律后果。

（二）是通过意思表示实施的行为

意思表示是法律行为的要素，法律行为本质上是意思表示。所谓意思表示，是行为人将其期望发生某种法律效果的内心意思以一定方式表现于外部的行为。法律行为可能包含一个意思表示，也可能包含两个或多个一致的意思表示。意思表示是法律行为不可缺少的内容，是法律行为最基本的要素。

（三）是能够产生一定法律效果的行为

民事法律行为在性质上属于民事法律事实，如果民事法律行为是合法的，则能够产生当事人预期的法律效果，可以导致民事法律关系的产生、变更或终止。民事法律行为如果违反法律、行政法规的效力性强制性规定，或违反公序良俗，则不能产生当事人预期的私法上的效果，但会产生法律规定的效果，如合同无效产生无效合同的后果，遗嘱无效产生无效遗嘱的后果。

◎ **案例分析：**

案例 6-1 中，甲被乙打成重伤，该案件并不属于告诉才处理的刑事案件，甲、乙双方就乙的刑事责任不得"私了"，甲、乙关于"甲不得告发乙"的约定因违反了法律的强制性规定而归于无效；乙将甲打成重伤，乙的行为在构成犯罪行为的同时，也是一种侵权行为，乙应承担侵权损害赔偿责任，甲乙关于双方之间赔偿问题的约定是民事主体对自己权利的处分，并未违反法律的强制性规定，也不存在乘人之危的问题，应认定为有效。因此，甲乙之间约定"乙向甲赔偿医疗费 5 万元"有效，约定"甲不得告发乙"无效。

二、民事法律行为的形式

民事法律行为的形式，实际上是作为民事法律行为核心要素的意思表示的形式。《民法典》第 135 条规定："民事法律行为可以采用书面形式、口头形式或者其他形式；法律、行政法规规定或者当事人约定采用特定形式的，应当采用特定形式。"据此，民事法律行为可采用以下形式：

（一）口头形式

口头形式，是指用口头语言进行意思表示的形式，包括双方当事人当面洽谈、电话交谈等直接对话方式，也包括托人带口信等间接对话形式。对于即时清结的合同，

或者数额较小的熟人之间的合同，以及在超市、集市等地订立的合同，当事人一般采用口头形式。口头形式的法律行为，具有简便、迅速的优点，但由于缺乏客观记载，一旦发生纠纷，日后难以取证。

（二）书面形式

书面形式，是指用文字进行意思表示的形式。根据《民法典》第 469 条第 2 款规定："书面形式是合同书、信件、电报、电传、传真等可以有形地表现所载内容的形式。"书面形式不仅仅是纸的概念，以电子数据交换、电子邮件等方式能够有形地表现所载内容，并可以随时调取查用的数据电文，也被视为书面形式。书面形式有通过一般的文字形式进行意思表示；也有还需要履行其他法律手续的形式，比如公证形式、审查登记形式。书面形式可以促使当事人深思熟虑后再实施法律行为，使权利义务关系明确化，并可保存证据，有助于预防和处理争议。书面形式是否采用，由法律规定或由当事人约定，主要适用于履行期限较长、交易规则复杂、标的数额较大的民事法律行为。

◎ **思政点滴**：

公证形式作为民事法律行为中的一种特殊的书面形式，由国家公证机关依照法律程序对当事人的书面意思表示的真实性和合法性进行审查并加以证明。公证文书的法律约束力促使当事人认真履行义务，防患于未然，维护社会主义民主与法制，保护公民、法人及其他组织的合法权益。

（三）推定形式

推定形式，是指当事人通过有目的、有意义的积极行为将其内在意思表现于外部，使他人可以根据常识、交易习惯、相互间的默契，推知当事人已作出了某种意思表示，从而使该民事法律行为成立的形式。这种形式，当事人没有通过语言文字，而是通过某种积极的行为来进行其意思表示。例如，乘客上公共汽车投币的行为，虽然乘客和公共汽车公司之间没有书面或口头合同，但乘客的投币行为表明双方建立了汽车运输合同。

◎ **交互练习**：

下列以推定形式订立合同的是（　　）。

A. 停车场收费　　　　B. 路人伸手叫出租车

C. 超市购物　　　　　D. 无人售货机的设置

（四）沉默形式

沉默形式，是指行为人没有语言文字来表达，也没有进行积极的行为，但从其沉默不语，可以推断其内在的意思表示，从而使法律行为成立的形式。通常情况下，沉默不是意思表示，不能成立法律行为。沉默只有在有法律规定、当事人约定或者符合当事人之间的交易习惯时，才可以视为意思表示，才产生成立法律行为的效果。如

《民法典》第638条规定,试用买卖的买受人在试用期内可以购买标的物,也可以拒绝购买。试用期限届满,买受人对是否购买标的物未作表示的,视为购买。

三、民事法律行为的分类

民事法律行为从不同的角度或根据不同的标准有如下分类:

（一）单方民事法律行为、双方民事法律行为与多方民事法律行为

这是根据民事法律行为是否由当事人一方的意思表示即可成立为标准进行的划分。

单方民事法律行为,是指基于当事人一方的意思表示而成立的法律行为,如立遗嘱的行为、无权代理的追认、债务的免除等。双方民事法律行为,是指必须由双方当事人意思表示一致才能成立的民事法律行为。双方法律行为的典型形式是合同行为。多方民事法律行为,是指基于三方以上当事人的意思表示一致而成立的法律行为。发起人为三人以上订立公司章程的行为和合伙协议最为典型。

多方法律行为与双方法律行为的区别是,在实施多方法律行为时,当事人所追求的利益是共同的,而在双方法律行为中,当事人的利益是相对的。

（二）有偿民事法律行为与无偿民事法律行为

这是根据民事法律行为中一方当事人转让某种利益时是否要求对方给予相应的对价为标准进行的划分。

有偿民事法律行为,是指一方当事人在转让某种利益时,要求对方当事人支付相应对价的行为。现实生活中,大多数民事法律行为都属于有偿民事法律行为,如买卖、租赁等合同。无偿民事法律行为,是指一方当事人在转让某种利益时,对方当事人无需给付任何对价的行为。赠与合同、无偿保管合同等即属此类。

区分有偿民事法律行为与无偿民事法律行为的意义在于:一是对行为性质的认定。对于某些民事法律行为,法律规定必须是有偿的或无偿的。二是对行为人责任的认定。一般来说,有偿民事法律行为义务人承担的民事责任要重,而无偿民事法律行为义务人承担的民事责任要轻,如无偿保管合同中,保管人只在故意或重大过失的情况下,才对保管物的毁损、灭失承担责任。

（三）诺成性民事法律行为与实践性民事法律行为

这是根据民事法律行为的成立是否以交付实物为条件所进行的分类。

诺成性民事法律行为,是指双方当事人意思表示一致即可成立的民事法律行为,即"一诺即成"。其成立并不以实物的交付为条件。实践性民事法律行为,是指除当事人意思表示一致外,还必须交付标的物才能成立的行为,所以又称为要物法律行为。这种行为如果仅有意思表示一致而无实物的交付,就不能成立,如小件寄存合同,只有寄存人将寄存的物品交付保管人,合同才能成立。在合同法领域,大多数合同都是诺成合同,实践合同须要有法律的特别规定。借用合同、保管合同、定金合同、民间借贷合同等属于实践性民事法律行为。

区分这两种民事法律行为的意义在于:二者成立与生效的时间不同。

（四）要式民事法律行为与不要式民事法律行为

这是以民事法律行为的成立是否应当或必须依据法律或行政法规规定采用特定的形式为标准进行的划分。

要式民事法律行为，是指根据法律或行政法规规定，应当或必须采用特定形式才能成立或有效的民事法律行为。如保证合同必须采取书面形式。不要式民事法律行为，是指法律或行政法规不要求特定形式，当事人自由选择一种形式就能成立及有效的民事法律行为。

（五）主民事法律行为与从民事法律行为

这是以民事法律行为之间的相互关系为标准而进行的划分。

主民事法律行为，是指不需要借助其他法律行为的存在就可独立成立的民事法律行为。从民事法律行为，是指依附于其他民事法律行为的存在而存在的民事法律行为。这种法律行为的特点是具有附属性，它不能独立存在，必须以主法律行为的存在并生效为前提，主法律行为不成立，从法律行为也不能成立；主法律行为被宣告无效或撤销，从法律行为也失去效力；主法律行为终止，从法律行为也终止。

主、从民事法律行为是相对而言的，没有主法律行为，就没有从法律行为，没有从法律行为，也就无所谓主法律行为。

四、意思表示

（一）意思表示的含义

意思表示，是指表意人将其期望发生某种法律效果的内心意思以一定方式表现于外部的行为，是民事法律行为的核心要素。意思表示中的"意思"是指设立、变更、终止民事法律关系的内心意图，"表示"是指将内心意思以适当方式表示于外部的行为。意思表示具有如下特征：

（1）意思表示的表意人具有旨在使法律关系设立、变更、终止的意图。

（2）意思表示是一个意思由内到外的表示过程。即将内心的主观意思表示在外，为人知晓，意思表示就其本质而言是一种表示行为。

（3）依据意思表示是否符合相应的生效要件，法律赋予其不同的效力。符合法定生效要件的意思表示可以发生当事人预期的法律效果，不符合法定生效要件的意思表示发生的法律效果可能与当事人的意思不尽一致。

意思表示是民事法律行为的核心要素，但意思表示并不等于民事法律行为。意思表示只能是一方的意思表示，对双方或多方民事法律行为而言，则需要多个意思表示才能成立。民事法律行为可以由一个意思表示构成，更多的则是由双方或多方意思表示构成。

（二）意思表示的构成要素

意思表示应包括目的意思、效果意思和表示行为三个要素。

目的意思，又称为交易意思和法律行为意思，是指明民事法律行为具体内容的意思要素。目的意思的内容依其法律性质可分为三类：一是要素，它是构成某种法律行为所必须具备的意思内容，如买卖合同中关于标的物、数量的内容；二是常素，是指行为人从事某种法律行为通常应含有的意思要素，如合同中的违约条款；三是偶素，是指依法律行为性质并非必须具有，而是基于当事人特别意图所确定的意思表示的要素，如买卖合同应使用某种文字的约定。

效果意思，又称效力意思，是指当事人欲使其表示内容引起法律上效力的内在意思要素，是当事人所追求的使其发生法律拘束力的意图。如甲租赁乙的房屋，甲想通过与乙订立房屋租赁合同而取得房屋使用权的意思，就属于效果意思。

表示行为，是指行为人将其内在的目的意思与效果意思以一定方式表现于外部，为行为相对人所了解的行为要素。表意人将其内在主观意思表示于外部时，可以采取不同的方式，主要包括明示和默示两种类型，意思表示只有在特殊情况下才可以默示方式作出，单纯的缄默，只有在法律有明确规定或当事人事先有明确约定的情况下，才能成为意思表示的表示行为。

（三）意思表示的生效

意思表示的生效即意思表示效力的发生。以意思表示有无相对人，可区分为有相对人的意思表示和无相对人的意思表示。

1. 有相对人的意思表示的生效

有相对人的意思表示，又称为需要受领的意思表示，是指对相对人发出的意思表示，订立合同多属于有相对人的意思表示。《民法典》第 137 条规定：以对话方式作出的意思表示，相对人知道其内容时生效。以非对话方式作出的意思表示，到达相对人时生效。以非对话方式作出的采用数据电文形式的意思表示，相对人指定特定系统接收数据电文的，该数据电文进入该特定系统时生效；未指定特定系统的，相对人知道或者应当知道该数据电文进入其系统时生效。当事人对采用数据电文形式的意思表示的生效时间另有约定的，按照其约定。

2. 无相对人的意思表示的生效

无相对人的意思表示是指意思表示没有相对人，如抛弃动产所有权的行为、设立遗嘱的行为，依据《民法典》第 138 条的规定，无相对人的意思表示，除非法律另有规定，否则意思表示完成时即生效。

3. 以公告形式作出的意思表示的生效

以公告形式作出的意思表示是指通过在报纸刊登、广告栏张贴、广播电视传播及互联网发布等公共媒介形式发布意思表示。属于有相对人、但相对人不特定的意思表示。《民法典》第 139 条规定："以公告方式作出的意思表示，公告发布时生效。"通过公告发布意思表示后，法律视为已经到达了相对人的支配范围，处于相对人随时可以了解的状态，故采用发布生效原则。相对人是否知道该意思表示，不影响意思表示的生效。

（四）意思表示的撤回

意思表示的撤回，是指在意思表示作出之后、发生法律效力之前，作出意思表示的行为人欲使该意思表示不发生效力而作出的撤回其意思表示的行为。意思表示可以撤回，但是应当具备一定条件，即不能对相对人造成影响。根据《民法典》第 141条，行为人可以撤回意思表示。撤回意思表示的通知应当在意思表示到达相对人前或者与意思表示同时到达相对人。也就是说，意思表示到达相对人之后，其已经发生法律效力，就不能再撤回了。

（五）意思表示的解释

当事人对意思表示的内容有不同认识时，对意思表示有进行解释的必要，对于意思表示主要有：文义解释、整体解释、习惯解释、目的解释、诚信解释等解释方法。依据《民法典》第 142 条，有相对人的意思表示的解释，应当按照所使用的词句，结合相关条款、行为的性质和目的、习惯以及诚信原则，确定意思表示的含义。无相对人的意思表示的解释，不能完全拘泥于所使用的词句，而应当结合相关条款、行为的性质和目的、习惯以及诚信原则，确定行为人的真实意思。

◎ **延伸阅读：**

微信、QQ 等即时聊天工具可以用来签合同吗？

◎ **相关法律：**

《民法典》第 133~142 条。

◎ **实务操作：**

某科技公司与某文化公司在某网络销售平台签订《店铺转让合同》。后因情况变化，双方又签订了《店铺转让合同解除协议》。双方一致同意解除《店铺转让合同》，并约定文化公司在 6 个月后归还科技公司 30 万元店铺转让费用。但文化公司没有按期足额还款。科技公司多次催讨未果，起诉至人民法院。

请分析：《店铺转让合同》以及《店铺转让合同解除协议》属于何种形式的合同？结合实际生活，查找相关资料谈谈该种形式的合同有何特点，以及签订该种合同有哪些注意事项？

任务二 明确民事法律行为的有效条件

◎ **案例导入：**

【案例 6-2】 甲与乙是朋友，乙因结婚急需用钱，向甲借款 5 千元。乙结婚后宴请好友。宴席上，乙感谢甲的借款，其他朋友开玩笑说："都是哥们儿，这 5 千元还借什么，干脆给乙算了。"在朋友的起哄下，甲随口讲："算就算了。"乙笑着说："那我就不还了，算你送的。"数月后，甲因事需用钱，向乙催还借款。乙称："这钱你已当大家的面说送我的，不用还了，现在怎么又向我要？"甲解释，那是自己随口开玩笑。乙表示，我是当真的。甲多次催要无果，向人民法院起诉，要求乙归还借款。

请思考：乙是否要向甲归还？

◎ 知识准备：

甲乙之间产生的民事法律行为，效力如何？民事法律行为一旦依法成立，便会产生效力。但在某些情况下，法律行为成立并不一定产生法律效力，要产生法律效力，必须要符合法定的生效要件。本任务是要明确民事法律行为的有效条件，只有明确了法定的生效条件才能做出正确的判断。

一、民事法律行为生效概述

民事法律行为生效，是指已经成立的法律行为因符合法定的生效要件，从而能产生法律上的约束力。《民法典》第136条第1款规定："民事法律行为自成立时生效，但是法律另有规定或者当事人另有约定的除外。"这一条款规定了民事法律行为的生效规则。

民事法律行为的效力分为对内效力与对外效力。对内效力是指法律行为对当事人产生的法律拘束力。《民法典》第136条第2款规定："行为人非依法律规定或者未经对方同意，不得擅自变更或者解除民事法律行为。"当事人订立合同后，即应当受到合同的约束，按合同约定履行，否则即构成违约。对外效力是指法律行为对当事人以外的第三人产生效力，表现在债权保全制度、租赁权物权化等方面。

二、民事法律行为的一般有效条件

已经成立的民事法律行为，具备一定的有效条件，才能产生法律拘束力，《民法典》第143条对民事法律行为的一般有效要件作出了规定：

（一）行为人具有相应的民事行为能力

这一要件又叫主体合格原则，这是民事法律行为有效的首要条件。行为人不具备相应的民事行为能力就不能以自己的行为取得民事权利和承担民事义务，也就不能独立地实施民事法律行为。所谓相应的民事行为能力，是指行为人的民事行为能力同其所为的民事法律行为要相适应。

在我国民事立法中，就自然人而言，完全民事行为能力人可以独立为民事法律行为；限制民事行为能力人能够独立从事两种类型的民事法律行为：一种是纯获利益的民事法律行为；另一种是与其年龄、智力、精神健康状况相适应的民事法律行为。实施其他民事法律行为，应当征得法定代理人同意或追认；对于无民事行为能力人来讲，其实施的民事法律行为无效。法人或非法人组织实施民事法律行为也应当具有相应的民事行为能力，其在经营范围内实施的民事法律行为有效，超越经营范围从事的行为，人民法院并不因此认定该行为一概无效，但对于超越经营范围所为的违反国家限制经营、特许经营以及法律、行政法规禁止经营的规定的行为应当认定无效，如未经批准吸收公众存款签订的民事合同无效，因为这不仅涉及保护第三人利益和维护交易安全，还涉及国家对经济的法律规制。

（二）意思表示真实

所谓意思表示真实，是指行为人自由、自愿地表达出来的外在意思与其内心意思一致，不是虚假的。该意思表示是在行为人意志自由，并认识到自己意思表示的法律后果的前提下所表现出来的。行为人只有在自愿的基础上把自己的真实意思表达出来，并按自己的真实意思进行民事法律行为，才是真正的意思表示真实。

行为人意思表示不真实包括两个方面：第一，行为人的意思表示不自由，行为人因受到欺诈、胁迫等外在原因导致其意志不自由，因此表达的意思不符合其真实意思，这种情况属于典型的意思表示不真实。《民法典》规定，欺诈、胁迫、重大误解、显失公平等行为将导致民事行为无效或被撤销。第二，行为人的意思表示不真实，即表示出来的意思不符合其内心的真实意思，如甲乙订立一个名为买卖、实为赠与的合同，实际上是以买卖行为掩盖了赠与行为。

◎ **思政点滴：**

意思表示真实，是指行为人最终表达出来的是其内心真实的意志和想法，没有出现表达错误或失误，"表里如一"。法律保护真实的意思表示就是保障人们在进行民事活动时能自由平等的表达自己的意愿，不受他人欺诈、胁迫，能够和谐友善的完成民事行为。《民法典》的规定践行了社会主义核心价值观中的自由、平等、公正、法治等要求，与党的"坚持以人民为中心的发展思想"的二十大精神高度契合。

（三）不违反法律、行政法规的强制性规定和公序良俗

《民法典》第143条第3项规定，民事法律行为不违反法律、行政法规的强制性规定，不违背公序良俗。

法律规范可以分为任意性规范和强制性规范。所谓强制性规范是指当事人必须遵守、不得通过协议加以改变的规范，通常以"必须""不得"等词语表示，任意性规范是指当事人可以通过协议加以改变的规定，通常以"可以"做什么来表示。只有行为违反法律、行政法规的强制性规定时，民事法律行为才无效。

不违反法律是指行为人实施的民事法律行为从内容到形式都要符合法律的规定，内容上的合法主要指行为主体、行为动机、目的、权利和义务等要符合国家法律的要求。形式上的合法，是指行为的表现形式要符合法律的规定。凡是法律规定某种民事法律行为必须采取某种形式的，行为人必须遵从法律规定，否则，其行为不产生法律效力。

除此之外，行为人实施的行为还应符合社会公共利益的要求，不违背社会公德和良好的社会风尚，不损害国家、集体或他人的利益。

以上三个条件是密切联系、不可分割的，民事法律行为只有同时符合以上三个条件才能产生相应的法律效力。

◎ **案例分析：**

案例6-2中，对于甲所作出的赠与表示，根据当时的场合，完全可以判断出是在特定条件下的玩笑话，与其内心的真实意思是不一致的，并且，从甲向乙追要欠款的行为也可得到印证。由于赠与是双方民事法律行为，缺乏任何一方的真实意思表示都不能成立，因此，甲所作出的赠与表示不发生赠与的法律效力，乙必须向甲

归还欠款。

三、民事法律行为的特别有效条件

通常情况下，民事法律行为在具备了上述一般有效条件之后，就可发生法律效力。但在某些特殊情况下，民事法律行为除具备一般有效条件外，还应具备法律规定的或当事人约定的某种特别有效条件，才能产生相应的法律效力。如附生效条件的合同，在生效条件成就时，合同才生效；法律、行政法规规定应当办理批准等手续的，在未办理批准等手续前，该合同不生效。当事人立遗嘱的行为，这种行为在成立时，并不立即发生法律效力，只有在立遗嘱人死亡这一特别有效条件发生时，该遗嘱才能发生法律效力。

◎ **交互练习：**

张某是一名大学生，在课余时间发明了自动铅笔的实用新型专利。但自己无意申请专利，便在网上发布 15 万元转让专利申请权的信息。甲公司看到信息，愿意购买，双方于 3 月 5 日签订了专利申请权转让合同。之后，甲公司 3 月 8 日向专利局办理了登记。关于专利权转让合同，下列说法错误的是(　　　)。

A. 合同成立时间为 3 月 5 日　　B. 合同生效时间为 3 月 8 日
C. 合同 3 月 5 日成立并生效　　D. 合同 3 月 8 日成立并生效

◎ **延伸阅读：**
未成年人网游充值解析。

◎ **相关法律：**
《民法典》第 143 条。

◎ **实务操作：**

2020 年，原告刘某与被告上海某医疗公司签订了《代孕服务协议》。合同内容如下：合同甲方刘某拟接受乙方供卵试管婴儿及代孕服务，服务费用一共 58 万元。乙方为甲方提供卵子库的卵子信息、为甲方到生殖中心接受试管婴儿医疗服务等多项服务。签订合同后，刘某进行精子检测，后续提取精子并进行冷冻，但其认为此后医疗公司未再提供服务，一直停留在选孕母阶段。医疗公司则表示已经按计划履行合同，但因刘某个人原因导致合同一直搁浅。双方因合同履行产生极大争议。现刘某起诉要求判决合同无效并返还全部已付款 33 万元。医疗公司不同意返还。

请分析：
(1) 本案涉及的代孕服务合同效力如何？
(2) 法院应否支持刘某的诉讼请求，返还全部已付款项？

任务三　判断民事法律行为的效力

◎ **案例导入：**

　　【案例 6-3】 某琴行新进了一批钢琴，定价为 18888 元，售货员误将标价牌制作为 8888 元。顾客王某来到琴行发现，在其他琴行售价近 2 万元的钢琴在此仅卖 8 千多元，王某马上付款，并取走了钢琴。当天结账时，售货员发现售出的这架钢琴少卖了 1 万元。后联系王某补足价款。王某称，钢琴的标价是琴行定的，自己按价付款，不存在任何过错，双方的买卖行为合法有效，拒绝加付 1 万元，也拒绝返还钢琴。琴行无奈，将王某起诉到人民法院，请求撤销这一买卖合同。

　　请思考： 法院应如何解决？

◎ **知识准备：**

　　本任务是要判断民事法律行为的效力，要完成本任务，就要准确掌握民事法律行为的几个重要效力类型。

一、无效的民事法律行为

　　无效的民事法律行为，是指已经成立，但严重欠缺民事法律行为的生效条件，自始不能产生行为人预期的法律后果的民事法律行为。

　　无效的民事法律行为也能产生一定的法律后果，但由于其欠缺民事法律行为的根本性有效条件，因而不能产生行为人进行民事法律行为所预期的民事法律后果，甚至产生相反的法律后果。

　　（一）无效民事法律行为的种类

　　依据《民法典》的规定，无效民事法律行为包括以下几种：

　　1. 无民事行为能力人所实施的民事法律行为

　　《民法典》第 144 条规定："无民事行为能力人实施的民事法律行为无效。"就自然人而言，无民事行为能力人包括 8 周岁以下的未成年人和不能辨认自己行为的人。法律作出这样的规定，一是与自然人民事行为能力三分法的逻辑相契合，概念和体系上更清晰；二是保护无民事行为能力人的利益，防止其利益受损。

　　2. 虚假的民事法律行为

　　虚假的民事法律行为，指行为人与相对人都知道自己所表示的意思并非真实意愿，通谋作出与真意不一致的意思表示。《民法典》第 146 条第 1 款规定："行为人与相对人以虚假的意思表示实施的民事法律行为无效。"如甲为了避免债权人对自己的房屋强制执行，找乙帮忙。甲、乙最终约定，甲假装将一套房屋卖给乙，双方签订了买卖合同，甲、乙间的买卖合同属于虚假行为。《民法典》第 146 条第 2 款规定："以虚假的意思表示隐藏的民事法律行为的效力，依照有关法律规定处理。"隐藏行为，是指被虚伪的意思表示所隐藏，双方当事人真心欲达成的民事法律行为。如甲将一辆汽车赠与乙，双方达成协议。为了防止甲的亲戚嫉妒，甲、乙又假装签订了一份 30 万元的买卖合同。甲乙间的买卖合同属于虚假行为，无效。赠与合同属于隐藏行为，该赠与不因被隐藏而无效，只要无效力上的瑕疵，即为有效。

3. 违反法律、行政法规的强制性规定的民事法律行为

《民法典》第 153 条第 1 款规定："违反法律、行政法规的强制性规定的民事法律行为无效。但是，该强制性规定不导致该民事法律行为无效的除外。"强制性规定可分为管理性强制性规定和效力性强制性规定，管理性强制性规定是指该规定对违法者进行行政法乃至刑法制裁，但民事法律行为并非绝对无效。而效力性强制性规定是指违反该规定，会导致民事法律行为无效。

《民法典合同编通则司法解释》第 16 条对民法典上述条款的但书进行了规定。有下列情形之一，合同不因违反强制性规定无效：强制性规定虽然旨在维护社会公共秩序，但是合同的实际履行对社会公共秩序造成的影响显著轻微，认定合同无效将导致案件处理结果有失公平公正；强制性规定旨在维护政府的税收、土地出让金等国家利益或者其他民事主体的合法利益而非合同当事人的民事权益，认定合同有效不会影响该规范目的的实现；强制性规定旨在要求当事人一方加强风险控制、内部管理等，对方无能力或者无义务审查合同是否违反强制性规定，认定合同无效将使其承担不利后果；当事人一方虽然在订立合同时违反强制性规定，但是在合同订立后其已经具备补正违反强制性规定的条件却违背诚信原则不予补正；法律、司法解释规定的其他情形。

4. 违反公序良俗的民事法律行为

《民法典》第 153 条第 2 款规定："违背公序良俗的民事法律行为无效。"民事法律行为虽然没有违反法律、行政法规的强制性规定，但有损害国家利益、社会公共利益等情形，也绝对无效。这类行为包括两类：一是违背公共秩序的民事法律行为。通常也是违反法律、行政法规强制性规定的行为，但有时法律并未规定，只要行为危害了公共秩序，就应当认定为无效，如购买洋垃圾的合同。二是违背善良风俗的民事法律行为。善良风俗，也称社会公共道德，是社会全体成员所普遍认可、遵循的道德准则。违背善良风俗的行为，例如：雇佣合同中规定员工离开工作场地要搜身；以偿还赌债为内容的法律行为等。

5. 恶意串通的民事法律行为

《民法典》第 154 条规定："行为人与相对人恶意串通，损害他人合法权益的民事法律行为无效。"恶意串通损害他人利益的民事行为，是指双方当事人相互配合或共同实施，串通合谋弄虚作假，明知所实施的民事法律行为将造成他人的损害而故意进行损害国家、集体或者第三人利益的民事行为。

（二）无效的民事法律行为的效力

无效的民事法律行为自始没有法律约束力。该民事法律行为自成立时起，当然、确定、绝对无效，不存在成为有效民事法律行为的可能。当事人可以请求确认无效，法院或仲裁机构可以在处理民事纠纷过程中，依职权主动认定民事法律行为无效。民事法律行为一旦被确认无效，将产生溯及力，从成立时起即不具有法律效力。但民事

法律行为部分无效，不影响其他部分效力的，其他部分仍然有效。

二、可撤销的民事法律行为

可撤销的民事法律行为，是指民事法律行为虽已成立并生效，但因意思表示不真实，法律允许撤销权人通过行使撤销权使已经生效的法律行为归于无效。

可撤销的民事法律行为，只是相对无效，有效与否，取决于当事人的意志。这种民事法律行为已发生法律效力，但撤销权一旦行使，自该民事法律行为成立之时，其效力归于消灭。

（一）可撤销民事法律行为的种类

1. 基于重大误解实施的民事法律行为

《民法典》第 147 条规定："基于重大误解实施的民事法律行为，行为人有权请求人民法院或者仲裁机构予以撤销。"

基于重大误解实施的民事法律行为，是指行为人因自己的过错而对民事法律行为的内容发生误解从而做出某种民事法律行为。有两点需要注意：第一，行为人的误解是对行为的性质、对方当事人、标的物的品种、质量、规格和数量等法律行为的内容的错误认识，狭义的动机错误（内心起因）不在其列。第二，误解的结果具有交易上的重要性。根据《民法典总则编司法解释》第 19 条，按照通常理解如果不发生该错误认识行为人就不会作出相应意思表示的，认定为重大误解。也就是说误解的结果和内心的真意存在不能忽略的重大差异，而且将会对行为人的民事权利义务产生重大的影响。如果误解不是重大的，法律不允许行为人基于该误解行使撤销权。在此情况下，误解对行为人的影响不大，此时，法律更倾向于保护交易相对人的利益。

◎ **案例分析：**

案例 6-3 中，琴行的本意是要以 18888 元的价格出售钢琴。但由于标价错误，只卖了 8888 元，这是意思表示错误。顾客王某在不知情的情况下，与琴行达成了在价格上有重大误解的口头买卖合同，致使琴行受到了重大损失。琴行有理由要求法院撤销这一买卖合同。

2. 因受欺诈实施的民事法律行为

（1）因受对方当事人欺诈实施的民事法律行为

《民法典》第 148 条规定："一方以欺诈手段，使对方在违背真实意思的情况下实施的民事法律行为，受欺诈方有权请求人民法院或者仲裁机构予以撤销。"欺诈是指故意告知虚假情况，或者负有告知义务的人故意隐瞒真实情况，致使当事人基于错误认识作出意思表示。这种行为具有以下特征：一是一方当事人具有欺诈的故意，即欺诈人在主观上意图使对方陷于错误认识而进行民事行为；二是欺诈一方实施了欺诈行为，包括捏造虚假情况、歪曲真实情况和隐瞒事实真相，如出卖人明知某幅画是赝品，却不告知买受人；三是受欺诈一方因欺诈行为而陷入错误认识；四是受欺诈人基于错误认识而作出了意思表示。

（2）因第三人欺诈而实施的民事法律行为

因第三人欺诈而实施的民事法律行为，是指因第三人实施欺诈行为而使当事人一方在违背真实意思的情况下实施的民事法律行为。《民法典》第149条规定："第三人实施欺诈行为，使一方在违背真实意思的情况下实施的民事法律行为，对方知道或者应当知道该欺诈行为的，受欺诈方有权请求人民法院或者仲裁机构予以撤销。"

3. 因受胁迫而实施的民事法律行为

《民法典》第150条规定："一方或者第三人以胁迫手段，使对方在违背真实意思的情况下实施的民事法律行为，受胁迫方有权请求人民法院或者仲裁机构予以撤销。"

以给自然人及其近亲属等的人身权利、财产权利以及其他合法权益造成损害或者以给法人、非法人组织的名誉、荣誉、财产权益等造成损害为要挟，迫使其基于恐惧心理作出意思表示的，构成胁迫。这种行为具有以下特征：一是一方或第三方实施了胁迫行为，包括针对被胁迫人本人或者其亲属的身体、生命、自由、名誉、财产，以直接实施或将要实施损害相威胁；二是胁迫人有胁迫的故意；三是被胁迫人因胁迫而实施了民事法律行为，四是胁迫是非法的。胁迫并不一定以危害是否重大为要件，只要一方所表示施加的危害或正在实施的危害足以使对方感到恐惧，就构成胁迫行为。

与受欺诈实施的民事法律行为相同，受胁迫实施的民事法律行为也分为受当事人一方胁迫与受第三人胁迫实施的民事法律行为两种情况。与第三人欺诈不同，无论合同相对方订立或解除合同时是否知悉第三人的胁迫行为，受胁迫人均享有撤销权。

4. 显失公平的民事法律行为

显失公平的民事法律行为，是指一方当事人利用对方处于危困状态、缺乏判断能力等情形，致使民事法律行为成立时权利义务明显失衡的行为。《民法典》第151条规定："一方利用对方处于危困状态、缺乏判断能力等情形，致使民事法律行为成立时显失公平的，受损害方有权请求人民法院或者仲裁机构予以撤销。"依据本规定，显失公平的行为具有如下构成要件：一是主观上订立合同一方具有利用对方处于危困状态或缺乏判断能力而与对方订立显失公平合同的故意，如甲的家人重病急需住院费，乙趁机提出以较低的价格购买甲的房屋；二是客观方面双方当事人的利益明显失衡，一方得到的给付明显多于另一方得到的给付，并且是在法律行为成立时就显失公平，如果是在合同成立后的履行阶段因市场行情变化使价格发生涨落，则不能以显失公平为由主张撤销合同。

（二）撤销权的行使

可撤销民事行为的当事人可以请求人民法院或仲裁机构对该民事法律行为予以撤销。当事人请求撤销的权利称为撤销权，即权利人以单方的意思表示请求撤销已经成立的民事法律行为的权利。撤销权属于形成权。

享有撤销权的人包括：重大误解中的误解人，受欺诈、受胁迫的人，显失公平中遭受重大不利的一方当事人。行使撤销权必须通过诉讼或仲裁的方式，即通过向人民法院提起诉讼或向仲裁委员会申请仲裁，请求法院或仲裁机构进行裁决，而非向相对人作出撤销的意思表示。

撤销权必须在法定期限内行使，《民法典》第 152 条规定：有下列情形之一的，撤销权消灭：（1）当事人自知道或者应当知道撤销事由之日起一年内、重大误解的当事人自知道或者应当知道撤销事由之日起 90 内没有行使撤销权；（2）当事人受胁迫，自胁迫行为终止之日起一年内没有行使撤销权；（3）当事人知道撤销事由后明确表示或者以自己的行为表明放弃撤销权。该一年或 90 日，为除斥期间。当事人自民事法律行为发生之日起五年内没有行使撤销权的，撤销权消灭。

撤销权一旦消灭，民事法律行为即成为确定有效的民事法律行为。

如果撤销权人在法定的撤销期间内提起诉讼或申请仲裁，一经法院或仲裁机关确认，将使法律行为的效力溯及既往地归于消灭。法律行为一经撤销，自始无效，当事人应当依法返还原物、恢复原状。

◎ **交互练习：**

下列情形属于可撤销合同的是（　　　）。

A. 甲医院以国产假肢冒充进口假肢，高价卖给乙

B. 甲乙双方为了在办理房屋过户登记时避税，将实际成交价为 100 万元的房屋买卖合同价格写为 60 万元

C. 有妇之夫甲委托未婚女乙代孕，约定事成后甲补偿乙 50 万元

D. 甲父患癌症急需用钱，乙趁机以低价收购甲收藏的一幅名画，甲无奈与乙签订了买卖合同

三、效力待定的民事法律行为

（一）效力待定的民事法律行为的概念

效力待定的民事法律行为，是指民事法律行为虽已成立，但是否生效尚未确定，只有经过享有追认权的第三人作出追认或拒绝的意思表示以后，才能确定其效力的民事法律行为。

效力待定的民事法律行为的特征：（1）效力待定的民事法律行为的法律效力处于不确定状态，既非有效，又非无效；（2）效力待定的民事法律行为效力的确定，取决于追认权人的行为；（3）效力待定的民事法律行为经追认权人追认后，其效力溯及于行为成立之时；追认权人拒绝追认，便自始无效。

（二）效力待定的民事法律行为的种类

（1）限制民事行为能力人实施的依法不能独立实施的民事法律行为。限制民事行为能力人订立的与其年龄、智力和精神状态不相适应的合同，只有经过法定代理人的追认，才能生效。

（2）无权代理行为。行为人没有代理权、超越代理权或者代理权终止后，以代理人的身份进行的民事法律行为，只有经过被代理人追认，民事法律行为才能生效。《民法典》第 171 条第 1 款规定："行为人没有代理权、超越代理权或者代理权终止后，仍然实施代理行为，未经被代理人追认的，对被代理人不发生效力。"

（三）效力待定民事法律行为效力的确定

1. 追认权的行使或不行使

对于效力待定的民事法律行为，按照法律规定，效力待定的民事法律行为必须经过追认才能生效。"追认"是指法定代理人、被代理人对限制民事行为能力人的行为、无权代理行为事后予以承认的一种单方意思表示。有追认权的人既可以依法追认，也可以拒绝。

追认权行使时，追认人必须以明示的方式向相对人作出，如果仅向行为人作出意思表示，也必须使相对人知道后才能产生法律效果。追认必须在相对人催告期限届满前以及善意相对人未行使撤销权前行使。效力待定的民事法律行为，一经追认，便自始具有法律效力。

追认权是法定代理人、被代理人的一项权利，他们既有权追认，也可以拒绝追认。其行使拒绝权有两种方式：一是在知道限制民事行为能力人的行为或无权代理行为后，明确地向相对人表示拒绝承认该行为；二是在收到相对人催告的通知之日起30日内未作表示的，则视为拒绝追认。一经拒绝，该行为自始不发生法律效力。

2. 相对人行使催告权或撤销权

为了平衡当事人之间的利益关系，法律也同时赋予了相对人以催告权和撤销权。

所谓催告权，是指相对人在得知民事法律行为有效力欠缺的事实后，将此事实告知追认权人并要求其在一定期限内作出追认或拒绝的确定意思表示的行为。催告可以口头作出，也可以书面作出，但须向有追认权的人作出。依据《民法典》第145条第2款和第171条第2款，相对人催告法定代理人或被代理人追认时，应给予其三十日的追认期。期满未作表示的，视为拒绝追认。

所谓撤销权，是指善意的相对人主动撤销其意思表示的权利。与限制民事行为能力人、无权代理人从事法律行为的另一方当事人，如果对于对方当事人无相应民事行为能力、无代理权不知情，则属于善意的相对人，《民法典》第145条第2款规定："民事法律行为被追认前，善意相对人有撤销的权利。撤销应当以通知的方式作出。"相对人行使撤销权应做到：撤销权只能在追认权人追认之前行使；仅善意的相对人可以行使；撤销的意思表示，必须以明示的方式作出，可以口头、书面方式作出。

四、无效、可撤销与效力待定民事法律行为的区别

无效、可撤销与效力待定民事法律行为，虽然都会引起民事法律行为无效的法律后果，但三者之间存在着明显的区别。

（一）无效的条件不同

无效民事法律行为的无效是无条件的，不论当事人对该项民事法律行为是否主张无效，人民法院或仲裁机构也可直接确定其无效。这种无效也被称为"绝对无效"。可撤销的民事法律行为的无效是有条件的，只有经当事人提出申请并由人民法院或仲裁机构裁决撤销的，该行为才无效。该行为在没有被撤销以前是有效的，它的无效被称为"相对无效"。效力待定的民事法律行为的效力处于不确定状态，只有有追认权的人不予追认或明示拒绝追认，该民事法律行为确定不发生效力，它也属于"相对

无效”的民事法律行为。

（二）无效的时间不同

无效的民事法律行为自行为开始时起就无效，对当事人就不具有法律约束力。可撤销的民事法律行为被撤销前已经生效，被撤销后，其被撤销的效力有溯及力，追溯到行为开始起无效。对效力待定的民事法律行为，有追认权的人应在法律规定的催告或追认期间内做出同意或拒绝的意思表示，一经拒绝，自始不发生法律效力。

（三）主张无效的人不同

对无效民事行为，双方当事人和利害关系人都可主张无效。人民法院或仲裁机构在审理案件过程中发现民事法律行为无效的，也可主动确认该项民事法律行为无效。而可撤销的民事法律行为只有享有撤销权的当事人才能主张无效，人民法院或仲裁机构只有在享有撤销权的当事人提出撤销该民事法律行为请求时，才可依法作出撤销的裁决。效力待定的民事法律行为，追认权人不予追认、拒绝追认以及相对人撤销其意思表示，都会使民事法律行为不发生法律效力。

五、民事法律行为无效和被撤销的法律效果

有效的民事法律行为能达到行为人所期望的法律效果。被确认无效和被撤销的民事法律行为也能引起一定的法律效果，但这种法律效果并不符合行为人的愿望。《民法典》第157条规定："民事法律行为无效、被撤销或者确定不发生效力后，行为人因该行为取得的财产，应当予以返还；不能返还或者没有必要返还的，应当折价补偿。有过错的一方应当赔偿对方由此所受到的损失；各方都有过错的，应当各自承担相应的责任。法律另有规定的，依照其规定。"

（一）返还财产

民事法律行为自成立至被确认无效或被撤销期间，当事人可能已根据该民事法律行为取得了对方的财产。民事法律行为被确认无效或被撤销后，当事人取得财产的法律根据已丧失，原物仍存在的，交付财产的一方可请求对方返还财产。

（二）折价补偿

对于不能返还或者没有返还必要的，只能采取折价补偿的方式代替原物返还。所谓"不能返还"，包括法律上不能返还和事实上不能返还。所谓"没有必要返还"，比如当事人接受的财产是劳务等，在性质上不能恢复原状；或者一方当事人是通过使用对方的知识产权获得的利益，因知识产权属于无形财产，应折价补偿对方当事人。

（三）赔偿损失

民事法律行为被确定无效或撤销后，应由有过错的一方向无过错的一方赔偿因此所造成的损失。在双方都有过错的情况下，各自承担相应的责任。

（四）其他法律后果

民事法律行为无效、被撤销或确定不发生效力后，除了上述法律后果外，法律另有规定的，依照其规定。例如，如果双方当事人买卖枪支，该行为应当被认定无效，由此获得不当利益的，人民法院应当向有关行政管理部门提出司法建议。当事人的行为涉及犯罪的，应当将案件线索移送刑事侦查机关。

◎ 延伸阅读：

最高人民法院裁判文书——如何理解和认定"导致民事法律行为无效的违反法律、行政法规的强制性规定"？

◎ 相关法律：

《民法典》第 144~157 条。

◎ 实务操作：

钱某父亲有一幅祖传古画价值不菲，从不示人，钱某不知价值几何。其父病亡，钱某继承该画，后欲出售。高某得知后，为了低价收购该古画，买通某艺术品鉴定家孟某，孟某出具鉴定欺骗钱某该画是赝品，价值不超过 10 万元，钱某信以为真。但钱某没有卖给高某，却以 15 万元的价格将古画卖给了不懂市价行情却出价更高的陈某。后经正规鉴定机构专家鉴定，该画为某画家封笔之作，价值数百万。

请结合我国《民法典》相关规定，作出回答：

（1）钱某与陈某的古画买卖合同效力如何认定？

（2）钱某可以向法院提起何种诉讼？应在多长时间内提起？

任务四　分析附条件和附期限的民事法律行为

◎ 案例导入：

【案例 6-4】李某、王某是同事，二人都在武汉市某单位工作。李某因与妻子两地分居，欲调往长沙市工作。王某得知此事找到李某，请求将其现居住的这套楼房卖给自己。经双方协商，达成以下协议：如李某成功调往长沙，将房屋售予王某，价款 90 万元；如调动不成，此房不再出售。订立协议后不久，李某恰遇一机会，将其妻子调回武汉市工作。李某随后将此事告诉同事王某，并称此房不再出售，自己需要继续使用。王某认为李某违反约定，遂起诉至人民法院，要求李某交付房屋。

请思考：法院应否支持王某的诉讼请求？

◎ 知识准备：

民事法律行为是依当事人意思成立并发生当事人预期法律效果的行为。如果当事人对法律行为效果的发生或消灭加以限制，也是允许的，即民事法律行为可以附条件、附期限，本任务就是对附条件和附期限的民事行为进行分析。

一、附条件的民事法律行为

（一）附条件的民事法律行为的概念

附条件的民事法律行为，指民事法律行为效力的开始或终止取决于将来不确定事实的发生或不发生的法律行为。法律允许当事人对民事法律行为附条件，是尊重当事人意思自治，尽可能促进民事法律行为生效的必然要求。《民法典》第 158 条规定："民事法律行为可以附条件，但是根据其性质不得附条件的除外。附生效条件的民事法律行为，自条件成就时生效。附解除条件的民事法律行为，自条件成就时失效。"

法律同时规定，有两种民事法律行为不得附条件：一是妨碍相对人法定权利行使的。这主要是妨碍形成权的行使。如《民法典》第 568 条第 2 款规定，法定抵销不得附加条件。抵销、解除、追认、撤销等行为不得附条件。二是违背社会公德或社会公共利益的。这主要有结婚、离婚、收养、接受继承、票据行为等。如《票据法》第 33 条规定，背书不得附有条件。

（二）对设定条件的要求

1. 应是将来发生的事实

作为条件的法律事实必须是设定民事法律行为时尚未发生。如果当事人将已经发生的事实作为民事法律行为的条件，视为未附条件。

2. 应是不确定的事实

作为条件的法律事实发生与否是不确定的。正因为这种事实的发生是不确定的，所以设定的民事法律行为成就与否也是不确定的。如果以某一必然发生的事实作为条件，则这种情况下所附的是期限，而不是条件。

3. 当事人约定的事实

所附条件同民事法律行为的内容一样，只有在当事人协商同意后才能成立，是当事人意思表示一致的结果，即它属于任意性条款。对于民事法律行为本身所要求的事实和法律明确规定的事实则无须约定作为条件。

4. 应是合法的事实

作为附条件的民事法律行为的条件，其设立目的在于决定民事法律行为的效力，因此，违反法律或社会公共利益的违法条件不能作为民事法律行为所附的条件。

（三）附条件的分类

1. 延缓条件与解除条件

这是根据条件对法律行为效力所起的不同作用进行的划分。

（1）延缓条件。延缓条件，又称生效条件，是指民事法律行为所确定的民事权利和民事义务，在所附条件成就时才发生法律效力，条件的作用在于推迟民事法律行为发生效力。

（2）解除条件。解除条件，又称为失效条件，是指民事法律行为中双方当事人所约定的民事权利义务在条件成立时即失去效力，条件的作用在于使已生效的民事法律行为失去效力。

2. 肯定条件与否定条件

这是以某种客观事实的发生或不发生为标准进行的划分。

（1）肯定条件。肯定条件是指以某种客观事实的发生为条件，也称积极条件。它以一定客观事实的发生为条件成就，而以一定的事实不发生为条件不成就，肯定条件又分为肯定的延缓条件和肯定的解除条件。

（2）否定条件。否定条件是指以某种事实的不发生为条件，也称消极条件。它是以一定的事实不发生为条件成就，而以一定的事实发生为条件不成就。否定条件也可分为否定的延缓条件和否定的解除条件。

（四）附条件的效力

1. 条件成就及其效力

条件成就是指构成条件的事实已经实现。延缓条件成就后，民事法律行为当然发生效力，无须再有当事人意思表示或其他行为；解除条件成就后，民事法律行为的效力终止，也无须当事人再有意思表示或其他行为。

2. 条件不成就及其效力

条件不成就是指构成条件的内容没有实现。一般来讲，附延缓条件的民事法律行为，条件不成就时，该民事法律行为不生效；附解除条件的民事法律行为，条件不成就时，该民事法律行为继续有效。

◎ **案例分析：**

案例 6-4 中，李某与王某在买卖协议中确定的权利义务只有在李某调往长沙市这一条件实现时才发生法律效力。既然李某没有调往长沙，所附条件没有成就，李某、王某之间的权利义务虽已确定，但并未发生法律效力，权利人尚不能主张权利，义务人尚无履行义务的责任，因此，王某要求李某交付房屋的要求不能得到法院的支持。

3. 条件成就与否的拟制

条件成就与否的拟制，是指当事人为自己的利益不正当地促成条件成就或阻止条件成就。《民法典》第 159 条规定："附条件的民事法律行为，当事人为自己的利益不正当地阻止条件成就的，视为条件已成就；不正当地促成条件成就的，视为条件不成就。"

◎ **交互练习：**

甲打算卖房，问乙是否愿买，乙一向迷信，就跟甲说："如果明天早上 7 点你家屋顶上来了喜鹊，我就出 10 万块钱买你的房子。"甲同意。乙回家后非常后悔。第二天早上 7 点差几分时，恰有一群喜鹊停在甲家的屋顶上，乙不想买甲的房子，于是将喜鹊赶走。甲乙之间的买房合同生效了吗？（　　　）

A. 已生效　　B. 没生效　　C. 效力待定　　D. 无效

二、附期限的民事法律行为

（一）附期限的民事法律行为的概念

附期限的民事法律行为，是以一定期限的到来作为效力开始或终止原因的民事法律行为。期限与条件不同，任何期限都是确定地要到来的，而条件的成就与否具有不确定性。《民法典》第160条规定："民事法律行为可以附期限，但是根据其性质不得附期限的除外。附生效期限的民事法律行为，自期限届至时生效。附终止期限的民事法律行为，自期限届满时失效。"

（二）期限的分类

1. 延缓期限与解除期限

按照期限对民事法律行为效力所起的不同限制作用，可将所附期限分为延缓期限与解除期限。

延缓期限又称为生效期限或始期，是指所附期限到来之时，法律行为始发生效力的期限。解除期限是指已生效的法律行为于特定期限到来时，效力终止的期限。

2. 确定期限与不确定期限

以某一事实发生的时间是否确定，将期限划分为确定期限与不确定期限，前者如确定合同具体的生效日期，后者如甲乙双方约定甲父去世后甲将房屋卖给乙。

（三）对期限的限制

民事法律行为中所附期限一般应明确具体，法律不允许对法律行为附加不能期限。所谓不能期限是指约定的期限过于久远，违背常情。期限违法的，视为法律行为未附期限。

◎ **相关法律：**

《民法典》第158~160条。

◎ **实务操作：**

李某与孙某为某小区邻居，李某为住房户，孙某为租房户。后孙某想购买一套本小区住房，遂与李某约定，如果李某不在小区附近的甲公司上班，李某就将其小区内自有住房以每平米2.3万元的市场价格卖给孙某。孙某为尽快购得该房屋，贿赂甲公司经理，让其辞退了李某。李某知情后拒绝履行上述买卖房屋的合同。

请分析：关于李某和孙某关于李某不在甲公司上班的约定，回答以下问题：

（1）李某与孙某缔结的合同为何种类型的合同？

（2）该合同效力如何？李某拒绝履行买卖合同是否构成违约？

项目综合训练

（1）甲隐瞒了其所购别墅内曾发生恶性刑事案件的事实，以明显低于市场价的价格将其转卖给乙；乙在不知情的情况下，放弃他人以市场价出售的别墅，购买了甲的别墅。

请分析：

①别墅买卖合同属于什么性质的民事法律行为？是否有效？

②如果乙起诉至法院，期限如何？法律后果如何？

（2）2023年12月21日，郑某驾驶无号牌两轮摩托车由北向南行驶，与前方步行的袁某发生事故，致袁某受伤。2024年1月29日，公安交警大队作出了道路交通事故认定书，认定郑某负全责、袁某无责任。袁某住院治疗，花去医疗费33195元（由郑某向医院支付），住院期间，袁某丈夫刘某护理袁某。2024年2月17日，就事故损害赔偿事宜，袁某的丈夫刘某与郑某签订的《交通事故损害赔偿和解书》，约定：（1）郑某一次性赔偿袁某71100元，含医疗费（已支付）、误工费、护理费、伙食补助费、营养费、交通费等；（2）袁某放弃诉讼及其他赔偿要求；（3）双方签字生效，费用结清后无涉。协议签订后，郑某履行了协议。袁某的身体恢复后，经伤情鉴定，构成八级伤残。

请分析： 袁某是否有权请求撤销《交通事故损害赔偿和解书》中第二、三条？

本项目答案

项目七　代　　理

◎ **知识目标**
- 理解代理的概念、特征，掌握代理的适用范围及不适用代理的情形。
- 掌握狭义无权代理的种类及表见代理的构成要件。

◎ **技能目标**
- 能够正确区分滥用代理权及无权代理。
- 能正确分析有权代理、无权代理及表见代理的后果。

◎ **素质目标**
- 树立法律至上的理念，培养守法护法意识。
- 培养法治思维，提高法律素养。

任务一　认识代理

◎ **案例导入：**

【案例7-1】 某市甲酒店欲重新装潢，遂请书法大师王某题字5幅，王某满口答应。后因为种种原因，王某没有时间完成作品，就让自己的几个学生以自己的名义代写了3幅，自己仅题了2幅，交给了该酒店。由于其学生的作品与王某的风格相差很大，水平也远不及王某，结果代写的事被该酒店经理发现。双方发生纠纷，甲酒店只同意支付2幅字画的报酬，并要求王某承担因为耽误装修给酒店造成的损失。王某则坚持认为自己已交付了作品。

请思考： 该纠纷该如何解决？

◎ **知识准备：**

代理就是民事法律行为的代理，代理制度是民事法律行为制度的重要组成部分。本任务旨在认识代理，首先要了解代理的概念、特征等。

一、代理的概念

代理，是指代理人在代理权限内，以被代理人的名义同第三人实施的由被代理人承担法律后果的民事法律行为。

代理是一种民事法律行为，也是一项法律制度。在代理的民事法律关系中有三方当事人：代理人、被代理人与第三人。代理人是依据代理权代替他人实施民事法律行为的人；被代理人是由他人代替自己同第三人进行民事法律行为并承担法律后果的人，又称本人；第三人是同代理人进行民事法律行为的人，又称相对人。上述三方当事人涉及三方面的法律关系：一是代理人与被代理人之间基于委托授权或法律规定而形成的代理权关系，这种关系为代理的内部关系；二是代理人依据代理权与第三人之间的代理行为关系，这种关系为代理的外部关系；三是被代理人与第三人之间因代理行为而形成的权利义务关系，这种关系为代理的结果关系。

二、代理的特征

（一）代理人在代理权限内独立实施代理行为

代理人进行代理活动的依据是代理权，因此，代理人必须在代理权限内实施代理行为。为了更好地行使代理权和维护被代理人的利益，代理人并不是机械地执行被代理人的意思，代理人可以在代理权限内根据具体情况独立进行意思表示，以完成代理任务。

（二）代理人以被代理人的名义实施代理行为

代理人如果以自己的名义实施代理行为，这种行为是自己的行为而非代理行为。代理人只有以被代理人的名义进行代理活动，才能为被代理人取得权利、设定义务。

（三）代理行为是具有法律意义的行为

代理人所实施的代理行为必须能够产生一定的民事法律后果，即能够通过代理行为在被代理人和第三人之间设立、变更、终止一定的民事权利义务关系。日常生活中为他人代办某些事项的行为，如代友请客、替他人投寄邮件等，在当事人之间不能产生权利义务关系，不属于民法上的代理行为。

（四）代理行为直接对被代理人发生效力

代理人在代理权限内以被代理人的名义与第三人实施的民事法律行为，相当于被代理人自己实施的行为，产生与被代理人自己行为相同的法律后果。因此，被代理人享有因代理行为产生的民事权利，同时也承担因代理行为产生的民事义务和民事责任。

三、代理的适用范围

（一）可以代理的事项

代理的适用范围非常广泛，民事主体可以通过代理人实施民事法律行为和其他有法律意义的行为，实现自己的民事权利和履行自己的民事义务。代理的适用范围包括：

1. 代理各种民事法律行为

这是最常见的代理行为。民事主体之间有关民事权利义务的设立、变更、消灭的民事法律行为，都可以适用代理制度，包括进行各种具有债务关系性质或财产意义的法律行为，如代签合同、代理履行债务等。

2. 代理民事诉讼行为

自然人、法人通过代理人代理诉讼行为，是实现和保护自己民事权利的一种重要手段。在民事诉讼中，委托代理人、法定代理人均可以代理诉讼中的当事人参加民事诉讼活动。

3. 代理实施某些财政、行政行为

尽管代理人所代理的某些行政、财政行为不是民事法律行为，而是行政法上的行为，但委托人与受托人之间存在的委托合同关系仍然适用民法有关代理制度的规定。如代理专利申请、代理商标注册、代理纳税、代理法人登记等。

（二）不得代理的事项

尽管代理的适用范围非常广泛，但还是受法律规定和当事人约定的限制。根据《民法典》第 161 条第 2 款规定，如下情形不得代理：

1. 依照法律规定不得代理的情形

此类行为具有严格的人身属性，必须由本人亲自作出决定和予以表达，属于人身行为，不适用代理制度，如订立遗嘱、婚姻登记、收养子女等。

2. 双方当事人约定应由本人亲自实施的民事法律行为

本着意思自治原则的要求，如果在本人与相对人之间明确约定不能代理，必须由本人亲自实施某些行为，则必须遵从约定，不适用代理。

3. 按照民事法律行为的性质不得代理的民事法律行为

具有人身性质的债务，即基于对某人资信、能力、特长等方面的信任的法律行为具有典型的人身专属性，比如演出合同中，不得由他人代理。

◎ **案例分析：**

案例 7-1 中，甲酒店邀请王某题字的行为不适用代理。因为酒店是基于对王某的能力、信誉的信任与王某订立合同，王某应在合同规定的期限内，亲自完成合同规定的义务，不应转托他人，故甲应当为自己的行为负责，应当赔偿旅馆耽误装修所造成的损失。

4. 违法行为不得代理

依据《民法典》第 167 条的规定，代理人知道或应当知道代理的事项违法仍然实施代理行为，或者被代理人知道或者应当知道代理人的代理行为违法未作反对表示的，被代理人和代理人应当承担连带责任。因此，违法行为或者法律禁止的行为不得代理。

◎ **交互练习：**

下列哪些情形属于代理？（　　　）

A. 甲请乙从国外代购 1 套名牌饮具，乙自己要买 2 套，故乙共买 3 套一并结账

B. 甲请乙代购茶叶，乙将甲写好茶叶名称的纸条交给销售员，告知其是为自己朋友买茶叶

C. 甲律师接受法院指定担任被告人乙的辩护人

D. 甲介绍歌星乙参加某演唱会，并与主办方签订了三方协议

四、代理的分类

（一）委托代理和法定代理

以代理权产生根据为标准，可将代理分为委托代理与法定代理。

1. 委托代理

委托代理，是基于被代理人的委托授权所发生的代理。委托代理人所享有的代理权，是被代理人授予的，所以委托代理又称授权代理。授权行为是一种单方民事法律行为，仅凭被代理人一方授权的意思表示，代理人就取得代理权，故委托代理又称为意定代理。

委托代理一般产生于代理人与被代理人之间存在的基础法律关系之上，这种法律关系可以是委托合同关系，也可以是劳动合同关系（职务关系），还可以是雇佣关系、夫妻关系等，如甲委托家庭保姆乙去超市代买生活用品、去菜市场买菜等。

在委托代理中，授予代理权的形式可以是口头形式，也可以是书面形式。授权的书面形式称为授权书，根据《民法典》第165条规定："委托代理授权采用书面形式的，授权委托书应当载明代理人的姓名或者名称、代理事项、权限和期限，并由被代理人签名或者盖章。"

2. 法定代理

法定代理是指根据法律的直接规定而产生的代理。法定代理主要是为无民事行为能力人和限制民事行为能力人设定的代理。法定代理产生的根据是代理人与被代理人之间存在的血缘关系、婚姻关系或其他亲缘关系。法定代理人所享有的代理权是由法律直接规定的，与被代理人的意志无关。

《民法典》第23条规定："无民事行为能力人、限制民事行为能力人的监护人是其法定代理人。"这一规定就是为他们设定代理人的法律依据。法定代理人代理被监护人进行民事法律行为，实现和保护被监护人的合法权益，是法定代理人的重要职责。

（二）一般代理与特别代理

以代理权限范围为标准，可将代理分为一般代理与特别代理。

一般代理，是指代理权范围及于代理事项的全部的代理，又称概括代理、全权代理。在实践中，如未指明为特别代理时则为一般代理。特别代理是一般代理的对称，是指代理权被限定在一定范围或一定事项的某些方面的代理，又称部分代理、特定代理或限定代理。

需要注意的是，在民事案件审判中也存在一般代理和特别授权之分。律师作为代理人代表原告或被告参与诉讼时，需要明确其代理权限，如果当事人给律师的授权是一般代理，则律师的代理权限主要是协助委托人提起诉讼或应诉、收集和提交证据、参与庭审和调解、代领法律文书等，而不能代为变更或放弃诉讼请求、承认对方的权利主张、与对方达成和解等，如果需要这些代理权限，则应该由委托人在书面的授权文件中明确列明具体事项，而不能简单地以"全权代理"或"特别授权"来说明。如果没有具体的授权事项，即使写明是"全权代理"或"特别授权"，也只能认为是一般代理。

（三）单独代理与共同代理

以代理权是授予一人还是数人为标准，可将代理分为单独代理与共同代理。

单独代理，又称独立代理，指代理权仅授予一人的代理。其核心在于代理权属于一人，至于被代理人为一人还是数人，在所不问。

共同代理是指数个代理人共同行使一项代理权的代理，如父母都是未成年人的代理人。《民法典》第 166 条规定："数人为同一代理事项的代理人的，应当共同行使代理权，但是当事人另有约定的除外。"所谓"共同行使代理权"，是指只有经过全体代理人共同同意才能行使代理权，即数人应当共同实施代理行为，有共同的权利义务。任何一个代理人单独行使代理权，均属于无权代理。如果数个代理人对同一个代理权可以单独行使，也属于单独代理，而不是共同代理。比如，被代理人授权甲、乙一起为其购买一台电视机和一台冰箱，但谁买都可以，此种情况属于单独代理，不是共同代理。共同代理人应共同行使代理权，如其中一人或数人未与其他代理人协商，其实施的行为侵害被代理人权益的，由实施行为的代理人承担民事责任。

（四）本代理与复代理

以代理权是由被代理人授予，还是由代理人转托为标准，可将代理分为本代理与复代理。

本代理是指基于被代理人的直接授权或依法律规定而产生的代理，又称原代理。复代理是指代理人为了被代理人的利益将其享有的代理权转托他人而产生的代理，又称再代理、转代理。因代理人的转托而享有代理权的人，称为复代理人。代理人选择他人作为复代理人的权利称为复任权。

复代理的主要特征有：（1）复代理人是由代理人以自己的名义选任的，不是由被代理人选任的；（2）复代理人不是原代理人的代理人，而仍然是被代理人的代理人，其行使代理权时仍以被代理人的名义进行，法律后果直接归属被代理人；（3）复代理权不是由被代理人直接授予的，而是由原代理人转托的，并以原代理人的代理权限为限，不能超过原代理人的代理权。

《民法典》第 169 条规定："代理人需要转委托第三人代理的，应当取得被代理人的同意或者追认。转委托代理经被代理人同意或者追认的，被代理人可以就代理事务直接指示转委托的第三人，代理人仅就第三人的选任以及对第三人的指示承担责任。转委托代理未经被代理人同意或者追认的，代理人应当对转委托的第三人的行为承担责任，但是在紧急情况下代理人为了维护被代理人的利益需要转委托第三人代理的除外。"所谓"紧急情况"，是指由于疾病、通信联络中断等特殊原因，委托代理人自己不能办理代理事项，又不能与被代理人及时取得联系，如不及时转托他人代理，会给被代理人的利益造成损失或扩大损失的情形。

可见，复代理附有条件，必须事先取得被代理人同意或事后告知被代理人并取得其同意，但在紧急情况下不需要取得被代理人的同意。转委托代理未经被代理人同意或追认的，代理人应对转委托的第三人的行为承担责任，被代理人因此遭受损失的，有权请求代理人赔偿。

（五）直接代理与间接代理

根据代理人实施代理行为是以被代理人的名义还是以自己的名义，可将代理分为直接代理和间接代理。

直接代理是指代理人以被代理人的名义从事代理行为，代理活动的效果直接由被代理人承担的制度。间接代理是指代理人进行代理活动时以自己的名义，进行代理活动的效果间接由被代理人承受的制度。

五、代理制度的意义

代理制度的意义表现为三个方面：

1. 扩大民事主体的活动范围

民事主体从事民事行为，主观上受知识和认识能力的限制，客观上受时间和空间的限制，因此，不可能事必躬亲。特别是对于法人而言，仅靠法定代表人实施民事行为，法人的业务将大受限制。代理制度的价值就在于，能够克服民事主体在知识、认识水平、时间、空间等方面的局限性，使民事主体的权利能力得以充分实现。

2. 补充某些民事主体行为能力的不足

无民事行为能力人和限制民事行为能力人不能或不能完全通过自己的行为，以自己的意思为自己设定权利、履行义务，而代理能使这类民事主体的行为能力得以补充。

3. 降低成本，促进社会发展

确立民事代理制度，使民事主体可以利用他人的专业知识进行民事活动，使民事活动降低成本，也推动了提供专业知识和专业技能的服务行业的发展。

◎ **延伸阅读：**

当事人不认可代理人的代理行为时，能否主张赔偿？

◎ **相关法律：**

《民法典》第 161～163 条、165～167 条、169 条、1049 条。

◎ **实务操作：**

甲委托同事乙在春节回家探亲时代买茶叶 10 斤，并交给乙 5000 元钱。乙受委托后回家探亲，适逢春节家乡不产茶叶，于是将情况告知甲。甲称可留下钱托人以后代买。乙临行前一晚上逢好友丙来探望，乙将买茶叶之事相托，丙欣然应允。于是乙将 5000 元钱交给丙。

请分析：

（1）假设丙拿到钱后回家路上遭强盗抢劫，该 5000 元损失谁来承担？

（2）假设丙拿到钱后即逃之夭夭，该 5000 元损失谁来承担？

任务二　行使代理权

◎ **案例导入**：

【案例 7-2】 潘某有一批珍贵红木，委托仲某找买家，刘某出价 600 万元，辛某出价 400 万元。仲某以潘某名义与刘某缔约时，辛某找到仲某表示愿意给仲某 50 万元回扣，出价 350 万元购入该红木，仲某同意。后仲某告知潘某红木市场状况欠佳，只能以该价卖出。仲某与辛某签订了合同。

请思考：仲某行使代理权是否合理？

◎ **知识准备**：

本任务要求了解代理权行使的基本原则，进而掌握滥用代理权的具体情形以及代理权消灭的原因。

代理权是代理制度的核心，它是指代理人基于被代理人的意思表示或者法律的直接规定或者有关机关的指定，能够以被代理人的名义为意思表示或者受领意思表示，其法律效果直接归于被代理人的资格。

代理权的行使，是指代理人在代理权限范围内，以被代理人的名义依法独立、有效地实施民事法律行为，以达到被代理人所希望的或者客观上符合被代理人利益的法律效果。

一、代理权行使的原则

代理人在行使代理权的过程中应当遵循以下原则：

1. 代理人应在代理权限范围内行使代理权，不得无权代理

代理人只有在代理权限范围内实施的民事行为，才能被看作是被代理人的行为，由被代理人承担代理行为的法律后果。代理人非经被代理人的同意，不得擅自扩大、变更代理权限。代理人超越或变更代理权限所为的行为，非经被代理人追认，对被代理人不发生法律效力，由此给被代理人造成经济损失的，代理人应承担赔偿责任。

《民法典》第 170 条规定了职务代理，指根据代理人所担任的职务而产生的代理，即执行法人或者非法人组织工作任务的人员，就其职权范围内的事项，以法人或者非法人组织的名义实施民事法律行为，无须法人或非法人组织的特别授权，对法人或者非法人组织发生效力。工作人员超越职权范围实施民事法律行为的，构成无权代理。职权范围有的由法律、行政法规或规章规定，有的因法人或非法人组织的内部规定而定，有时法人或非法人组织还会临时授予工作人员一定的职权。

2. 代理人应亲自行使代理权，不得任意转托他人代理

被代理人之所以委托特定的代理人为自己服务，是基于对该代理人知识、技能、信用的依赖。因此，代理人必须亲自实施代理行为，圆满完成被代理人交付的事务。除非经过被代理人同意或者有不得已的事由发生，不得将代理事务转委托他人处理。

3. 代理人应积极行使代理权，尽勤勉和谨慎的义务

代理人行使代理权的目的是实现和维护被代理人的利益。因此，代理人在代理活动中应认真工作，尽到勤勉和谨慎的义务，充分维护被代理人的利益。对被代理人的财产妥善保管，及时报告代理事务的完成情况，在委托代理中，代理人应根据被代理人的指示进行代理活动，发现不利于被代理人的情形以及需要由被代理人做出决定的事项，应及时报告被代理人。对于在代理过程中了解到的被代理人的秘密，代理人有保密的义务。若代理人未尽到职责，给被代理人造成损害的，应承担民事责任。

4. 代理人必须正当行使代理权，不得违法代理

《民法典》第 167 条规定："代理人知道或者应当知道代理事项违法仍然实施代理行为，或者被代理人知道或者应当知道代理人的代理行为违法未作反对表示的，被代理人和代理人应当承担连带责任。"如委托他人代为销售假冒伪劣产品，代理人知道是假冒伪劣产品而代理销售的；或委托他人代为销售合法产品，代理人将产品上贴上假冒商标进行销售，被代理人知道而不反对的，这两种情况都属于违法代理，造成第三人损害的，代理人与被代理人承担连带责任。

二、滥用代理权

滥用代理权，是指代理人行使代理权时，违背代理权的设定宗旨、代理行为的基本准则以及诚实信用原则，实施了有损被代理人利益的行为。

滥用代理权有以下特征：（1）代理人有代理权。在无权代理中，行为人没有代理权。这一要件使滥用代理权的行为与无权代理行为区别开来。（2）代理人在行使代理权的过程中，违背了代理权的设定宗旨和基本行为准则，违背了诚实守信原则。（3）代理人的代理行为有损被代理人的利益。

滥用代理权包括以下三种类型：

1. 自己代理

自己代理是指代理人以被代理人的名义与自己进行民事行为。在这种情况下，代理人同时为代理关系中的代理人和第三人，双方的交易行为实际上只有一个人实施。例如，甲委托乙购买生产设备，乙以甲的名义与自己订立合同，把自己的生产设备卖给甲。通常情况下，由于交易双方都追求自身利益的最大化，因此，在自己代理的情形，代理人自己的利益可能会与被代理人的利益发生冲突，代理人往往会更注重自己的利益，从而损害被代理人的利益。当然，在某些情况下，代理人实施自己代理的行为也能发生效力：第一，被代理人事先同意；第二，被代理人事后追认。如果被代理人事先同意或事后追认的，法律自然要尊重被代理人的选择，认可自己代理的效力。

2. 双方代理

双方代理，又称同时代理，是指一人同时担任双方的代理人实施同一民事法律行为。在通常情况下，双方代理由于没有第三人参加进来，交易由一人包办，一人同时代表双方利益，难免顾此失彼，很容易损害其中一方当事人的利益，违反代理制度的宗旨。因此，双方代理应予禁止，《民法典》第 168 条第 2 款规定："代理人不得以被代理人的名义与自己同时代理的其他人实施民事法律行为，但是被代理的双方同意或者追认的除外。"由此可见，我国《民法典》原则上禁止双方代理。被代理人不予

同意或者追认的，双方代理行为自始无效；被代理人同意或者追认的，双方代理行为自始有效。

3. 恶意串通

恶意串通是指代理人与相对人明知或应知其实施的行为会造成被代理人合法权益的损害，串通在一起，共同实施某种行为来损害被代理人的合法权益。代理人的职责是为被代理人实施一定的民事法律行为，维护和实现被代理人的利益。代理人与第三人恶意串通，损害被代理人的利益，这与其职责相违背。《民法典》第 164 条第 2 款规定：代理人和相对人恶意串通，损害被代理人合法权益的，代理人和相对人应当承担连带责任。

◎ **案例分析：**

案例 7-2 中，代理人仲某为了拿回扣与相对人辛某签订合同，构成恶意串通，损害了被代理人潘某的利益，仲某与辛某对潘某的损失应承担连带责任。

◎ **交互练习：**

下列关于代理的做法错误的是(　　　)。

A. 甲委托乙购买一辆电动车，乙将自己的电动车卖给甲

B. 甲委托乙购买一批钢材，丙委托乙卖一批钢材，乙把丙的钢材卖给甲

C. 甲信任乙，委托东北人乙去采购人参，乙擅自将购买人参的事情交给丙办理

D. 乙是代理人，以被代理人的名义在代理权限范围内进行民事活动

◎ **思政点滴：**

在社会的宏大舞台上，代理制度如同一座精巧的桥梁，连接着不同的个体与利益。它不仅仅是一种法律安排，更是一面映射着责任与担当的镜子。责任，是代理制度中的核心价值。担当，是代理制度赋予代理人的使命。只有通过自我约束，我们才能确保自己的行为符合社会的期望，为社会的发展营造良好的环境。

三、代理权的消灭

代理权的消灭，又称代理权的终止，指代理人与被代理人之间的代理关系消灭，代理人不再具有以被代理人名义进行民事活动的资格。由于委托代理权与法定代理权产生的根据不同，其消灭原因也有所区别。

（一）委托代理消灭的原因

1. 代理期限届满或者代理事务完成

委托代理一般都有明确约定的代理期限或者特定的代理事务。在代理期限届满或代理事务完成之后，设立代理的目的已经达到，代理人的代理权自然终止。期限届满或事务完成的时间，有代理证书的依代理证书，无代理证书或代理证书记载不明的，依委托合同。授予代理权时未明确代理期间或者代理事务范围的，被代理人有权随时

以单方面的意思表示加以确定。

2. 被代理人取消委托或者代理人辞去委托

委托关系存在的基础是代理人和被代理人之间的相互信任，一旦双方这一基础消失或客观上不需要委托，当事人双方就会解除代理关系。取消或辞去委托行为均属单方法律行为，一方当事人一旦作出这种意思表示并通知对方当事人，就可以使代理关系终止。代理权的取消或辞去都应事先通知对方，否则要承担由此造成对方损失的赔偿责任。被代理人也应将代理人变动的事项通知第三人，如果未通知第三人，于此情形下，第三人是善意、无过失的，代理权的消灭和变更不得对抗善意第三人。

3. 代理人丧失民事行为能力

代理人的职责是代替被代理人实施民事法律行为，实现被代理人的利益。如果代理人丧失民事行为能力，也就丧失了代理实施民事法律行为的能力，其代理权自应随之消灭。

4. 代理人或被代理人死亡

代理关系具有严格的人身属性。代理人死亡，使代理关系失去了一方主体，失去了代理关系中双方彼此信赖的主体要素。因此，代理人死亡，代理权随之消灭，而不能以继承方式转移给继承人。

被代理人死亡就失去了被代理的对象，原则上也会导致代理关系终止。但如果出现下列情形，即便被代理人死亡，代理人的代理行为仍有效，具体包括：（1）代理人不知道且不应当知道被代理人死亡；（2）被代理人的继承人予以承认；（3）授权中明确代理权在代理事务完成时终止；（4）被代理人死亡前已经实施，为了被代理人的继承人的利益继续代理。

5. 作为代理人或者被代理人的法人、非法人组织终止

法人、非法人组织因各种原因终止后，其民事主体资格不再存在，在法律后果上近似于自然人死亡，故委托代理关系也因基础消失而相应终止。需要注意的是，法人、非法人组织终止，指其作为民事主体资格消灭。如法人、非法人组织被吊销营业执照而没有办理注销登记的，或正在清算期间，因其主体资格尚未消灭，并不会因此导致委托代理终止。

（二）法定代理终止的原因

1. 被代理人取得或恢复民事行为能力

法定代理是为无民事行为能力人和限制民事行为能力人设定的。因此，当被代理人取得或恢复民事行为能力的情况下，代理权自动消灭。例如，未成年人年满18周岁或者精神病人康复等。

2. 代理人丧失民事行为能力

法定代理人的职责，是代理无民事行为能力人或限制民事行为能力人为民事法律行为，故法定代理人必须具有民事行为能力。如果法定代理人丧失了民事行为能力，也就丧失了作为代理人的资格，法定代理自然应终止。

3. 代理人或被代理人死亡

代理人或被代理人死亡，意味着代理关系的一方主体消灭，故而引起法定代理关

系的终止。需要注意的是，代理人或被代理人死亡，在委托代理和法定代理中所产生的法律效果并不完全相同；无论是在委托代理还是在法定代理中，代理人死亡均导致代理终止；但被代理人死亡后，委托代理人仍有可能继续实施代理行为并发生代理的效果，法定代理则必然终止。

4. 法律规定的其他情形

如法定代理人由监护人担任的，监护人不履行监护职责或者侵害被监护人合法权益，人民法院可根据有关个人或组织的申请，撤销其监护人资格，代理权也随之消灭。除此之外，夫妻离婚、收养关系解除等，都会引起法定监护关系的变化，从而导致法定代理关系的终止，代理权随之消灭。

◎ **延伸阅读**：

夫妻之间享有代理权吗？

◎ **相关法律**：

《民法典》第 164、168、173~175 条。

◎ **实务操作**：

1. 甲委托乙前往云南购买普洱茶。同时，丙委托乙出售普洱茶。

请分析：乙可否以甲的名义与丙订立茶叶买卖合同，为什么？

2. 甲公司员工唐某受公司委托从乙公司订购了一批空气净化器，甲公司对净化器单价未作明确限定。唐某与乙公司私下商定将净化器单价提高 200 元，乙公司给唐某每台 100 元的回扣。商定后，唐某以甲公司名义与乙公司签订了买卖合同。

请分析：唐某的行为是否属于滥用代理权？对于甲公司的损失应由谁来负担？

任务三　识别无权代理和表见代理

◎ **案例导入**：

【案例 7-3】某服装厂急于推销积压产品，动员职工都参与销售，并为此制定了奖励措施。职工李某找到其在某商场当业务员的同学张某，让其帮忙销售。按照商场的规定，凡进货须经领导同意，但张某为显示自己有本事，用自己保留的盖过章的空白合同书与服装厂签订了一份购买价值 15 万元服装的合同。随后，服装厂按合同发去了服装。商场得知此事，坚称没有委托张某购买这批货，要求退货；服装厂认为双方合同合法有效，商场应收货付款。多次协商未果，服装厂诉至人民法院，要求商场支付货款。

请思考：商场应否付款？

◎ **知识准备**：

本任务通过对无权代理和表见代理的学习，能够识别无权代理和表见代理，正确分析实际生活中发生的有权代理、无权代理及表见代理问题。

一、无权代理

（一）无权代理的概念

无权代理是指没有代理权而以他人的名义与第三人进行民事活动。无权代理分为狭义的无权代理和表见代理。

无权代理和滥用代理权是两种不同的制度，其主要区别是：（1）性质不同。无权代理是没有代理权而进行的所谓代理；而滥用代理权则属有权代理，只是代理权行使不当。（2）情形不同。无权代理包括未经授权的代理、超越代理权的代理、代理权终止后的代理；而滥用代理权则包括自己代理、双方代理和代理人与相对人恶意串通损害被代理人利益的行为。（3）法律后果不同。无权代理并非绝对不能产生代理的法律效果；而滥用代理权的行为，一般属于无效民事法律行为。

（二）无权代理的特征

1. 行为人所实施的民事行为符合代理行为的表面特征

行为人以被代理人的名义独立对第三人为意思表示，并将其行为的法律后果直接归属他人。若不具备代理行为的表面特征，则不属于无权代理行为。

2. 行为人对实施的行为没有代理权

没有代理权包括未经授权、超越代理权和代理权终止三种情况。

3. 无权代理行为并非绝对不能产生代理的法律效果

由于无权代理的行为未必对被代理人或相对人不利，同时为了维护交易安全和保护善意第三人的利益，狭义的无权代理行为应属效力未定的民事法律行为，在经被代理人追认的情况下，无权代理变为有权代理，能产生代理的法律效果，而表见代理直接发生代理的法律效果。

二、狭义的无权代理

（一）狭义的无权代理的概念

狭义的无权代理是指行为人既没有代理权，也没有令相对人相信其有代理权的事实或理由，而以被代理人的名义所进行的代理。

（二）狭义的无权代理的种类

1. 行为人自始没有代理权

行为人既未基于授权行为取得委托代理权，也未基于法律的直接规定取得法定代理权，但行为人却以被代理人的名义与相对人实施民事法律行为。

2. 行为人超越代理权

行为人虽然有一定的代理权限，但却擅自超越代理权范围进行代理活动。对于超越代理权的行为，除经被代理人追认的以外，其法律后果由行为人承担。

3. 代理权终止后的代理

在代理权终止后，行为人仍以被代理人的名义与相对人进行民事行为，这种代理因行为人无代理权而成为无权代理。

（三）狭义的无权代理的效力

无权代理行为为效力待定的行为，其效力处于不确定状态，有效或无效取决于被代理人追认与否。在被代理人追认之前，相对人可以催告被代理人予以追认，善意的相对人还可以撤回与无权代理人所进行的行为。如果得不到被代理人的追认，相对人也不撤回意思表示，无权代理人应对相对人承担相应的民事责任。

1. 被代理人有追认权

无权代理经被代理人追认，变为有权代理。追认是一种单方意思表示，可以是明示，也可以是默示，如《民法典》第 503 条规定，无权代理人以被代理人的名义订立合同，被代理人已经开始履行合同义务或者接受相对人履行的，视为对合同的追认。一经追认，无权代理行为自始有效，被代理人承担无权代理行为的后果。

2. 相对人的催告权与撤销权

为了平衡被代理人和相对人的利益，相对人有催告权和撤销权。

（1）相对人的催告权。相对人行使催告权应当向被代理人表示，并且应当在被代理人追认之前。相对人可以催告被代理人自收到通知之日起 30 日内明确答复是否追认无权代理行为。

（2）善意相对人的撤销权。善意相对人，即不知道或不应当知道代理人无权代理的人，法律为了保护善意相对人利益，赋予其撤销权。行使撤销权的意思向被代理人或者无权代理人表示。在被代理人对无权代理行为追认之前，可撤销与无权代理人的民事法律行为。

3. 无权代理人的责任

无权代理人实施的行为未得到被代理人的追认时，该民事法律行为不能对被代理人发生效力，应当由无权代理人对相对人承担民事责任。不过，依据《民法典》第 171 条第 3 款、第 4 款的规定，行为人承担责任应区分相对人是善意还是恶意而有所区别。

无权代理人实施的行为未得到被代理人追认的，善意的相对人享有选择权，既可以请求行为人直接承担该法律行为的后果，也可以请求行为人承担损害赔偿责任，但赔偿范围不超过被代理人追认时相对人能获得的利益。也就是说，赔偿的范围不能超过履行利益。这主要是考虑到善意相对人对因无权代理而遭受损害也有一定的过失，不能因此而多获利益，应当对行为人的赔偿责任适当加以限制。

但是如果相对人知道或者应当知道行为人无权代理的，相对人和行为人按照各自的过错承担责任。此时，行为人和相对人对无权代理都心知肚明，法律也就无须对任何一方进行保护，双方应当根据各自的过错来确定相应的责任。

◎ 交互练习：

某旅游公司授权甲去云南洽谈民宿价格。正值松茸季，甲以公司名义和商家用公司团购优惠价订立松茸买卖合同并付款，准备卖给自己的客户赚钱，写寄送地址的时候不小心写成公司地址，寄到了公司。公司知晓后拿来做福利发给员工。关于本案，下列说法正确的是(　　　)。

A. 甲有权请求公司返还价款　　B. 商家可以欺诈为由撤销合同

C. 甲构成无权代理　　D. 甲有权请求公司返还松茸

三、表见代理

（一）表见代理的概念

所谓表见代理，是指行为人没有代理权，但具有外表授权的特征，致使相对人有理由相信行为人有代理权而与其进行民事法律行为，法律使之发生与有权代理相同的法律效果。《民法典》第 172 条规定："行为人没有代理权、超越代理权或者代理权终止后，仍然实施代理行为，相对人有理由相信行为人有代理权的，代理行为有效。"这是表见代理制度的法律依据。设立表见代理制度的意义，在于确保交易安全和市场信用，保护善意第三人的合法利益。

（二）表见代理的构成要件

1. 须行为人无代理权

如果代理人对所实施的行为系有权代理，不发生表见代理。

2. 交易相对人有理由相信行为人具有代理权

这一要件是以行为人与被代理人之间存在某种事实上或法律上的联系为基础的。根据《民法典总则编解释》第 28 条规定，同时符合下列条件的，人民法院可以认定为《民法典》第 172 条规定的相对人有理由相信行为人有代理权：

（1）存在代理权的外观，这是构成表见代理的客观要件。判断行为人是否存在代理权的外观可从如下方面考虑：其一，无权代理行为是否在被代理人的场所实施的；其二，无权代理人与被代理人的关系，如系亲属关系或劳动雇佣关系常构成认定为表见代理成立的客观依据；其三，无权代理人在与相对人缔约时出示了其有代理权的依据，如果行为人持有被代理人发出的证明要件，如被代理人的介绍信、盖有合同专用章或公章的空白合同书，或者有被代理人向相对人所作的授予其代理权的通知或公告。在我国司法实践中，盗用他人的介绍信、合同专用章或盖有公章的空白合同书签订合同的，一般不认定为表见代理，但本人应负举证责任，如不能举证，则构成表见代理。对于借用他人介绍信、合同专用章或盖有公章的空白合同书签订的合同，一般不认定为表见代理，由出借人与借用人对无效合同的法律后果负连带责任。

（2）相对人不知道行为人行为时没有代理权，且无过失，即相对人为善意，这是表见代理成立的主观要件。根据《民法典总则编解释》第 28 条第 2 款规定，因是否构成表见代理发生争议的，相对人应当就无权代理存在代理权的外观承担举证责任；被代理人应当就相对人恶意或有过失承担举证责任。

3. 该行为符合民事法律行为的一般有效要件

在构成表见代理的情况下，相对人之所以相信行为人有代理权，往往是因为被代理人有过失。但是，表见代理的成立不以被代理人主观上有过失为必要条件，即使被代理人没有过失，只要客观上有使相对人相信行为人有代理权的依据，即可构成表见代理。

◎ **案例分析：**

案例 7-3 中，张某的行为符合表见代理的特征：张某作为商场的代理人与服装厂签订合同时本无代理权，但由于商场内部管理不严，张某出具了盖有公章的空白合同书，使服装厂确信其有代理权，服装厂善意无过错，商场作为被代理人，当然应对服装厂负授权人的民事责任。

（三）表见代理的效力

1. 对被代理人的效力

表见代理对被代理人产生有权代理的效力，即在相对人与被代理人之间产生民事法律关系，被代理人应受无权代理人与相对人之间实施的民事法律行为的约束，享有该行为设定的权利并履行该行为约定的义务。被代理人不得以未授予无权代理人代理权而抗辩，不得以代理行为违背自己的意志和利益为由而拒绝承受表见代理的后果。在被代理人向相对人承担责任后，被代理人可以向无权代理人主张损害赔偿责任。

2. 对相对人的效力

表见代理对相对人来说，既可以主张狭义无权代理，也可以主张成立表见代理。如果相对人认为向无权代理人追究责任有利，则可主张狭义无权代理；如果相对人认为向被代理人主张权利更有利，也可以主张成立表见代理。需要注意的是，在相对人不主张表见代理的情况下，被代理人或者无权代理人不得主张表见代理。

◎ **延伸阅读：**

无权代理（狭义）与表见代理的联系与区别。

◎ **相关法律：**

《民法典》第 171、172 条。

《民法典总则编解释》第 27、28 条。

◎ **实务操作：**

张某到王某家聊天，王某去厕所时张某帮其接听了刘某打来的电话。刘某欲向王某订购一批货物，请张某转告，张某应允。随后张某感到有利可图，没有向王某转告订购之事，而是自己低价购进了刘某所需货物，以王某名义交货并收取了刘某的货款。

请分析：

（1）张某的行为构成哪种代理，为什么？

（2）张某将货物出卖给刘某的行为效力如何？

项目综合训练

（1）甲公司授权乙到外地购买 100 台电冰箱，并开具 100 台电冰箱的授权委托书。乙以甲公司名义与丙公司签订 100 台电冰箱买卖合同后，丙又向乙推销电冰柜。

乙觉得该电冰柜质量、样式均不错，且价格合适，在当地很是畅销，在未请示公司的情况下，利用甲公司交给的盖有甲公司合同专用章的空白合同书，以甲的名义与丙公司又签了一份 50 台电冰柜买卖合同。

请分析：

①甲丙之间买卖冰箱的合同是否有效，为什么？

②乙丙之间买卖冰柜的合同是否有效，为什么？

（2）甲公司业务经理乙长期在丙餐厅签单招待客户，餐费由公司按月结清。后乙因故辞职，月底餐厅前去结帐时，甲公司认为，乙当月的几次用餐都是招待私人朋友，因而拒付乙所签单的餐费。

请分析：甲公司的说法是否有道理？为什么？

（3）王某欲租一台挖土机修建鱼塘，因要出差，遂委托李某进城办理租赁事宜，并预付李某 1000 元租金。李某进城后，巧遇中学同学张某。张某自告奋勇替李某办理此事。张某找到一家租赁公司，以王某名义签订了一份协议，约定租赁挖土机一台，租期一个月，租金 10000 元，预付 2000 元，租期届满再支付 8000 元。王某出差回来后，李某向王某作了汇报，王某不置可否。当李某向王某索要垫付的 1000 元租金时，王某便给了他。租期届满时，租赁公司向王某索要剩余租金，王某拒付，认为委托张某租赁机器的是李某，应由李某支付租金。

请思考：张某的行为是否构成复代理？为什么？

本项目答案

项目八　诉讼时效和期限

◎ **知识目标**

- 理解诉讼时效的概念、种类、适用范围。
- 掌握诉讼时效的起算时间、诉讼时效的中止、中断和延长。
- 了解期日、期间的概念、分类、确定方式和计算方法。

◎ **技能目标**

- 能够结合具体案件准确计算诉讼时效期间。
- 能正确运用诉讼时效的中止、中断和延长来维护当事人的利益。

◎ **素质目标**

- 树立正确的权利保护意识，及时行使权利，寻求法律保护。
- 增强法律意识，提高法律实务操作能力。

任务一　计算诉讼时效

◎ **案例导入：**

【案例8-1】李某与刘某是朋友，2020年1月5日李某因买房向刘某借款3万元。当时，李某向刘某写有一张借据，借据上写明在2020年10月5日前还清。到还款时间，李某未向刘某还款，刘某也不好意思提及此事。直到2023年10月8日，刘某见李某既不还款也不提及此事，只好向李某说明他等钱用，希望李某尽快还款。不料，李某却声称并未向刘某借过款。刘某大怒，遂将李某起诉至人民法院，要求李某归还借款，被告辩称本案已经超过诉讼时效。人民法院经审理驳回了刘某的诉讼请求。

请思考：该笔借款是否超过了诉讼时效？

◎ **知识准备：**

民法设立时效制度的目的，在于维护社会公共利益与经济秩序。本任务通过学习时效制度和诉讼时效，从而能够正确计算诉讼时效，运用诉讼时效的中止、中断和延长来维护当事人的利益。

一、时效制度

时效，是指一定的事实状态持续地经过一定期间，从而在法律上产生一定后果的民法规则。时效制度是各国民法普遍承认的制度。

时效分为两种类型，即取得时效和诉讼时效。取得时效，是指非所有人公开、持续地占有他人财产或行使某种他物权，这种事实状态经过一定期限，占有人取得该物的所有权或其他物权。消灭时效是指权利人在法定期间内不行使权利即丧失请求法院保护的权利。我国《民法典》仅规定了消灭时效，未规定取得时效。

时效制度最主要的功能体现在：一是督促权利人及时行使权利，避免权利"睡觉"。法律不保护"在权利上睡觉的人"，权利人不及时行使权利，将产生权利减损或消灭的法律后果。二是有利于证据的收集和判断，并能及时解决纠纷。如果对权利的行使无期限限制的话，过了若干年再向法院起诉，收集证据的难度会更大，也会增加法院对证据审查判断的难度，使得纠纷解决更困难。

二、诉讼时效的概念和特征

（一）诉讼时效的概念

诉讼时效，是指权利人在法定期间内不行使权利，如果起诉之后被告提出时效抗辩，则法院不再强制被告履行义务的法律制度。

（二）诉讼时效的特征

1. 诉讼时效具有法定性

诉讼时效期间是权利人请求人民法院保护其民事权利的法定期限，是由法律直接规定的。《民法典》第 197 条规定："诉讼时效的期间、计算方法以及中止、中断的事由由法律规定，当事人约定无效。"

2. 诉讼时效具有强制性

诉讼时效及其具体内容由国家法律作出规定，民事主体必须遵守。禁止当事人之间通过约定排斥诉讼时效的适用；禁止当事人就诉讼时效的计算方法、中止、中断作出约定；当事人之间也不得就诉讼时效期间的缩短、延长以及预先放弃时效利益订立协议，否则，均属无效。当事人对诉讼时效利益的预先放弃也是无效的，但是，时效完成后当事人放弃时效利益的行为与预先协议放弃时效利益的行为不同，前者属于一般弃权行为，并未对时效规范加以变更，是有效的；后者属于违反法律规定的行为，因而无效。

3. 体现了义务人的时效利益

诉讼时效期间届满后，权利人丧失了请求法院强制义务人履行义务的权利，义务人因此可以不履行义务，继而获得了本不该获得的利益，即时效利益。义务人的时效利益是受到法律保护的。

4. 超过时效，权利人并不必然败诉

超过诉讼时效，权利人仍有起诉的权利，只要起诉符合民事诉讼法的条件，法院即应受理。权利人起诉后，如果被告不提出时效抗辩，法院不得向义务人释明诉讼时效，且不得主动适用时效判案而驳回原告的诉讼请求。

5. 超过时效，权利人的实体权利并不消灭

诉讼时效期间届满后，义务人如自愿履行义务，权利人仍有权受领，义务人履行

后则不得以不知时效届满为由要求返还。超过时效的权利，一般称之为"自然债权"。

三、诉讼时效的种类

（一）普通诉讼时效

普通诉讼时效，又称为一般诉讼时效，是指在一般情况下普遍适用的诉讼时效。除特别法另有规定外，所有的民事法律关系皆适用普通时效。《民法典》第 188 条第 1 款规定："向人民法院请求保护民事权利的诉讼时效期间为三年。法律另有规定的，依照其规定。"

◎ **案例分析：**

案例 8-1 中，刘某虽有借据可以证明李某向其借款的事实，但他在还款期限届满后，既未向李某催还借款，又未向人民法院起诉，其享有此项债权的诉讼时效期间是三年，自 2020 年 10 月 6 日起至 2023 年 10 月 5 日止，在此期间刘某没有行使权利；2023 年 10 月 8 日提起诉讼时，已经超过诉讼时效，因被告提出时效抗辩，法院驳回刘某的诉讼请求是正确的。

（二）特别诉讼时效

特别诉讼时效，是指法律规定的仅适用于某些特殊民事法律关系的诉讼时效。如《民法典》第 594 条规定的"因国际货物买卖合同和技术进出口合同争议提起诉讼或者申请仲裁的时效期间为四年。"《保险法》第 26 条规定的"人寿保险的被保险人或者受益人向保险人请求给付保险金的诉讼时效期间为五年"，《海商法》第 257 条规定："就海上货物运输向承运人要求赔偿的请求权，时效期间为一年。"

对各种不同的民事法律关系，只要有特殊诉讼时效规定的，就应适用特殊诉讼时效；没有特殊诉讼时效规定的，适用普通诉讼时效。

（三）最长诉讼时效

最长诉讼时效，是指诉讼时效期间为 20 年的诉讼时效。《民法典》第 188 条第 2 款规定："自权利受到损害之日起超过二十年的，人民法院不予保护；有特殊情况的，人民法院可以根据权利人的申请决定延长。"与普通诉讼时效和特别诉讼时效相比，最长诉讼时效期间有如下特点：一是自权利受损害时起计算。二是不考虑权利人何时知道权利受到侵害及具体义务人，即使权利受到侵害后权利人一直不知道，但是只要权利受到损害之日起超过 20 年的，除极特殊情况下的诉讼时效延长外，人民法院不予保护。三是具有固定性，该期限不适用诉讼时效中止、中断的规定，固定为 20 年。

四、诉讼时效的适用范围

（一）诉讼时效主要适用于债权请求权

《民法典》没有对诉讼时效的适用范围作出明确规定，但从第 196 条规定的不适用诉讼时效的情形来看，主要针对的是物权请求权。另外，《最高人民法院关于审理民事案件适用诉讼时效制度若干问题的规定》第 1 条规定："当事人可以对债权请求权提出诉讼时效抗辩。"该条明确了诉讼时效的适用范围是债权请求权。债权请求权是特定的债权人请求债务人为一定的行为或不为一定行为的权利。

（二）不适用诉讼时效的请求权

依据《民法典》第 196 条规定，以下几种请求权不适用诉讼时效：

1. 请求停止侵害、排除妨碍、消除危险

这三种请求都是对物权的保护，学理上一般认为，物权请求权不适用诉讼时效，无论经过多长时间，法律不可能任侵害物权的行为取得合法性。另外，在请求停止侵害、排除妨碍、消除危险时，侵权行为一直是持续的状态，无法确定诉讼时效的起算点，因此，不应当适用诉讼时效。同理，对于其他绝对权请求权比如人身权、知识产权等涉及停止侵害、排除妨碍、消除危险的，都不适用诉讼时效。

2. 不动产物权和登记的动产物权的权利人请求返还财产

返还财产请求权是所有权等物权性质的权利派生出来的请求权，并非债权性质的请求权，故不适用诉讼时效。该规则适用于不动产物权和登记的动产（船舶、航空器和机动车等能够依法登记的特殊动产）物权。因为动产物权以占有为公示方法，但这一公示方法公信力效果较差，登记则更具有公示力和公信力。不动产物权，包括登记了的和没有登记的不动产物权，如：农村的房屋没有进行登记，某甲外出打工，其房屋被他人占用，不能认为过了三年，就不能请求返还了。

3. 请求支付抚养费、赡养费或者扶养费

这三种请求权虽然是债权性质，但是属于身份利益上的请求权，关系到人的基本生存权利，也涉及对弱势群体利益的保护，义务人若以时效经过而不支付上述费用将使权利人的生活没有保障，既违背公序良俗原则，也违背法律。故这些请求权也不适用诉讼时效。

4. 依法不适用诉讼时效的其他请求权

本项规定为兜底条款，如最高人民法院《诉讼时效规定》第 1 条规定的如下情形不适用诉讼时效：支付存款本金及利息请求权；兑付国债、金融债券以及向不特定对象发行的企业债券本息请求权；基于投资关系产生的缴付出资请求权；其他依法不适用诉讼时效规定的债权请求权。

◎ **交互练习：**

下列不适用诉讼时效的是（　　　）。

A. 甲的房屋被乙侵占，其请求乙返还　　B. 甲的房屋被乙烧毁，其请求乙赔偿
C. 甲的电脑被乙偷走，其请求乙返还　　D. 甲请求其儿子乙支付借款 5 万元

五、诉讼时效期间的起算

（一）一般规则

诉讼时效期间的起算，又称诉讼时效期间的开始，是指从什么时候开始计算诉讼

时效。《民法典》第 188 条规定："诉讼时效期间自权利人知道或者应当知道权利受到损害以及义务人之日起计算。"

诉讼时效的开始是权利人可以行使权利的时间，该权利的行使以权利人知道或者应当知道自己的权利受到侵害且知道义务人为前提。所谓"应当知道"，是一种法律上的推定，是以一般人的标准，权利人在当时的情况下应当知道权利受到侵害，不管当事人实际上是否知道，只要客观上存在知道的条件和可能，就开始计算诉讼时效期间。这一规定的目的，是为了防止权利人以不知道权利被侵害为借口规避诉讼时效。如借款合同中约定了履行期限，履行期限到来时，义务人未履行还款义务，从履行期限届满之日，视为权利人应当知道自己的权利受到了侵害。此外，还应当知道谁是义务人，如果权利人仅知道自己的权利被侵害，并不知道谁是侵权人，则无法行使请求权，诉讼时效也不能开始计算。

（二）特殊情形

在司法实践中，由于民事案件千差万别，因此，具体到各个案件，其时效的起算点也不相同，法律需要对各种特殊情形的时效起算点作出规定。

1. 分期履行债务

《民法典》第 189 条规定："当事人约定同一债务分期履行的，诉讼时效期间自最后一期履行期限届满之日起计算。"对于分期履行的债务来说，虽然每期债务具有一定的独立性，但都属于同一债务，单独计算过于复杂，故从最后一期债务履行期届满开始起算诉讼时效，这可以从整体上推迟每一期债务的诉讼时效起算时间，有利于债权人利益的保护，也有利于减少纠纷，节约司法资源。

2. 无民事行为能力人或限制民事行为能力人对其法定代理人的请求权

《民法典》第 190 条规定："无民事行为能力人或者限制民事行为能力人对其法定代理人的请求权的诉讼时效期间，自该法定代理终止之日起计算。"法定代理关系往往基于一定的亲属关系产生，被代理人由于行为能力的欠缺，对于损害自己利益的行为缺乏判断能力，并且，基于亲属关系的存在，即便知道了代理人损害自己的利益，由于在生活上还要依赖法定代理人，如果起诉法定代理人，会妨害家庭团结，可能导致法定代理人不履行代理职责，因而，在法定代理终止之前，无民事行为能力人、限制民事行为能力人难以主张权利。因此，对于向法定代理人提出请求的诉讼时效期间应自代理关系终止之日起计算。

3. 未成年人遭受性侵害的损害赔偿请求权

《民法典》第 191 条规定："未成年人遭受性侵害的损害赔偿请求权的诉讼时效期间，自受害人年满十八周岁之日起计算。"之所以推迟到受害人年满 18 周岁，主要是为了充分保护未成年受害人的利益。在受害人未成年前，由法定代理人代为行使请求权，如果法定代理人未行使请求权的，受害人成年后，可以自己行使损害赔偿请求权，诉讼时效自其成年时起开始计算。

4. 其他特殊规定

除《民法典》规定了诉讼时效起算的特殊情形外，《诉讼时效规定》中也有一些特殊规定。如可以确定履行期限的，诉讼时效期间从履行期限届满之日起计算；不能确定履行期限的，诉讼时效期间从债权人要求债务人履行义务的宽限期届满之日起计算。人身损害赔偿的诉讼时效期间，伤害明显的，从受伤害之日起算；伤害当时未曾发现，后经检查确诊并能证明是由侵害引起的，从伤势确诊之日起算。

诉讼时效期间的起算，法律有特别规定的，应依法律的特别规定。如《海商法》第 258 条规定，海上旅客运输向承运人要求赔偿的 2 年诉讼时效期间，分别依下列规定计算：有关旅客人身伤害的请求权，自旅客离船或应当离船之日起算；有关旅客死亡的请求权，发生在运输期间的，自旅客应当离船之日起算；因运输期间的伤害而导致旅客离船后死亡的，自旅客死亡之日起算，但是此期限自离船之日起不得超过 3 年；有关行李灭失或者损坏的请求权，自旅客离船或者应当离船之日起算。

六、诉讼时效的中止、中断和延长

（一）诉讼时效的中止

1. 诉讼时效中止的概念

诉讼时效的中止，又称诉讼时效不完成，是指在诉讼时效进行中，因法定事由发生而使权利人无法行使请求权，因而暂时停止计算诉讼时效期间，待法定事由消除后再继续计算诉讼时效期间的制度。

诉讼时效制度的目的是督促权利人及时行使权利，但在因不可抗力等客观原因造成权利人不能行使请求权时，权利人主观上并未怠于行使权利，而是客观上不能行使，如果任由诉讼时效期间继续计算，则会使权利人的权利因时效届满而得不到保护，违背时效制度设定的宗旨。因此，法律设立了诉讼时效中止制度，保证权利人有行使权利的足够时间，不至于因不可控的原因发生诉讼时效届满的后果。

2. 诉讼时效中止的事由

诉讼时效中止的事由是法定事由。根据《民法典》第 194 条规定，诉讼时效中止的事由：（1）不可抗力，是指不能预见、不能避免并不能克服的客观情况；（2）无民事行为能力人或者限制民事行为能力人没有法定代理人，或者法定代理人死亡、丧失民事行为能力、丧失代理权；（3）继承开始后未确定继承人或者遗产管理人；（4）权利人被义务人或者其他人控制，如被义务人扣押、拘禁而丧失行为自由，客观上无法主张权利；（5）其他导致权利人不能行使请求权的障碍。

3. 诉讼时效中止的时间

诉讼时效中止发生的时间为诉讼时效期间的最后 6 个月内。因为此时发生中止事由，可能导致权利人无足够的时间行使权利。如果是在时效期间最后 6 个月前的期间发生法定的中止事由，就不能使诉讼时效中止，因为权利人还有足够的行使权利时间。

4. 诉讼时效中止的效力

一旦出现诉讼时效中止的事由，诉讼时效期间停止计算，已经过的诉讼时效期间有效，待中止事由消除后，时效期间再计算六个月，不论中止前诉讼时效期间还剩余多少。

（二）诉讼时效的中断

1. 诉讼时效中断的概念

诉讼时效的中断，是指在诉讼时效进行期间，因发生一定的法定事由，使已经经过的时效期间归于消灭，重新计算诉讼时效期间的制度。

2. 中断的法定事由

根据《民法典》第 195 条的规定，引起诉讼时效期间中断的法定事由包括：

（1）权利人向义务人提出履行请求。这是权利人积极行使权利，当然属于合法阻却诉讼时效完成的诉讼时效中断事由。权利人向义务人提出履行请求，包括权利人向义务人、保证人、义务人的代理人或财产代管人主张权利或向清算人申报破产债权等。需要注意的是，权利人向义务人提出请求时，应采取书面或其他有证明力的方式进行，以避免因证据不足使时效中断不被认可的情况发生。

（2）义务人同意履行义务。这是指义务人通过一定方式向权利人作出愿意履行义务的意思表示，又称承认。义务人作出的同意履行义务的意思表示，意味着对权利人权利存在的认可。同意履行义务的表示方法除了书面或能够证明的口头方式之外，义务人作出分期履行、部分履行、提供担保、请求延期履行、制定清偿债务计划等承诺或者行为的，都属于义务人同意履行义务的表现方式。

（3）权利人提起诉讼或者申请仲裁。权利人依法向人民法院提起诉讼是行使自己权利的一种最有效的方式，当事人一方向人民法院提交起诉状或者口头起诉的，诉讼时效从提交起诉状或者口头起诉之日起中断。除了起诉之外，其他司法程序也同样引起时效中断，《诉讼时效规定》第 11 条将除起诉之外的开启司法程序的各种行为都作为引起时效中断的事由，如权利人申请强制执行、申请支付令、向仲裁机构申请仲裁等，都应视为行使权利的具体表现，与起诉有同等的效力。

（4）与提起诉讼或者申请仲裁具有同等效力的其他情形。如权利人向人民调解委员会以及其他依法有权解决相关民事纠纷的国家机关、事业单位、社会团体等社会组织提出保护民事权利的请求，向公安机关、人民检察院、人民法院报案或者控告，请求保护其民事权利的，都能引起诉讼时效中断。

3. 诉讼时效中断的效力

诉讼时效中断的效力在于，使此前已经经过的时效期间归于消灭，从中断时起重新计算时效期间。

（三）诉讼时效的延长

诉讼时效的延长，是指在诉讼时效期间届满后，权利人因有正当理由，要求人民法院根据具体情况延长时效期间，由人民法院依职权决定延长。《民法典》第 188 条第 2 款规定："自权利受到损害之日起超过二十年的，人民法院不予保护；有特殊情况的，人民法院可以根据权利人的申请决定延长。"法律作出这一规定的目的是保护由于特殊原因未能及时行使权利的权利人，是否同意延长，由人民法院根据实际情况决定。

七、诉讼时效期间届满的后果

（一）义务人产生抗辩权

时效期间届满，义务人可以拒绝履行义务，权利人的实体权利依然存在，但是转化成为自然权利，法院不得强制义务人履行。

（二）义务人自愿履行的不得要求返还

只要没有履行，债务依然存在，义务人履行义务，对于债权人来说，是其应该得到的，并不构成不当得利，债务人不得请求返还。

（三）法院不得主动适用诉讼时效

无论是在起诉阶段，还是诉讼过程中，当事人未提出诉讼时效抗辩，人民法院不应对诉讼时效问题进行释明及主动适用诉讼时效的规定进行裁判。在义务人提出时效抗辩后，法院有义务审查时效是否届满。

◎ **思政点滴：**

法律不保护躺在权利上"睡觉"的人。时效制度的存在有着深刻的历史渊源，旨在督促权利人及时维护自身权益，保障社会经济的相对稳定，并促进司法系统的高效运转。当我们的权利受到损害时，要及时行使自己的权利，避免损失扩大。

◎ **延伸阅读：**

长达 10 年未追讨欠款，法院判决驳回债权人的诉讼请求。

◎ **相关法律：**

《民法典》第 188、192~195 条。

◎ **实务操作：**

（1）2016 年 4 月 1 日，甲乙二人签订借款合同，约定：甲将其 10 万元借与乙，还款期限等未作约定。此后，甲一直未请求乙还款。时光飞逝，2021 年 4 月 1 日，甲首次请求乙还款，乙要求宽限三个月，甲同意。2023 年 4 月 1 日，甲再次请求乙还款，乙明确拒绝还款。

请分析：乙能否主张诉讼时效经过的抗辩权？

（2）2022 年 5 月，甲向乙借款 10 万元。同年 10 月，乙要求甲在 2023 年 10 月 1 日前还款，甲同意。后甲未按期还款。2023 年 11 月 1 日，甲请求乙将还款期限延长 1 年，乙未同意。因甲迟迟未还款，乙拟提起诉讼。

请分析：本案诉讼时效期间从什么时候起算？

任务二 期限的确定

◎ **案例导入：**

【案例 8-2】甲有一套空置的海景房欲进行出租，乙欲承租一套海景房。经协商，甲和乙于 2023 年 7 月 1 日签订了一份租赁合同，租期为 2 年。

请思考：租赁合同的起止时间具体为哪天？

◎ **知识准备：**

期限对于民事法律关系的产生、变更和消灭具有重要意义，通过对本任务的学习，旨在掌握期限的确定和计算方法，并能够熟练运用于日常生活中。

一、期限的概念和意义

（一）期限的概念

期限是指民事权利义务产生、变更和终止的时间。期限分为期日和期间。期日是指不可分割的一定时间，它是时间的某一特定的点。期间是指一定的时间段，即自某一时间点开始至另一时间点终止的时间段。期日是时间的某一静态的点；而期间则是时间某一动态的阶段，即期日与期日之间的间隔时间。

（二）期限的种类

（1）法定期限。它是由法律直接规定的期限，如时效时间。

（2）指定期限。它是由法院或有关机关确定的期限，如法院或仲裁机构指定的债务履行期限。

（3）约定期限。它是当事人自行约定的期限，如附期限民事法律行为中所附的期限。

（三）期限的意义

任何民事法律关系的发生、变更、消灭都在一定的期限内进行，没有期限，就不能确定权利义务产生、变更、消灭和持续的时间。具体而言，期限具有以下法律意义：

（1）期限是确定民事主体权利能力和行为能力开始和终止的尺度，如自然人出生之日，即是其享有法定民事权利能力之时。

（2）期限是作出法律推定的根据，如自然人下落不明的期间是作出宣告死亡推定的根据。

（3）期限是确定权利的取得或丧失的根据，如撤销权的行使期限和追认权的行使期限。

（4）期限是行使权利和履行义务的时间段，如合同履行期限即属此种。

（5）期限是确定法律行为效力的起点或终点的根据。

二、除斥期间

（一）除斥期间的概念

除斥期间，又称预定期间，是指法律规定某种权利预定存在的期间，权利人在此期间不行使权利，期间届满，便发生该权利消灭的法律后果。如基于重大误解请求撤销民事法律行为的，自知道或者应当知道撤销事由之日起 90 日内行使撤销权，这 90 日就是除斥期间。《民法典》第 199 条规定："法律规定或者当事人约定的撤销权、解除权等权利的存续期间，除法律另有规定外，自权利人知道或者应当知道权利产生之日起计算，不适用有关诉讼时效中止、中断和延长的规定。存续期间届满，撤销权、解除权等权利消灭。"该条对除斥期间的起算规则、除斥期满后的法律后果作了规定。

除斥期间制度的价值在于，促使民事法律行为当事人及时纠正意思表示的瑕疵，及时确定不确定的权利义务关系以及不利于自己的情形发生时及时行使救济权。

（二）除斥期间与诉讼时效期间的区别

除斥期间与诉讼时效期间都是以一定的事实状态的存在和一定期间的经过为条件而发生一定的法律后果，都属于民事法律事实中的事件，其目的在于督促权利人及时行使权利及维护法律秩序。但二者又有区别，主要有以下方面：

1. 适用对象不同

除斥期间一般适用于形成权，如撤销权、解除权等；诉讼时效期间适用于债权请求权。

2. 法律效力不同

除斥期间届满后消灭的是实体权利本身；诉讼时效期间届满后，实体权利本身并不因此而消灭，只是在被告提出时效抗辩时，法院不再强制被告履行义务。

3. 期间起算不同

除斥期间自权利成立之时起算；诉讼时效期间自权利人能够行使请求权之时起算。

4. 期间性质不同

除斥期间是不变期间，不适用中止、中断和延长的规定；诉讼时效期间是可变期间，可以适用中止、中断和延长的规定。

5. 能否由当事人约定不同

诉讼时效不能由当事人约定，除斥期间既可由法律规定，也可由当事人约定。

6. 是否允许法院主动援引不同

法院不得主动援引诉讼时效，但除斥期间届满，会导致权利人的权利消灭，法院有权主动审查。

三、期限的计算

期限的计算有期日的计算和期间的计算两种情况。期日的计算比较简单，一般以法定期日、指定期日和约定期日为准。期间的计算比较复杂，依据《民法典》规定，计算方法如下：

1. 关于起点。按照年、月、日计算期间的，开始的当日不计入，自下一日开始计算。按照小时计算期间的，自法律规定或者当事人约定的时间开始计算。

◎ **案例分析：**

案例 8-2 中，租赁合同的成立时间是 2023 年 7 月 1 日，但是租期应从 2023 年 7 月 2 日起算，至 2025 年 7 月 1 日止。

2. 关于终点。按照年、月计算期间的，到期月的对应日为期间的最后一日；没有对应日的，月末日为期间的最后一日。

期间的最后一日的截止时间为二十四时；有业务时间的，停止业务活动的时间为截止时间。期间的最后一日是法定休假日的，以法定休假日结束的次日为期间的最后一日。

◎ **延伸阅读：**

合同的履行期限如何确定？

◎ **相关法律：**

《民法典》第 199～204 条。

◎ **实务操作：**

1. 2022 年 8 月 30 日，王某向刘某借款 2 万元，双方约定的借款期限为 6 个月。

请分析：王某的还款日为哪一天？

2. 2024 年 3 月 1 日，王某向刘某借款 2 万元，双方约定的借款期限为 2 个月。

请分析：王某的还款日为哪一天？

项目综合训练

潘某是郑州市人，大学毕业后被分配到中国人民解放军驻成都某部工作。其父母去世时，在郑州市为其留下私房两间。潘某因无其他亲属，在继承该房后一直闲置未用。由于多年未回家乡，潘某写信给其同学询问房屋情况，2017 年 8 月 20 日获悉：2016 年 2 月潘某邻居的儿子结婚，因客人较多，就将潘某家的房门打开招待客人，晚上未将炉火熄灭引起火灾，两间房屋全部被烧毁。潘某于 2020 年 7 月 20 日向部队请假，准备回家处理此事，但恰逢部队有参加抗洪抢险的紧急任务，潘某的申请未被批准。2020 年 9 月 2 日，潘某参加抗洪抢险的紧急任务完成以后，经部队批准赶回郑州市，于 9 月 5 日向当地法院起诉，要求其邻居承担侵权责任。而其邻居称，该案已过诉讼时效，法院应驳回潘某的诉讼请求。

请思考：潘某主张权利时是否已超过诉讼时效期间？为什么？

本项目答案

模块二　物权法律事务处理

项目九　初识物权

◎ **知识目标**

- 了解民法上物的基本特征，以及物从有形实物向无体物拓展的具体表现。
- 掌握物权的基本特征和法律属性；熟悉物权法的基本原则和物权的保护方式。
- 了解什么是物权变动，熟悉动产物权变动和不动产物权变动的基本规则。

◎ **技能目标**

- 能够准确判断一项财产权是物权还是债权，亦或其他财产权。
- 能够结合物权的特征和《民法典》物权编的规定，提出物权保护的合理化建议。
- 能够根据物权变动的公示形式判断是否发生了动产的物权变动和不动产的物权变动。

◎ **素质目标**

- 养成尊重他人财产、尊重他人物权及财产权的良好习惯。
- 培养"君子爱财，取之有道"的理念，依法取得财产、取得物权。
- 树立依法行使财产权的观念，最大限度发挥财产价值，实现物尽其用。

任务一　认识民法上的物

◎ **案例导入：**

【**案例 9-1**】2024 年 6 月 25 日 14 时 07 分，嫦娥六号返回器降落在内蒙古四子王旗着陆场，这场长达 53 天的太空探索圆满完成。嫦娥六号在人类历史上首次实现月球背面采样返回，是我国建设航天强国、科技强国征程中的又一重大标志性成果。

请思考：嫦娥六号从月球背面采回来的月壤是否为民法上的物？

◎ **知识准备：**

物、物体是生活中常用的概念，一般表示客观存在的、能够被人所感知的有形物体。法律上的物，尤其是民法上的物，与人们生活中的物具有诸多一致性；同时，法律对民法上的物作了明确的限定。

一、何为民法上的物

（一）民法上的物

民法上的物，是指独立存在的，能够被人们掌握和利用的，满足人们生产生活需要的，具有一定经济价值的客观物质资料。从另一角度来说，民法上的物，是指能够成为民事法律关系客体的物，亦即能够成为民事活动交易对象的物。

人们的社会生活和衣食住行，都离不开物质资料，大到土地、森林、河流、道路、桥梁、房屋，小到车辆、衣服、家具、书籍、文具、食物等，这些客观存在的自然资源，或者经由人们生产加工的各种产品，保障了个体的生活、工作和社会的有序运行。但是，并非所有的物都是民法上的物，只有那些能够被人们现实地控制和有效利用，在人与人之间可以流通转让的物才是民法上的物。

（二）如何理解民法上的物

认识民法上的物，需要从以下四个方面把握：

一是须独立存在。如果一个物不能够独立存在，那就是其他物的组成部分，不应该作为一个独立的物来对待。如母牛腹中的小牛、树上的苹果，就不是一个独立的物，而分别是母牛和树的一部分。

二是须能够被人们掌握和利用。常见的衣食住行需要的物，人们都能够有效掌控和进行使用，就是民法上的物。相反，人们不能有效掌控的台风、雷电，以及不能有效掌控但是可以利用的阳光、空气，就不是民法上的物。但是，人们利用阳光和风力发的电，就是民法上的物，因为电力能够被人们有效掌控。

三是能够满足人们生产生活的需要。这里的满足人们的需要，既包括物质上的需要，如食品、衣物满足身体需要；也包括满足精神需要，如钻石、玉石等，满足的就是人们的精神需要，人们赋予了其某种精神价值。

四是能够成为交易的对象。常见的房屋、车辆、衣服、食品等物都可以进行交易，但是法律禁止交易的人体器官、尸体、毒品等，就不能成为民法上的物。

传统意义上民法的物，均是看得见摸得着的物，但是随着社会的发展，一些看不见摸不着的客观存在也逐渐成为了民法上的物，如上文提及的电，非肉眼所能察觉，除非以其能量转化的光、热、动力等才能被人所感知，但是，电力已然成为现代社会不可或缺的交易财产。再如，电磁波也与电类似，人们不能直接感知，用专业设备才能够感知和利用，但是，电磁波中人类用于通讯的无线电频谱资源也是法律上的物。《民法典》物权编第 252 条规定："无线电频谱资源属于国家所有。"

◎ **案例分析：**

案例 9-1 中，嫦娥六号从月球背面取回的月壤，因为已经被有效控制和利用，因此已经成为了民法上的物。

二、物的主要分类

根据不同的标准，物可以有多种分类，下面介绍主要的几种分类。

（一）动产和不动产

【案例9-2】张三将商品房一套卖给李四。因张三的房屋还有贷款没有还清，在银行办理的抵押登记手续没有解除，暂时不能办理过户手续，故双方约定，签订合同后李四支付全部购房款，张三将房屋交给李四，李四即取得房屋所有权，待张三还清贷款解除抵押手续后10日内给李四办理过户手续。

请思考：李四自何时起取得房屋所有权？

动产和不动产是根据物是否可以移动和移动是否会损害物的价值来划分的。动产是指依物的性质能够移动且移动不会损害其价值的财产；不动产是指依物的自然属性不能移动或移动会损害其价值的财产。这一分类是对物最重要的分类。

动产在日常生活中大量存在，如服装、家具、书籍、汽车等。货币和有价证券也属动产，但是属于特殊的动产。货币的特殊性表现在它不能直接满足人们的需要，而是作为交换和衡量财产价值的媒介存在。有价证券的特殊性表现在它并非财产本身，而是代表财产的一种凭证，其流转要按照法律规定的方式进行。另外，对于汽车、轮船、飞机，虽然从性质上讲属于动产，但因为其价值重大，所以各国法律多参照对不动产的有关规定来对待和管理，如规定汽车、轮船、飞机所有权的流转需要办理登记手续，只是登记的效力有所不同。

法律对动产和不动产有不同的规定：

其一，物权变动的方式不同。不动产物权的取得、转让、变更和丧失，一般都需要办理登记手续；动产物权的变动，一般不需要登记，交付即可。

其二，因动产或不动产发生纠纷，管辖法院不同。不动产纠纷，一般由不动产所在地的法院管辖，这属于法定管辖，不允许当事人协商改变；而动产纠纷，一般是按照原告就被告的原则来确定管辖法院，允许当事人协商确定管辖法院。

其三，因动产或不动产发生纠纷，适用法律有所不同。不动产纠纷，一般适用不动产所在地的法律；对于动产争议，则一般适用审理案件的法院所在地的法律。虽然我国境内适用的全国性法律都是一致的（香港特别行政区和澳门特别行政区适用其相关不动产法），但是不排除有立法权的地方人大和地方政府在不违反上位法的前提下制定的地方性法规和地方规章中，对不动产有不同的规定。

◎ 案例分析：

案例9-2中，双方约定交付房屋李四就取得房屋所有权是不符合法律规定的，只有办理了过户手续李四才能够取得房屋所有权。

（二）特定物和种类物

根据物是否具有独立的特性，以及能否用同种类的物替代，物可以分为特定物和种类物。具有独立特性，不能以同种类的物替代的，为特定物，如一件文物、一幅字画；没有独立特性，可以用同种类的物来替代的为种类物，如商场橱窗里同种品牌同种型号的商品。

区分种类物和特定物的意义在于，当物被毁损灭失时的法律后果不同。当特定物被毁损灭失时，权利人只能要求赔偿损失，而不能要求返还原物或以同种类的物来替代交付；当种类物被毁损灭失时，则可以用同种类的物来替代交付。

◎ **交互练习：**

李某祖传一幅名人字画，借给朋友张某欣赏。张某对字画爱不释手，一次抽烟时不慎将字画引燃烧毁。请问如何处理？（　　）

A. 李某有权要求张某返还原物。　　B. 李某有权要求张某赔偿损失。

C. 李某有权要求张某赔礼道歉。　　D. 李某有权要求张某恢复原状。

（三）主物和从物

这一分类的依据是两物之间是否会存在依赖关系。能够独立发挥作用的物为主物；非主物的组成部分，而附从于主物，并对主物发挥辅助效用的物为从物，从物必须是独立存在之物。如商品之包装、电视之遥控器就是从物。

区分主物和从物的意义在于：主物的物权变动及于从物，即当主物的所有权发生转移时，从物的所有权也随之而转移；当主物被抵押时，该抵押权的效力及于从物。应注意这一效力并不绝对，法律允许当事人协议排除其适用。

须注意的是主物的组成部分不是从物，如服装上的纽扣、房屋中的门窗，没有钉在服装上和安装在房屋上时为独立之物，无所谓主从之分，但是一旦钉在服装和安装在房屋之上，就构成服装和房屋的组成部分，亦不是从物。

（四）原物与孳息

这是根据物与物的产生关系所做的分类。原物是指能够产生新的财产的物，而在原物之上产生的新的财产为孳息。如母鸡与鸡蛋，存款与利息。

孳息又可以分为天然孳息和法定孳息。根据自然规律所产生的孳息为天然孳息，而根据法律规定或当事人之约定所产生的收益为法定孳息，如利息和房租，再如中奖之奖金。需要注意的是已经在原物之上产生但尚未与原物相分离的物还不是孳息，如树上之苹果，母牛怀孕之小牛，只有该物作为物独立存在时才可以作为孳息。

此种分类的意义在于确定孳息的归属。现在各国一般规定，除法律有特殊规定和当事人有特别约定以外，孳息的所有权归原物所有权人。

◎ **延伸阅读：**

人体和人体器官是否是民法上的物？

◎ **相关法律：**

《民法典》第 115 条，第 247~254 条。

◎ **实务操作：**

李捷从网上看到了美国人丹尼斯·霍普卖月球土地的消息后，深受启发，便于

2005 年 9 月注册成立了"北京月球村航天科技有限公司"（媒体称为"月球大使馆"）。随后，该公司向 34 名消费者出售月球土地 49 英亩，每英亩价格为人民币 298 元，销售款共计人民币 1.4 万余元。开盘三天后被北京市工商局叫停。2005 年 10 月 14 日，北京市工商局对月球村公司销售月球土地的行为进行调查。

　　请分析：李捷及其公司是否有权出卖月球土地，为什么？

任务二　认识物权

◎ **案例导入**：

　　【案例 9-3】 甲、乙为非常要好的朋友。一次甲外出旅游，特意将自己的名贵手表交给乙保管。当甲旅游回来时，乙告知甲已经将手表送给了自己的女朋友。因为乙的女朋友见到手表时爱不释手，要求乙以手表相赠，以表示相爱之心，乙不好意思说手表是代甲保管，无奈之下，只能把手表送给女友。乙请求甲将手表卖给自己，以成全和女友的美好爱情。

　　请思考：如果甲坚决要求要回手表，甲行使的是什么权利？假如甲为了成全乙的爱情，而要求乙支付价款或者赔偿损失时，甲又是行使了什么权利？

◎ **知识准备**：

　　分析处理此案，首先要找出本案中存在几个法律关系，其次要从物权归属的角度判断手表的所有权归谁。甲委托朋友乙保管手机，二人之间形成无偿保管合同关系。乙将手表赠与女友，形成赠与合同关系。因此需要了解保管合同和赠与合同的生效要件及法律后果。其次，从物权法角度看，需要了解在保管合同关系和赠与合同关系中，标的物的所有权是否发生转移及转移的法定条件。

　　一、何为物权

　　根据《民法典》第 114 条的规定，物权，是指权利人依法对特定的物享有直接支配和排他的权利，包括所有权、用益物权和担保物权。

　　物权为权利人依法在特定物之上所享有的权利，这是物权区别于债权的关键之处。债权是权利人要求义务人为或不为一定行为的权利，其权利并非建立在特定物之上，而是建立在合同或法定的权利义务关系之上。债权经常表现为权利人要求义务人交付金钱、履行某种积极的作为行为。

◎ **案例分析**：

　　案例 9-3 中，甲要求乙返还手表，行使的就是物权中的所有权；如果甲要求乙支付价款，就说明甲同意将手表卖给乙，行使的是合同债权；如果要求乙赔偿损失，就说明甲放弃了要求返还手表的所有权，也不同意卖手表给乙，而是要求乙承担侵权之债，赔偿手表的实际价值，也属于行使债权。

　　对于物权，需要把握以下特征：

（一）物权为绝对权

物权的绝对性表现为，其权利主体为特定人，义务主体为权利人之外的不特定人。如某甲对其房屋享有所有权，其所有权对抗的是除自身之外的任何人，某甲有权要求任何人尊重其房屋所有权，不实施侵权行为，所以物权也称为对世权。

与物权的绝对性相反的是，在债权关系中，权利人和义务人均为特定人。如借贷关系中，债权人只能向债务人行使请求权，要求偿还借款；债务人也只能向债权人偿还债务；债权人和债务人均不能向第三方行使权利和履行义务。

（二）物权为支配权

物权的支配性，是指物权人对物直接掌握和利用的权利。如汽车所有权人对其汽车可以直接进行占有、使用，以及收益和处分，无须征得他人同意。物权的这一性质亦不同于债权，债权的实现必须依赖于债务人的履行行为，如果债务人不履行债务或者没有履行能力，则债权人的权利是难以实现的。

（三）物权的客体为特定物

因为只有物权的标的物特定，其权利人才可以实现对物的占有和使用。如果物权的标的不明，则物权人不能直接支配该物，其物权也难以体现。而在债权中，债权人要求交付的标的物可以是特定物，也可以是不特定的种类物。

（四）物权具有排他性

物权排他性表现在两个方面，一是物权法上的"一物一权主义"，即一个物上只能有一个所有权，不允许存在两个以上的所有权。二是一个物上可以有两个物权，但是不应该是性质和效力相同的物权。如一个物上，可以有所有权，还可以有抵押权，但是不能有两个效力相同的抵押权；如果有两个抵押权的话，应该有效力先后之分，即抵押权的顺位。一套房屋先后抵押给两家银行，都办理了抵押登记，则应该按照登记先后确认两个抵押权的顺位。

二、物权的主要分类

（一）所有权和他物权

所有权为物的所有人依法对物所享有的占有、使用、收益、处分的权利。其权利主体为财产所有人自己，因此也称为自物权；其权利内容涵盖了人对物的所有权利，所以也称为完全物权。所有权是物权当中最完整的权利。

他物权是指非财产所有人对该财产所享有的权利，也称为定限物权或限制物权。他物权是所有权的权能与所有权人分离的结果，所以，他物权人所享有的物权只能是所有权中的部分权能，而不可能是所有权的全部权能。如抵押权人对抵押物只享有优先受偿的权利，而没有占有、使用、收益的权利。他物权包括用益物权和担保物权。

所有权和他物权的区别主要表现在三个方面：第一，权利主体不同。所有权的权利主体为财产所有人自己；而他物权的权利主体为财产所有人之外的人。第二，权利的内容不同。所有权包括占有、使用、收益、处分四个方面的权能；而他物权只能是四个权能当中的部分权能。第三，权利的存续期间不同，所有权是没有期限的，只要有该物的存在，则该物的所有权就存在；但他物权一般是有期限的，如抵押权人应在主债权诉讼时效内行使抵押权，未行使的，人民法院不予保护。

（二）用益物权和担保物权

这一分类是对他物权的分类。用益物权是指为使用、收益的目的而对他人之物设定的物权。包括建设用地使用权、地役权、土地承包经营权等权利。这些权利以取得对他人之物的使用价值为目的。用益物权一般由当事人通过合同方式设定。

担保物权是为担保债权的实现而在他人之物上设置的物权，包括抵押权、质押权、留置权。担保物权的权利人无权对物进行使用收益，而只能依法律的规定，在债务人不能履行其合同义务时有权通过法定的方式将担保物拍卖、折价或变卖以优先获得偿还。

二者的区别主要如下：第一，设定的目的不同。用益物权以实现对物的使用或收益为目的；担保物权不追求对物的使用或收益，而以担保债权的实现为宗旨。第二，权利存续的期限不同。用益物权设定时需要确定其存续期限，且用益物权的期限多为法律直接规定；担保物权的期限以债权的期限为基础，如果债权实现，则担保物权也随之消灭。第三，权利的独立性不同。用益物权一般为独立的权利，而担保物权为从属性的权利，从属于主债权。第四，是否实际占有标的物不同。用益物权以实际占有标的物为前提；担保物权中的抵押权不以实际占有抵押物为前提，担保物权中的动产质押权和留置权需要以对质押的动产和留置的动产实际占有为基础。

（三）动产物权、不动产物权和权利物权

这是以物权标的物的种类不同所做的划分。在动产上设定的为动产物权，如汽车的所有权、抵押权。在不动产之上设定的为不动产物权，如房屋所有权、建设用地使用权、地役权、土地承包经营权等。在某种权利上设定的为权利物权，如权利质权、建设用地抵押权等。建设用地的抵押权实际是在建设用地使用权之上设定，抵押的是建设用地的使用权，而不是建设用地本身。

区分动产物权、不动产物权和权利物权，主要原因在于这些物权的取得、转让、变更和丧失应该具备的条件不同。对于动产物权，一般以占有为物权享有的公示方式，以交付为物权变动的公示方式；而不动产物权享有的公示方式为登记记载，物权变动的公示方式为变更登记；关于权利物权的物权享有和物权变动，应该根据相关规定由当事人通过合同及登记方式设定。

◎ 交互练习：

下列属于用益物权的是（　　　　）。

A. 建设用地使用权　　　　　B. 房屋抵押权

C. 商标许可使用权　　　　　D. 土地承包经营权

三、物权的效力

法律区分物权和债权，在于赋予二者不同的法律效力，以建立和维护正常的社会经济秩序。其实，所谓物权或债权的效力，并非其自然属性，而是一种人为拟制和制度设计。综合而言，物权包括如下效力：

（一）支配效力

支配效力即物权支配性的体现，物权人通过行使对物的占有和控制，以实现物的效用。支配和占有密切相关，丧失了对物的占有，物权的支配效力就受到侵害。如盗窃他人之物，就使所有权人失去对物的占有，但是所有权人对物的支配效力并不丧失。

（二）排他效力

物权的排他效力表现在两个方面：一是指物权人有权排除他人一切妨害其行使物权的行为。当物被他人不法侵害时，物权人有权要求侵权人返还原物、停止侵害、排除妨害、恢复原状。二是一物之上的物权具有排斥同种性质、同种效力的其他物权的效力，如一物之上不能有两个所有权、不能有两个效力相同的抵押权。

（三）优先效力

物权的优先效力是指物权有优先实现的效力，具体是指物权和债权同时存在时，物权优先于债权；当有几个物权同时存在时，某些物权有优先于其他物权实现的效力；物权人转让其物时，其他物权人有优先购买的权利。具体包括以下三个方面：

（1）物权优先于债权的效力

具体是指，就债权的特定标的物成立物权时，该物权可基于优先效力排除先成立的债权，使该债权不能获得实现。如买卖双方就一台机器达成买卖合同，在标的物交付之前，卖方又将标的物卖与善意第三人并进行了交付，这样，原买方就无权再要求卖方交付该标的物，而只能要求卖方承担违约责任。因为该善意第三人基于机器的交付行为已经取得了机器的所有权，而原买方因为没有完成机器的交付，而只享有请求卖方交付机器的债权，当该债权不能实现时，只能要求卖方返还价款、赔偿损失。

（2）物权优先受偿的效力

当几个债权人对一债务人同时享有债权时，如果其中一项债权有物的担保，那么这一债权有优先以该担保物折价、拍卖、变卖所得价款获得偿还的效力。当一项不动产之上有两个以上的抵押权时，先登记的抵押权有优先于后登记的抵押权实现的效力。

（3）物权人的优先购买权

物权法领域的优先购买权主要指按份共有人的优先购买权，《民法典》第 305 条规定："按份共有人可以转让其享有的共有的不动产或者动产份额。其他共有人在同等条件下享有优先购买的权利。"

（四）追及效力

所谓物权的追及效力是指当物权的标的物被他人不法转让之后，不论经过几次辗转、最终落入何人之手，物权人都有权向最后的占有人要求返还原物。如张三的手机被盗，小偷将手机卖给李四，张三发现李四拿着自己的手机，就有权要求李四返还手机。

四、物权的保护

物权的保护，是指当物权受到不法侵害时，物权人有权通过何种方式予以保护。

物权是重要的财产权利，它事关国家和人民的切身利益，因此保护物权也是国家法律的重要内容。与刑法、行政法侧重于对侵权人的制裁和惩罚不同，民法侧重于对受侵害的物权的恢复与弥补，具有恢复物权或者对受损害的物权人以经济补偿的功能。物权的民法保护与其他法律的保护共同构成物权的保护体系。物权的民法保护方法包括物权保护方法和债权保护方法。

（一）物权请求权

物权请求权是相对于债权请求权而言的请求权。物权请求权是物权被侵害以后，物权人以物权的方法来保护其物权。物权请求权也称为物上请求权，是基于物权而生的请求权，具体是指当物或物权的圆满状态被侵害或有被侵害的危险时，物权人有权请求义务人为一定行为或不为一定行为，以恢复物或物权的圆满状态。

物权请求权包括请求确认物权、请求返还原物、请求排除妨害、请求消除危险、请求恢复原状五项权利。

1. 请求确认物权

请求确认物权是指当物权的权属不明或发生争议时，当事人有权通过一定的方式，请求确认所有权或他物权的归属。《民法典》第 234 条规定："因物权的归属、内容发生争议的，利害关系人可以请求确认权利。"

2. 请求返还原物

根据《民法典》第 235 条的规定，当物被他人不法占有时，物权人有权要求不法占有人予以返还。请求返还原物必须是向不法的占有人请求，对于合法占有物的人，则不得请求返还，如房屋之所有权人在租赁合同期限内无权向租赁其房屋的承租人要求返还（承租人有违约行为的除外）。

在请求返还原物时，因占有人的善意和恶意而有所不同。对于善意之占有人，在返还原物时有权要求物权人支付自己为维护物之价值而支付的代价和对自己付出的劳动给予一定的补偿。对于恶意占有人，在返还原物时，不仅要返还现存的利益，对于物的价值之减损还要负损害赔偿责任；同时，也无权要求物权人支付相应的费用。

3. 请求排除妨害

这一请求权是指物权正在遭受他人的不法侵害时，物权人有权要求侵权人排除正在发生的侵害行为，以除去已构成之妨害。如对侵犯采光权的行为、对正在发生的环境污染，有权要求侵权人排除妨害。

4. 请求消除危险

当侵权事实尚未发生，但是有发生侵权的现实危险之时，权利人有权要求对方当事人采取措施，以防止将来可能发生的侵权。

5. 请求恢复原状

当原物被损坏，有恢复原状之可能和必要时，物权人有权要求侵权人采取一定措施以恢复物之原状。《民法典》第 237 条规定："造成不动产或者动产毁损的，权利人可以请求修理、重作、更换或者恢复原状。"

以上五种请求权，不是各自独立，互不联系的，它们在一定场合可以并用。如当物被他人不法侵占后就可以先请求确认所有权，再请求返还原物，如果在返还时原物被损坏，还可以提出恢复原状。

（二）债权请求权

物权保护当中的债权请求权，是指物权被侵害以后，采取物权请求权不足以或者不能保护物权人的利益时，物权人要求侵权人赔偿损失的权利，即通常所说的赔偿损失。这里的赔偿损失包括两种情况，一是起补充作用的赔偿损失，即当物权人采取物权请求权以后其权利还是不能有效地得到弥补，权利人有权要求对方对不足部分予以赔偿。二是权利人没有采取物权请求权而直接要求对方赔偿损失。

◎ **思政点滴：**

孟子说，有恒产者有恒心。财产是人们安身立命和生存发展的必备物资条件，尊重财产本质上是对人的尊重，所以要养成尊重财产的良好习惯。尊重财产，既包括尊重他人的财产，不得侵害他人财产，不给他人财产造成风险隐患；也包括尊重自己的财产，通过合法方式获得财产，最大限度实现物尽其用。

◎ **延伸阅读：**

什么是"一物一权主义"？

◎ **相关法律：**

《民法典》第 115、116 条，第 233～239 条。

◎ **实务操作：**

村民李某和王某合伙购买一台玉米收割机，在秋收的时候外出给人收割玉米挣钱。后来两人因为经营理念不同发生争执，无法继续合作，于是李某将自己对玉米收割机的份额卖给张某，并告知王某。王某表示李某应该先征求自己的意见，自己有优先购买李某份额的权利。

请分析：王某的说法是否有法律依据？

任务三 认识物权法

◎ **案例导入：**

【案例 9-4】 刘某是某村村民，在村里有承包地 2 亩。村民李某与刘某签订租赁协议，租用刘某的 2 亩土地建养鸡场，每年租金 2 万元，期限 10 年。在租赁协议履行的第 5 年，刘某欲提高租金标准被李某拒绝，于是双方发生争议，刘某提起诉讼要求解除双方的租赁合同，收回承包地。

请思考：基于承包地的属性和双方签订的租赁合同，刘某和李某对案涉土地各自享有什么权利？本案应该适用《民法典》物权编还是合同编？

◎ 知识准备：

分析处理此案，要了解物权法和合同法关于土地承包经营权和租赁合同的相关规定。根据《民法典》物权编和《农村土地承包法》的规定，村民有权承包本村土地，并在土地之上进行农业生产经营。根据《民法典》合同编的规定，租赁合同是一方租赁对方的房屋、土地或其他标的物进行使用收益，并支付租金的合同。

一、何为物权法

物权法是调整物权关系的法律规范的总称。我国于 2007 年制定了《物权法》，这是我国第一部专门的物权法。2020 年《民法典》设置物权编，《物权法》于 2021 年 1 月 1 日废止，但是作为实质意义上的物权法还是存在的。

二、物权法的调整对象

《民法典》第 205 条规定："本编调整因物的归属和利用产生的民事关系。"可见，物权法的调整对象包括物的归属关系和物的利用关系。

（1）物的归属关系。物的归属关系就是物的所有关系，指一物的所有权由谁享有。

（2）物的利用关系。是指所有权人将其物交与他人使用收益时所形成的法律关系。所有权人对自己的物进行使用收益为行使所有权的权能，不与他人形成物的利用关系。现代社会，不求所有，但求所用，已经成为经济生活的常态，因此经常发生物被他人使用而形成的物权利用法律关系，如土地承包经营权和建设用地使用权，就是利用他人土地而形成的权利。

◎ 案例分析：

案例 9-4 中，村民刘某对其 2 亩承包地，享有承包经营权，即有权利用土地进行农业生产经营，种植粮食或经济作物；也可以将土地流转，让他人进行农业生产经营。但是，刘某无权将承包地租给他人建设养鸡场，因为利用承包地建设养鸡场违背了承包地的用途，双方签订的租赁合同属于无效协议，所以李某对该土地不应该享有因租赁合同产生的土地使用权，处理本案应该适用《民法典》物权编，由物权法调整。

三、物权法的特征

（一）物权法为私法

物权法为私法主要有以下理由：

其一，物权本身为私权，物权法所保护的国家、集体、法人及个人的财产权是平等的，即所谓各种所有权"一体承认、平等保护"。平等保护各种主体的物权乃至财产权，能够激发各种主体追求财富的积极性，使之为社会提供更好的产品和服务。

其二，物权法的保护措施主要是私法手段。当物权受到损害时，权利人有权行使物权请求权及债权请求权以保护其权利，侧重于恢复性和补偿性。当私法手段不足以保护物权时，权利人有权提起诉讼，请求法院通过裁判以及执行等方式来保护该物权。当然，保护物权的法律除民事法律之外，宪法、刑法、行政法等法律也都起着保护的作用，但是，它们是以公法的手段来保护的，侧重于惩罚性、管理性。

（二）物权法为强行法

物权法的强行性主要表现为物权法定原则，指物权的种类及内容等都应该由法律预先作出规定，当事人只能按照法定的方式设定物权及进行物权变动。如当事人在买卖合同中约定，双方不办理房屋过户手续，交付房屋后买方就可以取得房屋所有权，从法律上讲，买方是不能因该约定取得房屋所有权的。

四、物权法的原则

（一）坚持社会主义基本经济制度原则

"坚持公有制为主体、多种所有制经济共同发展的基本经济制度"，"国家实行社会主义市场经济，保障一切市场主体的平等法律地位和发展权利"，这是我国的基本经济制度。《民法典》第260条重申了这一基本制度，既体现了对我国基本经济制度的确认，也是对我国改革开放四十多年辉煌成就的肯定。

（二）平等保护原则

《民法典》第207条规定："国家、集体、私人的物权和其他权利人的物权受法律平等保护，任何组织或者个人不得侵犯。"不论国家的、集体的，还是私人的物权及其他财产权利，在市场竞争中，都应该平等地获得承认和保护，即"一体承认、平等保护"。只有这样，才能维护人民群众的根本利益、保障国民经济持续健康发展。

（三）物权法定原则

物权法定原则，即物权的种类、物权的内容、物权的变动方式及物权变动的效力等都应由法律预先作出规定，不允许当事人自由创设物权；当事人只能按照法律规定的物权变动方式进行物权变动，否则不发生物权变动的效力。这不同于债权法，对于债权，法律允许当事人自由创设，只要不违背法律的禁止性规定，就是合法有效的，实行契约自由、意思自治。

（四）物权公示原则

物权公示原则是指物权享有及物权变动都应该以法定的方式向社会公开展示。物权的公示方式因动产和不动产而有所不同，一般而言，动产物权享有的公示方式为占有，动产物权变动的公示方式为交付；不动产物权享有的公示方式为登记记载，物权变动的公示方式为变更登记。

（五）遵守法律和社会公德原则

这一原则是对物权的限制，指物权的取得和行使应当遵守法律、尊重社会公德，不得损害公共利益和他人合法权益。权利是法律赋予的，物权也不例外，其取得应按照法定方式进行，否则不发生取得物权的效力。如通过买卖方式取得房屋所有权，必须办理登记手续。任何权利都是有界限的，权利人行使权利不得超越该界限，不得有损于他人利益，不得有损于公序良俗。如饲养宠物不得对他人造成危险和污染环境。

◎ **交互练习：**

下列关于物权的表述中，正确的包括(　　)。

A. 张三将房屋出租给李四，李四取得的权利为物权

B. 张三将承包地流转给李四耕种，期限五年，李四取得的权利为物权

C. 张三将汽车出借给李四，李四取得的权利为物权

D. 张三允许邻居李四在自己宅基地内通行，李四取得的权利为物权

◎ **延伸阅读：**

为什么要实行物权平等保护？

◎ **相关法律：**

《民法典》第 114~117 条、第 205~208 条。

◎ **实务操作：**

1992 年，张某在深圳购买房屋一套，一次性付清全部房款，但是一直没有办理入住手续。28 年后的 2020 年，张某突然想起自己曾经在深圳购买房屋的事，前去查看时发现该房屋有人入住，且被精装修。住在房屋内的林某说房屋是自己的父亲 2002 年向他人购买，花了 20 万元，但是购房手续被盗。张某要求林某交还房屋，林某同意交还，但是要求张某支付购房款 20 万元和装修费用 10 万元。

请分析：张某有哪些权利可以主张，林某的主张能否得到支持？

任务四　物权变动

◎ **案例导入：**

【案例 9-5】 早年，画家李大千将自己的一幅画以 1 万元价格卖给书画收藏家徐鸿，并将画交付给徐鸿，双方钱货两清。二十年后，李大千因办画展，经和徐鸿协商，借用该画一个月，租金 1 万元。在画展期间，因发生火灾导致该画被烧毁。徐鸿要求李大千赔偿损失，李大千认为该画本来就是自己的，拒绝赔偿，只愿意给徐鸿再画一幅，但是也遭到徐鸿的拒绝。

请思考：徐鸿自何时取得画的所有权，本案该如何处理？

◎ **知识准备：**

物权变动在生活中司空见惯。在最常见的超市购物中，当我们支付价款后从收银员处接到所购买的物品时，就取得了这些物品的所有权，这一过程就是物权变动。

一、什么是物权变动

物权变动是指权利人取得、转让、变更和丧失物权的过程。物权变动的实质，是当事人之间在物的归属和利用过程中进行的民事法律行为。现代社会，物的流转非常频繁，物的价值也是在物的流转和利用过程中不断得到体现，满足人民生产生活的需要。

（一）物权的取得

物权的取得是权利人通过什么方式取得物的所有权或者他物权。包括物权的原始取得和继受取得。

物权的原始取得是物权第一次产生，或者不依赖于原物权人的物权而直接取得该物权，又称为物权的固有取得或物权的绝对发生。物权的第一次产生是基于物的第一次产生，物产生之后在该物之上就产生了所有权，所有权人依法取得该权利，如母鸡下蛋和从树上摘果之后，权利人取得鸡蛋和果实的所有权。不依赖于物权人的权利取得物权主要是依据法院的判决或行政命令，如没收、征收、国有化等而取得所有权。另外，物权的原始取得方式还包括基于合法建造房屋、先占野生的蘑菇等事实行为而取得。

物权的继受取得是指在原物权人物权的基础上取得物权，也称物权的传来取得或者物权的相对发生，如基于买卖、交换、赠与、继承等而取得物权。物权的继受取得一般是依法律行为而取得，但是基于继承取得遗产所有权是依法律事实取得所有权。物权的继受取得又可分为两种：移转的继受取得和创设的继受取得。前者是物权人通过一定方式将自己的物权转让给新的物权人，如买卖、交换。后者是指物权人在自己的物权之上为他人创设新的物权，如所有权人将自己的房屋抵押给他人而使他人取得了抵押权，再如土地所有权人将土地使用权转让给他人而使他人取得土地使用权。

（二）物权的转让

物权的转让是指物权人将自己的物权转让给他人的过程。物权的转让与物权的取得相对应，甲方转让物权给乙方，甲方丧失了物权，乙方就取得了物权。

（三）物权的变更

物权的变更有广义和狭义之分，广义的物权变更是指物权的主体、客体、内容等所发生的变更。通常所说的物权变更是指物权的内容和客体发生变动，即狭义的变更。物权主体的变更为物权的转移。物权内容的变更是物权的属性和标的物不变，但是权利的内容发生变化，如抵押权所担保的债权数量的增减。物权客体的变更是指物权的标的物发生了变化，如抵押房产的损坏或面积的变化。

（四）物权的丧失

物权的丧失是指物权因一定的原因而消灭，包括物权的绝对丧失和物权的相对丧失。物权的绝对丧失是指物权的标的物消灭，当物被毁损灭失或者被消费掉时，该物权也就不复存在。物权的相对丧失是指物权在主体之间发生了流转，对于原物权人而言，其物权消灭，但是他人却取得了该物权。

二、物权变动的公示形式

物权变动的原因可以分为法律行为和非法律行为两种。因不同原因发生的物权变动，其公示形式法律有不同的规定。

（一）因法律行为发生的物权变动的公示形式

因法律行为发生的物权变动，包括买卖、交换、互易、赠与等方式发生的物权变动，是基于当事人的意思表示一致而发生的物权变动。此种物权变动因物为动产或不动产而不同。

1. 动产物权变动的公示形式

《民法典》第 224 条规定："动产物权的设立和转让，自交付时发生效力，但是法律另有规定的除外。"可见，动产物权变动的公示形式为交付。

交付包括现实交付和观念交付，观念交付又包括简易交付、占有改定和指示交付。

（1）现实交付。现实交付是指动产物权的让与人将其对动产的现实占有转移给受让人。一般而言，将标的物直接交付给受让人掌握和控制，即完成物的交付。另外，现实交付也可以通过第三人的交付行为完成。

（2）观念交付。观念交付是指不实际转移物之占有，为考虑交易的便利而从观念上所完成的交付。具体包括简易交付、占有改定和指示交付。

简易交付是指让与动产物权前，受让人已经基于租赁、借用、保管等法律关系占有该动产，则该动产物权在以移转所有权为目的的法律行为（包括买卖、赠与等）生效时发生转移。《民法典》第 226 条对此作了规定。

占有改定是指动产物权转让后，让与人有必要继续占有该动产时，根据双方订立的协议，使受让人取得标的物的间接占有，以替代交付。《民法典》第 228 条规定："动产物权转让时，双方又约定由出让人继续占有该动产的，物权自该约定生效时发生效力。"

指示交付是指动产物权设立和转让前，第三人依法占有该动产的，负有交付义务的人可以通过转让请求第三人返还原物的权利以代替交付。这是《民法典》第 227 条的规定。

◎ **案例分析：**

案例 9-5 中，李大千将书画卖给徐鸿，并完成交付，因书画为动产，双方进行了交付买方徐鸿就取得了书画的所有权。二十年后李大千向徐鸿借用该书画，虽然也完成了交付，但是李大千只取得书画的占有权，并不能取得所有权，当书画被烧毁时，李大千应该承担责任。因书画为特定物，具有唯一性，没有任何替代之物，所以烧毁之后就只能赔偿损失。李大千提出再画一幅的方案，如果徐鸿同意，当然可以；如果徐鸿不同意，则只能用赔偿损失的方式处理。

动产物权变动中，还会涉及船舶、飞机、机动车等一些特殊的、需要办理登记程序的动产，根据《民法典》第 225 条的规定，这些特殊动产物权的设立、变更、转让和消灭，也是自交付时起发生，但是没有办理登记程序的，不得对抗善意第三人。

2. 不动产物权变动的公示形式

《民法典》第 209 条规定，不动产物权变动，经依法登记，发生法律效力；没有办理登记的，不发生法律效力，但是法律另有规定的除外。

（1）不动产登记。不动产登记指有关不动产物权的设立、变更、转让和消灭，都应该依法在法定登记机关进行记载的过程。

（2）不动产更正登记、异议登记、预告登记。不动产更正登记是指登记机关根据权利人或利害关系人的申请，对登记记载错误的事项予以更正的过程。更正登记有两个条件，一是要有权利人或利害关系人的申请；二是申请人有证据证明登记记载确有错误或登记簿记载的权利人书面同意更正登记。

异议登记是权利人或利害关系人认为不动产登记记载错误而登记权利人不同意更正时，有权向登记机关申请将异议内容记载于登记簿册的过程。异议登记并非更正登记，而仅是将异议的内容记载于登记簿册。

预告登记与本登记相对应，是指当事人在订立有关不动产物权变动的协议之后，为确保将来取得该物权，而根据约定向登记机关申请将该物权变动请求权予以登记记载的过程。

◎ **交互练习：**

甲将房屋一套卖给乙，双方在买卖合同中约定，买方交清房款、卖方交付房屋时，房屋的所有权转移给乙。关于此约定下列表述正确的是(　　)。

A. 根据意思自治原则，约定有效

B. 根据物权法定原则，约定无效

C. 根据意思自治原则，约定无效

D. 根据物权法定原则，约定有效

（二）因非法律行为发生的物权变动的公示形式

基于非法律行为发生的物权变动，是指不是基于当事人的意思表示，而是基于某种法律事实发生的物权变动，这些法律事实包括当事人意志之外的司法裁判、行政命令等公法行为和生产、继承、建造房屋等事实行为。如《民法典》第 231 条规定："因合法建造、拆除房屋等事实行为设立或者消灭物权的，自事实行为成就时发生效力。"

◎ **思政点滴：**

法律对动产和不动产物权变动的公示形式作了明确的规定。我们在进行有关动产或不动产物权变动的民事活动时，应该严格按照法律规定的方式进行，以最大限度实现物的归属和利用，降低可能出现的法律风险。这样做既是遵纪守法的体现，也是实现自身合法权益的必然要求。

◎ **延伸阅读:**

物权变动的原因和结果之间的关系。

◎ **相关法律:**

《民法典》第 209~232 条。

◎ **实务操作:**

张某将汽车一辆卖给李某,双方进行了汽车及车款的交付,但是未办理过户手续。后张某向银行贷款时,银行要求提供担保,张某将该汽车抵押并办理了抵押登记手续。后张某到期不能偿还债务,银行要求以该汽车实现抵押权。此时李某才得知张某将汽车抵押一事。

请分析: 银行能否就该汽车行使抵押权?

项目综合训练

张康在公共汽车上丢失价值 2000 元的手机一部,一个月后他发现自己的朋友李良在使用自己的手机,经询问得知是李良的女朋友所送,而其女朋友是在马路边上以500 元从以陌生人手中购得。

试问张康是否有权要求李良返还其手机?如果需要返还手机,李良之女朋友的损失应该由谁承担?

本项目答案

项目十　所有权法律事务处理

◎ **知识目标**

- 了解所有权的四种积极权能和所有权的主要取得方式。
- 熟悉善意取得的适用条件、财产共有的类型、建筑物区分所有权的权利构成。

◎ **技能目标**

- 能够准确判断所有权的取得方式。
- 能够结合法律规定，判断具体的所有权取得纠纷案件是否构成善意取得。

◎ **素质目标**

- 培养正确的财产观，养成尊重国家、集体、个人及其他组织合法的财产所有权及其他财产权的观念。
- 培养平等、友善、互助、公平的精神，正确处理相邻关系。
- 养成尊重所有家庭成员财产权的理念，进而建立和谐、平等、健康的家庭关系。

任务一　认识所有权

◎ **案例导入：**

【案例 10-1】 张某为某事业单位职工，20 世纪 80 年代单位将一套住房分给其居住，张某按规定交纳租金。90 年代末期国家房改时由于该住房为危房，故单位没有将该房屋卖给张某。2018 年，张某得重病，自觉不久于人世，遂留遗嘱一份将该房屋留给与其同住的次子继承。张某死后，其长子与次子为继承该房屋发生纠纷。

请思考： 张某的两个儿子是否有权继承该房屋，为什么？

◎ **知识准备：**

《民法典》第 114 条规定，物权包括所有权、用益物权和担保物权。所有权是物权当中最重要的和基础性的权利。物权分为所有权和他物权，他物权包括用益物权和担保物权。

一、所有权的概念

《民法典》第 240 条规定："所有权人对自己的不动产或者动产，依法享有占有、使用、收益和处分的权利。" 可见，所有权是权利人对自己的财产所享有的权利，其财产包括不动产和动产。所有权的内容包括占有、使用、收益、处分四个方面，这四个方面是所有权的积极权能，所有权还有消极权能，即所有权排斥他人侵害的权利。

◎ **案例分析：**

案例 10-1 中，张某承租单位的房屋，并未取得房屋所有权，所以无权将房屋作为遗产留给儿子继承，其遗嘱无效，两个儿子无权继承该房屋所有权。

二、所有权的特征

【案例 10-2】 甲、乙为楼上楼下的邻居，多年来双方因为楼上甲家的噪音问题多次发生争执。后楼下乙家想卖掉房屋搬走。乙的对门丙表示愿意购买，乙、丙经协商达成房屋买卖协议。乙提出，如果将来丙出卖该房屋，不得卖给甲，如果卖给甲，该房屋买卖协议无效，并要求将这一条款写进房屋买卖协议。丙同意。双方顺利办理了房屋过户及交接手续。乙搬家一年后得知，丙将房屋卖给了甲并办理了过户手续。

请思考： 从所有权的角度理解，乙是否有权限制丙将来对房屋的处分权，为什么？

（一）所有权为完全物权

所有权人有权对物享有占有、使用、收益和处分的权利，以及排除他人非法侵害的权利，其内容包含了人对物所享有权利的全部，因此其权利是最完整、最全面的。与所有权不同的是，用益物权和担保物权中，权利人对物享有的权利，总会受到一定的限制，而不能达到所有权的全部内容，因此也被称为限制物权。

（二）所有权具有整体性、唯一性

所有权的整体性，是指所有权为占有、使用、收益、处分等各项积极权能和消极权能的总和，而绝非仅指其中的某一项或几项权利，而是这些权利所构成的整体。对于所有权的整体性，除法律特别规定外，不允许当事人约定做出特殊限制。

◎ **案例分析：**

案例 10-2 中，乙将房屋卖给丙，丙取得的房屋所有权是完整的权利，包括出卖给他人的处分权。从所有权角度理解，乙无权对丙将来取得的房屋所有权进行限制，所以，丙将房屋卖给甲，乙无权干涉。但是，从合同角度理解，丙既然答应了乙将来不将房屋卖给甲，那么后来将房屋卖给甲的行为构成违约，乙可以追究丙的违约责任。

所有权的唯一性是指一个物上只能存在一个独立的所有权，不允许一个物上有两个以上的所有权。

（三）所有权具有恒久性

所有权的恒久性是指，只要有物的存在，其所有权就永久存在。不会出现有物存在，而没有所有权的情况。与之相反，用益物权和担保物权都有一定的存续时间，如住宅的建设用地使用权为 70 年。

（四）所有权的权能具有可分离性

这一特征是指所有权人可以将其权利的部分内容让渡给他人来行使，如房屋所有人将房屋出租给他人来使用，以收取租金。所有权权能的分离是现代社会发展的需要，它能够促进物尽其用，最大限度实现物之价值，满足双方的利益。当约定的期限届满或其他条件具备时，与所有权分离的权能又回归所有权人，恢复所有权的圆满状态。

◎ **交互练习：**

小张网购手机一部，收到快递后放在家中，未及时拆开包装验货。十天之后打开包装，发现手机的颜色不是自己选择的颜色，于是联系商家要求更换，被商家以超过验货时间拒绝。请问小张自何时起取得手机的所有权？（　　　）

A. 小张收到快递时。

B. 小张将快递拿回家时。

C. 小张收到快递 7 天验货期满时。

D. 因小张要求商家更换手机，故小张始终没有取得手机所有权。

三、所有权的权能

所有权的权能也称为所有权的内容。根据所有权的概念可以看出，所有权的权能包括积极权能和消极权能。其积极权能是指所有权人对物主动支配的权能；消极权能是指所有权人就物的支配排斥他人干涉的权能。

（一）所有权的积极权能

所有权的积极权能包括占有权、使用权、收益权和处分权四个方面的权能。

1. 占有权能

占有权能为所有权人对标的物进行事实上的掌握和支配的权利，亦即控制权。一般而言，权利人行使对物的权利，须以对物的占有支配为前提。即使物被他人合法占有，行使用益物权，但对于所有权人来说，也是一种间接占有，且他人之占有毕竟是暂时状态，用益物权期满，物就应当恢复为所有权人占有。

2. 使用权能

使用权能为所有权人或其他物权人依法对物进行有效地利用，以满足生产生活的需要。物的价值主要体现在其使用价值上，如果一物没有使用价值，则其所有权也就没有任何意义。在现代社会，物的使用价值有超出其所有权价值的趋势，如人们在追求物的使用价值时不再必须以追求物的所有权为前提，"不求所有，只求所用"。

3. 收益权能

收益权能是指所有权人在物的基础上获得新的利益的权利，亦即收取由原物产生的新增经济利益的权利。所有权人可以通过自己使用自己的财产获得收益，如用自己的房屋做生意获得利润，也可以通过他人使用自己的财产获得收益，如将房屋出租给他人获得租金。

4. 处分权能

所有权人的处分权能是决定财产事实上或者法律上的命运的权能。事实上的处分是指在生产或者生活中使物的物质形态发生变化或者消灭，如原料被加工成产品、食物被消费掉；法律上的处分指基于法律的规定，所有权人对标的物进行了物权变动，如转让标的物、设定担保物权等。

（二）所有权的消极权能

所有权的消极权能也称为所有权的隐性权能、排除他人干涉的权能，只有当所有权被他人不法侵害时，所有权人才有权要求排除侵害，以维护和实现物及其所有权之完整状态。

◎ **延伸阅读：**

在占有关系中，区分善意占有和恶意占有有什么意义？

◎ **相关法律：**

《民法典》第 240~245 条。

◎ **实务操作：**

李某盗窃董某人民币一千元后，用这笔钱从某商店购买了一千元的物品。后李某被抓，因李某身无分文，失主董某要求商店返还一千元纸币，理由的这一千元是李某盗窃自己的，商店应该返还原物。

请分析：商店是否应该返还原物这一千元纸币？

任务二　所有权的取得和消灭

◎ **案例导入：**

【案例 10-3】 某单位经与开发商协商，以低于市场价的价格团购住房，单位职工每人一个名额。职工杨某因故不需要购买房屋，另一职工李某知道后和杨某协商，愿意以杨某的名义再购买房屋一套。随后李某就以杨某的名义交纳购房款并办理了房产证，交房后李某一直住在该房内。五年后，李某欲将该房屋过户到自己名下，遂要求杨某协助办理过户手续。此时杨某提出，该房屋登记在自己名下，就属于自己，只愿意退还李某的购房款。双方因此发生争执。

请思考：从法律上看，此时案涉房屋的所有权归谁？

◎ **知识准备：**

所有权是物权当中最重要的基础性权利。所有权的取得方式和公示手段决定了权利人能否取得标的物的所有权。而取得标的物的所有权，应该按照法定方式和途径进行，如果不符合法定形式要件，则不能取得标的物的所有权。

一、所有权的取得

所有权的取得是指民事主体通过何种方式取得财产所有权。财产所有权必须通过合法方式取得，否则即使当事人取得了财产的占有，也不能取得财产的所有权。财产所有权的取得方式分为原始取得和继受取得两种。

（一）原始取得

财产所有权的原始取得是指财产所有权的第一次产生或者不依赖于原所有权人的权利而取得所有权。财产所有权第一次产生是指财产首次出现后其所有权的归属。不依赖于原所有权人的权利取得所有权是指直接依照法律的规定或者国家的行政命令、法院的判决等取得所有权。原始取得包括以下几种情况：

1. 生产

生产包括工业生产和农业生产。如农民在承包集体的土地上生产的粮食归其自己所有；工厂生产的产品归工厂享有所有权。再如根据矿产资源法的规定，矿产资源归国家所有，但合法的开采者将矿产开采出来后就取得矿产品的所有权。

2. 没收和征收

没收是指国家根据行政命令或司法裁判将非法财产或违法行为人的合法财产强制收归国家所有，这是国家取得所有权的一种方式。征收是指国家出于国家利益或者社会公共利益的考虑，将属于私人所有的合法财产强制收归国有。

征收是指国家出于国家利益或者社会公共利益的考虑，将属于私人所有的合法财产强制收归国有。《民法典》第 243 条规定，为了公共利益的需要，按法定权限和程序进行，国家可以征收集体所有的土地和组织、个人的房屋及其他不动产，征收时应给被征收人足额的补偿和安置。

3. 行政命令和司法裁判

行政机关根据职权通过命令的方式将某项财产授予单位或个人所有，单位和个人因此取得所有权。法院在审理和执行民事案件中，也可根据事实和法律，将属于甲之财产裁决给乙所有，乙即因此原始取得财产所有权。

4. 收取孳息

一般而言，不论天然孳息还是法定孳息，原物的所有权人有权获得孳息的所有权，法律有特别规定或者当事人有特殊约定时，孳息也可以由原物的合法占有人或其他人享有所有权。

5. 添附

添附是指不同所有权人的财产或劳动成果因某种法律事实结合在一起，如果恢复原状在事实上已经不可能或者经济上不合理，从而法律规定形成另一种新的财产所有状态。添附包括三种情况：

（1）混合。混合是指不同所有人的动产相互掺合在一起，形成不能识别也不能分离的新财产的事实。如不同所有权人的两种化工原料混合以后化合成一种新的物质；再如两人的大米混合在一起。不动产不能混合。

（2）附合。附合是指不同所有人的财产相互结合在一起形成新的财产，虽然各原所有人的物仍可以识别，但已不能再行恢复或者非经拆毁不能达到原来的状态。如甲之油漆被粉刷在乙的家具上。

（3）加工。加工指一方对他人财产进行加工改造成为价值更高的新财产。如将一块玉石加工成玉器。

《民法典》第322条规定："因加工、附合、混合而产生的物的归属，有约定的，按照约定；没有约定或者约定不明确的，依照法律规定；法律没有规定的，按照充分发挥物的效用以及保护无过错当事人的原则确定。因一方当事人的过错或者确定物的归属造成另一方当事人损害的，应当给予赔偿或者补偿。"

6. 无主物的归属

无主财产是指没有所有权人或者所有权人不明的财产。如《民法典》规定，无人继承又无人受遗赠的遗产，归国家所有，用于公益事业；如果死者生前是集体所有制组织成员的，归所在集体所有制组织所有。

7. 先占

先占是指以所有的意思，占有无主之动产，从而取得动产所有权的法律事实。我国现行法律中没有规定先占制度，但是现实生活中先占的情况却很多，如国家允许自然人进入国有的森林、荒滩、山地、水面进行砍柴、捕鱼、采摘野果、挖取药材，并取得所得之柴薪、鱼虾、野果、药材的所有权。

◎ **交互练习：**

村民甲购买了乙的一套祖宅，并办理了相关手续。两年后翻修房屋时，在房屋墙体内发现一罐银元，并且有字条一张，上书"民国十五年，张某某"，张某某为乙的爷爷，已经去世多年。这罐银元应该归（　　　）所有。

A. 甲　　　　　B. 乙　　　　C. 包括乙在内的张某某的继承人　　　　D. 国家

（二）继受取得

继受取得是指民事主体通过某种法律行为或继承从原所有权人那里承继取得物的所有权。继受取得不同于原始取得，它需要依赖于原所有权人的意志，以原所有权人转让标的物所有权为前提（继承除外）。具体包括以下几种方式：

（1）买卖。一方支付标的物的价款，对方交付标的物而使买方取得标的物的所有权。

（2）互易。即交换，以物易物。

（3）赠与。一方无偿将标的物所有权转让给对方。

（4）继承。包括法定继承和遗嘱继承。

◎ **案例分析：**

案例 10-3 中，李某以杨某的名义购买房屋，但是房屋登记在杨某名下，根据物权公示原则，从法律上和形式上看，房屋的所有权归杨某，因为房屋登记在杨某名下，对社会具有公示效力。同时，根据李某和杨某的协议，杨某自愿允许李某以自己的名义购房，就说明杨某认可购房成功后房屋的所有权归李某。李某根据双方的约定，有权提起诉讼，请求确认房屋的所有权实质上归自己，并要求杨某将房屋所有权变更登记到自己名下。

二、所有权的消灭

所有权的消灭，包括两种方式：所有权的绝对消灭和相对消灭。所有权的绝对消灭是原物灭失，即所有权客体的消灭，如食物被消费掉，原材料被使用。所有权的相对消灭是原物并不灭失，而是物之所有权在不同的主体之间发生了转移，如基于买卖、交换、赠与、继承等所发生的所有权变动。另外，所有权人抛弃其财产，也可导致所有权的消灭；所有权还可以被强制消灭，如国家司法机关依法定程序强制剥夺所有权人的所有权或者强制转移其所有权。

◎ **延伸阅读：**

孳息的分类。

◎ **相关法律：**

《民法典》第 242~261 条、第 311~322 条。

◎ **实务操作：**

请根据交互练习所述案例，代乙起草一份民事起诉书。

任务三　认定善意取得

◎ **案例导入：**

【案例 10-4】 张甲与李乙为要好朋友。李乙一次外出，将自己价值 1 万元的名贵手表交由张甲保管。在保管期间，张甲因急需用钱，谎称是自己的手表，将该手表以 8 千元的价格卖给了王丙。李乙回来后向张甲索要手表，张甲无奈之下，只能告知实情，李乙于是要求王丙返还手表，王丙称自己已经善意取得了该手表的所有权，拒绝返还。

请思考： 王丙是否善意取得了该表的所有权？

◎ **知识准备：**

善意取得是所有权取得的一种特殊方式，当具备善意取得的法定条件时，善意买受人可以主张构成善意取得以获得标的物的所有权。

一、善意取得的概念

善意取得，亦称即时取得或瞬间取得，是指无权处分他人财产的占有人，在将财产不法转让给第三人以后，如果该第三人在受让该财产时出于善意并支付了合理的价款，且受让的动产已经交付，不动产已经办理了变更登记，就可以依法取得该财产的所有权。善意取得是所有权取得的一种方式，其目的在于保护善意受让人的利益，以维护交易安全和市场秩序。《民法典》第 311 条规定了善意取得。

二、善意取得的适用条件

（一）善意取得的标的物为依法可以自由流通的动产或不动产

善意取得的标的物必须是可以依法自由流通的动产和不动产，如果是法律禁止流通的物或者限制流通物，则不适用善意取得。比如对于毒品、枪支弹药、爆炸物、淫秽物品、麻醉药品，法律不允许流转或者不允许一般民事主体取得所有权，所以也就不能通过善意取得获得财产所有权。

货币和无记名有价证券也不适用于善意取得。因为它们本身是作为交易的媒介而存在，是一种特殊的财产，其价值不体现在其物理属性上，如纸币的价值不是纸币的纸的价值。债权、知识产权等权利，因不属于物权性质，所以不适用于善意取得。

（二）让与人对该财产没有处分权

如果让与人对该财产有处分权，则受让人就可以依合同取得财产的所有权，而没有必要适用善意取得制度。让与人没有该财产的处分权，是指其对该财产无转让权，一般是指让与人合法占有他人之物，但是没有处分权，如借用人、承租人、保管人等出卖他人之物。对于盗窃、抢劫、贪污等非法手段得到的财产，即使出卖，受让人也不适用善意取得。

（三）受让人取得财产时须为善意

如果受让人在取得该财产时，明知让与人无处分权，则属于恶意，这样即使其取得了物的占有或办理了变更登记，也不应受法律的保护。

受让人的善意是指其在受让动产或不动产时，不知让与人无处分权，且无重大过失，误以为让与人就是财产的所有权人或具有处分权。

由于善意和恶意是人的主观心态，外人很难看出，所以只能依据当时的实际情况来判断。具体应根据受让财产的性质、价格、交易环境、让与人的状况、受让人的经验等来判断。

（四）受让人必须通过合理的价格转让

善意取得制度保护的是交易的安全，如果受让人无偿取得该财产，则不属交易范畴，所以也就没有必要保护受让人的利益。法律设计在保护受让人和所有权人利益之间，选择了保护后者。

◎ **案例分析：**

案例 10-4 中，由于王丙向张甲购买手表时，以为手表是张甲的，且是以合理价格购买，还完成了手表的交付，符合善意取得的条件，可以主张取得了手表的所有权。

（五）转让的动产已经交付或不动产已经办理了变更登记

《民法典》第 311 条规定："转让的不动产或者动产依照法律规定应当登记的已经登记，不需要登记的已经交付给受让人。"因为善意取得制度保护的是现存的财产状态，而非将来的财产状态。可见，如果仅是订立了转让物权的协议而没有交付或登记，则不能适用善意取得。

◎ **交互练习：**

下列不属于善意取得构成条件的是(   )。

A. 转让人对转让的财产没有处分权

B. 买受人取得财产前后出于善意

C. 买受人以合理价格购买

D. 买卖的动产已经交付或者不动产已经办理变更登记

三、善意取得的后果

（一）善意取得人取得标的物的所有权或其他物权

善意取得的直接后果是受让人取得了标的物的所有权，而原所有权人就丧失了标的物的所有权。因此，原所有权人也就无权要求受让人返还原物。根据《民法典》第 311 条的规定，善意取得不仅可以取得标的物的所有权，还可以取得其他物权，如建设用地使用权等。

（二）侵权之债的发生

因为无权处分人将他人之物转让给受让人，造成了对原所有权人财产权的侵害，所以，原所有权人依然有权要求不法的转让人予以赔偿损失。对于处分人转让该动产所得价款，原所有权人当然有权依不当得利要求偿还，但是不以该价款的数额为限，因为可能发生处分人以低价处分的情况，所以，如果该价款数额不足以弥补原所有权人的损失时，原所有权人依然有权要求赔偿损失。

◎ **延伸阅读：**

为什么货币和有价证券不适用善意取得？

◎ **相关法律：**

《民法典》第 311 条。

◎ **实务操作：**

李某和杨某为同一个单位职工，单位团购房屋时，李某以杨某的名义购买房屋一套，房屋一直登记在杨某名下。后杨某因经济困难，将该房屋以市场价卖给不知情的赵某。在办理过户手续前赵某得知杨某不是真正的房主，为确保能够得到房屋，赵某催促杨某在李某发现之前办理了过户手续。后李某得知情况，要求赵某撤销房屋过户，赵某主张自己构成了善意取得。

请结合善意取得的法定条件分析赵某是否构成善意取得？

任务四　保护建筑物区分所有权

◎ **案例导入：**

【案例 10-5】 李款在某高档小区购买楼房一套。该小区环境优雅，物业服务也很规范，李款非常满意。某年夏天，物业公司欲将临街的一片绿地改建为房屋对外出租，遭到包括李款在内的全体业主反对。物业公司称业主购房时并没有出资购买绿地，该绿地是开发商留给物业公司的，物业公司有权处分。物业公司拿出开发商与其签订的将绿地交其管理的协议。但是全体业主称对该协议不知情，认为该协议无效。

请思考： 该绿地的归属。

◎ **知识准备：**

建筑物区分所有权制度是近现代民法的一项重要的不动产制度，工业革命以后，由于工商业的发展，大量的人口涌入城市，造成楼房的大量建设，一栋楼房之内有多个所有权人，形成建筑物区分所有权关系。

一、建筑物区分所有权的概念和特征

近代以来，随着现代高层复合式建筑物的出现，建筑物区分所有权制度应运而生。一栋楼房之内，往往有多个不同的房屋所有权人或者使用权人，他们分别对各自独立的房间享有权利，而整个楼房却是一体的、不可分割的，所以，这些主体之间必然会基于这种关系而产生一定的权利义务，这就是所谓建筑物区分所有权关系。

（一）建筑物区分所有权的概念

建筑物区分所有权是指由区分所有建筑物的专有部分所有权、共有部分的共有权（也称共有部分持份权）以及因共同关系所产生的成员权共同构成的特别所有权。《民法典》第 271 条规定："业主对建筑物内的住宅、经营性用房等专有部分享有所有权，对专有部分以外的共有部分享有共有和共同管理的权利。"

（二）建筑物区分所有权的特征

1. 建筑物区分所有权的前提是区分所有的建筑物

区分所有的建筑物是由分别隶属于不同主体所有的多个独立结构的单元共同构成的一个建筑物整体。如果是结构上非复合的、或者为复合结构但是所有权人为一人的，不发生建筑物区分所有权问题。

2. 建筑物区分所有权的权利主体为多人

区分所有的建筑物，其权利人是各个独立单元的所有权人，也称区分所有权人或区分所有人，所以一栋建筑物的区分所有人为多人，他们分别对自己的区分所有建筑物享有所有权。

3. 建筑物区分所有权为多个权利的总和

一般认为，建筑物区分所有权由专有部分所有权、共有部分共有权及成员权构成。这三部分权利缺一不可，共同构成建筑物区分所有权。在这三种权利中，其权利主体的身份也不相同，对专有部分，其为所有权人；对共有部分，其为共有权人或持份权人；对成员权而言，是其作为建筑物的区分所有人成员之一行使管理权的主体。

二、建筑物区分所有权的内容

（一）专有部分所有权

专有部分所有权，也称"专有权"或"特别所有权"，是指区分所有人对建筑物中的各个独立部分所享有的所有权。区分所有权人对其区分所有的单元，享有独立的财产所有权，他有权进行完全的占有、使用、收益、处分。该权利同其他财产所有权一样，是绝对权和对世权，是完全物权。

关于专有部分所有权的性质，通说认为是一种空间所有权，即该权利为权利人对其区分建筑物的独立空间所享有占有、使用、收益及处分的权利。

专有部分所有权的客体为区分所有建筑物中独立存在的部分。一个区分所有的建筑物中，有多个独立存在的部分，分别属于不同的所有权人。这些独立部分（或称独立单元）应具备如下两个条件：

1. 必须在构造上具有独立性

这种独立性也被称为"物理上的独立性"，是指各个独立部分虽然同属于一个建筑物的组成部分，但由于被墙壁、地板、屋顶、大门等分割为一个个独立的空间。

2. 必须在使用上具有独立性

这些独立的空间可以被不同的主体所掌握、支配、利用，一方在行使自己的权利时不必借助他人的空间就可以实现。

（二）共有部分共有权

共有部分共有权具体是指区分所有人对各自专有部分之外的建筑物的其他部分所享有的共有权。因为区分所有人的房屋毕竟属于一栋建筑物之内，除各自独立享有权利的部分外，还有诸如楼道、走廊、外墙、地基、楼顶等设施，这些部分很难说是归哪个区分所有人所有，并且也不可能归某个区分所有人所有。法律规定这些部分为区分所有人共有。

这些共有部分的共有权，由区分所有人共同行使所有权及使用权，但是，每个区分所有人无权要求予以分割共有部分，如要求划分楼梯的所有权或使用权。同时，区分所有人在行使自己的权利时，不得侵害他人的权利，如在公共通道上堆放杂物、修建小房等，他人有权要求停止侵害，排除妨害。

关于小区内的道路、绿地、车库、车位的归属，《民法典》规定，建筑区划内的道路和绿地，属于业主共有，但属于城镇公共道路和绿地以及明示归个人的绿地除外。小区的绿地，应该归全体业主共有，开发商无权擅自处分。对于新建小区内的车库、车位归属，由当事人通过出售、附赠或者出租等方式约定。对于已建小区内占用业主共有的道路或者其他场地用于停放汽车的车位，属于业主共有；规划用于停放汽车的车位、车库应当首先满足业主的需要。

◎ **案例分析：**

案例 10-5 中，根据《民法典》第 274 条的规定，建筑区划内，不属于城镇公共绿地，也没有明确属于个人的，应该属于全体业主共有。

（三）成员权

成员权是指区分所有人基于其对区分所有建筑物的专有部分所有权和共有部分的共有权而作为成员之一享有的对共同事务进行管理的权利。一栋区分所有的建筑物上有多个区分所有人，但由于建筑物的一体性，必然会有一些共同事务需要区分所有人来进行管理，如公用设施的维修、环境卫生的管理、共同收益的分配等事务。这样，各个区分所有人就作为一个成员，共同组成成员大会，对这些事项，应由全体成员按照民主集中制的原则来进行决定，每个区分所有人都有一个表决权。当然，成员也可以委托代表来行使表决权。

成员权包括如下内容：

成员权人（也称业主）作为区分所有人之一，享有参加公共管理的权利；有请求分割共有部分收益的权利；有遵守共同制定的规约的义务；有接受管理者正当管理的义务。

同时，成员权人还有法定义务。主要是：（1）遵守法律、法规以及管理规约；（2）相关行为应当符合节约资源、保护生态环境的要求；（3）配合应急处置措施和其他管理措施的义务。

◎ **延伸阅读：**

什么是物业服务合同？

◎ **相关法律：**

《民法典》第 271~287 条。

◎ **实务操作：**

某小区业主发现，小区内所有电梯内均安装了每天 24 小时滚动播放的视频广告。有业主了解到每年物业公司的广告费收入达到几十万元，于是提出要求用这部分广告收入减免部分物业费，但是被物业公司拒绝。物业公司说这部分广告收入都投入小区环境维护中，却拒不提供证据。

请分析： 这笔广告收益应该归业主还是物业公司？

任务五 处理相邻关系

◎ **案例导入：**

【案例 10-6】张三和李四为楼上楼下邻居，张三家住楼上，李四家住楼下。李四家卫生间屋顶漏水，李四多次要求张三维修，张三认为不是自己家的原因，拒不维修。李四非常生气，于是在屋顶安装振动器，每晚十二点以后不定时开启，导致张三家不能正常休息。双方为此多次发生争吵，经物业公司和派出所多次调解，始终不能解决问题。

请思考： 双方该如何处理案涉纠纷？

◎ **知识准备：**

相邻关系是当事人之间的一种权利义务关系。它表现在权利人在行使自己的不动产物权时与相邻不动产的物权人之间所产生的权利义务关系，是不动产物权人自己权利的延伸，也是对他人物权的一种限制。

一、相邻关系的概念和特征

相邻关系是指两个以上相互邻近的不动产的所有权人、使用权人在行使对不动产的占有、使用、收益、处分权时所发生的权利义务关系。

相邻关系的特征主要有：

1. 相邻关系的前提是两个以上不动产相邻。如果是动产之间相邻或者动产与不动产之间相邻，则不产生民法上的相邻关系。

2. 相邻关系的主体为相邻不动产的所有人或使用人。

3. 相邻关系是一种法定的权利义务关系，无须当事人约定。这也是相邻权不同于地役权之处。

4. 相邻关系表现为一方权利的延伸和对对方权利的限制。相邻权主要表现为一种消极的权利，当这种权利没有被侵犯时，往往不被人注意，但是在该权利被侵犯时，当事人就可以向对方主张相邻权。

◎ **交互练习：**

下列关系中，构成民法上相邻关系的是（　　）。

A. 甲的汽车挡住乙的汽车，导致乙不能将车开出

B. 蒙古国的领土与我国和俄罗斯接壤

C. 甲的汽车挡在乙家门口，导致乙不能正常出入

D. 山东和山西两省土地没有接壤，但是都共用黄河水

二、相邻关系的具体种类

（一）基于通行权所发生的相邻关系

所谓通行权是指相邻一方确有必要使用对方土地通行的，对方应该允许。《民法典》第 291 条规定："不动产权利人对相邻权利人因通行等必须利用其土地的，应当提供必要的便利。"

行使相邻通行权应具备如下条件：

一是确有必要使用对方土地进行通行。如果本来已有通道，或者还有其他通道，或者将自己的土地上原有的通道堵死而要求在他人土地上通行的，不应得到支持。

二是有通行权的人为相邻土地或建筑物的所有人、使用人。

三是给对方造成损失的应当支付必要的补偿。如果行使通行权没有给对方造成损失，就不必支付费用。

四是应在必要范围内使用他人土地进行通行。使用他人土地进行通行应以能够正常通行、最大限度减少给对方造成损失为原则，不得随意扩大通道范围。

（二）基于用水排水而产生的相邻关系

《民法典》第 290 条规定："不动产权利人应当为相邻权利人用水、排水提供必要的便利。"

1. 用水权

对于自然形成的流水，相邻各方都有用水的权利，任何一方不得擅自阻挡、改道，不得污染，如果因此给对方造成损失的，其他相邻人有权要求停止侵害、恢复原状、赔偿损失。对自然流水的利用，应当在不动产的相邻权利人之间合理分配。对自然流水的排放，应当尊重自然流向。

2. 邻地余水利用权

实际生活中，如果邻地有余水，而自己又缺水或无水又无其他水源的，可以请求利用邻地的余水，他方不得拒绝，但是利用人应当支付必要的费用。

3. 用水权人的物上请求权

用水权人因他人的行为导致水源断绝、减少、被污染等损害的，有权要求停止侵害、排除污染、赔偿损失。

4. 排水权

相邻各方中如果一方确有必要使用对方土地进行排水时，对方应当允许，但因此给对方造成损失的应当予以赔偿。

（三）因防险而发生的相邻关系

相邻一方在进行施工建设过程中应注意与邻人的建筑物保持必要的距离，以免造成他人建筑物的根基倾斜等危险。相邻一方在自己使用的土地上挖水沟、水池、地窖或者种植的竹木根部伸延，危及另一方建筑物的安全和正常使用的，应当分别情况，责令其消除危险，恢复原状，赔偿损失。

（四）因环境污染发生的相邻关系

《民法典》第 294 条规定："不动产权利人不得违反国家规定弃置固体废物，排放大气污染物、水污染物、土壤污染物、噪声、光辐射、电磁辐射等有害物质。"相邻一方在排放废水、废气、废渣等废弃物时，必须严格遵守环境保护的有关规定，不得因此给造成他人污染。如果因排放废物给他人造成损害的，应该承担停止侵权、排除妨害、赔偿损失等责任。

（五）因通风采光所发生的相邻关系

《民法典》第293条规定："建造建筑物，不得违反国家有关工程建设标准，不得妨碍相邻建筑物的通风、采光和日照。"不动产所有人、使用人在进行建造房屋或者其他工作物的建设时，应与相邻方的房屋或其他建筑物保持适当的距离和适当的高度，以免影响他人房屋等建筑物正常的通风采光。

对于采光权，实践中，一般是在南的建筑影响在北建筑的采光，但也会存在在北建筑影响在南建筑采光的情况。因为采光权并不仅指采取太阳直射光线的权利，对于其他自然光采取的影响也构成采光权的侵犯。

关于通风权，一般是指建筑物或其他工作物的所有人、使用人有权进行自然通风，并排斥他人阻挡的权利。

（六）因利用邻地而发生的相邻关系

因利用邻地而发生的相邻关系具体是指相邻一方因自己生产生活的需要确有必要使用他人土地的，他人应该允许，但是因此给对方造成损失的，应予赔偿。实践中，经常发生一方利用他人土地架设管线、铺设管道、修建通道或者建设过程中需要长期或临时占用他人土地的情况，如确有必要，则对方无权拒绝，应予允许。但是，使用他人土地，应最大限度地降低给他人可能造成的损失，临时占用后应及时恢复原状，并且应给予对方一定的经济赔偿。

◎ **案例分析：**

案例10-6中，张三和李四因为住在楼上楼下成为邻居，互相享有相邻的权利，也承担相邻的义务。李四家卫生间屋顶漏水，张三应该积极配合查明原因，如果是自己家卫生间漏水，就应该主动维修。李四安装振动器，故意制造噪音影响张三家正常休息，构成侵权，应该停止侵权行为。

三、处理相邻关系的原则

《民法典》第288条规定："不动产的相邻权利人应当按照有利生产、方便生活、团结互助、公平合理的原则，正确处理相邻关系。"根据这一规定，处理相邻关系应当掌握下列原则：

（1）有利于发展生产。处理相邻关系一定要从有利于生产，促进社会主义市场经济的发展出发。特别是在处理因土地、水面等的使用而引起的相邻关系纠纷时，既要注意保护相邻各方的合法权益，又要考虑如何处理才能有利于生产发展。

（2）方便人民生活。在处理相邻关系纠纷时，特别是在处理涉及群众住房、生活设施等相邻关系纠纷时，必须从有利于生活出发，为群众生活提供方便，既要维护所有人或使用人的合法权益，又要便利群众的生活。

（3）公平合理。相邻关系涉及相邻各方的利益。因此，相邻各方的合法权益都要受法律的保护。相邻各方在处理相邻关系时，必须依法公平合理地行使自己的权利。不能只顾自己的利益而妨碍或损害相邻人的利益，造成对方损失的，应给予合理补偿。

（4）有利于团结互助。在我国，相邻各方不仅是平等的民事主体之间的关系，而且还应是互助协作的关系。在处理相邻关系时，相邻各方应依法相互给予对方行使财产所有权或使用权的方便。在发生矛盾时，要互谅互让，从团结互助的精神和原则出发，协商解决。

◎ **思政点滴：**

相邻关系在生活中随处可见，尤其是城市居民小区里，楼上楼下、左邻右舍之间经常会因为噪音、漏水、通行等发生矛盾和纠纷。这就要求我们根据《民法典》处理相邻关系的原则正确处理相邻关系，一方面，最大限度采取措施，防范给邻居造成不必要的影响和损害；另一方面，当发生影响邻居利益的情况时，要积极承担责任、排除妨碍、赔偿损失。这也是践行社会主义核心价值观的具体体现。

◎ **延伸阅读：**

相邻权和地役权有什么区别？

◎ **相关法律：**

《民法典》第 288~296 条。

◎ **实务操作：**

村民董某和刘某为邻居，董某在自家院里种了一棵核桃树。随着核桃树的成长，一部分树枝越过院墙，长到了刘某家的院子上空；同时，茂密的枝叶影响了刘某家的窗户的采光，使得屋内见到阳光的时间大幅缩短。为此刘某多次要求董某采取措施，被董某拒绝。

请分析：刘某的什么权利受到侵害，应该如何维权？

任务六　区分财产共有

◎ **案例导入：**

【**案例 10-7**】张男和李女经恋爱准备结婚，张男的父母给张男准备了一套婚房，登记在张男的名下，李女出资 10 万元对婚房进行了装修。双方领结婚证时，李女要求在房产证上加上自己的名字，张男答应，但是一直没有办理，后两人顺利领证并举行了结婚仪式。一年后，双方因性格不合准备离婚，李女要求分割共有房产，一人一半，被张男拒绝。

请思考：该婚房是张男的个人婚前财产还是张男和李女的夫妻共有财产？

◎ 知识准备：

财产共有是所有权的一种形态，符合所有权人对其财产享有占有、使用、收益、处分的权利内涵和外在表现，只是其所有权人并非一个民事主体，而是由多个民事主体构成的组合。财产共有在生活中非常普遍，如合伙当中的财产共有、家庭财产共有、夫妻财产共有等，这些共有中，都是两人以上对一项财产或者财产的集合共同享有一个所有权。

一、财产共有概述

所谓财产共有，是指对一项财产，由两人以上共同拥有所有权。一般而言，财产共有具有如下特征：

1. 财产共有的所有权人为二人以上

这里的所有权为一个独立的所有权，由共有人共同享有，而非几个主体分别享有所有权。

2. 共有权的客体为特定物

这里的特定物可以是独立的物，也可以是物之集合。

3. 共有人对共有物按照各自的份额或平等地享有权利和承担义务

4. 共有关系是基于共有人的共同生产经营、共同生活而形成

共有关系主要包括家庭共有、夫妻共有以及因合伙、继承等而形成的共有。其原因不外乎因家庭关系和共同生产经营两种情况。

二、按份共有

（一）按份共有的概念和特征

按份共有是指两个以上的共有人按照各自的份额分别对共有物享有权利和承担义务的一种财产共有关系。按份共有在日常生活中经常发生，如个人合伙、共同投资、共同生产、合伙购买等。《民法典》第 308 条规定："共有人对共有的不动产或者动产没有约定为按份共有或者共同共有，或者约定不明确的，除共有人具有家庭关系等外，视为按份共有。"按份共有具有如下特征：

1. 按份共有人对共有财产享有一个所有权

几个按份共有人对共有财产是共同享有一个财产所有权，而不是各自独立享有财产所有权。

2. 按份共有人基于各自的份额对共有财产享有权利和承担义务

《民法典》第 298 条规定："按份共有人对共有的不动产或者动产按照其份额享有所有权。"第 309 条规定："按份共有人对共有的不动产或者动产享有的份额，没有约定或者约定不明确的，按照出资额确定；不能确定出资额的，视为等额享有。"

3. 按份共有人的权利和义务及于共有财产的全部

在共有关系存续期间，共有物为共有人共同享有所有权，不是各个共有人分别对其中的一部分单独享有所有权。

4. 按份共有人对外承担连带责任

按份共有人之间的份额关系为他们的内部关系，当因共有财产需要对外承担责任时（如共有之牲畜给他人造成损失），共有人应该承担连带赔偿责任。

（二）按份共有的效力

按份共有人除按照各自的份额对共有财产享有权利和承担义务之外，他们还有如下权利：

1. 分割共有财产请求权

如无特别约定或者法律的规定，各共有人都有权要求分割共有财产，如合伙人在散伙或者退伙时提出分割。

2. 优先购买权

各共有人在转让自己的共有份额时，在同等条件下，其他共有人有优先购买的权利。这里的同等条件一般指同等价格，但也不排除其他条件。

3. 就自己的财产份额设定担保物权

按份共有人对自己的财产份额享有一定的处分权，包括将自己的财产份额抵押给他人，设置担保物权。

4. 物上请求权

当共有物被他人不法侵害时，各共有人都有权就共有财产之全部对侵权人行使物上请求权，如要求排除妨害、停止侵害、返还原物、恢复原状等。

三、共同共有

（一）共同共有的概念和特征

共同共有是指两个以上的共有人不分份额地对共有财产享有权利和承担义务的共有关系。共同共有关系在日常生活中也很常见，主要是基于共同生活或者共同劳动而形成，如夫妻之间和家庭成员之间基于共同生活、劳动而形成夫妻共有财产和家庭共有财产关系。共同共有主要有如下特征：

1. 共有人对共有财产不分份额地享有权利和承担义务

与按份共有相反，共同共有人对共有财产享有权利和承担义务不分份额，没有明确的比例关系。但是并不是说各共有人的权利和义务是均等的，而是平等地享有权利和承担义务。需注意的是当共有人在分割共有财产时，才需要确定分割的比例关系。

2. 共同共有关系以共同关系的存在为前提

共同关系主要是指共有人之间共同生活及共同劳动关系，如夫妻关系、家庭关系。

3. 共同共有关系中，共有人平等地享有权利和承担义务

各共有人对全部共有财产平等地享有占有、使用、收益、处分的权利及承担义务。

（二）共同共有的效力

1. 对外效力

共同共有人处分共有财产时，应由全体共有人形成合意方可进行。另外，共有人之间也可以通过推举代表人的方式由代表人来对共有财产进行处分，这样，代表人的行为对全体共有人有效。

2. 对内效力

在共有关系存续期间，共有人一般无权要求分割共有财产。

(三) 共同共有的种类

1. 夫妻财产共有

如无特别约定，夫妻双方在婚姻关系存续期间取得的财产为夫妻共有财产。《民法典》第 1062 条规定："夫妻在婚姻关系存续期间所得的下列财产，为夫妻的共同财产，归夫妻共同所有：（一）工资、奖金、劳务报酬；（二）生产、经营、投资的收益；（三）知识产权的收益；（四）继承或者受赠的财产，但是本法第一千零六十三条第三项规定的除外；（五）其他应当归共同所有的财产。"并且还规定，夫妻对共同所有的财产，有平等的处理权。因此，在婚姻关系存续期间，对于夫妻共有财产，双方都有平等的占有、使用、收益、处分的权利。一方出卖、赠与属于夫妻共有的财产，应取得对方的同意。一方明知对方处分共有财产而未做否认表示的，应视为同意。夫妻共同财产，在离婚或者一方死亡、遗产继承开始之前，一般不得进行分割。

《民法典》第 1063 条规定："下列财产为夫妻一方的个人财产：（一）一方的婚前财产；（二）一方因受到人身损害获得的赔偿或者补偿；（三）遗嘱或者赠与合同中确定只归一方的财产；（四）一方专用的生活用品；（五）其他应当归一方的财产。"这些财产，即使在婚姻关系存续期间，也不能作为夫妻共有财产来对待。

2. 家庭共有财产

家庭共有财产是指家庭成员在家庭关系存续期间，通过共同劳动、共同积累所取得的财产。包括家庭成员共同劳动所得、家庭成员将个人财产交给家庭的部分、家庭成员共同接受赠与所得的财产，以及用家庭财产购置的财产和家庭财产所产生的孳息。

◎ **案例分析：**

案例 10-7 中，张男父母在其结婚前为其结婚准备的婚房，登记在张男名下，属于张男的婚前个人财产，因此在与李女离婚的时候不能作为夫妻共同财产进行分割。在领证时张男答应李女在房产证上加名，但是没有办理房产证的变更登记，所以从法律上不能认定该房产为夫妻共有财产。对于李女装修房屋出资的 10 万元，李女有权要求适当返还。

家庭共有财产不同于家庭成员个人的财产。在家庭财产中，既有用于家庭成员共同生活所需的家庭共有财产，也有专属于家庭成员个人所有的财产。如个人的服装、生活用品等即属于个人所有。

◎ **交互练习：**

下列财产中，不属于夫妻共有财产的是(　　　)。

A. 夫妻一方的工资收入　　　B. 丈夫写小说所得稿费

C. 妻子的衣服和首饰　　　　D. 丈夫的工伤赔偿金

四、共有财产的分割与处分

（一）共有财产分割的原则

不论按份共有还是共同共有，当共有关系结束时都需要进行共有财产的分割。《民法典》第 303 条规定，共有人约定不得分割共有财产以维持共有关系的，应当按照约定，但共有人有重大理由需要分割的，可以请求分割；没有约定或者约定不明确的，按份共有人可以随时请求分割，共同共有人在共有的基础丧失或者有重大理由需要分割时可以请求分割。因分割对其他共有人造成损害的，应当给予赔偿。在分割共有财产时，应该在平等协商、和睦团结的精神下，遵守法律规定和当事人的协议，公平合理地进行分割。

（二）共有财产的分割方法

《民法典》第 304 条规定："共有人可以协商确定分割方式。达不成协议，共有的不动产或者动产可以分割且不会因分割减损价值的，应当对实物予以分割；难以分割或者因分割会减损价值的，应当对折价或者拍卖、变卖取得的价款予以分割。共有人分割所得的不动产或者动产有瑕疵的，其他共有人应当分担损失。"在具体分割共有财产时，一般有如下三种分割方式：

1. 实物分割

在不影响物的价值的前提下，对于粮食、布匹、木料、钢材等财产，可以采取直接进行实物分割的方式。

2. 变价分割

对于那些不宜进行实物分割或者共有人都不愿意取得该物的，可以由共有人一起将共有物变卖后，再对所获得的金钱进行分割。

3. 作价补偿

对于不可分割的共有物，如果共有人中有一人愿意取得共有物的，可以由该人取得共有物，而由该人对超出其应得份额的价值部分以金钱方式给其他共有人补偿。

4. 竞价补偿

所谓竞价是指共有人都想取得共有物的所有权而给对方补偿时，双方可以通过竞相出价的方式确定哪一方取得标的物的所有权。

（三）共有财产的处分

共有人有权处分共有财产。共有人处分共有财产或对共有财产作重大修缮的，应当经占份额三分之二以上的按份共有人或者全体共同共有人同意，但共有人之间另有约定的除外。按份共有人可以转让其享有的共有财产份额。其他共有人在同等条件下享有优先购买的权利。

◎ **延伸阅读：**

财产共有和公有有什么区别？

◎ **相关法律：**

《民法典》第 297~310 条。

◎ **实务操作：**

李刚与刘霞均为离异，二人认识后产生感情，于是开始同居生活，对外介绍时自称为夫妻。二人同居期间，李刚出资 20 万元、刘霞出资 80 万元共同购买了一套房产。十年后，两人分手，就房产分割发生争议。李刚认为该房产为夫妻共有财产，刘霞认为是合伙购买。

请考虑该房产是否为刘霞与李刚的夫妻共有财产，该如何分割？

项目综合训练

张三将自己在某小区的房屋一套卖与李四并办理了过户手续。由于该房所在的楼房为临街建筑，有商人利用临街墙面作广告，每年给该楼全体业主 10 万元广告费，每户可以分得 5000 元，故张三、李四在协议中约定，张三在卖房之后保留该房 5 年的广告收益权。

请分析：该约定是否具有法律效力？

本项目答案

项目十一　用益物权法律事务处理

◎ 知识目标
- 掌握土地承包经营权、建设用地使用权、地役权、居住权的设定方式。
- 掌握土地承包经营权、宅基地使用权、建设用地使用权、地役权、居住权的内容。

◎ 技能目标
- 能够准确判断是否设定了土地承包经营权、建设用地使用权、宅基地使用权、地役权、居住权等物权。
- 能够根据法律规定分析处理常见的土地承包经营权、建设用地使用权、宅基地使用权、地役权、居住权纠纷，提出法律意见。

◎ 素质目标
- 培养依法行使权利、履行义务和依法解决纠纷的意识。
- 培养尊重他人的财产及财产权利，在平等的基础上进行民事活动的精神。
- 培养有效防范行为不当给自己带来财产损失的风险意识。

任务一　认识用益物权

一、用益物权的概念和特征

用益物权是指非所有权人对他人所有的物，在一定范围内占有、使用、收益以及处分的权利。用益物权与担保物权共同构成物权中的他物权。一般认为，用益物权具有如下特征：

（一）用益物权的权利人为非所有权人

用益物权是权利人为了对他人的财产进行使用、收益，而在他人之物上所设定的权利。

（二）用益物权是在占有他人之物的前提下，以实现对物的使用、收益为目的权利

对于动产，其占有表现为对物进行实际地掌控；对于不动产，其占有表现为对物能够有效地加以支配，而不损害他人之合法权益。用益物权人不是为实现对物的所有，而是"不求所有，但求所用"。

（三）用益物权为定限物权

其一，用益物权只是所有权权能的一部分，其权利内容不像所有权那样完整。用

159

益物权人可以基于合同或者法律的规定对他人之物进行占有、使用，以实现其经济目的，但只能在法律规定和合同约定的范围内占有和使用，不能越权使用。

其二，用益物权都有一定的期限，超过了期限，该项权利即告消灭。如相关法律规定了耕地的承包期限为三十年，住宅建设用地使用权为七十年。

（四）用益物权的标的物主要为不动产

在动产之上，一般不设定用益物权，因为动产价值相对较低，且动产物权以占有为公示方式，所以动产之间的法律关系较为简单，即使需要使用他人之物，也可以通过租赁、借用等债的方式进行，而无须以设定用益物权的方式来保护使用人的利益。而对于不动产，因为其价值往往较高，且不动产物权的公示方式为登记，所以不动产物权较为重要，为更好地保护使用人的利益，规范交易秩序，所以法律赋予了使用人以物权保护效力。

二、用益物权的种类

根据《民法典》的规定，用益物权主要包括土地承包经营权、宅基地使用权、建设用地使用权、地役权、国有自然资源使用权、采矿权等。本项目后几个任务中对《民法典》规定的用益物权作详细论述，这里只对国有自然资源使用权、采矿权做一说明。

（一）国有自然资源使用权

国有自然资源使用权，是指企事业单位、社会团体以及公民个人依法取得国有自然资源的占有、使用、收益的权利。我国《宪法》规定："矿藏、水流、山岭、森林、草原、荒地、滩涂等自然资源，都属于国家所有，即全民所有；由法律规定属于集体所有的森林和山岭、草原、荒地、滩涂除外。"对于国家所有的这些自然资源，企事业单位、社会团体以及公民个人可以通过法定程序，取得使用权，通过对这些国有自然资源的使用，充分发挥国有自然资源的效益。使用国有自然资源，必须依法使用，不得滥用资源，造成资源枯竭，否则，国家有权收回使用权。

（二）采矿权

根据《中华人民共和国矿产资源法实施细则》第 6 条规定：采矿权是指在依法取得的采矿许可证规定的范围内，开采矿产资源和获得所开采的矿产品的权利。取得采矿许可证的单位或个人称为采矿权人。我国《宪法》和《矿产资源法》规定，矿产资源属于国家所有，由国务院行使国家对矿产资源的所有权。地表或者地下的矿产资源的国家所有权，不因其所依附的土地的所有权或者使用权的不同而改变。对于矿产，有关单位和个人可以依法取得开采权。

任务二　保护土地承包经营权和宅基地使用权

◎ **案例导入：**

【案例 11-1】 村民刘二水承包了集体的荒山 30 亩，约定承包期 40 年，每年每亩给集体缴纳承包费 100 元。承包之后，刘二水一家常年吃住在山上，精心改造荒山，种植了多种果树。另外，刘二水每年都按时交纳承包费。十多年后，全家的辛勤劳动终于有了收获，当年的林果收入达到每亩 5000 元，村委会却认为承包合同显失公平，严重损害了集体的利益，要求解除承包合同，刘二水坚决不同意。在村委会的鼓动下，部分村民上山哄抢果实、砍伐果树，造成巨大的经济损失。

请思考：本案中刘二水有何权利？

【案例 11-2】村民李大虎和李大龙比邻而居。二人经商议，李大龙出资 10 万元买下李大虎的房子，将两家的房屋全部拆除后建了一处大宅院。乡土地管理所发现之后，认为李大龙的行为违反了一户一宅制度，责令李大龙拆除占用李大虎家宅基地上建造的房屋，李大龙不服。

请思考：李大虎和李大龙二人协商买卖房屋的行为是否有效？李大龙能否取得李大虎家的宅基地使用权？

◎ **知识准备：**

上述两个案件涉及土地承包经营权的具体内容和宅基地使用权的取得方式。

一、土地承包经营权

（一）土地承包经营权的概念和特征

土地承包经营权，是指公民或有关组织，依照法定程序取得国家或者集体所有的耕地、林地、草原、滩涂、水面等土地的使用权。土地承包经营权具有如下特征：

1. 土地承包经营权人为取得土地承包经营权而从事农业生产的人

根据我国《农村土地承包法》的规定，农村集体经济组织成员有权依法承包由本集体经济组织发包的农村土地。任何组织和个人不得剥夺和非法限制农村集体经济组织成员承包土地的权利。一般而言，集体的土地应该承包给本集体经济组织的成员，但是也可以依法承包给非本集体经济组织的成员。《农村土地承包法》规定，不宜采取家庭承包方式的荒山、荒沟、荒丘、荒滩等农村土地，通过招标、拍卖、公开协商等方式承包。以上述方式承包农村土地的，应当签订承包合同，承包方取得土地经营权。在同等条件下，本集体经济组织成员享有优先承包权，如发包方将农村土地发包给本集体经济组织以外的单位或者个人承包，应当事先经本集体经济组织成员的村民会议三分之二以上成员或者三分之二以上村民代表的同意，并报乡（镇）人民政府批准。由本集体经济组织以外的单位或者个人承包的，应当对承包方的资信情况和经营能力进行审查后，再签订承包合同。

2. 土地承包经营权的客体为属于集体所有或国家所有依法由农民集体使用的耕地、林地、草地，以及其他依法用于农业的土地

土地承包经营权的客体为农业生产用地，包括耕地、林地、草原、荒滩、荒地、水面等，而非其他自然资源或其他不动产。

3. 土地承包经营权人依法对土地享有占有、使用、收益以及一定的处分权

土地承包经营权人取得土地使用权后，有权在土地上从事农业生产，其正当的经营活动，任何人包括发包方都无权进行干涉；其经营所取得的收益，除按照约定交纳承包费外，全部归其所有。对于处分权，《民法典》规定通过家庭承包方式取得土地承包经营权的承包方有权依法互换、转让土地承包经营权，有权流转土地经营权。

《民法典》《农村土地承包法》都规定了农村土地的所有权、承包权、经营权"三权分置"。"三权分置"的核心是家庭承包的承包户在经营方式上发生转变，即农户由自己经营转变为保留土地承包权、将承包地流转给他人经营，实现土地承包经营权和土地经营权的分离。"三权分置"的目的在于进一步拓宽农村土地流转的方式，使有限的土地资源流转到真正能发挥土地价值的经营者手中，既保护了土地承包权人的合法利益，又使得经营权人通过合同取得的土地经营权得到法律更强有力的保护，保障其经营预期。土地经营权人有权在合同约定的期限内占有农村土地，自主开展农业生产经营并取得收益。

4. 土地承包经营权为定限物权

使用权人承包土地之后，只能按照合同约定的方式进行农业生产，而不得做其他使用，也不得随意撂荒土地，否则发包方有权收回土地使用权。并且，使用权人取得土地使用权是有期限的，《农村土地承包法》第 21 条规定，耕地的承包期为 30 年；草地的承包期为 30 年至 50 年；林地的承包期为 30 年至 70 年；前款规定的耕地承包期届满后再延长 30 年，草地、林地承包期届满后依照前款规定相应延长。《民法典》第 332 条作了同样的规定。

（二）土地承包经营权的取得

土地承包经营权的取得方式主要有以下两种：

1. 依土地承包合同而取得

《民法典》第 333 条规定："土地承包经营权自土地承包经营权合同生效时设立。登记机构应当向土地承包经营权人发放土地承包经营权证、林权证等证书，并登记造册，确认土地承包经营权。"土地承包经营权合同的主体是发包方和承包方。农民集体所有的土地依法属于村农民集体所有的，由村集体经济组织或者村民委员会发包；已经分别属于村内两个以上农村集体经济组织的农民集体所有的，由村内各该农村集体经济组织或者村民小组发包。村集体经济组织或者村民委员会发包的，不得改变村内各集体经济组织农民集体所有的土地的所有权。国家所有依法由农民集体使用的农村土地，由使用该土地的农村集体经济组织、村民委员会或者村民小组发包。特别强调的是，承包经营权不是以登记作为权利取得和公示的法定方式，而是自承包合同生效时设立。

2. 依继承而取得土地承包经营权

《农村土地承包法》第 32 条规定："承包人应得的承包收益，依照继承法的规定继承。林地承包的承包人死亡，其继承人可以在承包期内继续承包。"可见法律对在承包期内林地的承包经营权，允许继承人继承，但是对其他土地，法律没有规定，应理解为不允许继承，因为林地的经营收益期限较长，如果不允许继承，则不利于发挥承包人的积极性。针对荒山、荒沟、荒丘、荒滩，《农村土地承包法》第 54 条规定：

"依照本章规定通过招标、拍卖、公开协商等方式取得土地经营权的，该承包人死亡，其应得的承包收益，依照继承法的规定继承；在承包期内，其继承人可以继续承包。"另外还须注意，对于家庭承包的，发包方不能因为家庭成员之一尤其是户主的死亡而要求解除合同。其他家庭成员不是依继承而取得土地使用权，而是作为家庭成员，本来就有土地承包经营权。

（三）土地承包经营权人的权利和义务

1. 土地承包经营权人的权利

（1）依法享有承包地使用、收益的权利，有权自主组织生产经营和处置产品。

（2）依法互换、转让土地承包经营权。《民法典》第335条规定："土地承包经营权互换、转让的，当事人可以向登记机构申请登记；未经登记，不得对抗善意第三人。"土地承包经营权互换、转让的，当事人可以向登记机构申请登记；未经登记，不得对抗善意第三人。

（3）依法流转土地经营权。《民法典》第339条规定："土地承包经营权人可以自主决定依法采取出租、入股或者其他方式向他人流转土地经营权。"流转期限为五年以上的土地经营权，自流转合同生效时设立。当事人可以向登记机构申请土地经营权登记；未经登记，不得对抗善意第三人。

（4）承包地被依法征收、征用、占用的，有权依法获得相应的补偿。

（5）法律、行政法规规定的其他权利。

另外，我国有关法律还对妇女在承包期内户口迁出的承包户的权利做了特殊规定。农村土地承包，妇女与男子享有平等的权利。承包中应当保护妇女的合法权益，任何组织和个人不得剥夺、侵害妇女应当享有的土地承包经营权。承包期内，妇女结婚，在新居住地未取得承包地的，发包方不得收回其原承包地；妇女离婚或者丧偶，仍在原居住地生活或者不在原居住地生活但在新居住地未取得承包地的，发包方不得收回其原承包地。

《农村土地承包法》第27条规定："承包期内，发包方不得收回承包地。国家保护进城农户的土地承包经营权。不得以退出土地承包经营权作为农户进城落户的条件。承包期内，承包农户进城落户的，引导支持其按照自愿有偿原则依法在本集体经济组织内转让土地承包经营权或者将承包地交回发包方，也可以鼓励其流转土地经营权。承包期内，承包方交回承包地或者发包方依法收回承包地时，承包方对其在承包地上投入而提高土地生产能力的，有权获得相应的补偿。"由此可见，一方面，鼓励农村居民流转其承包地进入城市工作和生活，既提高其生活质量，也便于土地流转更好地发挥土地的效益；另一方面，还要保障进城农民在农村的土地权利和相关财产利益，赋予其土地承包经营权、宅基地使用权等更多的财产价值，将来在条件成熟时允许其通过转让其在农村的土地财产权，有序退出农村，成为真正的城市居民。

2. 土地承包经营权人的义务

（1）维持土地的农业用途，未经依法批准不得用于非农建设。

（2）依法保护和合理利用土地，不得给土地造成永久性损害；土地承包经营权人以及土地再次流转后的经营权人，不得在土地上修建房屋，从事非农经营；不得进行掠夺性经营，损害土地的肥力和可持续发展。

（3）法律、行政法规规定的其他义务。

（四）发包方的权利义务

根据《农村土地承包法》的规定，发包方享有如下权利并负担一定的义务。

1. 发包方的权利

（1）发包本集体所有的或者国家所有依法由本集体使用的农村土地。

（2）监督承包方依照承包合同约定的用途合理利用和保护土地。

（3）制止承包方损害承包地和农业资源的行为。

（4）法律、行政法规规定的其他权利。

2. 发包方的义务

（1）维护承包方的土地承包经营权，不得非法变更、解除承包合同。

（2）尊重承包方的生产经营自主权，不得干涉承包方依法进行正常的生产经营活动。

（3）依照承包合同约定为承包方提供生产、技术、信息等服务。

（4）执行县、乡（镇）土地利用总体规划，组织本集体经济组织内的农业基础设施建设。

（5）法律、行政法规规定的其他义务。

◎ **案例分析：**

案例 11-1 中，村委会与刘二水已经依法签订了合法有效的承包合同，刘二水享有承包地使用和收益的权利，有权自主组织生产经营。村委会有义务尊重承包方的经营自主权，不得干涉承包方正常的生产经营活动，更不得非法变更、解除承包合同。

（五）土地承包经营权的消灭

土地承包经营权的消灭方式主要有：

（1）土地承包合同到期，又没有续订合同的。

（2）有严重违反合同的行为，经法定程序解除承包合同的。

（3）在承包期内，自愿将承包地交回发包方的。

（4）因征收、土地灭失等原因导致土地承包经营合同不能继续履行的。

◎ **交互练习：**

下列关于土地承包经营权的表述，正确的是：（　　　）。

A. 土地承包经营权自土地承包经营合同生效时设立

B. 土地承包经营权自取得土地承包经营权证书时设立

C. 土地经营权流转的，可以申请登记，未经登记的不得对抗善意第三人

D. 土地经营权可以依法流转

二、宅基地使用权

宅基地使用权是指农村集体经济组织成员依法取得一定面积的土地用于建造房屋所取得的土地使用权。取得宅基地使用权，应该由农村村民向本集体经济组织（村委会）提出申请，村委会同意后，经乡（镇）人民政府审核，由县级人民政府批准。城镇居民为建造自住性质的房屋使用土地的，应向所在地的土地主管部门提出申请，经批准后才可以取得住宅建设用地使用权。现在，在城市区域内，除原有住宅可以依法申请取得住宅建设用地使用权登记以外，单个城市居民或家庭为建设住宅而申请土地的，一般不予批准，原因在于要节约利用城市的土地资源。且城市的住宅建设用地使用权不能称之为宅基地使用权，只有农村居民在本集体土地之上依法取得的建造房屋的土地才叫"宅基地"，其土地使用权才能称为"宅基地使用权"。

根据我国《土地管理法》第62条的规定，农村村民一户只能拥有一处宅基地，其宅基地的面积不得超过省、自治区、直辖市规定的标准。如果取得宅基地使用权新建房屋的，在房屋建成后应将原宅基地使用权交还集体。农村村民建住宅，应当符合乡（镇）土地利用总体规划，并尽量使用原有的宅基地和村内空闲地。农村村民出卖、出租、赠与住房后，再申请宅基地的，不予批准。国家允许进城落户的农村村民依法自愿有偿退出宅基地，鼓励农村集体经济组织及其成员盘活利用闲置宅基地和闲置住宅。相关法律禁止城镇居民购买农村宅基地或购买农民的住宅。

◎ **案例分析：**

案例11-2中，李大虎和李大龙的行为违反了农村宅基地"一户一宅"制度。根据有关规定，村民申请宅基地，应该符合没有宅基地或者需要改善宅基地的条件，并向村委会申请，经村民会议讨论通过，报乡（镇）人民政府审核，由县级人民政府批准。本案中李大龙自己家有宅基地，不符合申请宅基地的条件。如果现有宅基地小于规定的面积，也应该通过申请程序取得，而不能直接购买李大虎的房屋。如果李大龙购买李大虎的房屋后，宅基地总面积不超过规定面积，则符合法律规定，但是也应该先行办理相关审批手续，而不能私下进行交易，因此二人的转让协议无效，李大龙也不能取得该宅基地使用权。本案乡土地管理所发现李大龙的违法行为后进行处理符合法律规定。

◎ **延伸阅读：**

某村委诉宋某、王某土地承包经营权合同纠纷案。

◎ **相关法律：**

《民法典》第330、340、341、362~365条。

◎ **实务操作：**

（1）2020年，种粮大户董某与某村全体村民签订土地流转协议，约定村民将各自的承包地共计 1000 亩流转给董某进行农业生产，流转期限 10 年，每年每亩给承包户 1000 元流转费。协议签订后，村委会代表全体村民与董某办理了土地经营权登记。

请分析：

①根据村委会与董某签订的协议，董某取得的是什么性质的权利？

②如果在协议履行过程中，出现董某不能按期支付流转费或者村民想收回土地的问题，该怎么处理？

（2）张某与王某为夫妻关系，其所在户宅基地为某村某地块。2016 年，二人立下遗嘱，遗嘱中确认其所在户的宅基地及地上附属房屋归最小女儿小张所有。2021 年，张某去世，2022 年，王某去世。两位老人去世后，就房屋继承问题，小张的哥哥和姐姐诉至法院，他们认为小张系非农户籍，不能继承农村宅基地，遗嘱应当无效。

请结合法律规定，从小张的角度出具一份法律意见书。

任务三　保护建设用地使用权

◎ **案例导入：**

【**案例 11-3**】甲公司有一处建设用地，并在该土地上建设了厂房。后甲公司将土地和厂房一起出租给乙公司，双方签订土地和厂房出租协议，约定租期 10 年，每年租金 50 万元。在合同履行过程中的第五年，该处土地被纳入城市拆迁征收范围，甲公司根据拆迁安置办法可以获得拆迁补偿 1000 万元。乙公司提出，因为甲公司已经将土地和厂房出租给乙公司，乙公司就取得了建设用地使用权及厂房的使用权，现在面临拆迁，乙公司租期刚到一半，所以拆迁补偿的 1000 万元应该分给乙公司一半。

请思考： 乙公司是否取得了建设用地使用权？乙公司应该分得拆迁款的一半吗？为什么？

◎ **知识准备：**

案例中问题的解决，依赖于需明白建设用地使用权是如何设立及流转的。

一、建设用地使用权的概念和特征

建设用地使用权，是指为了在国家或集体所有的土地上建造并拥有建筑物或其他附着物而使用土地的权利。建设用地使用权具有如下特征。

（一）建设用地使用权是建立在国家或集体所有的土地之上的用益物权

建设用地使用权是以国家或集体所有的土地为标的物，属于不动产用益物权的一种。国家和农村集体使用属于自己所有的土地不构成用益物权，但是如果国家授权国家机关、企事业以及个人使用国有土地或者集体授权其他主体使用集体土地进行建设的，则这些使用权人取得的就是建设用地使用权。根据我国《土地管理法》第 63 条的规定，农民集体所有的土地的使用权不得出让、转让或者出租用于非农业建设；但是，农村集体经济组织可以乡（镇）土地利用总体规划确定的建设用地兴办企业或者以土地使用权入股、联营等形式与其他单位、个人共同举办企业而使用集体土地，但应该按有关规定办理审批手续。

（二）建设用地使用权是在他人土地之上建造并保有建筑物或其他工作物为目的的用益物权

这里的建筑物包括房屋、桥梁、隧道、公路等，同时建筑物既包括地上的建筑物，也包括地下建筑物，并且随着现在高层建筑物的增加，空间的重要性也逐渐显现出来，《民法典》第 345 条规定，建设用地使用权可以分地表、地上、地下分别设立。

（三）建设用地使用权属于定限物权

虽然建设用地使用权属物权性质，但是建设用地使用权人使用他人土地有一定的限制。他只能依据法律的规定和合同的约定来利用土地，如合理使用土地、按约定用途使用土地。如果按规定或约定使用人应该交纳使用费的，还应该及时交纳，否则土地所有权人有权收回土地使用权。

二、建设用地使用权的取得

《民法典》第 347 条规定："设立建设用地使用权，可以采取出让或者划拨等方式。工业、商业、旅游、娱乐和商品住宅等经营性用地以及同一土地有两个以上意向用地者的，应当采取招标、拍卖等公开竞价的方式出让。严格限制以划拨方式设立建设用地使用权。"国有建设用地使用权最初的取得主要有两种方式：出让和划拨。另外，取得建设用地使用权的人还有权通过法定方式将建设用地使用权流转，从而使他人取得建设用地使用权。设立建设用地使用权的，应当向登记机构申请建设用地使用权登记。建设用地使用权自登记时设立。登记机构应当向建设用地使用权人发放权属证书。

（一）出让

建设用地使用权的出让，是指国家以国有土地所有权人的身份将土地使用权授权给使用者在一定期限内进行使用并交纳土地使用金的行为。这是国有土地使用权由土地所有权人第一次转让给使用权人。土地使用者应与国家土地主管部门签订土地出让合同。该合同订立要坚持自愿、平等、有偿的原则。在具体出让过程中，为了充分发挥国有土地的价值，不仅可以采取协议方式来进行，而且可以采取招标、拍卖等方式，这样，更有利于合理确定土地使用权的价值。建设用地使用权人应当依照法律规定以及合同约定支付出让金等费用。国有土地使用权的期限，一般由双方协商确定，但不得超过法律规定的最高年限，具体为：居住用地 70 年，工业用地 50 年，教育、科技、文化、卫生、体育用地 50 年，商业、旅游、娱乐用地 40 年，综合或者其他用地 50 年。

（二）划拨

划拨是指国家直接授权有关单位使用国有土地。通过划拨方式取得土地使用权的，一般是出于公益目的使用土地，使用权人多是国家机关或国有事业单位，其取得土地使用权一般是无偿的，但并不绝对。对基于商业目的使用土地的，一般应通过公开招投标方式进行。

（三）流转

根据《民法典》规定，建设用地使用权人有权将建设用地使用权转让、互换、出资、赠与，但法律另有规定的除外。通过这些方式流转的，当事人应当采取书面形式订立转让合同。使用期限由当事人约定，但不得超过建设用地使用权的剩余期限。同时，还应向登记机构申请变更登记，其物权变动自登记时发生效力。建设用地使用权转让、互换、出资或者赠与的，附着于该土地上的建筑物、构筑物及其附属设施一并处分。

关于集体建设用地，《民法典》第 361 条规定："集体所有的土地作为建设用地的，应当依照土地管理的法律规定办理。"

◎ **案例分析：**

在案例 11-3 中，双方签订的是土地和厂房出租协议，根据出租协议，乙公司仅仅取得了土地及厂房的使用权，并不能取得建设用地使用权的物权，所以双方不可能基于出租协议去办理变更登记，更谈不上乙公司取得建设用地使用权的问题。乙公司不是建设用地使用权人，所以拆迁安置费用与乙公司无关。但是，因征收拆迁导致甲乙公司之间的租赁合同不能再继续履行，双方可根据实际情况，对因合同解除造成的实际经济损失协商。

三、建设用地使用权的消灭

（一）放弃

建设用地使用权人可以通过放弃方式消灭建设用地使用权，但是应当办理注销登记。

（二）收回

根据《土地管理法》第 58 条的规定，在下列情形发生时，国家有权按法定程序收回建设用地使用权：为实施城市规划进行旧城区改建以及其他公共利益需要，确需使用土地的；土地出让等有偿使用合同约定的使用期限届满，土地使用者未申请续期或者申请续期未获批准的；因单位撤销、迁移等原因，停止使用原划拨的国有土地的；公路、铁路、机场、矿场等经核准报废的。《民法典》第 358 条规定，因公共利益需要提前收回土地的，应当依照征收的规定给予补偿，并退还相应的出让金。另外，还须注意的是，住宅建设用地使用权期间届满的，自动续期。

（三）土地灭失

因自然灾害等原因导致土地灭失的，该建设用地使用权归于消灭。

四、建设用地使用权人的权利和义务

其权利主要包括：使用土地的权利；通过法定方式流转建设用地使用权的权利，

但是通过划拨方式取得土地使用权的，其流转在法律上有严格限制；到期申请续期的权利。

其义务主要有：及时支付土地使用费的义务；合理使用土地的义务；到期返还土地的义务。

◎ **交互练习**：

关于建设用地使用权的表述，正确的是：（　　　）。

A. 建设用地使用权是有期限的用益物权

B. 建设用地使用权的取得需要依法登记

C. 建设用地使用权一般是无偿取得

D. 建设用地使用权只能按照规定的用途使用土地

◎ **延伸阅读**：

建设用地使用权的流转。

◎ **相关法律**：

《民法典》第 347~349、354、358~360 条。

◎ **实务操作**：

甲公司拥有一块工业用地的建设用地使用权，并在该土地上建造厂房用于生产经营。后甲公司与乙公司签订合作协议，共同投资设立丙公司，约定用该建设用地使用权投资。丙公司成立之后，甲公司一直未办理建设用地使用权转移手续。丙公司起诉甲公司，要求甲公司履行出资协议，将该土地的建设用地使用权过户到丙公司名下。甲公司声称，丙公司已经实际使用该建设用地及厂房，无须再办理变更登记手续。

请分析：甲公司是否应该办理建设用地使用权过户手续，为什么？

任务四　保护地役权和居住权

◎ **案例导入**：

【案例 11-4】张望海家的房屋在海边，每天欣赏潮起潮落，十分惬意。后张望海发现前方邻居李建房家欲改建成三层楼房。如果建成，就阻挡了张望海的视线，不能再欣赏到海景。于是，二人商量，由张望海给李建房每年 1 万元，李建房只盖两层楼房，合同有效期 10 年。

请思考：张望海取得的是什么权利？如果 10 年到期，李建房是否可以加盖三层楼房？10 年内，张望海将房屋出卖后，新房主是否有权要求李建房继续履行合同？

【案例 11-5】 张男和李女为夫妻，结婚后一直住在张男婚前购买的房子里。双方在离婚时，经协商一致，约定自双方离婚后三年内李女有权在该房屋内居住。离婚后双方和平共处，相安无事。两年后的一天，李女带着新交往的男友来到该房屋，被张男发现。张男非常生气，决定将李女赶出去，李女以三年尚未到期为由拒绝。

请思考： 双方离婚时约定的李女有权在该房屋居住三年是什么性质的约定？双方的纠纷如何解决？

◎ 知识准备：

案例 11-4 涉及地役权，案例 11-5 是居住权。地役权是土地与土地之间的关系，居住权是人役权，调整特定人对物的利用关系。居住权与地役权同属于役权。

一、地役权

（一）地役权的概念和特征

地役权，是指土地所有人、建设用地使用权人或土地承包经营权人为使用其土地的方便与利益而利用他人土地的权利。地役权当中有双方当事人，提供土地供他人使用的一方为供役地权利人（简称供役地人），其提供给对方使用的土地为供役地；需要使用供用地人土地的人为地役权人，其自己的土地为需役地。

地役权不同于相邻关系中的相邻权，主要原因是：（1）地役权是依合同而取得的权利；而相邻权是直接依据法律规定而产生，如一方确需通过对方土地通行的，对方必须容忍，无权禁止，当事人之间不必订立合同。（2）地役权的地役权人应该向对方支付一定的使用费，即租金，而相邻权的权利人不一定都要支付租金，如依习惯不必支付的可以不予支付。（3）地役权是有期限的，因为它是依合同而取得对方土地的使用权，合同应当约定使用的期限，到期该权利即消灭，但是相邻权却没有期限限制。

地役权主要有如下特征：

其一，地役权是土地的权利人为了使用自己土地的便利而对他人的土地所享有一定的权利。其使用方式一般是指在供役地上进行通行、取水、排水、通风、采光、眺望以及架设管线、埋设管道等。地役权的范围不仅局限于地面之上，也包括地下或者地上的空间。

其二，地役权为限制物权。地役权人应该在合同约定的期限内按照约定的方式使用对方土地，而不得随意扩大使用范围及改变使用方式。

其三，地役权是对供役地人权利的限制。地役权设立之后，供役地人必须容忍对方使用自己的土地。

其四，地役权为从属性物权。地役权从属于地役权人的土地所有权、建设用地使用权、土地承包经营权或宅基地使用权，不得与这些权利相分离而单独转移。当需役地上的建设用地使用权或土地承包经营权等物权转移时，地役权应当一并转移。

（二）地役权的内容

1. 地役权人的权利

主要包括：一是按照合同约定的用途和方式使用供役地的权利；二是为附属行为的权利，如果为了使用土地的便宜，需要在土地上开辟道路、修建设施以及对这些设施进行维修保护的行为，对方应予容忍。但是这些附属行为须为合同约定使用对方土地之必要行为，如果这些行为会导致超出合同约定的方式使用对方土地，则不属于附属行为，对方有权禁止。

2. 地役权人的义务

主要包括：（1）合理使用供役地的义务。地役权人应选择给对方造成损害最小的地点和方式来使用对方土地；（2）及时交纳租金的义务；（3）在合同到期时恢复原状的义务。当地役权消灭时，地役权人应该及时清理在对方土地上建造的设施，恢复土地原状，但是对方需要使用这些设施的除外。

（三）地役权的取得和消灭

1. 地役权的取得

地役权的取得方式主要有三种：合同设立、主权利转让和继承。

（1）合同设立。合同是取得地役权最主要的方式，双方应当采取书面形式订立地役权合同，合同中约定双方当事人的名称、地址、需役地与供役地的位置、对供役地的使用目的、方式、使用期限、租金及支付方式等内容。《民法典》第 374 条规定，地役权自地役权合同生效时设立。当事人要求登记的，可以向登记机构申请地役权登记；未经登记，不得对抗善意第三人。

（2）主权利转让。因合同取得地役权还包括通过转让方式取得地役权。因为地役权属于从权利，当地役权人将自己的建设用地使用权、土地承包经营权等主权利转让给受让人时，该地役权也应随之而转让，受让人取得该地役权。

（3）继承。因继承而取得地役权是指在地役权人死亡后，其继承人在继承其土地主物权时对附属于该主物权的地役权也一并继承。

2. 地役权的消灭

地役权的消灭方式主要有：

（1）土地的灭失。无论供役地还是需役地的灭失都可导致地役权的消灭。

（2）设定地役权的目的已经实现或不能实现。如为了建造房屋而需使用他人土地通行的，在房屋建成后，地役权就消灭。再如利用他人土地是为了引进水流，如果水源已经枯竭，则再没有利用邻地之必要，地役权即消灭。

（3）合同到期或者合同约定的解除合同的条件发生。合同到期，如没有续定合同，则地役权消灭。如果合同当中约定地役权人违约，供役地人有权解除合同的，当约定条件发生，供役地人可以依法定程序解除合同导致地役权的消灭。

（4）抛弃。地役权人可以将地役权抛弃，但是如果合同约定支付租金的，地役权人不得因其抛弃权利而拒绝支付剩余的租金。

◎ **案例分析：**

案例 11-4 中，张望海和李建房签订的是地役权合同。根据合同，张望海以支付对价的方式取得眺望海景的权利，是自己房屋所有权的延伸，也是对李建房建设房屋权利的一种限制。10 年合同到期后，如果双方不再续订合同，则李建房就有权加盖房屋。10 年合同履行期内，如果张望海出卖房屋，张望海基于和李建房的地役权合同所取得的地役权和相关义务，自然转移给新房主。如果新房主愿意继续交纳每年 1 万元的费用，李建房无权拒绝。当然，新房主不交该费用，李建房有权要求新房主交纳或者解除合同。但是，10 年合同到期之后，双方也就不再享有基于该合同所设定的权利，也不用继续履行合同义务。

二、居住权

（一）居住权的概念

居住权是《民法典》新规定的一项用益物权，是指居住权人为了满足生活和居住的需要，按照合同约定或遗嘱，在他人享有所有权的住宅上设立的占有、使用该住宅的权利。《民法典》第 366 条规定："居住权人有权按照合同约定，对他人的住宅享有占有、使用的用益物权，以满足生活居住的需要。"法律之所以规定居住权，是因为随着社会和经济的发展，人们可能基于多种原因需要长期居住他人的房屋，设定居住权后可以保障居住权人对房屋享有长期稳定的居住权利，该权利不仅可以对抗房屋权利人，还可以对抗基于继承、买卖等方式取得所有权的新权利人。如某夫妻二人将自己名下的一套房屋过户给了儿子，但是和儿子约定有权在该房屋居住到老，这就是典型的居住权，再如父母出资给子女买房，同时与子女约定有权一直居住该房屋；还有老年再婚者中的一方为对方设置的在自己死后对方一直居住自己房屋的权利，都是典型的居住权。

◎ **交互练习：**

以下可以作为设立居住权的原因包括：（　　　）。

A. 张三将房屋过户给儿子，但是要求儿子允许自己居住到死

B. 李四给为自己服务多年的保姆设定居住权，自己死后让保姆居住自己的房屋到死

C. 王五将房屋低价出卖，但是要求吴方允许自己继续居住房屋 3 年

D. 赵六给自己的二婚妻子设定居住权，在自己死后让妻子继续居住自己的房屋

（二）居住权的特征

1. 居住权需要通过书面合同和遗嘱的方式设定

居住权是房屋的所有权人与居住权人通过合同方式设定的一项权利，《民法典》规定设立居住权应当订立书面合同，是为了确保居住权设定的严肃性，因为设定居住权之后，该房屋之上就承受了重大的负担，会严重影响房屋所有权人对房屋的占有和

使用。书面合同中应该约定清楚设定居住权的房屋的基本情况、居住条件及居住权的期限等内容。另外，根据《民法典》第 371 条规定，居住权还可以通过遗嘱的方式设定。生活中许多人正是通过遗嘱的方式为再婚配偶、无劳动能力或欠缺自理能力的共同居住者设定了居住权。

2. 居住权是权利人对他人的房屋占有、使用的用益物权

居住权设定的目的主要在于维护老年人、离婚或丧偶的妇女、共同居住者等社会弱势群体的居住权益。在此需要注意，设定居住权的合同不同于房屋租赁合同，房屋租赁合同所设定的房屋使用权是一种债权性质的权利；而居住权合同设定的居住权是用益物权，可以对抗房屋所有权人和其他权利人。

3. 居住权经登记而设定

《民法典》第 368 条规定，设立居住权应该向登记机构申请登记，自登记时居住权设定。所以，当事人订立了居住权协议，居住权协议发生效力，但是从法律意义上居住权尚未设定，还需要当事人共同向登记机构申请办理居住权登记。法律规定居住权登记也在于重申设定居住权的严肃性及更好地维护居住权人对房屋进行居住利用的权利。

◎ **案例分析：**

案例 11-5 中，双方通过合同约定李女在离婚后三年内有权继续在男方的房屋内居住，但是，由于未办理居住权登记，故还不构成法律上的居住权，只是一种合同约定的债权。虽然不构成法定的居住权，但是既然双方约定了允许女方居住三年，在到期之前，男方无正当理由不得将李女赶走。至于李女带新交的男朋友到该房屋，如果不是到此居住，也不是频繁到访，张男应当容忍。但是，作为李女，带新男朋友到此必然会刺激到张男，此种行为还是要谨慎而为。

4. 居住权一般是无偿的、长期的

居住权一般是无偿设定，但是法律允许当事人协议采取有偿的方式。无偿性也是居住权区别于房屋租赁权的主要特征。居住权主要为社会弱势群体设定，故一般不需要居住权人支付对价。同时，如果没有特殊约定，居住权也是一项长期的权利，直至居住权人死亡。

5. 居住权不得转让和继承，一般不允许出租

居住权是为了特定的关系密切者所设定，以保障其有房可住，故居住权人一般只能在房屋中居住生活，但是不得转让或继承，且一般情况下也不允许出租谋利，但是当事人约定允许出租的，法律亦不禁止。

6. 居住权因居住权人死亡而消灭

居住权具有人身属性，是房屋的所有权人为特定的关系人所设定，故该特定关系人死亡后该权利因权利主体的消灭而终止。至于与居住权人在该房屋内共同生活的其他近亲属或者密切关系人，是无权继续居住该房屋的。那么，如果向前回溯，一个现实的问题是居住权设定之后，居住权人的近亲属或其他关系密切者能否居住该房屋？

对此问题，《民法典》没有明确规定，从居住权制度的立法本意来看，居住权不应该再惠及居住权人的近亲属或关系密切者，如果惠及，则会无限循环，必然会给房屋所有权人带来巨大的负担，产生严重的社会矛盾，从而殃及并动摇居住权本身。但是，如果居住权人丧失自理能力，需要有人照顾生活时，其近亲属出于照顾生活的目的而共同居住，应该允许；但是，在居住权人死亡后，其近亲属就无权再继续居住该房屋。

◎ **思政点滴**：

居住权作为一种新型的用益物权，其设立旨在满足特定人群的住房需求，特别是那些没有房屋所有权但又有居住需求的弱势群体，如老年人、离婚后无房一方等。通过设立居住权，这些人群可以在他人房屋上享有居住的权利，从而保障其基本生活需要，体现了对弱势群体的人文关怀和社会保障功能，有助于维护社会稳定和公平。

◎ **延伸阅读**：

（1）地役权和居住权的联系和区别？

（2）邱某光与董某军居住权执行案。

◎ **相关法律**：

《民法典》第 372~385 条、第 367~370 条。

◎ **实务操作**：

A 村村民委员会将本村 100 亩土地承包给了村民老王，甲企业的员工要在这片地里铺设输油管线，老王认为是他承包的地。甲企业没有权利用地。实际上，一个月前 A 村村委会与甲企业签署了地役权合同，允许甲企业在该土地上铺设输油管线。老王不同意甲企业铺设管线，A 村村委会主任则认为村集体才是土地所有权人，有权在此设立地役权。

请撰写一份法律意见书：在 100 亩承包土地上设立地役权，谁说了算？并说明理由。

项目综合训练

2015 年，齐某与白某签订《购房协议》，双方约定将齐某所属某村的院落，以 50 万元卖给城镇人口白某。双方还签订《授权委托书》，约定由白某行使齐某的一切法律权利与义务，今后凡遇有与此房产所发生的法律事项，均由白某本人全权办理。2019 年，齐某以农村房屋买卖合同纠纷起诉白某，请求确定其与白某所签订的房屋买卖协议无效且白某退还其农村宅基地证。2020 年，某公司（拆迁人）与齐某（被拆迁人）签订搬迁腾退补偿协议和定向安置房买卖合同，齐某获得定向安置房 3 套及各项补偿费用合计 1664167 元。2021 年，白某以房屋拆迁安置补偿合同纠纷对齐某提起诉讼，请求判决齐某赔偿因房屋买卖合同无效所产生的全部经济损失。

请分析： 白某和齐某的购房协议是否有效，白某可否要求齐某赔偿?

本项目答案

项目十二 担保物权法律事务处理

◎ **知识目标**
- 了解担保物权的含义、属性、种类。
- 掌握抵押权、质权的设立要件。
- 掌握留置权的成立要件。

◎ **技能目标**
- 能合法设立各种担保物权。
- 能判断抵押合同和质押合同的效力，能判断是否设定了抵押权、质权。
- 能分析解决抵押、质押、留置纠纷。

◎ **素质目标**
- 树立正确的抵押权、质权、留置权行使观念。
- 树立不动产抵押登记和动产质押交付的担保权生效意识。

任务一 认识担保物权

◎ **案例导入：**

【案例 12-1】甲贷款买房，分期二十年还款。乙银行同意为其办理房产按揭贷款，首付 40 万元，贷款 40 万元，甲向乙银行提出《按揭贷款申请书》，银行受理和审查后，双方签订了《个人购房借款合同》，为了担保甲到期还款，乙银行与甲签订《房屋抵押合同》并依法进行了抵押登记。乙银行审批后放款。甲只要每月在指定的存款账户或银行卡上留足每期应还款额，乙银行会从甲的账户中自动扣收，到期全部结清。

请思考：甲、乙之间形成了哪些法律关系？

◎ **知识准备：**

现实生活中，民间借贷和金融借款行为不可避免。为了保障债权人的债权能够到期实现，《民法典》规定了担保物权制度，形成了以抵押权、质权和留置权为核心的典型担保物权体系。

一、担保物权的概念与功能

担保物权，是指债权人所享有的，为确保债权实现而在债务人或者第三人的财产或者权利上所设定的，当债务人不履行债务或者发生当事人约定的实现担保物权的情形时，权利人依法享有对担保财产（或权利）依法变价并优先受偿的权利。

以上特定的担保财产或权利，被称为广义上的担保"物"；而这种以"物"提供的担保，被称为"物的担保"制度。从理论上讲，债务人对于自己的债务，应以自己的全部财产来承担担保责任，但是如果债务人自己的财产不足以承担债务，或者债务人对多名债权人负有债务时，就有必要要求债务人提供担保。担保物权制度的设立，是为了保障债权的实现，赋予债权人对担保物的变价款优先受偿权。

二、担保物权的特征

作为一类非常重要的物权，担保物权除具有物权的一般特征外，还具有如下特征：

（一）担保物权以担保债权的实现为目的

在担保人提供的特定物（或权利）上设定担保，就是为了债权人在债务人不能偿还债务时，有权就该物（或权利）变价款而获得优先受偿。

（二）担保物权是在债务人或者第三人的特定物及其它财产权利上所设定的物权

担保物权的标的，是债务人或第三人的特定动产、不动产或其他财产权利。作为担保物权标的物的动产、不动产或权利，必须是特定的。也有标的不特定的情形，如浮动抵押在设定时不受此限，其客体不特定，但当要实现该担保物权时也必须特定。用以提供担保的物或财产权利，必须是提供担保的人有权处分的财产或者财产权利，且法律允许以该物或财产权利提供担保。

（三）担保物权是以支配担保物的价值为内容的定限物权

担保的前提就是担保物具有一定的经济价值，债权人才可能与担保人订立担保合同。担保物权成立后，债权人就取得了对标的物一定的支配权，当债务人到期不履行债务或发生当事人约定的情形时，债权人就有权行使该支配权，以满足自己债权的实现。在质押和留置当中，债权人还有权占有担保物。但担保期间，债权人无权使用和处分担保物，并有义务对担保物进行妥善保管。

（四）担保物权具有从属性、不可分性、物上代位性

担保物权的从属性，是指担保物权设立、移转和消灭必须从属于债权而存在。担保物权成立以主债权的成立有效为前提，并因主债权的移转、消灭而跟随着移转、消灭。

担保物权的不可分性，是指设定了担保物权后，从物的角度看，担保物为整体存在，被担保的主债权在未受全部清偿前，担保物权人有权就担保物的全部进行变价实现主债权的权利；即使部分主债权受到清偿，担保物权人依然可以就担保物的整体变价后，从所得价款中优先受偿未被清偿的部分债权。同时担保物即使经过分割或一部分灭失，各部分或余存的担保物，仍为担保全部债权而存在。

担保物权的物上代位性，是指担保物因意外灭失、毁损而获得赔偿金、补偿金或保险金的，该赔偿金、补偿金或保险金成为担保物的代位物，担保物权人依然有权对代位物行使担保物权。

◎ **交互练习：**

甲向乙借款 20 万元，甲将自己的汽车作价 15 万元抵押给乙，双方签订了抵押合同，并依法进行了抵押登记。因一次意外事故致使该汽车报废，保险公司定损理赔 10 万元。以下说法正确的是（　　　）。

A. 甲乙之间设定担保物权的主债权为 20 万元

B. 甲乙之间就汽车设立的担保物权有效成立

C. 未发生意外前，乙对甲的整个汽车享有担保物权

D. 意外发生后，乙对甲的汽车因意外获得的 10 万元保险金享有优先受偿权

◎ **案例分析：**

案例 12-1 中，甲与乙银行之间形成了借款合同关系，甲为债务人，乙银行为债权人。为了担保甲到期还款，甲乙之间形成了不动产担保法律关系，甲为抵押人，乙银行为抵押权人。所购房屋进行了抵押登记，抵押权成立并生效。借款人甲若不按期还款，乙银行可以房屋拍卖、变卖或折价所得价款优先受偿，来实现担保物权。

三、担保物权的分类

学理上存在抵押、质押、留置、保证、定金五种担保方式，分为两类：债权担保方式，如保证和定金；物权担保方式，如抵押、质押和留置。《民法典》将债权担保方式保证规定在合同编典型合同保证合同中，将债权担保方式定金规定在合同编违约责任中。将物权担保方式（抵押、质押、留置）规定在物权编，法律规定的抵押、质押和留置三种担保物权的担保方式，被称为典型担保物权。

根据不同的标准，担保物权又分为不同的类型：

（一）法定担保物权与意定担保物权

根据发生原因或设立方式不同，担保物权可分为法定担保物权与意定担保物权。

法定担保物权，是指满足法律规定的条件或者原因，而当然发生的担保物权。如留置权、建设工程价款优先受偿权。意定担保物权，是指当事人之间根据其意思表示而设定的担保物权。如抵押权、质权以及各种非典型担保物权。

（二）移转占有型担保物权与非移转占有型担保物权

根据设定担保物权时是否移转标的财产的占有状态，担保物权可分为移转占有型担保物权与非移转占有型担保物权。

移转占有型担保物权，是指以担保的财产移转于债权人占有为其成立和存续要件的担保物权，例如质权、留置权。非移转占有型担保物权，是以获得债权实现时的优先受偿为目的，并不以移转标的财产的占有为要件的担保物权，例如抵押权。

（三）动产担保物权、不动产担保物权与权利担保物权

根据担保标的物的不同，担保物权可分为动产担保物权、不动产担保物权与权利担保物权。

动产担保物权，是设定或发生于动产之上的担保物权，比如动产抵押权、动产质

权等。不动产担保物权，是指设定或发生于不动产之上的担保物权，比如不动产抵押权。权利担保物权，是指以权利为标的而成立的担保物权。

四、担保物权的担保范围

担保物权的担保范围，是担保物权实现时，担保财产拍卖或变卖所得的价款可以用来清偿的债权的范围。《民法典》第389条确立了法定担保范围，担保物权的担保范围包括主债权及其利息、违约金、损害赔偿金、保管担保财产和实现担保物权的费用。当事人另有约定的，按照其约定。

◎ **延伸阅读：**
动产和权利担保的统一登记。

◎ **相关法律：**
《民法典》第386~390条。
《动产和权利担保统一登记办法》第2~31条。

◎ **实务操作：**
王某对A房屋享有所有权。2020年8月1日，王某将A房屋抵押给甲，签订抵押合同（担保100万元，8月1日办理抵押登记）。同年9月1日，王某又将A房屋抵押给乙，签订抵押合同（担保100万元，9月15日下午办理抵押登记）。同年9月10日，王某又将A房屋抵押给丙（担保100万元，一直未办理抵押登记）。同年9月15日，王某又将A房屋抵押给丁（担保100万元，9月15日上午办理抵押登记）。后甲、乙、丙、丁的债权到期均未获清偿，A房屋拍卖（扣除各项费用后）所得200万元。

请分析：本案应如何处理？

任务二　抵押权法律事务处理

◎ **案例导入：**
【案例12-2】甲向乙借款200万元，并将自己一套房屋作抵押签订了抵押合同，并办理登记，抵押期间，知情人丙向甲表示愿以300万元购买甲的该套房屋，甲也想将抵押的房屋出卖。

请思考：甲能否将抵押的房屋卖给丙？

◎ **知识准备：**
不动产抵押权是生活中常见的抵押权类型，本任务是要解决抵押权的设立、效力等问题。

一、抵押权的概念和特征

（一）抵押权的概念

抵押权，是指为确保债权人债权的实现，债权人对债务人或者第三人不移转占有而提供担保的财产，在债务人不履行到期债务或发生当事人约定的实现抵押权的情形时，依法享有的就该财产变价并优先受偿的权利。提供担保财产的债务人或者第三人为抵押人，债权人为抵押权人，提供担保的财产为抵押物。

（二）抵押权的特征

抵押权的性质属于担保物权，抵押权人对抵押财产具有支配效力和优先效力。

1. 抵押权的标的物是债务人或者第三人的特定财产

可以抵押的财产不仅包括一般动产，还包括不动产以及一些财产权利。但是这些财产或财产权利应由债务人或者第三人提供，用第三人的财产提供抵押的，必须征得第三人的同意。

2. 抵押权的标的物不需要移转占有

在抵押权成立后，抵押人不必将抵押物转移给债权人占有，而是由债务人继续占有并使用，以充分发挥抵押物的价值。

3. 抵押权的功能在于就抵押财产的变价款所得的价金优先受偿

若抵押财产的变价款不足以清偿所担保的债权，则就未清偿的部分债权，债权人与普通债权平等受偿。

二、抵押财产

抵押财产，是抵押人用于担保债权实现的财产。

作为抵押财产必须具备下列条件：其一，抵押的物或者财产权利应该特定，如果该物或者财产权利都不特定，则债权人的权利就没有具体的标的，也难以实现。其二，抵押物为具有一定经济价值的流通物，包括不动产、动产或者权利。

（一）允许抵押的财产

依据《民法典》第 395 条规定，债务人或者第三人有权处分的下列财产可以抵押：（1）建筑物和其他土地附着物；（2）建设用地使用权；（3）海域使用权；（4）生产设备、原材料、半成品、产品；（5）正在建造的建筑物、船舶、航空器；（6）交通运输工具；（7）法律、行政法规未禁止抵押的其他财产。

（二）禁止抵押的财产

依据《民法典》第 399 条规定，下列财产不得抵押：（1）土地所有权。我国的土地所有权只有两种，即国家所有和集体所有，如果允许土地所有权抵押，就会造成土地成为私人财产，与我国公有制的国家制度相悖。（2）宅基地、自留地、自留山等集体所有的土地使用权，但法律规定可以抵押的除外。法律规定可以抵押的集体所有的土地使用权包括两类：其一是第 342 条规定的"通过招标、拍卖、公开协商等方式承包农村土地，经依法登记取得权属证书的，可以依法采取出租、入股、抵押或者其他方式流转土地经营权"；其二是第 398 条规定的以因乡镇、村企业的厂房等建筑物抵押的，其占用范围内的建设用地使用权一并抵押的情形。（3）学校、幼儿园、医疗机构等以公益为目的成立的非营利法人的教育设施、医疗卫生设施和其他公益设施。（4）所有权、使用权不明或者有争议的财产。（5）依法被查封、扣押、监管的财产。（6）法律、行政法规规定不得抵押的其他财产。

◎ 思政点滴：

　　集体所有的土地使用权是农民最重要的土地财产权利，事关农民衣食所依和家人所居，对相关权利进行抵押可能会面临农民陷入失地困境的风险，因此，与农村土地使用权相关的改革，如土地经营权、宅基地使用权、集体经营性建设用地使用权的同等入市，必须慎重稳妥，以保障民生。

三、抵押权的设定

抵押权的设立需要当事人订立抵押合同。

（一）抵押合同的形式

当事人应当采用书面形式订立抵押合同，而不能采取口头形式。所谓书面形式既可以是单独订立的合同书、具有担保性质的信件和数据电文，如传真、电子数据交换、电子邮件，也可以是书面主合同中的担保条款。抵押合同的双方当事人就是抵押人和抵押权人。

抵押合同自当事人双方意思表示一致、订立合同时成立。一般而言，如无特别约定，抵押合同自成立时生效。

（二）抵押合同的内容

根据《民法典》第400条第2款，抵押合同一般包括下列条款：

（1）被担保债权的种类和数额。

（2）债务人履行债务的期限。

债务人履行债务的期限决定了债权人向抵押人行使权利的期限。如果债权人未在主债权诉讼时效内向抵押人主张债权，就导致超过诉讼时效，此后再行主张抵押权的，抵押人有权提出诉讼时效抗辩。

（3）抵押财产的名称、数量等情况。

（4）担保的范围。

抵押人可以和抵押权人约定担保的范围，既可以约定只对主债权的本金提供担保，也可以约定只对本金的一部分提供担保，还可以在法定范围内作出其他担保范围的约定。如果没有约定担保的范围，则应该对主债权及其利息、违约金、损害赔偿金、保管担保财产和实现担保物权的费用承担担保责任。

（三）禁止流押契约

所谓流押契约，是指抵押人与抵押权人在订立抵押合同时作出如下约定：债务人届期不履行债务时，抵押权人有权直接取得抵押物的所有权。

我国法律明确禁止流押契约。《民法典》第401条规定："抵押权人在债务履行期限届满前，与抵押人约定债务人不履行到期债务时抵押财产归债权人所有的，只能依法就抵押财产优先受偿。"之所以这样规定，一方面是因为抵押权属于物权，根据物权法定原则，抵押权的实现方式应由法律作出明确规定；另一方面是因为抵押物的价值在实现抵押权时可能会增加，也可能会降低，如果允许当事人在合同中作出上述约定，可能会损害任何一方当事人的利益。但是法律允许当事人在实现抵押权时协议以抵押物折价或者以拍卖、变卖该抵押物所得的价款受偿。

（四）抵押权登记

抵押权登记，是指依据财产权利人的申请，登记机关将与在该财产上设定抵押权相关的事项记载于登记簿册上的行为。《民法典》对于抵押权登记原则上采取登记生效要件主义，例外采取登记对抗要件主义。

1. 不动产抵押权和某些不动产物权设定的抵押权采取登记生效要件主义

依据《民法典》第 402 条的规定：以本法第 395 条第 1 款第 1 项至第 3 项规定的财产或者第 5 项规定的正在建造的建筑物抵押的，应当办理抵押登记。抵押权自登记时设立。第 395 条第 1 款第 1 项至第 3 项规定的财产是建筑物和其他土地附着物、建设用地使用权、海域使用权。对于这几类财产设定抵押时，办理了抵押登记后抵押权方产生。没有登记，抵押权不设立，但是未办理抵押权登记不影响当事人之间订立的抵押合同的效力。

2. 动产抵押权和动产浮动抵押权采取登记对抗要件主义

依据《民法典》第 403 条的规定，以动产抵押的，抵押权自抵押合同生效时设立；未经登记，不得对抗善意第三人。本条既适用于一般抵押，也适用于浮动抵押。对于动产抵押，抵押权不以登记为生效要件，登记仅具有对抗善意第三人的效力。善意第三人，指不知道也不应当知道该财产已经被抵押的人。所谓不得对抗善意第三人，包括两个方面的含义：一是合同签订后，如果抵押人将抵押财产转让，对于善意取得该财产的第三人，抵押权人无权追偿，抵押权人将失去在该财产上的抵押权，只能要求抵押人重新提供新的担保，或者要求债务人及时偿还债务。二是抵押合同签订后，如果抵押人以该财产再次设定抵押，而后位抵押权人进行了抵押登记，那么，实现抵押权时，后位抵押权人可以优先于前位未进行登记的抵押权人受偿。

《民法典》第 404 条规定："以动产抵押的，不得对抗正常经营活动中已经支付合理价款并取得抵押财产的买受人。"

四、抵押权人和抵押人的权利和义务

（一）抵押权人的权利和义务

1. 保全抵押权的权利

虽然抵押权人并不直接占有抵押物，如果抵押人实施的某种行为足以使抵押财产价值减少的，抵押权人有权要求抵押人停止该行为。《民法典》第 408 条规定：抵押人的行为足以使抵押财产价值减少的，抵押权人有权要求抵押人停止其行为；抵押财产价值减少的，抵押权人有权要求恢复抵押财产的价值，或者提供与减少的价值相应的担保。抵押人不恢复抵押财产的价值，也不提供担保的，抵押权人有权要求债务人

提前清偿债务。

2. 转让抵押权的权利

《民法典》第 407 条规定："抵押权不得与债权分离而单独转让或者作为其他债权的担保。债权转让的，担保该债权的抵押权一并转让，但是法律另有规定或者当事人另有约定的除外。"抵押权作为物权，抵押权人有权将该权利连同主债权一起转让给他人，而无须征得抵押人的同意，但应该及时告知抵押人及债务人。如果抵押合同约定不得转让抵押权的除外。

3. 实现抵押权的权利

当债务人到期不履行或不完全履行债务时，债权人有权要求以抵押物折价、拍卖、变卖所得价款优先受偿。

4. 不得干涉抵押人对抵押物正常使用的义务

5. 依法定方式和程序实现抵押权的义务

（二）抵押人的权利和义务

1. 继续占有抵押物并正常使用、收益的权利

虽然抵押之后，抵押物上设定了担保物权，但是抵押物的所有权仍然归抵押人所有，他有权继续占有标的物并进行使用，以充分发挥抵押物的价值。在使用期间所获得的收益也应归抵押人所有，抵押权人无权要求分得。但是《民法典》第 412 条规定了当债务人不履行到期债务或者发生当事人约定的实现抵押权的情形，致使抵押物被人民法院扣押的，自扣押之日起抵押权人有权收取该抵押财产的天然孳息或者法定孳息，但抵押权人未通知应当清偿法定孳息的义务人的除外。抵押权人应将扣押抵押物的事实及时通知应当清偿法定孳息的义务人，否则，该抵押权的效力不及于该孳息。

2. 抵押人有权对抵押物行使一定的处分权

由于抵押物已经担保了债权，所以抵押之后，抵押人一般不得对抵押物为事实上的处分，如销毁等，因为事实上的处分会影响到抵押物的价值。但是抵押人仍然可以为法律上的处分，享有一定的处分权，因抵押人毕竟还是财产的所有人。只是抵押人的处分权受到一定的限制。具体而言，抵押人有如下处分权：

（1）转让抵押物的权利。在抵押期间，抵押人仍旧是抵押物的所有权人，有权转让已办理登记的抵押物，为了避免抵押权人或者第三人的利益受损，《民法典》第 406 条规定，抵押人转让抵押财产的，应当及时通知抵押权人。抵押权人能够证明抵押财产转让可能损害抵押权的，可以请求抵押人将转让所得的价款向抵押权人提前清偿债务或者提存。转让的价款超过债权数额的部分归抵押人所有，不足部分由债务人清偿。

◎ **案例分析：**

案例 12-2 中，甲可以将抵押的房屋卖给丙，乙的抵押权不受影响。乙如果能证明抵押财产转让可能损害其抵押权，可以请求甲将转让所得价款提前清偿债务或提存。

（2）就抵押物再设定抵押的权利。财产抵押之后可以再次抵押。如果一项财产之上，存在有两个以上的抵押权，则这些抵押权之间必然会产生顺位问题。《民法典》第 414 条规定，同一财产向两个以上债权人抵押的，拍卖、变卖抵押财产所得的价款依照下列规定清偿：①抵押权已经登记的，按照登记的时间先后确定清偿顺序；②抵押权已经登记的先于未登记的受偿；③抵押权未登记的，按照债权比例清偿。关于未登记的不动产抵押权的受偿问题，不存在已经登记的抵押权优先于未登记的抵押权实现的顺序，因为未登记的不动产抵押权没有设定，故该抵押权人实际上并不享有抵押权，故谈不上与登记的抵押权相比较确定顺位的问题。对于一项动产之上设定的两个抵押权，如果都办理了登记，则依登记先后确定受偿顺位；如果一个抵押权办理登记，另一个没有办理登记，则登记的抵押权具有对抗未登记的抵押权的效力；如果均未登记，则两个抵押权只能按照比例受偿。法律对均未登记的两个抵押权，没有规定按照合同订立的先后确定顺位，是因为未登记的动产抵押合同不具备公示效力，故极难防止当事人故意将合同订立时间提前的问题。

（3）将抵押物出租的权利。抵押权设定后，由于抵押人仍然是该财产的所有权人，他仍然有权将该物出租以获得收益。但是，如果抵押权办理了登记，因实现抵押权而导致抵押物被拍卖、变卖时，租赁关系不得对抗已经登记的抵押权，不适用"买卖不破租赁"的规则，租赁合同的承租人可以依据租赁合同，追究出租人即抵押人的违约责任。

3. 抵押人有妥善保管抵押物的义务

财产抵押之后，该项财产上就产生了抵押权人的担保物权，所以为维护抵押权人的权利，抵押人应当妥善保管抵押物，合理进行使用，不使抵押物价值减损。如果因抵押人的过错导致抵押物价值降低的，抵押权人有权要求抵押人就抵押物价值降低部分重新提供担保。但是如果抵押物的价值降低不是因抵押人的过错导致的，则抵押权人无权要求抵押人重新提供担保，在实现抵押权时也只能以抵押物现存的价值的变价款来优先受偿，不足部分，只能作为一般债权来实现。

五、抵押权的实现

抵押权的实现，是指当债务人到期不履行债务时或者发生当事人约定的实现抵押权的情形，债权人通过行使抵押权，以抵押物的价值来优先受偿，达到实现债权的目的。

根据《民法典》第 410 条的规定，债务人不履行到期债务或者发生当事人约定的实现抵押权的情形时，抵押权人实现抵押权的方式有两种：一是协商，二是诉讼。

1. 协商方式

抵押人与抵押权人协议实现抵押权的，可以将抵押财产折价、拍卖、变卖，有所得价款偿还债务，从而使抵押权人抵押权得以实现。此协议若损害其他债权人利益的，其他债权人可以请求人民法院撤销该协议。

2. 诉讼方式

采取协商方式不能实现时，抵押权人与抵押人未就抵押权实现方式达成协议的，抵押权人只能通过诉讼方式来实现其抵押权，且无权直接对抵押物采取任何措施。诉讼以后，法院应当采取拍卖、变卖的方式处置抵押物，并以处置价款优先偿还抵押权人。

六、抵押权的终止

抵押权终止的原因主要有如下几种：

（一）主债权消灭

当主债权因债务人的清偿、提存、抵销以及债权人免除等原因而消灭时，抵押权也随之而消灭。因为抵押权从属于主债权，当主权利消灭时，从权利也随之消灭。

（二）抵押物灭失，又没有替代物

当抵押物灭失时，抵押权人在该物上所享有的优先受偿的权利就消灭，但是如果抵押物灭失后有替代物的，则该抵押权就转化到替代物上。如当抵押物被他人损毁后抵押权人获得赔偿的，该赔偿金就应继续担保该债权，抵押权人有权就该赔偿金优先受偿。如果抵押物灭失后又没有替代物或赔偿金的，则该抵押权就最终消灭。

（三）抵押权已经实现

抵押权人对于抵押物已经实现抵押权的，不论抵押物变价后是否足以偿还债务，该抵押权都告消灭。

七、特殊抵押

特殊抵押包括动产浮动抵押、最高额抵押和共同抵押三种。

（一）动产浮动抵押

《民法典》第396条规定："企业、个体工商户、农业生产经营者可以将现有的以及将有的生产设备、原材料、半成品、产品抵押，债务人不履行到期债务或者发生当事人约定的实现抵押权的情形，债权人有权就抵押财产确定时的动产优先受偿。"这就是原《物权法》确立的动产浮动抵押权，《民法典》沿用。

1. 动产浮动抵押的特征

与普通抵押不同，动产浮动抵押有以下几个特点：

（1）抵押人的特殊性。设定普通抵押权的人可以是自然人、法人或者其他组织，而设定浮动抵押的只能是企业、个体工商户和农业生产经营者。这里的企业包括具有法人资格的企业，也包括非法人企业。

（2）抵押客体不同。普通抵押权仅以现存的各类财产，如动产、不动产以及某些权利为客体；而浮动抵押权的客体仅限于抵押人的动产，既包括现有的动产，还包括抵押人将来所有的动产，且是生产经营过程中的生产设备、原材料、半成品、产品。

2. 动产浮动抵押权采取登记对抗要件主义

根据《民法典》第395、396、403条规定，动产浮动抵押中，抵押权自抵押合同生效时设立，只是未经登记不得对抗善意第三人。

3. 抵押财产的确定

《民法典》没有限制浮动抵押中抵押人对抵押财产的处分，因此在抵押期间，浮动抵押的客体不是确定的，而是处于变动状态，这对于维持抵押人的正常经营活动具有极大的益处。但是，一旦发生债务人不履行到期债务的情形，抵押权人要实现抵押权时就必须确定浮动抵押中的财产，否则抵押权人无法行使抵押权。浮动抵押财产的确定也被称"结晶"或"封押"，即浮动抵押权因抵押财产的确定而成为固定抵押权（即一般抵押权），抵押人处置抵押财产的权利终止，抵押权人有权就抵押财产变价所得价款优先受偿。《民法典》第 411 条规定了浮动抵押中抵押财产的确定事由：（1）债务履行期届满，债权未实现；（2）抵押人被宣告破产或者解散；（3）当事人约定的实现抵押权的情形；（4）严重影响债权实现的其他情形。

◎ **交互练习：**

个体工商户甲将其现有的以及将有的生产设备、原材料、半成品、产品一并抵押给乙银行，但未办理抵押登记。抵押期间，甲未经乙银行同意以合理价格将一台生产设备出卖给丙。后甲不能向乙银行履行到期债务。对此，下列哪一选项是正确的？（　　）

A. 该抵押权因抵押物不特定而不能成立

B. 该抵押权因未办理抵押登记而不能成立

C. 该抵押权虽已成立但不能对抗善意第三人

D. 乙银行有权对丙从甲处购买的生产设备行使抵押权

（二）最高额抵押

最高额抵押，是指抵押人与抵押权人协议，在最高债权额限度内，以特定抵押物为将来一定期间内连续发生的债权提供担保，当债务人不履行到期债务或发生当事人约定的实现抵押权的情形，抵押权人有权在最高债权额限度内就该担保财产变价款优先受偿。最高额抵押主要适用于连续交易关系、劳务关系以及连续借款关系当中。

最高额抵押不同于一般的抵押。主要表现在：

（1）一般的抵押所担保的债权是现在就成立或即将成立的债权，而最高额抵押所担保的债权却是将来一定时期内成立的债权。

（2）一般抵押所担保的债权数额在设定担保时是明确的，但是最高额抵押所担保的债权数额在订立抵押合同时还不明确，只是有最高数额的限制。

（3）一般抵押所担保的债权一般为一个单独发生的债权，而最高额抵押所担保的债权为多个连续发生的债权，并且在订立合同时往往还不确定最后担保的债权总额。

（4）一般担保的债权可以被转让，转让主债权不影响担保物权的效力，但是最高额抵押的主债权不能被转让，如果主债权被转让，又没征得抵押人的同意，则该担保物权消灭，抵押人有权拒绝承担担保责任。因为主债权的转让可能导致主债权数额的增加，因此就会增加抵押人承担担保责任的范围。

最高额抵押合同自双方当事人订立合同时生效，如果根据法律规定抵押需要办理登记手续的，当事人应当办理登记手续。

最高额抵押所担保的债权，只有在决算期届满时才可以确定，如果此时债权数额已经超过最高限额，则抵押物就担保该最高限额的债权；对于超过最高限额部分的债权，只能作为一般债权来受偿，债权人不具有优先受偿权。如果决算时债权数额没有超过最高限额，就按该实际发生的债权以抵押物承担担保责任。

（三）共同抵押

共同抵押，是指为担保同一项债权而在数项不动产、动产或财产权利上设定的抵押权。这数项财产可以属于同一个人，也可以分别属于不同的人。《民法典》第 395 条第 2 款规定："抵押人可以将前款所列财产一并抵押。"由此来看，我国法律是承认共同抵押的。共同抵押适用一般抵押的基本规定，只是有如下区别：如果当事人约定了共同抵押的抵押物中的不同抵押物分别担保债权的一部分的，则债权人在实现抵押权时只能以该抵押物所担保的数额来主张优先受偿权，抵押物价值超过该数额的部分，抵押权人不得主张优先受偿权。如果没有上述约定，则抵押权人有权就抵押物的任何财产主张优先受偿权。

◎ **延伸阅读**：
关于抵押财产转让问题。

◎ **相关法律**：
《民法典》第 388、390、394~419、420~424 条。

◎ **实务操作**：
大地房地产开发公司在某市郊区购买了一块建设用地的使用权，用于写字楼开发，2022 年 5 月，该公司以该土地使用权作抵押，向民生银行借款 8000 万元，该块土地经评估为 1.6 亿元，双方在不动产登记中心办理了抵押权登记。民生银行获取的他项权利证上注明抵押权期限为 2 年。2024 年 5 月，大地房地产开发公司到期不能偿还债务，被民生银行起诉到法院，要求实现抵押权。

请分析：
（1）民生银行对于大地房地产开发公司的土地使用权享有何种权利？
（2）他项权利证上为抵押权设定期限有效吗？
（3）民生银行请求法院实现其抵押权是否能得到支持？

任务三　质权法律事务处理

◎ **案例导入**：
【案例 12-3】杨某欲开饭店，向徐某借款 10 万元，双方书面约定：一年还本付息，杨某将其德国钢琴出质于徐某作为担保。徐某当即交给杨某 10 万元。杨某表示第二天送钢琴到徐某住处，第二天阴雨未交付。不久杨某因经营不善出现亏损，又将该钢琴交给乐器行朋友孙某作质押，借得现金 10 万元。第二年，徐某的借款已经到期，杨某无力还钱，徐某要求将钢琴折价抵偿，但孙某不同意。徐某向法院提起诉讼。

请思考：徐某与杨某的质权是否设立？谁拥有钢琴的质权？

◎ **知识准备：**

社会生活中自然人之间借款，往往是短期借款，将动产质押给债权人是常用的担保方式。质押与抵押相比，只需双方当事人签订质押合同，并交付质物，手续简便，成本低廉。

一、质权的概念和特征

质权，是为担保债务人到期清偿债务，由债务人或者第三人以其动产或财产权利为标的，交由债权人占有，以此来担保当债务人到期不履行债务或发生当事人约定的实现质权的情形时，债权人有权就该动产或者财产权利折价、拍卖、变卖所得价款优先受偿的权利。

质权也被称为质押权，债权人也称质权人或质押权人，质押的物或者财产权利被称为质物，提供质物的债务人或第三人是质押人、出质人。

质权与抵押权都属于担保物权，都具有担保物权的一般特征，但二者有明显的区别，比较而言，质权具有如下特征：

1. 质权客体为动产或财产权利

与抵押权不同，质权的标的只能是动产和财产权利，不动产不能作为质权的客体，只能作为抵押权的客体。

2. 质押须转移对动产或者权利凭证的占有

抵押当中，抵押人不必转移抵押物给抵押权人占有，但是当事人之间设立动产质权必须转移标的物的占有，即由质权人占有该标的物。至于权利质权的设定，则需要交付权利凭证或者进行登记。法律之所以这样规定，是因为抵押的标的物一般为不动产，抵押生效需办理登记手续，登记之后，抵押人就难以再行转让该不动产；而质押的标的为动产或者财产权利，如果不转移质物的占有，则难以控制质押人在质押后将质物转让给他人，从而使质权难以获得实现。

3. 质权的内容与抵押权有所不同

质权人因占有质押物，法律规定质押人有权收取质押期间质物所产生的孳息，而抵押当中抵押权人无此权利；质权人占有质押物的同时还负有保管质押物的义务，如果因为质权人保管不善造成质物毁损灭失的，质权人应予赔偿，抵押权人无此义务。

根据质权的法律规定，质权包括动产质权和权利质权两种。

二、动产质权

（一）动产质权的概念

动产质权，是以动产设立的质权。可以做动产质权标的的财产很多，如汽车、机器设备、货物、金银首饰等。该动产既可以是债务人自己的财产，也可以是第三人提供的财产。但是用第三人的财产提供质押的，必须征得该第三人的同意。

（二）动产质权的设立

设立动产质权，当事人应当采取书面形式订立质押合同，质权自出质人交付质押财产时设立。交付包括现实交付、简易交付和指示交付，但不包括占有改定。

质权合同是要式合同。动产质押合同应当包括以下内容：

（1）被担保的债权种类、数额；

（2）债务人履行债务的期限；

（3）质物的名称、数量等情况；

（4）担保的范围：没有约定的，担保的范围包括主债权及利息、违约金、损害赔偿金、质物保管费用和实现质权的费用；

（5）质押财产交付的时间、方式。

质权合同不得约定流质，理由同禁止流押契约。

（三）动产质权关系中的权利义务

1. 质权人的权利

（1）占有质物的权利。占有质物是质权产生的条件，也是质权存续的必要条件。

（2）收取质物孳息的权利。在质押期间，质权人有权收取质物的孳息，质押合同另有约定的，按照约定。收取的孳息，应当先充抵收取孳息的费用。

（3）保全质权的权利。因不能归责于质权人的事由，质物有损坏或价值明显减少的情形，足以危害质权实现的，质权人有权要求出质人提供相应的担保。出质人不提供的，质权人可以请求法院拍卖或变卖质物，并与出质人协商，将拍卖或变卖所得价款提前清偿债务或者向与出质人约定的第三人提存。如果质物是因质权人保管不善导致毁损灭失的，则质权人无此权利。

（4）优先受偿权。当债务人在履行期限届满时，没有履行债务或者履行债务不完全时，质权人有权以该质物折价、拍卖或者变卖所得价款优先获得偿还。如果该变价价款不足以偿还时，剩余债权作为一般债权，由债务人继续偿还；如果该变价价款超过债务或债务余额的，超过部分应返还给出质人。

（5）转质权。经出质人同意，质权人为了担保自己或者他人的债务，将质物向第三人交付，再次设定新的质权。

（6）因质权受侵害的请求权。作为担保物权，质权具有对世的效力。因不可归责于质权人的事由而丧失对质物的占有，依据物权保护的规定，质权人享有物权请求权，质权人可以向不当占有人请求停止侵害、恢复原状、返还质物。此外，质权人还可基于有权占有，而行使《民法典》第462条规定的占有保护请求权。

2. 质权人的义务

（1）质物的保管义务。因保管不善致使质押财产毁损、灭失的，应当承担赔偿责任。

（2）不得擅自使用、处分质物的义务。如果质权人是为了履行妥善保管质押财产的义务，而对该财产加以必要的使用，应为法律允许。

（3）返还质物的义务。债务人清偿债务或者出质人提前清偿所担保的债权的，质权人应当返还质物。

◎ 交互练习：

甲向乙借款，并将自己的一台电视机出质给乙，乙又擅自将该电视机借给其妹妹丙使用，丙搬动电视机的过程中不小心将其摔坏，那么下列说法正确的是：（　　　）。

A. 乙有权将电视机借给其妹妹使用

B. 乙无权将电视机借给其妹妹使用

C. 乙应当承担电视机的损失

D. 乙、丙应当对该损失承担连带责任

3. 出质人的权利

（1）质物的收益权。由于出质人须将质物的占有移转给质权人，因此原则上出质人对于质物没有使用收益的权利，但是依据《民法典》第 430 条，出质人可以与质权人约定仍然保留对质物的收益权。

（2）质物的处分权。出质人虽然将质物移交债权人占有，但出质人并不丧失对质物的处分权，不过此种处分仅指法律上的处分而非事实上的处分，因为出质人在丧失对质物的占有后已无法对质物进行事实上的处分，况且此种处分也将有害于质权人的利益。

（3）保全质物的权利。《民法典》第 432 条第 2 款规定，质权人的行为可能使质押财产毁损、灭失的，出质人可以要求质权人将质押财产提存，或者要求提前清偿债务并返还质押财产。如果出质人提前清偿债务的，则应当扣除未到期部分的利息。

（4）物上保证人的追偿权。当出质人是债务人以外的第三人时，该第三人代为清偿债务或者因质权的实现而丧失质物所有权的，出质人有权向债务人追偿。

4. 出质人的义务

因质物存在隐蔽的瑕疵而致质权人遭受损害时，应由出质人承担赔偿责任，但是质权人在质物移交时明知质物有瑕疵而予以接受的除外。

（四）动产质权的实现

动产质权的实现条件：（1）动产质权有效存在；（2）债务人不履行到期债务，或者发生当事人约定的实现质权的情形；（3）作为质权人的主债权人未受清偿。

质权人怠于行使权利，出质人请求质权人及时行使质权，因质权人懈怠致使质押财产受到损害的，依照《民法典》第 437 条第 2 款的规定，质权人就由此造成的损失应当承担赔偿责任。

动产质权实现的方法有折价、拍卖和变卖三种。其中拍卖是主要方法。质押财产拍卖、变卖的变价款，质权人有权优先受偿。质押财产折价或者拍卖、变卖后，所得价款超过债权数额的部分，归出质人所有，不足部分由债务人清偿。

（五）动产质权的消灭

导致动产质权消灭的，除担保物权的共同消灭原因（如混同、抛弃、没收等）外，还有：（1）质物返还；（2）质物灭失；（3）质权人丧失质物的占有，无法请求返还。

◎ **案例分析：**

案例 12-3 中，杨某向徐某借款 10 万元，双方书面约定：一年还本付息，杨某将其德国钢琴出质于徐某作为担保。杨某并未将钢琴交付徐某，徐某的质权未生效。杨某将钢琴交给孙某作质押，孙某质权生效，又借得现金 10 万元。以上借款已经到期，徐某对钢琴变价款无优先受偿权，孙某有优先受偿权。

三、权利质权

（一）权利质权的概念

权利质权，是指以依法可以转让的债权或其他财产权利为标的物而设定的质权。

权利质权的标的物为财产权利，必须是依法可以转让的财产权利，且是适于设立质权的权利。常见的可以设定质权的权利有：票据、存单、股权、知识产权、应收账款等，不宜设立质权的权利有养老金债权。

（二）权利质权的设定

权利质权准用动产质权的规定，也应有质押人和质权人订立的书面质押合同。

权利质权的设立不同于动产质押，要根据具体的出质权利的类型来判断质权的设立时间。具体包括：

（1）以汇票、支票、本票、债券、存款单、仓单、提单出质的，质权自权利凭证交付质权人时设立，没有权利凭证的，质权自有关部门办理出质登记时设立。

（2）以基金份额、证券登记结算机构登记的股权出质的，质权自办理出质登记时设立。目前，我国上市公司股权出质登记结算机构是中国证券登记结算有限责任公司，下设深圳分公司和上海分公司；基金份额登记结算适用《证券登记结算管理办法》的规定；以非上市公司的股份或有限责任公司的股权出质的，登记部门是市场监督管理部门。

（3）以注册商标专用权、专利权、著作权等知识产权中的财产权出质的，质权自办理出质登记时设立。

（4）以应收账款出质的，质权自办理出质登记时设立。

（5）依法可以质押的其他财产权利。质权自出质人交付质押财产时设立。

（三）权利质押关系中的权利义务

权利质押当中，质权人和出质人的权利义务基本与动产质押中当事人的权利义务相同。法律还有一些特殊的规定，简单介绍如下：

（1）以载明兑现或者提货日期的汇票、支票、本票、债券、存款单、仓单、提单出质的，汇票、支票、本票、债券、存款单、仓单、提单的兑现或者提货日期先于主债权到期的，质权人可以在债务履行期届满前兑现或者提货，并与出质人协议将兑现的价款或者提取的货物用于提前清偿债务或提存。

（2）以基金份额、股权出质的，出质人出质后不得转让，但经出质人与质权人协商同意的可以转让。出质人转让基金份额、股权所得的价款应当向质权人提前清偿债务或者提存。

（3）以商标专用权、专利权、著作权中的财产权出质后，出质人不得转让或者许可他人使用，但经出质人与质权人协商同意的除外。出质人所得的转让费、许可费应当向质权人提前清偿债务或提存。

◎ **延伸阅读：**

中国人民银行征信中心动产融资统一登记公示系统。

◎ **相关法律：**

《民法典》第 425~446 条。

《民法典担保制度解释》第 53~57 条。

《动产和权利担保统一登记办法》第 2~4、6~9、29 条。

◎ **实务操作：**

2024 年 1 月，甲公司与乙公司签订《服务合同》，乙公司购买甲公司的运营技术服务，甲公司提供相应服务后，乙公司一直未履行付款义务。但乙公司有针对第三人丙的应收账款 11 万余元。2024 年 3 月甲公司作为质权人，乙公司作为出质人，双方签订了《应收账款质押合同》，约定乙公司将其对第三人丙所享有的应收账款债权出质给甲公司，在甲公司同意给予乙公司的服务费宽限期届满后，若乙公司无法履行付款义务，则用乙公司的应收账款作质押担保，保障甲公司的服务费的清偿。

法院在审理甲公司诉乙公司和第三人丙的质权纠纷案件中，查明甲、乙公司签订的《质押合同》约定："（1）出质人应积极配合质权人及时在中国人民银行中登网应收账款质押登记公示系统办理出质登记手续。（2）在担保责任发生后，质权人有权直接行使质权，要求应收账款债务人给付"，且双方在中国人民银行征信中心"中登网"办理了出质登记。

请分析： 该案应当如何处理？

任务四　留置权法律事务处理

◎ **案例导入：**

【案例 12-4】 城郊农民王某有一辆厢式货车，送到李某开的汽车修理厂修理。修理完毕，王某要求先不付款，等下趟运输后收了运费之后再付款，李某不同意。李某将厢式货车留置，申明不付修理费就不能开走车。王某回家后，当晚就接到家具厂安排的送家具的业务，于是夜里跑到李某的修理厂院内，将车开走，并装货连夜送货。王某在送完家具回来途中，因疲劳驾驶，发生碰撞，车辆严重受损。

请思考： 李某是否享有留置权？理由是什么？

◎ 知识准备：

本任务是对留置权法律事务进行处理。留置权是经济生活中普遍存在的一种担保形式。留置权制度宗旨在于赋予债权人通过留置债务人动产的方式，督促债务人及时履行债务。

一、留置权的概念和特征

留置权，是指在债务人不履行到期债务时，债权人有权依照法律规定留置已经合法占有的债务人的动产，并就该动产变价款优先受偿的权利。债权人为留置权人，被留置的动产为留置物。

留置权有担保物权的一般特征，同时有如下特有特征：

1. 以动产为标的物

留置权只适用于动产，不动产不能适用。

2. 法定性

留置权属于法定担保物权，它不需要当事人提前在合同中约定，而是根据法律的规定，当符合法定条件时，权利人就可以直接行使该权利。

3. 从属性

留置权的从属性不同于抵押权、质权，在抵押权、质权中，被担保的债权可以是将来发生的债权，留置权只能用于担保履行期限已经届满的债权。因此，留置权是被动发生的担保物权，仅有对已到期的债权进行担保的作用，而不具有抵押权和质权的资金融通的作用。

4. 不可分性

债权人就留置物之全部行使留置权。但是，当被留置财产为可分物时，留置财产的价值应当相当于债务的金额。

5. 效力双重性

留置权是有二次效力的担保物权。当债务人到期不履行债务时，债权人有权直接对其占有对方的动产进行留置，以督促对方及时履行债务，这是留置权的第一次效力。债务人经催告后，应当与债权人约定留置财产后的债务履行期限，到期还是不履行债务的，则留置权人有权通过法定方式将留置物折价、拍卖或者变卖，用所得价款优先受偿。这是留置权的第二次效力。

二、留置权的成立

留置权在满足法定的积极要件和不具备消极要件时，才能成立。

（一）留置权成立的积极要件

1. 债权人合法占有债务人的动产

《民法典》第 447 条规定："债务人不履行到期债务，债权人可以留置已经合法占有的债务人的动产，并有权就该动产优先受偿。"对债务人的财产，债权人必须取得事实上的管领、控制或支配时，才能成立留置权。留置权因占有而成立并存续，因丧失占有而消灭。不仅债权人依据合同关系而合法占有的债务人的动产可以被留置，而且债权人基于其他法律关系而合法占有的债务人的动产也可以被留置，如基于无因管理之债占有的他人的动产，当受益人不偿付管理人由此而支付的必要费用时，管理人也有权留置该动产。

2. 债权人占有的债务人的动产与债权属于同一法律关系

同一法律关系，也被称为有牵连关系，即是基于同一个债权债务法律关系，留置权人和债务人在同一个法律关系中，互负债务，留置权人享有债权并占有对方动产，债务人有向其履行给付的债务。在自然人之间，构成留置权的"同一法律关系"不应随意作扩大解释。

《民法典》承认了商事留置权，即企业之间为担保某一债权可以留置基于其他法律关系合法占有的对方的动产。对于企业之间的留置，并不受同一法律关系的约束。法律之所以这样规定，是为了更好地保障企业之间的经济活动和交易安全，便于企业之间快速地解决经济纠纷。

3. 债务人不履行到期债务

当债务人履行期限到期之后，仍没有履行债务的，债权人才可以行使留置权。如果合同没有约定履行债务的期限，则债权人应在合理的期限内催告债务人履行，并给债务人一个适当的期限，债务人在此期限内还是没有履行的，债权人可以行使留置权。

◎ **案例分析：**

案例 12-4 中，因王某偷偷开走汽车，李某丧失对车的占有，根据《民法典》第 457 条，留置权人对留置财产丧失占有的，留置权消灭，因此，李某对厢式货车丧失了留置权。

（二）留置权的消极要件

《民法典》第 449 条规定："法律规定或者当事人约定不得留置的动产，不得留置。"这一条是对留置权产生的消极条件的规定。留置权是法定担保物权，但是法律允许当事人通过约定的方式而排除其适用，如当事人约定一方不得留置对方动产的，该约定有效。另外，法律、行政法规禁止转让的动产不得出质。行使留置权也不得与社会公序良俗相违背，如留置对方的身份证、护照。留置该动产与债权人所承担的义务相抵触或者留置该动产时的占有是因侵权行为而取得的，此类动产都不得留置。

◎ **交互练习：**

下列哪些情形中，权利人可以行使留置权？（　　　）

A. 张某为王某送货，约定货物送到后一周内支付运费。张某在货物运到后立刻要求王某支付运费被拒绝，张某可留置部分货物。

B. 保姆刘某离职，尚有劳务费用没有结算，把房主家的笔记本电脑留置。

C. 何某将丁某的行李存放在火车站小件寄存处，后丁某取行李时认为寄存费过高而拒绝支付，寄存处可留置该行李。

D. 甲公司为乙公司进行来料加工机器零件，加工完成，零件送达，但乙公司尚欠甲公司加工费，甲公司可留置乙公司下一批次的加工原料。

三、留置权关系中的权利义务

（一）留置权人的权利

1. 占有留置物

行使留置权之后，留置权人有权占有留置物，有权拒绝债务人要求交付的请求，也有权排除第三人的侵夺。但是，如果留置物为可分物，对于超出债权价值部分的财产，应及时交付给债务人，而不得对全部财产行使留置权，因为留置权的目的在于担保债权的实现，留置权人应在能够担保其债权的范围内留置对方的财产；如果财产为不可分物，则可以留置全部的财产。

2. 收取留置物孳息的权利

《民法典》第 452 条规定，留置权人有权收取留置财产的孳息。收取的孳息应当先充抵收取孳息的费用。因为留置财产由留置权人占有，因此由其收取孳息是最方便的选择。

3. 留置物必要的使用权

在以下情形，留置权人有对留置物使用的权利：（1）为保管留置物所必要的使用。如车辆、机械保管中为防止锈蚀而进行适度运转。（2）经债务人同意而进行的使用。

4. 必要费用偿还请求权

留置权人为了妥善保管留置物所支付的必要费用，有权要求债务人偿还，如保管费、维修费、养护费、搬运费等。

5. 优先受偿权

留置权人留置标的物后，有权就该动产折价或者就拍卖、变卖所得价款优先受偿。如果留置物的价值不足以偿还债务的，债务人应该继续履行；如果留置物价值超过债权数额的，超过部分，应返还给债务人。

（二）留置权人的义务

1. 妥善保管留置物的义务

留置权人负有妥善保管留置财产的义务，因保管不善致使留置财产毁损、灭失的，应当承担赔偿责任。

2. 返还留置物的义务

主债权因债务人履行了债务或者债务人另行提供担保并被债权人接受而消灭时，留置人丧失留置权，并负有将留置物返还给所有人或原占有人的义务。

（三）留置权对债务人的效力

在留置权法律关系中，债务人是被留置人，可能是留置物的所有权人，也可能是对留置物有权占有的人。留置权产生后，会对债务人发生如下法律效力：

1. 债务人仍享有留置物的原有权利

债务人是所有权人的，在其所有权范围内仍可处分留置物。

2. 债务人行使对留置物的权利会受到限制

债务人丧失对留置物的占有，留置物上使用和收益权能部分受到限制。

3. 债务人不得干扰阻碍留置权人行使留置权

4. 偿付留置权人因留置物的保管而支出的必要费用

四、留置权的实现

（一）留置权担保的范围

留置担保的范围包括主债权及利息、违约金、损害赔偿金、留置物保管费用和实现留置权的费用。当然，虽然留置权属于法定担保物权，不需要当事人提前约定，但是如果当事人在合同中约定了留置权，并约定了具体担保的范围，则该约定有效。

（二）留置权行使的方式

当债务履行期限届满，债务人不履行或者履行债务不完全的，债权人就可以行使留置权。但是，债权人留置对方财产后，应及时催告债务人，通知其履行债务，并且应当给债务人不少于六十日的期限。但留置鲜活易腐等不易保管的动产的，留置权人给债务人履行债务的期间不受六十日的限制。《民法典》第453条规定："留置权人与债务人应当约定留置财产后的债务履行期限；没有约定或者约定不明确的，留置权人应当给债务人六十日以上履行债务的期限，但是鲜活易腐等不易保管的动产除外。债务人逾期未履行的，留置权人可以与债务人协议以留置财产折价，也可以就拍卖、变卖留置财产所得的价款优先受偿。留置财产折价或者变卖的，应当参照市场价格。"

留置权实现的具体方式，包括两种：（1）协议以留置物折价偿还；（2）拍卖、变卖留置物，就拍卖、变卖留置财产所得价款优先受偿。

五、留置权的消灭

留置权消灭的原因主要有：（1）主债权消灭。如债权人放弃主债权，债务人履行完毕主债务，债权人债务人之间抵销、混同等；（2）留置权人放弃留置权；（3）留置权实现；（4）留置权人丧失对标的物的占有；（5）债务人另行提供担保等。

◎ 延伸阅读：

《民法典》扩大了留置权的适用范围。

◎ **相关法律：**

《民法典》第 390、447～457 条。

《民法典担保制度解释》第 61、62 条。

◎ **实务操作：**

杜某（被告）从事汽车租赁业务，长期以来，将其车辆送至某汽车修理厂（原告）处修理。2017 年 4 月 28 日，经双方对账，杜某累计拖欠该汽车修理厂修理费 56150 元。之后，杜某继续将车辆送至该汽车修理厂处修理，原告主张又产生修理费 4460 元，但没有杜某签字对账确认。至此，杜某共计拖欠修理费 60610 元。该汽车修理厂多次催款，杜某以种种理由拖延拒绝支付。2019 年 3 月 15 日，杜某将其所有的车牌号为川 A×××××号的车辆送至该汽车修理厂处修理，该汽车修理厂将该车留置，要求将车变现，以行使留置权，杜某不配合并拒绝支付所欠修理费，故某汽车修理厂诉至法院，请求判令：（1）杜某支付某汽车修理厂汽车修理费 60610 元及利息；（2）某汽车修理厂在川 A×××××号车辆变现价款中优先受偿。

请分析：该案应该如何处理？

项目综合训练

甲公司与乙银行订立《借款合同》约定甲公司向乙银行借款 500 万元，用于购买进口服装面料。同时，双方订立《动产浮动抵押合同》约定：甲公司以其现有的以及将有的生产设备、原材料、产品为前述借款设立抵押。借款合同和抵押合同订立后，乙银行向甲公司发放了贷款，但未办理抵押登记。之后，根据乙银行要求，丙为此项贷款提供连带责任保证，丁以一台进口挖掘机质押并交付乙银行。

请分析：

（1）乙银行的抵押权是否生效？

（2）如甲公司未按期还款，乙银行欲行使担保权利，当事人之间未约定行使担保权利顺序，乙银行应当如何实现担保权？

本项目答案

项目十三　占有法律事务处理

◎ **知识目标**
- 掌握有权占有和无权占有的区别。
- 掌握占有的保护方式。

◎ **技能目标**
- 能够分析占有的事实状态。
- 能够区分善意占有和恶意占有。

◎ **素质目标**
- 通过学习财产的占有保护，增强法律意识。

任务一　认识占有

◎ **案例导入：**

【**案例 13-1**】张某将自己的房屋卖给李某，并交付了房屋，但并未办理过户登记。随后，张某又将该房屋出卖给赵某，并为赵某办理了过户登记。赵某基于有效的房屋买卖合同，并完成了房产过户登记，已享有房屋的所有权。

请思考：（1）对张某而言，李某对房屋的占有是何种占有？该种占有有什么效力？（2）对赵某而言，李某对房屋的占有是何种占有？该种占有有什么效力？

◎ **知识准备：**

占有，是对物事实上的控制和管领的一种状态。占有只是一种受保护的利益，不同于该物之上受保护的权利。理解法律对占有进行保护的意义，要从认识占有开始。

一、占有的含义

占有，是人对物的事实上的支配和控制。占有本身为一种事实状态，是人对物的控制和管领的客观事实，而不是人对物享有的民事权利。占有人本身不要求其具有完全行为能力。占有，包含以下内容：

（一）占有的主体是人

占有人包含自然人、法人和非法人组织。占有是一种事实状态，因此即使是无民事行为能力人和限制民事行为能力人也可以成为占有人。

（二）占有的标的物是物

占有的标的物包括动产与不动产。动产占有的认定，要求具备一定的时间和空间条件作为人对物的控制前提。如将书包短时间放在车筐里，人下车买菜，依然成立占有；而将书包遗忘在广场上，经过一定时间，一般认为占有人丧失占有。不动产占有的认定，由于不动产的不可移动性与不易隐藏性，即使占有人多年未住的房屋，一般也不会认为占有人丧失占有。

（三）占有的内容是对物在事实上的控制与支配

控制，是指物处于占有人的管理或支配之下；支配，是指占有人能够对物加以一定的利用。人对物，事实上的控制与支配，又称为事实上的管领力。

二、占有的成立

（一）占有人具有占有动产或不动产的主观心态

占有的主观心态，是指占有人意识到自己正在占有某物。如果对于自己占有某物毫无意识、或者意识到或应当意识到自己是在为他人占有某物，则不具有占有意思，无法成立占有，如酒后代驾司机对车辆的控制事实，即非占有。

占有的主观心态，也并不要求占有人有为自己的利益而占有的意图，例如某人在拾得他人遗失物后希望尽快返还原主，此时其并不具有为自己的利益而占有该物的意图，但是仍然构成占有。

占有的主观心态，仅是一种自然的意思，而非构成法律行为的意思，故占有人有无行为能力无关紧要。

（二）占有须对物实际控制和支配

占有的客观要素，是对物实际控制和支配。这种控制和支配虽有排他性，但是不具有权益归属的支配性。如果占有人事实上没有对物形成有效的控制，不能对物进行有效的支配，则不构成占有。但是，有权占有人将其直接占有的物交付给他人占有，可以形成占有人对物的间接占有。间接占有也是占有的一种形态。

三、占有的分类

（一）有权占有和无权占有

依据物的占有是否具有法律上的原因，占有分为有权占有和无权占有。这种法律上的原因，也叫法律上的根据，简称权源或本权。所谓本权，即基于一定法律上的原因而享有占有的权利。

有权占有，有法律上的原因的占有。其本权可以是物权，如所有权人、建设用地使用权人、质权人、留置权人对物的占有为有权占有；本权也可以是债权，如借用人、承租人、保管人对物的占有亦为有权占有；本权也可以是监护关系，如父母替未成年人保管的财产的占有，也属于有权占有；还有本权是夫妻关系、无因管理等。

无权占有，是无法律上的原因的占有。如拾得人对遗失物的占有、租赁期限届满后不顾出租人的反对而对租赁物的占有、小偷对盗赃物的占有、无效的买卖合同中买受人的占有等。无权占有人不能拒绝享有本权的人行使占有物返还请求权。

区分有权占有与无权占有的意义在于：对于有权占有，占有人可以选择占有制度来处理占有人与其他人之间的法律关系，也可以选择依据其本权的法律关系加以解决。而对于无权占有，就需要根据无权占有的形成原因、占有人的主观状态来界定其占有的具体类型，并依据相关占有制度的规定，来处理物的占有人与本权主体以及其他人之间的法律关系。

◎ **案例分析：**

案例 13-1 中，张某将自己的房屋出卖给李某，并交付了房屋，但并未办理过户登记。此时，李某对房屋的占有，相对于张某而言，是基于他们之间的房屋买卖合同产生的债权而成立的有权占有，李某可以拒绝张某返还房屋的请求。

之后，张某又将该房屋卖给赵某，并为赵某办理了过户登记，赵某已享有房屋的所有权。此时，房屋的实际占有人李某的占有，相对于赵某而言，是无权占有，不能对抗不动产登记上的所有权人。对李某而言，新所有权人赵某的出现，使李某对房屋的占有成为无权占有，赵某有权对李某的占有物行使返还原物请求权。

（二）善意占有和恶意占有

无权占有又分为善意占有和恶意占有，这一分类的依据是无权占有人占有他人之物时，是否知道自己无权占有。

善意占有，是指无权占有人在占有财产时"不知道或不应当知道"自己的占有为无权占有的占有。如不知道他人在市场上出售的财产是其无权处分的财产，而以合理价格购买了该财产并对其进行占有，为善意占有。

恶意占有，是指无权占有人"知道或应当知道"自己的占有为无权占有的占有。例如，甲偷走了乙的手机，甲对手机的占有为恶意占有。

区分善意占有与恶意占有的意义在于：善意占有受法律保护的程度高于恶意占有。（1）只有善意占有人才能依据善意取得制度取得所有权或者他物权，而恶意占有人无法取得；（2）占有人因使用占有的不动产或者动产，致使该不动产或者动产受到损害的，善意占有人原则上不承担责任；恶意占有人应当承担赔偿责任；（3）不动产或者动产被占有人占有的，权利人可以请求返还原物及其孳息，但应当支付善意占有人因维护该不动产或者动产而支出的必要费用；（4）占有的不动产或者动产毁损、灭失，该不动产或者动产的权利人请求赔偿的，占有人应当将因毁损、灭失而取得的保险金、赔偿金或者补偿金等返还给权利人；权利人的损害未得到足够弥补的，恶意占有人还应当赔偿损失。

（三）直接占有和间接占有

根据占有人是否直接占有其物，可以将占有分为直接占有与间接占有。

直接占有，是指占有人直接对物的控制和管领。例如，质权人、承租人、保管人、借用人的占有皆为直接占有。

间接占有，是指占有人并未直接占有某物，而是基于一定的法律关系，而对于直接占有人享有占有物返还请求权，从而通过直接占有人间接控制和管领该物。例如，寄存人对寄存物的占有是间接占有，与其对应的保管人则为直接占有人。

区分直接占有与间接占有的意义在于：直接占有独立存在，而间接占有不能独立存在。间接占有人与直接占有人之间要形成法律上的占有媒介关系。如保管、借用、运输等，如果没有占有媒介关系，则不构成间接占有。如张三的手机被李四偷走，李四对手机的占有是直接占有，但是张三不构成对手机的间接占有，因为其对手机的占有已经丧失。

（四）自主占有和他主占有

根据占有人是否以"所有的意思"对物加以占有，可以将占有分为自主占有与他主占有。

自主占有，是指占有人占有物时是以自己是物的所有权人的意思占有该物，即以"所有的意思"对物占有。自主占有包括三种情况：（1）占有人确实是物的所有权人。（2）占有人误信自己为所有权人。（3）占有人将他人之物据为己有，例如，偷窃者对盗窃物的占有。

他主占有，是占有人以"非所有的意思"占有该物，即占有人明知该物不是自己的，或者明知自己没有权利占有该物。一般情况下，如承租人、保管人等，根据债权或他物权对物进行的占有，均为他主占有。

区分自主占有与他主占有的意义在于：依时效或先占取得所有权时，均以自主占有为成立要件。

（五）自己占有与占有辅助

根据占有人是否亲自进行占有，可以将占有区分为自己占有与占有辅助。

自己占有，是指占有人自己对物进行事实上的控制和管领。

占有辅助，是指受占有人的指示而对物进行事实上的控制和管领。如甲雇乙开车，乙完全按甲的指示而占有车辆。对该车的占有而言，甲为自主占有人，而乙为占有辅助人。

区分自己占有与占有辅助的意义在于：占有辅助人虽然事实上控制某物，但并不因此而取得占有，而是以他人为占有人。占有辅助人既然非占有人，自然不享有或承担基于占有所产生的权利或义务。如公司的收款员丢失支票，只有该公司（占有人）而非该收款员（占有辅助人）才可以申请公示催告。

◎ 交互练习：

甲拾得乙的手机，以市场价格卖给不知情的丙，并完成交付。丙在使用中发现手机电池过热，交给丁维修。修好后，丙拒付维修费，丁将手机扣下。关于手机的占有状态，下列（　　）是正确的。

A. 甲为无权占有、自主占有

B. 乙丢失手机后，由直接占有变为间接占有

C. 丙为无权占有、善意占有

D. 丁为有权占有、他主占有

◎ **延伸阅读：**

占有类型的变更。

◎ **相关法律：**

《民法典》第 458～461 条。

◎ **实务操作：**

甲养的宠物走失，乙捡到后想据为己有，在甲向乙主张返还时，乙拒不返还。乙在饲养宠物期间支付了喂养的费用。

请分析： 乙的占有是什么类型？如何处理乙支付的相关费用？

任务二　占有保护

◎ **案例导入：**

【案例 13-2】 甲、乙就乙手中的一枚戒指的归属发生争议。甲称该戒指是其在 2023 年 10 月 1 日外出旅游时让乙保管，属甲所有，现要求乙返还。乙称该戒指为自己所有，拒绝返还。甲无法证明对该戒指拥有所有权，但能够证明在 2023 年 10 月 1 日前一直合法占有该戒指，乙则拒绝提供自 2023 年 10 月 1 日后从甲处合法取得戒指的任何证据。

请思考： 该案中谁拥有戒指的合法权利？

◎ **知识准备：**

对占有进行的保护，是通过法律直接赋予占有一定的法律效力、规定占有人的权利义务和侵害救济途径来完成的。

一、占有的效力

占有的效力主要包括：权利推定的效力、状态推定的效力、占有人的权利与义务。

（一）占有的权利推定效力

占有的权利推定效力，是指占有人于占有物上行使的权利，推定其为合法并有此权利。如物被他人盗窃、抢夺，占有人有权要求侵夺人返还占有物；如物被他人损坏时，占有人有权要求其赔偿损失。占有的权利推定，是因为物在被占有人占有时，所形成的稳定的财产关系有利于发挥物的效用，有利于保障社会价值秩序。但占有的权利推定效力，毕竟只是一种推定，不能对抗真正的物的权利人行使本权权利。本权权利人有权要求占有人返还原物。

◎ **案例分析：**

案例 13-2 中，在动产上，法律承认占有即有合法权利的推定效力，受权利推定的物的占有人，免除举证责任，但是在相对人提出相反证据时，占有人为推翻该相反证据，仍需举证证明。本案中，甲无法证明对该戒指拥有所有权，但是可证明其在 2023 年 10 月 1 日前一直合法占有该戒指，乙此时应提供在 2023 年 10 月 1 日后取得占有的合法依据，否则推定甲享有对戒指的合法权利。

（二）占有的状态推定效力

占有的状态推定效力，是指法律为了更好地保护占有人的利益，在无相反证明的情况下，推定占有人之占有为无瑕疵的占有状态。占有人主张持续占有的，只需证明前后两端为占有状态，即可推定期间为无间断的继续占有。

（三）占有人的权利和义务

1. 占有人的权利

在占有中，有权占有通常依照其本权而不必借助占有制度来进行保护；无权占有，占有人的利益保护通常要运用占有制度预设的占有人的权利来实现。以下分析的是无权占有人的权利。

（1）占有物的使用和收益权。善意占有，占有人可以使用占有的动产或不动产，致使占有物损害的，不负赔偿责任；恶意占有，占有人也可使用占有的动产或不动产，但致使占有物损害的，负赔偿责任。

需要注意的是，以上善意占有和恶意占有均为无权占有，即使占有人均可以对占有物加以使用或收益，但是权利人依然可以请求占有人返还原物及孳息。

（2）必要费用偿还请求权。《民法典》第 460 条规定："不动产或者动产被占有人占有的，权利人可以请求返还原物及其孳息；但是，应当支付善意占有人因维护该不动产或者动产支出的必要费用。"因此，善意占有人在对占有物的控制管领过程中，因维护占有物所支出的必要费用，在返还原物和孳息时，对物的权利人享有费用偿还请求权。恶意占有，占有人支付的必要费用，《民法典》没有支持其费用返还请求权。

2. 占有人的义务

（1）返还原物和孳息的义务。无权占有，无论是善意占有，还是恶意占有，占有人无权占有他人之物，均应该及时返还占有物。依据《民法典》第 460 条的规定，无论善意占有人或恶意占有人，均有返还原物及孳息的义务。

（2）占有物被毁损、灭失时的替代返还的义务。根据《民法典》第 461 条规定，占有物毁损、灭失，该物的权利人请求占有人赔偿的，占有人应当将因物被毁损、灭失而取得保险金、赔偿金、补偿金等返还给权利人。恶意占有，如果返还的保险金、赔偿金和补偿金仍然不能弥补物的损失时，还应当继续赔偿损失。善意占有，占有人则不用承担赔偿责任。

（3）恶意占有人赔偿损失的义务。恶意占有人，占有他人之物期间，因对物进行使用造成损失的，还应该赔偿损失。

◎ **思政点滴：**

　　法律对无权占有区分为善意占有和恶意占有，判断的标准在于占有人自己对物的占有的主观状态——是否对自己无权占有标的物的事实知情。法律对恶意占有人的责难和否定是多方面的，目的就在于敦促恶意占有人及时返还占有物，恢复原有的财产占有秩序，促进形成良好的社会风气。

二、占有的保护

　　占有的保护包括：占有保护请求权、占有的损害赔偿请求权。

　　（一）占有保护请求权

　　占有保护请求权，是指在占有人的占有被侵夺、受妨害或有受妨害的危险时，请求侵害人为一定行为或不为一定行为的权利。依据《民法典》第 462 条第 1 款，占有保护请求权包括占有物返还请求权、占有妨害排除请求权、消除危险请求权。

　　1. 占有物返还请求权

　　占有物被侵夺的，占有人有权请求返还占有物。

　　2. 排除妨碍请求权

　　对在占有受到他人妨害时，占有人可以请求除去妨害的权利。

　　3. 消除危险请求权

　　占有人的占有可能遭受他人的妨害时，为了防止妨害发生，占有人有权请求他人采取一定的措施消除危险。

　　需要注意的是：占有人的返还原物请求权，自侵占发生之日起一年内未行使的，该请求权消灭。

　　（二）占有的损害赔偿请求权

　　因他人侵占或妨害行为发生，并造成占有物损失的，占有人有权依法请求损害赔偿。

　　有权占有中，如果占有人是基于物权而占有某物，他人对该物加以侵占或妨害，并造成占有物损失的，该占有人不仅可以基于物权行使物权请求权，还可以基于占有行使损害赔偿请求权。如果占有人是基于合同而占有某物，他人对该物加以侵夺或妨害，并造成占有物损失的，该占有人可视侵占主体情况分析其请求权：对于来自间接占有人（本权人）的侵害，并造成占有物损失的，直接占有人不仅可以基于违约所遭受的损害提出违约损害赔偿请求权，还可以基于有权占有行使占有的损害赔偿请求权；对于来自合同外部第三人的侵害，并造成占有物损失的，可以基于有权占有行使占有的损害赔偿请求权。

　　无权占有中，无论善意占有，还是恶意占有，他人对占有物加以侵夺或妨害，并造成占有物损失的，则直接适用占有的损害赔偿请求权。

◎ **交互练习：**

同学丙找同学甲借自行车数日，甲的自行车与乙的很相像，均放于宿舍楼下车棚内。丙错把乙的车当成甲的车，遂把乙的车骑走。一天后，甲发现丙骑的不是自己的车，告知丙骑错了车，丙未理睬。某日，丙骑车去超市购物，将车放在超市外的树荫下，因当日大风，树枝断裂将车砸坏。下列哪些表述是正确的？（　　）

A. 丙错认乙的车为甲的车而占有，属于无权占有。

B. 甲告知丙骑错车前，丙修车的必要费用，乙应当偿还。

C. 无论丙是否知道骑错车，乙均有权对其行使占有返还请求权。

D. 对于乙车的毁损，丙应当承担赔偿责任。

◎ **延伸阅读：**

如何正确理解"占有"？

◎ **相关法律：**

《民法典》第 458~462 条。

◎ **实务操作：**

甲的华为手机丢失，被乙拾得。乙谎称己有，以市价出卖给不知情的丙（按：因手机系遗失物，根据《民法典》第 312 条的规定，丙不能善意取得，手机仍归甲所有）。甲一年内发现，对丙行使返还请求权要回华为手机。但手机因丙的使用遭受了两个损害：第一个损害，因丙正常使用一年而有相当程度磨损、折旧；第二个损害，因丙使用该手机钉图钉，手机玻璃面板破损。

请分析：就这两个损害，所有权人甲是否有权请求无权占有人丙承担损害赔偿责任？

项目综合训练

甲的华为手机丢失，被乙拾得。乙谎称己有，出租给不知情的丙，租期 2 年（按：乙、丙租赁合同有效，丙相对于乙系有权占有，但基于债权占有的丙相对于甲却为无权占有）。甲一年内发现，对丙行使返还请求权要回手机。但手机因丙遭受两损害。第一个损害，因丙正常使用一年而有相当程度磨损、折旧；第二个损害，因丙用该手机钉钉子，手机玻璃面板破损。

请思考：

（1）就第一个损害（因丙正常使用手机有相当程度磨损、折旧），甲是否有权请求丙赔偿？

（2）就第二个损害（因丙使用该手机钉钉子，手机玻璃破损），甲是否有权请求丙赔偿？

本项目答案

模块三　合同法律事务处理

项目十四 初识债权

◎ **知识目标**

- 理解债的含义、要素和发生依据。
- 掌握债的分类。
- 掌握《民法典》中连带之债的法律规定。

◎ **技能目标**

- 能够结合案例分析连带之债。
- 能够结合案例分析特定物之债和种类物之债。
- 能够结合案例分析选择之债。

◎ **素质目标**

- 培养平等、自由、公平、诚信的法律素养。

任务一 认识债权

◎ **案例导入：**

【案例 14-1】乙乘坐甲的出租车到市里与订好某大酒店会议室的戊签订一重要合同，途中因为甲的大意撞伤行人丙。甲欲逃逸，遂催促乙下车并付款。慌乱中乙错把一张百元大钞当作十元交付给甲，甲收钱后即驾车逃逸。这一切被路人丁看在眼中。乙见丙伤势不轻，于是将其送至医院，并支付医药费等共计五千元。后丙发布悬赏广告，愿酬谢一千元，收集甲的线索，丁遂提供给丙并索要酬金。

请思考：本案当中各方当事人之间发生了什么债权债务关系？

◎ **知识准备：**

上面案例中，在甲乙、甲丙、乙丙、丙丁这些特定主体之间产生了请求给付和给付的权利义务关系，这种法律关系就是债。本节任务就是要认识债。

一、债的含义

（一）债的概念

法律上的债是指按照合同的约定或者依照法律的规定，在当事人之间产生的特定的权利和义务关系。享有权利的人是债权人，负有义务的人是债务人。债权人有权请求债务人按照合同的约定或者法律的规定履行其义务；债务人有义务按照合同的约定或者法律的规定为特定的行为，以满足债权人的请求。

（二）债的特征

债作为一种法律关系，是民法调整财产关系的结果。但债的关系与同样是财产关系的物权关系相比较，具有如下特征：

（1）债反映的是财产流转关系。物权关系反映的是财产的归属利用关系，称为静态的财产关系，其目的是保护财产的静态安全；债权关系则是财产利益从一个民事主体流向另一个民事主体的财产流转关系，其目的是保护财产的动态安全。

（2）债的主体双方只能是特定的。债是特定当事人之间的民事法律关系，债的权利主体、义务主体都是特定的。而物权关系中只有权利主体是特定的，义务主体则是不特定的多数人。

（3）债的客体是给付，即债务人应为的特定行为。而物权关系的客体原则上为物。

（4）债通过债务人的特定行为才能实现目的。债的目的是一方从另一方取得某种财产利益，而这一目的的实现，只能通过债务人的给付才能达到。而物权关系的权利人可以通过自己的行为实现其权利，无须借助于义务人的行为。

（5）债的发生具有任意性、多样性。债的发生原因多种多样，既有合法行为，如合同；也有违法行为，如侵权。对于合同行为设立的债权，当事人可依法自行任意设定。而物权只能依合法的行为取得，并且其种类、内容都是法定的。

（6）债具有平等性和相容性。在同一标的物上不仅可以成立数个内容相同的债，而且债与债之间的相互关系是平等的。而物权具有优先性和不相容性，在同一物上不能成立内容不相容的数个物权关系，同一物上有数个物权关系时，其效力有先后之分。

（三）债的要素

债作为一种法律关系，其构成要素包括主体、客体和内容。债的主体包括债权人和债务人。在某些债中，债的一方当事人仅享有权利，另一方当事人仅负有义务，而在大多数债中，当事人双方相互享有权利和负有义务。债的客体是指债权债务所共同指向的对象。通说认为债的客体是给付，给付包括了积极的作为和消极的不作为。债的内容就是债的主体双方间的权利和义务，即债权人享有的权利与债务人负担的义务。债权是债权人享有的请求债务人为特定行为的权利。债务是债务人按照约定或者法律的规定为特定行为的义务。

二、债的发生原因

《民法典》第 118 条规定：民事主体依法享有债权。债权是因合同、侵权行为、无因管理、不当得利以及法律的其他规定，权利人请求特定义务人为或者不为一定行为的权利，所以引起债发生的法律事实主要包括合同、不当得利、无因管理、侵权行为及其他事实。

（一）合同

合同是平等主体的自然人、法人或其他组织之间设立、变更、终止民事权利义务关系的协议。《民法典》第 119 条规定：依法成立的合同，对当事人具有法律约束力，因此合同是债的发生原因。基于合同所产生的债称为合同之债。合同是最常见、最重要的基于当事人之间的合意而产生的债。

（二）不当得利

《民法典》第 122 条规定：因他人没有法律根据，取得不当利益，受损失的人有权请求其返还不当利益。所以根据法律规定，不当得利人应将不当利益返还给利益受到损害的人，利益受到损害的人也有权要求不当得利人返还不当得利，不当得利成为债的发生原因，基于不当得利产生的债称为不当得利之债。不当得利之债是基于法律的直接规定而形成的债。

（三）无因管理

《民法典》第 121 条规定：没有法定的或者约定的义务，为避免他人利益受损失而进行管理的人，有权请求受益人偿还由此支出的必要费用。根据法律的规定，无因管理一经成立，管理人有权要求受益人偿还管理所支出的必要费用，受益人也有偿还的义务。因此，无因管理成为债发生的又一原因。

（四）侵权行为

《民法典》第 120 条规定：民事权益受到侵害的，被侵权人有权请求侵权人承担侵权责任。任何民事主体的合法权益均受法律保护，侵害人实施了不法行为，给受害人造成损害，侵害人就应承担相应的民事责任，因此侵权行为导致侵害人和受害人之间产生了侵权行为之债。

（五）其他原因

合同、不当得利、无因管理、侵权行为是债发生的主要原因，除此之外，其他法律事实也会引起债的发生。例如，拾得遗失物会在拾得人与遗失物的所有权人之间产生债权债务关系；因缔约过失会在缔约当事人之间产生债权债务关系。

◎ **交互练习：**

涛涛周岁时，父母将影楼摄影师请到家中，为其拍摄纪念照，并要求影楼不得留底片用作他途。相片洗出后，影楼违反约定，将涛涛的相片制成挂历出售，获利颇丰。本案当中存在的债的关系有（　　）。

A. 承揽合同之债

B. 委托合同之债

C. 侵权行为之债

D. 不当得利之债

◎ **案例分析：**

案例 14-1 中，当事人之间，有甲乙之间的运输合同之债，甲丙之间的侵权之债，甲乙之间的不当得利之债，乙与丙之间的无因管理之债，丙丁之间的单方允诺之债等。上述都是债的体现。

◎ **思政点滴：**

债与合同制度的构建

民法中的债与合同部分，对常见的交易行为通过典型合同明确权利义务，进行示范和规制，便于各类民事主体恰当地安排交易，使合同履行更加公平、安全和高效；对合同履行提出绿色生态原则，在买卖合同中规定回收义务，回应广大人民对美好生活的需要；对格式条款加以规制，实现对交易参与主体的保护，体现公平正义的社会价值。债与合同制度有助于民事主体树立权利意识、规则意识，养成良好的行为习惯，奠定全面依法治国的制度根基。

◎ **相关法律：**

《民法典》第 118~122 条。

◎ **实务操作：**

分组讨论：分析下列民事法律事实，指出哪些在当事人之间产生债的关系，并分析债的类型以及每种债的构成要素：

（1）甲被乙家的狗咬伤，要求乙赔偿医药费。

（2）甲交话费时，错将 200 元缴入乙的手机账户中。

（3）甲见马路上的下水道井盖被盗，唯恐路人跌伤，遂自购一井盖铺上。

（4）甲乙双方达成协议约定甲将房屋无偿提供给乙居住，而乙则无偿教授甲的女儿学习钢琴。

任务二 明确债的分类

◎ **案例导入：**

【案例 14-2】 张三、李四、王五共谋报复赵六。三人商量之下，张三将赵六打伤，李四放火将赵六的房屋烧毁，王五到学校将赵六的儿子赵小六打成重伤。

请思考： 三人应否对受害人的损失承担连带赔偿责任？

◎ **知识准备：**

根据民法典相关规定，共同侵权应承担连带责任。本案例关键是要认定三人行为是构成多个单一侵权之债还是多数人共同侵权之债？本节任务就是要明确依据不同标准所划分的债的不同类型。

一、单一之债与多数人之债

单一之债，是指债的双方主体仅为一人的债。多数人之债，是指债的一方或双方主体为二人以上的债。

区分单一之债与多数人之债的意义在于：因单一之债的主体双方都只有一人；而多数人之债当事人之间的关系比较复杂，不仅有债权人和债务人之间的权利、义务关系，而且还有多数债权人之间或多数债务人之间的权利、义务关系。因此，正确区分单一之债与多数人之债，有利于准确地确定债的当事人之间的权利、义务关系。

二、按份之债和连带之债

对于多数人之债，根据多数人一方当事人相互之间的权利、义务关系可分为按份之债和连带之债。

（一）按份之债

按份之债是指多数债权人或多数债务人之间按照确定的份额享有债权或承担债务。

按份之债包括按份债权和按份债务。按照《民法典》规定，债权人为二人以上，标的可分，按照份额各自享有债权的，为按份债权。在按份债权中，各个债权人只能就自己享有的份额请求债务人给付，无权请求债务人全部给付。债务人为二人以上，标的可分，按照份额各自负担债务的，为按份债务。在按份债务中，各个债务人只对自己分担的债务份额负清偿责任，债权人无权请求某一债务人清偿全部债务。按份债权人或者按份债务人的份额难以确定的，视为份额相同。

（二）连带之债

连带之债，是指依照法律的规定或者当事人的约定，享有连带权利的每个债权人，都有权要求债务人履行义务；负有连带义务的每个债务人，都负有清偿全部债务的义务。

1. 连带债权和连带债务

连带之债包括连带债权和连带债务。《民法典》第 518 条规定：债权人为二人以上，部分或者全部债权人均可以请求债务人履行债务的，为连带债权。债务人为二人以上，债权人可以请求部分或者全部债务人履行全部债务的，为连带债务。

2. 连带债权和连带债务中的追偿权

连带债权中的追偿权是指连带债权人受领了债务人的全部给付或超过了其按照比例应当享有的债权数额，则其他债权人有权按照比例向该债权人追偿。连带债权人之间的份额难以确定的，视为份额相同。

连带债务中的追偿权是指连带债务人承担债务超出了其按照内部比例应分担的债务时享有向其他债务人追偿的权利。连带债务人之间的份额难以确定的，视为份额相同。《民法典》第 519 条第 2 款规定：实际承担债务超过自己份额的连带债务人，有权就超出部分在其他连带债务人未履行的份额范围内向其追偿，并相应地享有债权人的权利，但是不得损害债权人的利益。其他连带债务人对债权人的抗辩，可以向该债务人主张。依据此规定，其一，连带债务人必须实际承担了超过其份额的债务。其二，已经承担超过份额的债务的连带债务人，只能就其他连带债务人未履行的份额追偿。其三，连带债务人之间债务份额采取二次分担规则。《民法典》第 519 条第 3 款规定：被追偿的连带债务人不能履行其应分担份额的，其他连带债务人应当在相应范围内按比例分担。

《民法典》第 520 条规定：部分连带债务人履行、抵销债务或者提存标的物的，其他债务人对债权人的债务在相应范围内消灭；该债务人可以依据前条规定向其他债务人追偿。部分连带债务人的债务被债权人免除的，在该连带债务人应当承担的份额范围内，其他债务人对债权人的债务消灭。部分连带债务人的债务与债权人的债权同归于一人的，在扣除该债务人应当承担的份额后，债权人对其他债务人的债权继续存在。债权人对部分连带债务人的给付受领迟延的，对其他连带债务人发生效力。

区分按份之债和连带之债的法律意义在于：按份之债的多数债权人的债权或多数债务人的债务各自是独立的，任何一个债权人接受了其应受份额的权利或任何一个债务人履行了自己应负担份额的义务后，与其他债权人或债务人均不发生任何权利义务关系；而连带之债的连带债权人或连带债务人的权利义务是连带的，连带债权人中的任何一人接受了全部义务的履行，或者连带债务人的任何一人清偿了全部债务时，虽然原债归于消灭，但连带债权人或连带债务人之间则会产生新的按份之债。

◎ **案例分析：**

案例 14-2 中，三人造成的损害具有统一性，统一于三人的共同商议的犯意行为，符合多数人之债的构成。在多数人之债中，三人构成共同侵权，为连带债务人。根据《民法典》第 1168 条，三人需对赵六的人身伤害、赵六的房屋损害、赵小六的人身伤害承担连带赔偿责任。

三、特定物之债和种类物之债

根据债的标的物属性的不同，债可分为特定物之债和种类物之债。

特定物之债是指以特定物为标的物的债；种类物之债是指以种类物为标的物的债。前者在债发生时，其标的物即已存在并被特定化；后者在债发生时，其标的物尚未被特定化，甚至尚不存在，但当事人之间可就债的标的物的种类、数量、质量、规格或型号等内容达成协议。种类物之债和特定物之债是相对应的概念，种类物之债也可转化为特定物之债。例如，甲向乙购买十辆某品牌自行车，并没有指定哪十辆，甲乙之间成立种类物之债，当乙为完成交付将该十辆自行车和其他同品牌自行车分离时，种类物之债转化为特定物之债。

这种分类的法律意义在于：特定物之债的履行，债务人只能以给付特定的标的物履行义务。原则上，当事人不能以其他标的物代替约定的标的物给付，在特定的标的物灭失时，发生债的履行不能。而种类物之债的标的物（包括种类物之债转化为特定物之债），具有可替代性，在约定的标的物发生毁损灭失时，一般不发生履行不能。

四、简单之债与选择之债

根据债的标的有无选择性，债可分为简单之债与选择之债。

简单之债是指债的标的是单一的，当事人只能就该种标的履行，没有选择的余地，又称为不可选择之债。选择之债是指债的标的是两种以上，当事人可以从中选择其一来履行的债。凡在债的给付标的、履行时间、方式、地点、债务不履行的责任等方面可供选择的债，都是选择之债。

选择之债的特殊性主要体现在履行方面。《民法典》第 515 条就具体规定了选择之债的履行过程。

（1）选择权的归属。标的有多项而债务人只需履行其中一项的，债务人享有选择权；但是，法律另有规定、当事人另有约定或者另有交易习惯的除外。

（2）选择权的行使。当事人行使选择权应当及时通知对方，通知到达对方时，标的确定。标的确定后不得变更，但是经对方同意的除外。

（3）选择权的移转。享有选择权的当事人在约定期限内或者履行期限届满未作选择，经催告后在合理期限内仍未选择的，选择权转移至对方。

（4）选择之债中发生履行不能的处理方法。可选择的标的发生不能履行情形的，享有选择权的当事人不得选择不能履行的标的，但是该不能履行的情形是由对方造成的除外。

这种分类的法律意义在于：第一，简单之债的标的是特定的一种；而选择之债的标的是两种以上，只有在有选择权的一方行使选择权，标的特定以后，才能履行。第二，简单之债的标的无法履行时，发生债的履行不能，而选择之债的某种可供选择的标的无法履行时，不发生债的履行不能，当事人可在其余的标的中选择其一履行，只有在诸标的都无法履行时，才发生债的履行不能。

五、主债与从债

根据两个债之间的关系，债可分为主债和从债。

主债，是指能够独立存在，不以他债的存在为前提的债。从债，是不能独立存在，而必须以主债的存在为前提的债。主债与从债是相互对应的，没有主债不发生从债，没有从债也无所谓主债。

区分主债与从债的法律意义在于：从债对主债起着担保作用，从债的效力决定于主债的效力，从债随主债的存在而存在。

六、财物之债与劳务之债

根据债务人的义务是交付财物还是提供劳务，债可区分为财物之债和劳务之债。

财物之债，是指债务人须交付财物的债，即债的标的是财物。劳务之债是指债务人须提供劳务的债，即债的标的是劳务。

区分财物之债和劳务之债的法律意义在于：第一，财物债务在一般情况下可由第三人代为履行；而劳务债务除法律另有规定或当事人另有约定外，一般不能由第三人代为履行。第二，当债务人不履行债务时，财物债务可强制履行，而劳务债务则不宜强制履行。

◎ **交互练习：**

甲对乙说，如果你在三年内考上公务员，我愿将自己的一套住房或者一辆宝马轿车相赠。乙同意。两年之后，乙考取某国家机关职位。关于甲乙的约定，下列说法错误的是（　　）。

　　A. 属于种类之债　　B. 属于选择之债
　　C. 属于连带之债　　D. 属于劳务之债

◎ **延伸阅读：**

如何认定这起"开门杀"事故？

◎ **相关法律：**

《民法典》第 515~521 条。

◎ **实务操作：**

甲乙丙三人为合伙关系，在经营中欠下丁 9000 元债务，回答以下问题。

（1）设丁要求甲一人偿还 9000 元，甲能否拒绝？

（2）设丁要求甲偿还 8990 元，乙偿还 8 元，丙偿还 2 元，可否？

（3）设甲对丁偿还了 9000 元，丁还能否对乙和丙主张债权呢？

（4）设甲对丁偿还了 8000 元，丁能否再请求由甲偿还 1000 元？或者能否再请求丙或乙偿还 1000 元？

（5）设甲对丁偿还了 9000 元。甲取得了什么权利？

（6）设丁请求甲履行全部债务，甲履行了 3000 元，甲是否可以对乙丙进行追偿？

（7）设甲偿还 9000 元后，追偿时见乙破产，便向丙追偿 6000 元。丙如何应付？

（8）设债务到期后，丁表示免除对方债务 5000 元，丁可以向甲乙丙当中的任何一个人主张债务的最高额是多少？

（9）设债务到期之后，丁表示免除丙的 3000 元债务，丁能否再请求丙偿还债务？丁向甲或乙请求偿还的最高债务额是多少？

（10）设上例中，甲偿还了余下的 6000 元债务。后甲追偿时见乙无钱，就向丙追偿 3000 元。丙可否拒绝甲的请求？

项目综合训练

甲欠乙 1000 元，双方约定 2 年后甲以自己的手机或电视机抵债。请分析：

（1）两年后，甲将自己的手机交付给乙，乙可否拒绝，要求甲用电视机抵债？

（2）假如债务到期后，甲的手机不慎被盗，则甲用电视机抵债，乙可否拒绝？

（3）假如债务到期后，经乙催告后，又过了 3 个月，甲既没有交给乙手机，也没有交给乙电视机，此时，乙直接请求交付电视机抵债，可否？

本项目答案

项目十五 初识合同

◎ **知识目标**
- 理解合同的概念和特征。
- 掌握合同的分类及其意义。

◎ **技能目标**
- 能够从分类角度把握每一类合同的特点。

◎ **素质目标**
- 互相合作、相互尊重，充分表达自己的观点，养成良好的表达能力；
- 通过完成任务，培养自由、平等、守信的契约精神。

任务一 认识合同

◎ **案例导入：**

【**案例 15-1**】甲与乙相约利用春节假期到庐山三叠泉作一日游。他们向九江某旅游公司交付团费，1 月 20 日坐上了旅游公司的车来到庐山。甲乙兴致勃勃地游览了庐山瀑布。甲工于诗词，乙长于绘画。他们在庐山欣赏美丽壮观的三叠泉瀑布，甲作诗三首，乙作画四幅。中午甲请乙在餐馆吃饭。乙在庐山购得李白诗画拓两套，钱不够向甲借钱 1000 元。甲乙又拜访了在九江报社工作的主编同志，提到这次画有四幅速写。主编代表编辑部与乙当面约定，画稿近期采用，发表后奉酬 5000 元。临走时，主编赠送二人自己新出的散文集，以供鉴赏。晚上甲、乙回到九江，愉快的旅游结束了。

请思考：他们的一天活动中发生了什么合同关系？

◎ **知识准备：**

我们日常所实施的各种行为，很多是合同。例如：网上购物、银行存款、扫码骑车、微信发红包等。本任务就是认识合同。

一、合同的概念

合同有广义与狭义之分。广义的合同泛指一切确定权利义务的协议，包括行政法上的合同、劳动法上的合同、民法上的合同等。狭义的合同仅指民法上的合同。《民法典》规定的合同是狭义的合同，即"民事主体之间设立、变更、终止民事法律关系的协议"。基于有关身份关系的协议具有独有的特性和规律，因此"婚姻、收养、监护等有关身份关系的协议，适用该有关身份关系的法律规定；没有规定的，可以根据其性质参照适用本编规定"。

《民法典》合同编是调整市场关系的基本法律，体现了商品交换运行的客观规律，合同编中的规则是商品交易实践的反映和要求，合同法律的发展与完善，是人类对交易规则发展与完善的一种表现。

二、合同的特征

合同具有如下法律特征：

其一，合同是一种民事法律行为。依法签订的合同受法律保护。合同以意思表示为要素，并且按意思表示的内容赋予法律效果，故为民事法律行为，而非事实行为。

其二，合同是双方（或多方）民事法律行为。合同的成立必须有两方以上的当事人，他们相互为意思表示，并且意思表示相一致，故为双方（或多方）民事法律行为，而非单方民事法律行为。

其三，合同是当事人各方在平等自愿基础上实施的民事法律行为。在民法中，当事人各方在订立合同时的法律地位应当是平等的，其作出的意思表示应当是自主自愿的。

其四，合同是以设立、变更和终止民事权利义务关系为目的的民事法律行为。人的行为一般都有目的性，合同的目的在于设立、变更和终止民事权利义务关系。

◎ 案例分析：

案例 15-1 中，甲乙和旅游公司之间存在旅游服务合同；甲与餐馆之间存在餐饮服务合同；乙向甲借钱为借款合同；乙与九江报社之间存在出版合同；主编与二人存在赠与合同。

◎ 交互练习：

下列选项中没有合同关系的是(　　　)。

A. 甲考上了重点大学，按之前的约定请乙吃饭

B. 甲拾到乙遗失的钱包，由此与乙发生的返还钱包的债务关系

C. 甲、乙二人一起向丙借款，丙借给二人 1000 元钱

D. 甲卖给乙的电器存在严重的质量问题，造成乙严重伤害

◎ 思政点滴：

合同的法律意义在于保障当事人的合法权益、维护社会经济秩序、推动经济活动的便利化、维护社会公平正义、培育良好法治意识以及促进国际贸易和经济发展等多个方面。这些意义共同构成了合同法律制度的重要价值和功能。

◎ **延伸阅读：**

　　合同的演变。

◎ **相关法律：**

　　《民法典》第 463~465、467~468 条。

◎ **实务操作：**

　　说说生活中哪些合同适用民法典合同编？哪些不适用？找到它们的区别。比如政府采购合同、以招标、投标方式订立的装修合同、以拍卖方式订立的买卖合同、污染限期治理协议、用工单位和劳动者签订的劳动合同、土地承包经营合同、股权转让协议等。

任务二　明确合同的分类

◎ **案例导入：**

　　【案例 15-2】 暑假，大学生张某与李某相约乘火车回家，在候车时，张某突然肚子疼，便将自己的背包交给李某照看，自己起身去了卫生间。此时，李某在候车室遇见了自己的一位老同学，随手将背包放在椅子上，与同学攀谈起来。当张某从卫生间出来时发现自己的背包不见了。张某要求李某赔偿她的损失，可李某觉得自己只是暂时替张某照看一下，只是帮忙而已，怎么可能承担张某的损失呢。

　　请思考： 李某应否承担赔偿责任？

◎ **知识准备：**

　　科学的分类有助于我们把握合同的规律性，有助于民事主体更好地安排合同事务，有助于人民法院或仲裁机构准确适用法律，正确处理合同纠纷。合同作为最重要的一类民事法律行为，关于有偿合同与无偿合同、诺成合同与实践合同、要式合同与不要式合同、主合同与从合同等分类应适用民事法律行为的基本分类。合同行为独有的分类如下：

一、典型合同与非典型合同

　　以法律是否设有规范并赋予一个特定名称为标准，合同分为典型合同与非典型合同。

　　典型合同，又称为有名合同，是指法律设有规范并赋予特定名称的合同。《民法典》和其他民事法律规定的合同都是典型合同，如买卖、租赁、借款合同等。

　　非典型合同，又称为无名合同，是指法律尚未特别规定，亦未赋予一定名称的合同。根据合同自由原则，只要不违背法律、行政法规的强制性规定和社会公共利益，允许当事人根据实际需要订立非典型合同。

区分典型合同与非典型合同的法律意义在于：处理合同纠纷时运用的规则不同。典型合同纠纷应按照有关该合同的规定处理，非典型合同纠纷则适用合同编通则规定以及参照与该合同类似的典型合同的法律规定处理。

◎ **交互练习：**

甲、乙双方达成协议，约定甲将房屋无偿提供给乙居住，乙则无偿教甲的女儿学钢琴。对于该协议，下列说法正确的是(　　)。

A. 属于无名合同

B. 属于实践合同

C. 应适用《民法典》合同编通则的规定

D. 可以参照适用合同编关于租赁合同的规定

二、双务合同与单务合同

以当事人是否互负对待给付义务为标准，合同分为双务合同和单务合同。

双务合同，是指双方当事人互负对待给付义务的合同，即双方当事人均负给付义务，且任何一方当事人之所以负给付义务，旨在取得对方当事人的对待给付。买卖、租赁、商业借款、承揽、有偿保管、有偿委托、居间、行纪等合同均为双务合同。

单务合同，是指仅一方当事人负给付义务的合同。赠与、借用、自然人之间的借款、无偿保管、无偿委托等合同为单务合同。

区分双务合同与单务合同的法律意义在于：其一，双务合同在履行阶段适用同时履行抗辩规则，而单务合同不适用。其二，双务合同因不可归责于双方当事人的原因而不能履行时，发生风险负担问题。而在单务合同中，因不可归责于双方当事人的原因致合同不能履行时风险由债务人承担。其三，在双务合同中，因当事人一方违约而致合同解除并溯及既往时，若另一方已履行合同义务，有权请求违约方返还受领的给付。而单务合同不发生这种返还后果。

三、预约合同与本合同

根据订立合同是否有事先约定的关系为标准，合同分为预约合同和本合同。

预约合同也称为预备性合同，它是指当事人所达成的约定在将来一定期限内订立合同的合同。预约的目的是将来按照预约约定的条件订立合同。预约不产生实体权利义务。《民法典》第 495 条第 1 款规定：当事人约定在将来一定期限内订立合同的认购书、订购书、预订书等，构成预约合同。

本合同又称为本约，是指为履行预约而订立的合同。本约的目的是确定当事人之间的实体权利义务。

区分预约合同与本合同的法律意义在于明确违反预约合同的后果。其一，预约合同义务是"行为义务"，而非"结果义务"。预约成立生效后，当事人负担预约合同义务。预约合同债务人不得无正当理由拒绝订立本约，也不得在磋商订立本约合同时违背诚信原则，导致本约合同不能订立；其二，违反预约合同，应承担预约合同的违约责任。由于预约的标的为订立本约的行为，因此违反预约的违约责任具有特别之处。守约方一般不得诉请违约方承担"强制缔约义务"，但预约合同债务人违反预约给守约方造成损失的，守约方有权请求违约方承担违约损害赔偿责任。

◎ **案例分析：**

在案例 15-2 中，李某虽然是无偿替张某临时照看背包，其义务有别于有偿保管合同中保管人的善良管理人注意义务，但其仍负有无偿保管人的一般注意义务，而其将保管物放置在不安全的地方，疏于保管，导致保管物被盗，其行为明显存在重大过失，应当承担赔偿责任。

◎ **延伸阅读：**

如何看待商品房买卖过程中的认购书？

◎ **相关法律：**

《民法典》第 118～122 条。

◎ **实务操作：**

某律所与某酒店签订合同，由该律所承租该酒店一层客房作为办公用房，并由该酒店负责办公室的日常卫生，并提供午餐，律所每月向酒店支付租金若干。若律所工作人员某日用餐时发生食物中毒，经检验为酒店所提供的午餐不符合卫生标准，该如何处理？

请根据民法典相关规定进行案例分析。

项目综合训练

甲乙签订货物买卖合同，约定由甲代办托运。甲遂与丙签订运输合同，明确约定收货人乙可以直接请求丙交付货物。随后，甲将指示交付事项通知了乙，提醒其当面验收。不料，运输途中，丙的驾驶员丁操作失误，发生交通事故，导致货物受损，无法向乙按约交货。乙找甲、丙、丁赔偿事故造成的损失，甲辩称：甲的合同义务已经完成，没有违约行为；丙辩称：甲丙签订合同，乙没有提出赔偿的权利；丁辩称：丁与丙签有劳动合同，完成工作任务的行为由单位负责。

请分析：

（1）梳理本案中所有的合同行为，并指出该合同的主体是谁。

（2）本案中出现的合同，都可以适用民法典合同编吗？为什么？

（3）探讨谁应该承担货物损失。

本项目答案

项目十六 订 立 合 同

◎ **知识目标**

- 正确理解并掌握合同订立的过程以及合同成立的条件。
- 理解缔约过失责任理论及构成要件。

◎ **技能目标**

- 能够准确把握订立合同的环节及过程，界定合同是否成立。
- 能够分析合同主要条款，判断格式条款效力。
- 能够分析是否构成缔约过失及如何追究缔约过失责任。

◎ **素质目标**

- 培养将合同规范与具体生活实践和生产实践融合运用的能力，增强合同意识。
- 培育平等、公平、诚信、绿色节约的法律素养。

任务一 分析订立过程

◎ **案例导入：**

　　【案例 16-1】一公司刊登广告：为纪念本公司成立 50 周年，推出优惠价黄金项链。项链为 24K 金，重 10 克，每条售价 1000 元。广告详细介绍了项链的特点，有彩色图形作辅助说明，并称欲购者请汇款至本公司，本公司将在一周内将项链寄出，广告 3 个月内有效。李某寄钱购买，却被告知已售完，无货可供。故双方发生纠纷。

　　请思考：合同是否成立？公司是否应承担违约责任？

◎ **知识准备：**

　　这一案件中双方发生纠纷，主要在于双方对于合同订立过程认识不清，导致对合同是否成立有争议。合同的订立是两个以上当事人互为意思表示、达成合意的过程。本任务是对合同订立过程进行分析。实践中，合同订立的过程不一而足，《民法典》第 471 条规定：当事人订立合同，可以采取要约、承诺方式或者其他方式。其中，要约和承诺为最主要的缔约方式。

一、要约

（一）要约的含义

1. 要约的概念

要约，根据《民法典》第 472 条规定："要约是希望与他人订立合同的意思表示"。可见，要约是指一方当事人以缔结合同为目的，向对方当事人所作出的意思表示。其中，发出要约的人称为要约人，接受要约的人称为受要约人、相对人或承诺人。

2. 要约的构成要件

（1）要约是由具有订约能力的特定人作出的意思表示。要约的发出旨在与他人订立合同，并唤起相对人的承诺，所以要约人必须是订立合同的一方当事人。根据《民法典》第 143 条的规定，实施民事法律行为的行为人应当具有相应的民事行为能力。因此，要约人应当具有订立合同的行为能力，无行为能力人或依法不能独立实施某种行为的限制行为能力人发出欲订立合同的要约，不应产生行为人预期的效果。

（2）要约必须向要约人希望与其缔结合同的受要约人发出。要约只有向要约人希望与之缔结合同的受要约人发出，才能唤起受要约人的承诺。要约原则上应向特定人作出。但某些特定情况下承认向不特定人发出的订约提议具有要约的效力。要约人愿意向不特定多数人发出要约，并自愿承担由此产生的后果，也可以是要约。

（3）要约必须具有订立合同的意图。《民法典》第 472 条规定：要约是希望与他人订立合同的意思表示，要约应当表明经受要约人承诺，要约人即受该意思表示约束。在判断要约人是否具有订约意图时，应考虑要约使用的语言、文字及其他情况来确定。例如"我准备""我正在考虑"和"我决定"就有根本区别。

（4）要约的内容必须具体确定。《民法典》第 472 条规定：要约的内容应当具体确定。"具体"是指要约应当包含依合同性质应当具备的必要条件。"确定"是指要约的内容必须明确，而不能含糊不清或自相矛盾，使受要约人不能通过要约了解要约人的真实意图而无法承诺。

只有完全具备上述四个要件，才能构成要约。

（二）要约邀请与要约

要约邀请，又称要约引诱，是一方向他方发出的希望他方向自己发出要约的提议。要约与要约邀请的区别主要表现在以下几个方面：

（1）要约以订立合同为直接目的。而要约邀请只是唤起他人向自己发出要约表示，它只是订立合同的预备行为。

（2）要约的内容必须明确具体，能够决定合同的主要内容，即必须包含能使合同得以成立的必要条款。要约邀请一般比较笼统，只是对自己的产品质量、服务态度及业务能力等进行宣传。

（3）要约原则上要向特定人发出，只在法律规定的特殊情况下才能向不特定人发出。要约邀请的对象一般是不特定的大众；要约多采取对话和信函方式。要约邀请往往借助电视、广播、报刊等媒介传播，一般双方并没有实际接触；要约对要约人具有约束力。

（4）一旦要约送达受要约人，要约人就不能撤回，只能在符合法定的条件下撤销要约。要约邀请人不会承受要约人那样的约束力，当事人可以任意撤回，要约邀请不存在撤销问题。

根据《民法典》第 473 条规定："拍卖公告、招标公告、招股说明书、债券募集办法、基金招股说明书、商业广告和宣传、寄送的价目表等为要约邀请。商业广告和宣传的内容符合要约条件的，构成要约。"

◎ **案例分析：**

案例 16-1 中，该公司发布广告声称：所售项链为 24K 金，重 10 克，每条售价 1000 元。广告详细介绍了项链的特点，并有彩色图形作辅助说明。并称欲购者请汇款至本公司，本公司将在一周内将项链寄出，广告 3 个月内有效。该广告包含了订立买卖合同的要件，足以让相对方据此作出决定，而且明确了广告 3 个月内有效，因此应当视为要约而不是要约邀请，李某寄钱购买，是依照要约的要求以行为的方式作出承诺，至此合同成立，该公司应当履行合同承诺，其不履行合同的行为构成违约。

（三）要约的法律效力

1. 要约生效

要约为典型的意思表示行为，遵循意思表示原理。要约到达受要约人时生效。所谓到达，是指要约到达受要约人能够控制的地方。根据《民法典》第 137 条规定，区分要约的作出方式，以面对面的对话、打电话、QQ 聊天等对话方式作出的意思表示，相对人知道其内容时生效；以写信、发邮件等非对话方式作出的意思表示，到达相对人时生效。

2. 要约的约束力

要约对要约人的约束力，是指要约一经发出，要约人即受到要约的约束，不得随意撤回、撤销或变更要约；要约对受要约人的约束力，是指要约一经生效，受要约人即取得承诺的权利和资格。

3. 要约的存续期间

要约的存续期间，即要约的有效期间，在存续期间内承诺人可以为有效承诺，因此存续期间又称承诺期间。它分为定有存续期间和未定存续期间两种情形：要约中定有存续期间的，受要约人在此期间承诺才为有效承诺；要约未定存续期间的，在对话缔约人间，只有受要约人立即承诺才为有效承诺；在非对话缔约人间，只有受要约人在合理期间作出承诺并到达要约人才为有效承诺。合理期间包括受要约人考虑是否承诺所需的时间、承诺发出并到达要约人所需的时间。

◎ **交互练习：**

甲听说乙有一祖传玉石，遂前往询价，甲问："你多少钱卖？"乙说："你出多少钱？"甲问："15 万元卖不卖？"乙说："20 万元可以马上拿走。"甲未置可否。三天后甲携款20万元前来购买，乙说："25万元才能卖。" 对此下列说法正确的是(　　)。

　　A. 乙说"你出多少钱"属于要约

　　B. 乙说"20万元可以马上拿走"属于要约邀请

　　C. 甲携款20万元钱来购买时合同成立

　　D. 乙说"25万元才能卖"属于要约

　　4. 要约的撤回和撤销

　　要约的撤回，是指要约发出后生效之前，要约人发出撤回要约的通知使要约不发生法律效力的行为。撤回要约的通知须先于或同时与要约到达受要约人，才会产生撤回的效力。要约的撤销，是指要约生效之后，要约人发出撤销的通知使该要约的效力归于消灭的行为。撤销要约的通知必须于受要约人发出承诺通知前到达受要约人，才会产生撤销的效力。但以下情况下，要约不可撤销：一是要约人确定了承诺期限或者以其他形式明示要约不可撤销；二是受要约人有理由认为要约是不可撤销的，并已经为履行合同作了准备工作的。

　　5. 要约的失效

　　要约的失效，是指要约的法律效力归于消灭，要约人和受要约人不再受其约束。要约在下列情况下失效：一是要约被拒绝；二是要约人被依法撤销；三是承诺期限届满，受要约人未作出承诺；四是受要约人对要约的内容作出实质性变更。

二、承诺

　　【案例16-2】万某经营着一家软件公司，某日，万某收到某银行的信函，要求万某为其制作某软件，报酬10万元。万某看到该信函时注明的承诺有效期只有两天了，万某赶紧制作软件，第二天便将承诺和软件一起发给该银行。由于邮政局的疏忽造成滞留，本来一天就可以到的信件，这一次却三天才到。万某认为承诺过期，为失去一个大订单懊悔不已。

　　请思考：迟到的承诺有效吗？

　　(一) 承诺的概念和构成要件

　　承诺，是受要约人作出的同意接受要约中的条件以成立合同的意思表示。在商业活动中，承诺又称接盘。承诺应当具备下列要件：

　　1. 承诺必须由受要约人向要约人作出

　　受要约人是要约人选定的缔约对象，只有受要约人有承诺的资格，因此承诺必须由受要约人作出。同时承诺既然是对要约人发出的要约所作的答复，因此，只有向要约人作出承诺，才能导致合同成立。受要约人以外的第三人对要约作出同意的表示或受要约人向要约人以外的其他人作出的承诺，只能视为发出了新的要约，不产生承诺的效力。

　　2. 承诺的内容必须与要约的内容一致

　　承诺的内容与要约的内容一致是指受要约人必须同意要约的实质内容，而未对要约的内容作出任何实质性的扩张、限制或变更，否则便不构成承诺，而应视为对要约的拒绝从而构成反要约。按照《民法典》第488条的规定，有关合同标的、数量、质量、价款或者报酬、履行期限、履行地点和方式、违约责任和解决争议的方法等的变更，是对要约内容的实质性变更。承诺对要约的内容作出非实质性变更，不影响承诺的效力，但要约人及时表示反对或者要约表明承诺不得对要约的内容作出任何变更的，该承诺无效。

3. 承诺必须在要约的存续期间内作出并到达要约人

要约的存续期间，是指要约人确定的要约有效期间或在特定情况下根据交易惯例确定的要约的合理有效期间。承诺必须在要约的存续期间内作出并到达要约人。超过这一期间，要约消灭，受要约人不能再为承诺，其作出的同意表示也只能视为向要约人发出的新要约。

4. 承诺的方式必须符合要约的要求

根据《民法典》第480条规定，承诺应当以通知的方式作出；但是，根据交易习惯或者要约表明可以通过行为作出承诺的除外。

（二）承诺的效力

1. 承诺生效与合同成立

承诺通知到达要约人时生效。承诺不需要通知的，根据交易习惯或者要约的要求作出承诺的行为时生效。承诺生效时合同成立，但法律有特别规定或者当事人有特别约定的除外。

2. 承诺迟到

承诺未在要约的存续期间内作出并到达要约人的为承诺迟到，承诺迟到有两种后果：一种是因受要约人的原因导致承诺迟到，即受要约人超过承诺期限发出承诺或虽在承诺期限内发出承诺但未留足在途时间，承诺到达时已超过承诺期限的，除要约人及时通知受要约人该承诺有效的以外，为新要约；另一种是受要约人在承诺期限内发出承诺，按照通常情形能够及时到达要约人，但因其他原因到达要约人时超过承诺期限的，除要约人及时通知受要约人因承诺超过期限不接受该承诺的以外，该承诺有效。

◎ **案例分析：**

案例16-2中，由于邮政局的疏忽造成信件滞留而导致承诺迟到，非因万某自身原因造成承诺迟到，这样的承诺是有效的，除非银行及时通知万某因承诺超过期限不接受该承诺。这也提示要约人，在收到迟到的承诺后一定要关注迟到的原因，及时作出回应。

3. 承诺的撤回

承诺的撤回，是指承诺发出后生效前，受要约人阻止承诺发生法律效力的行为。撤回承诺的通知必须先于或同时与承诺到达要约人。

◎ **延伸阅读：**

聚焦短视频平台购票。

◎ **相关法律：**

《民法典》第 471~489 条。

◎ **实务操作：**

甲回到家中看到自家快递箱中有巧克力一盒及信件一封。信中写道："本商场新年大促销，原价 999 元一盒的巧克力，现价只需 99 元。若您愿意购买，请于三日内扫描下方二维码支付相应款项。若您不愿购买，请于三日内将巧克力寄回或送回我商场。"甲看后没当回事，随手将巧克力放在茶几上，未置可否。过了三日后，该商场请求甲支付款项。

请分析： 商场的请求能否得到支持？

任务二　梳理合同条款

◎ **案例导入：**

【**案例 16-3**】甲公司与乙公司通过磋商签订一份秘密从境外买卖免税香烟并运至国内销售的合同。甲公司依双方约定，按期将香烟运至境内，但乙公司提走货物后，以目前账上无钱为由，要求暂缓支付货款，甲公司同意。3 个月后，乙公司仍未支付货款，甲公司多次索要无果，遂向当地人民法院起诉要求乙公司支付货款并支付违约金。

请思考： 该合同是否具有法律效力？应如何处理？

◎ **知识准备：**

本案中，双方当事人通过合同订立过程，对合同的主要内容达成一致，合同就此成立，本任务聚焦合同的成立与合同条款的梳理。合同成立后，通过对合同内容和形式的法律评价，才能判断出合同的效力。

一、合同成立的含义

所谓合同成立，是指合同当事人在意图建立的民事权利义务关系方面达成一致。当然，这个达成一致并非指在任何方面都要达成一致，而是指当事人就该交易的主要方面达成一致即可。《民法典合同编通则解释》第 3 条规定，除法律另有规定或者当事人另有约定的之外，人民法院能够确定当事人姓名或者名称、标的和数量的，一般应当认定合同成立。对合同欠缺的其他内容，人民法院依据合同履行规则规定予以确定。

合同订立、合同的成立、合同有效及生效具有不同的法律含义：

第一，合同的订立，是指缔约人为意思表示并达成合意的过程。这一过程涵盖了缔约各方自接触、洽商直至达成合意的动态行为和最终达成静态协议的两个阶段、两种状态。一般情况下，合同成立是合同订立的最后环节；有些情况下，有合同订立的动态行为，但却未必出现合同成立的静态结果。

第二，合同的成立不同于合同的有效。合同的成立是当事人意思表示一致的结果，而合同是否有效，即是否产生法律约束力，则取决于法律的评价。有效的合同必须已经成立，但是成立的合同不一定有效，比如违反法律、行政法规效力性禁止规定的合同，即便当事人达成合意已经成立，但也无效。

◎ **案例分析：**

案例 16-3 中，买卖香烟的合同系双方达成合意，已经成立，但因为买卖的香烟是逃避海关税收的禁止流通物，违反了法律效力性禁止规定，因此合同是无效的。既然合同为无效，则不得履行。应当依法收缴香烟，买卖双方还应受到相应的处罚。

第三，合同的有效也不同于合同的生效。合同的有效是指合同所反映的当事人的意志与法律规定相符合，因此为法律所肯定，在当事人之间产生法律约束力。而合同的生效是指有效的合同产生了实际履行的效力，具备了实现权利的条件和履行义务的需求。生效的合同必须有效，但有效的合同不一定立即生效，比如附生效条件的合同，在条件成就之前已经成立并有效，但是只有当所附条件成就时，合同才生效。

二、合同成立的时间和地点

承诺生效时合同成立。《民法典》第 483 条规定："承诺生效时合同成立，但是法律另有规定或者当事人另有约定的除外。"例外的主要有如下情形：

第一，若为要式合同，缔约人履行完法定或约定手续的时间为合同成立的时间。例如：当事人采用合同书形式订立合同的，自双方当事人均签名、盖章或者按指印时合同成立。但在签名、盖章或者按指印之前，当事人一方已经履行主要义务，对方接受时，该合同成立。法律、行政法规规定或者当事人约定合同应当采用书面形式订立，当事人未采用书面形式但是一方已经履行主要义务，对方接受时，该合同成立。第二，当事人采用信件、数据电文等形式订立合同要求签订确认书的，签订确认书时合同成立。第三，当事人通过互联网等信息网络发布的商品或者服务信息符合要约条件的，对方选择该商品或者服务并提交订单成功时合同成立，但是当事人另有约定的除外。第四，对于定金、个人借贷、借用、保管等实践合同而言，即使双方签字盖章，合同也不成立，需要以标的物的交付为准。

承诺生效的地点为合同成立的地点。采用数据电文形式订立合同的，收件人的主营业地为合同成立的地点；没有主营业地的，其住所地为合同成立的地点。当事人另有约定的，按照其约定。当事人采用合同书形式订立合同的，最后签名、盖章或者按指印的地点为合同成立的地点，但是当事人另有约定的除外。

◎ **交互练习:**

关于合同成立的时间,以下说法正确的是( )。

A. 原则上承诺生效的时间,就是合同成立的时间

B. 当事人约定办理公证后赠与合同成立的,办理公证前当事人达成合意时,合同并未成立

C. 当事人约定采取书面形式订立合同的,在签订书面合同之后合同才成立

D. 不动产抵押合同自当事人办理抵押登记时合同成立

三、合同的条款

《民法典》第470条规定了合同的示范性条款,这些条款有:

1. 当事人的姓名或者名称和住所

当事人是合同权利义务和合同责任的承受者,合同当事人应是客观存在和特定化的人,因此要求在订立合同时通过明示当事人的名称或者姓名和住所,将当事人特定化、明确化。

2. 标的

标的是合同权利义务指向的对象。标的是一切合同的主要条款,合同必须清楚地写明合同的标的,以使标的特定化,能够界定权利义务的基本指向。

3. 质量和数量

标的的质量和数量是确定合同标的的具体条件。标的的质量指明标的应是什么样的,包括标的的技术指标、规格、型号等。标的的数量指明标的的多少,应选择双方认可的计量方法。标的的质量和数量要订得具体明确。

4. 价款或报酬

价款是取得标的物所应支付的代价,报酬是获得服务所支付的代价。价款或报酬应约定明确。除此之外,对合同履行中需要支出的费用如运费、保险费、装卸费、保管费、报关费等应由谁支付也应约定明确。

5. 履行期限、地点和方式

履行期限是当事人履行合同义务的时间,可以是即时履行、定时履行、定期履行等;履行地点是当事人履行合同义务的场所,可以是债务人住所地、债权人住所地等;履行方式是当事人履行合同义务的方法,例如,是一次履行还是分次履行,是交付实物还是交付标的物的所有权凭证等。

6. 违约责任

违约责任是指违反法定的或约定的合同义务应当承担的民事责任。违约责任可以由当事人进行约定,例如,约定免责条款、违约责任方式、赔偿范围等,以明确责任,促使当事人履行债务,并为违约时解决问题提供依据。

7. 解决争议的方法

解决争议的方法,是发生合同纠纷时采用何种方式来解决纠纷。当事人可以约定采用诉讼或仲裁方式,还可就如何选择适用的法律、如何选择管辖的法院做出决定。

四、格式条款

（一）格式条款的概念和特征

《民法典》第496条第1款规定，格式条款是当事人为了重复使用而预先拟定，并在订立合同时未与对方协商的条款。格式条款的提供方通常基于避免个别协商寻求重复使用进而提高交易效率的目的来事先拟定格式条款，因此，格式条款具有"预先拟定性"和"重复使用性"的特征，但是格式条款最重要、最本质的特征是"未与对方协商"，因此法律需要从格式条款的这一特征入手进行规制，以避免格式条款成为"霸王条款"，陷入损害对方利益的境地，从而使得格式条款对于提高交易效率的优越性得以释放的同时，又能够平衡双方当事人的利益。

（二）格式条款订入合同及效力判断

首先，格式条款应订入合同，成为合同条款。《民法典》第496条第2款规定，采用格式条款订立合同的，提供格式条款的一方应当遵循公平原则确定当事人之间的权利和义务，并采取合理的方式提示对方注意免除或者减轻其责任等与对方有重大利害关系的条款，按照对方的要求，对该条款予以说明。提供格式条款的一方未履行提示或者说明义务，致使对方没有注意或者理解与其有重大利害关系的条款的，对方可以主张该条款不成为合同的内容。

其次，已经成为合同条款的格式条款的效力判断。订入合同成为合同条款，仅仅是格式条款成为约束合同双方当事人的第一个环节，进一步要做的是对该格式条款的效力进行判断。只有该格式条款有效，才能最终使得该条款对双方当事人产生法律约束力。根据《民法典》第497条之规定，有下列情形之一的，该格式条款无效：（1）具有《民法典》第一编第六章第三节和本法第五百零六条规定的无效情形；（2）提供格式条款一方不合理地免除或者减轻其责任、加重对方责任、限制对方主要权利；（3）提供格式条款一方排除对方主要权利。

（三）对格式条款的解释

根据《民法典》第498条的规定，对格式条款的理解发生争议的，应当按照通常理解予以解释。对格式条款有两种以上解释的，应当作出不利于提供格式条款一方的解释。格式条款和非格式条款不一致的，应当采用非格式条款。

◎ **思政点滴：**

在数字经济、互联网产业飞速发展的大背景下，线上交易中企业基本都采用格式条款的方式与消费者建立契约关系。法律明确赋予了格式条款提供者进行提示说明的义务。提供格式条款的企业应当基于公平、诚信原则，依法、合理制定格式条款的内容，并对于履行方式等与消费者有重大利害关系的条款，向消费者进行特别的提醒和说明，从而维护交易秩序，平衡双方利益。

◎ **延伸阅读：**

网购合同的成立时间：网购时商家"砍单"如何维权？

◎ **相关法律：**

《民法典》第 490~493、496~498 条。

任务三　运用缔约过失责任

◎ **案例导入：**

【案例 16-4】 张某、王某共同出资设立 A 有限公司。经营半年多后，二人都打算退出 A 公司，他们找到 B 公司，表示想转让 A 公司股权。B 公司有意受让，特委托中介机构进行尽职调查并支付费用 8 万元。张某、王某与 B 公司就股权转让合同内容进行了多轮磋商，价格已经谈妥，当合同文书起草好准备签字盖章的时候，张某、王某突然说要将股权以更高的价格转让给 C 公司。

请思考： 张某、王某是否应向 B 公司承担责任呢？这种责任如何界定？

◎ **知识准备：**

在案例 16-4 中，随着 B 公司与张某、王某谈判磋商的进行，双方之间产生了一种信赖关系，基于这种信赖，法律要求双方在缔约过程中遵守基本的诚信，特别是当双方已经谈妥价格以后，一般而言不能随意再行反悔。不过，由于张某、王某与 B 公司之间的股权转让协议并未签订，更谈不上生效，故张某、王某有权将股权卖给 C 公司。但是，由于张某、王某与 B 公司的缔约谈判已经到了相当的程度，张某、王某在即将签订合同前突然宣布不再与 B 公司签订合同，构成了对诚信原则的违反，故应该赔偿因此给 B 公司造成的实际经济损失 8 万元。这种责任，民法上称为缔约过失责任。本任务就是运用缔约过失责任，解决当事人纠纷。

一、缔约过失责任的概念与特征

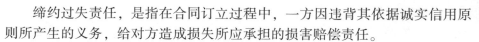

缔约过失责任，是指在合同订立过程中，一方因违背其依据诚实信用原则所产生的义务，给对方造成损失所应承担的损害赔偿责任。

缔约过失责任作为债务不履行责任与违约责任相比，具有以下特点：（1）缔约一方当事人违反了合同义务；（2）缔约过失责任不以合同有效成立为前提，包括合同未成立、合同无效或被撤销、合同有效三种类型；（3）缔约一方违反先合同义务具有可归责性；（4）缔约一方违反先合同义务造成缔约相对方利益损失。

二、缔约过失责任的构成要件

（1）当事人一方违反先合同义务。依据诚实信用原则的要求，当事人在订立合同时负有一定的附随义务。这些义务称为先合同义务，包括使用方法及瑕疵的告知义务、协作和照顾义务、忠实义务、及时通知义务、保密义务等。例如，样品买卖合同的订立需要先检测样品，出卖人应当告知样品的使用方法及瑕疵，如果出卖人有意隐瞒致买卖合同被撤销并给对方造成损害，出卖人就应当承担缔约过失责任。

（2）对方当事人受有损害。损害事实是缔约过失责任的构成要件之一，无损害则无缔约过失责任。损害既包括人身损害，也包括财产损害，通说认为缔约过失责任的赔偿范围不包括精神损害。

（3）违反先合同义务与损害之间有因果关系。违反先合同义务与损害之间有因果关系，即损害是由违反先合同义务引起的。如果对方遭受损害的事实非因一方违反先合同义务的行为所引起，即使损害发生在缔约过程中，也不产生缔约过失责任。

（4）违反先合同义务的一方有过错。这里的过错指故意和过失的心理状态。过错是缔约过失责任的构成要件，无过错即无缔约过失责任。

三、缔约过失责任的主要类型

根据《民法典》第500条、第501条相关规定，缔约过失责任主要有如下类型：

（一）假借订立合同，恶意进行磋商

所谓"假借"，就是根本没有与对方订立合同的目的，与对方进行谈判只是个借口，目的是损害对方或者他人利益。所谓"恶意"，是指故意给对方造成损害的主观心理状态，它不仅包括行为人主观上并没有谈判意图，还包括行为人主观上具有给对方造成损害的目的和动机。例如，在房价见涨之际，甲明知自己的房屋已经出售给丙，仍与乙就房屋买卖进行磋商，并许诺与乙订立合同，最后致使乙丧失缔约机会不得不以高价与他人订立房屋买卖合同，从而遭受损害。

（二）故意隐瞒与订立合同有关的重要事实或者提供虚假情况

故意隐瞒与订立合同有关的重要事实或者提供虚假情况属于缔约过程中的欺诈行为。例如，对财产状况、履约能力、产品瑕疵等决定当事人是否订立合同的重要事实不告知或故意告知虚假情况。

（三）泄露或者不正当使用商业秘密或者其他应当保密的信息

这是指对于在订立合同过程中知悉的有关对方的商业秘密或者其他应当保密的信息，违反保密义务或者有关保密要求，泄露、不正当使用或允许他人使用。

（四）因过错导致合同被宣告无效或被撤销

合同无效或被撤销，如果一方有过错并给另一方造成损失，可按缔约过失责任给予对方赔偿。

（五）在订立合同过程中，其他违背诚实信用原则的故意或过失行为，造成对方损失的

在订立合同过程中，未尽通知、保护、协助等义务而导致对方遭受损害的，未尽义务的一方应负缔约过失责任。如依照法律、行政法规的规定经批准或者登记才能生效的合同成立后，有义务办理申请批准或者申请登记等手续的一方当事人未按照法律规定或者合同约定办理申请批准或者未申请登记的，即属于"其他违背诚信原则的行为"。相对方可向法院请求自己办理有关手续，由此产生的费用和造成的实际损失，应由未尽义务方承担损害赔偿责任。

◎ **交互练习：**

甲以23万元将一辆汽车卖给乙。该车的里程表因故障显示行驶里程为4万公里，

但实际上已行驶了 8 万公里,市值为 16 万元。甲明知有误,却未向乙说明,乙误以为真。事后乙得知真相,欲向甲讨个说法,根据民法典的规定,乙的下列请求哪些于法有据?( )

A. 以甲欺诈为由,请求法院撤销合同。

B. 请求甲减少价款到 16 万元。

C. 以重大误解为理由,致函甲请求撤销合同,合同自该函到达甲时即被撤销。

D. 请求甲承担缔约过失责任。

四、缔约过失责任的赔偿范围

缔约过失责任的责任方式为损害赔偿,其目的在于弥补当事人所受损害。关于缔约相对方遭受的利益损失范围,目前通说为信赖利益的损失,包括直接利益损失,及可预见的间接利益损失。信赖利益的损害赔偿,旨在使受损一方当事人的利益恢复到未曾参与合同订立或者合同成立之前的状态。缔约相对方实际损失一般包括与对方联系、赴实地考察以及检查标的物所支出的各种合理费用、准备履行合同所支出的费用等。

◎ **思政点滴:**

民事主体在缔结合同时应当遵循诚实信用原则,互相协助、互相照顾、互相告知、互相诚实,认真履行其所负有的义务,不得因无合同约束而滥用订约自由或实施其他致人损害的不正当行为。在司法实践中,科学、规范地适用缔约责任制度,不仅是规范市场交易行为,保护当事人合法权益的内在需要,也是我国社会主义法治的客观要求。

◎ **延伸阅读:**

用人单位的缔约过失责任。

◎ **相关法律:**

《民法典》第 500、501 条。

◎ **实务操作:**

张先生想做运动服装加盟连锁业务,与专门生产、销售运动服的 A 公司拓展加盟业务相契合。经多方考察,张先生对运动服品质、开店资本、环境等方面都很满意。于是双方商定:张先生选好店址,经公司调研后符合营销条件,即可签订合同、着手装修。A 公司为其门店装修提供技术和人力上的支持;并且由于张先生手头资金不足,A 公司同意先发两批货,至订购第三批服装时再支付前两批的费用。于是张先生请了一个月的假,敲定店址。A 公司派人调研后表示店址没有问题,但是提出该品牌价值看涨,前两批服装费不能拖欠,并要求张先生再加 3 万元加盟费。

张先生认为这违反了他们谈判时的约定,拒绝接受,并要求 A 公司赔偿 100 元实地考察费用;3000 元寻找店址的费用;一个月的误工费;因此丧失其他商业机会所造成的损失。A 公司则辩称市场经济主体有充分的经营自主权,双方为了合作而进行协商很常见,只要没有正式签合同,就无须负责。

请根据案情,以张先生为委托人,制作案例分析报告。报告要点:正确分析当事人之间的法律关系,理清张先生可支持的赔偿诉求。

项目综合训练

(1)某杂志社发布征稿启事:"凡被我杂志社选中稿件者,按千字 300 元付稿酬。"刘某见到征稿启事后,立即写了一篇 3000 字的散文寄给杂志社。杂志社采用了该稿件,并随后寄给刘某 900 元。

请分析该合同运行的过程和环节。

(2)对比下面有关格式条款的案例,分析格式条款效力和格式条款解释的规则,并作案例分析报告。

【例 1】机动车商业险中的"汽车自燃原因引起的损害,概不赔偿"条款。

【例 2】甲与乙公司订立美容服务协议,约定服务期为半年,服务费预收后逐次计扣,乙公司提供的协议格式条款中载明"如甲单方放弃服务,余款不退"(并注明该条款不得更改)。

【例 3】刘某提前两周以 600 元订购了海鸥航空公司全价 1000 元的六折机票,后因临时改变行程,刘某于航班起飞前一小时前往售票处办理退票手续,海鸥航空公司规定起飞前两小时内退票按机票价格收取 30% 手续费。

(3)甲隐瞒了其所购别墅内曾发生恶性刑事案件的事实,以明显低于市场价的价格将其转卖给乙;乙在不知情的情况下,放弃他人以市场价出售的别墅,购买了甲的别墅。几个月后乙获悉实情,向法院申请撤销合同。

请运用合同效力和缔约过失责任的相关法律规定,分析以下问题:

①别墅买卖合同效力如何?

②合同撤销后,乙主张在订立及履行合同过程当中支付的各种必要费用、别墅价格与此前订立合同时别墅价格的差价损失,甲主张对方支付合同撤销前别墅的使用费。上述费用可以支持的有哪些?

本项目答案

项目十七　履行合同

◎ **知识目标**

- 理解合同履行的基本原则。
- 掌握合同履行的具体规则。
- 熟悉双务合同履行中的抗辩权。

◎ **技能目标**

- 能够运用合同履行的原则和规则解决实际问题。
- 能够正确使用抗辩权保护自己的合法权益。
- 能够识别并处理与第三人有关的合同履行问题。

◎ **素质目标**

- 培养诚信履约的道德观念。
- 提高法律意识和合同风险防范能力。
- 增强解决复杂合同问题的分析和决策能力。

任务一　遵循合同履行的原则

◎ **案例导入：**

【案例 17-1】李影打算购买某开发商预售的新房，参观样板房后，李影询问光线问题，销售人员告知，李影询问的这套房屋北向窗外消防连廊为玻璃连廊，不影响采光和通风，还可看到北面的农田。李影便与开发商签订房屋预售合同并按约支付了房款。

谁料等到交房时，李影发现房屋北侧窗户几乎完全被实心墙体连廊（核心筒）遮挡，连廊并非玻璃连廊，无法看到北面景观，房屋北向的采光只能通过窗户与连廊之间 1 米左右宽度的天井来完成，光线十分昏暗，严重影响房屋的采光、通风。

请思考：开发商履行合同是否适当？

◎ **知识准备：**

这一案件中开发商与李影签订了商品房预售合同，建立了买卖法律关系，双方需要履行合同义务，才能使合同利益得以实现，所以合同履行是合同进程中至关重要的一个环节。《民法典》对合同的履行提出了要求，合同履行要遵循下述原则：

一、全面履行原则

《民法典》第 509 条第 1 款规定：当事人应当按照约定全面履行自己的义务。全面履行，也可以称为适当履行，包括"五适当"，即适当的主体在适当的时间、适当的地点以适当的方式履行适当的标的。既包括履行合同的主给付义务，还包括履行从给付义务、附随义务。《民法典》第 577 条规定：当事人一方不履行合同义务或者履行合同义务不符合约定的，应当承担继续履行、采取补救措施或者赔偿损失等违约责任。

◎ **案例分析：**

案例 17-1 中，开发商事前知悉规划设计方案，对于直接或间接影响商品房价值以及业主生活的不利因素，开发商应当向买受人负有及时披露和如实说明的义务，但是销售人员告知李影消防连廊为玻璃连廊，不影响采光和通风，还可看到北面的农田。根据全面履行原则，开发商应按照合同约定交付房屋。但实际交付的房屋与样板房及销售人员描述不符，存在严重缺陷。因此，开发商未完全履行合同义务，构成违约。

二、诚信履行原则

《民法典》在总则编第 7 条规定：民事主体从事民事活动，应当遵循诚信原则，秉承诚实，恪守承诺。合同编第 509 条第 2 款规定：当事人应当遵循诚信原则，根据合同的性质、目的和交易习惯履行通知、协助、保密等义务。这一条款是诚信原则在合同履行中的具体体现。

三、绿色原则

《民法典》第 9 条规定：民事主体从事民事活动，应当有利于节约资源、保护生态环境。《民法典》第 509 条第 3 款规定，当事人在履行合同过程中，应当避免浪费资源、污染环境和破坏生态。第 625 条规定："依照法律、行政法规的规定或者按照当事人的约定，标的物在有效使用年限届满后应予回收的，出卖人负有自行或者委托第三人对标的物予以回收的义务。"

◎ **交互练习：**

根据《民法典》，以下不属于绿色原则在合同履行中的体现的是（　　　）。

A. 合同履行过程中双方约定使用环保材料

B. 合同中规定产品包装应减少塑料使用

C. 合同中规定产品运输过程中应优先考虑空运以加快速度

D. 合同中规定产品生产应减少能源消耗

◎ **思政点滴：**

2021 年 5 月，某科技公司与某资讯公司签订《合作协议》，约定资讯公司为科技公司提供比特币"挖矿"的 P 盘服务。后因资讯公司未继续提供服务，科技公司起诉要求返还服务费，资讯公司反诉要求支付剩余服务费。审理该案件的法院认为比特币"挖矿"活动耗能巨大，不利于节能减排和绿色发展，违反了《民法典》的绿色原则和公序良俗，判决合同无效，驳回双方诉讼请求。法院此举彰显了推动绿色发展、助力碳达峰碳中和的决心，引导企业走绿色低碳道路。

◎ **延伸阅读：**

以建设工程合同为例探讨何为适当履行。

◎ **相关法律：**

《民法典》第 7、9、509、577 条。

《民法典合同编通则解释》第 26 条。

任务二　适用合同履行的具体规则

◎ **案例导入：**

【案例 17-2】甲乙签订一份分期交货的买卖合同，后由于制作设备的主要原材料市场价格暴涨，超过签约时价格 4 倍，如仍按原合同履行，则作为卖方的甲将承受近 90 万元的损失。故甲提出修改合同，提高供货价格，乙不允，甲遂诉至法院要求提高价款或者解除合同。

请思考：法院应当如何处理？

◎ **知识准备：**

上述案例涉及一方不愿按照约定履行合同义务，双方由此产生纠纷。接下来，我们将详细阐释合同履行的规则，通过深入理解和正确应用这些规则，确保合同双方的权益得到妥善保护。

一、部分履行

《民法典》第 531 条规定："债权人可以拒绝债务人部分履行债务，但是部分履行不损害债权人利益的除外。债务人部分履行债务给债权人增加的费用，由债务人负担。"例如，甲乙订立 100 吨货物的买卖合同，卖方乙到期请求向甲供应 50 吨货物，剩余的 50 吨 20 天后再供应。如果该货物的部分履行损害甲的合法利益，甲可以拒绝，如未损害甲的利益，则甲无权拒绝受领，但是可以仅支付受领部分的货款。

二、条款约定不明的履行

合同条款应当明确、具体，以便于履行，但合同条款欠缺或条款约定不明的现象是不可避免的。为了保证这类合同的顺利履行，《民法典》规定了一系列补救性规则。

首要的补救方法就是明确化。明确化的步骤：一是由当事人补充，就是由当事人通过协商的形式，就内容不明的条款或欠缺的条款达成补充协议；二是在不能达成补充协议的情况下，按照合同的有关条款或交易习惯确定。如果仍然不能确定的，按照下列规则确定：

（一）质量要求不明确的履行

《民法典》第 511 条第 1 项规定："质量要求不明确的，按照强制性国家标准履行；没有强制性国家标准的，按照推荐性国家标准履行；没有推荐性国家标准的，按照行业标准履行；没有国家标准、行业标准的，按照通常标准或者符合合同目的的特定标准履行。"

（二）价格或报酬不明确的履行

《民法典》第 511 条第 2 项规定："价款或者报酬不明确的，按照订立合同时履行地的市场价格履行；依法应当执行政府定价或者政府指导价的，依照规定履行。"第 513 条规定："执行政府定价或者政府指导价的，在合同约定的交付期限内政府价格调整时，按照交付时的价格计价。逾期交付标的物的，遇价格上涨时，按照原价格执行；价格下降时，按照新价格执行。逾期提取标的物或者逾期付款的，遇价格上涨时，按照新价格执行；价格下降时，按照原价格执行。"第 514 条规定："以支付金钱为内容的债，除法律另有规定或者当事人另有约定外，债权人可以请求债务人以实际履行地的法定货币履行。"

（三）履行地点不明确的履行

履行地点是指债务人应为履行行为的地点。《民法典》第 511 条第 3 项规定："履行地点不明确，给付货币的，在接受货币一方所在地履行；交付不动产的，在不动产所在地履行；其他标的，在履行义务一方所在地履行。"

（四）履行期限不明确的履行

《民法典》第 511 条第 4 项规定："履行期限不明确的，债务人可以随时履行，债权人也可以随时请求履行，但是应当给对方必要的准备时间。"必要的准备时间，应当根据交易习惯、给付类型、标的额等因素判断。

《民法典》第 530 条第 1 款规定："债权人可以拒绝债务人提前履行债务，但是提前履行不损害债权人利益的除外。"例如，乙订购甲的家具放在新房中，约定甲于 2 月 1 日交付，乙同时支付货款。现在甲要提前 1 月 23 日送货，而此时乙的新房还在装修中，甲提前履行会损害乙的利益，故乙有权拒绝甲提前履行。按照《民法典》第 530 条第 2 款的规定，债务人提前履行债务可能会给债权人增加额外的费用，例如仓储费等，由债务人负担。

（五）履行方式不明确的履行

履行方式是指当事人履行合同义务的具体做法。例如运输合同按照运输方式的不同可以分为公路、铁路、海上或者航空运输等；价款或者报酬的结算方式，如现金结算、转账结算、支票结算等。履行可以是一次性的，也可以是在一定时期内分期或分批履行。《民法典》第 511 条第 5 项规定：“履行方式不明确的，按照有利于实现合同目的的方式履行。”

（六）履行费用负担不明确的履行

履行费用，是指履行合同所需要的必要费用，例如运输费、包装费、邮寄费、装卸费等。《民法典》第 511 条第 6 项规定：“履行费用的负担不明确的，由履行义务一方负担；因债权人原因增加的履行费用，由债权人负担。”

三、电子合同的履行时间

电子合同成立并生效后，即进入了合同履行阶段，商品的交付时间决定着风险负担的归属、违约责任的承担等问题。《民法典》第 512 条规定：“通过互联网等信息网络订立的电子合同的标的为交付商品并采用快递物流方式交付的，收货人的签收时间为交付时间。电子合同的标的为提供服务的，生成的电子凭证或者实物凭证中载明的时间为提供服务时间；前述凭证没有载明时间或者载明时间与实际提供服务时间不一致的，以实际提供服务的时间为准。电子合同的标的物为采用在线传输方式交付的，合同标的物进入对方当事人指定的特定系统且能够检索识别的时间为交付时间。电子合同当事人对交付商品或者提供服务的方式、时间另有约定的，按照其约定。”

◎ **交互练习：**

下面关于电子合同标的的交付时间中，正确的是（　　　）。

A. 甲从某宝网站上买了一双皮鞋，甲签收时为交付时间

B. 乙在 12306 网站上购买火车票，乙乘车的时间为交付时间

C. 丙从 QQ 音乐网站购买某音乐专辑，网站将该专辑发送到丙指定的特定系统且能够检索识别的时间为交付时间

D. 上述都正确

四、涉及第三人合同的履行

涉及第三人的合同，包括向第三人履行的合同和由第三人履行的合同。

（一）向第三人履行的合同

向第三人履行的合同，是指合同双方当事人为第三人设定了合同权利，由第三人享有利益的合同。向第三人履行的合同因第三人是否取得履行请求权而不同，第三人能否取得履行请求权，取决于法律规定或者当事人的约定。法律规定的情形，例如按照保险法的规定，对于投保人与保险人订立的保险合同，被保险人或者受益人即使不是投保人，在保险事故发生后，也享有向保险人请求赔偿或者给付保险金的权利；当事人约定的情形，例如甲将货物出卖给乙，乙又将该货物出卖给丙，乙指示甲将该货物直接交付给丙，如果甲、乙在合同中约定丙有权请求甲交付货物，则第三人丙取得履行请求权，如果无明确约定或法律规定，第三人丙不能取得履行请求权。

1. 第三人未取得履行请求权

《民法典》第 522 条第 1 款规定："当事人约定由债务人向第三人履行债务，债务人未向第三人履行债务或者履行债务不符合约定的，应当向债权人承担违约责任。"此条款中所规定的第三人只是纯粹的履行受领人，并不能取得针对债务人的履行请求权，故债务人不履行或者履行债务不符合合同约定的，应当向债权人承担违约责任。

2. 第三人取得履行请求权

《民法典》第 522 条第 2 款规定："法律规定或者当事人约定第三人可以直接请求债务人向其履行债务，第三人未在合理期限内明确拒绝，债务人未向第三人履行债务或者履行债务不符合约定的，第三人可以请求债务人承担违约责任；债务人对债权人的抗辩，可以向第三人主张。"此款规定的第三人按照法律规定或合同约定取得了履行请求权，当债务人不履行债务或者履行债务不符合合同约定的，第三人有权直接请求债务人承担违约责任。当然依据民法自愿的原则，第三人对于被赋予的利益也有拒绝的权利，第三人如果在合理期限内拒绝，则自始未取得履行请求权。

一般认为，第三人对债务人虽取得履行请求权，但由于其不是合同当事人，合同本身的权利，如解除权、撤销权等，第三人不得行使。另外，债务人对债权人所享有的抗辩，不因向第三人履行而受到影响，可以向第三人主张。

（二）由第三人履行的合同

由第三人履行的合同，是指合同当事人约定由第三人履行债务的合同。此类合同为第三人增加的仅仅是履行负担。

由第三人履行的合同是在债权人和债务人之间签订的，第三人并不是合同的当事人，因而按照《民法典》第 523 条的规定，当第三人不履行债务或者履行债务不符合约定的，应当由债务人向债权人承担违约责任。

五、具有合法利益的第三人代为履行

在实践中，常常出现第三人在无合同约定情况下自愿代债务人向债权人履行合同义务的情形，我们称之为第三人履行。第三人履行债务大体上分为两种情况，就债务履行有合法利益的第三人和就债务履行不具有合法利益的第三人。《民法典》就第三人对履行该债务具有合法利益而履行债务及其法律效果作了规定。

《民法典》第 524 条第 1 款规定："债务人不履行债务，第三人对履行该债务具有合法利益的，第三人有权向债权人代为履行；但是，根据债务性质、按照当事人约定或者依照法律规定只能由债务人履行的除外。"按照此法条的规定，第三人单方自愿代为履行应当符合以下条件：

（一）合同未约定第三人具有履行义务

如果合同已约定债务由第三人履行，则应适用《民法典》第 523 条的规定。

（二）债务人不履行债务

债务人有明确拒绝履行债务的意思表示；或债务人在约定的债务履行期限内无实际履行行为；亦或债务人明显丧失履行能力，如经营状况严重恶化等。

（三）第三人对履行该债务具有合法利益

对此，《民法典合同编通则解释》第 30 条作出了详细规定，下列民事主体，人民法院可以认定为民法典第 524 条第 1 款规定的对履行债务具有合法利益的第三人：（1）保证人或者提供物的担保的第三人；（2）担保财产的受让人、用益物权人、合法占有人；（3）担保财产上的后顺位担保权人；（4）对债务人的财产享有合法权益且该权益将因财产被强制执行而丧失的第三人；（5）债务人为法人或者非法人组织的，其出资人或者设立人；（6）债务人为自然人的，其近亲属；（7）其他对履行债务具有合法利益的第三人。

例如，经出租人甲同意，承租人乙将租赁物转租给第三人丙。如乙无正当理由未支付租金，经甲催告，在合理期限内乙仍未履行，甲有权解除与乙的租赁合同，进而可以请求丙返还租赁物，此时第三人丙对履行支付租金的债务具有合法利益，依法有权向债权人甲代为履行，乙不得提出异议，甲也不得拒绝。

（四）根据债务性质、当事人约定或法律规定，未明确将第三人代为履行排除在外

例如基于信赖关系的雇佣合同；以选择指定演员、画家为基础发生的演出合同、创作合同；当事人约定只能由债务人履行的债务等都将第三人履行排除在外。

债权人接受第三人履行后，其对债务人的债权转让给第三人，但是债务人和第三人另有约定的除外。

六、合同履行中的情势变更

按照《民法典》第 533 条规定，情势变更是指合同成立后，合同的基础条件发生了当事人在订立合同时无法预见的、不属于商业风险的重大变化，继续履行合同对于当事人一方明显不公平的，受不利影响的当事人可以与对方重新协商；在合理期限内协商不成的，当事人可以请求人民法院或者仲裁机构变更或者解除合同。人民法院或者仲裁机构应当结合案件的实际情况，根据公平原则变更或者解除合同。《民法典合同编通则解释》第 32 条进一步规定：合同成立后，因政策调整或者市场供求关系异常变动等原因导致价格发生当事人在订立合同时无法预见的、不属于商业风险的涨跌，继续履行合同对于当事人一方明显不公平的，人民法院应当认定合同的基础条件发生了《民法典》第 533 条第 1 款规定的"重大变化"。但是，合同涉及市场属性活跃、长期以来价格波动较大的大宗商品以及股票、期货等风险投资型金融产品的除外。

◎ **案例分析：**

案例 17-2 中，甲乙在合同订立后基础条件发生了剧烈变化，制作设备的主要原材料市场价格暴涨，该合同继续履行将对甲明显不公平，给甲带来巨大损失，因此，甲可以与乙重新协商合同价格，如果协商不成，甲可向法院起诉变更或者解除合同。因此法院应当支持甲的诉讼请求，变更合同价款或者解除合同。该案直接适用的条款是《民法典》第 533 条，体现的是合同履行中的情势变更原则。

◎ **思政点滴：**

"天有不测风云，人有旦夕祸福"，在面对不可预见的变故时，应通过法律手段调整合同关系，确保公平合理。情势变更原则体现了法治精神和公平正义的价值，它要求在合同履行过程中，当出现无法预见的重大变化导致继续履行合同对当事人一方显失公平时，应当允许变更或解除合同。

◎ **延伸阅读：**

肖某诉刘某峰房屋租赁合同纠纷案。

◎ **相关法律：**

《民法典》第 509～524 条。

《民法典合同编通则解释》第 26～30、32 条。

◎ **实务操作：**

A 公司坐落于某镇某村奉贤街道的房屋抵押给银行，尚有贷款 83531 元没有清偿。因 A 公司名下的土地及厂房所属地块被列入统一规划征收范围，又因仍存在银行抵押尚未注销，故一直无法征收。该土地及房屋属 B 村村民委员会的区域，为配合政府征收，故 B 村经济合作社决定代被告 A 公司偿还贷款。后因 A 公司拒绝偿还替代归还的贷款，故 B 村经济合作社诉至人民法院进行追偿。

请为 B 村经济合作社撰写法律意见。

任务三 双务合同履行中抗辩权的行使

◎ **案例导入：**

【案例 17-3】 张三和李四签订了一份苹果买卖合同，双方约定：张三卖给李四 3000 公斤苹果，单价为每公斤 6 元，履行顺序双方未作约定。张三向李四供应 500 公斤苹果后，向李四提出付款请求。

请思考：李四可不可以提出抗辩不予支付货款？

【案例 17-4】 甲餐饮服务公司与乙装饰公司签订装修合同，约定合同总价为 20 万元，甲餐饮服务公司先支付 12 万元预付款，余款待验收合格后结清，工期两个月。合同签订后，甲餐饮服务公司按照合同约定支付了 12 万元预付款，但是乙装饰公司在工程进行到一大半时，就要求支付余款，否则停工，如停工不能按期完成工程将给甲餐饮服务公司带来损失。

请思考：此时甲餐饮公司是否需要支付余款？

【案例 17-5】 5 月 6 日，甲公司与乙公司签约，约定甲公司于 6 月 1 日付款，乙公司 6 月 15 日交付"连升"牌自动扶梯。合同签订后 10 日，乙公司销售他人的"连升"牌自动扶梯发生重大安全事故，质监局介入调查。

请思考：甲公司 6 月 1 日是否必须履行付款义务？

◎ **知识准备：**

在导入案例中，公司是否可以拒绝支付货款，涉及的是双务合同履行中的抗辩权问题。下面我们将围绕双务合同履行抗辩权展开阐述。

双务合同履行中的抗辩权，是指在双务合同的履行中符合法定条件时，当事人一方对抗对方当事人的履行请求权，暂时拒绝履行其债务的权利。抗辩权的行使，只是行使抗辩权的一方在一定期限内暂时中止履行义务，并不消灭债的效力。产生抗辩权的原因消失后，该方仍应履行债务。所以，双务合同中的抗辩权为一时的抗辩权、延缓的抗辩权。它包括同时履行抗辩权、不安抗辩权和先履行抗辩权。

双务合同履行中的抗辩权，是抗辩权人保护自己的一种手段，一方面，通过行使抗辩权，暂时中止履行，可以免去自己履行义务后得不到对方履行的风险，使对方当事人产生得不到履行、提供担保等压力，督促对方及时履行，所以抗辩权制度是非常行之有效的债权保障制度之一；另一方面，当事人行使双务合同中的抗辩权，暂时中止履行合同义务，不是违约，而是合法行使权利，权利人不会因此承担违约责任。

一、同时履行抗辩权

（一）同时履行抗辩权的概念

同时履行抗辩权，是指双务合同的当事人在无先后履行顺序时，一方在对方未为对待给付以前，可拒绝履行自己债务的权利。

（二）同时履行抗辩权的构成要件

（1）双方的债务必须源于同一双务合同，且债务相互依存。

（2）双方互负的债务均已达到履行期限。

（3）对方未履行其债务，或者虽履行但不符合合同约定。

（4）对方的履行必须是可能的，以保证同时履行的目的可以实现。

同时履行抗辩权主要适用于双务合同，如买卖、互易、租赁、承揽等合同，在单务合同中无适用余地。

◎ **案例分析：**

案例 17-3 中，李四仅提出部分履行，张三有权选择拒绝受领。若张三选择受领该部分给付，可以仅履行相应部分的对待给付；对未给付的部分，可以主张同时履行抗辩权。即李四对张三已给付的 500 公斤苹果应当支付价款，不得主张同时履行抗辩权，但是就张三未给付的 2500 公斤苹果则可以主张同时履行抗辩权，不予支付价款。

二、先履行抗辩权

（一）先履行抗辩权的概念

先履行抗辩权，是指当事人互负债务，有先后履行顺序，应当先履行债务一方未履行的，后履行一方有权拒绝其履行请求。先履行一方履行债务不符合约定的，后履行一方有权拒绝其相应的履行请求。

（二）先履行抗辩权的构成要件

（1）双方的债务必须源于同一双务合同，且债务具有先后履行的顺序。

（2）后履行义务一方的债务已届履行期。

（3）先履行义务一方未履行或不当履行。

（4）先履行义务一方的给付可能履行。

◎ **案例分析：**

案例17-4中，甲餐饮公司不需要支付余款。根据双方所订立的合同，履行义务是有先后顺序的，装修工程完工验收合格后，才能要求甲餐饮公司支付余款。所以在工程验收之前，针对乙装饰公司要求甲餐饮公司支付余款的无理要求，甲餐饮公司可以行使先履行抗辩权，拒绝付款。

三、不安抗辩权

（一）不安抗辩权的概念

不安抗辩权，是指在异时履行的合同中，应当先履行债务的一方有确切的证据证明对方在履行期限到来后，将不能或不会履行债务，则在对方没有履行或提供担保以前，有权暂时中止履行债务的权利。

（二）不安抗辩权的构成要件

（1）须因同一双务合同互负债务。

（2）须一方当事人负有先履行债务。

（3）后给付义务人有不能为对待给付的现实危险。

《民法典》第527条列举了后给付义务人有不能为对待给付的现实危险的四种情形：其一，经营状况严重恶化。如在借贷合同订立后，银行发现借款人因经营管理不善导致资不抵债，可能导致到期无力还贷，银行有权行使不安抗辩权，中止贷款。其二，转移财产、抽逃资金，以逃避债务。其三，丧失商业信誉。如欺诈他人或经常欠钱不还等。其四，有丧失或可能丧失履行债务能力的其他情形。如某演员在演出前几天已患重病卧床不起，或某项特定物已遭受毁损。在出现上述事实后，先履行一方应有权行使不安抗辩权。

（三）不安抗辩权的行使

为了在保护先给付义务人利益的同时，兼顾后给付义务人的利益，《民法典》第528条对不安抗辩权的行使条件和程序做了严格规定。先履行义务一方行使不安抗辩权，应遵循以下程序：

1. 通知中止履行

先给付义务方在认为后给付义务人有不能为对待给付的现实危险时，应中止自己的履行，并及时通知对方。

2. 提供担保期限

通知中应包含中止履行的原因及要求对方在合理期限内提供担保的内容。

3. 恢复履行条件

如果后给付义务人在合理期限内恢复了履行能力或提供了适当担保，先给付义务人应恢复履行。

4. 合同解除权利

若后给付义务人未在合理期限内恢复履行能力且未提供担保，先给付义务人可以解除合同并请求违约责任。如有异议，后给付义务人可请求人民法院或仲裁机构确认合同解除的效力。

◎ **案例分析：**

案例 17-5 中，乙公司销售他人的"连升"牌自动扶梯发生重大安全事故，质监局介入调查，由此导致乙公司于客户甲公司已经丧失商业信誉。甲公司的付款义务虽然已于 6 月 1 日到期，通常情况下，甲公司如果不履行付款义务会构成违约，但是本案中由于乙公司发生上述丧失商业信誉的情况，甲公司由此取得对乙公司的不安抗辩权，甲公司可以拒绝履行付款义务，依法行使抗辩权。

◎ **思政点滴：**

抗辩权制度的确立确保了合同双方的权利义务平衡。抗辩权的行使要求当事人必须诚实守信，不得滥用权力。在合同履行过程中，任何一方都不能以不正当的手段逃避合同义务，也不能在没有合法理由的情况下拒绝履行合同。这种要求体现了诚信原则，即当事人应当遵守合同约定，言行一致，不欺诈、不隐瞒。

◎ **延伸阅读：**

同时履行抗辩权应当如何行使？

◎ **相关法律：**

《民法典》第 525~528 条。

《民法典合同编通则解释》第 30 条。

◎ **实务操作：**

甲、乙公司签订了一项房屋买卖合同，合同约定甲公司于 9 月 1 日向乙公司交付房屋 100 套，并办理登记手续，乙公司则向甲公司分三次付款：第一期支付 2000 万元，第二期支付 3000 万元，第三期则在 9 月 1 日甲公司向乙公司交付房屋时支付

5000 万元。在签订合同后，乙公司按期支付了第一期、第二期款项共 5000 万元。

9 月 1 日，甲公司将房屋的钥匙移交乙公司，但并未立即办理房产所有权移转登记手续。因此，乙公司表示剩余款项在登记手续办理完毕后再付。在合同约定付款日期（9 月 1 日）7 日后，乙公司仍然没有付款，甲公司遂以乙公司违约为由诉至法院，请求乙公司承担违约责任。乙公司则以甲公司未按期办理房产所有权移转登记手续为由抗辩。

请分析： 乙公司的抗辩是否成立，是否应承担违约责任？

项目综合训练

（1）甲公司向乙公司买 100 部手机，双方签订了一份买卖合同。

①如果合同双方就合同的履行的地点没有约定，且未达成补充协议的，甲公司给付货币，则履行地点在哪里？

②如果合同双方没有约定合同履行期限，且未达成补充协议的，甲公司可以要求乙公司随时履行吗？

③如果乙公司交付的 100 部手机中有 2 部质量有问题，甲公司可以拒绝支付全部货款吗？

（2）甲钢厂与乙贸易公司签订钢材买卖合同，约定乙贸易公司先支付钢材款，甲钢厂随后发货。但是乙贸易公司不经意间从网上获知该钢厂因不能偿还到期债务，债权人已经向法院提出破产申请，甲钢厂即将被宣告破产重整，就担心甲钢厂不能履行合同而不敢先付款，但是又担心不付款构成违约要承担合同约定的违约责任，处于两难境地，请问此时乙贸易公司该怎么办？

本项目答案

项目十八　保全合同债权

◎ **知识目标**
- 掌握债权人代位权的法定条件和行使程序。
- 理解债权人撤销权的适用情形和操作流程。
- 了解保全合同债权的法律意义和实际应用。

◎ **技能目标**
- 能够分析判断债权人代位权行使是否合法。
- 能够有效识别和应对债权人撤销权的适用情形。
- 能够运用保全债权的手段维护合同权益。

◎ **素质目标**
- 培养合同风险意识和法律思维能力。
- 提高解决合同纠纷的实践操作能力。
- 强化诚信守约和公平交易的职业素养。

任务一　行使代位权

◎ **案例导入：**

【**案例 18-1**】甲公司向乙商业银行借款 10 万元，借款期限为一年。借款合同期满后，甲公司经营不善，无力偿还借款本息。同时丙公司欠甲公司到期货款 20 万元，而甲公司不积极向丙公司主张。为此，乙商业银行以自己的名义起诉丙公司，要求以丙公司的财产偿还甲公司的借款。

请思考：法院是否应支持乙商业银行的请求？若乙商业银行为此花费 8000 元必要费用，此费用应由谁承担？

◎ **知识准备：**

在导入案例中，乙商业银行是否可以直接向债务人甲公司的债务人（即次债务人）丙公司追讨债务，涉及债权人的代位权问题，下边我们将围绕这一问题展开。

为了保护债权人的利益，我国法律突破合同的相对性原则，特别规定了代位权和撤销权两种债权的保全制度，对债权人加以救济。但是，这两种债权保全制度的行使，也需要遵守严格的条件，才能在当事人利益间实现平衡。

一、债权人代位权的概念

代位权，是指在债务人怠于行使其债权或者与该债权有关的从权利，进
而影响债权人的到期债权实现时，债权人为了保全自身债权，可以向人民法
院请求以自己的名义行使原本属于债务人权利的权利。为了更好地保障债权人权利的
实现，代位权制度赋予了债权人能够向次债务人直接追诉的权利，使债权具备了一定
的追及效力，它对于解决经济生活中广泛出现的三角债，具有特别的意义。

二、债权人代位权的成立要件

（一）债权人对债务人享有债权

债权人对债务人享有债权应是到期、有效的债权，因此，《民法典》第 535 条第
1 款以 "债权人的到期债权" 作为行使代位权的首要条件。

但是，债权人的债权未到期的，也可能将来影响债权人实现债权。《民法典》第
536 条规定："债权人的债权到期前，债务人的债权或者与该债权有关的从权利存在
诉讼时效期间即将届满或者未及时申报破产债权等情形，影响债权人的债权实现的，
债权人可以代位向债务人的相对人请求其向债务人履行、向破产管理人申报或者作出
其他必要的行为。" 例如，甲对乙享有 50 万元债权未到期，但乙对丙享有的 50 万元
债权诉讼时效期间即将届满，如果影响到甲的债权实现，甲也可以行使代位权，请求
丙向乙履行债务来中断诉讼时效。此种代位权被称为 "紧急代位权"。

（二）债务人对第三人享有债权或与该债权有关的从权利

债权人代位权的标的不能是专属于债务人自身的权利，根据《民法典合同编通
则解释》第 34 条的规定，专属于债务人自身的权利包括：抚养费、赡养费或者扶养
费请求权；人身损害赔偿请求权；劳动报酬请求权，但是超过债务人及其所扶养家属
的生活必需费用的部分除外；请求支付基本养老保险金、失业保险金、最低生活保障
金等保障当事人基本生活的权利；其他专属于债务人自身的权利。

（三）债务人怠于行使权利

债务人对第三人享有的债权，在其积极行使时，债权人的代位权不能成立。只有
在债务人能行使而怠于行使时，债权人的代位权才能成立。按照《民法典合同编通
则解释》第 33 条的规定，债务人不履行其对债权人的到期债务，又不以诉讼或者仲
裁方式向相对人主张其享有的债权或者与该债权有关的从权利，致使债权人的到期债
权未能实现的，人民法院可以认定为民法典第 535 条规定的 "债务人怠于行使其债
权或者与该债权有关的从权利，影响债权人的到期债权实现"。

债务人怠于行使的权利，包括债务人对第三人的债权或者与该债权相关的从权
利。例如，乙怠于行使对丙的 50 万元债权，如果丁为丙的债务提供保证，而乙怠于
请求丁承担保证责任，甲作为乙的债权人就可以代位行使乙对于丁的保证债权请求
权。

（四）影响到债权人到期债权的实现

债务人怠于行使权利若不影响债权人到期债权的实现，则不发生代位权。如果债

务人怠于行使其债权，但其资产足以清偿对债权人所负的债务，则债权人不得代位行使债务人的债权。

三、债权人代位权的行使

债权人的代位权必须通过诉讼程序行使，而不能以仲裁方式行使代位权。

在代位权之诉中，债权人以债务人的相对人为被告向人民法院提起代位权诉讼，未将债务人列为第三人的，人民法院应当追加债务人为第三人。两个以上债权人以债务人的同一相对人为被告提起代位权诉讼的，人民法院可以合并审理。债务人对相对人享有的债权不足以清偿其对两个以上债权人负担的债务的，人民法院应当按照债权人享有的债权比例确定相对人的履行份额，但是法律另有规定的除外。

债权人代位权行使的范围，应以保全债权人债权的必要为限度，即以债权人的到期债权额为限。债权人行使代位权的请求数额超过债务人所欠债务额或者相对人所负债务额的，对超出部分人民法院不予支持。例如，甲对乙享有 50 万元到期债权，乙对丙享有 100 万元到期债权，甲只能请求丙向甲清偿 50 万元。

四、债权人代位权行使的效力

（一）对于债权人、债务人的效力

人民法院认定代位权成立的，由债务人的相对人向债权人履行义务，债权人接受履行后，债权人与债务人、债务人与相对人之间相应的权利义务消灭。

债权人行使代位权的必要费用，由债务人负担。例如，针对相对人采取财产保全措施的费用，为查明债务人权利所支出的调查取证费用，是为债务人债权的实现而支出的，应属必要费用。

（二）对于相对人的效力

债务人对于相对人的权利，无论是自己行使还是由债权人代位行使，对于相对人的法律地位及其利益均无影响。因此，相对人对债务人的抗辩，可以向债权人主张。例如，债务人对相对人的权利尚未到期，相对人对债务人所享有的债权未到期的抗辩，可以向债权人主张。

◎ **案例分析：**

案例 18-1 中，（1）法院应支持乙商业银行的请求。本案中，甲公司怠于行使对丙公司的债权，损害了债权人乙商业银行的利益，因此，乙商业银行有权行使代位权，乙商业银行在诉讼中为原告，丙是相对人为被告，甲公司是债务人为第三人，丙在乙商业银行债权范围内向乙进行清偿，甲、乙、丙之间的债权债务相应消灭。（2）花费的 8000 元必要费用按法律规定应由债务人甲公司承担。

◎ **交互练习：**

甲对乙享有 80 万元到期债权，乙无力偿还，现在甲得知乙对丙享有 100 万元到期债权，打算对丙行使代位权。对此，以下说法正确的是（　　　）。

A. 甲只能通过向法院起诉的方式行使代位权

B. 甲有权请求丙向自己清偿 100 万元

C. 若代位权被认定成立，丙可以选择直接向甲履行或者向乙履行清偿义务

D. 若甲胜诉，诉讼费用由乙承担

◎ **思政点滴：**

代位权制度的设立是为了保护债权人的合法权益，要求债务人必须诚实守信，不得滥用权利或逃避债务，防止债务人怠于行使其权利而损害债权人的利益，对于培养公民的诚信意识和道德观念具有重要意义。这一制度体现了法律对各方利益的平衡和保护，彰显了社会公平正义的原则。

◎ **延伸阅读：**

聚成公司与双利公司等债权人代位权纠纷案。

◎ **相关法律：**

《民法典》第 535~537 条。

《民法典合同编通则解释》第 33~41 条。

◎ **实务操作：**

许某欠杨某借款本金及利息达 25 万余元，名下无财产。后，许某户口所在地黄浦区宁海东路××号发生了房屋征收事项。许某与其他家庭成员因对共有物分割有争议故而提起诉讼，经上海市某法院终审判决该处房屋补偿款中许某分得 150 万元。由此许某名下产生了可供清偿债务的财产，其间杨某通过多方联系，但许某均不愿对补偿款进行份额确认。

请分析：（1）原告杨某是否满足代位权的行使条件？（2）杨某应该如何行使代位权？

任务二 行使撤销权

◎ **案例导入：**

【案例 18-2】 2017 年 6 月 13 日，李某在县农行借款 10 万元，约定利息及还款期限。到期后，李某仅归还本金 3 万元及利息，余款 7 万元没有归还。后县农行向李某催收借款，李某以经济困难为由没有偿还。2019 年 6 月 25 日，李某将一栋上下两层建筑面积为 111.44 平方米的楼房赠与女儿，并于同日办理了过户。2019 年 9 月 15 日县农行作为原告向被告李某主张债权，法院判决李某偿付原告 7 万元及逾期利息，该判决书已生效。后原告得知李某于 2019 年 6 月 25 日已将其房产无偿转让，而李某又无其他有价值的财产。原告遂于 2020 年 4 月 27 日向法院提起诉讼，要求撤销李某的赠与行为，确认赠与行为无效。

　　请思考：被告李某将楼房赠与女儿的合同是否有效？县农行是否享有撤销权？

◎ **知识准备：**

　　在上述案例中，债权人农行发现债务人李某为逃避债务，将房产赠与其女儿，并以经济困难为由不偿还债务。这一行为显然损害了农行的利益。撤销权制度正是为此类情况而设，接下来我们将探讨撤销权的成立要件及如何行使。

一、债权人撤销权的概念

　　债权人的撤销权，是指当债务人所为的减少其财产的行为危害债权实现时，债权人为保全债权得请求法院予以撤销该行为的权利。债权人撤销权也是债权的保全方式。

二、债权人撤销权的成立要件

　　（一）债权人对债务人存在有效债权

　　债权人对债务人存在有效债权，才能发生债的效力，也才能将债的效力扩张至第三人。无效的债权、已被消灭的债权、超过诉讼时效的债权，自然不能发生撤销权。

　　债权人对债务人的债权，可以到期，也可以不到期。例如，甲对乙的债权虽未到期，若乙实施了有害债权的行为，甲仍可以行使债权人撤销权。

　　（二）债务人实施了对财产的处分行为

　　债权人的撤销权，是针对债务人法律上生效的处分行为，无效或未生效的无须撤销，且处分行为是在债权人债权发生之后。债务人的行为必须以财产为标的，非以财产为标的的不得撤销，如婚姻、收养等行为。

　　（三）债务人的行为将影响债权人债权的实现

　　如果债务人实施的处分的财产行为未影响债权人的债权实现，则无须债权人撤销权提供救济。例如，甲方欠乙方 1000 万元，甲方有 3000 万元资产，甲方向丙方低价处分了 1000 万元的财产，就不能被认定为影响到了债权的实现，由此债权人不能行使撤销权。

三、可行使撤销权的几种情形

　　债务人实施的处分行为包括：

　　（一）债务人的无偿财产行为

　　《民法典》第 538 条规定了债务人放弃其债权、放弃债权担保、无偿转让财产等无偿处分财产的情形。例如，甲对乙享有 50 万元债权，乙将其房屋赠与丙，放弃对丁的 50 万元债权，或放弃对戊债权的抵押权，如果影响了债权人的债权实现，则甲有权撤销。在债务人实施无偿处分财产行为时，不要求债务人明知或应知其行为会影响债权人债权的实现。《民法典》第 538 条还规定了恶意延长其到期债权的履行期限，影响债权人的债权实现的，债权人行使撤销权的情形，此种情形特别强调了债务人的主观恶意，而如果债务人的债权履行期限届满后，债务人的相对人暂时无力履行债务，债务人通过延长履行期限让其筹措资金，不构成恶意，债权人无撤销权。

（二）债务人的有偿财产行为

《民法典》第539条列举了债务人以明显不合理的低价转让财产、以明显不合理的高价受让他人财产，均属有偿行为。明显不合理低价应当以交易当地一般经营者的判断，并参考交易当时交易地的物价部门指导价或者市场交易价，结合其他相关因素综合考虑予以确认。转让价格达不到交易时交易地的指导价或者市场交易价百分之七十的，一般可以视为明显不合理的低价；对转让价格高于当地指导价或者市场交易价百分之三十的，一般可以视为明显不合理的高价。但是债务人与相对人存在亲属关系、关联关系的，不受前款规定的百分之七十、百分之三十的限制。《民法典》539条还列举了为他人的债务提供担保的行为，作为撤销权的对象，其中担保，包括为他人债务提供保证或为他人债务设立担保物权。

在上述债务人的有偿财产行为发生时，只有当债务人的相对人知道或者应当知道影响债权实现的行为时，债权人才享有撤销权，恶意的判断时点，应是取得权利时。

四、债权人撤销权的行使

债权人的撤销权，应由债权人以自己的名义通过诉讼的方式行使，由人民法院审查并作出最终裁决。债权人为数人时，可以共同行使此权利。

债权人通过诉讼的方式行使撤销权，债权人为原告，债务人和债务人的相对人为被告。

债权人行使撤销权的范围，以债权人的债权额为限。

债权人行使撤销权，应自债权人知道或应当知道撤销事由之日起一年内行使。自债务人的行为发生之日起五年内没有行使撤销权的，该撤销权消灭。

五、债权人行使撤销权的效力

债权人行使撤销权的效力依人民法院的判决的确定而产生，其效力及于债务人、第三人和债权人。

1. 对于债务人的效力

债务人影响债权人的债权实现的行为被撤销的，自始没有法律约束力。债务人放弃其债权、放弃债权担保的行为被撤销后，债务人的相对人仍对债务人负有债务、担保人仍对债务人负有担保责任。

2. 对于第三人的效力

债务人无偿或低价转让财产的行为、高价受让财产的行为被撤销后，债务人尚未给付的，不得再向相对人给付；已经向相对人给付或已经互相给付的，债务人、债务人的相对人负有返还财产、恢复原状的义务，不能返还的应当折价补偿。债务人为他人的债务提供担保的行为被撤销后，债务人不再负有担保责任，已经承担担保责任的，担保权人对债务人负有返还义务。

3. 对于债权人的效力

行使撤销权的债权人可请求相对人将所得利益返还给债务人。债权人行使撤销权所支付的必要费用，由债务人负担；第三人有过错的，应适当分担。

◎ **案例分析：**

案例 18-2 中，被告李某将其所有的楼房赠与其女儿，赠与合同有效。但是李某是在明知自身负有到期债务未履行的情况下进行赠与，该赠与行为降低了自己的偿还能力，严重损害了债权人的债权，符合撤销权的构成要件。作为债权人的县农行有权在法定期限内行使撤销权，请求人民法院撤销李某的赠与合同。

◎ **交互练习：**

乙向甲借款 20 万元，借款到期后，乙的下列哪些行为导致无力偿还甲的借款时，甲可申请法院予以撤销？（　　　）

A. 乙将自己所有的财产用于偿还对他人的未到期债务。

B. 乙与其债务人约定，放弃对债务人财产的抵押权。

C. 乙在离婚协议中放弃对家庭共有财产的分割。

D. 乙父去世，乙放弃对父亲遗产的继承权。

◎ **延伸阅读：**

周某与丁某、薛某债权人撤销权纠纷案。

◎ **相关法律：**

《民法典》第 538~542 条。

《民法典合同编通则解释》第 42~46 条。

◎ **实务操作：**

甲公司与乙公司签订了一份购销合同，约定乙公司向甲公司供应一批价值 100 万元的货物。然而，乙公司未能按照合同约定交付货物，导致甲公司遭受了经济损失。经调查发现，乙公司已经将其全部资产无偿转让给了丙公司，且该转让行为发生在甲公司与乙公司签订合同之后。现在甲公司想追回其损失。

请根据案件情况撰写法律意见书。

项目综合训练

乙欠甲 10 万元，到期未还。

请分析：（1）丙欠乙 11 万元货款已经到期，乙仅有此笔债权但却一直未向丙主张，甲可不可以代位乙向丙行使代位权？

（2）乙仅拥有汽车一辆，价值在 20 万元左右。如乙将汽车赠予丁，此时甲可否行使撤销权？

（3）乙仅拥有汽车一辆，价值在 20 万元左右，乙却将车以 5 万元价格卖给丁，丁不知甲乙之间的情况，此时甲可否行使撤销权？

本项目答案

项目十九 合同的变更和转让

◎ **知识目标**

- 掌握合同变更的类型、条件和效力。
- 掌握合同债权转让的构成要件和效力。
- 掌握合同债务移转的构成要件和效力。

◎ **技能目标**

- 能够分析合同变更、债权转让和债务移转的案例。
- 学会起草和审查合同变更、转让的法律文件。
- 能够运用法律规定解决合同变更和转让中的问题。

◎ **素质目标**

- 培养严谨的法律思维和合同风险意识。
- 提高解决合同变更和转让纠纷的实践能力。
- 强化诚信守约和尊重合同的职业道德。

任务一 合同的变更

◎ **案例导入**：

【案例 19-1】某年 4 月，某商场向某空调生产企业甲公司订购空调 1000 台，双方约定交付日期为 6 月 25 日。由于当年高温来得较早，商场要求甲公司在 5 月 30 日提前交付空调。甲公司答应尽早交货。但是，由于生产能力有限，甲公司无法在 5 月 30 日完成交货。商场以甲公司违约为由要求其承担违约责任。

请思考：双方合同是否变更？甲公司是否承担违约责任？

◎ **知识准备**：

在上述案例中，商场一方在合同履行过程中，提出变更合同交货期限，但是甲公司并未明确答应，这种情况下应当按照何种期限履行合同，涉及合同的变更问题。下面我们将详细探讨合同变更的类型、条件和效力等。

合同的变更有广义与狭义之分。广义的合同变更，包括合同主体的变更和合同内容的变更。前者是指合同的内容不变，仅合同主体改变的现象，其实是合同权利义务的转让。后者是指合同的主体不变，仅合同的权利义务改变的现象，此为狭义的合同变更，也就是本节所说的合同变更。

一、合同变更的条件

（一）原已存在合同关系

合同的变更必须具备原已存在合同关系这一条件。合同无效、被撤销、未被追认的情况下，没有合同关系自然不可能有合同的变更。

（二）合同内容发生明确变化

不论如何变更，当事人变更后的合同必须为有效合同，《民法典》第544条规定："当事人对合同变更内容的约定必须明确，约定不明确的，推定为未变更。"

（三）合同的变更须有合法的依据

合同的变更须依据一定的形式。依法院裁决程序而变更合同，如订立合同后发生情事变更的合同；依法律的直接规定而变更合同，如债务人因客观上履行不能导致违约，使履行合同的债务变为损害赔偿债务；依形成权人的意思表示而变更合同，如合同约定当事人在某种条件下有变更权，条件成就时，变更权人行使变更权，使合同变更。上述合同也可由当事人协商一致变更。

除此以外的合同变更必须由当事人双方协商一致，才能发生合同变更的效力。

（四）须遵守法律要求的方式

法律、行政法规规定变更合同应当办理批准、登记手续的，依照规定办理相应手续后才能产生合同变更的效力。当事人约定变更合同须采用特定形式的，一般须采用该形式才能产生合同变更的效力。

◎ **案例分析：**

案例19-1中，商场与甲公司先前订有合同，该合同合法有效，具有约束力。而后来双方虽然就提前交货进行过磋商，但并未达成明确的关于交货日期的重新约定，因此应视为合同未变更，甲公司按照原合同所约定的6月25日交货不属于违约。

二、合同变更的效力

合同变更原则上仅向将来发生效力，不溯及既往，当事人已按原合同履行的部分并不因合同的变更而失去法律根据。但在合同发生变更以后，当事人应当按照变更后的合同内容履行合同。

合同变更仅对已经变更的部分发生效力，未变更部分的合同关系继续存在。合同变更原则上不影响当事人要求赔偿损失的权利，但法律依据情势变更原则变更合同和当事人另有约定的除外。

◎ **交互练习：**

合同变更是否可以有溯及力？（ ）

A. 是，合同变更可以追溯到合同成立时。

B. 否，合同变更没有溯及力。

C. 只有部分类型的合同变更有溯及力。

D. 视具体情况由法院决定是否有溯及力。

◎ 思政点滴：

　　"合同是当事人之间的法锁"，强调了合同在法律关系中的重要性和严肃性。合同一旦成立，即具有法律约束力，这体现了法律对承诺的尊重和对诚信的维护，是法治精神的体现。合同变更必须基于诚信原则，任何一方不得以不正当理由要求变更合同。合同变更应当公平合理，不得损害国家利益、社会公共利益和他人合法权益，要自觉维护社会公平正义。

◎ 延伸阅读：

　　新时代中国法治建设需要弘扬契约精神。

◎ 相关法律：

　　《民法典》第 543~544 条。

◎ 实务操作：

　　甲置业公司将一建设工程发包给乙建筑公司，约定包工包料。甲按固定单价向乙支付工程款，不可变更。乙施工期间受全球疫情影响，施工原材料市价暴涨150%，若不相应调整工程款，乙将面临巨额亏损。乙向甲提出调整工程款，甲拒绝。

　　请从乙公司角度撰写一份法律意见书。

任务二　债　的　转　让

◎ 案例导入：

　　【案例 19-2】甲公司分立为乙公司和丙公司，分立时明确约定由乙公司承继丁公司的全部债务，丙公司不承担任何债务。然而在分立过程中未进行公告且未通知债权人丁公司。分立后丁公司发现其债权无法实现，遂将丙公司和乙公司诉至法院，要求两公司共同承担债务。

　　请思考：谁应对丁公司的这笔债务承担清偿责任？

◎ 知识准备：

　　上述案例中，甲公司分立情况下，原债务如何承担，涉及债的转让问题，下面我们将详细探讨这一问题。

　　债的转让，也叫债的移转，是指不改变权利义务内容的情况下，债的一方主体将其债权或债务的全部或部分转让给第三人的行为。因此，债的转让又分为债权转让、债务移转、债权债务的概括移转。

一、债权转让

（一）债权转让的概念

债权转让是指不改变债的关系的内容，债权人将其债权移转于第三人享有的行为。其中的债权人称为让与人，第三人称为受让人。

债权转让可分为全部转让和部分转让。债权的全部转让是指债权人将其债权全部转让给第三人，转让生效后，原债权人退出债的关系，受让人成为唯一债权人。债权的部分转让是指债权人将债权的一部分转让给第三人，转让生效后，原债权人并不退出债的关系，而是与受让人共同成为债权人。

（二）债权转让的条件

债权转让一般应具备以下条件：

1. 须存在有效债权

有效债权是指该债权真实、现实存在。债权转让的目的是转让债权，因此，有效债权的存在成为债权转让的前提。

2. 被转让的债权须具有可转让性

债权是财产权，一般情况下债权人可将其债权转让他人，但是并非所有的债权都具有可转让性。根据《民法典》第545条的规定，下列三类债权不具有可转让性，债权人不得转让：

（1）根据债权性质不得转让。这类债权主要是指基于特定当事人的身份关系或者对特定人资质能力的信赖或者是基于信任关系而订立合同产生的债权。例如，赠与合同的赠与人明确表示将赠与的钱用于某贫困地区希望小学的建设，受赠人如果将受赠的权利转移给他人，将受赠的钱款用来建造别的项目，显然违反了赠与人订立合同的目的，损害了赠与人的合法权益。

（2）按照当事人约定不得转让。当事人可以对债权转让作出特别约定，禁止债权人将权利转让给第三人，以防止债务人面对可能更加苛刻的新债权人。如果债权人违反该约定将债权转让他人，受让人能否取得债权呢？《民法典》第545条第2款规定："当事人约定非金钱债权不得转让的，不得对抗善意第三人。当事人约定金钱债权不得转让的，不得对抗第三人。"即如果被转让的债权是非金钱债权，应区分受让人是善意还是恶意。在受让人是善意时，受让方可以取得债权，债务人不能对受让人提起债权禁止转让的抗辩，在受让人是恶意时，受让人不能取得债权。如果被转让的债权是金钱债权，因为金钱债权的转让对债务人的影响较小，况且金钱债权在流通中的作用非常大，所以，受让人无论是善意还是恶意，都能取得债权，债务人因此遭受的损失，有权要求让与人承担违约损害赔偿责任。

（3）依照法律规定不得转让的债权。例如抚恤金债权、退休金债权、劳动保险金债权等公法上的债权。这些债权通常涉及社会公共利益和弱势群体的权益保护，因此不允许随意转让

3. 须当事人之间达成合意

债权转让时，让与人与受让人应订立债权让与合同。债权转让合同应具备合同成

立的有效要件。

（三）债权转让的通知

债权转让合同是让与人与受让人意思表示一致的协议，因此，受让人在债权转让合同生效时就取得了债权。但是，为保护债务人，债权转让未通知债务人的，该转让对债务人不发生效力；在债务人接到转让通知后，债务人只能向受让人履行而不能向让与人履行。债务人在接到债权转让通知前已经向让与人履行，受让人请求债务人履行的，人民法院不予支持；债务人接到债权转让通知后仍然向让与人履行，受让人请求债务人履行的，人民法院应予支持。

债务人接到债权转让通知后，让与人以债权转让合同不成立、无效、被撤销或者确定不发生效力为由请求债务人向其履行的，人民法院不予支持。但是，该债权转让通知被依法撤销的除外。

（四）债权转让的效力

债权转让的效力是指债权转让所发生的法律效果，其效力可分为内部效力和外部效力两个方面。

1. 债权转让的内部效力

债权转让的内部效力，是指债权转让在让与人和受让人之间发生的法律效果。其效力为：

（1）债权及其从权利转让于受让人，但该从权利专属于债权人自身的除外。从权利包括抵押权、质权、保证等担保权利以及附属于主债权的利息等孳息。依据《民法典》第 696 条第 1 款，债权人将全部或者部分债权转让给第三人，通知保证人后，保证人对受让人承担相应的保证责任。有些从权利是针对债权人自身设置的，与债权人不可分离，因此法律规定对于专属于债权人自身的从权利不随主债权的转让而转让。

受让人取得从权利不因该从权利未办理转移登记手续或者未转移占有而受到影响。债权受让人取得这些从权利是基于法律的规定，并非基于法律行为的物权变动，并且，在债权转让前，这些从属性的担保权利已经进行了公示，公示公信的效果已经达成。

（2）让与人应使受让人能够完全行使债权。

（3）让与人对其让与的债权负瑕疵担保责任。

2. 债权转让的对外效力

债权转让的对外效力，是指债权转让对债务人及第三人的效力。其效力为：

（1）债务人在收到债权转让通知后，应向受让人履行债务。

（2）债务人可以向受让人主张其对让与人的抗辩。债务人接到债权转让通知后，债务人对让与人的抗辩，可以向受让人主张。例如，甲方卖给乙方价值 10 万元的电器，乙方收货后，发现该批货物没有安全认证标志，即以甲方违反国家强制性规定为由拒绝付款，并准备退货，而甲方已将债权转让给丙方。在这种情况下，乙方对甲方的抗辩事由，可以向丙方主张。

（3）债务人可以向受让人主张抵销权。按照《民法典》第 549 条规定，有下列情形之一的，债务人可以向受让人主张抵销：一是债务人接到债权转让通知时，债务人对让与人享有债权，且债务人的债权先于转让的债权到期或者同时到期；二是债务人的债权与转让的债权是基于同一合同产生。例如，甲方卖给乙方 100 万元的茶叶，乙方应于 10 月 1 日付款。甲方曾欠乙方 50 万元蔬菜款，应于 9 月 1 日付款。至 9 月 20 日，甲方将 100 万元的债权转让给丙方，丙方受让该债权后要求乙方偿付，乙方以甲方尚欠 50 万元蔬菜款为由主张抵销权，只付给丙方 50 万元。

依据《民法典》第 550 条，因债权转让增加的履行费用，由让与人负担。

3. 同一债权多重转让的处理

让与人将同一债权转让给两个以上受让人，债务人以已经向最先通知的受让人履行为由主张其不再履行债务的，人民法院应予支持。债务人明知接受履行的受让人不是最先通知的受让人，最先通知的受让人请求债务人继续履行债务或者依据债权转让协议请求让与人承担违约责任的，人民法院应予支持；最先通知的受让人请求接受履行的受让人返还其接受的财产的，人民法院不予支持，但是接受履行的受让人明知该债权在其受让前已经转让给其他受让人的除外。

◎ **案例分析：**

案例 19-2 中，甲公司分立时明确约定由乙公司承继丁公司的全部债务，丙公司不承担任何债务，分立过程中未进行公告且未通知债权人丁公司，更不可能经过丁公司同意，因此乙公司与丙公司的这一约定对丁公司不发生法律效力，丁公司可以要求乙公司和丙公司承担连带责任以偿还债务。之后，丁公司和丙公司可以按照他们之间的协议进行追偿。

二、债务移转

（一）债务移转的概念

债务移转也叫债务承担，是指在不改变债的内容的前提下，债务人将债务全部或部分的移转给第三人承担的行为。

债务移转分两种情况：一种是债务全部移转，由第三人代替债务人承担全部债务，原债务人脱离债的关系。另一种是债务的部分移转，即原债务人与新债务人负有按份债务。

（二）债务移转的条件

1. 须存在有效的债务

2. 所移转的债务须具有可移转性

性质上不能移转的债务、当事人特别约定不能移转的债务和法律规定不能移转的债务均不得移转。例如，歌手登台演出或者画家绘制画作的债务，这些债务依赖于个人的技能，通常不允许移转。

3. 债务人和第三人就债务的移转达成合意

债务移转要求债务人与第三人订立债务移转协议，该协议的订立及效力应适用民事法律行为和合同的相关规定。

4. 债务移转须经债权人同意

因为债的关系建立在债权人对债务人履行能力的了解和信任基础上，债务人的履行能力对于债权人债权的实现至关重要。因此，为保护债权人的利益不受债务人与第三人之间债务移转合同的影响，我国《民法典》第551条规定：债务人将债务的全部或者部分转移给第三人的，应当经债权人同意。债务人或者第三人可以催告债权人在合理期限内予以同意，债权人未作表示的，视为不同意。

（三）债务移转的效力

1. 第三人作为债务人法律地位的产生

债务移转有效成立以后，债务全部移转的，第三人取代原债务人成为新的债务人，原债务人脱离债的关系，由第三人直接向债权人承担债务。债务被部分移转的，第三人仅就部分债务负责，原债务人对未移转的债务仍然负责，第三人和债务人对债权人负有按份债务。

2. 抗辩权随之移转

《民法典》第553条规定："债务人转移债务的，新债务人可以主张原债务人对债权人的抗辩。"例如甲乙双方订立承揽合同，约定甲方4月1日交付工作成果，乙方5月5日付款7万元。甲方履行义务后，乙方经甲方同意在4月2日将债务转让给丙方，乙方在4月3日又将检验结果通知丙方，说明接受的工作成果不符合要求，丙方可以向甲方行使履行抗辩权，在甲方修理或重做之前，拒绝支付7万元。

3. 原债务人对债权人的抵销权不发生移转

原债务人对债权人享有债权的，新债务人不得向债权人主张抵销。这是原债务人对自己债权的处分。

4. 从债务一并随之移转

《民法典》第554条规定："债务人转移债务的，新债务人应当承担与主债务有关的从债务，但是该从债务专属于原债务人自身的除外。"例如，甲乙双方约定，甲方借给乙方100万元人民币，乙方除到期返还100万元本金外，还要给甲画一幅肖像充抵利息。乙方是著名画家。当100万元本金债务移转时，乙方给甲画一幅画的从债不发生移转。

三、债务加入

债务加入，又称为并存的债务承担，即原债务人不退出债权债务关系，第三人作为新的债务人和原债务人一起向债权人承担连带责任。《民法典》第552条规定："第三人与债务人约定加入债务并通知债权人，或者第三人向债权人表示愿意加入债务，债权人未在合理期限内明确拒绝的，债权人可以请求第三人在其愿意承担的债务范围内和债务人承担连带债务。"根据规定，如果债务加入是第三人和债务人约定的，则无须债权人明确同意，但是应当通知债权人，债权人有权在接到通知后的合理期限内予以明确拒绝。如果债务加入是第三人直接单方向债权人表示愿意加入的，则无须债务人同意，但至少应当通知债务人，债务人也可以拒绝，债务人拒绝后第三人和债权人之间的合同只能在他们之间有效，不能对债务人发生效力。债务加入的法律后果是债权人没有在合理期限内明确拒绝的，第三人和债务人一起对债权人的债务承担连带责任。如果债务人对第三人和债权人订立的债务加入合同明确表示拒绝的，按照《民法典》第980条规定，债务人享有利益的，应当向第三人偿还必要费用，但以债务人获得利益的范围为限。

构成债务加入后，除另有约定外，第三人与债务人一起对债权人负有连带债务，《民法典》第553条和第554条关于新债务人抗辩、抵销权和承担有关从债务的规定，在债务加入中，在不相抵触的范围内也予以适用。

第三人加入债务并与债务人约定了追偿权，其履行债务后主张向债务人追偿的，人民法院应予支持；没有约定追偿权，第三人依照民法典关于不当得利等的规定，在其已经向债权人履行债务的范围内请求债务人向其履行的，人民法院应予支持，但是第三人知道或者应当知道加入债务会损害债务人利益的除外。

◎ **交互练习：**

甲公司欠乙公司200万元货款，甲公司与丙公司约定丙公司加入甲公司对乙公司的债务，但丙公司只承诺还100万元，并及时将情况通知了乙公司，乙公司表示同意，此后丙公司偿还了50万元。根据《民法典》的规定，以下哪些说法是正确的？（　　）

A. 该债务承担协议自通知乙公司时对乙公司有效。

B. 乙公司有权请求丙再支付50万元。

C. 乙公司有权请求丙支付150万元。

D. 该债务承担协议自乙公司同意时对乙公司有效。

四、合同的概括承受

债的概括承受，是指债权债务一并移转给第三人。债的概括承受包括合同承受和其他法定债权、债务的概括承受。

（一）合同承受

《民法典》第555条规定："当事人一方经对方同意，可以将自己在合同中的权利和义务一并转让给第三人。"由第三人承受其在合同中的地位，享受合同权利，承担合同义务。因为合同承受不仅包括合同权利的转让，还包括合同义务的转让，因此，必须取得对方当事人的同意。

合同的权利和义务一并转让的，适用债权转让、债务转移的有关规定。

（二）法定债权、债务的概括承受

法定债权、债务的概括承受，一般无须对方当事人的同意，适用特别的规定。最为典型的是法人合并和分立情形中的概括承受。另外，在被继承人死亡后，被继承人的遗产由继承人继承，同时，继承人也应当概括继承被继承人的债务。

◎ **延伸阅读：**

债务移转与债务加入的区别。

◎ **相关法律：**

《民法典》第 545~556 条。

《民法典合同编通则解释》第 47~51 条。

◎ **实务操作：**

甲从乙处借了 20 万元。

（1）乙与丙签订债权转让协议，该协议未经甲同意，也未通知甲，该协议是否有效？

（2）丁与甲签订债务移转协议，自愿承担甲欠乙的债务 20 万元，该协议是否有效？

（3）戊是甲的好友，与甲签订协议，自愿作为债务人加入到甲对乙的债务中，但是未经过乙的同意，该协议是否有效？

请针对上述问题，撰写案例分析报告，分析协议的效力。

项目综合训练

甲公司欠乙公司 300 万元，乙公司欠丙公司 300 万元，丁公司欠甲公司 300 万元。现甲、丁公司达成协议，由丁公司向乙公司清偿甲公司的 300 万元债务，甲公司、丁公司之间的债权债务关系消灭，该协议经乙公司同意。后乙公司又与丙公司达成协议，由丁公司向丙公司清偿 300 万元，乙公司、丙公司之间的债权债务消灭。请分析：

（1）甲公司、丁公司之间的协议的性质是什么？该协议是否生效？

（2）乙公司、丙公司之间的协议的性质是什么？该协议是否已生效？

本项目答案

项目二十　终　止　合　同

◎ **知识目标**
  ● 掌握提存、抵销等合同终止的一般情形。
  ● 掌握合同解除的一般法定条件。
  ● 掌握行使解除权的时间、方式以及合同解除时间的确定。
◎ **技能目标**
  ● 能够灵活运用提存、抵销等方式终止合同。
  ● 能够正确判断是否符合解除条件。
  ● 学会依法正确行使解除权解除合同。
◎ **素质目标**
  ● 培养合同法律意识和风险管理能力。
  ● 提高解决合同终止问题的实务操作能力。
  ● 强化诚信守约、公平交易的职业道德观念。

任务一　债　的　消　灭

◎ **案例导入：**

　　【**案例 20-1**】胡某于 2017 年 1 月 10 日向李某借款 100 万元，期限 3 年。2018 年 3 月 30 日，胡某又借 100 万元，期限 2 年。胡某仅于 2020 年 2 月归还借款 100 万元。

　　请思考：胡某归还的 100 万元，为哪笔借款呢？

◎ **知识准备：**

　　债的消灭是指债权债务关系依法终止，债权人不再享有债权，债务人也不再承担债务。根据《民法典》的相关规定，债的消灭的原因通常有清偿、抵销、提存、免除、混同以及法律规定或者当事人约定终止的其他情形。上述案例涉及数笔债务清偿时如何确定清偿顺序。

一、债务清偿

　　债务清偿，也称为债务履行，是指债务人按照合同约定或法律规定，向债权人履行债务的行为。当债务人按照约定的条件和期限，完全或部分地履行了债务，债权人的债权得到实现，债务人的义务得到解除。债务清偿可以采取多种形式，包括但不限于金钱支付、实物交付、提供服务、完成工作、赔偿损失。

《民法典》第560条和第561条规定了数项债务的履行抵充顺序。数项债务的履行抵充的适用条件是：第一，债务人对同一债权人负担数项债务。第二，债务人负担的数项债务的种类相同。第三，债务人的给付不足以清偿全部债务。确定履行抵充顺序的基本原则是：有约定从约定，无约定从指定，无指定从法定。如果当事人就抵充顺序达成一致，则约定优先。当事人对抵充顺序没有约定，由债务人指定履行顺序，但债务人的指定应在清偿时作出，清偿后不可以指定。当事人对抵充顺序没有约定且债务人在清偿时未指定的，依据法定的顺序清偿。依据《民法典》第560条第2款规定，法定顺序为：（1）优先履行已经到期的债务。（2）数项债务均到期的，优先履行对债权人缺乏担保或者担保最少的债务。（3）均无担保或者担保相等的，优先履行债务人负担较重的债务。例如，有低利息的债务和高利息的债务，高利息的债务对于债务人负担较重。（4）负担相同的，按照债务到期的先后顺序履行。（5）到期时间相同的，按照债务比例履行。

◎ **案例分析：**

案例20-1中，胡某归还的100万元借款应为2017年的借款，因为按照法律规定，当事人对抵充顺序没有约定且债务人在清偿时未指定的，依据法定顺序清偿。

《民法典》第561条规定：债务人在履行主债务外还应当支付利息和实现债权的有关费用，其给付不足以清偿全部债务的，除当事人另有约定外，应当按照下列顺序履行：（1）实现债权的有关费用；（2）利息；（3）主债务。

二、抵销

（一）抵销的概念

抵销，是指二人互负债务时，各以其债权充抵债务的履行，使其债务与对方的债务在对等额内相互消灭的行为。

抵销依其产生的依据不同，可分为法定抵销和约定抵销。法定抵销由法律规定其构成要件，当要件具备时，依一方当事人的意思表示即可发生抵销的效力。约定抵销是指双方当事人协商一致，使自己的债务与对方的债务在对等额内消灭。《民法典》第569条规定："当事人互负债务，标的物种类、品质不相同的，经协商一致，也可以抵销。"

（二）法定抵销的要件

1. 必须是双方当事人互负债务、互享债权

抵销是在对等额内使双方债权消灭，因此，抵销必须以当事人双方互负债务、互享债权为前提。当事人双方存在的两个债权债务还必须合法有效才能抵销。其中，提出抵销的一方所享有的债权，为主动债权，被抵销的债权，为被动债权。根据《民法典合同编通则解释》第58条的规定，诉讼时效期间已经届满的债权人通知对方主张抵销，在对方提出时效抗辩情况下，人民法院对抗辩应予支持。换言之，如果对方未提出时效抗辩，则债权人可以获得支持。

2. 双方互负的债务必须标的物种类、品质相同

抵销的债务以是同一种类的给付为必要。只有给付的种类、品质相同时，才能进行比较和计算进而抵销。标的物的种类、品质相同的，无须当事人协商，一方即可将自己的债务与对方的债务抵销。

3 被抵销一方的债务已到清偿期

因为抵销具有清偿的效力，因此只有在提出抵销的一方所享有的主动债权的履行期限届至时，才可以主张抵销；否则，等于强制债务人提前履行债务，牺牲其期限利益。如果双方的债权均已到期，则双方均可主张抵销；以自己的到期债权与对方未到期的债权抵销，则应当允许，因为这是请求抵销的一方自愿提前履行义务。例如，甲欠乙10万元，9月1日到期，乙欠甲15万元，10月1日到期，则在9月1日到10月1日这段时间，甲不可以提出抵销，但是乙可以提出抵销。

4. 须双方的债务均为可抵销的债务

根据债务性质、按照当事人约定或者依照法律规定不得抵销的债务，不能抵销。根据《民法典合同编通则解释》第57条的规定，因侵害自然人人身权益，或者故意、重大过失侵害他人财产权益产生的损害赔偿债务，侵权人主张抵销的，人民法院不予支持，本条规定为强制性规定，不得通过约定而排除其适用。

（三）抵销的方法及效力

法定抵销情况下，当事人主张抵销的，应当通知对方。通知自到达对方时生效。抵销不得附条件或者附期限。如为约定抵销，当事人意思表示一致时发生抵销的效力。双方的债权债务在对等数额内因抵销而归于消灭。

◎ **交互练习：**

关于抵销的下列表述错误的是(   )。

A. 约定抵销无条件适用于双方债务债务种类、品质等一致的情况

B. 法定抵销需要满足法律规定的条件且不得附条件和期限

C. 抵销包括法定抵销和约定抵销两种方式

D. 诉讼时效届满的债权人主动提出和对方抵销会获得支持

三、提存

（一）提存的概念

提存，是指债务人将已届履行期限，但因法律规定的原因无法交付的标的物交由提存机关，以消灭债务的行为。

债务人履行债务需要债权人的协助，如果债权人不予协助，债务人就不能清偿其债务。在此情况下，为使债务人能够以某种形式履行其债务，避免因不能履行债务给其带来损失，法律设立了提存制度。通过提存，债务人将其无法交付的标的物交给提

存机关，以代替向债权人的给付，从而免除自己的清偿责任。提存后，债务人的债务得以消灭。因此，提存也是债的消灭原因。

（二）提存的原因

根据《民法典》第570条的规定，有下列情形之一，难以履行债务的，债务人可以将标的物提存：

1. 债权人无正当理由拒绝受领

债权人无正当理由拒绝受领，使债务人无法履行债务，为保护其合法利益，所以允许债务人提存。但债权人有正当理由拒绝受领的，债务人不得提存。

2. 债权人下落不明

债权人下落不明包括债权人不明确、地址不详、债权人失踪且无财产代管人等情况。债权人下落不明，使债务人无法履行债务，允许债务人提存。

3. 债权人死亡未确定继承人、遗产管理人，或者丧失民事行为能力未确定监护人

这些同样是因债权人的原因使债务不能履行，为保护债务人的利益，赋予了债务人提存权。

4. 法律规定的其他情形

法律规定的因债权人的其它原因不能履行债务的，债务人也可以因提存而消灭债务关系。

（三）提存的效力

1. 债务人和债权人之间的效力

《民法典》第571条第1款规定："债务人将标的物或者将标的物依法拍卖、变卖所得价款交付提存部门时，提存成立。"提存成立后，对于债务人而言，视为债务人向债权人在其提存范围内已经交付标的物，债务人不再负清偿的责任，债因提存而消灭。对于债权人而言，标的物提存后，毁损、灭失的风险由债权人承担。提存期间，标的物的孳息归债权人所有，提存费用由债权人负担。标的物提存后，债务人应当及时通知债权人或者债权人的继承人、遗产管理人、监护人、财产代管人。

2. 提存部门和债权人之间的效力

提存成立后，提存部门提供提存服务，保管提存物。债权人在缴纳提存费用后，可以随时领取提存物，但是存在例外情形。《民法典》第574条第1款规定："债权人对债务人负有到期债务的，在债权人未履行债务或者提供担保之前，提存部门根据债务人的要求应当拒绝其领取提存物。"同时《民法典》第574条第2款也规定："债权人领取提存物的权利，自提存之日起五年内不行使而消灭，提存物扣除提存费用后归国家所有。但是，债权人未履行对债务人的到期债务，或者债权人向提存部门书面表示放弃领取提存物权利的，债务人负担提存费用后有权取回提存物。"

四、免除

免除，是指债权人免除债务人的债务，使债务消灭的意思表示。

债务免除实质是债权人对其债权的抛弃。债务全部免除的，债即全部消灭；债务

部分免除的，债在免除的范围内消灭。主债务因免除而消灭的，从债务也随之消灭。债权人免除债务人债务的，无须债务人明确同意，即可发生免除效力，但如果债务人在合理期限内拒绝的，免除效力自始不发生。

五、混同

混同，是指债权与债务同归于一人，而使债的关系消灭的事实。《民法典》第576条规定，债权和债务同归于一人的，债权债务终止，但是损害第三人利益的除外。

混同的原因有两种：一是概括承受，如企业合并，债权人继承债务人的财产，债务人继承债权人的财产。二是特定承受，因债权转让或债务移转，而使债权债务同归于一人。例如，债权人甲与债务人乙订立合同后，甲将合同权利转让给乙。

债权债务因各种原因终止后，当事人之间的债消灭，当事人应当遵循诚信等原则，根据交易习惯履行通知、协助、保密、旧物回收等义务。债权债务终止时，债权的从权利同时消灭，但是法律另有规定或者当事人另有约定的除外。

◎ **思政点滴：**

合同的履行与终止对当事人利益及市场经济秩序和社会稳定具有重要影响，诚信是合同事务的核心，平衡各方利益是合同履行和终止的重要目标，维护社会和谐是合同事务的社会责任，通过合理、诚信行为，促进经济发展和社会稳定。

◎ **延伸阅读：**

债务混同是否导致债权债务关系的终止？

◎ **相关法律：**

《民法典》第557~561条、第568~576条。
《民法典合同编通则解释》第55~58条。

◎ **实务操作：**

甲与乙签订了一份棉花买卖合同。约定：甲于8月1日向乙交货。甲如期交付时，发现乙不在家，也无其他办法联系到乙。甲遂向乙所在地的提存机关办理提存，提存机关对棉花进行了妥善保管。不承想因雷电引起棉花自燃，完全被烧毁。

请分析：问棉花的损失应当由谁承担？

任务二　解除合同

◎ **案例导入：**

【案例20-2】 甲房地产公司将1套房屋卖给丙，丙向甲公司支付了首付款20万元。后因国家出台房地产调控政策，丙不具备购房资格，导致甲公司与丙之间的房屋买卖合同不能继续履行。

请思考：该合同应当如何处理？

◎ **知识准备：**

上述案例中，房屋买卖合同因国家出台的房地产调控政策而无法继续履行，可以解除合同。合同的解除，是指在合同有效成立以后，当事人双方协商一致或在解除的条件具备时因当事人一方的意思表示，使合同关系自始或仅向将来消灭的行为。包括双方协议解除和单方行使解除权解除两种情况。

合同解除以有效成立的合同为标的，必须在满足法定的或者约定的解除条件时，由当事人实际行使，才会产生解除的效果，使合同关系提前归于消灭。

一、合同解除的类型

（一）协议解除和单方解除

协议解除是当事人协商一致将合同解除的行为。其实质是双方通过协商一致成立一个新合同，内容是将原来的合同废除，使基于原合同发生的债权归于消灭。《民法典》第 562 条第 1 款规定，当事人协商一致，可以解除合同。

单方解除是解除权人行使解除权将合同解除的行为。它不必经过对方当事人的同意，只要在法定或约定的解除条件成就时，解除权人将解除合同的意思通知对方，合同自通知到达对方时解除。对方有异议的，可以请求人民法院或者仲裁机构确认解除合同的效力。《民法典》第 562 条第 2 款规定，当事人可以约定一方解除合同的事由。解除合同的事由发生时，解除权人可以解除合同。

（二）法定解除和约定解除

单方解除按其解除条件产生依据之不同又可分为法定解除和约定解除。

法定解除是合同解除的条件由法律直接加以规定的解除。在法定解除条件中，有适用于所有合同的一般法定解除条件和仅适用于特定合同的特别法定解诛条件。《民法典》第 563 条规定了适用于所有合同的法定解除的一般条件，在买卖合同、租赁合同、承揽合同、建筑工程合同、委托合同、物业服务合同中，还规定了适用于该类合同的特别法定解除条件。

约定解除是合同解除的条件由当事人事先在合同中约定的解除。合同中有关当事人一方或双方在某种情况下享有解除权的条款称之为解约条款。因为约定解除是根据当事人的合意产生的，其本身具有较大的灵活性，它可以更好地适应当事人的需要，对合同事务预先做出安排。

二、合同解除的条件

协议解除是指当事人达成协议将合同解除，既然是达成协议，就需要遵循合同的订立程序，一般要经过要约和承诺这个过程，同时该协议必须是有效的，才能产生解除合同的效果，因此要求该协议还必须符合合同的有效条件，即当事人有相应的行为能力，意思表示真实，不违反强行性规范和社会公共利益。

约定解除的条件由当事人事先在合同中约定。只要不违反强行性规范和社会公共利益，当事人可以自由约定任何产生解除权的条件。

《民法典》第 563 条规定了法定解除的一般条件，具体又可以细分为合同的有条件解除和不定期合同的随时解除两类。

（一）合同的有条件解除

《民法典》第 563 条第 1 款规定了合同的一般法定解除条件：

1. 因不可抗力致使不能实现合同目的

不可抗力发生以后，对合同的影响程度是不一样的，有些只是暂时阻碍合同的履行，有些只是影响到合同的部分内容的履行。因此，只有因不可抗力致使当事人订立合同所追求的目标和基本利益不能实现时才能解除合同。发生不可抗力不能履行合同义务的一方当事人可以免去履行及损害赔偿的责任，但迟延履行后发生不可抗力而致合同目的不能实现的，不能免除该方损害赔偿的责任。

◎ **案例分析：**

案例 20-2 中，由于国家的房地产调控政策，导致丙不具备购房资格，因而导致合同目的不能实现，任何一方均可以提出解除合同，甲房地产公司应当将首付款 20 万元及利息退还给丙。

2. 在履行期限届满之前，当事人一方明确表示或以自己的行为表明不履行主要债务

此种情况属于预期违约的两种类型，即明示毁约和默示毁约。在预期违约的情况下，表明毁约当事人根本不愿意受合同约束，也表明了该当事人具有了完全不愿受合同约束的故意，合同对该当事人形同虚设。在此情况下，另一方当事人应有权在要求其继续履行和解除合同之间作出选择。当非违约方选择了解除合同时，才能尽快从合同关系中解脱出来，避免遭受不必要的损失。

3. 当事人一方迟延履行主要债务，经催告后在合理期限内仍未履行

具体而言，包括：第一，必须是债务人在履行期限到来后未履行主要债务，而不是次要债务。第二，必须经过债权人的催告履行，如未催告则不能随意解除。第三，在催告后，债权人要给予债务人一段合理的宽限期，使债务人继续准备履行。在合理的宽限期期满后，如果债务人仍不履行，则债权人有权解除合同。第四，经催告后在合理期限内仍未履行。

4. 当事人一方迟延履行债务或者有其他违约行为致使不能实现合同目的

包括两种情况：第一，迟延履行影响到合同目的的实现，则不需要经过催告程序，便可以解除合同。例如，对于季节性和时间性很强的货物，如月饼、圣诞物品等，若迟延交货，将影响商业销售，债权人有权解除合同。第二，其他违约行为致使不能实现合同目的，是指当非违约方在违约方已构成根本违约的情况下，享有解除合同的权利。

5. 法律规定的其他情形

（二）不定期合同的随时解除

《民法典》第 563 条第 2 款还规定，以持续履行的债务为内容的不定期合同，当事人可以随时解除合同，但是应当在合理期限之前通知对方。除了在合同编第一分编通则中的这一规定外，根据该一般规定，《民法典》还在一些具体合同中特别规定了此种法定解除权，以防止其被滥用。例如在《民法典》第 933 条委托合同中规定，委托人或者受托人可以随时解除委托合同。因解除合同造成对方损失的，除不可归责于该当事人的事由外，无偿委托合同的解除方应当赔偿因解除时间不当给对方造成的直接损失，有偿委托合同的解除方应当赔偿对方的直接损失和合同履行后可以获得的利益。随时解除属于合同法定解除的一种类型，法律规定其适用范围有限，对于除了以持续履行的债务为内容的不定期合同之外，合同应当被严格遵守不得随意解除是一般原则。

三、合同解除的程序

合同解除的程序有两种，即协议解除的程序和行使解除权的程序。

（一）协议解除的程序

协议解除的程序，是当事人协商一致，即一方发出解除合同的要约，另一方发出同意该要约的承诺并到达要约人一方，从而成立解除合同的合同。在合同符合有效条件情况下该解除即时生效或于双方约定的解除之日生效。在合同解除须经有关部门批准情况下，有关部门批准解除的日期即为合同解除的日期。

（二）行使解除权的程序

解除权属于形成权，解除权人需要在一定期限内行使。根据《民法典》第 564 条的规定，法律规定或者当事人约定解除权行使期限，期限届满当事人不行使的，该权利消灭。法律没有规定或者当事人没有约定解除权行使期限，自解除权人知道或者应当知道解除事由之日起一年内不行使，或者经对方催告后在合理期限内不行使的，该权利消灭。

行使解除权的程序以当事人享有法定的或约定的解除权为前提，另外，还要有行使解除权的行为。根据《民法典》第 565 条的规定，当事人一方依法主张合同解除的，应当通知对方。合同自通知到达对方时解除；通知载明债务人在一定期限内不履行债务则合同自动解除，债务人在该期限内未履行债务的，合同自通知载明的期限届满时解除。对方对解除合同有异议的，任何一方当事人均可以请求人民法院或者仲裁机构确认解除行为的效力。当事人一方未通知对方，直接以提起诉讼或者申请仲裁的方式依法主张解除合同，人民法院或者仲裁机构确认该主张的，合同自起诉状副本或者仲裁申请书副本送达对方时解除。这一规定是对现实生活中民事主体多采用这样的方式去解除合同的法律上的回应，需要注意的是，如果最终人民法院或者仲裁机构确认了解除合同的主张，则解除时点为"起诉状副本或者仲裁申请书副本送达对方时"。

四、合同解除的效力

合同解除导致合同效力确定地向将来消灭，但是否溯及既往，应视合同性质及当事人意思表示等具体情况而定。《民法典》第 566 条规定，"合同解除后，尚未履行的，终止履行；已经履行的，根据履行情况和合同性质，当事人可以请求恢复原状或者采取其他补救措施，并有权请求赔偿损失。"学理界认为继续性合同的解除原则上无溯及力，客观上不得请求恢复原状，非继续性合同原则上有溯及力，可以请求恢复原状，但当事人另有约定的除外。

合同因违约解除的，解除权人可以请求违约方承担违约责任，但是当事人另有约定的除外。主合同解除后，担保人对债务人应当承担的民事责任仍应当承担担保责任，但是担保合同另有约定的除外。合同的权利义务关系终止，包括合同的权利义务关系因合同解除而终止，不影响合同中结算和清理条款的效力，不影响当事人请求损害赔偿的权利。

◎ **交互练习：**

甲将其收藏的一幅齐白石遗画卖给乙，价金 5 万元。甲将价金债权转让给丙并通知了乙。履行期届至前，该画灭失。则乙（　　）。

A. 得解除合同并拒绝丙的给付请求

B. 得对甲主张解除合同，但不得拒绝丙的给付请求

C. 不得解除合同并不得拒绝丙的给付请求

D. 不得解除合同但得拒绝丙的给付请求

◎ **延伸阅读：**

最高人民法院指导案例 67 号：汤长龙诉周士海股权转让纠纷案。

◎ **相关法律：**

《民法典》第 562~566 条。

《民法典合同编通则解释》第 52~54 条。

◎ **实务操作：**

1 月 15 日，万某和赵某达成买卖合同，约定 2 月 1 日万某交付给赵某春联 200 副，赵某向万某支付春联款 1000 元。合同约定后，万某迟迟不能交货，直到 2 月 18 日，万某才找到赵某要求交付春联，而此时已经到了腊月三十。赵某家忙着筹备过年，已经没有时间和人手将春联卖出，遂拒绝收货。但是万某直接将对联放在赵某家，说必须收货交款，否则就要到法院告赵某违约。

请分析：赵某拒绝收货算违约吗？

项目综合训练

甲设备制造公司与乙热电厂签订了一份机械设备购销合同。合同约定，甲设备制

造公司为乙热电厂专门制造一套除灰设备，一年之后交付，总价款 80 万元。合同签订后，乙热电厂先后按照合同支付 50 万元价款，在合同履行期限届满前，甲设备制造公司表示，由于钢材价格上涨，利润较低，不能按照原价格提供设备，要求提高价格，乙热电厂不同意。甲设备制造公司要求解除合同。该如何处理？

本项目答案

项目二十一　界定违约责任

◎ **知识目标**

- 理解违约责任的归责原则及适用。
- 列举并解释违约责任的构成要件。
- 熟悉各种违约责任的形式及如何适用。

◎ **技能目标**

- 能够界定不同法律关系和责任形式适用的违约责任归责原则和构成要件。
- 能够判断当事人的行为构成何种违约形态。
- 能够综合运用所学知识分析处理违约责任纠纷。

◎ **素质目标**

- 培养学生的法治意识和社会责任感。
- 提高学生在解决违约问题过程中的沟通和协商技巧。
- 强化诚信守约为本、公平界分责任的职业道德观念。

任务一　认识违约责任

◎ **案例导入：**

【案例21-1】 张某与李某订立了一份买卖合同，约定张某将一对古董花瓶以10万元的价格卖给李某。交付前因地震致房屋倒塌，古董花瓶毁损致张某无法交付。

请思考： 张某是否承担违约责任？

◎ **知识准备：**

上述案例涉及合同当事人是否应该承担违约责任。解决这一问题，首先要认识违约责任，下面我们先来了解违约责任的归责原则。

一、违约责任的归责原则

归责原则，是指将民事法律责任归于债务不履行方承担的依据和方法。我国《民法典》对违约责任确立了以严格责任原则为主，以过错责任原则为辅的二元归责体系。

（一）严格责任原则

所谓严格责任原则，是指不考虑当事人过错与否，只要当事人不履行或者不适当履行合同义务，就应当承担违约责任。合同债务人有无过错，不是违约责任的成立的要件。我国《民法典》第577条规定，"当事人一方不履行合同义务或者履行合同义务不符合约定的，应当承担继续履行、采取补救措施或者赔偿损失等违约责任。"

（二）过错责任原则

所谓过错责任原则，是指只有在合同当事人因过错违反合同义务的情况下，违约责任才成立。与严格责任原则不同，过错责任原则以当事人的主观过错作为确定违约责任构成的依据。此类情形主要体现在《民法典》关于部分典型合同的具体规定中，例如《民法典》第660条第2款规定："依据前款规定应当交付的赠与财产因赠与人故意或者重大过失致使毁损、灭失的，赠与人应当承担赔偿责任。"

二、违约责任的构成要件

违约责任的构成要件一般涉及违约行为、损害事实、违约行为与损害事实之间的因果关系、行为人主观上的过错四个方面，但这四方面要件并不是所有的违约责任都必须同时具备的。违约责任的构成要件分为一般构成要件和特殊构成要件。一般构成要件，指承担任何违约责任都必须具备的要件。

一般构成要件有三个：一是合同成立并生效，二是具有违约行为，三是不存在法定或者约定的免责事由。

特别构成要件，指承担某种具体的违约责任时，在一般构成要件之外，还需具备的特殊构成要件。具体而言，采用过错责任原则的，要求违约方具有过错；实际履行要求继续履行可能或者可行；损害赔偿要求要有损失，并且违约行为和损失之间具有因果关系。

三、免责事由

所谓免责事由，是指法律规定的或当事人约定的免除承担违约责任的事由，又称为违约责任的抗辩事由。违约责任的免责事由可分为法定的免责条件和约定的免责条款两种。

（一）免责条件

免责条件是指法律明文规定的当事人免于承担违约责任的事由。我国《民法典》违约责任一章中规定的免责事由主要有不可抗力，典型合同分编则就各类有名合同的不同特点分别作出规定。

例如，《民法典》第590条第1款即规定，当事人一方因不可抗力不能履行合同的，根据不可抗力的影响，部分或者全部免除责任，但是法律另有规定的除外。因不可抗力不能履行合同的，应当及时通知对方，以减轻可能给对方造成的损失，并应当在合理期限内提供证明。《民法典》第832条有关货运合同"承运人对运输过程中货物的毁损、灭失承担赔偿责任"的规定中，将"不可抗力""货物本身的自然性质或合理损耗""托运人或收货人的过错"均列为免责事由。

◎ **案例分析：**

案例 20-1 中，张某系因地震致房屋倒塌使得标的物毁损灭失而无法履行合同项下交付义务，因地震属于"不能预见、不能避免并不能克服的客观情况"，张某依法可以不可抗力为由主张免除违约责任。

（二）免责条款

免责条款是指当事人约定的排除或限制其未来责任的合同条款。民法以意思自治为基本原则，民事主体可以依法放弃民事权利、免除他人的民事义务、民事责任。因此，当事人在订立合同时，奉行合同自由原则，可以约定免责条款。只要具有免责条款规定的情形，当事人纵有违约行为，也不承担违约责任。但应注意，根据《民法典》第 506 条的规定，"造成对方人身损害的""因故意或者重大过失造成对方财产损失的"免责条款无效。

四、违约行为

（一）预期违约

预期违约，也称先期违约，是指一方于合同义务履行期限到来之前无正当理由而明确表示其在履行期到来后将不履行合同，或者其行为表明在履行期到来以后将不履行合同。预期违约包括两种形态，即明示毁约和默示毁约。我国《民法典》第 578 条规定了预期违约制度。

预期违约是与实际违约相对应的一种特殊的违约形态，与实际违约不同之处在于：（1）预期违约是在履行期到来之前的违约而非履行期到来之后的违约。（2）预期违约侵害的是期待债权而不是现实债权。（3）当事人可以在履行期限届满之前要求预期违约方承担违约责任。

预期违约行为发生时，非违约方可以要求预期违约方在履行期到来之前承担预期违约责任，也可以等到履行期到来后要求违约方承担实际违约的责任。

（二）实际违约

实际违约，是指在履行期限到来以后，当事人无正当理由不履行或不完全履行合同义务。实际违约行为有如下几种类型：

1. 不能履行

不能履行，是指债务人在客观上已经没有履行能力，或者在法律上、事实上已经不可能实际履行。例如：在以交付特定物为标的的合同中，该特定物灭失，或为第三人合法取得；在以提供劳务为标的的合同中，债务人丧失行为能力，均构成不能履行。

2. 拒绝履行

拒绝履行，是指在履行期限到来后，债务人能够履行却明确表示不履行或者其行为表明不履行合同。拒绝履行具备以下要件：有合法债务的存在、债务人能够履行债务、债务人不履行债务、债务人不履行债务没有合法理由。如果债务人不履行债务有合法理由，例如正当地行使抗辩权的情况下，不构成违约。

拒绝履行与不能履行不同。拒绝履行是能够履行而不履行，而不能履行则是无能力履行或不得履行。

3. 不适当履行

不适当履行，是指债务人虽然履行了债务，但其履行不符合合同的要求。包括在履行的主体、标的、期限、地点、方式等方面不符合合同的要求。不适当履行主要有以下几种形态。

（1）迟延履行，是指合同债务已经到期，合同当事人迟于法定的或者约定的时间履行。迟延履行是合同当事人在合同履行期限方面的不适当履行。作为违约行为的迟延履行必须具备以下要件：有合法债务的存在、履行期限已届满、债务人的履行迟于期限履行、债务人迟于期限履行没有正当理由。判断是否构成迟延履行的关键是明确债务履行期限。履行期限可分为法定期限和约定期限。如果法律没有规定，当事人也没有约定或有约定但约定不明的，债务人可以随时履行，债权人也可以随时要求履行，但应给对方必要的准备时间，于该时间届满时债务人仍不履行的，就构成迟延履行。

迟延履行分两种情况：①债务人迟延，指因可归责于债务人的原因导致履行迟延，如迟延交货、不按时提供劳务等。②债权人迟延，指因可归责于债权人的原因导致受领迟延。债权人的受领权，既是一项权利，同时也是一项义务。债务人按照约定履行债务，债权人无正当理由拒绝受领的，债务人可以请求债权人赔偿增加的费用。在债权人受领迟延期间，债务人无须支付利息。

（2）瑕疵履行，是指债务人虽然履行了债务，但其履行标的质量上不符合合同约定或法律规定。瑕疵履行可分为违约瑕疵履行和损害瑕疵履行。

违约瑕疵履行，是指债务人履行的标的仅在品种、规格、技术要求等质量方面不符合合同约定或法律规定，尚未由于其质量瑕疵给他人造成人身或财产损失。对于违约瑕疵，债权人可依《民法典》第582条的规定，根据标的的性质以及损失的大小，合理选择要求债务人承担修理、重作、更换、退货、减少价款或报酬等违约责任。

损害瑕疵履行又称为加害给付，是指债务人因交付的标的物或提供的劳务有缺陷构成违约，同时还造成了他人的人身、财产损害的行为。与违约瑕疵履行不同的是，损害瑕疵履行不但侵犯了债权人的债权，构成了违约，造成了债权人履行利益的损失，而且还侵犯了债权人的人身权、财产权等固有权益，因此此种情况下既成立违约责任又成立侵权责任。根据我国《民法典》第186条的规定，违约责任与侵权责任发生竞合时，当事人应择一主张。

（3）部分履行，是指虽然履行了合同义务但履行数量不符合合同约定，或者说履行在数量上存在着不足。如果部分履行系因债务人合法行使抗辩权，则不构成违约。在财物之债部分履行的情况下，债权人可以要求债务人继续履行，同时要求依法赔偿损失或按约定支付违约金。在部分履行影响实现合同根本目的的情况下，债权人可以依法解除合同。

（4）其他不适当履行的行为。除上述不适当履行行为外，合同当事人在履行主体、履行地点、履行方式等方面不符合债的本旨，也构成不适当履行的违约行为。

◎ **交互练习：**

　　飞乐公司开发某杀毒软件，在安装程序中做了"本软件可能存在风险，继续安装，视为同意自己承担一切风险"的声明。黄某购买正版软件，安装时同意了该声明。该软件误将操作系统视为病毒而删除，导致黄某电脑瘫痪并丢失其所有文件。下列选项正确的是(　　　)。

　　A. 因黄某同意飞跃公司的免责声明，可免除飞跃公司的赔偿责任

　　B. 黄某有权要求飞跃公司承担赔偿责任

　　C. 黄某有权依据消费者权益保护法，获得双倍赔偿

　　D. 黄某可同时提起侵权之诉和违约之诉

◎ **延伸阅读：**

　　住房消费者因出卖人违约行为未能办证可索赔。

◎ **相关法律：**

　　《民法典》第 176~180 条、第 186 条。

◎ **实务操作：**

　　甲公司与乙公司签订服装加工合同，约定乙公司支付预付款 1 万元，甲公司加工服装 1000 套，3 月 10 日交货，乙公司 3 月 15 日再支付余款 9 万元。3 月 10 日，甲公司仅加工服装 900 套，乙公司此时因濒临破产致函甲公司表示无力履行合同，因甲公司仅加工 900 套属于违约，因此不承担继续履行合同的责任，要求退还预付款 1 万元，并解除合同。

　　请为甲公司出具解决方案。

任务二　承担违约责任

◎ **案例导入：**

　　【案例 21-2】 A 公司与 B 公司签订总额为 50 万元的购销合同。合同中约定，违约金依货款总额的 4% 计算。同时，购货方 A 公司向 B 公司交付定金 1 万元。后来，A 公司违约，并导致 B 公司损失 4 万元。

　　请思考： B 公司如何主张适用违约金和定金？

◎ **知识准备：**

　　上述案例涉及违约责任的承担。违约责任的承担具有相对性，《民法典》第 593 条规定："当事人一方因第三人原因造成违约的，应当依法向对方承担违约责任。当

事人一方和第三人之间的纠纷，依照法律规定或者按照约定处理。"承担违约责任以补偿性为原则，以惩罚性为例外，惩罚性违约金或赔偿损失的适用必须严格基于法律的规定，不能随意滥用。违约责任可以由当事人进行约定，但是如果约定不合理，法院有权予以调整，以确保违约责任适用的公平合理。

根据《民法典》第 577 条、第 585 条、第 586 条的规定，违约责任的方式有继续履行、采取补救措施、赔偿损失、支付违约金及适用定金罚则。

一、继续履行

（一）继续履行的概念

继续履行又称强制履行、实际履行，指在一方当事人违反合同义务时，另一方当事人请求法院强制违约方继续履行合同债务的责任形式。继续履行是在履行期限到来后才履行，侵害了债权人的期限利益，损害了合同目的的正常实现，因此法律对债务人的行为给予否定性评价，并以国家强制力来强制债务人履行，债务人履行后，还需承担其他责任。例如迟延履行违约金责任、赔偿损失责任等，但继续履行不能与解除合同并用。

（二）继续履行的构成要件

《民法典》第 579 条规定："当事人一方未支付价款、报酬、租金、利息，或者不履行其他金钱债务的，对方可以请求其支付。"该条针对金钱债务，赋予非违约方继续履行的请求权。因金钱具有可替代性，一般不会出现法律或事实上不能履行、不适于强制履行或履行费用过高的情形，故金钱债务原则上必须实际履行。

《民法典》第 580 条规定："当事人一方不履行非金钱债务或者履行非金钱债务不符合约定的，对方可以请求履行，但是有下列情形之一的除外：（一）法律上或者事实上不能履行；（二）债务的标的不适于强制履行或者履行费用过高；（三）债权人在合理期限内未请求履行。有前款规定的除外情形之一，致使不能实现合同目的的，人民法院或者仲裁机构可以根据当事人的请求终止合同权利义务关系，但是不影响违约责任的承担。"

根据以上规定，适用继续履行这种责任形式承担违约责任，应具备如下条件：（1）须有合同债权人的请求。（2）债务履行在法律上及事实上仍有可能，即合同债务人具有实际履行合同的能力。（3）有继续履行的必要，即继续履行符合债权人的需要，且不损害社会公共利益和公序良俗。（4）依据合同的性质和强制的手段可以继续履行；如果强制合同债务人实际履行费用过高或依合同性质不宜强制履行时，不得作出继续履行的裁决。例如提供劳务的合同，如果强制履行就意味着要对债务人的人身进行强制，而人身强制是不被允许的。如债务性质虽不得强制履行，但可由第三人替代履行的，非违约方可请求对方负担第三人替代履行的费用。

二、采取补救措施

采取补救措施，是指《民法典》第 582 条所规定的情形，即"履行不符合约定的，应当按照当事人的约定承担违约责任。对违约责任没有约定或约定不明确，依据本法第五百一十条的规定仍不能确定的，受损害方根据标的的性质以及损失的大小，可以合理选择要求对方承担修理、重作、更换、退货、减少价款或者报酬等违约责任"。如采取补救措施还有其他损失的，违约方还应赔偿损失。

三、赔偿损失

（一）赔偿损失的概念

赔偿损失，又称损害赔偿，在合同法中称为违约损害赔偿，是指债务人不履行合同债务而给对方造成损失，依法应当承担的赔偿对方所受损失的责任。我国《民法典》在违约损害赔偿的方式上采取了以金钱赔偿为主的赔偿方式。

（二）赔偿损失的构成要件

适用赔偿损失这种责任方式承担违约责任，须具备如下条件：

1. 须有违约行为

这里的违约行为包含不能履行、拒绝履行、不适当履行等所有违约形式。

2. 须债权人受有损失

损失包括直接损失和间接损失。直接损失又称积极损失，指因违约行为而减少的既存利益的损失。间接损失又称消极损失，指因违约行为而没有获得的可得利益的损失。

3. 违约行为与损失的发生有因果关系

所谓因果关系是指违约行为与损失之间的相互联系，即损失是由违约行为造成的。

严格责任原则下，赔偿损失责任形式需同时具备上述三个要件。过错责任原则下，还需具备违约方主观上有过错这一要件。

（三）赔偿损失的范围

赔偿损失的范围，包括赔偿的项目以及数额的限定。我国《民法典》第 584 条规定："当事人一方不履行合同义务或者履行合同义务不符合约定，造成对方损失的，损失赔偿额应当相当于因违约所造成的损失，包括合同履行后可以获得的利益；但是，不得超过违约一方订立合同时预见到或者应当预见到的因违约可能造成的损失。"由此可以看出，违约损失赔偿的责任范围以完全赔偿为原则，同时也辅之可预见性规则的限定。

1. 完全赔偿原则

所谓完全赔偿原则，是指违约方对于违约行为造成的损失，应当全部赔偿以完全填补非违约方所遭受的损失，即损失多少，赔偿多少。目的是通过赔偿损失使非违约方的财产和利益达到合同适当履行情况下的状态。根据这一原则，违约方应赔偿对方当事人的直接损失和间接损失，即既得利益的损失和可得利益的损失。

2. 可预见性规则

根据《民法典》第 584 条的规定，当事人一方违反合同的赔偿责任范围，应当相当于另一方因此所遭受的损失，包括合同履行后可以获得的利益，但不得超过违反合同一方订立合同时预见到或者应当预见到的因违反合同可能造成的损失。

3. 减轻损失规则

根据《民法典》第 591 条第 1 款的规定，当事人一方违约后，对方应当采取适当措施防止损失的扩大；没有采取适当措施致使损失扩大的，不得就扩大的损失要求赔偿。

4. 损益相抵规则

损益相抵规则，也称损失同销规则，是指受损一方基于损害发生的同一原因而获得利益时，应将其所获利益由所受损害中扣除以确定损害赔偿范围的规则。损益相抵规则是确定受损一方"净损失"的规则。

5. 与有过失规则

与有过失，又称过失相抵。《民法典》第 592 条规定："当事人都违反合同的，应当各自承担相应的责任。当事人一方违约造成对方损失，对方对损失的发生有过错的，可以减少相应的损失赔偿额。"该规则是基于公平原则考量，当赔偿权利人对其损害的发生或扩大亦负有过失时，可以相应减轻违约方的损害赔偿责任。

四、违约金

（一）违约金的概念和分类

违约金，是指由当事人约定的或法律直接规定的，在一方违约后向对方支付一定数额的金钱或代表一定价值的财物。通常情况下，只有当事人对违约金做出约定，才可请求违约方支付违约金。

违约金有两种类型：赔偿性违约金与惩罚性违约金。赔偿性违约金是指仅具有弥补因一方违约给另一方所造成的损失之功能的违约金。该类赔偿性违约金是对于不履行合同义务所致损害赔偿额的预先约定，性质上相当于替代履行，因此该违约金主张不能与继续履行或不履行的损害赔偿责任主张同时并用。惩罚性违约金是指具有制裁违约一方违约行为之功能的违约金。这种违约金的性质决定了无论违约行为是否造成损害，受害人均可以要求支付违约金，且在请求支付违约金的同时，还可以同时请求强制实际履行或赔偿损失。

（二）违约金的调整

违约金的调整，是指对当事人约定的违约金的数额和比例进行调整。当事人约定的违约金如为赔偿性违约金，按照《民法典》第 585 条第 2 款的规定，约定的违约金低于造成的损失的，人民法院或者仲裁机构可以根据当事人的请求予以增加；约定的违约金过分高于造成的损失的，人民法院或者仲裁机构可以根据当事人的请求予以适当减少。《民法典合同编通则解释》第 65 条第 2 款规定："约定的违约金超过造成损失的百分之三十的，人民法院一般可以认定为过分高于造成的损失。"

五、定金

（一）定金的概念和种类

定金是指当事人约定的，为保证债权的实现，由一方当事人在履行前预先给付另一方当事人一定的金钱或其他替代物。

（二）定金合同的成立

定金合同成立除应具备合同成立的一般要件外，还应具备以下条件：

1. 定金合同必须以主合同的有效存在为前提

定金合同是从合同，定金所担保的合同是主合同，从合同的效力决定于主合同，当主合同无效或被撤销时，定金合同也就不能发生效力。

2. 定金合同自实际交付定金时成立

如果只有当事人的约定，并未实际交付定金的，定金合同不成立。

3. 定金的数额须符合法律的规定

定金的数额，应由当事人约定，但不能超过法律规定的最高限额。我国《民法典》第586条规定：定金的数额由当事人约定；但是，不得超过主合同标的额的20%，超过部分不产生定金的效力。实际交付的定金数额多于或者少于约定数额的，视为变更约定的定金数额。

（三）定金的效力

1. 证约效力

因为定金是为主合同的履行而设定的担保，因此，交付和收受定金的，表明主合同已经成立。

2. 预先给付和抵销的效力

债务人履行债务的，定金应当抵作价款或者收回。从抵作价款的效力上说，定金具有预先给付和抵销的效力。

3. 担保的效力

这是定金的最主要和最基本的效力。定金的担保效力表现在定金罚则上，即给付定金的一方不履行债务或者履行债务不符合约定，致使不能实现合同目的的，无权请求返还定金；收受定金的一方不履行债务或者履行债务不符合约定，致使不能实现合同目的的，应当双倍返还定金。

（四）定金、违约金、法定赔偿损失之间的关系

《民法典》第588条规定："当事人既约定违约金，又约定定金的，一方违约时，对方可以选择适用违约金或者定金条款。定金不足以弥补一方违约造成的损失的，对方可以请求赔偿超过定金数额的损失。"合同当事人既约定了违约金，又约定了定金，如果一方违约，守约方可以选择适用违约金或定金条款，但二者不能并用。如果选择适用定金，而定金不足以弥补一方违约造成的损失的，守约方既可以请求定金，同时也可以就超过定金数额的部分请求法定的赔偿损失，定金和法定赔偿损失的数额总和不能超过因违约造成的损失。

◎ **案例分析：**

案例21-2中，当事人既约定违约金又约定定金，一方违约时，对方可以选择适用违约金或者定金，即A公司违约，B公司可以在违约金或定金中选择其一适用。如果B公司选择定金，则A公司无权要求返还定金。因约定的定金不足以弥补B公司的损失，B公司有权同时请求A公司赔偿损失，但定金和损失赔偿的数额总和不应高

于 B 公司的损失。B 公司如果选择适用违约金，则可以要求 A 公司支付 2 万元的违约金，同时主张增加赔偿损失以弥补违约金的不足。B 公司可主张应予返还 A 公司的 1 万元定金与 A 公司应支付的相应金额等额抵销。

◎ **交互练习：**

　　甲与乙订立了一份苹果购销合同，约定甲向乙交付 20 万公斤苹果，货款为 40 万元，乙向甲支付定金 4 万元；如任何一方不履行合同应支付违约金 6 万元。甲因将苹果卖与丙而无法向乙交付苹果，乙提出的如下诉讼请求中，既能最大限度保护自己的利益，又能获得法院支持的诉讼请求是什么？（　　）

　　A. 请求甲双倍返还定金 8 万元。

　　B. 请求甲双倍返还定金 8 万元，同时请求甲支付违约金 6 万元。

　　C. 请求甲支付违约金 6 万元，同时请求返还支付的定金 4 万元。

　　D. 请求甲支付违约金 6 万元。

◎ **思政点滴：**

　　通过违约责任的学习，同学们应明白诚信的重要性以及遵守合同的必要性。在提出赔偿数额时，应基于实际损失合理计算，避免过高或过低的索赔。违约责任不仅是法律问题，也是道德和社会责任问题，要学会如何运用法律知识解决实际问题，提高实践能力和综合素质。

◎ **延伸阅读：**

　　追究违约责任也可以要求精神损害赔偿。

◎ **相关法律：**

　　《民法典》第 509 条、第 577~594 条、第 996 条。

　　《民法典合同编通则解释》第 59~68 条。

◎ **实务操作：**

　　7 月 15 日，张某和李某约定：张某将一祖传的玉器卖给李某，价款 8 万元；玉器应于 8 月 5 日交付，玉器交付的同时李某向张某支付价款。8 月 1 日，由于王某愿出价 10 万元购买玉器，张某就将玉器卖给了王某，并进行了交付。

　　请分析：（1）李某能否在 8 月 1 日要求张某承担违约责任？为什么？李某可否解除合同？（2）李某可否在 8 月 5 日要求张某承担继续履行的违约责任？

项目综合训练

　　农民甲与乙超市订立合同约定："甲按月向乙供应土鸡 20 只，期限一年，甲出卖给乙的价格为每只 100 元。"合同订立后，第一个月正常履行。第二个月，甲仅向乙交付了 10 只土鸡，乙超市出售这 10 只土鸡，每只售价 250 元。经查，第二个月，当地该类土鸡的市场价格为每只 180 元。

请分析：若乙欲就第二个月合同的履行追究甲的责任，应当要求赔偿多少数额？

本项目答案

项目二十二　典型合同法律事务处理

◎ **知识目标**

- 理解买卖、赠与、借款、保证等合同的定义及其法律特征。
- 掌握每种典型合同在实际操作中的特殊要求和法律规范。
- 了解每种典型合同纠纷的解决途径。

◎ **技能目标**

- 能够起草和修改各类典型合同的简单文本。
- 能够对履约过程进行有效监控和管理，及时发现问题，防范纠纷发生。
- 能够正确处理各类合同纠纷，维护当事人的合法权益。

◎ **素质目标**

- 培养学生具备严谨的法律思维，能够运用法律逻辑分析和解决问题。
- 树立良好的职业道德观念，在处理合同事务时以公平公正为原则，维护社会秩序。
- 培养学生细致认真的工作习惯，能够精确理解和执行合同条款。

任务一　买卖合同法律事务处理

◎ **案例导入：**

【案例 22-1】 甲公司借用乙公司的一套设备，在使用过程中不慎损坏一关键部件，于是甲公司提出买下该套设备，乙公司同意出售。双方还口头约定在甲公司支付价款前，乙公司保留该套设备的所有权，设备的合格证、说明书等资料也未交给甲公司。不料在支付价款前，甲公司生产车间失火，造成包括该套设备在内的车间所有财物被烧毁。

请思考： 该设备是否已交付？所有权是否已转移？该设备被烧毁的风险由哪方承担？甲公司是否还要向乙公司交付设备的约定价款？

【案例 22-2】 李某向某商场以分期付款方式购买价值两万元的家用电器。双方约定，货物交付时首付两千元，以后每月一日付款 1500 元，12 个月付清。该商场提供的格式合同规定：若买方未支付的价金达到两期，则卖方有权解除合同，取回货物。李某在支付共计 14000 元后，因母病，家中经济困难，两个月未交价金，商场以李某违约为由，取回电器，解除合同。

请思考： 该商场有权解除分期付款买卖合同吗？

◎ **知识准备：**

从上述案例中，我们可以看出买卖合同在商业交易中的核心地位与复杂性。接下来，我们将深入剖析买卖合同的精髓，详细阐述双方当事人的权利与义务、标的物的风险负担以及利益承受、特殊类型买卖合同的独特规定与操作要点。通过学习这些基本知识，同学们将能够熟练掌握买卖合同的相关技能，规范自身在交易过程中的行为，确保交易的顺畅进行，并有效提升交易的安全性和可靠性。

一、买卖合同的概念和特征

买卖合同，是出卖人交付标的物并转移标的物的所有权于买受人，买受人支付价款的合同。其中，出卖人应当是标的物的所有权人或其他有处分权人。标的物应当是法律、行政法规允许在相应民事主体间流通的物。

买卖合同的内容一般包括标的物的名称、数量、质量、价款、履行期限、履行地点和方式、检验标准和方法、结算方式、合同适用的文字及其效力等条款。

买卖合同具有双务、有偿、诺成、不要式等特征。

二、买卖合同当事人的权利和义务

（一）出卖人的义务

1. 交付标的物

买卖合同生效后，出卖人应将买卖合同的标的物或者提取标的物单证交付给买受人。根据交易的选择，交付可以是现实交付或者观念交付。

出卖人对出卖的标的物一般应有处分权，如果出卖人对没有处分权的物进行了处分，根据《民法典》第597条之规定，因出卖人未取得处分权致使标的物所有权不能转移的，买受人可以解除合同并请求出卖人承担违约责任。

出卖人应当按照约定的质量、数量、时间、地点、方式交付标的物。

出卖人应当按照约定的时间交付标的物。约定交付期限的，出卖人可以在该交付期限内的任何时间交付。当事人没有约定标的物的交付期限或者约定不明确的，适用《民法典》第510条、第511条第4项的规定。

出卖人应当按照约定的地点交付标的物。当事人在合同中没有约定交付地点或者约定不明确，当事人可以协议补充；不能达成补充协议的，按照合同有关条款或者交易习惯确定；仍不能确定的，适用《民法典》第603条的规定：（1）标的物需要运输的，出卖人应当将标的物交付给第一承运人以运交给买受人；（2）标的物不需要运输的，出卖人和买受人订立合同时知道标的物在某一地点的，出卖人应当在该地点交付标的物；不知道标的物在某一地点的，应当在出卖人订立合同时的营业地交付标的物。

标的物有从物的，按照"从随主"的原则，除当事人另有约定外，出卖人于交付标的物主物时应一并交付从物。出卖人应按照约定或者交易习惯向买受人交付提取标的物单证以外的有关单证和资料，如产品合格证、使用说明书、质量保证书等。

2. 移转标的物的所有权

买受人以取得标的物的所有权为主要目的，因此，将标的物的所有权转移给买受人，是出卖人的一项主要义务。

《民法典》第 224 条规定，动产物权的设立和转让自交付时发生效力，但是法律另有规定的除外。依此规定，移转标的物的所有权有如下情形：（1）一般情形下，除非有特别约定，动产移转标的物的占有即可移转标的物的所有权，即动产所有权移转原则上采交付主义。在此情形下，交付标的物与移转所有权的行为合二为一，不需出卖人在交付标的物之外另有移转所有权的行为。（2）法律有特别规定情形下，移转标的物的占有并不能使所有权移转，二者是分离的，移转所有权需另有行为。例如，法律规定不动产所有权移转必须办理过户登记等手续。（3）当事人有特别约定情形下，移转标的物的占有与转移所有权也可以是分离的。例如，《民法典》第 641 条第 1 款规定，当事人可以在买卖合同中约定买受人未履行支付价款或者其他义务的，标的物的所有权属于出卖人。即动产可采用所有权保留制度。

3. 瑕疵担保义务

出卖人承担标的物的权利瑕疵担保义务和质量瑕疵担保义务。《民法典》第 612 条规定，出卖人就交付的标的物，负有保证第三人对该标的物不享有任何权利的义务，但是法律另有规定的除外。这一义务被称为出卖人的权利瑕疵担保义务。同时，《民法典》第 613 条规定，买受人订立合同时知道或者应当知道第三人对买卖的标的物享有权利的，出卖人不承担前条规定的义务。这一条规定了出卖人权利瑕疵担保义务的免除。

《民法典》第 615 条规定，出卖人应当按照约定的质量要求交付标的物，这一义务被称为出卖人的质量瑕疵担保义务。出卖人提供有关标的物质量说明的，交付的标的物应当符合该说明的质量要求。第 616 条规定，当事人对标的物的质量要求没有约定或者约定不明确，依据本法第 510 条的规定仍不能确定的，适用本法第 511 条的第一项的规定。出卖人交付的标的物不符合质量要求的，买受人可以请求出卖人承担违约责任。

4. 回收义务

《民法典》第 625 条规定，依照法律、行政法规的规定或者按照当事人的约定，标的物在有效使用年限届满后应予回收的，出卖人负有自行或者委托第三人对标的物予以回收的义务。本条规定是《民法典》第 9 条绿色原则的具体体现。出卖人对于买卖合同标的物在有效使用年限届满后的回收义务，需要基于法律、行政法规或者当事人的约定。

（二）买受人的义务

1. 支付价款

价款是买受人取得标的物的所有权应支付的对价，支付价款是买受人的主要义务。买受人应当按照约定的数额、地点、时间交付价款。合同没有约定或约定不明确的，买受人应当按照《民法典》第 510 条、第 511 条的第（二）项和第（五）项的规定支付价款。

2. 受领标的物

买受人有依照合同约定或者交易习惯受领出卖人交付的符合合同本旨的标的物的义务。对于出卖人不按合同约定条件交付的标的物，例如多交付、迟延交付、交付的标的物有瑕疵等，买受人有权拒绝接受。

3. 检验及通知义务

《民法典》第 620 条规定，买受人收到标的物时应当在约定的检验期限内检验。没有约定检验期限的，应当及时检验。该条对买受人的检验义务作出了一般规定。《民法典》第 621 条具体规定了买卖合同当事人对检验期间有约定和无约定两种情形下买受人的检验义务和异议通知义务及其法律后果，即当事人约定检验期间的，买受人应当在检验期限内将标的物的数量或者质量不符合约定的情形通知出卖人。买受人怠于通知的，视为标的物的数量或者质量符合约定。当事人没有约定检验期间的，买受人应当在发现或者应当发现标的物的数量或者质量不符合约定的合理期间内通知出卖人。买受人在合理期间内未通知或者自收到标的物之日起二年内未通知出卖人的，视为标的物的数量或者质量符合约定；但是，对标的物有质量保证期的，适用质量保证期，不适用该二年的规定。

《民法典》第 622 条规定，当事人约定的检验期限过短，根据标的物的性质和交易习惯，买受人在检验期限内难以完成全面检验的，该期限仅视为买受人对标的物的外观瑕疵提出异议的期限。约定的检验期限或者质量保证期短于法律、行政法规规定期限的，应当以法律、行政法规规定的期限为准。该条规定是对当事人约定的检验期限和质量保证期过短时的处理。

《民法典》第 623 条规定，当事人对检验期限未作约定的，买受人签收的送货单、确认单等载明标的物数量、型号、规格的，推定买受人已经对数量和外观瑕疵进行检验，但是有相关证据足以推翻的除外。据此，本条规定了检验期限未约定时的处理，签收即推定为检验合格是一般原则，但是有相反证据证明当事人对于没有对数量和外观瑕疵进行检验的除外。还应注意，如果出卖人明知或者应知交付的标的物的数量或者外观与约定不符的，不能适用该规定。

基于合同相对性原理，《民法典》第 624 条规定，出卖人依照买受人的指示向第三人交付标的物，出卖人和买受人约定的检验标准与买受人和第三人约定的检验标准不一致的，以出卖人和买受人约定的检验标准为准。

三、标的物意外毁损灭失的风险负担和利益承受

（一）标的物意外毁损灭失的风险负担

标的物意外毁损灭失的风险负担，是指在合同订立后，标的物因不可归责于任何一方的事由而发生的毁损、灭失的损失由何方负担。

《民法典》第 604 条规定，标的物毁损、灭失的风险，在标的物交付之前由出卖人负担，交付之后由买受人负担，但法律另有规定或者当事人另有约定的除外。依此规定，风险负担有如下情形：（1）一般情形下，标的物毁损灭失的风险随标的物的

交付而转移，在交付之前由出卖人负担，交付之后由买受人负担，即风险负担原则上采交付主义。例如，6月2日杜某将自己家的耕牛借给邻居刘某使用。6月8日刘某向杜某提出将耕牛卖给自己，杜某表示同意。双方商定了价格，并约定三天后交付价款。但6月10日，该头耕牛失足坠崖摔死。对于该耕牛死亡的财产损失，应由刘某承担，因为刘某因借用占有耕牛在先，此后又于6月8日买下耕牛，买卖双方已于6月8日完成了耕牛的简易交付。（2）因买受人的原因致使标的物不能按照约定的期限交付的，自约定交付之日起标的物毁损灭失的风险转移给买受人承担；（3）出卖人出卖交由承运人运输的在途标的物的，除当事人另有约定外，标的物毁损、灭失的风险自合同成立时起转移给买受人承担。例如，甲、乙订立一运输合同，委托乙将一批货物从大连港运往广州黄埔港。乙于8月1日启运。8月3日，甲、丙订立该批货物的买卖合同。8月4日，乙船行至广东海域遭强暴风袭击而沉，货物全损，就应由丙承担货物损失的风险。（4）出卖人按照约定将标的物运送至买受人指定地点并交付给承运人后，标的物毁损、灭失的风险由买受人承担。当事人未约定交付地点或约定不明确，依据《民法典》第603条第2款第一项的规定，标的物需要运输的，自出卖人将标的物交付给第一承运人后，标的物毁损、灭失的风险由买受人承担；（5）出卖人按照约定或规定将标的物置于交付地点，买受人违反约定没有收取的，自买受人违反约定之日起标的物毁损、灭失的风险转移给买受人；（6）因标的物质量不符合要求致使不能实现合同目的，买受人拒绝接受标的物或者解除合同的，标的物毁损、灭失的风险由出卖人承担。

出卖人未按照约定和交易习惯交付提取标的物单证以外的有关单证和资料的，不影响标的物毁损、灭失风险的转移。标的物毁损、灭失的风险由买受人承担的，不影响因出卖人履行债务不符合约定，买受人要求其承担违约责任的权利。

◎ **案例分析：**

案例22-1中，双方对设备先借后买，在达成买卖设备的合意时，即完成买卖合同标的物的交付（简易交付），但因甲公司未付设备款，乙公司为维护自身利益保留了设备的所有权，因此所有权并未转移。设备的风险是随着设备本身的交付而转移的，与所有权是否转移、价款是否支付并无直接联系，也不会受到合格证、说明书等资料未交付的影响，因此，该设备毁损的风险应当由甲公司承担，甲公司还需要向乙公司支付约定的设备价款。

（二）标的物的利益承受

标的物的利益承受，是指买卖合同订立后标的物所产生的孳息的归属。这里的孳息包括天然孳息和法定孳息。利益承受一般应与风险负担相一致，因此除当事人另有约定和法律另有规定外，利益承受也应采交付主义作为一般原则，既标的物在交付之前产生的孳息归出卖人所有，交付之后产生的孳息，归买受人所有。

四、特种买卖合同

我国《民法典》规定特种买卖包括分期付款买卖、样品买卖、试用买卖、招标投标买卖和拍卖。

（一）分期付款买卖合同

分期付款买卖合同是指买受人将其应付的总价款按照一定期限分期向出卖人支付的买卖。案例 22-2 中李某和某商场订立的合同就是分期付款买卖合同。一般情况下，分期付款买卖的总价款略高于一次性付款买卖的价款，但买受人仅支付部分价款即可取得标的物的占有和使用权；出卖人卖出标的物的总价款略高于一次性付款的价款，但出卖人有到期收不回价款的风险。因此出卖人多在分期付款买卖合同中做出有利于自己的约定来避免这种风险，买受人在这种买卖中常处于弱势地位，为平衡保护出卖人和买受人双方的利益，法律对分期付款买卖的合同条款予以一定限制。主要包括以下两项：

1. 对剥夺期限利益和解除合同条款的限制

分期付款买卖的买受人以支付较高的代价取得了分期付款的期限利益，出卖人不得随意剥夺买受人的这种期限利益，即一般情况下出卖人不能要求买受人提前支付未到期款项，但是出卖人面临买受人的严重违约行为，有不能按期回收价款的巨大风险时，应允许出卖人提前要求买受人支付未到期款项或解除合同。《民法典》第 634 条第 1 款规定，分期付款的买受人未支付到期价款的数额达到全部价款的五分之一，经催告后在合理期限内仍未支付到期价款的，出卖人可以请求买受人支付全部价款或解除合同。这一条款是对出卖人剥夺买受人分期付款的期限利益和解除合同条款的限制，出卖人不得突破这一限制在合同中规定对买受人更为不利的条款，否则该条款无效，应按本规定执行，但出卖人与买受人可以在合同中约定比此规定对买受人更为有利的条款。依据该规定，出卖人行使请求买受人支付全部价金的权利或解除合同的权利必须符合一个条件：即买方未支付的到期的金额已达合同总价金的五分之一。这一标准是强制性的，是卖方行使解除权或者请求支付全部价金的最低要求。

◎ **案例分析：**

在案例 22-2 中，合同总价款为两万元，李某未支付两个月应付款，数额为 3000元，未达到总价金的五分之一，商场无权解除合同。

2. 对解除合同时损失赔偿金额条款的限制

出卖人为保护自己的利益，在分期付款买卖合同中经常有关于出卖人因买受人的原因而解除合同时，出卖人得扣留买受人已支付的价款或请求买受人支付一定金额的约定，这种约定过于苛刻则对买受人不利。为了平衡双方的利益，必须对这种条款予以限制。《民法典》第 634 条第 2 款规定，出卖人解除合同的，可以向买受人请求支付该标的物的使用费。也就是说因买受人一方的原因导致出卖人解除合同时，出卖人向买受人请求支付或扣留的金额，不得超过相当于该标的物的通常使用费的金额。如标的物有毁损灭失时，则应再加上相当的损失赔偿金额，如当事人约定的出卖人于解除合同时得扣留的价款或请求支付的金额超过上述限度，则其超过部分的约定无效。

（二）试用买卖合同

试用买卖，又称试验买卖，是指由买受人于约定期限内试用标的物，并以买受人经试用后对标的物的认可为买卖合同生效条件的买卖。试用买卖合同的当事人可以约定标的物的试用期限，对试用期限没有约定或者约定不明确，依照《民法典》第510条的规定仍不能确定的，由出卖人确定。买受人在试用期限内可以购买标的物，也可以拒绝购买。法律规定，试用期间届满，买受人对是否购买标的物未作表示的，视为购买。试用买卖的买受人在试用期内已经支付部分价款或者对标的物实施出卖、出租、设立担保物权等行为的，视为同意购买。

试用买卖的当事人对标的物使用费没有约定或者约定不明确的，出卖人无权请求买受人支付。标的物在试用期内毁损、灭失的风险由出卖人承担。

◎ **交互练习：**

李某为运石头建房租用田某毛驴一头，租期为当年11月20日到次年11月20日，当年12月10日，田某因急需用钱将毛驴卖给了李某，双方于当日签订了合同。次年5月7日，该毛驴产下了一头小驴，则小驴应属于（　　）。

A. 小驴应归田某所有，因为毛驴的所有权属于田某，其孳息也应归田某

B. 小驴应归田某、李某共有，因为小驴是在租用期间生下的

C. 小驴应归李某所有，因为双方签订的合同成立时就完成了交付和所有权转移

D. 小驴应归田某所有，因为买卖不破租赁，即使所有权发生了转移，孳息也不转移

◎ **延伸阅读：**

最高人民法院指导案例17号：张莉诉北京合力华通汽车服务有限公司买卖合同纠纷案。

◎ **相关法律：**

《民法典》第595~647条。

◎ **实务操作：**

甲在淘宝网开网店，乙花费12000元在甲的网店下单购买了一部手机，双方未就手机交付地点专门约定。甲将乙购买的手机交给丙快递公司运交给乙，丙运送过程中该手机被盗，一直没有破案。甲拒绝赔付，认为已经交付，应由乙承担责任，最不济也应由快递公司赔付，而快递公司不同意赔付。乙如何维护自己的权利？

请为乙出具法律意见。

任务二　赠与合同法律事务处理

◎ **案例导入：**

　　【案例22-3】某年7月，某地发生特大洪水，导致大范围山体滑坡和泥石流，房屋受到严重破坏。为了灾后重建，某中央媒体呼吁大家积极捐助灾区，甲企业表示捐助200万元用于当地希望小学校舍的灾后重建，受到社会褒奖。但后来该企业并未履行捐献资金的承诺。经了解，该企业经营状况良好。

　　请思考：捐赠资金未交付，赠与合同是否成立？甲企业可否反悔？如甲企业确因经营陷入困境，没有能力捐献资金，可以不捐吗？

◎ **知识准备：**

　　上述案例中当事人之间为赠与合同关系。本任务是赠与合同法律事务处理，要从赠与合同的含义、效力入手，分析当事人之间的权利义务关系，从而解决纠纷。

一、赠与合同的概念和特征

　　赠与合同是指赠与人将自己的财产无偿给予受赠人，受赠人表示接受该赠与的合同。无偿给予财产的一方为赠与人，接受财产的一方为受赠人。

　　赠与合同具有以下特征：

　　（一）赠与合同为诺成合同

　　根据《民法典》的规定，只要赠与人表示愿意赠予，受赠人表示接受该赠与，双方意思表示一致，赠与合同即成立，不以赠与人将赠与物交付给受赠人为成立条件，因此赠与合同为诺成合同而非实践合同。

　　（二）赠与合同为单务、无偿合同

　　在赠与合同中，仅赠与人负有将赠与财产交付给受赠人的义务，而受赠人并无对待给付义务。因此，赠与合同为单务合同。

　　赠与人将其财产无偿转移给受赠人，尽管可能有各种各样的原因和理由，或给受赠人附加了一些条件，但并不以从受赠人处取得任何财产为代价，受赠人取得赠与物无需偿付任何代价，所以赠与合同是无偿合同。这是赠与合同与买卖合同的根本区别。

二、赠与合同的效力

　　赠与合同为单务合同，仅赠与人一方负担合同义务。赠与人的义务主要有以下几项：

　　（一）交付赠与物并移转赠与物的所有权于受赠人的义务

　　赠与合同生效后，赠与人应当按照合同的约定将赠与物交付给受赠人并将赠与物的所有权移转于受赠人。赠与财产依法需要办理登记等手续的，应当办理有关手续。

（二）瑕疵担保义务

由于赠与合同为无偿合同，因此一般情况下赠与人不承担瑕疵担保责任。但是对于附义务的赠与，法律对赠与人提出了更高的要求，如果赠与的财产有瑕疵，赠与人应在附义务的限度内承担与出卖人相同的责任。

赠与合同为无偿合同，因此法律对赠与人的瑕疵担保责任采用过错归责原则，且只有赠与人的过错程度比较高的情况下，才对赠与人科以瑕疵担保责任。按照《民法典》第 662 条的规定，赠与人故意不告知瑕疵或保证无瑕疵，造成受赠人损失的，赠与人应当承担损害赔偿责任。基于该规定，如果赠与人仅具有一般过错，则无需对赠与物瑕疵致害承担责任。

三、赠与合同的撤销与解除

（一）赠与合同的任意撤销

赠与合同的任意撤销是指在赠与财产的权利转移之前，赠与人可以依其意思撤销赠与合同。赠与人在赠与财产的权利转移之前撤销赠与，使得赠与合同溯及既往地发生消灭的效果，赠与人未交付赠与物的，受赠人不能要求赠与人交付，赠与人已交付赠与物的，受赠人应将赠与物返还给赠与人。

但有些赠与合同不适用任意撤销。根据《民法典》第 658 条、第 660 条之规定，经过公证的赠与合同或者依法不得撤销的具有救灾、扶贫、助残等公益、道德义务性质的赠与合同，不适用任意撤销。

（二）赠与合同的法定撤销

赠与合同中，赠与财产权利转移之后，赠与人即丧失了任意撤销赠与合同的权利，但在以下条件具备时，赠与人仍可享有撤销赠与合同的法定权利，比为赠与合同的法定撤销。法定撤销不受赠与合同性质的限制，同样适用于救灾、扶贫、助残等公益、道德义务性质的赠与合同或者经过公证的赠与合同。

根据《民法典》第 663 条的规定，受赠人有下列情况之一的，赠与人可以撤销赠与：

（1）严重侵害赠与人或者赠与人近亲属的合法权益；

（2）对赠与人有扶养义务而不履行；

（3）不履行赠与合同约定的义务。

赠与人的撤销权，自知道或者应当知道撤销事由之日起一年内行使。因受赠人的违法行为致使赠与人死亡或者丧失民事行为能力的，赠与人的继承人或者法定代理人可以撤销赠与。赠与人的继承人或者法定代理人的撤销权，自知道或者应当知道撤销事由之日起六个月内行使。

◎ **交互练习：**

钱某和赵某签订了赠与合同一份，约定由钱某赠与赵某一辆价值 30 万元的汽车，但是赵某需要回赠钱某一辆价值 1 万元的山地车。合同签订后，赵某就将一辆价值 1 万元的山地车赠送给钱某，但是钱某却迟迟未交付汽车。关于本案，下列选项正确的是(　　)。

    A. 该赠与合同为双务合同

    B. 该赠与合同是附生效条件的合同

    C. 钱某有权撤销该赠与合同

    D. 若钱某故意将汽车砸坏，则其应对赵某承担赔偿责任

（三）赠与合同的法定解除

根据《民法典》第 666 条的规定，赠与合同订立后，赠与人未履行赠与义务之前，赠与人的经济状况显著恶化，严重影响其生产经营或者家庭生活的，赠与人可以不再履行赠与义务。该合同解除不发生溯及既往的法律效力，赠与人就原已履行的赠与，无权要求受赠人返还。

◎ **案例分析：**

案例 22-3 中，赠与合同为诺成合同，因此虽然捐赠资金未交付，但双方达成捐赠的合意，赠与合同就已经成立。该赠与合同为具有救灾社会公益性质的赠与，不能任意撤销，希望小学有权要求甲企业履行承诺捐出资金。但如果赠与合同签订后，甲企业确因经营状况严重恶化，无力支付捐赠资金的，按照规定，甲企业可以不再履行赠与义务。

◎ **思政点滴：**

捐赠是一种基于人类慈爱和善意的道德行为，通过爱心人士和爱心企业的自愿捐赠和援助，旨在帮助那些需要帮助的人，提升社会的福利和文明水平。捐赠行为有利于弘扬中华民族扶贫帮困、团结友爱、互帮互助的优良传统和美德，是构建和谐社会的重要基石。

◎ **延伸阅读：**

赠与合同履行完毕后的法定撤销权——孙某诉刘某赠与合同案。

◎ **相关法律：**

《民法典》第 657~666 条。

◎ **实务操作：**

贾某的超市新开业，其朋友胡某送给贾某一辆小货车用于经营。胡某开着小货车出去拉货，路上遇到紧急情况，车撞上路边的树，胡某受轻伤。事后查明，事故原因是刹车失灵导致，在胡某自己使用过程中就屡次出现刹车失灵问题，但胡某没有将此情况告知贾某，还告知贾某车况很好，可以放心使用。

请分析：因该车所造成的人身损害怎么处理？

任务三 借款合同法律事务处理

◎ **案例导入**：

【**案例 22-4**】佳美超市因资金周转困难，向某信托投资公司贷款。双方在借款合同中约定：信托投资公司贷款 500 万元给佳美超市，贷款期限为 3 年；年利息为 10%，利息预先在本金中扣除。合同签订后，信托投资公司按照约定向佳美超市提供贷款 350 万元。3 年后，借款合同到期，佳美超市在还款时，在本金和利息的计算方法上与信托投资公司发生了分歧。佳美超市认为，仅从信托投资公司拿到了 350 万元，因此合同到期后贷款本金应按 350 万元计算，并应依此计算利息为 105 万元，本息共计 455 万元。而信托投资公司则坚持，佳美超市还款的计算方法违反了借款合同，应该返还 500 万元贷款。

请思考：信托投资公司与佳美超市的计算方法哪个符合法律规定？

◎ **知识准备**：

导入案例涉及借款合同法律关系中权利义务的设定是否符合法律规定。下面我们将从借款合同的特征、主体、内容等角度进行详细阐述，以帮助同学们更好地设立和履行借款合同。

一、借款合同的概念和特征

借款合同是借款人向贷款人借款，到期返还借款并支付利息的合同。其中，借出钱款的一方为贷款人或出借人，借入钱款的一方为借款人。

借款合同依据合同主体可分为以金融机构为贷款人的金融机构借款合同和以非金融机构、自然人为贷款人的民间借款合同。我国《民法典》采民商合一的立法体例，对这两类借款合同均加以规范。

借款合同的内容一般包括借款种类、币种、用途、数额、利率、期限和还款方式等条款。

借款合同具有以下特征：

（一）金融机构借款合同为有偿合同，而民间借款合同原则上为无偿合同

金融机构是经批准依法可办理贷款等业务的营业组织，金融机构发放贷款，目的在于获取一定的营业利润即利息，利息是借款人使用金融机构贷款所应支付的对价，所以金融机构借款合同均为有偿合同。

而民间借款合同则不同，根据《民法典》第 680 条规定，禁止高利放贷，借款的利率不得违反国家有关规定。借款合同对支付利息没有约定的，视为没有利息。借款合同对支付利息约定不明确，当事人不能达成补充协议的，按照当地或者当事人的交易方式、交易习惯、市场利率等因素确定利息；自然人之间借款的，视为没有利息。据此，民间借款合同原则上为无偿合同，但是如果约定了利息，只要不属于高利放贷，法律也予以肯定和保护。根据 2021 年 1 月 1 日实施的最高人民法院新修订的

《关于审理民间借贷案件适用法律若干问题的规定》，民间借贷利率以中国人民银行授权全国银行间同业拆借中心每月 20 日发布的一年期贷款市场报价利率（LPR）的 4 倍为标准确定民间借贷利率的司法保护上限。

（二）金融机构借款合同为诺成性合同，而民间借款合同一般为实践性合同

在传统民法上，借款合同为实践性合同，仅有当事人双方的合意，还不能使合同成立，只有贷款人将款项交付给借款人，合同才能成立。将借款合同一概作为实践性合同，不利于保护双方的利益，使借款人的资金运营计划随时被打乱，使借款人不能根据借款合同所可取得的款项组织生产，因而，已远不能适应现代社会的要求。因此，现代社会中以银行等金融机构为贷款人的借款合同已成为诺成性的合同。而民间借款合同一般为实践性合同，《民法典》第 679 条明确规定，自然人之间的借款合同，自贷款人提供借款时成立。

（三）金融机构借款合同为双务合同，而民间借款合同一般为单务合同

金融机构借款合同，自双方达成合意时合同即成立生效。贷款人负有按合同约定向贷款人交付款项的义务，借款人负有按期偿还借款和利息的对待给付义务。因此，金融机构借款合同为双务合同。而民间借款合同一般为单务合同，例如自然人之间的借款合同为实践性合同，只有贷款人将借款交付给借款人时，合同才成立，在此之后贷款人不再负担义务，而仅有借款人一方负担返还借款的义务，在有明确约定时，还负有支付利息的义务。

（四）金融机构借款合同为要式合同，而民间借款合同为不要式合同

金融机构借款合同一般借款数额较大，周期较长，采用书面形式有利于明确权利义务，减少纠纷，也使得纠纷发生后易于解决，因此采用书面形式。而民间借款合同尤其是其中的自然人之间的借款合同一般数额较小，周期较短且多发生在亲友之间，因此不应该要求必须采用书面形式，可由当事人自由选择合同的形式。《民法典》第 668 条规定，借款合同应当采用书面形式，但是自然人之间借款另有约定的除外。

二、借款合同当事人的权利和义务

（一）贷款人的合同义务

贷款人是否负有义务，依借款合同为金融机构借款合同还是民间借款合同而定。由于民间借款合同一般为实践合同、单务合同，在借款合同生效后，贷款人并不负担任何义务。而金融机构借款合同为诺成合同、双务合同，在合同生效后，贷款人才负担义务。金融机构借款合同贷款人负有如下合同义务：

1. 按期足额提供借款

该项义务系贷款人的主要合同义务。贷款人应当按照合同约定的日期提供借款，未按照约定日期提供借款，造成借款人损失的，应当赔偿损失。贷款人还应当按照合同约定的数额足额提供借款。借款的利息不得预先在本金中扣除，利息预先在本金中扣除的，人民法院应当将实际出借的金额认定为本金。

◎ **案例分析：**

案例22-4中，信托投资公司要求佳美超市在本金中预先扣除利息的做法违反法律规定，其要求佳美超市返还500万元本金也没有法律依据。佳美超市针对信托投资公司预先扣息的贷款，还款时返还实际借款本金350万元和按此计算的105万元利息的做法符合法律规定。并且《民法典》第671条还规定，贷款人未按照约定的数额提供借款，造成借款人损失的，应当赔偿损失。

2. 保密义务

贷款人对于其在合同订立和履行阶段所掌握的借款人的商业秘密有保密义务，不得泄露或不正当使用，否则应对由此造成的损失承担赔偿责任，该项义务系贷款人的附随义务。

（二）借款人的合同义务

1. 按照约定的用途使用借款

借款人应当按照约定的借款用途使用借款，借款人未按照约定的用途使用借款的，贷款人可以停止发放借款、提前收回借款或者解除合同。

2. 容忍义务

在贷款人按照合同约定检查、监督借款的使用情况时，借款人应当按照约定向贷款人定期提供有关财务报表等资料。

3. 按期返还借款及支付利息的义务

借款人应当按期返还借款。借款合同明确约定还款期限的，借款人应当按照约定的期限返还借款。借款期限没有约定或者约定不明确，依照《民法典》第510条的规定仍不能确定的，借款人可以随时返还；贷款人可以催告借款人在合理期限内返还。借款人未按照约定期限返还借款的，应当按照约定或者国家有关规定支付逾期利息。借款人不得逾期返还借款，如确有需要，借款人可以在还款期限届满之前向贷款人申请展期。贷款人同意的，可以展期。借款人一般可以提前返还借款。借款人提前返还借款的，除非当事人另有约定，应当按照实际借款的期间计算利息。

借款人应当按期支付利息。借款合同明确约定支付利息的期限的，借款人应当按照约定的期限支付利息。支付利息期限没有约定或者约定不明确，依照《民法典》第510条的规定仍不能确定的，借款期间不满一年的，应当在返还借款时一并支付，借款期限一年以上的，应当在每届满一年时支付，剩余期间不满一年的，应当在返还借款时一并支付。

◎ **交互练习：**

胡某向林某借款二万元，年息10%，期限一年，胡某按当地的习俗预先扣去利息2000元，则一年期满后，林某应还(　　　)。

A. 2万　　B. 2.2万　　C. 1.98万　　D. 1.8万

◎ **延伸阅读：**

情侣间的转账是借款还是赠与，应否返还？

◎ **相关法律：**

《民法典》第 667~680 条。

◎ **实务操作：**

小王的超市要进货，但资金不足，便向老李提出借款。2021 年 10 月 6 日，双方达成口头协议，约定老李借给小王 4 万元，借款期限为 5 年，年利率为 6%。为慎重起见，10 月 12 日双方签订书面合同，约定老李借给小王 4 万元，借款期限为 5 年，借款用途为进货，但没有约定利息。10 月 18 日老李将 4 万元交给了小王。

请分析：

（1）小王与老李签订的合同何时生效？为什么？

（2）如果老李没有将 4 万元交给小王，小王是否有权要求老李交付？为什么？

（3）老李是否可以要求小王支付利息？为什么？

（4）若小王将所借的 4 万元用于买车，老李享有什么权利？为什么？

任务四　保证合同法律事务处理

◎ **案例导入：**

【案例 22-5】 张三于 3 月 1 日向工商银行借款 12 万元，借期三个月。李四对张三的上述借款承担保证责任，双方约定保证期间自 6 月 1 日到 11 月 1 日。

请思考：

（1）双方未约定保证方式，李四的保证方式是哪种？

（2）如果工商银行与张三擅自协商该借款中的 55000 元由王五负责清偿，对此，李四是否还承担保证责任？

（3）如贷款到期后，张三无力偿还，工商银行直到 12 月 1 日才请求李四承担保证责任，对此，李四可以拒绝吗？

◎ **知识准备：**

导入案例涉及保证的方式、保证期间以及主合同变更、债权人行使权利情况对债权人权利实现的影响。下面我们将从保证合同的主体、内容以及保证方式、保证期间、保证责任角度对保证合同法律事务处理进行全面的阐述。

一、保证合同概述

（一）保证合同的概念

保证合同是为保障债权的实现，保证人和债权人约定，当债务人不履行到期债务或者发生当事人约定的情形时，保证人履行债务或者承担责任的合同。

保证合同是为了担保主债务的履行而订立的，只有主债务存在，保证合同才存在，所以，保证合同是主债权债务合同的从合同。主债权债务合同无效的，保证合同无效，但是法律另有规定的除外。保证合同被确认无效后，债务人、保证人、债权人有过错的，应当根据其过错各自承担相应的民事责任。

（二）保证合同的当事人

保证合同的当事人包括保证人和债权人。保证人必须是具有代为清偿能力的组织或者个人，《民法典》第683条规定了不能作为保证人的主体：（1）机关法人不得为保证人，但是经国务院批准为使用外国政府或者国际经济组织贷款进行转贷的除外。机关法人的主要职责是依法履行公共管理职能，且机关法人的财产和经费由国家财政和地方财政划拨。因此，机关法人不能直接参与经济活动，不得为他人的债务提供保证。在使用外国政府和国际经济组织贷款转贷和还款问题上，中央政府将筹措到的外国政府或者国际经济组织贷款转贷给相关项目使用，同时要求地方政府委托其计划、财政管理部门向中央政府提供还款担保，保证向中央政府偿还所用的贷款。因此，依法定程序经国务院批准后，机关法人可以为此类贷款的转贷活动提供担保。（2）以公益为目的的非营利法人、非法人组织不得为保证人。非营利法人和非法人组织是为公共利益或者其他非营利目的成立的，如果允许上述机构为债权人提供担保，极有可能减损其用于公益目的的财产，无疑有违公益法人的宗旨，因此，法律不允许它们作保证人。

（三）保证合同的内容

按照《民法典》第684条规定，保证合同的内容包括：（1）被保证的主债权的种类、数额；（2）债务人履行债务的期限；（3）保证的方式；（4）保证的范围；（5）保证的期间；（6）双方认为需要约定的其他事项。

（四）保证合同的形式

按照《民法典》第685条规定，保证合同可以是单独订立的书面合同，也可以是主债权债务合同中的保证条款。第三人单方以书面形式向债权人作出保证，债权人接收且未提出异议的，保证合同成立。

（五）保证的方式

保证的方式有一般保证和连带责任保证两种方式。当事人在保证合同中对保证方式没有约定或者约定不明确的，按照一般保证承担保证责任。《民法典》第687条规定："当事人在保证合同中约定，债务人不能履行债务时，由保证人承担保证责任的，为一般保证。一般保证，是保证人在主债权债务合同纠纷未经审判或者仲裁，并就债务人财产依法强制执行仍不能履行债务前，有权拒绝向债权人承担保证责任，但是有下列情形之一的除外：（一）债务人下落不明，且无财产可供执行；（二）人民法院已经受理债务人破产案件；（三）债权人有证据证明债务人的财产不足以履行全部债务或者丧失履行债务能力；（四）保证人书面表示放弃本款规定的权利。"一般保证的保证人享有先诉抗辩权，又称检索抗辩权，是指一般保证的保证人在就债务人的财产依法强制执行仍不能履行债务前，对债权人可拒绝承担保证责任的权利。一般保证中，保证人仅对债务人不履行债务负补充责任。连带责任保证，是债务人不履行到期债务或者发生当事人约定的情形时，债权人可以请求债务人履行债务，也可以请求保证人在其保证范围内承担保证责任的保证方式。连带责任保证和一般保证最主要的区别是连带责任保证人不享有先诉抗辩权。《民法典》第 688 条规定："当事人在保证合同中约定保证人和债务人对债务承担连带责任的，为连带责任保证。"

（六）最高额保证

最高额保证是指保证人与债权人约定，就债权人与主债务人之间在一定期间内连续发生的债权，预定最高限额，由保证人承担保证责任的合同。保证人与债权人可以协商订立最高额保证合同，约定在最高债权额限度内就一定期间连续发生的债权提供保证。最高额保证除适用保证合同规定外，参照适用《民法典》物权编中最高额抵押权的有关规定。

二、保证责任

（一）保证范围

保证范围是保证所担保的主债务范围，也是保证人承担义务的范围。当事人可在不超过主债务的范围内自由约定保证范围，既可约定主债务的全部，也可约定主债务的部分。当事人没有约定就按法律规定确定保证范围。根据我国《民法典》第 691 条的规定，法定保证范围包括：（1）主债权；（2）利息；（3）违约金；（4）损害赔偿金；（5）实现债权的费用。

（二）保证期间

保证期间是确定保证人承担保证责任的期间，不发生中止、中断和延长。债权人与保证人可以约定保证期间，但是约定的保证期间早于主债务履行期限或者与主债务履行期限同时届满的，视为没有约定；没有约定或者约定不明确的，保证期间为主债务履行期限届满之日起六个月。债权人与债务人对主债务履行期限没有约定或者约定不明确的，保证期间自债权人请求债务人履行债务的宽限期届满之日起计算。

一般保证的债权人未在保证期间对债务人提起诉讼或者申请仲裁的，保证人不再承担保证责任。连带责任保证的债权人未在保证期间请求保证人承担保证责任的，保证人不再承担保证责任。一般保证的债权人在保证期间届满前对债务人提起诉讼或者申请仲裁的，从保证人拒绝承担保证责任的权利消灭之日起，开始计算保证债务的诉讼时效。连带责任保证的债权人在保证期间届满前请求保证人承担保证责任的，从债权人请求保证人承担保证责任之日起，开始计算保证债务的诉讼时效。一般保证情形下，如果在保证期间内，债权人不向主债务人提起诉讼或者申请仲裁主张债权，保证人不再承担保证责任，也就没有保证债务诉讼时效的问题。连带责任保证情形下，如果在保证期间内，债权人不向保证人主张保证债权，保证人不再承担保证责任，同样也就没有保证债务诉讼时效可言。

（三）主合同变更对保证责任的影响

债权人和债务人未经保证人书面同意，协商变更主债权债务合同内容，减轻债务的，保证人仍对变更后的债务承担保证责任；加重债务的，保证人对加重的部分不承担保证责任。这是因为未经保证人书面同意，增加主债权数额，对保证人实属不利。

债权人和债务人变更主债权债务合同的履行期限，未经保证人书面同意的，保证期间不受影响。主债务履行期限和保证期间关系密切，如果主合同当事人协商延长履行期限，尤其是延长后的主合同履行期限届满日接近或者超过保证期间的，这就无异于同时延长了保证期间，所以，主合同当事人变更履行期限，未经保证人书面同意，仍以原合同约定或者法律规定的期间为准。

（四）主债权转让对保证责任的影响

债权人转让全部或者部分债权，未通知保证人的，该转让对保证人不发生效力。保证人与债权人约定禁止债权转让，债权人未经保证人书面同意转让债权的，保证人对受让人不再承担保证责任。主债权转让一般不会增加保证人的风险和负担，主债权转让时，债权人通知保证人的，保证人对受让人承担相应的保证责任。主债权转让时，未通知保证人的，该转让对保证人不发生效力。

（五）主债务转移对保证责任的影响

债权人未经保证人书面同意，允许债务人转移全部或者部分债务，保证人对未经其同意转移的债务不再承担保证责任，但是债权人和保证人另有约定的除外。第三人加入债务的，保证人的保证责任不受影响。主债务的转移关系到保证人的利益，未经保证人同意，主债务转移只在当事人之间发生效力，保证人在转移的主债务范围内免除保证责任。第三人加入债务，债务人的整体偿债能力只会增加不会减损，对保证人的利益不会发生不利影响，因此，第三人加入债务不需要保证人书面同意，保证人按照原来的约定继续承担保证责任。

◎ **案例分析：**

案例 22-5 中，双方未约定保证方式，李四的保证方式是一般保证。银行与张三协商将借款中的 55000 元转由王五承担，但是并未经过保证人李四的书面同意，因此，李四对于转移的 55000 元不再承担保证责任，他只对未转移的 65000 元承担保证责任。本案的保证期间自 6 月 1 日到 11 月 1 日，而银行在保证期间未起诉债务人，12 月 1 日才向保证人李四主张，李四的保证责任免除，可以拒绝承担保证责任。

（六）一般保证人的特定免责事由

一般保证的保证人在主债务履行期限届满后，向债权人提供债务人可供执行财产的真实情况，债权人放弃或者怠于行使权利致使该财产不能被执行的，保证人在其提供可供执行财产的价值范围内不再承担保证责任。一般保证的保证人享有先诉抗辩权，仅就债权人对债务人的财产依法强制执行后未获清偿的部分承担保证责任。因此，如果保证人发现了债务人有可供执行的财产，并向债权人提供了真实情况，债权人积极行使权利，则不但能实现债权人的债权，保证人的保证责任也会相应的减少。反之，如果债权人放弃或者怠于行使该权利，则会加重保证人的保证责任。所以，因债权人自己的原因导致债务人的财产不能执行，保证人可以在相应范围内免责。

（七）共同保证

共同保证，是指数人共同担保同一债务人的同一债务履行而为的保证。共同保证分为按份共同保证和连带共同保证。共同保证的每个保证人与债权人约定保证份额的，是按份保证。按份保证的每个保证人仅就约定的份额向债权人承担保证责任。连带共同保证是各保证人约定均对全部主债务承担连带保证责任或者保证人与债权人之间没有约定所承担保证份额的共同保证。在连带共同保证中，债权人可以请求任何一个保证人在其保证范围内承担保证责任。

（八）保证人的追偿权

保证人的追偿权，是指保证人在承担保证责任后，可以向主债务人请求偿还的权利。保证人承担保证责任后，除当事人另有约定外，有权在其承担保证责任的范围内向债务人追偿，享有债权人对债务人的权利，但是不得损害债权人的利益。

（九）保证人的抗辩权

在主债权人请求保证人承担保证责任时，保证人可以主张债务人对债权人的抗辩。债务人放弃抗辩的，保证人仍有权向债权人主张抗辩。主债务人对债权人所享有的任何抗辩，保证人均可以自己的名义主张。

（十）保证人享有债务人对债权人的抵销权或者撤销权

债务人对债权人享有抵销权或者撤销权的，保证人可以在相应范围内拒绝承担保证责任。在主债务人对债权人享有抵销权的情况下，如果主债务人自己行使，则主债务消灭。如果主债务人自己不主张抵销权，保证人可在主债务人对债权人享有抵销权的情形下，在相应的范围内享有拒绝承担保证责任的抗辩权。在主债务人对债权人享有撤销权的情况下，如果主债务人行使撤销权，则主合同自始无效，保证合同也无效。如果主债务人自己不行使撤销权，保证人可依据主债务人的撤销权在相应范围内拒绝承担保证责任。在此需要注意，抵销权和撤销权是主债务人享有的，保证人不能直接行使，保证人只能援引债务人享有的抵销权和撤销权，拒绝向债权人承担保证责任。

◎ **交互练习：**

甲公司向银行借款 80 万元，还款期为 4 年，由乙公司提供保证，保证合同中约定为连带责任保证。1 年后，银行发现乙公司经营状况不好，发生亏损，便要求甲公司提前还款或再提供担保。甲公司请丙公司作保证人，保证合同中未约定保证的方式。还款期届满后，甲公司未能归还借款。归还此笔借款的责任应如何承担？（　　）

A. 由甲、乙、丙公司承担连带责任。

B. 由甲、乙公司承担连带清偿责任，如经过法院强制执行后仍不能清偿全部借款，丙公司对未清偿的部分承担还款责任。

C. 如经法院强制执行甲公司财产后仍不能清偿全部借款，乙公司和丙公司对未清偿的部分承担连带还款责任。

D. 如经法院强制执行甲公司财产后仍不能清偿全部借款，乙公司和丙公司对未清偿的部分各承担一半的还款责任。

◎ **思政点滴：**

在市场经济中，合同是交易的桥梁，担保则是确保债权实现的关键。民事主体应构建合理的合同与担保机制，积极行使权利以及防范风险，在履行过程中要经常关注担保人的资信状况，预防因担保人问题造成的损失，要及时行使权利，防止脱保，以保护自身利益。

◎ **延伸阅读：**

人民法院案例库：方某诉上海某集团有限公司保证合同纠纷案——主合同当事人双方协议以新贷偿还旧贷，保证人担保责任的认定。

◎ **相关法律：**

《民法典》第 681~702 条。

◎ **实务操作：**

甲向乙借款人民币 10 万元，约定借期为 2 年，月息 2%。乙要求甲找人担保。甲找到自己的朋友丙做保证人，与乙签订了有担保条款的借款合同，但合同中关于担保的条款仅规定"丙对甲的还款义务承担保证责任"。2 年后，甲未履行还款义务，乙即请求丙偿还借款本息，被丙以保证责任约定不明为由予以拒绝。

请分析：丙有没有理由拒绝承担责任？为什么？

任务五 租赁合同法律事务处理

◎ **案例导入：**

【案例 22-6】 甲将房屋出租给乙，乙经甲同意对承租房进行了装修并转租给丙。丙擅自更改房屋承重结构，导致房屋受损。

请思考：甲应当怎样主张房屋的损失？

【案例 22-7】 甲与乙订立房屋租赁合同，约定租期 5 年。半年后，甲将该出租房屋出售给丙，但未通知乙。不久，乙以其房屋优先购买权受侵害为由，请求法院判决甲、丙之间的房屋买卖合同无效。

请思考：法院该如何处理？

◎ **知识准备：**

上述当事人之间产生的是租赁合同法律关系。租赁合同属于移转标的物使用权的合同，本任务是租赁合同法律事务的处理，学习如何解决租赁合同纠纷。

一、租赁合同的概念和特征

租赁合同是出租人将租赁物交付给承租人使用、收益，承租人支付租金的合同。其中交付租赁物给对方使用、收益的一方称为出租人，使用租赁物并支付租金的一方称为承租人。

租赁合同具有以下特征：

（一）租赁合同是出租人转移财产使用权于承租人，承租人支付租金的合同

租赁合同以承租人在一定期限内取得对租赁物的使用收益为目的，而并不以承租人取得租赁物的所有权为目的。这是租赁合同与以转移物的所有权为目的的买卖合同的根本区别。

（二）租赁合同为诺成、双务、有偿合同

租赁合同自双方意思表示一致时即成立生效，而不以租赁物的实际交付作为合同的成立生效条件，因此为诺成性合同。租赁合同生效后，当事人双方互享权利、互负义务，因此为双务合同。租赁合同的任何一方取得利益，均需向对方支付代价，因此为有偿合同。

（三）租赁合同具有临时性

租赁合同只是出租人将其财产的使用收益权于一定期限内转让给承租人，因此，租赁合同具有临时性或期限性的特征，租赁合同不适用于财产的永久性使用。我国《民法典》第705条规定，租赁合同不得超过二十年。超过二十年的，超过部分无效。租赁期间届满，当事人可以续订租赁合同，但约定的租赁期限自续订之日起不得超过20年。

二、租赁合同的分类

（一）动产租赁与不动产租赁

以租赁合同的标的物为标准，可将租赁合同分为动产租赁合同与不动产租赁合同。动产租赁合同，包括一般的动产租赁、汽车租赁等；不动产租赁合同，包括房屋租赁、土地使用权租赁等。

（二）定期租赁与非定期租赁

以租赁合同是否有固定期限为标准，可将租赁合同分为定期租赁合同和不定期租赁合同。定期租赁合同指明确约定租赁期限的租赁合同。不定期租赁合同有三种情况：一是当事人在租赁合同中没有约定租赁期限或约定不明确；二是当事人在租赁合同中将租赁期限约定为六个月以上，但未采用书面形式，无法确定租赁期限的，视为不定期租赁，由此可见，租赁期限在六个月以上的定期租赁合同为要式合同，应当采用书面形式；三是定期租赁合同期间届满，承租人继续使用租赁物，出租人没有提出异议的，原租赁合同继续有效，但租赁期限为不定期。这种区分的法律意义在于，在定期租赁中，于租赁期间内当事人不得擅自变更、解除合同；而在不定期租赁中，当事人可随时解除合同，但出租人解除合同的，应当在合理期限之前通知承租人。

三、租赁合同当事人的权利和义务

（一）出租人的义务

1. 交付租赁物的义务

承租人实现对租赁物使用收益的目的，一般是以对租赁物的占有为前提的，因此出租人应履行向承租人交付租赁物的义务，出租人交付的租赁物应符合合同中约定的名称、数量、质量，并按合同中约定的交付时间、地点、方式交付。

2. 维修并使租赁物于租赁期间合于使用收益状态的义务

《民法典》第712条规定，出租人应当履行租赁物的维修义务，但当事人另有约定的除外。《民法典》第713条规定，承租人在租赁物需要维修时可以请求出租人在合理期限内维修。所以，出租人不但应于交付租赁物时使租赁物符合能够正常使用收益的状态，而且应于整个租赁期间内使租赁物符合能够正常使用收益的状态，除非当事人另有约定。因承租人的过错致使租赁物需要维修的，出租人不承担上述规定的维修义务。

3. 瑕疵担保责任

租赁合同中，出租人应承担瑕疵担保责任，包括物的瑕疵担保责任和权利瑕疵担保责任。如果租赁物有使承租人不能为正常使用收益的瑕疵的，出租人应承担责任；出租人应担保如因第三人对承租人主张权利而使承租人不能按照约定使用收益的，出租人应承担责任。

4. 费用返还义务

出租人对于承租人为租赁物支出的费用有偿还的义务。出租人应当偿还的费用包括必要费用和有益费用。

所谓必要费用，是指为维持租赁物处于正常的使用、收益状态而不能不支出的费用。例如，租赁物的保管费、机器的养护费用等。关于必要费用的负担，在当事人有约定时，则应依当事人的约定负担。当事人对维修义务和必要费用的负担都无约定的，一般应由出租人承担。

所谓有益费用，是指对租赁物进行改善或在租赁物上增设他物以使租赁物价值增加而支出的费用。例如，房屋的装修费用、机器的升级换代费用等等。承租人支出有益费用，须经出租人同意，才涉及租赁合同终止时的有益费用返还问题。出租人返还的有益费用的范围仅限于租赁合同终止时租赁物增加的价值额，而不能以承租人支出的数额为准。如未经出租人同意，承租人不但不能享有请求出租人返还费用的权利，而且出租人可以要求承租人恢复原状或者赔偿损失。

（二）承租人的义务

1. 按照合同约定的方法或租赁物的性质使用租赁物的义务

承租人应当按照约定的方法使用租赁物，对租赁物的使用方法没有约定或者约定不明确，依照民法典第510条的规定，仍不能确定的，应当按照租赁物的性质使用。承租人如果未按照约定的方法或者租赁物的性质使用租赁物，致使租赁物受到损耗，出租人可以要求承租人停止侵害，消除危险，还可以解除合同并要求赔偿损失。

2. 妥善保管租赁物的义务

所谓妥善保管，是指承租人应尽善良管理人的注意保管租赁物。具体地说，合同中约定保管方法的，应当依照约定的方法保管；合同中没有约定保管方法的，应当按照租赁物的性质采取适当的保管方法。

3. 支付租金的义务

支付租金是承租人的主要义务。承租人应当依照约定的期限支付租金。对支付期限没有约定或者约定不明确，可以协议补充，不能达成补充协议，按照合同有关条款或者交易习惯确定。仍不能确定的，租赁期间不满1年的，应当在租赁期间届满时支付。租赁期间在1年以上的，应当在每届满1年时支付，剩余期限不满1年的，应当在租赁期限届满时支付。承租人无正当理由未支付或者迟延支付租金的，出租人可以请求承租人在合理期限内支付；承租人逾期不支付的，出租人可以解除合同。

4. 不得随意转租

承租人经出租人同意，可以将租赁物转租给第三人。承租人转租的，承租人与出租人之间的租赁合同继续有效；第三人造成租赁物损失的，承租人应当赔偿损失。承租人未经出租人同意转租的，出租人可以解除合同。出租人知道或者应当知道承租人转租，但是在6个月内未提出异议的，视为出租人同意转租。

◎ **案例分析：**

案例22-6中，乙经甲同意将房屋转租给丙，乙并未退出租赁关系，仍为租赁合同当事人一方，因此需要对转租人丙的行为向甲负责，所以甲能够向乙主张违约损害赔偿，而不能向丙主张违约责任。但是丙擅自更改房屋承重结构致房屋受损，侵犯了甲的财产权，因此甲可以向丙主张侵权责任，让丙赔偿损失。

5. 返还租赁物的义务

租赁期间届满，承租人应当返还租赁物给出租人。承租人逾期返还租赁物的，应当支付逾期期间的租金并承担违约责任。承租人返还的租赁物应当符合按照约定或者租赁物的性质使用后的状态。

◎ **交互练习：**

关于租赁合同承租人的法定解除权，下列说法正确的有(   )。

A. 租赁物权属有争议，致使租赁物无法使用的，承租人可以解除合同

B. 因不可归责于承租人的事由致租赁物毁损无法使用的，承租人可以解除合同

C. 租赁物危及承租人的安全和健康的，承租人可随时解除合同

D. 出租人就同一房屋订立数份有效的租赁合同，不能取得租赁房屋的承租人有权解除合同

四、租赁合同的特别效力

（一）租赁合同的风险负担与利益承受

当由于不可归责于合同当事人任何一方的事由，致使租赁物部分或全部毁损灭失时，就产生了租赁合同中的风险负担问题。《民法典》第729条的规定，因不可归责于承租人的事由，致使租赁物部分或者全部毁损、灭失的，承租人可以请求减少租金或者不支付租金；因租赁物部分或者全部毁损、灭失，致使不能实现合同目的的，承租人可以解除合同。由此可见，租赁合同中采所有权人主义作为风险负担的原则，即租赁物的所有权人应负担租赁物毁损灭失的风险。

在租赁期间因占有、使用租赁物获得的收益，归承租人所有，但当事人另有约定的除外。也就是说，在租赁物的利益承受上，采交付主义原则，交付之前租赁物的利益由出租人享有，交付之后租赁物的利益由承租人享有，但允许当事人有另外的约定。

（二）租赁权的物权化

租赁本为一种债权债务关系，随着社会经济的发展，为保护承租人的利益，法律强化租赁权的效力，从而使其有物权化的趋势。典型的表现就是法律逐渐承认在房屋等财产的租赁关系中，租赁物所有权在租赁期间内的转移，并不影响承租人的权利，原租赁合同对受让租赁物的第三人仍然有效，该第三人不得解除租赁合同。此即"买卖不破租赁"原则。《民法典》第725条确立了这一原则，租赁物在承租人按照租赁合同占有期限内发生所有权变动的，不影响租赁合同的效力。

（三）承租人的优先购买权

承租人的优先购买权，是指在租赁合同存续期间，出租人要出卖租赁物时，承租人在同等条件下享有优先购买的权利。

我国《民法典》第726条、第727条、第728条确定了房屋租赁合同中承租人的优先购买权。理解承租人的优先购买权须注意以下几个方面：

（1）须为房屋租赁合同。动产租赁合同的承租人不享有优先购买权。

（2）出卖人和买受人双方都应当遵守"期限"。一是出租人与第三人确定房屋交易条款后，出租人应当及时通知承租人，在可合理期待的时间内，给予承租人一定的考虑时间。二是承租人对出租人表示是否购买应当在承租人收到出卖通知之日起"十五日之内"，否则视为承租人放弃优先购买权。此外，要注意出租人委托拍卖租赁房屋的特殊情况下，承租人的优先购买权不受影响。出租人应当在拍卖五日前通知承租人，如承租人接到拍卖通知但未参加拍卖的，推定其放弃优先购买权。

（3）承租人行使权利的前提是"同等条件"。"同等条件"旨在平衡承租人和出租人之间的利益，因此强调承租人应当在"同等条件"下才能行使优先购买权。但"同等条件"不等于"同等价格"，还应当考虑房款交付方式、履行期限，以及第三人是否提供担保等影响出租人利益的实质性内容。

（4）承租人不能行使权利的"两种例外"。一种情况是，如果房屋是数个共有人按份享有房屋所有权，其他共有人在同等条件下具有优先购买的权利。按份共有人的优先购买权更优越于承租人的优先购买权。另一种情况是，如果出租人的近亲属想要购买租赁房屋，如父母把房屋出售给自己的子女，那么承租人也不能主张优先购买权。

关于出租人侵害房屋承租人优先购买权的救济，依据《民法典》第728条规定，出租人未通知承租人或者有其他妨害承租人行使优先购买权情形的，承租人可以请求出租人承担赔偿责任。但是出租人与第三人订立的房屋买卖合同的效力不受影响。该合同效力应当依据《民法典》有关民事法律行为的有效条件和合同的有效条件的规定进行评价。

◎ **案例分析：**

案例22-7中，甲虽然在出售房屋时没有履行通知义务并因此侵害了乙的优先购买权，但甲、丙之间的买卖合同并不能因此被认定为无效，该合同的效力应当根据其本身是否符合合同的有效条件进行分析界定。由于甲的行为侵犯了乙的优先购买权，乙可以向甲主张赔偿责任。

（四）与承租人生前共同居住的人或者共同经营人的继续承租权

根据《民法典》第732条规定，承租人在房屋租赁期限内死亡的，与其生前共同居住的人或者共同经营人可以按照原租赁合同租赁该房屋。

（五）租赁期限届满承租人继续使用租赁物以及优先承租权

根据《民法典》第734条规定，租赁期限届满，承租人继续使用租赁物，出租人没有提出异议的，原租赁合同继续有效，但是租赁期限为不定期。根据本条规定，租赁期限届满，承租人仍继续对租赁物为使用收益，出租人亦不反对；承租人继续支付租金，而出租人也接受。当事人有此行为即可以推定双方有继续租赁关系的意向，租赁期限为不定期，任何一方当事人均可以随时解除合同。租赁期限届满，房屋承租人享有以同等条件优先承租的权利。

◎ **思政点滴：**

"买卖不破租赁"，意思是租赁关系存在期间，租赁物所有权的变动不影响租赁合同的效力，旨在保护承租人的利益。但根据《城镇房屋租赁合同解释》第20条规定，房屋在出租前已设立抵押，因抵押权人实现抵押权而发生所有权变动的或房屋在出租前已经被人民法院依法查封的不适用"买卖不破租赁"。所以，虽然法律需要保障租赁关系，但法律从来都是利益的天平，出租人的权益也不可忽视，某些情况下也要适当限制"买卖不破租赁"。

◎ **延伸阅读：**

遭遇转租怎么办？

◎ **相关法律：**

《民法典》第 703～734 条。

《城镇房屋租赁合同解释》第 5～11 条。

◎ **实务操作：**

（1）甲因工作需要，想在某小区租赁房屋一套。在物业管理人员的陪同下，与小区业主乙达成租赁合意，乙将其自有房屋一套出租给甲，租期三年，月租金三千元。因时间仓促，双方未签订书面合同，也未到房管局办理登记备案。甲入住后发现房屋暖气渗漏并且室内装修风格古朴而致采光不佳，故对房屋进行重新装修，维修了暖气，更换了装修风格，铺装浅色壁纸，安装了新的照明灯具。装修一个月后出租方发现，现双方就擅自装修一事发生纠纷，为此，乙提出提前解除该租赁合同。

请结合民法典和相关司法解释，结合下列问题，撰写案分析报告。

①乙可否租赁合同未办理登记备案为由，请求法院确认该租赁合同无效？

②该租赁合同是定期租赁还是不定期租赁，如何认定？

③承租人出钱维修了暖气，改善了采光，这笔费用可以向出租人主张吗？

④出租人可否以承租人擅自装修为由解除该租赁合同？

（2）万宏将自己的一处房产租给王平做生意，双方签订了租赁合同，并办理了相应的登记手续。其后，万宏由于做生意亏损，于是向李军借款，把该房产抵押给了李军，并且办理了抵押登记手续。

请结合民法典的相关规定，分析以下问题：

①本案中租赁合同效力如何？

②万宏和李军之间的抵押合同是否生效？

③如果万宏到期不能清偿欠款，王平主张房屋的承租权，李军主张房屋的优先受偿权，应如何处理？

任务六　融资租赁合同法律事务处理

◎ **案例导入：**

【案例 22-8】 甲建筑工程公司因施工需要，急需挖掘机一台，遂决定从乙建筑设备租赁公司租用，并指明了要丙挖掘机生产企业的设备。三方随后订立了融资租赁合同，此后乙建筑设备租赁公司按约定向丙挖掘机生产企业支付了价款，并通知甲建筑公司负责收货。但是丙挖掘机生产企业却未能按合同约定的交货日期交货，导致施工进程一拖再拖。万般无奈之下，甲建筑工程公司向乙建筑设备租赁公司和丙挖掘机生产企业提起诉讼，要求交货，并承担违约造成的损失。

请思考： 甲建筑工程公司向上述两企业提起诉讼是否能得到支持？

◎ **知识准备：**

上述案例涉及融资租赁合同各方的合同权利和义务以及与之相关的责任如何界定。下面我们将从融资租赁合同的概念、形式、效力以及融资租赁合同的解除角度进行全面的阐述。

一、融资租赁合同的概念和形式

《民法典》第 735 条规定："融资租赁合同是出租人根据承租人对出卖人、租赁物的选择，向出卖人购买租赁物，提供给承租人使用，承租人支付租金的合同。"这是融资租赁的一般形式，也称之为"正租"。除此之外，《融资租赁合同解释》第 2 条还规定："承租人将其自有物出卖给出租人，再通过融资租赁合同将租赁物从出租人处租回的，人民法院不应仅以承租人和出卖人系同一人为由认定不构成融资租赁法律关系。"这种方式一般称之为"回租租赁"，也称"回租"或者"售后回租"。例如，乙公司为解决资金缺口，将生产设备以 200 万元的价格卖给甲融资租赁公司。甲融资租赁公司又与乙公司签订租赁合同，将该设备出租给乙公司使用 2 年，租金总计 300 万元，这种形式就是"回租租赁"。本任务主要围绕一般融资租赁形式展开。

融资租赁合同的内容一般包括租赁物的名称、数量、规格、技术性能、检验方法、租赁期限、租金构成及其支付期限和方式、币种，租赁期限届满租赁物的归属等条款。《民法典》第 737 条规定，当事人以虚构租赁物方式订立的融资租赁合同无效，本条规定是《民法典》总则编虚假表示无效规定的具体化。

二、融资租赁合同的效力

（一）出卖人的义务

1. 交付标的物及移转标的物所有权的义务

《民法典》第 739 条规定："出租人根据承租人对出卖人、租赁物的选择订立的买卖合同，出卖人应当按照约定向承租人交付标的物，承租人享有与受领标的物有关的买受人的权利。"按照上述规定，在融资租赁合同中，出卖人应按照约定直接将标的物交付给承租人而非买受人，出卖人向承租人交付标的物即应视为完成了向买受人的交付。

2. 瑕疵担保义务

在融资租赁合同中，出卖人与买受人之间建立了买卖法律关系，出卖人依法应当承担所交付标的物的瑕疵担保义务。出卖人交付的标的物有瑕疵的，应当对买受人承担瑕疵担保责任。《民法典》第 741 条规定："出租人、出卖人、承租人可以约定，出卖人不履行买卖合同义务的，由承租人行使索赔的权利。承租人行使索赔权的，出租人应当协助。"出租人的协助义务包括提供买卖合同、购买发票、合格证明等。

◎ **案例分析：**

案例 22-8 中，出卖人丙挖掘机生产企业负有向承租人甲建筑工程公司交付租赁物的义务和责任，出租人乙建筑设备租赁公司已完成支付出资的义务，其不负交付租赁物的义务，甲建筑工程公司向出卖人丙挖掘机生产企业主张可以得到支持。并且，自乙建筑设备租赁公司按约完成出资购买义务之时，其就享有向甲建筑工程公司主张支付租金的权利，这都是由融资租赁合同的特性决定的。

（二）出租人的义务

1. 向出卖人支付价金的义务

出租人同时也是买受人，其需要根据出租人对出卖人、租赁物的选择订立买卖合同，并履行买卖合同中支付对应价金的义务。

2. 取回权

融资租赁合同中租赁物的所有权属于出租人，因此当融资租赁期限届满，如无特殊约定，出租人当然可以取回租赁物，该权利被称为取回权。但是，由于租赁物在租赁期间由承租人占有，如果出租人不具有表彰其对租赁物享有所有权的公示形式，一旦该租赁物被善意第三人取得，则出租人难以实现取回权，因此，《民法典》第745条规定："出租人对租赁物享有所有权，未经登记，不得对抗善意第三人。"《民法典担保制度解释》也明确了融资租赁、保理、让与担保等非典型性担保合同的性质，并规定了债权人实现担保物权的方式。另外，对于融资租赁，也理应适用《民法典》第414条之规定处理清偿顺序问题。

3. 租赁物不符合约定或者不符合使用目的时的责任

《民法典》第747条规定："租赁物不符合约定或者不符合使用目的的，出租人不承担责任。但是，承租人依赖出租人的技能确定租赁物或者出租人干预选择租赁物的除外。"在融资租赁合同中，租赁物一般由承租人选择，由出租人支付价款购买，由于合同的融资属性，即便租赁物因不符合约定或者不符合使用目的导致不能实现合同目的，承租人也应当支付租金，出租人不承担瑕疵担保责任，也不因此而减免租金，此时承租人应就不能使用租赁物的损失向出租人主张。但是如果承租人依赖出租人的技能选择租赁物或者出租人干预选择租赁物的情况下，租赁物的瑕疵则与出租人有了关联，此时出租人应当对此承担责任，不但应承担瑕疵担保责任，还应相应减免租金。

《民法典》第748条第1款规定："出租人应当保证承租人对租赁物的占有和使用。"比如在设定抵押时，实现抵押权的时间不应早于租赁到期的时间，在出卖给他人时，应当和买受人约定"买卖不破租赁"或者采用保留所有权的方式。根据《民法典》第748条第2款之规定，出租人有下列情形之一的，承租人有权请求其赔偿损失：（一）无正当理由收回租赁物；（二）无正当理由妨碍、干扰承租人对租赁物的占有和使用；（三）因出租人的原因致使第三人对租赁物主张权利；（四）不当影响承租人对租赁物占有和使用的其他情形。

出租人明知租赁物有质量瑕疵而不告知承租人，或者在承租人行使索赔权利时，未及时提供必要帮助，导致承租人对出租人行使索赔权利失败的，承租人有权请求出租人承担相应的责任。

（三）承租人的义务

1. 验收标的物的义务

出卖人按照约定向承租人交付标的物，承租人有验收标的物的义务。但是，根据《民法典》第 740 条，出卖人违反向承租人交付标的物的义务，有下列情形之一的，承租人可以拒绝受领出卖人向其交付的标的物：（1）标的物严重不符合约定；（2）未按照约定交付标的物，经承租人或者出租人催告后在合理期限内仍未交付。承租人拒绝受领标的物的，应当及时通知出租人。承租人迟延通知或者无正当理由拒绝受领租赁物造成出租人损失的，出租人有权请求承租人承担损害赔偿责任。

2. 支付租金的义务

关于融资租赁合同的租金支付义务，有两点需要注意：

其一，由于对于出租人来说，所收取的租金并非使用租赁物的对价，而是融资的对价，因此在租赁标的物存在瑕疵时，承租人也不得拒付租金。对于标的物的瑕疵，承租人可以按照合同的约定向出卖人主张承担瑕疵担保责任。《民法典》第 742 条也规定，承租人对出卖人行使索赔权利，不影响其支付租金的义务。但是，承租人依赖出租人的技能确定租赁物或者出租人干预选择租赁物的，承租人可以请求减免相应租金。

其二，在租赁期间，承租人需承担租赁物毁损、灭失的风险。《民法典》第 751 条规定，承租人占有租赁物期间，租赁物毁损、灭失的，出租人有权请求承租人继续支付租金，但是法律另有规定或者当事人另有约定的除外。

3. 保管、使用和维修义务

《民法典》第 750 条规定："承租人应当妥善保管、使用租赁物。承租人应当履行占有租赁物期间的维修义务。"融资租赁合同具有融资性，因此，在租赁期间内承租人应当对租赁物尽到妥善保管、合理使用的义务，并且应当承担维修义务。

4. 租赁物致第三人损害的赔偿责任

《民法典》第 749 条规定，承租人占有租赁物期间，租赁物造成第三人人身损害或者财产损失的，出租人不承担责任。依据本条规定，承租人应当承担租赁物致第三人损害的赔偿责任。如果租赁物是因为他人原因对第三人造成损害的，则应由他人负责。

5. 租赁物的返还义务

租赁物在租赁期间届满后所有权归属有两种途径：一是按照约定及法律规定进行确定；二是原则上归出租人。实践中，租赁物在租赁期满后有三种可能：一是返还；二是作价给承租人（也称"留购"）；三是续租。《民法典》第 757 条规定："出租人和承租人可以约定租赁期间届满租赁物的归属；对租赁物的归属没有约定或者约定不明确，依照本法第五百一十条的规定仍不能确定的，租赁物的所有权归出租人。"此种情况下，承租人对租赁物负有返还义务。

三、融资租赁合同的解除

（一）出租人的解除权

（1）承租人不支付租金，出租人可以解除合同。《民法典》第752条规定，承租人应当按照约定支付租金。承租人经催告后在合理期限内仍不支付租金的，出租人可以请求支付全部租金，也可以解除合同，收回租赁物。

（2）承租人有导致租赁物风险的不当处分行为，出租人可以解除合同。《民法典》第753条规定，承租人未经出租人同意，将租赁物转让、抵押、质押、投资入股或者以其他方式处分的，出租人可以解除融资租赁合同。

（二）出租人和承租人均享有的解除权

有下列情形之一的，出租人和承租人均可以解除融资租赁合同：一是出租人与出卖人订立的买卖合同解除、被确认无效或者被撤销，且未能重新订立买卖合同；二是租赁物因不可归责于当事人的原因毁损、灭失，且不能修复或者确定替代物；三是因出卖人原因致使融资租赁合同的目的不能实现。

◎ **交互练习：**

甲乙丙三方签订融资租赁合同，甲向乙购买了一台车床租给丙使用，关于维修费用，下列说法正确的是（　　）。

A. 由丙承担　　B. 由甲承担　　C. 由乙承担　　D. 三方平均分担

◎ **延伸阅读：**

什么样的"物"可以作为融资租赁的租赁物？

◎ **相关法律：**

《民法典》第735~760条。

◎ **实务操作：**

甲根据乙的选择，向丙购买了一台大型设备，出租给乙使用。乙在该设备安装完毕后，发现不能正常运行。

请分析：

（1）乙应该向谁主张租赁物的瑕疵担保责任？（2）乙是否需要向甲缴纳租金？（3）租赁期满后该设备所有权由谁获得？

任务七　运输合同法律事务处理

◎ **案例导入：**

【案例22-9】罗某陪同母亲乘车回家。途中，母亲突发疾病，罗某要求司机就近停车，司机却说客运公司不允许司机擅自改变行车路线，直到客车进站，才将罗某的母亲送到附近的医院。但是，罗某的母亲因错失最佳治疗时机而死亡，罗某要求客运公司承担责任，客运公司称罗某的母亲属于自身健康状况而导致的死亡，因此自己不应承担责任。

请思考：客运公司的说法成立吗？

【案例22-10】陈功委托在武汉的代理人将一箱服装在捷龙公司办理了快件托运交接手续，填写了托运单，注明凭收货人陈功身份证签收。该车下午五时从武汉发车，晚上九时到达宜昌市，收货人陈功在车到站后持身份证到客运站提货时，无货物可提。

请思考：丢失的货物应当由谁承担赔偿责任？

◎ 知识准备：

上面案例中，在当事人之间发生的是运输合同法律关系。运输过程中可能出现人身伤害或财产损失等各种问题，本任务是对运输合同法律事务进行处理，从而解决当事人之间的纠纷。

一、运输合同的概念和特征

运输合同是指承运人将旅客或者货物从起运地点运输到约定地点，旅客、托运人或者收货人支付票款或者运输费用的合同。依此，运输合同包括客运合同和货运合同两大类。

运输合同具有以下特征：

1. 运输合同以运送旅客或者货物的行为为标的

运输合同的标的不是承运人运送的旅客或者货物，而是承运人运送旅客或者货物的行为，承运人收取的价款或运费为履行运送行为的对价。

2. 运输合同多采格式合同形式

运输合同多为由承运人提供且为了重复使用而预先拟定的格式合同，在订立合同时旅客或者托运人一般不得与承运人协商，当然，并不排除有的运输合同不采用格式合同的形式，而是由双方协商订立。

二、客运合同的效力

客运合同，即旅客运输合同，是承运人将旅客安全运送到目的地，旅客支付票价的合同。客运合同的效力主要体现为：

（一）承运人的义务

1. 按照客票运输的义务

客票是旅客运输合同的书面凭证。《民法典》第814条规定，客运合同自承运人向旅客出具客票时成立，但当事人另有约定或者另有交易习惯的除外。例如，在长途公交运输中，常存在先乘车后买票的情况，依照交易习惯，这类客运合同自旅客登上交通运输工具时成立。

承运人应当按照客票载明的时间、班次以及运输工具提供运输服务。承运人迟延运输的，应当根据旅客的要求安排改乘其他班次或者退票。承运人擅自变更运输工具而降低服务标准的，应当根据旅客的要求退票或者减收票款；提高服务标准的，不应当加收票款。

2. 救助和告知义务

承运人在运输过程中，应当尽力救助患有急病、分娩、遇险的乘客。承运人对于运输中出现的不能正常运输的异常情况，以及有关运输安全应当注意的事项，应当向旅客及时告知。承运人不履行上述义务造成旅客的人身或者财产损害的，承运人应当负赔偿责任。

3. 对旅客人身损害承担无过错责任

《民法典》第 823 条规定，承运人应当对运输过程中旅客的伤亡承担损害赔偿责任，但是，伤亡是旅客自身健康原因造成的或者承运人证明伤亡是旅客故意、重大过失造成的除外。据此规定，承运人对旅客人身损害承担无过错责任，其免责事由仅有两种情况：一是伤亡是由旅客自身健康原因造成的，例如一旅客在客车正常行驶过程中突发心脏病死亡；二是伤亡是由旅客的故意或者重大过失造成的，例如一失恋旅客在行车途中吞服过量安眠药致死。除此之外，诸如不可抗力、承运人无过错、旅客的一般过失、第三人的行为等都不能成为承运人的免责事由。这一规定也适用于按照规定免票、持优待票或者经承运人许可搭乘的无票旅客。

4. 对旅客随身携带的行李损失承担过错责任

《民法典》第 824 条规定，在运输过程中旅客自带物品毁损、灭失，承运人有过错的，应当承担损害赔偿责任。据此规定，承运人只有在有过错的情况下，对旅客随身携带的行李的损失承担赔偿责任，无过错则不承担责任。原因是该行李虽然在运输工具上，但为旅客随身携带，由旅客自己控制和管理。但对于旅客交由承运人托运的行李，因其在承运人的控制和管理下，则应当按照货物运输的有关规定，由承运人就该行李的毁损灭失承担无过错责任。

◎ **案例分析：**

案例 22-9 中，当罗某的母亲突发疾病时，客车司机有义务将其紧急送往附近的医院救治，但司机却没有履行救助义务，没有采取任何有效措施，从而延误了病人治疗的最佳时机而导致病人死亡。虽然病人死亡是因心脏病急性发作而死，但是作为承担安全运送乘客义务的客车所在公司因未履行及时救治义务而应承担责任。

◎ **交互练习：**

下列情形中承运人应当承担责任的是（　　）。

A. 甲在乘坐火车的过程中突发急病，乘务人员没有及时采取措施

B. 乙在乘坐火车时多次将头伸出打开的车窗，经乘务人员劝阻仍不改正，由于错车致其头部严重擦伤

C. 丙心怀轻生之念，在乘船出海过程中跳海自杀

D. 丁在乘坐出租车的时候，由于驾驶员疲劳驾驶导致撞车，丁右手骨折

E. 旅客戊因制止扒窃行为被歹徒刺伤

F. 旅客己在客车正常行驶中突发心脏病身亡

G. 失恋旅客庚在行车途中吞服安眠药过量致死

H. 免票乘车婴儿在行车途中因急刹车受伤

（二）旅客的义务

1. 支付票款的义务

支付票款是旅客接受承运人运送服务应当支付的对价，是承运人的基本义务。《民法典》第 815 条规定，旅客应当按照有效客票记载的时间、班次和座位号乘坐。旅客无票乘坐、超程乘坐、越级乘坐或者持不符合减价条件的优惠客票乘坐的，应当补交票款，承运人可以按照规定加收票款；旅客不支付票款的，承运人可以拒绝运输。

2. 按照约定和有关规定乘运的义务

旅客应当按照客票记载的时间乘坐运输工具。旅客因自己的原因，不能按照客票记载的时间乘坐的，应当在约定的时间内办理退票或者变更手续。逾期办理的，承运人可以不退票款，并不再承担运输义务。

旅客在运输中应当按照约定的限量携带行李。超过限量携带行李的，应当办理托运手续。旅客不得随身携带或者在行李中夹带易燃、易爆、有毒、有腐蚀性、有放射性以及有可能危及运输工具上人身和财产安全的危险物品或者其他违禁物品。

三、货运合同的效力

货运合同即货物运输合同，是承运人将托运人托运的货物运送到约定地点，托运人或收货人支付运费的合同。货运合同的效力主要体现为：

（一）承运人的义务

1. 按照合同约定运输的义务

承运人接受托运人交付的承运货物的，应当按照规定向托运人填发提单或者其他运输单证，并应当按照合同约定的时间、车次、运输工具提供运输服务。在承运人将货物交付收货人之前，托运人可以要求承运人中止运输、返还货物、变更到达地或者将货物交给其他收货人，但应当赔偿承运人因此受到的损失。

2. 对货物的损失承担无过错责任

承运人应依合同约定，采取各种措施妥善保管运输的货物，以确保将货物安全运输到约定地点并交付收货人。根据《民法典》第 832 条规定，承运人对货物的损失承担无过错责任，其免责事由只有三种情况：一是损失是由不可抗力造成的；二是损

失是由货物本身的自然性质或者合理损耗造成的；三是损失是由托运人、收货人的过错造成的。除此之外，诸如承运人无过错、第三人的行为等均不能成为承运人的免责事由。

3. 通知托运人或收货人并交付货物

在货运合同中，订约当事人为承运人与托运人。托运人可以自己为收货人，也可以由第三人为收货人。收货人不明或者收货人无正当理由拒绝受领货物的，承运人可以提存货物。收货人逾期提货的，应当向承运人支付保管费等费用。托运人或者收货人不支付运费、保管费以及其他运输费用的，承运人对相应的货物享有留置权，但当事人另有约定的除外。

◎ **案例分析：**

案例 22-10 中，陈功和捷龙公司之间的公路运输合同法律关系成立。捷龙公司收到交付承运的货物后，因交接手续不严，造成货物丢失，按照货物运输合同中承运人应当对货物承担无过错责任的规定，捷龙公司应当承担民事赔偿责任。

（二）托运人的义务

1. 如实申报以及按规定提交审批、检验文件的义务

托运人应按照承运人的要求申报与货物运输有关的事项，以便承运人准确、安全地进行运输。因托运人申报不实或者遗漏重要情况，造成承运人损失的，托运人应当承担损害赔偿责任。

根据规定需要得到有关部门批准或者通过有关机关检验方可运输的货物，托运人应将办结有关手续的文件提交承运人，否则承运人有权拒绝运输。

2. 妥善包装的义务

托运人应当按照约定的方式包装货物。对包装方式没有约定或者约定不明确的，应当按照通用的方式包装，没有通用方式的，应当采取足以保护标的物的方式包装，否则承运人可以拒绝运输。

托运人托运易燃、易爆、有毒、有腐蚀性、有放射性等危险物品的，应当按照国家有关危险物品运输的规定对危险物品妥善包装，作出危险物标志和标签，并将有关危险物品的名称、性质和防范措施的书面材料提交承运人，否则承运人可以拒绝运输，也可以采取相应措施以避免损害的发生，因此产生的费用由托运人负担。

3. 支付运费以及其他相关费用的义务

托运人或者收货人应当按照约定及时向承运人支付运费、保管费以及其他有关费用。托运人或者收货人不支付运费、保管费以及其他有关费用的，除当事人有禁止留置的约定外，承运人对相应的运输货物享有留置权。承运人可留置相关货物以担保应收取的费用；在托运人或者收货人逾期提货、无正当理由拒绝收货或者无法交付的情况下，承运人可在留置相关货物后，将其他货物向有关部门提存。

货物在运输过程中因不可抗力灭失，未收取运费的，承运人不得要求支付运费；

已收取运费的，托运人可以要求返还。这一规定体现了在双方当事人均无过错的情况下合理分担风险的公平原则。

（三）收货人的义务

1. 及时提货、支付运费以及相关费用的义务

收货人应当按照货运合同的约定及时提货并支付托运人未付或者少付的运费以及其他费用。收货人逾期提货的，应当向承运人支付保管费等费用。

2. 在一定期限内检验货物的义务

收货人提货时应当按照约定的期限检验货物。对检验货物的期限没有约定或者约定不明确的，当事人可以协议补充，不能达成补充协议的，按照合同有关条款或者交易习惯确定。仍不能确定的，应当在合理期限内检验货物。收货人在约定的期限或者合理的期限内对货物的数量、毁损等未提出异议的，视为承运人已经按照运输单证的记载交付的初步证据。

◎ **思政点滴：**

乘网约车前往机场，却因迟到未赶上航班，乘客向网约车司机主张赔偿。法院认定网约车司机无违约行为，乘客误机的原因是未预留充足时间，责任自担。作为乘客，应合理安排出行，在交通拥堵时段更要预留充足时间，避免出现因行程延误产生不必要损失；作为网约车司机，应当忠于职守，尽自己最大努力将乘客安全、及时地送达目的地，司机爱岗敬业，乘客诚信友善，才能共同营造文明出行的社会风尚。

◎ **延伸阅读：**

货物运输合同中留置权的留置范围。

◎ **相关法律：**

《民法典》第 809~842 条。

◎ **实务操作：**

甲公司与乙公司订立买卖合同，约定由甲公司代办托运将合同标的货物通过铁路运输到乙公司所在地。合同履行期限到来时，甲公司与丙运输公司订立合同，由丙公司以铁路运输的方式将货物运至乙公司所在地，并约定货到以后付运费。丙公司依约开始运输货物，在运输车辆快到乙公司所在地时，突然山洪暴发将车辆和货物全部冲走，幸未造成人员伤亡。

请分析：丙公司应向谁要求支付运费？

任务八　承揽合同法律事务处理

◎ **案例导入：**

　　【**案例 22-11**】甲提供了一块木料，请乙加工成一把椅子。乙完成加工以后，甲发现其加工的方式与自己的要求不符，因此造成损失 1000 元。经查，确实是因为乙没有搞清甲的确切要求，但同时甲的指示含糊不清也是乙未能清楚其要求的重要原因。

　　请思考：对于 1000 元的损失，应由谁承担责任？

◎ **知识准备：**

　　本任务为承揽合同法律事务处理，解决的是生活中常见的加工、修理、测试、检验等关系中当事人之间的纠纷。上例就是由加工椅子出现的问题。完成本任务，要先理解承揽的含义。

一、承揽合同的概念和特征

　　承揽合同是承揽人按照定作人的要求完成工作，交付工作成果，定作人支付报酬的合同。根据《民法典》第 770 条的规定，承揽包括加工、定作、修理、复制、测试、检验等工作。

　　承揽合同的主体是承揽人和定作人。其中，按照定作人的指示完成特定工作并向定作人交付工作成果的人为承揽人；要求承揽人完成特定工作并接受工作成果、支付报酬的人为定作人。

　　承揽合同具有以下特征：

　　（一）承揽合同的客体是完成特定的工作

　　承揽合同中的承揽人应当按照定作人的要求完成特定的工作，并交付工作成果。该工作成果是以满足定作人特别需求为目的，所以合同的条款一般由定作人与承揽人个别商定。

　　（二）承揽人需要亲自、独立完成工作

　　承揽人必须以自己的设备、技术和劳力亲自、独立完成主要工作，方能满足定作人的需求。

　　（三）承揽合同为诺成合同

　　定作人与承揽人意思表示一致，承揽合同即告成立，而不以定做材料、加工材料、测试材料等的交付为承揽合同的成立条件。

　　（四）承揽合同为双务、有偿合同

　　承揽合同成立后，承揽人为定作人完成工作并交付工作成果，定作人需要支付相应对价，因此承揽合同为双务、有偿合同。

二、承揽合同的效力

（一）定作人的义务

1. 按照约定提供材料、图纸和技术要求

根据《民法典》第 775 条、第 776 条之规定，承揽合同约定由定作人提供原材料的，定作人应当按照约定提供。原材料主要指完成承揽工作所必需的材料，比如制作家具的木材、制作衣服的面料等。定作人还应当提供合理的图纸和技术要求。

2. 协助义务

《民法典》第 778 条规定，承揽工作需要定作人协助的，定作人有协助的义务。协助义务是指完成承揽工作所必需的工作条件、工作环境等。定作人不履行协助义务致使承揽工作无法按时完成的，承揽人可以催告定作人在合理期限内履行义务，并可以顺延履行期限；定作人逾期不履行协助义务，导致合同目的不能实现的，承揽人可以解除合同。由此给承揽人造成的停工、窝工等损失，定作人应当承担赔偿责任。

3. 验收工作成果的义务

《民法典》第 780 条规定，定作人应当验收承揽人完成并交付的工作成果。承揽合同作为有偿合同，在检验期限上可以参照买卖合同的有关规定。定作人无正当理由拒绝验收或者迟延验收的，承揽人可以请求定作人支付因此而增加的相应费用。

4. 支付报酬的义务

定作人按照合同约定的期限、数额，向承揽人支付报酬，是定作人最基本的义务。当然，定作人支付报酬的前提是承揽人交付的工作成果符合合同约定的数量和质量；不符合数量、质量要求的，定作人可以不支付报酬或者相应减少报酬。承揽合同不能确定报酬支付期限的，定作人应当在承揽人交付工作成果时支付；工作成果部分交付的，定作人应当验收该部分工作成果，并根据已经交付部分的成果，向承揽人支付相应报酬。

5. 赔偿义务

承揽合同具有满足定作人特定要求的特性，因此法律赋予定作人中途变更承揽工作要求或中途随时解除合同的权利，但是从节约资源的角度，并不鼓励定作人随意解除、无意义的变更。定作人中途变更对承揽工作的要求或解除合同，造成承揽人损失的，也应当赔偿承揽人的损失。所以，根据《民法典》第 777 条规定，定作人可以中途变更对承揽工作的要求，但是，因此造成承揽人损失的，应当赔偿损失。根据《民法典》787 条规定，定作人在承揽人完成工作前，可以随时解除合同，造成承揽人损失的，应当赔偿损失。

（二）承揽人的义务

1. 对定作人提供的材料、图纸和技术要求进行验收、保管并合理使用的义务

当定作人提供材料后，承揽人应当检验材料，如果发现材料不符合约定，应当及时通知定作人更换、补齐或者采取其他补救措施。承揽人应当妥善保管定作人提供的材料，因保管不善造成毁损、灭失的，应当承担赔偿责任。承揽人发现定作人提供的图纸和技术要求不合理，难以产生符合合同约定的工作成果的，承揽人应当及时将该情况通知定作人进行调整。

◎ **案例分析：**

案例 22-11 中，甲、乙之间形成加工承揽合同关系。乙未按甲的要求将木料加工成符合要求的椅子，构成违约，应当承担违约损害赔偿责任。但同时，乙之所以违约，与甲"含糊不清"的表达也有关系，因此，对于 1000 元的损失，按照过错相抵原则，甲也应该承担相应的部分。

2. 按期独立完成承揽工作

首先，对工作成果的质量起决定性作用的主要工作，按照《民法典》第 772 条第 1 款的规定，承揽人应当以自己的设备、技术和劳力，完成主要工作，但是，当事人另有约定的除外。承揽人如将其承揽的主要工作交由第三人完成的，应当就该第三人完成的工作成果向定作人负责。未经过定作人同意擅自转承揽，定作人有权解除合同。

其次，对于辅助性工作部分，按照《民法典》第 773 条之规定，承揽人可以将其承揽的辅助工作交由第三人完成。承揽人将其承揽的辅助工作交由第三人完成的，应当就该第三人完成的工作成果向定作人负责。

共同承揽是承揽的一种方式，是指由两个或者两个以上的人共同完成承揽工作。根据《民法典》第 786 条之规定，共同承揽人对定作人承担连带责任，但是当事人另有约定的除外。

◎ **交互练习：**

承揽合同中，经定作人同意，承揽人可将其承揽的主要工作交由第三人完成。而关于所产生的责任承担，正确的说法是(　　)。

A. 第三人就完成的工作成果向定作人负责

B. 承揽人不再承担责任

C. 承揽人与第三人按完成工作成果的比例向定作人承担责任

D. 承揽人就该第三人完成的工作成果向定作人负责

3. 交付工作成果，并对工作成果承担瑕疵担保责任

承揽人应当按照约定的时间、地点、方式向定作人交付工作成果，并提交必要的技术资料和有关质量证明。定作人应当验收该工作成果。承揽人交付的工作成果不符合质量要求的，定作人可以合理选择请求承揽人承担修理、重作、减少报酬、赔偿损失等违约责任。

根据《民法典》第 783 条的规定，定作人未向承揽人支付报酬或者材料费等价款的，承揽人对完成的工作成果享有留置权或者有权拒绝交付，但是当事人另有约定的除外。

4. 容忍义务

承揽人在工作期间，应当接受定作人必要的监督检验。定作人不得因监督检验妨

碍承揽人的正常工作。

5. 保密义务

承揽人应当按照定作人的要求保守秘密，未经定作人许可，不得留存复制品或者技术资料。承揽人未按照约定尽到相关的保密义务，自己使用或者泄露秘密给他人使用，给定作人造成损失的，承揽人承担损害赔偿责任。

◎ 延伸阅读：

承揽合同中的风险负担。

◎ 相关法律：

《民法典》第 770~787 条。

◎ 实务操作：

李某看到某影楼发布的百元古装写真广告后去该店拍摄。后李某对照片、相册、化妆、服装等项目多次消费升级，与影楼先后签订五份协议，合计金额达三万余元。并和影楼约定，协议不可解除。李某通过向亲友借款和开通网贷支付部分款项后，当天向影楼提出变更套餐内容、减少合同金额，遭影楼拒绝。李某诉至法院要求解除五份协议、退还已经支付的二万余元，且尚未支付的款项不再支付。

根据案件材料，制作案例分析报告。报告要点应包括：

（1）任意解除权的行使主体。

（2）任意解除权的行使期限。

（3）约定排除定作人任意解除权的效力判断。

任务九　建设工程合同法律事务处理

◎ 案例导入：

【案例 22-12】甲大学与乙公司签订建设工程施工合同，由乙为甲承建新教学楼。经甲同意，乙将主体结构的施工分包给丙公司。

请思考：该分包合同是否有效？

◎ 知识准备：

导入案例涉及建设工程合同的承包和分包问题。建设工程合同如何设计和运行，是企业在实务中经常面临的重大问题，下面我们将从建设工程的特征、订立、效力等角度进行全面阐述。

一、建设工程合同的概念和特征

建设工程合同是承包人进行工程建设，发包人支付价款的合同，包括工程勘察、设计、施工合同。承揽合同与建设工程合同是一般与特殊的关系，因此《民法典》第 508 条规定："本章没有规定的，适用承揽合同的有关规定。" 与一般承揽合同相比，建设工程合同有着显著不同的特点：

1. 建设工程合同标的具有限定性

建设工程合同的标的仅限于基本建设工程项目，即土木建筑工程和建筑业范围内的线路、管道、设备安装工程的新建、改建、扩建及大型的建筑装修装饰活动，涉及房屋、铁路、公路、机场、港口、桥梁、矿井、水库、电站、通信线路等。

2. 建设工程合同主体具有特定性

建设工程合同的主体必须是具有一定资质的法人和非法人组织。建设工程具有投资大、建设周期长、专业性强、质量要求高的特点，关系到国家利益及社会公共利益，因此，承包方必须是具备相应资质等级的从事勘察、设计、建筑、安装的法人和非法人组织。

3. 建设工程合同实行全流程管理，且具有一定程度的强制性

建设工程的完成关系重大资金的使用，关系生产、生活的安全以及质量，关系环境保护和生态健康，因此，在建设工程合同的订立、履行乃至履行完毕后诸方面，国家都进行了严格规范和管理，通过一系列行政许可制度对重大建设工程进行计划干预，包括工程的立项、用地规划许可、工程规划许可等。《招标投标法》第 9 条规定，招标项目按照国家有关规定需要履行项目审批手续的，应当先履行审批手续，取得批准。《民法典》第 792 条规定，国家重大建设工程合同，应当按照国家规定的程序和国家批准的投资计划、可行性研究报告等文件订立。《建设工程质量管理条例》第 5 条规定，从事建设工程活动，必须严格执行基本建设程序，坚持先勘察、后设计、再施工的原则。县级以上人民政府及其有关部门不得超越权限审批建设项目或者擅自简化基本建设程序。在实践中，国家重大建设工程还要事先进行可行性研究，提交研究报告，申请立项；立项批准后，根据立项作出投资计划并报国家有关部门批准；投资计划批准后，建设单位根据工程的可行性研究报告和国家批准的投资计划，遵照国家规定的程序进行发包，与承包人订立建设工程合同。这里所说的规定的程序，即某些建设工程合同必须采用招投标程序。在合同履行方面，除了对合同履行主体科以严格的义务和责任以外，还规定了在某些建设工程合同中采用强制监理制度，并赋予了国务院发展计划部门、国务院经济贸易主管部门、县级以上地方人民政府建设行政主管部门和其他有关部门对不同建设工程项目相应的监督管理职责，规定了建设工程质量事故报告制度和处理程序。在合同履行完毕后，实行建设工程质量保修制度。

4. 建设工程合同的形式具有要式性

《民法典》第 789 条规定，建设工程合同应当采用书面形式。双方当事人通过协商达成一致，通过合同书、信件等形式订立合同。此外，当事人也可以选择有关的合同示范文本作为参照订立建设工程合同。

二、建筑工程合同的订立

(一) 建设工程的招标投标竞争缔约形式

《建筑法》第19条规定，建筑工程依法实行招标发包，对不适于招标发包的可以直接发包，因此并非所有的建设工程合同都必须采用招投标形式订立，但是，建设工程合同的确是采用招投标形式缔约的集中领域。根据相关规定，有一些建设工程合同必须采用招投标形式。例如，《招标投标法》第3条规定，下列工程建设项目的勘察、设计、施工、监理以及与工程建设有关的重要设备、材料等的采购，必须进行招标：(1) 大型基础设施、公用事业等关系社会公共利益、公众安全的项目；(2) 全部或者部分使用国有资金投资或者国家融资的项目；(3) 使用国际组织或者外国政府贷款、援助资金的项目。《必须招标的工程项目规定》《必须招标的基础设施和公用事业项目范围规定》对上述必须进行招标的项目进行了细化，规定了项目的具体范围和规模标准。《招标投标法》第4条还规定，任何单位和个人不得将依法必须进行招标的项目化整为零或者以其他任何形式规避招标。根据《建设工程施工合同解释 (一) 》第1条第1款第3项规定，建设工程应当进行招标而未招标的，合同无效。

(二) 建设工程的发包、承包、分包

1. 建设工程的发包和承包

根据《民法典》第791条的规定，发包人可以在遵守规定的前提下，选择由承包人采用建设工程总承包或者单项工程承包两种承包方式。

建设工程合同总承包，是指由总承包人负责工程的从勘察、设计到施工的全部建设工作，直至工程竣工，向发包人交付经验收合格的建设工程，所以又称为"交钥匙工程"。总承包有利于发挥具有较全面技术力量、较强组织管理能力的大承包商的专业优势。

单项工程承包，是指发包人将建设工程中的勘察、设计、施工等不同工作任务，分别发包给勘察人、设计人、施工人。单项承包合同有利于发包人对建设工程的各环节、各阶段实施直接的监督管理。

采用工程总承包还是单项工程承包，由发包人根据实际情况确定。但是，都不得将建设工程支解发包，即不得将应当由一个承包人完成的建设工程支解成若干部分分别发包给数个承包人。

2. 建设工程的分包

建设工程的分包，是指上述工程总承包人、单项工程承包人将其承包的部分工程，再发包给其他承包人，分包可以有效分散承包人的风险，降低成本。

根据《民法典》第791条的规定，总承包人或者勘察、设计、施工承包人经发包人同意，可以将自己承包的部分工作交由第三人完成，这里的第三人即分包人。分包人就其完成的工作成果与总承包人或者勘察、设计、施工承包人向发包人承担连带责任。这一规定突破了合同的相对性，适当地加重了分包人的责任，即分包人就其完成的工作不仅仅是向与其有合同关系的总承包人或者勘察、设计、施工承包人负责，

而且与上述民事主体一起向发包人承担连带责任。分包的工程出现问题，发包人可以要求勘察、设计、施工承包人承担责任，也可以直接要求分包人承担责任。

建设工程分包，应遵循如下要求：一是分包人必须具有相应资质，禁止承包人将工程分包给不具有相应资质条件的单位；二是建设工程主体结构的施工不能分包，必须由承包人自行完成，承包人违反规定，将工程主体部分的施工任务分包给第三人的，该分包合同无效；三是禁止分包单位将其承包的工程再分包，即只能分包一次。目的是避免出现工程质量问题。

建设工程转包是指建设工程的总承包人或者勘察、设计、施工承包人将其承包的全部建设工程倒手转让给第三人。根据法律规定，承包人不得将其承包的全部工程转包给第三人或者将其承包的全部建设工程支解以后以分包的名义转包给第三人。也就是说，法律框架下的分包行为是被允许的，但是转包行为是绝对被禁止的。

三、建设施工工程合同的无效及其法律效果

（一）建设施工工程合同的无效

根据现行规定，建设施工工程领域中导致合同无效的情形主要包括：

1. 因违反工程建设审批手续而无效

根据《土地管理法》《城乡规划法》《建筑法》的相关规定，在我国进行工程建设，一般应当取得国有土地使用证、建设用地规划许可证、建设工程规划许可证和建设工程施工许可证。发包人、承包人双方在签订建设工程施工合同时，应当已将上述"四证"办理完毕，但实践中经常出现"四证"不全的建设工程项目。《建设工程施工合同解释（一）》第3条规定，当事人以发包人未取得建设工程规划许可证等规划审批手续为由，请求确认建设工程施工合同无效的，人民法院应予支持，但发包人在起诉前取得建设工程规划许可证等规划审批手续的除外。发包人能够办理审批手续而未办理，并以未办理审批手续为由请求确认建设工程施工合同无效的，人民法院不予支持。根据《民法典》第502条规定，发包人未办理批准等手续影响合同生效的，不影响合同中履行报批义务条款以及相关条款的效力。应当办理申请批准等手续的当事人未履行义务的，对方可以请求其承担违反该义务的责任。根据《建筑法》第7条、《城乡规划法》第40条的规定，办理建设规划审批手续的法定义务主体是发包方，因此，因未取得建设规划审批手续而导致合同无效的过错在发包方，如果因合同无效造成承包方损失的，发包方需要承担过错赔偿责任。

2. 因违反招投标领域法律、行政法规导致施工合同无效

根据《建设工程施工合同解释（一）》第1条第1款第3项的规定，一是必须进行招标而未进行招标的建设工程施工合同无效，二是必须进行招标而中标无效的，签订的建设工程施工合同无效。依据《招标投标法》第50条、第52条、第53条、第54条、第55条、第57条之规定，中标无效有六种情形，分别为：（1）招标代理机构违反本法规定，泄露应当保密的与招标投标活动有关的情况和资料，或者与招标人、投标人串通损害国家利益、社会公共利益或者他人利益；（2）依法必须进行招标的项目的招标人向他人透露已获得招标文件的潜在投标人名称、数量或者可能影响

公平竞争的有关招标投标的其他情况，或者泄露标底，该行为足以影响中标结果的；(3) 投标人相互串通投标或者与招标人串通投标的，投标人以向招标人或者评标委员会成员行贿的手段谋取中标；(4) 投标人以他人名义投标或者以其他方式弄虚作假，骗取中标的；(5) 依法必须进行招标的项目，招标人违反本法规定，与投标人就投标价格、投标方案等实质性内容进行谈判，该行为足以影响中标结果的；(6) 招标人在评标委员会依法推荐的中标候选人以外确定中标人的，依法必须进行招标的项目在所有投标被评审委员会否决后自行确定中标人的。

3. 因主体违反建筑领域资质管理规定而无效

(1) 承包人未取得相应资质等级承揽建设工程的，据此签订的建设工程施工合同无效。依据是《建筑法》第 26 条，承包建筑工程的单位应当持有依法取得的资质证书，并在其资质等级许可的范围内承揽工程。禁止建筑施工企业超越本企业资质等级许可的业务范围承揽工程。《建设工程施工合同解释 (一)》第 4 条规定，承包人超越资质等级许可的业务范围签订建设工程施工合同，在建设工程竣工前取得相应资质等级，当事人请求按照无效合同处理的，人民法院不予支持。基于该解释，因主体违反建筑领域资质管理规定而无效的情形下，合同效力补正的时间节点为"工程竣工前"。

(2) 没有资质的实际施工人借用有资质的建筑企业的名义签订的建设工程施工合同无效。依据是《建筑法》第 26 条，禁止建筑施工企业以任何形式用其他建筑施工企业的名义承揽工程。禁止建筑施工企业以任何形式允许其他单位或者个人使用本企业的资质证书、营业执照，以本企业的名义承揽工程。因此，《建设工程施工合同解释 (一)》第 1 条第 1 款第 2 项规定，没有资质的实际施工人借用有资质的建筑企业的名义签订的建设工程施工合同无效。《建设工程施工合同解释 (一)》第 7 条.规定，缺乏资质的单位或者个人借用有资质的建筑施工企业名义签订建设工程施工合同，发包人请求出借方与借用方对建设工程质量不合格等因出借资质造成的损失承担连带赔偿责任的，人民法院应予支持。

4. 因转包、违法分包而无效

(1) 转包。无论是承包人将其承包的全部建设工程直接倒手转包，还是以支解分包形式掩盖的转包，都严重违背了发包人的意志，破坏了合同的稳定性和严肃性。

(2) 违法分包。违法分包有三种情况：承包人将工程分包给不具有相应资质条件的单位；承包人将建设工程主体结构部分进行分包；分包人再行分包。

无论是上述任何形式的转包和分包，根据《建设工程施工合同解释 (一)》第 1 条第 2 款规定，承包人因转包、违法分包建设工程与他人签订的建设工程施工合同，应当依据民法典第 153 条第 2 款及第 791 条第 2 款、第 3 款的规定，认定无效。

◎ **案例分析：**

案例 22-12 中，根据《民法典》第 791 条的规定，分包合同属于下列三种情形之一的，属于"违法分包"而无效：第一，承包人将主体机构的施工分包的；第二，承包人将其承包的全部建设工程支解以后以分包的名义分别转给第三人；第三，分包人再度分包的。本案例中，乙、丙的分包合同属于违法分包，是无效的。

5. 当事人另行签订的背离中标合同实质性内容的合同无效

《建设工程施工合同解释（一）》第2条规定，招标人和中标人另行签订的建设工程施工合同约定的工程范围、建设工期、工程质量、工程价款等实质性内容，与中标合同不一致，一方当事人请求按照中标合同确定权利义务的，人民法院应予支持。招标人和中标人在中标合同之外就明显高于市场价格购买承建房产、无偿建设住房配套设施、让利、向建设单位捐赠财物等另行签订合同，变相降低工程价款，一方当事人以该合同背离中标合同实质性内容为由请求确认无效的，人民法院应予支持。审判实践中，我们通常把中标合同称之为"白合同"，把当事人另行订立的与中标合同实质性不一致的合同成为"黑合同"。这一现象也就是建筑工程招标投标领域存在的"黑白合同"问题。由于当事人背离中标合同另行签订协议，既损害正常的招标投标程序，也可能损害中标人的合法权益，因此所签"黑合同"无效，其目的在于保护中标人的利益。在实践中，处理这一问题还必须正确把握"实质性背离"与合同变更的关系，不能把合同履行过程中正常的补充、变更与此等同对待。《建设工程施工合同解释（一）》第23条对此作出规定，发包人将依法不属于必须招标的建设工程进行招标后，与承包人另行订立的建设工程施工合同背离中标合同的实质性内容，当事人请求以中标合同作为结算建设工程价款依据的，人民法院应予支持，但发包人与承包人因客观情况发生了在招标投标时难以预见的变化而另行订立建设工程施工合同的除外。这一条规定是对该司法解释第2条规定的除外情况的规定，即这种情况下订立的与中标合同实质性内容不一致的合同应当为合同的变更，不属于"黑合同"，性质上是有效合同，不能按照无效合同对待。

（二）建设工程施工合同无效的法律后果

建设工程施工合同无效情况的发生，都是基于合同当事人实施了违法行为，违反了相关的强制规定，因此对包括违法发包、转包，违法分包，出借和借用资质的合同当事人可以依法采取罚款、收缴非法所得、停业整顿、降低或吊销资质证书等行政处罚，构成犯罪的，依照刑法有关规定刑事责任。

在民事责任领域，合同当事人也需要承担如下民事责任。结合《民法典》第157条之规定，建设工程施工合同无效情况下的民事责任有以下责任形式。

1. 折价补偿

建设工程施工合同的履行过程就是承包人将劳务及建筑材料物化到建设工程的过程，基于这一特殊性，合同无效时，发包人只能折价补偿。客观上说，合同无效也并不等同于工程质量不合格。《民法典》第793条规定，建设工程施工合同无效，但是建设工程经验收合格的，可以参照合同关于工程价款的约定折价补偿承包人。建设工程施工合同无效，且建设工程经验收不合格的，按照以下情形处理：（1）修复后的建设工程经验收合格的，发包人可以请求承包人承担修复费用；（2）修复后的建设工程经验收不合格的，承包人无权请求参照合同关于工程价款的约定折价补偿。

2. 赔偿损失

《建设工程施工合同解释（一）》第6条规定，建设工程施工合同无效，一方当事人请求对方赔偿损失的，应当就对方过错、损失大小、过错与损失之间的因果关系承担举证责任。损失大小无法确定，一方当事人请求参照合同约定的质量标准、建设工期、工程价款支付时间等内容确定损失大小的，人民法院可以结合双方过错程度、过错与损失之间的因果关系等因素作出裁判。《民法典》第793条也规定，发包人对因建设工程不合格造成的损失有过错的，应当承担相应的责任。

需要说明的是，上述关于建设工程施工合同无效处理的规定，其适用对象也包括"实际施工人"。《建设工程施工合同解释（一）》第43条规定，实际施工人以转包人、违法分包人为被告起诉的，人民法院应当依法受理。实际施工人以发包人为被告主张权利的，人民法院应当追加转包人或者违法分包人为本案第三人，在查明发包人欠付转包人或者违法分包人建设工程价款的数额后，判决发包人在欠付建设工程价款范围内对实际施工人承担责任。第44条还规定，实际施工人依据民法典第535条规定，以转包人或者违法分包人怠于向发包人行使到期债权或者与该债权有关的从权利，影响其到期债权实现，提起代位权诉讼的，人民法院应予支持。

四、建设施工工程合同的效力

（一）承包人的合同义务

1. 按合同约定完成工程并承担瑕疵担保责任

承包人最为重要的义务，是按照合同约定的质量、期限等完成所承揽的工程，并按照程序和标准完成竣工验收，在约定期间内交付给发包人使用。《民法典》第801条规定，因施工人的原因致使建设工程质量不符合约定的，发包人有权请求施工人在合理期限内无偿修理或者返工、改建。经过修理或者返工、改建后，造成逾期交付的，施工人应当承担违约责任。《民法典》第802条规定，因承包人的原因致使建设工程在合理使用期限内造成人身损害和财产损失的，承包人应当承担赔偿责任。

2. 接受发包人的监督检查

《民法典》第797条规定，发包人在不妨碍承包人正常作业的情况下，可以随时对作业进度、质量进行检查。发包人对工程作业的检查一般有两种方式：一是委派具体管理人员作为工地代表；另一种是发包人委托监理人实施对工程建设过程的检查。我国推行建筑工程监理制度。国务院可以规定实行强制监理的建筑工程的范围。作为工程监理单位，应当客观、公正地履行监理职责。承包人应当接受发包人的检查，为工地代表和监理人员的工作提供方便和协助。

3. 通知义务

发包人提供的主要建筑材料、建筑构配件和设备不符合强制性标准或者不履行协助义务，致使承包人无法施工，承包人有通知和催告发包人进行补充、调换的义务。另外，对于地基、电气管线、供水与供热管线等需要覆盖、掩盖的隐蔽工程，为了避免不必要的损失，承包人在对隐蔽工程隐蔽之前，应当通知发包人检查。发包人检查发现隐蔽工程不合格的，有权要求承包人进行修改完善；发包人检查合格后，承包人方可进行隐蔽工程的覆盖、掩盖。

（二）发包人的合同义务

1. 协助义务

一是发包人有为承包人提供施工条件的协助义务。发包人应按照合同约定的时间和要求提供原材料、设备、场地、资金、技术资料，以保证工程作业的顺利实施。《民法典》第 803 条规定，发包人未按照约定的时间和要求提供原材料、设备、场地、资金、技术资料的，承包人可以顺延工期，并有权请求赔偿停工、窝工等损失。第 804 条规定，因发包人的原因致使工程中途停建、缓建的，发包人应当采取措施弥补或者减少损失，赔偿承包人因此造成的停工、窝工、倒运、机械设备调迁、材料和构件积压等损失和实际费用。二是对隐蔽工程验收的协助义务。

2. 验收义务

一是对隐蔽工程的验收义务。《民法典》第 798 条规定，隐蔽工程在隐蔽以前，承包人应当通知发包人检查。发包人没有及时检查的，承包人可以顺延工期，并有权请求赔偿停工、窝工的损失。二是对竣工工程的验收义务。《民法典》第 799 条规定，建设工程竣工后，发包人应当根据施工图纸及说明书、国家颁发的施工验收规范和质量检验标准及时进行验收。建设工程竣工经验收合格后，方可交付使用；未经验收或者验收不合格的，不得交付使用。

3. 支付工程价款的义务及责任

发包人有支付工程价款的义务。《民法典》第 799 条规定，建设工程竣工验收合格的，发包人应当按照约定支付价款。第 806 条规定，合同解除后，已经完成的建设工程质量合格的，发包人应当按照约定支付相应的工程价款；已经完成的建设工程质量不合格的，参照《民法典》第 793 条的规定处理。

◎ **交互练习：**

甲公司将一工程发包给乙建筑公司，经甲公司同意，乙公司将部分非主体工程分包给丙建筑公司。丙公司又将其中一部分分包给丁建筑公司。后丁公司因工作失误致使工程不合格，甲公司欲索赔。对此下列哪些说法正确的是（　　）。

A. 上述工程承包合同均无效

B. 丙公司在向乙公司赔偿损失后，有权向丁公司追偿

C. 甲公司有权要求丁公司承担民事责任

D. 法院可收缴丙公司由于分包已经取得的非法所得

◎ **延伸阅读：**

什么是建设工程价款优先受偿权？

◎ **相关法律：**

《民法典》第 788～808 条。

◎ **实务操作：**

洪某借用有资质的昊天建筑公司的名义，经投标承包了恒达房地产开发公司的一处住宅建设工程，并订立了建设工程施工合同，双方在中标合同备案后，又就同一项目另行订立了一份在工期要求、计价方式和承包总价款方面均不同于中标合同的施工合同。该工程完工后竣工验收合格。

请分析建设工程施工合同的效力，以及应当按照何种价格进行结算。

项目综合训练

（1）甲、乙公司于3月1日签订大蒜买卖合同，约定由乙公司代办托运，货交承运人丙公司后即视为完成交付。大蒜总价款为100万元，货交丙公司后甲公司付50万元货款，货到甲公司后再付清余款50万元。双方还约定，甲公司向乙公司交付的50万元货款中包含定金20万元，如任何一方违约，需向守约方赔付违约金30万元。

甲公司工作人员张某发现乙公司尚有部分绿豆要出售，认为时值绿豆销售旺季，遂于3月1日擅自决定与乙公司再签订一份绿豆买卖合同，总价款为100万元，仍由乙公司代办托运，货交丙公司后即视为完成交付。其他条款与大蒜买卖合同的约定相同。

4月1日，乙公司按照约定将大蒜和绿豆交给丙公司，甲公司将50万元大蒜货款和50万元绿豆货款汇付给乙公司。按照托运合同，丙公司应在十天内将大蒜和绿豆运至甲公司。

4月5日，甲、丁公司签订以120万元价格转卖大蒜的合同。4月7日因大蒜价格大涨，甲公司又以150万元价格将大蒜卖给戊公司，并指示丙公司将大蒜运交戊公司。4月8日，丙公司运送大蒜过程中，因山洪暴发大蒜全部毁损。戊公司因未收到货物拒不付款，甲公司因未收到戊公司货款拒绝支付乙公司大蒜尾款50万元。

后绿豆行情暴涨，丙公司以自己名义按130万元价格将绿豆转卖给不知情的已公司，并迅即交付，但尚未收取货款。甲公司得知后，拒绝追认丙公司行为，要求已公司返还绿豆。

请分析：

①大蒜运至丙公司时，所有权归谁？为什么？

②甲公司与丁、戊公司签订的转卖大蒜的合同的效力如何？为什么？

③大蒜在运往戊公司途中毁损的风险由谁承担？为什么？

④甲公司能否以未收到戊公司的大蒜货款为由，拒绝向乙公司支付尾款？为什么？

⑤乙公司未收到甲公司的大蒜尾款，可否同时要求甲公司承担定金责任和违约金责任？为什么？

⑥甲公司与乙公司签订的绿豆买卖合同效力如何？为什么？

⑦丙公司将绿豆转卖给已公司的行为法律效力如何？为什么？

⑧甲公司是否有权要求已公司返还绿豆？为什么？

（2）陈某从甲银行贷款，将其自有房产抵押给甲银行，在抵押之前，该房屋已经租赁给乙培训机构使用。后陈某到期不能偿还甲银行贷款本息，经法院裁定拍卖抵押该房产用于偿还债务。

请分析：

①王某通过拍卖购得该房产后，乙培训机构租期尚未届满，王某能否以自己是新的所有人为由主张租赁合同提前终止，让乙培训机构搬离？

②如果在办理抵押的时候，甲银行和乙培训机构订立了合同约定"一旦甲银行实现抵押权，租赁合同自动到期，乙培训机构可以行使优先购买权，但不得享有买卖不破租赁之权益。"此约定是否有效？

（3）假设你是一位名叫李明的出借人，你的好友张华因急需资金周转，向你借款人民币10000元（壹万元整），约定三个月后归还，年利率为6%。

任务：为了保障双方的权益，请梳理借款合同应当考虑的基本条款，并撰写一份借条，以预防可能出现的法律风险。

（4）2020年8月20日，张三因资金周转需要，向李四借款50万元，双方签订了借款合同，并约定年利率为18%，借款期限为1年。为确保借款的偿还，李四要求张三提供保证人，张三遂找到王五作为保证人，并签订了保证合同，约定保证期间为自借款合同生效之日起至债务还清之日止。在借款期满后，张三因经营不善，无法按时偿还借款。此后，张三与李四、赵六达成协议，将债务转让给赵六，并通知了保证人王五。

请分析：

①王五对张三的债权承担何种保证责任？

②若发生纠纷，借款合同约定的利率是否能够得到支持？

③本案的保证期间如何界定？李四应当如何行使权利？

④债务转让后，王五如何承担保证责任？

本项目答案

项目二十三　准合同法律事务处理

◎ **知识目标**
- 掌握无因管理的法律规定和相关知识。
- 掌握不当得利的法律规定和相关知识。

◎ **技能目标**
- 能够分析判断是否构成无因管理，可以主张返还哪些费用。
- 能够解决不当得利的返还问题。

◎ **素质目标**
- 树立公平正义法治理念，依法保护民事权益。
- 养成乐于助人、不损人利己的行为习惯，积极参与和谐社会建设。

任务一　无因管理法律事务处理

◎ **案例导入：**

【案例 23-1】某日，甲发现乙的孩子丙咳嗽发烧，而乙却不知去向。甲担心孩子病情加重，便叫了一辆出租车将其送往医院治疗。乙返回家中后，甲即告知孩子病情并要求乙偿还出租车费 20 元和垫付的各种医药费 300 元。而乙认为丙病情不重，用不着小题大做，再说自己也没有委托甲照顾丙，因此拒绝支付上述费用。

请思考：乙的说法有无道理？

◎ **知识准备：**

一般而言，若没有法律规定或特别授权委托，对他人事务予以干预，是对他人自由管理事务的侵犯，应属侵权行为。但是，本案中，某甲的行为是为他人利益而主动管理他人事务的行为，是符合助人为乐、危难相助、见义勇为的道德准则的行为，是应该得到鼓励和保护的行为，而不是应受制裁的侵权行为。这就是无因管理行为，本任务就是针对无因管理的法律事务处理。

一、无因管理概述

无因管理，是指没有法定或约定义务，为避免他人利益受损而管理他人事务或为他人提供服务的行为。其中管理他人事务的人为管理人，他人为本人。无因管理发生后，管理人与本人之间便发生债权债务关系，这就是无因管理之债。其主要内容是，管理人享有请求本人偿还因管理事务而支出的必要费用的债权，本人负有偿还该笔费用的债务。

无因管理能引起债的发生，是一种民事法律事实。无因管理的效力由法律直接规定，不以当事人的效果意思为必要。所以无因管理从性质上看，是一种事实行为。管理人为管理行为时应有意思能力，但无须具备完全民事行为能力，可以是限制民事行为能力人或无民事行为能力人。

二、无因管理的构成要件

《民法典》第 121 条规定："没有法定的或者约定的义务，为避免他人利益受损失而进行管理的人，有权请求受益人偿还由此支出的必要费用。"第 979 条第 1 款规定："管理人没有法定的或者约定的义务，为避免他人利益受损失而管理他人事务的，可以请求受益人偿还因管理事务而支出的必要费用；管理人因管理事务受到损失的，可以请求受益人给予适当补偿。"依此规定，无因管理的成立应包括以下要件：

（一）管理他人事务

管理他人事务，就是为他人进行管理或者服务，这是成立无因管理的客观条件。对此要件可以从以下几个方面理解。

1. "事务"的范围

管理他人事务的范围相当广泛，原则上包括一切可以满足人们生活并适合于为债的客体的事项。如为他人修缮房屋、抢救落水儿童、为他人饲养牲畜、将昏迷的路人送往医院并办理入院手续等。但是下列行为不构成无因管理：违法事项，如替他人看管、隐匿赃物并支出保管费用；不能发生债之关系的纯粹道德、宗教行为或好意施惠行为；依法必须由本人亲自办理的事项如结婚、离婚；非经本人授权不得办理的事项，如公司股东出席股东会并行使表决权；单纯的不作为，如不侵犯他人权利的不作为义务无法实施无因管理。

2. 须为"他人"的事务

管理的事务必须是他人的事务，对自己的事务进行管理，或误把自己事务作为他人事务进行管理都不能成立无因管理。这里的"他人"必须特定，为特定的一人或数人，如甲见友人乙驾车撞伤路人丙，赶紧送丙赴医救治。于此情形，认定甲、乙间成立无因管理，甲、丙间亦可成立无因管理。另外，只要是为了他人利益，管理人即使对本人发生误认，不妨碍就真实的本人成立无因管理。例如，一老人晕倒于街道，甲以为是乙的父亲，赶紧打车将老人送医院并垫付 3000 元，事后得知老人系丙的父亲。甲对本人的认识错误并不影响无因管理的成立，甲、丙间成立无因管理。

3. "管理"他人事务

管理，指对事务进行处理，实现事务内容的行为。管理行为的成立，不要求管理人具有民事行为能力，无民事行为能力人、限制民事行为能力人只要具有管理能力，均可实施无因管理。管理人为管理而实施法律行为时，可以自己名义为之，亦可以本人名义为之。

（二）为他人利益的意思

为他人利益的意思，又称管理意思，是指管理人认识到他所管理的事务为他人事务，并欲使管理事务所生之利益归于本人，即通过自己的管理行为增加本人利益或避免本人发生损失的主观意思。

为他人利益的意思，是无因管理成立的主观要件，也是无因管理阻却违法性的根本原因。正是该要件，使无因管理与不当得利、侵权行为区分开来。一般而言，无因管理是为他人利益，但也不排除管理人主观上既为他人又为自己的目的，客观上自己也同时受益的情形。如果管理人纯粹为自己的利益管理他人事务，即使本人从其管理中受有利益，也不能构成无因管理。

由于管理的意思为事实上的意思，而非效果意思，故无需表示。管理人是否为了他人利益而为管理，只有由管理人举证证明。管理人应从自己的主观愿望、事务的性质、管理的必要性以及管理的后果诸方面来证明自己的管理是为他人利益。

（三）无法律上的原因

无法律上的原因，是指没有法律规定或当事人约定的义务。下列情况下不成立无因管理：

1. 管理人负有法定义务

法定义务是法律直接规定的义务。如民法上规定父母对未成年子女负有抚养义务、成年子女对父母有赡养的义务，负有法定义务的人的管理行为不构成无因管理；在公法上，如消防人员救火的行为，警察的救助行为，因属公法上义务的内容，故也不构成无因管理。

2. 管理人负有约定的义务

约定义务是基于合同约定产生的义务。例如雇佣合同、委托合同等都可以产生管理他人事务的义务。须指出的是，管理人虽负有法定或约定义务，但其超过义务范围处理事务并且该事务不属于诚实信用原则的当然要求时，就其超过的部分，仍属于无义务，可成立无因管理。管理人是否有法定或约定义务，应以开始管理事务时的状态确定。如果起初有义务，而后义务消灭的，自该义务消灭起可构成无因管理；反之起初无义务而为管理，嗣后发生义务的，义务发生前的管理为无因管理。还应指出，管理人是否存在义务，应以客观标准来确定，而不以管理人的主观认识为标准。如果负有义务而管理人误认为没有义务，其管理行为不构成无因管理；如果本无义务而管理人误认为有义务，其管理行为可构成无因管理。

◎ **交互练习：**

以下行为中，构成无因管理的是（　　　）。

A. 甲错把路旁昏迷的乙当成同事的母亲，送往医院就医

B. 甲的邻居乙家中失火，甲恐殃及自己，买一个灭火器救火

C. 十四岁的甲租车将在体育课上昏倒的同学送往医院救治

D. 甲不知其父的自行车系借自丙，其父病故后，将该车拿去修理

E. 养子甲对亲生父母供给日常生活费用，料理衣食住行

F. 佛家教徒甲自愿花费五百元为某佛庙添加香火

G. 甲在自家门前扫雪，顺便把邻居乙的小轿上的积雪清扫干净

H. 甲见马路上一个下水道的井盖被盗，恐致路人跌伤，遂购买一个井盖铺上

I. 甲与乙结婚后生一子丙，甲抚养丙五年后才得知丙是乙和丁所生

J. 甲拾得乙丢失的牛，寻找失主未果暂养家中。因地震致屋塌牛死，甲出卖牛皮牛肉获利若干

三、无因管理的法律效力

无因管理的效力，表现在无因管理一经成立，管理人与本人之间即产生债的关系。管理人有要求本人偿付因管理而支付的必要费用和补偿因管理而遭受的相应损失的权利。但是，与不当得利不同之处在于无因管理之债中管理人不仅是债权人，也是债务人。

（一）管理人的义务

1. 适当管理义务

这是管理人的主义务，管理人自管理承担时起，就应依本人明示或可推知的意思，以利于本人的方法管理。

这一义务表现在两个方面：第一，管理人不应违背本人的管理意思；本人就事务管理的意思曾作出明确表示的，不论该明示是否向管理人作出，也不论以何种方式作出，只要管理人知悉，就应依本人意思进行管理。如果管理人违反本人明示或可推知的意思而管理本人事务，对本人造成损害的，应承担损害赔偿责任。但若本人明示的意思违反法律或违背公序良俗的，管理人出于维护公共利益目的，违反本人意思所为管理，仍为适当管理。第二，管理人应以有利于本人的方法进行管理。所谓有利于本人的方法，应就具体情况确定，而不以管理人或本人的主观意思为标准。

管理人应当适当管理本人的事务，应尽到善良管理人的注意义务。管理人是否尽到善良管理人应尽的注意义务，应结合管理人的管理能力或水平，管理事务的性质以及社会通常管理常识综合判断。如果管理人未尽到善良管理人的注意义务，造成了本人的损害，管理人应承担债务不履行的损害赔偿责任。但是，管理人为免除本人生命、身体或财产上之急迫危险而为事务之管理，对于因其管理所生的损害，除有故意或者重大过失外，不承担赔偿责任。

只要管理人为了本人利益，以利于本人的方法，不违反本人明示或者可得推知的意思，尽到善良管理人的注意义务，无论管理目的是否实现，效果是否显著，均不影响无因管理之债的成立。

2. 通知义务

管理人在管理开始时，应将开始管理的事实通知本人。管理人的通知义务以能够通知为限。如果管理人无法通知，如不知本人为何人或找不到本人，则不负通知义务。通知本人后，如果本人指示管理人继续管理的，则无因管理转化为委托合同。如果本人指示停止管理，管理人应停止管理；管理的事务不需要紧急处理的，应当等待

受益人的指示。

3. 报告与交付义务

管理关系终止时，管理人应向本人报告事务管理始末，并将管理事务所得转归于本人，以自己名义为本人取得之权利，应移转于本人。

（二）管理人的权利

管理人的权利也就是本人应承担的义务。管理人的权利主要是可以请求本人偿付管理人因管理事务支出的必要费用。管理人的这一权利，又称为求偿请求权。根据《民法典》第 979 条规定，这一费用应包括：

其一，管理人为管理本人事务所支出的必要费用及利息。

其二，管理人为本人负担的必要债务。

其三，管理人因管理事务而遭受的损失。

管理人享有上述三种请求权不以本人因管理人的管理行为所受利益范围为限。

◎ **案例分析：**

案例 23-1 中，甲的行为符合无因管理的构成要件，甲送乙的孩子就医所花费的租车费和为其垫付的医药费乙应当偿付。

◎ **思政点滴：**

无因管理促进了社会互助：鼓励人们在没有法定或约定义务的情况下，为他人提供帮助，从而促进社会和谐；无因管理维护了公共利益：通过明确无因管理的构成要件，可以更好地保护那些在他人需要帮助时伸出援手的人，同时也保护了那些被帮助的人的合法权益。所以，无因管理在遵守社会道德和维护公共利益方面具有重要的意义。

◎ **延伸阅读：**

代为履行义务也可构成无因管理。

◎ **相关法律：**

《民法典》第 979～984 条。

◎ **实务操作：**

甲外出，台风将至。邻居乙担心甲年久失修的房子被风刮倒，祸及自家，向丙借款 5000 元，买木料雇人加固了甲的房子，但甲的房子仍然不敌强劲台风，倒塌之际压倒了乙的鸡窝，里面的数只鸡被压死。请同学们思考以下问题：

（1）乙的行为初衷是为自己，并且最终倒塌没有达到管理效果，是否构成无因管理？

（2）乙向丙借的 5000 元应由谁承担？甲是否需要支付乙修固房屋的费用？乙可以要求甲支付一定的劳务费用吗？

（3）对房屋倒塌给乙造成的损失，甲有何义务？

任务二 不当得利法律事务处理

◎ **案例导入：**

　　【案例 23-2】张某去银行取款，银行工作人员由于疏忽多给张某 100 元，张某回家之后才发现。后银行工作人员找到张某家中要求返还，张某声称自己没错，拒不返还。

　　请思考：张某的说法有无道理？

◎ **知识准备：**

　　本案涉及不当得利制度，它使无法律上原因受益而致他人损害者，负返还该利益的义务，以纠正有悖于利益权利人意志的财产让渡，恢复当事人之间在特定情形下所发生的非正常的利益变动。本任务聚焦不当得利法律事务处理，要从不当得利含义入手。

一、不当得利概述

（一）不当得利的概念

　　所谓不当得利，是指无合法的根据获得利益，致使他人受损失的事实。正因为取得利益没有合法根据，因此即便既成事实也不能受到法律保护，取得不当利益之人应将利益返还给受损失的人，这种权利义务关系即为不当得利之债。就债的发生而言，不论当事人的主观意志如何，只要有不当得利的事实存在，债即发生，所以不当得利本质上属于事件。其中取得利益一方，称为受益人或得利人，是不当得利之债的债务人；受到损失的一方，称为受害人或受损人，是不当得利之债的债权人。

二、不当得利的构成要件

　　我国《民法典》第 122 条规定："因他人没有法律根据，取得不当利益，受损失的人有权请求其返还不当利益。"第 985 条第 1 款规定："得利人没有法律根据取得不当利益的，受损失的人可以请求得利人返还取得的利益。"根据此规定，不当得利应具备以下四个要件：

（一）一方获得利益

　　一方受有利益，是指因一定事实获取了财产或利益。判断受益人是否受有财产利益，一般以其现有的财产或利益与如果没有与他人之间发生利益变动所应有的财产或利益的总额比较决定。凡是现在财产状况或利益较以前增加或者应减少而未减少，为受有利益；既有得又有失的，损益抵销后剩有利益的也为受有利益。取得财产利益主要表现为财产的积极增加和财产的消极增加。

（二）一方遭受损失

　　仅仅有一方受有财产上的利益，而未给他人带来任何损失，不成立不当得利。如甲投资兴建广场，邻近乙的房屋价值剧增，乙获有利益但未给甲带来损失，乙对甲而言不成立不当得利。这里所谓的损失，是指因一定的事实使财产利益的总额减少，包括积极损失和消极损失。现有财产利益的减少或财产应增加而未增加都是损失。

（三）一方取得利益与对方所受损失间有因果关系

一方获得利益与对方受到损失之间有因果关系，是指一方的损失是因另一方获利造成的。例如，案例23-2中张某得到的100元就是银行的损失。但受损人的损失与受益人的受益范围不必相同，并且损失和利益的表现形式是否一致、损失和利益是否同时发生也在所不问。

（四）获得利益没有合法根据

没有合法根据是指缺乏受有利益的法律上的原因，获利而没有合法根据是不当得利构成的实质性条件。在社会交易中，任何利益的取得都须有合法根据，或直接依据法律，或依据民事法律行为。如果一方获得利益和他方受到损失有法律上的根据，当事人之间的关系就受到法律的认可和保护，不构成不当得利。

三、不当得利的基本类型

依据不当得利是否基于给付行为而产生，可将其划分为给付不当得利与非给付不当得利：

（一）给付不当得利

给付不当得利，是指基于给付而发生的不当得利。以欠缺的目的为标准，给付不当得利可分为自始欠缺给付目的、给付目的嗣后消灭、给付目的不达的不当得利。

1. 自始欠缺给付目的

指给付之时即不具有给付的原因，典型的有非债清偿及作为给付的原因不成立、无效或被撤销。非债清偿是指没有任何法律上的债务而以清偿目的为一定给付的行为。如甲对于其已清偿的欠乙的债务疏于注意又进行清偿，乙所受的第二次清偿，便构成非债清偿的不当得利。

给付不当得利在于使给付者能向受领者请求返还给付的利益，以救济交易失败。但在下列情形中，受损人不得行使不当得利请求权：第一，因履行道德上的义务而为给付。基于亲属关系、情谊行为而为给付后，不得以不当得利请求返还，如养子女赡养其生父母并无法律上的义务，生父母的受领不构成不当得利；第二，债务人提前清偿债务。债务尚未到期，债权人没有请求清偿的权利，债务人也没有清偿的义务，但若债务人主动提前清偿，债权人取得利益，债务人不得主张不当得利请求权；第三，明知无给付义务而进行的债务清偿。一方明知自己无给付义务而向他人交付财产，对方接受该财产的可视为赠与，不成立不当得利。第四，债务人清偿时效届满的债务。因为债务超过诉讼时效，虽然存在，但是债权人已经无法通过强制执行程序实现其债权，在性质上属于自然债务。债务人清偿后以不当得利为由请求返还的，得不到人民法院支持。

2. 给付目的嗣后不存在

是指给付时虽有法律上的原因，但其后该给付的原因消灭，因一方的给付而发生不当得利。例如：附解除条件或终期的法律行为，条件成就或期限届满，当事人一方因该民事法律行为受有的另一方的给付此时即构成不当得利。

3. 给付目的不达

为实现将来某种目的而为给付，但因种种障碍，给付目的不能按照给付意图实现的，受领给付的一方欠缺保有给付利益的正当性，因而构成不当得利。

（二）非给付不当得利

非给付不当得利，是指基于给付以外的事由而发生的不当得利，包括人的行为、自然事件以及法律规定。

1. 基于人的行为

基于人的行为发生不当得利又可分为受益人的行为、受损人的行为和第三人的行为。如案例 23-2 就是基于受损人自己的行为造成的，再如擅自在他人墙壁上张贴广告牌就是基于受益人的行为产生的不当得利。

2. 基于法律规定

基于法律规定的不当得利，是指在一定事实或行为发生时，法律不问当事人的意思，直接规定因而产生使一方得利的后果。如在因附合、混合、加工而获取被添附物所有权时，允许被添附物原所有人向受益者依据不当得利请求权主张返还与被添附物价值相当的利益。

3. 基于事件

即由于自然事件产生一方受损，一方受益的现象。如甲池塘的鱼被暴雨冲入乙的池塘，就是基于事件发生的不当得利。

◎ 交互练习：

下列行为中构成不当得利的是（　　　　）。

A. 甲将其子乙交丙收养，后甲年迈，乙向甲每月给付赡养费 200 元

B. 甲对乙负有债务，已过诉讼时效，甲不知而为清偿

C. 甲明知对乙没有债务而为清偿

D. 债务人清偿还未到期的债务

E. 给付因赌博而欠的钱

F. 某银行业务员因失误多支付给客户 1 万元

四、不当得利的法律效力

不当得利作为债的发生根据之一，在受益人与受损人之间发生不当得利返还的债权债务关系。不当得利的法律效力，是以受益人返还其所受利益为目的。决定返还范围取决于两个因素，一是所获利益是否存在；二是受益人的主观心理状态，即善意或恶意。

（一）善意受益人的返还义务

善意受益人是指于受益时不知其受益无法律上的原因的受益人。受益人得利之后

若为善意，其返还利益的范围以现存利益为限，对因意外原因减损的利益则不负返还义务。现存利益并不以原物的固有形态为限，原物的形态改变但价值仍在或可以他物代偿的，仍应作为现存利益返还。在确定现存利益时，应当扣除善意得利人在得利过程中所受到的损失和支出。

（二）恶意受益人的返还义务

恶意受益人是指明知无法律上的原因而取得利益的受益人。恶意受益人负担较善意受益人更为严格的返还义务，应当返还其当初所受的一切利益、由该利益所生的利益以及当初所受利益的利息，即使该利益现已不存在，也应负责偿还。同时，对因其拒不返还给受损人造成的其他损失还要负赔偿责任，如对方的诉讼费用、为追讨利益而支出的必要的差旅费用、交通费用、误工费用等。

受益方在取得利益时为善意、嗣后为恶意的，自知晓自身受益无法律上的原因之日起，成为恶意受益人，其返还范围应以恶意开始时存在的利益为准。例如，甲的手机（价值3000元）丢失，被乙拾得，后乙不慎遗失该手机。甲查知此事，请求乙返还不当得利。本案例中乙系恶意的不当得利人，所受利益虽不存在，仍负返还义务。甲有权请求乙返还不当得利的价额（3000元）。

（三）第三人的返还义务

如果受益人将其取得的利益，无偿转让给第三人，受损失的人可以请求第三人在相应范围内承担返还义务。当第三人无偿取得该利益时，因其获利为无偿，如果得利人不返还利益、第三人也不返还所得利益，将导致受损人损失，所以第三人应以其无偿取得的利益为限负返还义务。

◎ 延伸阅读：

不当得利知多少。

◎ 相关法律：

《民法典》第985~988条。

◎ 实务操作：

服装厂与百货公司签订了买卖合同，由服装厂向百货公司提供八万套服装，一百套一包，装运时，由于服装厂装卸工人的失误共装了八百零八包，双方人员当时均未察觉。运输过程中，由于雾气太重，车辆打滑翻车，与一辆运油车相撞起火，车上服装全部被烧毁。双方就八百零八包货物的损失由谁承担发生纠纷。

请分析：百货公司与服装厂之间，就多装的八包服装是否形成不当得利之债？而八百零八包货物的损失后果应由谁承担？

项目综合训练

（1）张某在一风景区旅游，爬到山顶后，见一女子孤身站在山顶悬崖边上，目光异样，即心生疑惑。该女子见有人来，便向悬崖跳去，张某情急之中拉住女子衣服，将女子救上来。张某救人过程中，随身携带的价值 2000 元的照相机被碰坏，手臂被擦伤。张某将女子送到山下医院，为其支付各种费用 500 元，并为包扎自己的伤口用去 20 元。问：

①张某与轻生女子之间存在何种民事法律关系？

②张某的照相机被损坏以及治疗自己伤口的费用女子应否偿付？为什么？

③张某为女子支付的医疗费等费用能否请求女子偿付？为什么？

（2）甲正在市场卖鱼，忽闻其父病危，急忙离去。临摊菜贩乙见状，遂自作主张，代为叫卖，以比甲原每斤 10 元高出 5 元的价格，卖出鲜鱼 200 斤，并将多卖的 1000 元收入自己囊中，后乙因急赴喜宴，将余下的 100 斤鱼以每斤 3 元卖出。问：

①乙帮助甲卖鱼的行为如何认定？乙可以要求甲支付一定的报酬吗？

②乙有权收取多卖的 1000 元吗？为什么？

③乙低价销售 100 斤鱼，需要赔偿吗？为什么？

本项目答案

模块四　人格权法律事务处理

项目二十四　初识人格权

◎ **知识目标**
- 掌握人格权的种类。
- 掌握人格权和身份权的异同。

◎ **技能目标**
- 能够判断人格权的类型；
- 能够分析一般人格权和具体人格权的关系。

◎ **素质目标**
- 通过完成分析知识点的任务，养成归纳总结的能力。
- 养成以事实为依据、以法律为准绳分析案件的能力。

任务一　认识人格权

◎ **案例导入：**

【案例 24-1】赵某、官某系夫妻关系。十年前，官某在某医院顺产一名男婴，新生儿由院方在婴儿室看护 3 日后，官某与医院交予的男婴一同出院，男婴由赵某官某夫妻二人抚养至今。十年后，赵某、官某通过 DNA 亲子鉴定方知儿子并非其亲生子。后经多方寻找，与官某同在医院生产的李某之子孙某系官某的亲生子。经调查，造成这后果的直接原因是医院疏于管理，导致抱错婴儿。为此，赵某、官某向法院提起诉讼。

请思考：赵某、官某何种权利被侵犯?

◎ **知识准备：**

人身权包括人格权和身份权。解决上述案例问题，需要在认识人格权的基础上，明确人格权和身份权的异同。

一、认识人格权

人格是法律上"人"的"资格"，是人之所以成为人的主体性要素的总和。人格要素包括生命、身体、健康等物质性要素和姓名、肖像、荣誉、名誉、隐私等精神性要素。法人也被赋予了法律人格，其人格要素包括名称、荣誉和名誉在内的多种精神性要素。

　　人格权是指民事主体固有的、由法律确认的、以人格利益为客体，为维护民事主体法律上的独立人格所必备的基本权利。其基本特征为：

　　（一）人格权是民事主体固有的民事权利

　　对于财产权利，民事主体要取得，必须通过特定的法律行为或法律事实才能取得。而人格权是与生俱来的固有权，自然人和法人的人格权从法律赋予其人格时起，直至死亡或消灭止。

　　（二）人格权与权利主体的人身紧密联系、不可分离

　　人格权是以自然人或法人、其他组织体为依附的，人格权不能离开民事主体而存在，民事主体也不能离开人格权而存在。《民法典》第992条规定：人格权不得放弃、转让或者继承。在某些特殊情形下，民事主体可以转让其具体人格利益中的某一部分内容，但其权利本身不能转让。如自然人的肖像权，权利人可以将肖像的使用权部分地转让给他人，但肖像权不能全部转让他人。只有法人的名称权可以全部转让，这是人格权专属性的一个例外。

　　（三）人格权没有直接的财产内容

　　人格权不能用金钱来计算和衡量的，但并不能因此说人格权没有丝毫的财产内容，有些人格利益，可以间接地给权利人带来财产利益，如法人可以通过转让其名称而获得转让费。另外，虽然人格权没有直接的财产内容，但是当人格利益受到损害时，权利人有权要求侵权人给予经济赔偿。

◎ **思政点滴：**

　　人格权独立成编是《民法典》顺应时代需要的重大创新，体现了法律对广大人民基本权利的保护与尊重，强化了对人格尊严的保护，回应了广大人民群众对人格尊严保护的迫切需要，有利于应对互联网时代对人格权保护提出的新挑战，也满足了司法实践对强化人格权保护的各种现实的需求。

◎ **交互练习：**

　　根据民法典规定人格权可以（　　　）。

　　A. 放弃　　　B. 转让　　　C. 继承　　　D. 许可他人使用

二、区分人格权与身份权

　　（一）身份权

　　人身权按照权利是否直接、普遍地由民事主体享有为标准，划分为人格权和身份权两种。

　　身份权是指基于民事主体的特定身份而产生的人身权。身份权具有如下特征：（1）主体的单一性。民事主体只有取得了某种民事身份，才能享有相应的身份权。（2）主体的非普遍性。身份权并非任何民事主体都可以享有的权利，而必须具备一定身份之后才能享有，如只有结婚才能享有配偶权。（3）权利义务的一体性。身份

权，尽管以权利相称，事实上还有义务的内容。如享有配偶权的夫妻双方彼此享有权利，也彼此负有义务。（4）内容往往与财产相关联，如抚养费、扶养费、遗产等内容。

身份权主要包括两大类：一是婚姻家庭中的身份权，如亲权、亲属权、监护权等；二是知识产权中的身份权，如作者的身份权、设计者的身份权、发明者的身份权等。

◎ **案例分析：**

案例 24-1 是医院侵犯婚姻家庭中的身份权赔偿案，在该案件中具体侵犯的是亲权，亲权就是父母对未成年子女在人身和财产方面享有和承担的以管教和保护为内容的权利义务的总和。

（二）人格权和身份权的异同

1. 人格权和身份权的相同点

（1）人格权与身份权都具有专属性。它们都与民事主体的人身密不可分，具有专属性和排他性，只能由民事主体自己享有和行使，不得继承、转让、剥夺、放弃。

（2）人格权与身份权都是绝对权、支配权。人身权均为绝对权，其体现的人身利益均由民事主体直接支配。这种支配是排他的，任何人不得干扰。

（3）人格权与身份权均具有非财产性。两种权利与财产权不同，不具有直接的财产内容，但与财产有间接联系。

2. 人格权和身份权的区别

（1）权利主体不同。人格权是先天固有的，只要自然人出生、法人依法成立，他们无需作任何意思表示或行为，就当然地取得了这类权利。而身份权不同，权利和民事主体的特定身份紧密相连，有身份才有权利。

（2）权利客体不同。人格权的客体是人格利益，身份权的客体是身份利益。身份利益具有双重属性，如父母子女之间的身份利益既体现为父母对未成年子女的教育、管理，又体现为相互尊重、爱护的亲情和责任。

（3）权利的作用和地位不同。人格权以维护民事主体的基本人格为其基本功能，是民事主体的必备权利。身份权的法律作用是维护以身份关系为基础的社会关系，这种社会关系仅是民事主体生活的一部分，而非全部，所以即便民事主体不享有身份权，依然可以以独立的人格进入社会，从事所有的民事活动。身份权与人格权法律作用不同，人格权是人身权中的主导性权利，而身份权以人格权为存在前提，在人身权体系中处于次要地位。

《民法典》第 1001 条规定，对自然人因婚姻家庭关系等产生的身份权利的保护，适用民法总则编、婚姻家庭编和其他法律的相关规定；没有规定的，可以根据其性质参照适用人格权保护的有关规定。这就确立了身份权利保护参照适用人格权保护的规则。

◎ **延伸阅读：**

人格权的请求权是否受诉讼时效的限制？

◎ **相关法律：**

《民法典》第991、992、993、1001条。

◎ **实务操作：**

女子严某与男子邹某原来是夫妻关系，两人婚后生育一女。2020年，两人协议离婚，约定女儿由严某抚养，夫妻共有的房产归严某所有。离婚后，双方矛盾逐步升级。邹某经常以探望女儿等为由，到严某和女儿的住处威胁、骚扰严某，甚至对严某进行殴打，造成严某全身多处软组织损伤。严某无奈之下向当地法院提出人身安全保护令的申请。

请分析：人身安全保护令的申请主体限于家庭成员，面对这样特殊的"家暴"，严某人格权应当如何保护呢？

任务二 明确人格权种类

◎ **案例导入：**

【案例24-2】王小姐在一家大型超市工作，该超市有一项奇怪的规定，就是要求所有员工在下班前把自己的包打开给保安检查。王小姐认为，自己的包是个人隐私，女孩子的包每天给男保安检查是很屈辱的事，但由于给超市打工，大家都敢怒不敢言。超市也有自己的说法，就是之所以这么做的原因是超市内盗严重，而且员工在进超市工作前都签订了自愿被检查包的协议。

请思考：如何看待超市的做法？

◎ **知识准备：**

超市的做法侵犯了员工的人格权，具体是什么人格权，我们需要明确人格权的类型。

《民法典》第990条规定：人格权是民事主体享有的生命权、身体权、健康权、姓名权、名称权、肖像权、名誉权、荣誉权、隐私权等权利。除前款规定的人格权外，自然人享有基于人身自由、人格尊严产生的其他人格权益。由此，人格权分为一般人格权和具体人格权。

一、认识一般人格权

（一）一般人格权的概念和特征

一般人格权是以民事主体全部人格利益为客体的，以人的存在价值及尊严为保护对象的总括性权利。一般人格权是基本的人格权，具有抽象性的特点，对于具体的人格权有指导意义和补充功能，是具体人格权存在的基础。

一般人格权有以下特征：

1. 权利主体是自然人

一般人格权作为自然人人格利益的法律表现，其保护对象为自然人。

2. 权利客体具有高度概括性

一般人格权的客体是一般人格利益，任何具体人格权所保障的具体人格利益都可以概括在其中。

3. 权利内容具有广泛性

它不仅包含全部具体人格权的内容，还包含具体人格权所不包括的内容，当人格权利受到侵害又不能援引具体人格权获得法律保护时，就可以根据一般人格权获得法律救济。

（二）一般人格权的内容

一般人格权的主要内容包括以下四个方面：

1. 人格平等

人格平等首先体现为民事主体资格上的平等，也就是民事权利能力一律平等。实践中出现的侵犯受教育权、平等就业权、歧视女性、歧视少数民族等行为都是对人格平等的违反；其次，人格平等还体现为人格权享有和保护上的平等。一般人格权体现人的基本精神利益，每个民事主体都享有，而且被侵犯后可以得以平等地保护。

2. 人格独立

人格独立，是指任何民事主体都享有平等的主体资格，不受他人支配、干涉和控制。每个民事主体都有权根据自己的独立判断和选择，自主地参与市民生活，根据自己的意愿设立、变更和终止民事法律关系，同时要独立地为自己的行为承担责任。实践中如干涉他人遗嘱自由、婚姻自主等行为就是对人格独立的侵犯。

3. 人格自由

人格自由，指任何主体均享有的保持和发展自我人格的自由，不受约束和控制。人格是作为人的资格，只有保持自己的人格才能成为独立的民事主体。同时民事主体在其生存期间可以采取各种方式发展并完善自己的人格，使自己成为更完善的、为社会做更多贡献的人。实践中，禁止他人接受教育、禁止他人接受治疗等多种行为干预了权利主体发展人格的自由，是对人格自由方面的侵权行为。

4. 人格尊严

人格尊严，是指自然人基于自己所处的社会环境、家庭关系、声望地位等各种客观条件而对自己或他人的人格价值和社会价值的认识和尊重。它有两方面的含义：首先，人格尊严是自然人对自身价值的认识，这也是人格尊严的主观方面；其次，人格尊严又是社会公众对特定主体做人的资格最起码的尊重，这是人格尊严的客观方面。也就是说，人格尊严既包括自然人对自身价值的认识，也包括社会公众对其做人资格的评价。在公众场合公然辱骂他人、丑化他人形象、践踏他人人格等多种行为都是对人格尊严的侵犯。

◎ **案例分析：**

案例 24-2 中，超市的做法侵犯了员工的人格权，不论是员工的包也好，还是储物柜也好，都是公民的隐私空间，而查包事实上是超市把员工都当成小偷怀疑，已经侵犯到员工的人格尊严，对其名誉也是一种侵害。法律明文禁止非执法机关对公民进行搜身、搜包等检查，至于员工与超市签订的查包协议，表面上看是自愿，实质上是一种不平等的合同，是违背员工真实意愿的，也是违法与无效的。

◎ **思政点滴：**

一般人格权的保护是衡量一国法律先进与否的标志，体现了对人的价值的尊重和对人最高利益的保护。它不仅是法律对个人权利的保护，也是对社会正义和公平的维护，有助于构建一个更加公正和谐的社会环境。

（三）一般人格权的功能

一般人格权是抽象的、不确定的。一般人格权具有一般条款的功能，它可以对具体人格权进行创造、解释和补充。

1. 创造具体人格权

一般人格权是具体人格权的源泉，为形成新的具体人格权提供基础和条件。随着社会的发展，从一般人格权中还会演变出新的具体人格利益，这些人格利益先以一般人格权得到保护，在成熟之后再提升为具体人格权。

2. 解释具体人格权

从性质上来看，一般人格权具有高度概括性和抽象性，它明确了人格权立法的目的和宗旨，所以一般人格权成为对各项具体人格权具有指导意义的基本权利。每一种具体人格权所保护的人格利益都是不同的，具有特定性，应根据一般人格权的基本原理进行解释和指导，不得违背一般人格权所规定的价值内涵，保证各具体人格权制度的正确使用。

3. 补充具体人格权

一般人格权是一种总括性的权利，具有高度的包容性，它既可以概括现有的具体人格权，又可以包含尚未被具体人格权确认保护的其他人格利益。当某些人格利益遭到侵害，而现行法律并未规定此种具体人格权时，可以用一般人格权对未列入具体人格权的其他人格利益进行保护。

二、认识具体人格权

具体人格权根据权利客体不同分为物质性人格权和精神性人格权。

（一）物质性人格权

物质性人格权，是指自然人对其自身所拥有的物质性人格要素享有的人格权，这种权利直接依附于人体，以物质性的人体作为其存在之载体。物质性人格权包括身体权、健康权、生命权三种人格权利。

（二）精神性人格权

精神性人格权，是指自然人对其自身所拥有的精神性人格要素享有的人格权，这种权利对物质性的人体本身无直接依附性。精神性人格权包括姓名权、名称权、肖像权、名誉权、荣誉权、隐私权及其他人格权。

◎ **交互练习：**

下列有关人格权正确的表述是（　　　）。

A. 人格权的客体是人身利益

B. 民事主体平等享有人格权

C. 人格权有一般人格权和具体人格权之分，生命权属于具体人格权

D. 人格权属于绝对权

◎ **延伸阅读：**

养女在过世养父母墓碑上的刻名权益受法律保护。

◎ **相关法律：**

《民法典》第 990、993、994 条。

◎ **实务操作：**

楼甲与楼乙系兄弟关系，两人的父母长期随楼乙定居国外。后父母相继因病在国外去世，但楼甲未获知父母去世的消息。楼甲认为，楼乙未及时告知父母患病、去世的有关事实，导致楼甲未能见到父母最后一面，使其精神健康受到损害，因此诉至法院请求判令楼乙书面赔礼道歉，并支付精神损害抚慰金 50000 元。

请撰写一份法律分析报告：从一般人格权角度分析楼甲的诉讼请求。

项目综合训练

甲男与乙女婚后多年未生育，后甲男发现乙女因不愿生育曾数次擅自中止妊娠，为此甲男多次殴打乙女。乙女在被打住院后诉至法院要求离婚并请求损害赔偿，甲男以生育权被侵害为由提起反诉，请求乙女赔偿其精神损害。法院经调解无效，拟判决双方离婚。

请分析：

（1）甲男殴打乙女的行为侵犯了乙女的什么人身利益？

（2）乙女擅自终止妊娠的行为是否侵犯了甲男的生育权？

（3）乙女的行为是否侵害了甲男的人格尊严？

本项目答案

项目二十五　保护具体人格权

◎ **知识目标**
- 掌握各种具体人格权包含的内容。
- 掌握侵害各种具体人格权的表现。

◎ **技能目标**
- 能够分析、比较多种具体人格权利之间的异同。
- 能够判断各具体人格权利是否受到侵权。
- 能够确定侵害各具体人格权的责任方式。

◎ **素质目标**
- 通过完成任务，养成严谨细致的工作态度。
- 认识个人信息保护的重要性，提高保护意识。
- 养成以事实为依据、以法律为准绳的职业道德。

任务一　生命权、身体权和健康权

◎ **案例导入：**

【案例 25-1】原、被告为同事关系。三原告系一般职员，被告系公司高管。被告对三原告以下流语言挑逗骚扰，还经常以工作之名邀请三原告轮流到其办公室，故意触摸、碰撞对方性敏感部位，给三原告的生活造成很大困扰。三原告认为被告的行为侵犯了其人身权，请求法院判令被告停止侵犯原告人身权利的行为，公开向原告赔礼道歉，赔偿原告精神损害抚慰金。

请思考：原告的何种权利被侵犯?

◎ **知识准备：**

案例中原告的权利属于物质性人格权中的一种。物质性人格权包括生命权、身体权、健康权。

一、生命权

人的生命是人的最高人格利益，生命是人具有民事权利能力的基础。《民法典》第 1002 条规定：自然人享有生命权。自然人的生命安全和生命尊严受法律保护。任何组织或者个人不得侵害他人的生命权。

354

（一）生命权的概念和特征

生命权，是以自然人的生命安全利益为内容的权利。生命权是自然人最基本的人格权。生命权有如下特征：

1. 生命权以自然人的生命存在和生命安全为客体

生命权是让生命能够正常维持、保障生命不受非法剥夺的人格利益。生命权受侵害，是以不可逆转、不可恢复的生命丧失为标准的。

2. 生命权以维护自然人生命活动的延续为其基本内容

人体生命活动的延续依赖于人的健康状况，人的健康又以人的生命活动的存在为前提。生命权维护的是人的生命活动的延续，防止人为地终止。

3. 生命权只有在生命存在和生命安全受到威胁，或者处于危险状态时才能行使

生命权遭受不法妨害或者有不法妨害危险时，生命权人可主张排除妨害或消除危险；受害人死亡的，只能由法定的权利主体主张损害赔偿等救济，使死者的近亲属得到财产上的补偿和精神上的抚慰。

（二）生命权的内容

生命权的内容包括生命安全维护权和生命利益支配权。

1. 生命安全维护权

生命安全维护权包含：（1）法律保护自然人的生命安全利益，禁止他人非法剥夺生命，以使人的生命得以按照自然规律延续。（2）防止生命危害发生，有危及生命安全的危险或行为发生时，生命权人有权采取紧急避险、正当防卫等措施，保护自己的生命不受侵害；也可以请求负有法定救助义务的人履行救助义务。（3）生命权人有权改变生命危险环境，当环境对生命构成危险，生命权人可主张人格权请求权，请求特定的人排除妨害、消除危险。

2. 生命利益支配权

从人道主义和尊重个人的选择出发，应当承认有限制的生命利益支配权，即这种支配权仅限制在特殊情形下的献身和安乐死两种情况。

献身指献出生命。如为保护国家、集体及他人的生命、财产安全不惜牺牲自己的生命，或者参加危险性大的竞技项目前与举办者签订协议，作出"因竞赛死亡不追究他人责任"的承诺，实际上就是生命利益支配权的行使。

安乐死问题，一直争论不休。如果承认有生命利益支配权，对身患绝症、濒临死亡、身心遭受极度痛苦不堪忍受的人来讲，请求安乐死的行为就属于支配自己生命利益的正当行为。荷兰于2001年4月10日通过了世界上第一部安乐死法案，比利时、瑞士等是世界上为数不多的允许安乐死的国家。

二、身体权

（一）身体权的概念和特征

身体权，是指自然人维护其身体完整并支配其肢体、器官和其他组织的具体人格权。《民法典》第1003条规定：自然人享有身体权。自然人的身体完整和行动自由受法律保护。任何组织或者个人不得侵害他人的身体权。

身体权的法律特征包括：

1. 身体权以自然人的身体及其利益为客体

它体现在身体的完整性利益和行动自由利益两个方面。身体是指一个自然人生理组织的整体。自然人的身体包括两部分：（1）主体部分，包括肢体、器官和其他组织；（2）附属部分，如毛发、指甲等附属于人体的其他组织。移植的器官和其他组织可以构成身体的组成部分，人工制作的不可自由装卸的器官或组织替代物也视为身体的组成部分。

2. 自然人对自己身体的组成部分有支配权

随着现代科学技术的发展，人体组织和器官的移植成功，人们对自己身体的组织或器官可以支配，并且不影响本人的生存。

3. 身体权是自然人享有的一种独立的人格权

身体权与健康权尽管关系密切，但健康权不具有可支配性，并且有些侵犯身体权的行为如非法剪人毛发，并不伤及健康，有些损害健康的行为如致人患病并不破坏身体的完整性。所以身体权有其独立存在的必要性。

（二）身体权的内容

1. 身体完整维护权

任何人有权维护自己的身体完整，任何人不得侵犯这种完整性。

2. 身体组织及器官的支配权

在不违反法律和伦理的情况下，自然人有权支配自己的器官或组织，如捐献血液、骨髓、角膜、肾脏等，《民法典》第 1006 条第 1 款规定，完全民事行为能力人有权依法自主决定无偿捐献其人体细胞、人体组织、人体器官。任何组织或者个人不得强迫、欺骗、利诱其捐献，同时法律明确禁止以任何形式买卖人体细胞、人体组织、人体器官、遗体。

3. 身体行动自由权

自然人享有身体活动自由的权利，任何人不得强制搜查自然人的身体，不得非法拘禁。

（三）对尸体的法律保护

自然人死亡前，对其身体享有身体权；死亡后，身体成为尸体，尸体所体现的人格利益也应当予以保护。对尸体的保护方法包括两方面：

1. 自然人有权合法利用和处置尸体

自然人生前可以遗嘱方式对自己身后尸体的安置、利用进行安排，是自然人行使身体权的一种体现，他人及死者近亲属应当予以尊重。如果捐献者生前未订立捐献器官的遗嘱，且生前未表示不同意捐献的，该自然人死亡之后，法律允许其配偶、成年子女、父母可以共同决定捐献器官。由此可见，自然人死亡后，生前没有个人意愿的，自然人的尸体由其近亲属进行安置和利用。需要注意的是无论按死者意愿还是按近亲属的意志安置和处置尸体，都不得违反法律、公共秩序和善良风俗。

2. 禁止非法损害、利用尸体和其他侵害尸体的行为

侵害尸体的行为包括：（1）非法损害尸体。如为报复、泄愤而损害尸体。（2）

非法利用尸体，如未经死者近亲属同意或无死者遗嘱，又无合法的强制理由，而擅自将尸体、器官或组织进行解剖、移植或其他利用。（3）其他侵害尸体的行为，如盗墓毁尸、盗窃骨灰、非法陈列尸体、殡仪馆将他人尸体错误火化、他人将尸体冒名火化等。

（四）侵害身体权的行为

实践中下列行为可认定为侵害身体权：

（1）未致伤亡的殴打。

（2）对他人身体组织的侵害，主要是指强制他人出让身体组织如强制输血、植皮、出让器官等，不当的外科手术，损害尸体等。

（3）性骚扰行为。性骚扰是指违背他人意愿，以身体动作、言语、文字或图像等方式实施的以性为取向的有辱尊严的性暗示、性挑逗及性暴力等行为。性骚扰危害很大，不能为身体权完全覆盖，也可能侵害健康、名誉、隐私，是对他人人格尊严、人格自由的践踏。《民法典》第1010条第1款明确规定，违背他人意愿，以言语、文字、图像、肢体行为等方式对他人实施性骚扰的，受害人有权依法请求行为人承担民事责任。同时，职场、高校是性骚扰的高发区域，针对职场性骚扰，本条第2款规定，机关、企业、学校等单位应当采取合理的预防、受理投诉、调查处置等措施，防止和制止利用职权、从属关系等实施性骚扰。因此，机关、企业、学校等单位的义务主要是对性骚扰的预防和制止义务。受到性骚扰的受害人有权通过要求停止侵害并结合实际情况要求赔偿物质损失和精神损失、消除影响、恢复名誉等方式获得救济。

（4）侵犯人身自由。主要是指非法拘禁等方式剥夺、限制他人的行动自由，或者非法搜查、侵扰自然人身体等。

◎ **案例分析：**

案例25-1中，被告违背他人意愿，对他人实施性骚扰，侵犯了原告的身体权和人格尊严，造成了原告精神损害，原告可以依法请求行为人承担民事责任。

◎ **思政点滴：**

性骚扰问题的严重性不容忽视。将性骚扰纳入身体权的保护范围，有助于确保受害者能够得到公正的对待和合理的赔偿，同时也向社会传递了一个明确的信号：性骚扰行为将受到法律的严惩。这一法律规定不仅是对个人权利的全面保护，也是对社会风气的正向引导，体现了法治社会的进步和对人权保护的重视。

三、健康权

（一）健康权的概念和特征

健康权，是指自然人享有的以维护其生理机能正常运作和功能完善发挥的利益为内容的权利。自然人的身心健康受法律保护。任何组织或者个人不得侵害他人的健康权。健康权具有以下特征：

1. 健康权以人体生理机能的正常运作和功能正常发挥为具体内容

这是健康权区别于身体权的重要特征。健康和身体都是自然人的物质人格利益，但身体指的是人的肌体构造完整性，健康指的是人体生理机能的正常运作和功能的完善发挥，尽管健康有赖于肌体的完整，并且肌体的完整性受到破坏自然会损及健康，但两者仍是不同的权利客体。实践中，损坏他人肌体导致健康受损，应认定为侵犯健康权，而没有导致健康受损，则以侵犯身体权认定。

2. 健康权以维持人体的正常生命活动为根本利益

这是健康权与生命权的重要区别。健康与生命密切联系，并且共存于身体这一物质形态之中，但健康具有可康复性，生命具有不可逆转性，健康权以正常生命活动为根本利益，而生命权以维护生命活动的延续为根本利益。无论主观上以侵害健康还是侵犯生命为目标，只要实际上生命尚存，就认定为侵犯健康权，反之，生命丧失，就认定为侵犯生命权。

（二）健康权的内容

1. 健康维护权

（1）任何人都有保持自己身心健康的权利。法律保障人们为健康权利的实现而付出的努力，如人们有权通过体育运动提高健康水平，有权接受医疗服务，有权获得有益于健康的良好环境、饮食等。（2）当人们的健康受到侵害甚至威胁时，有权获得法律保护。

2. 劳动能力保持权

劳动能力是人们创造物质财富和精神财富的能力，包括脑力劳动和体力劳动。劳动能力是人们获取物质财富，满足衣食住行等的前提。自然人享有劳动能力保持权，有权保有和发展自己的劳动能力，有权利用劳动能力满足自己及社会的需要，当这种能力受到侵害时，受害人可以请求司法保护。

侵害生命权、健康权的民事违法行为十分广泛。通常人们较多关注的是以暴力形式所实施的侵权行为，实践中，非暴力实施的侵权行为日益严重和突出，如交通事故、医疗事故、环境污染、有害食品致人伤亡、忽视劳动安全、高度危险作业、产品责任等致人损害。此种违法行为除包括作为外，还包括不作为，如公共场所或道路施工未设安全标志和采取安全措施致人损害；对未成年人或精神病人疏于监护，或带领其进行危险活动导致损害等。

◎ **交互练习：**

彭某因车祸双腿截肢，安装了科技含量高、只能由专业人员拆卸的假肢，一日与李某发生口角，李某一怒之下将彭某的假肢打碎。关于本案说法正确的是（　　）。

A. 彭某的生命健康权遭受了侵害

B. 彭某的身体权遭受了侵害

C. 彭某的所有权遭受了侵害

D. 彭某可就假肢毁损向李某主张精神损害赔偿

◎ **延伸阅读：**

身体权与生命权、健康权的区别。

◎ **相关法律：**

《民法典》第 1002~1005 条、第 1008~1011 条。

◎ **实务操作：**

王先生因病住院，医生手术时误将其阑尾摘除。王先生向法院起诉，要求医院赔偿治疗费用和精神损害抚慰金。法院审理期间，王先生因术后感染医治无效死亡。

请分析：

（1）医院侵犯了王先生的哪些人格权？理由？

（2）王先生的近亲属可要求哪些赔偿？

任务二　姓名权、名称权

◎ **案例导入：**

【案例 25-2】 中国人民解放军警卫第一师仪仗大队（又称三军仪仗队）成立于 1952 年，主要担负迎送外国元首、政府首脑的仪仗司礼任务，是国家的窗口、三军的形象。某工艺品公司为销售工艺产品"将军佩剑"和"红色八一步枪"，多次在产品宣传画册和光盘中使用"三军仪仗队"的字样和形象，包括涉及"三军仪仗队"50 周年阅兵、军官敬礼、操练、检阅等画面。

请思考： 工艺品公司的行为是否构成侵权？侵犯了三军仪仗队的什么权利？

◎ **知识准备：**

本任务是对姓名权、名称权进行保护，案例中的"三军仪仗队"是姓名权还是名称权呢？

一、姓名权

（一）**姓名权的概念和特征**

姓名权，是指自然人依法享有的决定、使用、变更或许可他人使用自己的姓名，并排除他人干涉和侵害的权利。姓名权具有以下特征：

1. 姓名权所保障的是权利主体的姓名以及与姓名相关的精神利益

姓名是使自然人特定化的文字符号标志，广义的姓名，不仅指自然人在户籍和居民身份证上显示的姓名，还包括曾用名、笔名、艺名以及我国传统文化中所特有的"字""号"等。

2. 自然人的姓名权具有专属性

姓名权专属于特定的自然人享有，但并不意味着自然人对与其姓名相同的文字符号具有专有使用权。姓名是借助于有限的文字符号来表示的，因重名导致的姓名冲突在所难免，但基于不正当目的故意使用与他人相同的姓名，则构成对他人姓名权的侵犯。

3. 自然人的姓名权具有经济价值

姓名权包含了精神利益和财产利益，姓名尤其是名人的姓名和一定的声誉、名望等联系在一起，具有商业价值。随着人格权商业化的利用日益普遍，包括姓名权在内的人格权当中包含的经济价值逐渐得到认可。权利人可以对其进行积极利用，既可以自己利用，也可以许可他人使用自己的姓名，但不得违背公序良俗。

（二）姓名权的内容

《民法典》第1012条规定，自然人享有姓名权，有权依法决定、使用、变更或者许可他人使用自己的姓名，但是不得违背公序良俗。可见姓名权包括以下内容：

1. 姓名决定权

姓名决定权，是指自然人有权决定自己的姓名，其他人无权干涉。自然人对自己姓名的决定权，不仅包括有权决定名字，而且有权在法律规定范围内决定自己的姓氏。自然人出生时，由于本人无法亲自行使姓名决定权，该权利一般由监护人代为行使，自然人在具备命名能力后，可以通过行使变更权来决定自己的姓名。《民法典》第1015条规定，自然人应当随父姓或者母姓，但是有下列情形之一的，可以在父姓和母姓之外选取姓氏：（1）选取其他直系长辈血亲的姓氏；（2）因由法定扶养人以外的人扶养而选取扶养人姓氏；（3）有不违背公序良俗的其他正当理由。少数民族自然人的姓氏可以遵从本民族的文化传统和风俗习惯。

2. 姓名使用权

姓名使用权是指自然人依法使用自己姓名的权利。它包括积极行使和消极行使两方面，前者如在进行民事行为时以自己的名义进行、在自己的作品上署上自己的姓名或笔名、在特定的场合下表明自己的身份以区别于其他社会成员，后者如在作品上不署名、在为特定行为后拒绝透露自己的姓名。姓名使用权的限制在于，在特定情形下，自然人不许使用非正式姓名，如在户口登记本、居民身份证、护照上必须使用正式姓名，在进行重要法律行为时，也有义务使用正式姓名。

3. 姓名变更权

姓名变更权，指自然人依照有关规定改变自己的正式姓名而不受他人干涉的权利。自然人变更姓名须按一定程序办理。我国《户口登记条例》第18条规定："未满18周岁的公民要由本人的父母、收养人向户口登记机关申请变更登记。18周岁以上的公民要由本人向户口登记机关申请变更登记。"

4. 姓名许可使用权

姓名权作为人格权的一种，不得转让。但随着社会的发展，姓名商业利用问题日益突出，一些自然人姓名中的财产利益凸显。姓名具有巨大的广告效应和商业价值，姓名权人可以在一定程度上对自己的姓名进行商业利用，允许他人使用自己的姓名，并取得一定的经济收益。

（三）侵害姓名权的行为

侵害姓名权的行为主要表现为：

1. 干涉他人行使姓名权

包括干涉他人决定、使用、变更自己的姓名，如户籍部门无正当理由拒绝自然人登记或更改姓名的要求；父母离婚后，或再婚家庭中强行要求更改子女姓名。

2. 盗用他人姓名

盗用是未经他人同意而使用其姓名，如自称是某名演员的弟子以吸引观众。

3. 假冒他人姓名

假冒是冒名顶替，如称自己就是某人，完全以他人的身份从事活动。

◎ **交互练习：**

自然人的下列（　　　）称呼不受民法典的保护。

A. 姓名　　　B. 有一定知名度的笔名　　　C. 有一定知名度的网名　　　D. 绰号

二、名称权

（一）名称权的概念

名称权，是指自然人以外的法人或其他组织享有的决定、使用、变更、转让或许可他人使用自己的名称并排除他人非法干涉的权利。名称权是人格权，是具有法律人格的标志，不享有名称权，民事主体资格不能成立。同时，名称权的客体具有明显的财产利益因素，表现为企业名称具有很高的商业价值，驰名的企业名称会与企业信誉相得益彰，为企业带来较好的商业利润。不仅如此，名称权具有与其他人格权不同的显著特征，这就是企业的名称具有可转让性。

（二）名称权的内容

《民法典》第 1013 条规定：法人、非法人组织享有名称权，有权依法决定、使用、变更、转让或者许可他人使用自己的名称。由此决定名称权的内容包括：

1. 名称决定权

法人及非法人组织有权为自己设定名称，他人无权干涉。名称权的设定应当符合相关法律规定。如企业只准使用一个名称，名称应由字号或商号、行业或经营特点、组织形式依次组成，不得使用欺骗或使人误解的文字，并且法人与非法人的名称应当与其性质相符等。

2. 名称使用权

名称权主体对其名称享有独占使用的权利，排除他人非法干涉和非法使用，在登记主管辖区内，其他组织不得再以相同的名称进行登记。

3. 名称变更权

名称权主体在使用其名称的过程中可以依法变更自己的名称，变更程序与设定名称相同。

4. 名称转让权

名称权主体可以将名称转让给他人，这是名称权最具特色的内容。依我国法律规定，企业法人、个体工商户、个人合伙有权依法转让自己的名称。

5. 许可他人使用名称权

名称权人可以与他人达成协议，允许他人在一定期限、一定范围内使用其名称，权利人不丧失名称权。许可他人使用一般通过合同加以确认，被许可人超出合同约定范围的使用将承担侵权或违约责任。

侵害名称权的行为主要表现为：（1）干涉名称权的行为，如干涉名称权的转让。（2）非法使用他人名称的行为。这种行为是指未经名称权人许可，冒用或盗用他人登记的名称。（3）名称的混同。这种行为是指在名称登记的范围内，同行业的营业组织使用与他人登记的名称相同或相似以致于为人误认的名称。

◎ 案例分析：

案例 25-2 中，该工艺品公司使用"三军仪仗队"名称的根本目的在于对自己的产品进行推销，而且是以营利为目的的使用，其行为构成对三军仪仗队名称权的侵犯；除此之外，其在未征得同意的情况下，将三军仪仗队在各种场合的形象用于商业目的，广为宣传，必然导致降低和损害三军仪仗队的对外形象，侵犯了该部队所拥有的整体肖像利益。

◎ 延伸阅读：

最高人民法院指导案例 89 号："北雁云依"诉济南市公安局历下区分局燕山派出所公安行政登记案。

◎ 相关法律：

《民法典》第 1012~1017 条。

◎ 实务操作：

姚鹏与李云原系夫妻，两年前经人民法院判决离婚，所生男孩（4 岁）姚达由李云抚养。今年 9 月，李云将孩子"姚达"改名为"马达"。姚鹏知道后，以李云侵犯孩子姓名权和自己探视权为由诉至人民法院，要求李云恢复孩子原姓氏，审理中，李云以孩子改名字是经姚鹏同意为由，要求法院驳回姚鹏的诉讼请求。对此姚鹏否认，李云无确凿证据予以证实。

请分析：李云将孩子姚达改名为"马达"是否侵犯了姚达的姓名权？为什么？

任务三 肖 像 权

◎ 案例导入：

【**案例 25-3**】摄影爱好者李某为好友丁某拍摄了一组生活照，并经丁某同意上传于某社交媒体群中。蔡某在社交媒体群中看到后，擅自将该组照片上传于某营利性摄影网站，获得报酬若干。

请思考：蔡某的行为是否涉嫌侵权？上述民事主体的何种权利受到侵犯？

【**案例 25-4**】甲为摄影家乙充当模特，双方未对照片的发表和使用作出约定。后乙将甲的裸体照片以人体艺术照的形式出版发行，致使甲受到亲朋好友的指责。

请思考： 乙发表照片是否侵犯了甲的肖像权呢？

◎ **知识准备：**

案例中都涉及主体的肖像权，肖像权的内容有哪些？如何判断是否侵犯了肖像权呢？

一、肖像权的概念与特征

肖像是指通过影像、雕塑、绘画等方式在一定载体上所反映的特定自然人可以被识别的外部形象。不仅再现自然人面部形象的视觉表达属于肖像，即使不包含自然人的面部，只要具有可识别性的自然人外部形象的视觉再现，也属肖像。如自然人的特有姿势、招牌动作等都是自然人的外部形象，具有可识别性，也是肖像。

肖像权，是指自然人对自己的肖像享有再现、使用并排斥他人侵害的权利。《民法典》第 1018 条规定：“自然人享有肖像权，有权依法制作、使用、公开或者许可他人使用自己的肖像。”肖像权的法律特征是：

1. 肖像权的主体只能是自然人

只有自然人才具有反映其生理特征的外貌属性，法人及非法人团体都不具有这种生理属性，因而不具有肖像权。

2. 肖像权所体现的基本利益是精神利益

如自然人对自己的形象享有维护其完整的权利，有权禁止他人非法毁损、恶意玷污以维护自己的尊严，法律保护自然人的肖像权，就是为了保护这种精神利益。

3. 肖像权还体现一定的物质利益

肖像权与其他人格权相比，与财产有着较密切的关系。比如以肖像作广告宣传或作为商标注册，会给企业带来经济效益，所以法律赋予肖像权人许可他人使用其肖像并获取报酬的权利。

4. 肖像权的客体即肖像具有可重复利用性和再生性

肖像具有众多的表现形式，而且可以不断地重复利用，这是肖像权与其他人格权的一个重要不同之处。

二、肖像权的内容

1. 肖像制作权

肖像的制作，是指通过造型艺术手段将人的外部形象表现出来，并固定在某种物质载体上。肖像制作权是指自然人决定是否制作、以何种手段制作自己肖像的权利。

2. 肖像使用权

自然人有权使用自己的肖像以获得精神满足和取得财产利益。自然人可以自己使用，也可以通过授权或同意等方式许可他人使用。许可他人使用可以是有偿的，也可以是无偿的。而任何组织或个人未经权利人许可，擅自使用其肖像，无论是否以营利为目的，都构成侵犯肖像权。

3. 肖像公开权

肖像权人对于已经制作的肖像，有权决定是否公之于众。其可以自己对外公开或者许可他人公开，禁止他人擅自公开。

4. 维护肖像完整权

自然人有权维护自己肖像的完整性并有权禁止他人的毁坏、修改及玷污。肖像权受到侵害时，肖像权人有权维护自己的肖像利益。

三、侵害肖像权的行为

侵害肖像权的行为须具备如下三个要件：

其一，有制作、公开、使用、丑化、污损他人肖像或者利用信息技术手段伪造等方式侵害他人的肖像权的行为。根据《民法典》第 1019 条的规定，以丑化、污损，或者利用信息技术手段伪造等方式侵害他人的肖像权；或擅自制作、使用、公开肖像权人的肖像；肖像作品权利人擅自以发表、复制、发行、出租、展览等方式使用或者公开肖像权人的肖像都属于侵权行为。

其二，未经肖像权人同意。只有肖像权人可以自由利用自己的肖像。任何其他人不得擅自实施受肖像权控制的行为，否则即成立侵害肖像权。

其三，无阻却违法事由。《民法典》第 1020 条规定了以下行为为肖像权的合理利用，具有阻却违法性：（1）为个人学习、艺术欣赏、课堂教学或者科学研究，在必要范围内使用肖像权人已经公开的肖像；（2）为实施新闻报道，不可避免地制作、使用、公开肖像权人的肖像；（3）为依法履行职责，国家机关在必要范围内制作、使用、公开肖像权人的肖像；（4）为展示特定公共环境，不可避免地制作、使用、公开肖像权人的肖像；（5）为维护公共利益或者肖像权人合法权益，制作、使用、公开肖像权人的肖像的其他行为。

在肖像权保护中有两个问题需要注意：其一，绘画、雕塑以及照相、电影等作品中除了包含肖像权人的肖像权，还涉及肖像作品作者的著作权，所以擅自使用他人的肖像往往还涉及对知识产权的侵犯。其二，在肖像作品作者和肖像权人对肖像作品利用有分歧时，基于人身利益高于财产利益的原则，肖像权人的肖像权应优先得以保护。

◎ **案例分析：**

案例 25-3 中，蔡某的行为既侵害了丁某的肖像权，也侵害了李某的著作权。

案例 25-4 中，乙是照片的著作权人，出版发行该照片本来是合法行使著作权的行为，但未经肖像权人甲的同意，不得使用肖像作品，这里的规定就是对肖像权人的权利保护。所以，乙的行为构成了对甲的肖像权的侵犯。

◎ **交互练习：**

甲为乙拍摄照片后，将照片发到朋友圈。丙看到后觉得很有趣，将该照片做成搞笑表情包出售，丙侵犯了（　　　）。

　　A. 甲的发表权　　B. 甲的隐私权　　C. 乙的肖像权　　D. 乙的荣誉权

《民法典》第 1023 条第 2 款规定，对自然人声音的保护，参照适用肖像权保护的有关规定。声音权益是自然人自主支配自己的声音利益，决定对自己的声音进行使用和许可他人使用的具体人格利益。自然人的声音权益主要内容包括：（1）声音权益人对自己的声音可以自主使用，利用声音表达自己的意志，也可以对自己的声音进行商业化利用，创造财产利益；（2）声音权益人可以将自己的声音许可他人使用，并从中获得利益或者不获得利益。未经权益人本人允许，任何人都不得滥行录制或使用他人的声音。

◎ **思政点滴：**

肖像权保护的法律规定，教育人们尊重他人的肖像权，不未经他人同意擅自使用他人的肖像，尤其是在网络时代，信息传播速度快、范围广，一旦肖像被不当使用，可能会对个人造成长期的负面影响。保护他人肖像权也是维护社会和谐与公正的基本要求。

◎ **延伸阅读：**

全国首例影视剧台词声音权益保护纠纷案。

◎ **相关法律：**

《民法典》第 1021~1023 条。

◎ **实务操作：**

王某某为不满 1 周岁的婴幼儿，黄某系某新媒体平台用户。黄某连续三日发布了三个短视频，视频内容为北京环球影城机器人威震天与现场观众合影的搞笑画面，其中前两个视频中出现了王某某监护人使用婴儿背带怀抱王某某与威震天合影的画面，视频清晰可见王某某的面部形象；第三个视频内容与第一个视频画面相同，但王某某以及其监护人的脸部被打上大便形状的贴纸。期间，王某某监护人多次联系黄某要求删除，黄某在表示已经删除了前两个未打码视频后，继而发布了第三个打码视频。王某某监护人认为，黄某构成对王某某肖像权的侵害，遂诉至法院要求黄某在该平台向王某某赔礼道歉，赔偿精神损害赔偿金 10000 元及维权费用 5000 元。

请制作法律意见书：分析黄某侵害了王某某的什么权利？为什么？

任务四　名誉权和荣誉权

◎ **案例导入：**

【案例 25-5】 甄先生与赵老先生系同村村民。某晚，派出所民警来到甄先生家，告知赵老先生家丢了 500 元钱，赵老先生指认是他偷的，他对此予以否认。后来民警又将他带到派出所讯问。之后，真正的小偷被抓获。甄先生认为，由于赵老先生的虚假指控，四处宣扬他是小偷，引起村里人的议论，致使其不愿与他人接触，精神压力很大。他认为赵老先生的行为侵犯了其名誉权。遂起诉要求赵老先生书面向原告赔礼道歉，恢复名誉并赔偿精神损失费 500 元。

请思考： 赵老先生的行为是否侵犯了甄先生的名誉权？

◎ **知识准备：**

一、名誉权

（一）名誉权的概念和特征

《民法典》第 1024 条规定："民事主体享有名誉权。任何组织或者个人不得以侮辱、诽谤等方式侵害他人的名誉权。名誉是对民事主体的品德、声望、才能、信用等的社会评价。"名誉权，是指民事主体就自己获得的社会评价享有利益并排除他人干涉的权利。名誉权具有以下特征：

1. 名誉权的主体包括所有民事主体

大多数人格权为自然人所专有，名誉权是少数所有民事主体都享有的人格权之一。

2. 名誉权的客体是名誉及其利益

名誉作为一种社会评价，是社会或他人对特定自然人、法人及非法人组织的品德、才干、信誉、商誉、资历、声望和形象等方面的客观评价，这种评价直接关系到民事主体的人格尊严和社会地位，属于重要的人格利益。每个主体都享有自己的名誉利益，有权维护自己的社会评价免于不正当的降低和贬损。

3. 名誉权不具有财产性，但与财产有一定的联系

名誉权不具有直接的财产价值，也不能产生直接的经济利益，但却与财产利益有着密切联系。作为自然人，良好的名誉对其就业、晋级、提薪都有正面影响；作为企业法人或非法人团体，名誉在一定意义上就代表了企业的利润和效益，与企业财产的关系尤为密切。

（二）名誉权的内容

1. 名誉保有权

每个自然人从出生之日起，每个法人或非法人团体自成立之日起，享有名誉权，有权保有自己的名誉不降低、不丧失。在知悉自己的名誉处于不佳状态时，有权凭借自己的实际行动来改进这种状态，他人不得干预。

2. 名誉利益支配权

民事主体可以利用自己良好的名誉，与他人进行广泛的政治、经济来往，使自己获得更好的社会效益和财产效益。另外，对于有损自己名誉的事实，自己允许他人散布，也是对自己名誉利益的一种支配，但是，这种支配不得违反法律的强制性规定和公序良俗。

3. 名誉维护权

权利人有权禁止他人以侮辱、诽谤方式损害其名誉，对于他人侵害自己名誉权的行为可以寻求司法保护。

（三）侵犯名誉权的行为

1. 侵害名誉权的行为须具备的要件

（1）行为人实施了侮辱、诽谤等行为。所谓侮辱，是指以语言、文字或行为使受害人名誉受损、蒙受耻辱的行为，如在历史小说中以影射手法对他人进行侮辱、丑化，以张贴大字报、小字报的方式用言辞侮辱他人。所谓诽谤，是指以口头或文字方式散布虚假事实，损害他人名誉的行为，如以写匿名信、传播小道消息等方式散布他人所谓桃色新闻。

（2）侵害名誉的行为须指向特定的人。这种指向可以是指名道姓的明确指向，也可以是以暗示等方法使人识别到具体的受害人。

（3）行为人的行为须为第三人所知悉。如侮辱行为，如果仅使受害人人格受辱，而不为人所知，不影响他人对受害人的评价，不应认定是侵犯名誉权的行为。

（4）行为人有过错。过错包括故意和过失，但并非有过失的行为都构成侵权。如通过正当程序检举，但举报失实，如无诬告目的则不构成侵权。

2. 新闻报道、社会舆论、文学艺术作品侵权案件的认定

这类案件是名誉侵权案件中占较大比例的一类案件，并且社会影响较大，对受害人侵害比较严重。《民法典》第1025～1027条就该类案件规定了认定标准。

《民法典》第1025条规定，行为人为公共利益实施新闻报道、舆论监督等行为，影响他人名誉的，不承担民事责任，但是有捏造、歪曲事实或对他人提供的严重失实内容未尽到合理核实义务，或使用侮辱性言辞等贬损他人名誉情形的要承担侵权责任。可见，实施新闻报道和正常的舆论监督，只要主要内容真实，无诽谤、侮辱内容，且行为人能举证证明尽到合理审查义务即可。

关于合理审查义务，民法典规定应当结合以下因素综合考量：内容来源的可信度；对明显可能引发争议的内容是否进行了必要的调查；内容的时限性；内容与公序良俗的关联性；受害人名誉受贬损的可能性；核实能力和核实成本。

对于文学艺术作品侵权案件的认定，《民法典》第1027条考虑到文学艺术作品的多样性，区分两种情况作了规定：一是行为人发表的文学、艺术作品以真人真事或者以特定人为描述对象，含有侮辱、诽谤内容，承担侵害名誉权的民事责任；二是行为人发表的文学、艺术作品不以特定人为描述对象，仅其中的情节与该特定人的情况相似的，不构成名誉权侵害。

◎ **案例分析：**

案例 25-5 中，由于赵老先生的错误指认，使甄先生受到村民的议论，让大家都怀疑其是小偷，使大家对甄先生的社会评价降低，赵老先生的行为构成侵犯甄先生的名誉权。

◎ **交互练习：**

甲是著名的歌星，一直被狗仔队跟踪。某日，某狗仔队所在报社在头版爆出新闻：甲有私生子。甲于是向法院起诉，要求报社恢复名誉、消除影响、赔礼道歉并赔偿精神损害。法院审理查明，报社报道纯属子虚乌有，甲根本就没有私生子。以下说法正确的是：(　　　)。

A. 报社侵犯了甲的名誉权　　　B. 报社侵犯了甲的隐私权

C. 报社侵犯了甲的姓名权　　　D. 报社侵犯了甲的自由权

二、荣誉权

（一）荣誉权的概念和特征

荣誉权，是指民事主体对自己的荣誉受有利益并排除他人非法侵害的权利。荣誉权的法律特征是：

1. 荣誉权所保障的客体是荣誉及其利益

同名誉一样，荣誉也是一种社会评价，但这种评价是特定民事主体在社会生产、社会活动中有突出表现，政府、单位、团体或其他组织所给予的积极、正式的评价，如劳动模范、优秀团员、先进集体、质量信得过单位等。荣誉利益是因荣誉而获得的精神与物质利益，如受人敬仰以及自我精神上的满足感、因荣誉而获得物质待遇等。

2. 荣誉权具有继受取得性、楷模性、物质性和稳定性的特点

如前所述，荣誉是人们后天经努力取得；荣誉在人们心目中具有楷模作用；荣誉往往伴有直接或间接的物质利益；荣誉非有正当理由和正当程序，不得被剥夺。这些都是其他人格权所不具有的特点。

3. 荣誉权可因荣誉被取消而消灭

（二）荣誉权的内容

1. 荣誉获得权

民事主体有权获得荣誉及因荣誉所生的利益，包括授予荣誉时颁发的物质奖励及其后带来的物质利益。

2. 荣誉保持权

民事主体对于已被授予的荣誉保持归自己所有，非经一定程序不被取消的权利。

3. 荣誉利用权

（三）侵害荣誉权的行为

侵犯荣誉权的行为主要表现为：不法否定或贬损他人荣誉，如非经正当程序对他人获取的荣誉进行质疑、贬低；非法剥夺他人的荣誉称号，如无权剥夺他人荣誉称号

的机关、团体、领导人擅自剥夺或超越权限剥夺他人荣誉称号；非经正当理由和程序剥夺他人荣誉称号；占有或故意毁损他人的荣誉证书或代表荣誉的纪念品；拒发权利人应得的物质奖励。民事主体的荣誉权受到侵害，有权获得法律救济。

（四）荣誉权和名誉权的区别

首先，权利客体不同。名誉权的客体为名誉利益，名誉是社会大众对民事主体的生活作风、品德才干、声望地位等各方面的抽象评价。社会评价有好坏之分，有积极评价也有消极评价。荣誉权的客体为荣誉利益，荣誉是由某些具体机关组织或单位对于某一个特定的民事主体所授予的一种特殊名誉。荣誉一般是具体化的、某方面的、正式的、积极的评价。

其次，权利范围不同。名誉权是每一个民事主体普遍享有的人身权，只要作为一个民事主体就有名誉，就有名誉权。荣誉权却并非每个民事主体都享有，只有某些特定的人才能享有，所以它具有专属性。

最后，权利剥夺和限制不同。名誉权通常无法剥夺和限制。荣誉权则不同，在法定事由下对自然人、法人或非法人组织已经获得的荣誉称号可以依法予以限制、撤销或剥夺。

◎ **思政点滴**：

保护名誉权对于维护公民的人格尊严具有至关重要的作用。此外，名誉权的保护有助于减少因恶意诽谤、侮辱等行为引发的社会矛盾和冲突。当公民的名誉权得到充分保障时，人们会更加注重自己的言行举止，避免对他人进行不负责任的评价。这有利于营造和谐稳定的社会环境，促进社会的长远发展。

◎ **延伸阅读**：

最高人民法院指导案例 99 号：葛长生诉洪振快名誉权、荣誉权纠纷案。

◎ **相关法律**：

《民法典》第 1024~1031 条。

◎ **实务操作**：

（1）周某、王某于 2014 年 6 月结婚，2017 年 9 月，王某起诉周某解除婚姻关系，后经法院一审判决离婚。王某于 2017 年 6 月，向周某所在单位纪委递交了举报材料。周某认为，王某向其单位纪委提交举报材料是对其进行诋毁，导致单位纪委就材料内容找其谈话做笔录。周某以王某侵犯其名誉权为由起诉王某，要求赔礼道歉，消除影响，恢复名誉，并赔偿名誉侵权损失费和精神损失费。

请从接受周某的咨询角度撰写法律意见书。

（2）小刚与小丽是一对情侣，小丽为在校大学生，小刚任职于甲教育培训公司。2021 年 10 月，小丽付费在校内网红微信账号的朋友圈发布乙教育培训公司的不实负面信息。第二天，小刚在其微信工作群中付费要求他人转发乙公司的不实负面信息。

甲、乙两家公司存在竞争关系，两者均有考研培训项目。乙公司向法院提起名誉权诉讼，要求消除不良影响，请求判令小刚、小丽在各自微信朋友圈发布赔礼道歉声明，并赔偿经济损失及名誉损失共计五万元。

请分析：①二人的行为是否构成侵害乙公司的名誉权？

②发朋友圈应该注意什么？

任务五　隐私权和个人信息保护

◎ **案例导入：**

【案例 25-6】 某媒体未征得艾滋病孤儿小兰的同意，发表了一篇关于小兰的报道，将其真实姓名、照片和患病经历公之于众。报道发表后，隐去真实身份开始正常生活的小兰再次受到歧视和排斥。

请思考：该媒体的行为是正当的吗？

◎ **知识准备：**

案例中涉及自然人的个人隐私问题，首先了解隐私权的内容及侵害隐私权的行为。

一、隐私权

（一）隐私权的概念和特征

隐私是自然人的私人生活安宁和不愿为他人知晓的私密空间、私密活动、私密信息。隐私权，是指自然人享有的私人生活安宁与私人生活秘密依法受到保护，不受他人知悉或披露的权利。《民法典》第 1032 条明确规定："自然人享有隐私权。任何组织或者个人不得以刺探、侵扰、泄露、公开等方式侵害他人的隐私权。"隐私权具有以下特征：

1. 隐私权的主体只能是自然人

隐私意识源于自然人的羞耻心理，法人作为组织体，因其没有精神活动，因而不具有隐私权。企业法人的技术秘密或经营秘密作为商业秘密受知识产权法等法的保护。

2. 隐私权的客体包括私生活安宁、私密空间、私密活动、私密信息

3. 隐私权具有秘密性

作为隐私权客体的隐私，都具有一定的秘密性，权利主体对这些秘密享有相应的不公开权，法律保护权利主体这种秘密的存在，排除他人的干涉。

4. 隐私权具有可放弃性

权利主体有权处分其隐私，如披露个人秘密，允许他人介入自己的私生活，对自己的私人生活进行报道等。

5. 隐私权的保护范围受公共利益的限制

当隐私权与公共利益、他人合法权利发生冲突时，对隐私权应有所限制。

（二）隐私权的内容

隐私权的内容主要包括以下几个方面：

1. 个人生活安宁权

权利主体能够按照自己的意志支配个人的私生活，不受他人的干涉与破坏。如私人住宅不受非法监视、摄影等。

2. 个人信息和生活情报的控制、保密权

个人信息和生活情报的内容广泛，如身高、体重、病史、生活经历、婚姻、财产状况等情况，权利主体有权禁止他人非法调查、公布和使用其个人信息和生活情报。

3. 个人通讯秘密权

权利主体有权对个人信件、电话、传真的内容加以保密，禁止他人擅自查看、刺探和非法公开。

4. 个人对其隐私有利用权

权利主体有权利用自己的隐私从事有关活动，不受他人非法干涉。如将自己的特殊生活经历作为文学创作的素材，如有人为唤起社会对心疾患者的理解和重视，而将自己心理疾病的成因及治疗在电视上公开袒露；在传记中泄露隐私以提高传记的发行量。

（三）侵害隐私权的行为

民法典对于侵害隐私权的行为作出了列举性规定。《民法典》第 1033 条规定，下列行为可认定为侵害隐私权的行为：（1）以电话、短信、即时通讯工具、电子邮件、传单等方式侵扰他人的私人生活安宁；（2）进入、拍摄、窥视他人的住宅、宾馆房间等私密空间；（3）拍摄、窥视、窃听、公开他人的私密活动；（4）拍摄、窥视他人身体的私密部位；（5）处理他人的私密信息；（6）以其他方式侵害他人的隐私权。

◎ **案例分析：**

案例 25-6 中，该媒体的行为就是非法公开他人隐私，是典型的侵犯他人隐私权的行为。

自然人在行使隐私权时，常与他人的知情权发生冲突，所谓知情权，即公民有权知道他应该知道的东西。在两者发生冲突时，应贯彻如下原则：（1）社会政治及公共利益原则，如对政治人物财产状况方面的隐私应予以限制，以满足公众知悉和监督的权利。（2）权利协调原则，对知情权的满足以必须为条件，能尽量在较小范围内公开的，不在较大范围内公开，不是必须公开或知晓的信息尽量不公开。（3）人格尊严原则，即使需要公开某些隐私，也不得伤害当事人的人格尊严，如有的报刊揭露腐败分子的腐朽生活，也不应涉及私生活中具体细节。

◎ **交互练习：**

某报社在一篇新闻报道中，披露未成年人甲是乙的私生子，致使甲备受同学的嘲笑与奚落，甲因精神痛苦自残左手无名指，给甲的生活学习造成重大影响。按照我国现行的法律，报社的行为应如何认定（　　　）。

A. 如实报道，不构成侵权　　B. 侵害了甲的姓名权

C. 侵害了甲的身体权　　　　D. 侵害了甲的隐私权

二、个人信息保护

（一）个人信息的概念和特征

个人信息是以电子或者其他方式记录的与已识别或者可识别的自然人有关的各种信息，不包括匿名化处理的信息，包括自然人的姓名、出生日期、身份证件号码、生物识别信息、住址、电话号码、电子邮箱、健康信息、行踪信息等。个人信息的特征是：第一，个人信息的利益主体是自然人。法人和非法人组织没有个人信息。对于公司企业享有的商业秘密等重要信息由反不正当竞争法等法律加以保护。第二，个人信息的利益客体为个人的信息资料。该信息资料具有可识别性，它和特定人相关，可以通过该个人资料信息锁定识别某人。第三、个人信息的利益内容是自然人对个人信息资料的自我决定。个人信息作为个人的资料信息，其固定、保存、传播、利用等权利都应由自然人自己享有，他人不得非法干涉和侵害。

根据《民法典》第1034条规定，自然人的个人信息受法律保护。个人信息中的私密信息，适用有关隐私权的规定；没有规定的，适用有关个人信息保护的规定。

（二）个人信息利益的内容

个人信息利益包括以下几个方面的内容：

1. 知情权、决定权

信息主体有权了解他人收集、处理自己个人信息的规则、目的、方式及范围，有权允许、限制或者拒绝他人对其个人信息进行处理。但是根据法律规定和合同约定，信息使用人为了正常的管理或维护信息主体利益而使用个人信息的，应该允许，如学校使用学生的身份证号码、家庭住址、电话等进行学籍登记，就不构成侵权。

2. 个人信息的查阅复制权

个人有权向个人信息处理者查阅、复制其个人信息，个人信息处理者应当及时提供。但以下两种情形除外：（1）根据法律、行政法规规定应当保密或者不需要告知的；（2）告知将妨碍国家机关履行法定职责的。

3. 更正补充权

信息主体发现他人处理的信息有错误的，有权提出异议并请求及时采取更正等必要措施；个人发现其个人信息不完整的，有权请求个人信息处理者补充完整。

4. 删除权

有下列情形之一的，个人信息处理者应当删除个人信息：（1）处理目的已实现、无法实现或者为实现处理目的不再必要；（2）个人信息处理者停止提供产品或者服务，或者保存期限已届满；（3）个人撤回同意；（4）个人信息处理者违反法律、行政法规或者违反约定处理个人信息；（5）法律、行政法规规定的其他情形。

5. 解释说明和处理权

在信息处理中，个人对处理规则中的疑问有权要求个人信息处理者进行解释说明。有权要求个人信息处理者建立便捷的申请受理和处理机制，拒绝个人行使权利的，应当说明理由。

6. 受保密权

信息处理者应当采取技术措施和其他必要措施，确保其收集、存储的个人信息安全，防止信息泄露、篡改、丢失；发生或者可能发生个人信息泄露、篡改、丢失的，应当及时采取补救措施，按照规定告知信息主体并向有关主管部门报告。

（三）侵犯他人个人信息利益的界定

《民法典》和《个人信息保护法》规定，个人信息的处理包括个人信息的收集、存储、使用、加工、传输、提供、公开、删除等。处理个人信息的，应当遵循合法、正当、必要原则，不得过度处理，并符合下列条件：（1）征得该自然人或者其监护人同意，但是法律、行政法规另有规定的除外；（2）公开处理信息的规则；（3）明示处理信息的目的、方式和范围；（4）不违反法律、行政法规的规定和双方的约定。任何组织、个人不得非法收集、使用、加工、传输他人个人信息，不得非法买卖、提供或者公开他人个人信息，不得从事危害国家安全、公共利益的个人信息处理活动。

《个人信息保护法》规定，以下情形不需取得个人同意。（1）为订立、履行个人作为一方当事人的合同所必需，或者按照依法制定的劳动规章制度和依法签订的集体合同实施人力资源管理所必需；（2）为履行法定职责或者法定义务所必需；（3）为应对突发公共卫生事件，或者紧急情况下为保护自然人的生命健康和财产安全所必需；（4）为公共利益实施新闻报道、舆论监督等行为，在合理的范围内处理个人信息；（5）依照本法规定在合理的范围内处理个人自行公开或者其他已经合法公开的个人信息；（6）法律、行政法规规定的其他情形。

有下列情形之一的，行为人不承担民事责任：（1）在该自然人或其监护人同意的范围内实施的行为；（2）合理处理该自然人自行公开的或者其他已经合法公开的信息，但是该自然人明确拒绝或者处理该信息侵害其重大利益的除外；（3）为维护公共利益或者该自然人合法权益，合理实施的其他行为。

◎ 思政点滴：

明确规定处理个人信息的原则和条件，旨在确保个人信息的合法处理，防止个人信息被不当使用或滥用。这有助于维护个人信息的完整性和准确性，防止信息被篡改或不当使用，从而保护个人权益不受侵犯。同时有利于构建一个安全、健康的网络环境，也是社会和谐稳定的重要保障。

（四）个人信息利益与隐私权

个人信息利益和隐私权有关联，两者均体现一种人格利益。但两者是不同的：

首先，客体范围不同。隐私权的客体主要是个人的私密信息，必须具有私密性；个人信息利益的客体不一定为私密信息，既可以具有私密性，如病历资料、存款理财信息，也可以不具有私密性，如姓名、手机号码。

其次，权利（权益）内容不同。隐私权的内容主要包括维护个人的私生活安宁、个人私生活自主决定、个人私密不被公开等方面；个人信息利益的内容主要是对个人信息的支配、利用和自主决定。法律设置个人信息保护，就是要对个人信息的收集、利用、传输、存储和加工等行为进行规范，从而形成个人信息保护和利用的良好秩序。

最后，保护方式不同。隐私权同其他人格权一样，更多地是一种消极的防御性的权利，只是在权利人受到侵害时可以提出停止侵害等请求；个人信息利益则包含更多，除了上述防御性的权益之外，还可以包括在个人信息不准确时的更新、更正之类的综合性救济方式。

◎ **延伸阅读：**

（1）最高院指导性案例 194 号：熊某等侵犯公民个人信息案。

（2）浙江省湖州市检察机关诉浙江某旅游发展有限公司侵害公民个人信息民事公益诉讼案。

◎ **相关法律：**

《民法典》第 1032~1039 条。

◎ **实务操作：**

陆某与汪某是住在同一单元的对门邻居。陆某在自家入户门外安装了可遥控旋转的监控摄像头一部，其拍摄范围可从陆某家的入户门调整至该楼层的电梯出入口及汪某家的入户门。汪某认为，陆某家安装的摄像头可以详细记录汪某家中成员进出住宅的信息，严重侵犯了汪某的隐私权、影响了汪某及家人的正常生活，并给其家中造成安全隐患。故将陆某诉至法院，请求判令陆某拆除安装在入户门外的摄像头。陆某辩称，其安装摄像头是为了保护自身财产安全，且摄像头未对着汪某家，不构成侵犯汪某的隐私权。

请撰写：从汪某的立场写一份法律分析报告。

项目综合训练

（1）某医院在一次优生优育的图片展览时，展出了某一性病患者的照片，并在说明中用推断性的语言表述该患者系性生活不检点所致。虽然患者眼部被遮，也未署名，但有些观众仍能辨认出该患者是谁。患者得知这一情况后精神压力过大，投河自尽。为此患者家属向法院起诉，状告医院。

请分析：医院这一行为侵害了患者哪些权利？

（2）2016 年高考，徐玉玉以 568 分的成绩被南京邮电大学录取。之后，她接到了一通陌生电话，对方声称有一笔助学金要发放给她。在这通陌生电话之前，徐玉玉曾接到过教育部门发放助学金的通知。按照对方要求，徐玉玉将准备交学费的 9900

元打入了骗子提供的账号。发现被骗后，徐玉玉万分难过，当晚就和家人去派出所报了案。在回家的路上，徐玉玉突然晕厥，不省人事，虽经医院全力抢救，但仍没能挽回她 18 岁的生命。经审查，2016 年 7 月初，犯罪嫌疑人陈文辉租住房屋，购买手机、手机卡、无线网卡等工具，从犯罪嫌疑人杜天禹手中购买五万余条山东省 2016 年高考考生信息，雇佣郑贤聪、黄进春冒充教育局工作人员以发放助学金名义对高考录取生实施电话诈骗。2016 年 8 月 19 日 16 时许，郑贤聪拨打徐玉玉电话，骗取其银行存款 9900 元。得手后，陈文辉随即让郑金锋在福建省泉州市取款，郑金锋随后又指挥熊超将 9900 元提取。

请分析：从民法的视角来看，徐玉玉等考生的何种人格权遭受侵害？隐私权还是个人信息？

本项目答案

模块五　继承权法律事务处理

项目二十六　初识继承

◎ **知识目标**
- 掌握继承开始的时间。
- 掌握遗产的范围。
- 掌握继承权丧失的法定事由。

◎ **技能目标**
- 能够分析继承纠纷案件中需遵循的基本原则。
- 能够推定特殊情形下的死亡先后顺序。
- 能够根据继承权丧失的情形判断遗产继承人的范围。

◎ **素质目标**
- 培养具有亲情和温情、尊老爱幼、爱护弱者的悲悯情怀。
- 能够遵守法律、严谨、认真、细致地处理继承纠纷。

任务一　认识继承

◎ **案例导入：**

【案例 26-1】 王某有父母、妻子刘某和儿子，一次王某和儿子发生车祸死亡，无法确定死亡先后时间。王某遗留的个人财产有：房屋一套、汽车一辆，债权 11 万元。此外，王某与他人合伙经营，有合伙财产及采矿设备一套、存款 80 万元，矿石款 60 万元。王某死亡前，曾在保险公司投入身保险，保险公司应支付保险金 15 万元，受益人是妻子刘某。

请思考：（1）王某和儿子的死亡先后顺序如何确定？（2）王某的遗产有哪些？

◎ **知识准备：**

本任务是要理解继承制度的基本原则、自然人死亡后什么时候开始继承及继承哪些遗产？我们首先从认识继承开始。

一、继承的概念和特征

继承是自然人死亡时，其遗留的财产依法转移给他人所有的一种法律制度。在继承中，遗留财产的自然人，为被继承人；死者遗留的财产称为遗产；有权继承遗产的人为继承人。继承人是法定继承人范围内能够接受死者遗产的自然人，包括法定继承人和遗嘱继承人。因继承而发生的财产流转关系形成继承法律关系。继承法律关系有以下特征：

（一）继承法律关系是一种民事法律关系

继承法律关系调整继承人与其他人之间的财产关系，是以继承权利义务为核心，以遗产分配为任务的法律关系。

（二）继承法律关系的主体为自然人

根据《民法典》的规定，继承的主体只能是自然人，任何组织或国家都不能成为继承的主体。组织或国家获得遗产只能通过接受遗赠，或者承受无人继承的财产。

（三）继承以身份关系为基础

继承人与被继承人之间的婚姻关系、血缘关系、家庭关系是继承法律关系存在的基础。没有他们相互之间的特定身份关系，就不会有继承的发生。

（四）继承法律关系的标的是遗产

继承法律关系的标的是遗产，没有遗产，就不会发生继承。继承是对死者财产权利义务的全面承受，继承人接受继承的，不仅取得财产和财产利益，还要在取得遗产范围内清偿被继承人生前所欠的税款和债务。

二、继承制度的基本原则

（一）保护自然人私有财产继承权原则

《民法典》第 1120 条规定："国家保护自然人的继承权。"这一原则主要体现在如下方面：其一，凡是自然人死亡时遗留的个人合法财产均为遗产，继承人都可以依法继承。法律加大了平等保护私有财产的力度，鼓励了民事主体创造财富的积极性和热情。其二，继承人的继承权不受非法剥夺。继承开始后，继承人只要没有明确表示放弃继承权的，视为接受继承，任何人不得非法剥夺。其三，继承人享有继承权不受有无民事行为能力的限制。对于胎儿继承权的保护问题，《民法典》第 16 条作出了规定，"涉及遗产继承、接受赠与等胎儿利益保护的，胎儿视为具有民事权利能力。但是，胎儿娩出时为死体的，其民事权利能力自始不存在"。其四，继承人的继承权受到他人非法侵害时，有权依法请求救济，国家以强制力加以保护。

（二）继承权平等原则

继承权平等原则主要体现在以下几个方面：

1. 继承权男女平等

《民法典》第 1126 条规定："继承权男女平等。"继承权男女平等原则表现在：第一，在继承人的范围、继承顺序和遗产分配中，女子同男子有平等的继承遗产的权利。同一顺序继承人中的男女继承份额均等，即使是已出嫁的女儿，其继承权也不能被剥夺。第二，夫妻在继承上有平等的权利，并且有相互继承遗产的继承权。第三，遗嘱继承男女平等。不论男子或者女子都可立遗嘱处分自己的合法财产。

2. 非婚生子女与婚生子女、养子女与亲生子女继承权平等

非婚生子女与婚生子女同为子女，有着平等的继承权。养子女与养父母之间是基

于合法的收养而形成的亲属关系，养子女与亲生子女的继承权平等受法律保护。

3. 同一顺序继承人继承遗产的权利平等

根据《民法典》第 1130 条第 1 款规定："同一顺序继承人继承遗产的份额，一般应当均等。"

（三）权利义务相一致原则

（1）在法定继承份额上，《民法典》第 1130 条第 3、4 款规定："对被继承人尽了主要扶养义务或者与被继承人共同生活的继承人，分配遗产时，可以多分。有扶养能力和扶养条件的继承人，不尽扶养义务的，分配遗产时，应当不分或者少分。"

（2）继承人继承被继承人遗产的，也应当偿还被继承人生前所欠的债务。《民法典》第 1161 条规定："继承人以所得遗产实际价值为限清偿被继承人依法应当缴纳的税款和债务。超过遗产实际价值部分，继承人自愿偿还的不在此限。继承人放弃继承的，对被继承人依法应当缴纳的税款和债务可以不负清偿责任。"

（3）遗嘱继承或遗赠附有义务的，继承人或受遗赠人无正当理由不得拒绝履行。《民法典》第 1144 条规定："遗嘱继承或者遗赠附有义务的，继承人或者受遗赠人应当履行义务。没有正当理由不履行义务的，经利害关系人或者有关组织请求，人民法院可以取消其接受附义务部分遗产的权利。"

（四）养老育幼原则

养老育幼，即赡养老人、抚育未成年子女及照顾病残者。这一原则要求在继承关系中切实保护老人和儿童的合法权益，对缺乏劳动能力又没有生活来源的继承人给予特别照顾。体现在以下几个方面：

1. 遗产的分配有利于养老育幼

对生活有特殊困难的缺乏劳动能力的继承人，应当予以照顾；对于继承人以外的依靠被继承人扶养的缺乏劳动能力又没有生活来源的人，可以分给他们适当的遗产。

2. 在遗嘱继承和遗赠中保护老、幼、残疾人的利益

依《民法典》的规定，被继承人以遗嘱处分其财产时，遗嘱中应当为缺乏劳动能力又无生活来源的继承人保留必要的遗产份额，以保障他们的基本生活需要。

3. 遗产分割不能侵害未出生人的利益

遗产分割时，应当保留胎儿的继承份额，以保护被继承人死亡后出生子女的利益。

◎ **思政点滴：**

甲的妻子和父母均已去世，甲有 3 个儿子，都已成家。老大有钱，但不孝顺；老二孝顺，但在外地工作，无法照料甲；老三长期与甲共同生活。甲死后，留有遗产 18 万元，甲的遗产可以由三个儿子友好协商分割，倡导家庭成员之间互谅互让、和睦团结的精神风尚，创建和谐的家庭氛围。如协商不成根据权利义务相一致的原则，因老三长期照料甲，可以多分遗产，大儿子不孝顺，应当不分或少分遗产。

三、继承的开始

（一）继承开始的时间

《民法典》第 1121 条规定："继承从被继承人死亡时开始。"根据这一法律规定，被继承人死亡的时间就是继承开始的时间。被继承人死亡包括自然死亡和宣告死亡。

特殊情形下，当车祸、飞机坠毁以及地震等自然灾害发生时，数人可能在同一事件中死亡，不同的死亡顺序，将会产生不同的继承法律后果。按照《民法典》第 1121 条第 2 款的规定，相互有继承关系的数人在同一事件中死亡，难以确定死亡先后时间的，首先应推定没有其他继承人的人先死亡；死亡人各自都有其他继承人的，如几个死亡人的辈分不同，推定长辈先死亡；几个死亡人辈分相同的，推定同时死亡，相互不发生继承。

◎ **案例分析：**

案例 26-1 中，第一个问题：王某和儿子在车祸中死亡，无法确定死亡先后时间，按照《民法典》第 1121 条第 2 款推定死亡顺序。由于王某和儿子都有继承人，所以按照辈分不同，推定王某先死亡，其子后死亡。

确定继承开始的时间具有十分重要的法律意义，以被继承人死亡的时间确定继承人的范围，凡在继承开始时已经死亡或丧失继承权的人，都不能参加继承；遗产范围的确定只能以继承开始为准，只有在继承开始时属于被继承人的财产，才能确定为遗产；从被继承人死亡时遗产的所有权才转移给继承人；遗嘱和遗赠都是从被继承人死亡后产生法律效力。

◎ **交互练习：**

甲携 8 岁的女儿乙和 68 岁的母亲丙一起去旅游，不幸 3 人遇车祸全部死亡，又无法确定他们死亡的先后顺序。根据法律规定，如果他们都有继承人，推定他们的死亡顺序为（　　　）。

A. 甲—乙—丙　　　B. 乙—甲—丙　　　C. 甲—丙—乙　　　D. 丙—甲—乙

（二）继承开始的通知

继承开始的通知直接影响到利害关系人权利的行使与放弃。根据《民法典》第 1150 条的规定，继承开始后，知道被继承人死亡的继承人应当及时通知其他继承人和遗嘱执行人。继承人中无人知道被继承人死亡或者知道被继承人死亡而不能通知的，由被继承人生前所在单位或者住所地的居民委员会、村民委员会负责通知。

四、遗产

（一）遗产的概念和特征

遗产是指被继承人死亡时遗留的个人合法财产，依照法律规定或者根据其性质不得继承的遗产除外。遗产的特征包括：

（1）时间上：被继承人死亡的时间是确定遗产范围的界限。

（2）内容上：遗产内容具有财产性，不涉及人身关系的部分。

（3）性质上：合法财产才可以成为遗产。

（二）遗产的范围

民法典采用单纯的概括式立法。只要是自然人死亡时遗留的个人合法财产，都可以作为遗产加以继承。实践中遗产的类型主要有以下几种：

（1）自然人的私人财产所有权。主要包括自然人的收入；房屋、储蓄和生活用品；林木、牲畜和家禽；文物、图书资料；法律允许自然人所有的生产资料等。

（2）自然人知识产权中的财产权利。知识产权既包括人身权利，也包括财产权利。其中的财产权利可以被继承，属于遗产范围。

（3）自然人的其他合法财产。自然人的其他合法财产可以包括履行标的为财物的债权、担保物权、有价证券、股权和合伙权益、数据和虚拟财产等。

民法典同时规定了不得继承的遗产范围，不得继承的遗产主要有两类，第一类是根据性质不得继承的遗产，例如：被继承人所签订的劳动合同上的权利、被继承人所签订的演出合同上的权利等，这类权利是与被继承人人身有关的专属性权利，不得继承。第二类是根据法律规定不得继承的遗产。凡是法律有相关规定某些财产不得继承，继承人自然不能继承。

实践中，应注意下列财产与遗产的区分：

第一，区分被继承人的遗产与公有财产。

自然人生前承包的小型企业、土地、山林、牧场、草原、鱼塘、果园等，其所有权属于国家或集体组织，承包人只有经营管理权，没有所有权，因此，对该承包经营财产不发生继承问题。但是，自然人生前依承包合同所取得的个人收益，是自然人的合法收入，可以依法继承。如果承包人死亡时尚未取得承包收益，可把死者生前承包所投入的资金和付出的劳动及其增值的孳息，由发包人或接续承包人合理折价、补偿，其价额作为遗产。

第二，区分被继承人的遗产与保险金。

保险金分为人身保险金和财产保险金两种。人身保险金能否列入被保险人的遗产，取决于被保险人是否指定了受益人。指定了受益人的，被保险人死亡后，其人身保险金应付给受益人；未指定受益人的，被保险人死亡后，其人身保险金应作为遗产处理。财产保险不存在指定受益人的问题，因此，财产保险金属于被保险人的遗产。

第三，区分被继承人的遗产与死亡赔偿金。

死亡赔偿金是受害人死亡后产生的，是对因侵害生命权所引起的受害人近亲属的各种现实利益损失的赔偿；而遗产是死者生前积累的财产，死亡后遗留的个人合法财产。所以死亡赔偿金不是遗产，死亡赔偿金的分配，需要根据近亲属与死者生前共同生活状态、紧密程度及经济依赖性等因素进行适当分配。

（三）遗产的确定

被继承人基于社会活动和家庭生活的客观实际，其财产可能与其他主体的财产存在共有关系。共有财产包括夫妻共有、家庭共有、合伙共有等财产。当被继承人为共有财产的权利人之一时，其死亡后，应该把死者享有的份额从共有财产中分出，《民法典》第1153条规定了夫妻一方死亡时共同财产的分割。"夫妻共同所有的财产，除有约定的外，遗产分割时，应当先将共同所有的财产的一半分出为配偶所有，其余的为被继承人的遗产。遗产在家庭共有财产之中的，遗产分割时，应当先分出他人的财产。"

◎ **案例分析：**

案例26-1中，第二个问题：王某的遗产包括：房屋一套、汽车一辆、债权11万元是其个人财产，是王某的遗产；王某与他人的合伙财产中有一部分财产应是其他合伙人的，王某对这部分财产不享有专属性，因而采矿设备一套、存款80万元，矿石款60万元等不能全部作为遗产分配，先对合伙财产进行分割，王某应得的这部分财产，在和配偶刘某没有特别财产约定的情况下，属于夫妻共同财产，对夫妻共同财产再次进行分割后的财产才能作为王某的遗产，由其继承人继承；王某死亡后保险公司支付的15万元保险金，因其受益人指定为其妻刘某，所以此15万元保险金不能作为遗产。

◎ **延伸阅读：**

网络虚拟财产是遗产吗？

◎ **相关法律：**

《民法典》第1119、127条。

《民法典继承编的解释一》第1~2条。

◎ **实务操作：**

杨某、欧某系夫妇，杨某英系被继承人杨某、欧某之女。2021年5月9日，杨某驾驶汽车载着欧某、杨某英外出发生交通事故，三人均当场死亡。杨某1是杨某之父，田某1是杨某之母；欧某2、梁某2是欧某之父母。

请写一个案件分析报告，主要围绕两个问题展开：

（1）如何推定杨某、欧某、杨某英的死亡顺序？为什么？

（2）如果欧某有人身保险，投保人是杨某，被保险人是欧某，受益人是杨某英，那么保险金应该如何继承呢？为什么？

任务二　确定继承权

◎ **案例导入：**

【案例26-2】刘某因盗窃被法院判刑，其父知道后，一气之下得了重病，于当年年底去世，刘某之母早已去世，刘某的哥哥以其父被刘某气死为由，不让刘某继承遗产。

请思考：刘某能否继承父亲的遗产？为什么？

【案例 26-3】 丁某的父亲几年来一直卧病在床，丁某嫌弃父亲是个累赘，于是提出让父亲住到弟弟家，由弟弟负责照顾，还表示今后父亲的遗产自己也不要。但是遗产分割以后，丁某得知父亲生前还收藏了一些宋代的字画，现在这些都归了弟弟，于是要求弟弟分一些字画给自己。

请思考：像丁某这样放弃继承权又反悔的可以再取得继承权吗？为什么？

◎ **知识准备：**

继承权的取得、丧失、放弃及保护对保护继承人的利益至关重要，所以先要明确什么是继承权。

一、继承权的概念和特征

继承人依法享有的、能够依法取得被继承人遗产的权利，称为继承权。

继承权有两种含义：第一，继承开始前的继承期待权，是一种将来在继承开始后，可依法继承被继承人遗产的一种资格。它具有专属性，不得转让，也不能放弃。第二，继承开始后的继承既得权，是在继承开始后，继承人在继承法律关系中实际享有的具体权利。它是具有法律上意义的继承权，一经接受即为完全的、具体的权利。

继承权的法律特征是：

（一）继承权是财产权

继承权是与私有财产所有权相联系的权利，只有存在私有财产，发生财产流转关系，才会发生继承，继承权才有意义。

（二）继承权是绝对权

继承权的权利主体是特定的继承人，而义务主体是不特定的继承人以外的一切人。继承人实现其权利无须借助于义务人的行为，权利人以外的一切人都负有不得妨碍继承人行使继承权的消极义务。

（三）继承权是以被继承人死亡为行使条件的权利

继承开始前的继承权是一种期待性质的权利，而当被继承人死亡这一法律事实发生、继承开始后，这时的继承权就变为真正的可以行使的既得权。

二、继承权的取得和丧失

（一）继承权的取得

不管法定继承还是遗嘱继承，要取得继承权，须以身份关系为基础。纳入我国继承权范围的亲属身份关系有：血缘关系、婚姻关系和扶养关系。血缘关系是由生育而产生的人际关系，如父母与子女的关系，兄弟姐妹关系，以及由此而派生的其他亲属关系。婚姻关系是基于合法的婚姻登记而确立的人际关系。扶养关系也是继承权取得依据，养父母子女之间、有扶养关系的继父母子女之间以及对公婆和岳父母尽了主要赡养义务的丧偶儿媳和丧偶女婿都有继承权。

（二）继承权的丧失

继承权的丧失是指依照法律规定在发生法定事由时取消继承人继承被继承人遗产的资格，又称为继承权的剥夺。

《民法典》第 1125 条规定，继承人有下列五种行为之一的，丧失继承权。

1. 故意杀害被继承人

继承人故意杀害被继承人是一种严重的犯罪行为，不论其是否受到刑事责任的追究，都丧失继承权。构成故意杀害被继承人的行为，须具备以下两个条件：

第一，继承人实施了杀害被继承人的行为。不论出于何种动机，采取何种手段杀害，也不论其是直接还是间接杀害，是既遂还是未遂，都可构成杀害被继承人的行为。不论其是否受到刑事制裁，均将无可挽回地丧失继承权；即使被继承人以遗嘱将遗产指定由其继承，该项遗嘱也应被确认无效。

第二，继承人主观上有杀害的故意。如果继承人是由于过失而致被继承人死亡的则不丧失继承权。因实施正当防卫而杀害被继承人的，由于其行为不具有不法性，继承人不丧失继承权。

◎ **案例分析：**

案例 26-2 中，刘某因为盗窃被法院判刑导致父亲被气死，父亲之死并非刘某故意杀害造成的，故刘某并不丧失对父亲遗产的继承权。

2. 为争夺遗产而杀害其他继承人

从主观要件看，只要是继承人为了争夺遗产而杀害其他继承人，不论行为既遂还是未遂，均丧失继承权。从客观要件看，其杀害对象须是其他继承人，即被继承人的其他法定继承人。

3. 遗弃被继承人，或者虐待被继承人情节严重

遗弃被继承人，是指有扶养能力的继承人对于没有独立生活能力的被继承人拒不履行扶养义务。虐待被继承人是指继承人以各种手段对被继承人进行肉体摧残或精神折磨。根据《民法典》规定，遗弃被继承人的应剥夺其继承权；而虐待被继承人，只有情节严重的才丧失继承权。依据《民法典继承编解释一》的规定，继承人虐待被继承人情节是否严重，可以从实施虐待行为的时间、手段、后果和社会影响等方面确定。只要继承人虐待被继承人情节严重，不论其行为是否构成犯罪，其是否被追究刑事责任，均丧失继承权。

4. 伪造、篡改、隐匿或者销毁遗嘱，情节严重

伪造、篡改、隐匿、销毁遗嘱，都是对被继承人合法权利的侵害，按照《民法典继承编解释一》第 9 条之规定，继承人伪造、篡改、隐匿或者销毁遗嘱，侵害了缺乏劳动能力又无生活来源的继承人的利益，并造成其生活困难的，此种情况下丧失继承权。

5. 以欺诈、胁迫手段迫使或者妨碍被继承人设立、变更或者撤回遗嘱，情节严重

不论继承人是采取欺诈或是胁迫手段，只要导致被继承人的真实意思歪曲，情节严重的，就构成丧失继承权的法定事由。

继承人因上述第 1、2 种情形丧失继承权的都属于继承权的绝对丧失；继承人因上述 3、4、5 三种情形之一导致继承权丧失的，属于继承权的相对丧失。继承人确有悔改表现，被继承人表示宽恕或者事后在遗嘱中将其列为继承人的，该继承人不丧失继承权。

三、继承权的放弃和保护

（一）继承权的放弃

继承权的放弃，是指继承人于继承开始后作出的放弃继承被继承人遗产的权利的单方意思表示。

1. 继承权放弃的要件

（1）时间要件。继承权放弃的意思表示，应在继承开始后，遗产处理前做出。如果遗产分割后，继承人作出不接受遗产的意思表示，属于放弃财产所有权。

（2）方式要件。继承权的放弃应当以书面形式向其他继承人表示，用口头方式表示放弃继承的，必须本人承认或有其他充分证据证明的，方可认定其有效。

（3）禁止要件。《民法典继承编解释一》第 32 条的规定："继承人因放弃继承权，致其不能履行法定义务的，放弃继承权的行为无效。"如继承人不得以放弃自己对已故配偶的遗产继承为由，规避对双方子女的抚养义务。

放弃继承不得附条件。如果继承人在放弃继承权时附有条件，则可能给他人的权利造成侵害。如继承人以不赡养其母亲为条件放弃对其父亲遗产的继承，显然于法相违背。

2. 继承权放弃的效力

继承人放弃继承权的效力，溯及继承开始时。继承人自愿依法放弃继承，视为自被继承人死亡时起就与遗产中的权利义务无关，不仅不承受被继承人生前的债务，也不得继承被继承人生前的财产权利。

继承权放弃之后能否恢复，应以放弃的意思表示是否有瑕疵为依据。遵从民法意思表示真实规则，如果放弃的意思表示存在欺诈、胁迫、乘人之危等情形，应当允许撤销。根据《民法典继承编解释一》第 36 条的规定："遗产处理前或者在诉讼进行中，继承人对放弃继承反悔的，由人民法院根据其提出的具体理由，决定是否承认。遗产处理后，继承人对放弃继承反悔的，不予承认。"

◎ **案例分析：**

案例 26-3 中，丁某的兄弟姐妹在分配遗产的时候，丁某对大家明确表示自己不要遗产，已经产生了放弃继承的效果。根据《民法典继承编解释一》第 36 条的规定，遗产处理完毕以后，丁某反悔想要继承父亲的字画，法律不予承认，丁某不能再取得继承权。

◎ **交互练习：**

下列哪一行为可引起放弃继承权的后果？（　　　　）

A. 张某书面放弃继承权。

B. 王某在遗产分割后放弃继承权。

C. 李某以不再赡养父母为前提，书面表示放弃其对父母的继承权。

D. 赵某与父亲共同发表书面声明断绝父子关系。

（二）继承权的保护

继承权的保护，是指当继承人的继承权受到他人不法侵害时，继承人有权请求保护其通过继承获得遗产的权利。继承权被侵害的诉讼时效保护期限为 3 年，自继承人知道或者应当知道其权利被侵犯之日起计算，但是，自继承开始之日超过 20 年，法律不再保护。被继承人死亡后，其遗产就成为了继承人共有的财产，在被分割之前，这种共有状态一直持续，而财产共有属物权范畴，物权保护不受诉讼时效的限制，故没有得到遗产的继承人任何时候均可以向遗产的实际控制人提出分割遗产，司法实践中将此类纠纷作为因继承引起的析产纠纷来处理。如果继承的遗产中有债权性质的权利，则继承人应该在诉讼时效内向债务人行使权利。

◎ **思政点滴：**

丧失继承权的法律规定不仅是对个人行为的规范，也是对社会价值观的引导，有助于形成尊重生命、维护家庭和谐的社会风气。

◎ **延伸阅读：**

继承人擅自销毁遗嘱情节严重时丧失继承权案例。

◎ **相关法律：**

《民法典继承编解释一》第 5~8 条、第 33~35 条、第 37 条。

◎ **实务操作：**

丁磊幼年丧父，与母亲共同生活，承包了村里的鱼塘 50 亩，很快富裕起来并建了一栋五层楼的新房，价值约 100 万元。不久母亲过世。后丁磊经人介绍与本村李兰结婚，婚后不久，丁磊不幸病逝，此时李兰已怀孕。办理丧事后，丁磊之弟与李兰发生争议，动手打了李兰，并说李兰是克星，过门没几天就克死丈夫。李兰及娘家人气愤不过，将丁磊的弟弟打成重伤。李兰也因故意伤害罪被判处有期徒刑 3 年。但考虑到李兰身怀有孕决定监外执行。这时，李兰生了一子，但出生后几天就夭折。丁磊的弟弟认为李兰已不是丁家的人了，因此要赶走李兰占有丁磊所建的房，李兰认为自己虽与丁磊结婚时间不长，但毕竟是丁磊之妻，故这栋房应归自己所有。双方争执不下，诉至法院。

请分析：

（1）李兰被判处有期徒刑后，是否仍享有继承权？为什么？

（2）李兰出生后几天又夭折的孩子是否享有继承权？为什么？

项目综合训练

甲与乙1990年结婚，1995年在自家的宅基地上盖起了8间瓦房，市值16万元，并先后生下女儿丙、儿子丁、戊。现子女三人均已成年并成家。2019年，甲和小儿子戊外出时遇车祸死亡，共获得150万元死亡赔偿金，经公安机关尸检后无法确定两人的死亡先后顺序，戊夫妇有存款32万元。

请分析：

（1）如何确定甲和戊死亡时间的先后？为什么？

（2）戊的遗产有哪些？

（3）死亡赔偿金如何分配？

本项目答案

项目二十七　适用法定继承

◎ **知识目标**

- 掌握法定继承人的范围和顺序。
- 理解法定继承中的遗产分配原则。
- 掌握代位继承和转继承的不同。

◎ **技能目标**

- 能够审查养父母子女、继父母子女作为继承人的资格。
- 能够运用法定继承、代位继承及转继承的知识处理较为复杂的遗产继承纠纷。

◎ **素质目标**

- 培养学生的法律逻辑性以及全面、辩证分析法律问题的能力。
- 养成将法律原理、知识和常理相结合思考法律问题的习惯。

任务一　认识法定继承

◎ **知识准备：**

一、法定继承的概念和特征

法定继承是指根据法律直接规定的继承人范围、继承顺序、继承遗产份额及依照遗产分配原则分配遗产的一种继承方式。当被继承人未立遗嘱，或者所立的遗嘱无效时，法律根据继承人与被继承人的近亲属关系，推定被继承人生前愿将其遗产交由与其关系最近的近亲属继承的法律制度。法定继承的特征为：

（一）法定继承是遗嘱继承的补充

法定继承虽是与遗嘱继承并行的继承方式，但是在效力上，它低于遗嘱继承，只有在不适用遗嘱继承时才适用法定继承。

（二）法定继承以一定的人身关系为基础

法律规定继承人的依据是继承人与被继承人之间的婚姻关系、血缘关系和抚养关系等人身关系，而亲属关系的远近又是确定法定继承顺序先后的根据。

（三）法定继承具有法定性、强制性

法定继承人的范围、继承顺序、继承份额和遗产分配原则都由法律明确规定，属于强制性的法律规范，除非被继承人通过依法订立遗嘱或遗赠扶养协议的方式改变。

二、法定继承的适用范围

法定继承的适用范围，是指法定继承在什么情形下适用。根据《民法典》继承编的规定，法定继承的适用范围包括：

（1）遗嘱继承人放弃继承或受遗赠人放弃受遗赠的，放弃的部分适用法定继承。

（2）遗嘱继承人丧失继承权或者受遗赠人丧失受遗赠权的，遗嘱中指定由相关人员继承或受遗赠的部分，适用法定继承。

（3）遗嘱继承人、受遗赠人先于遗嘱人死亡或终止的，遗嘱对其尚未发生效力，因而，遗嘱中指定由相关人员或组织继承、受赠的财产部分适用法定继承。

（4）遗嘱无效部分所涉及的遗产适用法定继承办理。

（5）遗嘱未处分的遗产，适用法定继承办理。

（6）被继承人没有订立遗嘱或遗赠扶养协议的，适用法定继承。

任务二　确定法定继承人的范围、顺序和遗产分配

◎ **案例导入：**

【案例 27-1】 张某（男）与刘某（女）于 2012 年结婚，2013 年生育一子张小强，2014 年夫妻二人购买价值 300 万元住房一套，登记户主为张某。2015 年张某遇车祸死亡，其死亡时夫妻共有存款 50 万元。张某死后，刘某欲再婚，张某的父母反对无果后遂要求继承该套房屋。

请思考：（1）张某的法定继承人有哪些？（2）张某的遗产如何分配？

◎ **知识准备：**

自然人死亡后，没有遗嘱或者遗嘱无效需要按照法定继承方式继承遗产，我们首先要明确法定继承人的范围和继承顺序。

一、确定法定继承人的范围

根据《民法典》第 1127 条的规定，法定继承人包括：

（一）配偶

配偶，是具有合法婚姻关系的夫妻。是否有合法婚姻关系应以双方是否办理结婚登记手续领取结婚证书为标准，凡未办理结婚登记手续而以夫妻名义共同生活的男女，在一方死亡时，除依法可以承认的事实婚姻外，另一方均不能以配偶身份对死亡一方的遗产主张继承权。

另外，虽已办理结婚登记手续领取结婚证书，但如果被认定为无效婚姻或可撤销婚姻被撤销的，当事人自始不具有夫妻的权利和义务，一方死亡的，另一方当然也不能以配偶身份继承遗产。

（二）子女

根据我国法律规定，作为法定继承人的子女包括婚生子女、非婚生子女、养子女

和有扶养关系的继子女。

1. 婚生子女

婚生子女是指有合法婚姻关系的男女所生育的子女。

2. 非婚生子女

非婚生子女是指没有合法婚姻关系的男女所生育的子女。非婚生子女与婚生子女享有平等的继承权。

婚生子女和非婚生子女都是亲生子女，对其生父母的遗产都享有继承权，不会因父母之间的婚姻关系受到影响。

3. 养子女

养子女是指因收养关系的成立而为收养人所收养的子女。养父母子女间的权利和义务，适用父母子女关系的有关规定。养子女与生父母及其他近亲属的权利义务，因收养关系的成立而消除。因此，养子女只有权继承养父母的遗产，而无权继承生父母的遗产。如果养子女对生父母扶养较多，除依法继承养父母的遗产外，可以依《民法典》第1131条的规定适当分得生父母的遗产。

养父母子女关系也可依法解除。收养关系解除后，养子女与养父母间的权利义务关系同时终止，养子女不能再继承养父母的遗产。收养关系解除后，被收养人是未成年人的，与生父母的权利义务关系自然恢复，当然可以继承生父母的遗产；但成年养子女与生父母间的权利义务关系并不自然恢复，如果双方协商一致恢复父母子女关系的，相互间有继承权，但不能协商一致恢复父母子女关系的，不能继承生父母的遗产。

4. 有扶养关系的继子女

继子女可以继承其生父母的遗产，但能否继承继父母的遗产，取决于继子女和继父母之间是否形成扶养关系。扶养关系既包括子女受继父母抚养的情形，也包括继子女赡养继父母的情形。有扶养关系的继子女有权继承继父母的遗产。另外，无论继子女有无继承继父母的遗产，均不影响其继承生父母的遗产，也就是说，继子女有双重的继承权。

（三）父母

作为法定继承人的父母包括生父母、养父母和形成扶养关系的继父母。

生父母有权继承亲生子女的遗产，但子女被他人收养的，父母子女的权利义务关系消灭，父母对被他人收养的子女无遗产继承权。养父母有权继承养子女的遗产，但收养关系解除后，养父母不再享有继承养子女遗产的权利。继父母子女之间已经形成扶养关系的，继父母有双重继承权，既可以继承继子女的遗产，同时对亲生子女的遗产也有继承权；未形成扶养关系的，继父母无权继承继子女的遗产，仍有权继承亲生子女的遗产。

（四）兄弟姐妹

作为法定继承人的兄弟姐妹包括同父母的兄弟姐妹、同父异母或同母异父的兄弟姐妹、养兄弟姐妹、有扶养关系的继兄弟姐妹。养兄弟姐妹关系是基于收养关系而成立的养子女与生子女之间、养子女与养子女之间的兄弟姐妹关系，他们互为继承人。

而被收养人与其亲兄弟姐妹之间法律上的权利义务关系，因收养关系的成立而消除，不能互为继承人。继兄弟姐妹之间的继承权，因继兄弟姐妹之间的扶养关系而发生。没有扶养关系的继兄弟姐妹，不能互为继承人。继兄弟姐妹之间相互继承了遗产的，不影响其继承亲兄弟姐妹的遗产。

（五）祖父母、外祖父母

祖父母、外祖父母是较为亲近的直系尊亲属。包括亲祖父母、亲外祖父母、养祖父母、养外祖父母、有扶养关系的继祖父母、继外祖父母。

（六）对公、婆尽了主要赡养义务的丧偶儿媳、对岳父、岳母尽了主要赡养义务的丧偶女婿

《民法典》第 1129 条明确规定："丧偶儿媳对公婆，丧偶女婿对岳父母，尽了主要赡养义务的，作为第一顺序继承人。"认定是否"尽了主要赡养义务"，一般可以从以下几方面综合考虑：或对被继承人生活提供了主要经济来源，或在劳务等方面给予了主要扶助的。儿媳对公婆、女婿对岳父母的这种赡养义务具有长期性、经常性。以上条件具备的，不论他们是否再婚，均为第一顺序继承人。

二、确定法定继承人的继承顺序

法定继承开始后，法定继承人按顺序继承，先由顺序在先的继承人继承，没有顺序在先的继承人的，才由顺序在后的继承人继承。也就是说，只要前一顺序的继承人有一人继承，后一顺序的继承人就无权主张分得遗产。

我国民法典继承编确定的法定继承人的继承顺序是：

第一顺序：配偶、子女、父母、对公婆尽了主要赡养义务的丧偶儿媳和对岳父母尽了主要赡养义务的丧偶女婿。

第二顺序：兄弟姐妹、祖父母、外祖父母。

◎ 交互练习：

钱某与胡某婚后生有子女甲和乙，后钱某与胡某离婚，甲、乙归胡某抚养。胡某与吴某结婚，当时甲已参加工作而乙尚未成年，乙跟随胡某与吴某居住，后胡某与吴某生下一女丙，吴某与前妻生有一子丁。钱某和吴某先后去世，下列说法正确的是（　　）。

A. 胡某、甲、乙可以继承钱某的遗产　　B. 甲和乙可以继承吴某的遗产

C. 胡某和丙可以继承吴某的遗产　　D. 乙和丁可以继承吴某的遗产

三、确定法定继承中的遗产分配

（一）法定继承的遗产分配原则

在法定继承中，若继承人为多人时，就涉及如何确定各继承人的应继份额，这就是遗产的分配原则。依据《民法典》第 1130 条的规定，法定继承的遗产分配按照以下原则确定：

同一顺序继承人继承遗产的份额，一般应当均等。但是，在下列特殊情况下，继承人的继承份额可以不均等：

（1）对生活有特殊困难又缺乏劳动能力的继承人，分配遗产时，应当予以照顾。

（2）对被继承人尽了主要扶养义务或者与被继承人共同生活的继承人，分配遗产时，可以多分。尽了主要扶养义务是指对被继承人提供了主要经济来源，或在劳务等方面给予了主要扶助的。

（3）有扶养能力和有扶养条件的继承人，不尽扶养义务的，分配遗产时，应当不分或者少分。应当注意的是，继承人有扶养能力和扶养条件，愿意尽扶养义务的，但被继承人因有固定收入和劳动能力，明确表示不要求扶养的，分配遗产时，一般不应因此而影响其应继承份额。

（4）继承人协商同意的，也可以不均等。

（二）法定继承人以外的人酌情分配遗产问题

根据《民法典》第 1131 条的规定，可以酌情分配遗产的人应是以下两种情况之一：一是继承人以外的依靠被继承人扶养的人；二是继承人以外的对被继承人扶养较多的人。

酌情分得遗产的人，有权要求分得适当的遗产，根据他们的具体情况，分配遗产时，可以多于或少于继承人。

◎ **案例分析：**

案例 27-1 中，一套价值 300 万元的房屋与 50 万元存款是夫妻共同财产，有一半是妻子刘某的，另外的一半作为张某的遗产，在其没有立遗嘱的情况下，由妻子刘某、父亲、母亲、儿子法定继承，遗产平均分配。

◎ **思政点滴：**

法定继承人的范围和顺序，优先考虑家庭成员，尤其是直接血缘关系成员的利益，体现了对家庭传统价值的维护，强调了对家庭成员间的相互支持。这种法律规定有助于维护家庭的和谐与稳定，也避免了继承过程中的纠纷和不公。

◎ **延伸阅读：**

养父母子女、继父母子女作为继承人的审查。

◎ **相关法律：**

《民法典》第 1127、1129、1154 条。

《民法典继承编的解释一》第 11~13、19 条。

◎ **实务操作：**

（1）钱某、陈某于 1990 年登记结婚，婚后陈某与前夫所生之子陈甲（时年 9 岁）随钱某、陈某共同生活。1997 年，两人协议离婚，陈某与陈甲均从钱某住所搬离。陈甲成年后长期居住在国外。案涉房屋于 2006 年办理产权登记，登记产权人为钱某。钱某于 2021 年 5 月死亡后，各方就陈甲是否有权继承钱某遗产意见不一而涉诉。

请就此问题写一份法律分析报告。

（2）唐某有甲、乙、丙成年子女三人，于 2019 年收养了孤儿丁，但未办理收养登记。甲生活条件较好但未对唐某尽赡养义务，乙丧失劳动能力又无其他生活来源，丙长期和唐某共同生活。2021 年 5 月唐某死亡，甲、乙、丙、丁因分配遗产发生纠纷。

请分析：甲、乙、丙、丁如何分配遗产？

任务三 区分代位继承和转继承

◎ **案例导入：**

【**案例 27-2**】：甲育有二子乙和丙。甲生前立下遗嘱，其个人所有的房屋死后由乙继承。乙与丁结婚，并有一女戊，乙因病先于甲死亡后，丁接替乙赡养甲。丙未婚。甲死亡后遗有房屋和现金。

请思考：甲的遗产应该由谁继承？为什么？

◎ **知识准备：**

为更好维护被继承人亲属的合法权益，法律规定了代位继承和转继承。

一、代位继承

（一）代位继承的概念

《民法典》第 1128 条规定："被继承人的子女先于被继承人死亡的，由被继承人的子女的直系晚辈血亲代位继承。被继承人的兄弟姐妹先于被继承人死亡的，由被继承人的兄弟姐妹的子女代位继承。代位继承人一般只能继承被代位继承人有权继承的遗产份额。"代位继承是指被继承人的子女或兄弟姐妹先于被继承人死亡时，由被继承人子女的直系晚辈血亲或被继承人的兄弟姐妹的子女代替该被继承人的子女或兄弟姐妹的继承地位，继承被继承人遗产的法律制度。其中，先亡的继承人，称为被代位继承人，代替被代位人取得遗产的直系晚辈血亲，称为代位继承人。在代位继承中，代位继承人代替被代位继承人的继承地位、按被代位继承人的继承顺序和应继份额继承遗产。

（二）代位继承的成立条件

1. 被代位继承人在继承开始前已经死亡

2. 被代位继承人只能是被继承人的子女或兄弟姐妹

3. 被代位继承人未丧失或放弃继承权

代位继承人是基于被代位继承人享有继承权而继承财产的，所以被代位继承人丧失或放弃继承权的，其直系晚辈血亲不得代位继承。

4. 代位继承人是被继承人子女的直系晚辈血亲或被继承人的兄弟姐妹的子女

第一，直系血亲的含义。《民法典继承编解释一》第 15 条规定："被继承人的养子女、已形成扶养关系的继子女的生子女可以代位继承；被继承人亲生子女的养子女可以代位继承；被继承人养子女的养子女可以代位继承；与被继承人已形成扶养关系的继子女的养子女也可以代位继承。"也就是说亲生子女是当然的直系血亲，可以成为代位继承人；而继子女不为血亲，其仅有权对其亲生父母代位继承，而对继父母则没有代位继承权，所以被继承人子女的继子女没有代位继承权。对于养子女，我国从稳定收养关系的角度出发规定其可以作为代位继承人继承其养父母的财产。

第二，直系晚辈血亲，范围较为宽泛。《民法典继承编解释一》第 14 条规定："被继承人的孙子女、外孙子女、曾孙子女、外曾孙子女都可以代位继承，代位继承人不受辈数的限制。"也就是说，被代位人是被继承人的子女时，被继承人子女以下的直系晚辈血亲都是代位继承人，没有辈分限制。

第三，被继承人的兄弟姐妹的代位继承人仅限于其子女。兄弟姐妹本属旁系血亲，与直系血亲的血缘及情感联系相差甚远，因此旁系血亲的代位继承人仅限于被继承人的侄子女、甥子女。

5. 代位继承只适用于法定继承

在遗嘱继承中，遗嘱只有在立遗嘱人死亡时发生法律效力，如果遗嘱继承人于遗嘱生效前死亡，此时尚未取得继承权，自然不会发生代位继承，所以代位继承不适用遗嘱继承。

（三）代位继承时的遗产分割

在具备代位继承的条件时，代位继承人取代被代位继承人的继承地位参与遗产继承。

1. 代位继承人的继承顺序

代位继承人要根据被代位继承人的地位和顺序继承遗产。被继承人的子女为第一顺序的法定继承人，因此代位继承人代位继承时，是作为被继承人的第一顺序的法定继承人参加继承的。而且丧偶儿媳、丧偶女婿作为第一顺序的继承人参加法定继承时，不影响其子女的代位继承。被继承人的兄弟姐妹为第二顺序继承人，因此被继承人的兄弟姐妹的子女在代位继承时是以第二顺序继承人的身份参与继承的。

2. 代位继承人的应继份额

根据民法典继承编的相关规定，代位继承人一般只能继承被代位继承人有权继承的遗产份额。因此，若代位继承人有数人时，则由他们按人数均分被代位人的应继承份额。

◎ **案例分析：**

案例 27-2 中，乙（继承人）先于甲（被继承人）死亡，则乙应当继承的遗产份额由其女儿戊依法代位继承。儿媳丁在乙死亡后接替乙赡养甲，依法应作为甲第一顺序的法定继承人，丁作为第一顺序继承人时，不影响其女戊代位继承。丙作为甲的儿子，系第一顺序法定继承人。所以甲的财产分别由丙、丁、戊继承。

◎ **思政点滴：**

　　随着独生子女家庭增多，家庭结构已呈现倒金字塔形。为更好适应这种变化，民法典扩大了代位继承人范围，赋予侄、甥法定继承权利，不仅有利于延伸孝道，使被继承人的遗产可以通过更广泛的家庭成员进行继承，维护家庭成员之间的和谐关系，而且有利于更大限度地保障权利人的私有财产权。

二、转继承

　　（一）转继承的概念

　　转继承是指继承人在继承开始后，遗产分割前死亡，其应继承的遗产转归其合法继承人继承的法律制度。该合法继承人称为转继承人。在被继承人死后遗产分割前死亡的继承人称为被转继承人。

　　继承人并非在继承开始时就分配遗产，如果继承人在遗产分割前死亡，便不能实际接受遗产，这种情形下就会发生继承人应继份额的转继承。转继承只是将被转继承人应继承的遗产份额转由其继承人承受，转继承不是继承权的移转。转继承人没有因此享有对被继承人的遗产继承权，其享有和行使的是对被转继承人的遗产继承权。

　　（二）适用转继承应具备的条件

　　第一，继承人在继承开始后，遗产分割前死亡。如果继承人在继承开始前死亡，只会发生代位继承问题。如果继承人在遗产分割后死亡，因其已经实际取得遗产的所有权，其继承人将直接继承其遗产，而不是发生转继承。

　　第二，继承人既未放弃继承权也未丧失继承权。若继承人没有继承权，就没有参加继承而取得遗产的权利，自然不能发生转继承。

◎ **交互练习：**

　　田某死后留下五间房屋、一批字画以及数十万元存款的遗产。田某生三子一女，长子早已病故，留下一子一女。就在两个儿子和一个女儿办理完丧事协商如何处理遗产时，小儿子因交通事故身亡，其女儿刚满周岁。田某的上述亲属中（　　　）可作为第一顺序继承人继承他的遗产。

　　A. 二儿子和女儿　　　　B. 小儿子
　　C. 小儿子之女　　　　　D. 大儿子之子女

◎ **延伸阅读：**

　　转继承和代位继承的区别。

◎ **相关法律：**

　　《民法典继承编解释一》第 18 条。

◎ **实务操作：**

宋子立有两个儿子，长子宋红军在外地工作，宋子立与次子宋红建及儿媳黄朝菊、孙子宋兆辉一起生活。宋红建病故后，宋子立瘫痪在床生活不能自理，黄朝菊为了能使老人安度晚年，承担了照顾其生活的全部责任，尽了主要赡养义务。1998年宋子立死后，在办理后事时，发现宋子立留有存款6万元和一份遗嘱。遗嘱中声明：宋子立的好友姚一平曾对他有过极大的帮助，决定在其死后从遗产中拿出2万元赠送给姚一平，以示报答。长子宋红军认为自己是唯一的继承人，姚一平已经于1996年死亡，遂将存款全部提走。为分割宋子立的存款，宋红军、黄朝菊、姚一平的儿子姚胜明等发生争执。

请分析：

（1）黄朝菊有无继承权？为什么？

（2）宋兆辉有无继承权？为什么？

（3）如果黄朝菊参加继承，是否会影响宋兆辉的继承权？为什么？

（4）姚胜明是否有权获得原遗赠给姚一平的2万元？为什么？

项目综合训练

刘某和李某于2010年2月登记结婚，婚后无子女。婚姻关系存续期间，两人共同购买了一套房产，但房产登记在李某名下。李某很小的时候父亲去世，母亲把他和弟弟养大。2018年3月，李某因病去世。2019年9月，李某的母亲也去世。2021年7月，刘某去房地产管理部门想把房产过户到自己名下，工作人员在了解了刘某和李某的家庭情况后，告知刘某，必须要李某的弟弟放弃继承，才能过户到刘某个人名下。

请分析：刘某要想把和丈夫婚后共同购买的房产过户到自己的名下，如何解决？

本项目答案

项目二十八　适用遗嘱继承、遗赠和遗赠扶养协议

◎ 知识目标
- 掌握遗嘱的实质条件和形式要件。
- 掌握遗嘱见证人的法律要件。
- 掌握遗嘱继承和遗赠的区别。

◎ 技能目标
- 能根据当事人的要求制作遗嘱、遗赠扶养协议。
- 能判断遗嘱的效力及分析遗嘱瑕疵。
- 能判断遗赠扶养协议的效力。

◎ 素质目标
- 知法、守法、敬法的基础上，充分尊重当事人的自由。
- 培养将法律规定和案件事实紧密结合，按照严谨的法律逻辑分析问题的能力。

任务一　适用遗嘱继承

◎ 案例导入：

【案例 28-1】 叶某与妻子郝某育有子女叶风和叶云，其中叶云有女儿叶童。2020 年，叶某订立自书遗嘱，将遗产留给外孙女叶童。2021 年将自书遗嘱更改为叶云和叶童各继承 1/2。2022 年，叶某又将自书遗嘱更改为全部由妻子郝某继承。2023 年，在邻居董某的见证下，叶某又通过口头遗嘱，将遗嘱变更为郝某获得遗产的 1/2，叶云与叶童各得 1/4。后叶某 2023 年去世。

请思考： 对于叶某遗产的分割，应按哪一个遗嘱为准？为什么？

◎ 知识准备：

与法定继承相对应的继承方式是遗嘱继承。自然人死亡后，如自然人生前留有合法有效的遗嘱，继承人按照遗嘱继承分配遗产。

一、认识遗嘱继承

（一）遗嘱继承的概念和特征

遗嘱继承是指继承开始后，继承人按照被继承人的合法有效的遗嘱继承被继承人遗产的法律制度。在遗嘱继承中，生前立有遗嘱的人称为遗嘱人或立遗嘱人，依照遗

嘱的指定享有遗产继承权的人为遗嘱继承人。被继承人可以在遗嘱中明确规定具体的遗嘱继承人、改变法定继承人的顺序和份额、指定遗产的分配方法和遗嘱执行人等。

遗嘱继承具有以下特征：

（1）遗嘱继承的发生须有两个民事法律事实，即被继承人死亡和被继承人立有合法的遗嘱。二者缺一不可。

（2）遗嘱继承人和法定继承人的范围相同，但遗嘱继承不受法定继承顺序和应继份额的限制。

（3）遗嘱继承是对法定继承的一种排斥。遗嘱继承直接体现了被继承人的意愿。从尊重自然人生前遗愿、体现遗嘱自由、保护自然人财产权角度出发，《民法典》规定遗嘱继承效力优于法定继承，继承开始后有遗嘱的，先要按照遗嘱进行继承。

（二）遗嘱继承的适用条件

在被继承人死亡后，只有具备以下条件时，才能按照遗嘱继承办理：

（1）立遗嘱人死亡且指定的遗嘱继承人继承开始时尚生存。

（2）被继承人立有遗嘱且遗嘱合法有效。

（3）指定继承人未丧失继承权和未放弃继承权。

（4）没有遗赠扶养协议。遗嘱继承的效力虽然优于法定继承的效力，但遗嘱继承不能对抗遗赠扶养协议，只有在没有遗赠扶养协议的情况下，被继承人的遗产才可按照遗嘱办理。

二、审查遗嘱

（一）遗嘱的概念和特征

遗嘱是自然人生前按照法律的规定处分个人财产及安排与此相关的事务并于死亡后发生效力的单方民事法律行为。遗嘱指定的有权继承遗产的法定继承人为遗嘱继承人；遗嘱将遗产赠与法定继承人以外的自然人或组织的，该个人或组织为受遗赠人；自然人通过遗嘱设立信托的，应写明受托人和受益人；对他人订立遗嘱的事实予以见证的人为遗嘱见证人；执行遗嘱内容，将遗嘱付诸实施的人为遗嘱执行人。

遗嘱具有以下法律特征：

1. 遗嘱是一种单方、要式民事法律行为

遗嘱是一种单方民事法律行为，仅有立遗嘱人自己的意思表示即可成立，至于遗嘱继承人是否接受继承、受遗赠人是否接受遗赠并不影响遗嘱的成立和效力；遗嘱应当采取法律规定的形式，否则不能发生法律效力。

2. 遗嘱是死因行为

遗嘱无论何时订立，均于立遗嘱人死亡时发生效力，所以遗嘱是否合乎法律规定的条件，能否有效，均以遗嘱人死亡时为准。因此，立遗嘱人可随时变更或撤销遗嘱。

3. 遗嘱的内容必须不违反法律规定

凡是违反法律规定的遗嘱均不能发生法律效力。

（二）遗嘱的内容

遗嘱可以包括以下内容：遗嘱继承人和受遗赠人的指定；遗嘱执行人的指定；遗产的分配方法和份额；对遗嘱继承人和受遗赠人附加的义务；订立遗嘱的时间地点；其他事项。

（三）遗嘱的形式

1. 遗嘱形式的种类

遗嘱的形式，是指立遗嘱人表达处分个人财产的形式。遗嘱的形式是否合法，关系着遗嘱是否有效，遗嘱继承人能否取得遗产。遗嘱的形式包括以下六种：

（1）自书遗嘱。自书遗嘱是指由遗嘱人亲笔书写的遗嘱。自书遗嘱应当由遗嘱人亲笔写下遗嘱的全部内容，既不能由他人代笔，也不能打印。遗嘱人应当在遗嘱上注明书写的时间、地点，并应亲笔签名，不得以私人印章、手印或其他符号来代替签名。如有增删或改动，应在增删、改动内容的旁边注明字数并签名，还应写明时间、地点。自书遗嘱在形式上不需要见证人。

另外，《民法典继承编解释一》第27条规定："自然人在遗书中涉及死后个人财产处分的内容，确为死者的真实意思表示，有本人签名并注明了年、月、日，又无相反证据的，可以按自书遗嘱对待。"可见，遗书符合书面遗嘱的形式要求的，具有遗嘱的法律效力。

（2）代书遗嘱。遗嘱人在无书写能力或因故不能亲自书写遗嘱的情况下，可请他人代笔书写，代书遗嘱的要件是：必须由遗嘱人口述遗嘱内容；由两个以上见证人（代书人也可为见证人）在场见证；代书人写好了的遗嘱必须经遗嘱人认可；代书人、其他见证人和遗嘱人在遗嘱上签名，并注明年、月、日。

（3）打印遗嘱。打印遗嘱是遗嘱人通过打印的方式做成的遗嘱。这种方式与当今社会生活的现实状况和科技发展的水平相适应，为当事人设立遗嘱提供了便利。打印遗嘱既可以由遗嘱人自己编辑、打印，也可以由遗嘱人表述遗嘱内容，他人代为编辑、打印。为防止不法行为人通过技术手段篡改，《民法典》第1136条规定了严格的形式要件："打印遗嘱应当有两个以上见证人在场见证。遗嘱人和见证人应当在遗嘱每一页签名，注明年、月、日。"

（4）录音录像遗嘱。录音录像遗嘱包括录音遗嘱和录像遗嘱。录音遗嘱是遗嘱人口述遗嘱内容并用录音的方式记录而成的遗嘱。录像遗嘱是遗嘱人叙述遗嘱内容并用录像的方式记录而成的遗嘱。设立该种遗嘱，应具备以下形式要件：首先，无论采用录音还是录像，遗嘱人都应该亲自表达遗嘱内容，不可由他人转述，并应说明制作遗嘱的具体时间、地点；其次，须有两个以上的见证人见证，见证人应当在录音录像中记载其姓名或肖像。

（5）口头遗嘱。口头遗嘱是指由遗嘱人口头表述的而不以任何方式记载的遗嘱。由于这种形式的遗嘱，容易被人篡改、伪造，容易失实，因此，采用口头遗嘱受到严格限制。根据《民法典》第1138条的规定，口头遗嘱须具备以下两个条件：一是遗嘱人处于危急情况下，不能以其他方式设立遗嘱。所谓的危急情况，一般是指遗嘱人生命垂危、在战争中或者发生意外灾害，随时都有生命危险，而来不及或无条件设立其他形式遗嘱的情况。在危急情况消除后，遗嘱人能够以书面或者录音录像形式立遗嘱的，所立的口头遗嘱无效；二是应当有两个以上的见证人在场见证。遗嘱人于危急情况下设立口头遗嘱的，需有两个以上见证人在场见证。见证人应将遗嘱人口授的遗嘱记录下来，并由记录人、其他见证人签名，注明年、月、日；见证人无法当场记录的，应于事后追记、补记遗嘱人口授的遗嘱内容，并于记录上共同签名，并注明年、月、日，以保证见证内容的真实、可靠。一旦危急情况消除，遗嘱人能够采用其他方式订立遗嘱时，不论遗嘱人是否另立遗嘱，口头遗嘱都失去效力。

（6）公证遗嘱。公证遗嘱是经公证机关公证证明的遗嘱。公证遗嘱是方式最为严格的遗嘱，较之其他的遗嘱方式更能保障遗嘱人意思表示的真实性。因此，在当事人发生继承纠纷时，公证遗嘱是证明遗嘱人处分财产的意思表示的最有力和最可靠的证据。

2. 遗嘱见证人

依《民法典》继承编的规定，代书遗嘱、打印遗嘱、录音录像遗嘱、口头遗嘱都必须有两个以上的见证人在场见证。遗嘱见证人是证明遗嘱真实性的第三人。一般说来，见证人应当具备两个条件：一是有完全行为能力和见证能力；二是与继承人、遗嘱人无利害关系。依《民法典》第1140条规定："下列人员不能作为遗嘱见证人：（一）无民事行为能力人、限制民事行为能力人以及其他不具有见证能力的人；（二）继承人、受遗赠人；（三）与继承人、受遗赠人有利害关系的人。"根据《民法典继承编解释一》第24条的规定，继承人、受遗赠人的债权人、债务人，共同经营的合伙人，也应当视为与继承人、受遗赠人有利害关系，不能作为遗嘱的见证人。

（四）遗嘱的有效条件

合法有效的遗嘱除了符合法定的形式要件外，还必须同时符合下列三个实质要件：

1. 遗嘱人必须具有遗嘱能力

无民事行为能力人或者限制民事行为能力人所立的遗嘱无效，只有具有完全民事行为能力的人才有遗嘱能力。遗嘱人是否具有遗嘱能力，应以其立遗嘱时为标准。如果遗嘱人立遗嘱时有完全的行为能力，后来丧失了行为能力，不影响遗嘱的效力。如果立遗嘱时不具备完全的行为能力，即使后来取得了行为能力，其订立的遗嘱也无效。

2. 遗嘱必须是遗嘱人的真实意思表示

第一，遗嘱必须出于遗嘱人的自愿，是其内心意思的反映，受欺诈、受胁迫所立的遗嘱无效。第二，遗嘱内容真实可靠，是遗嘱人真实的意思表示，伪造的遗嘱、遗嘱被篡改的部分无效。

3. 遗嘱的内容须合法

遗嘱内容必须合法，才能发生法律效力。遗嘱的内容是否合法，应以被继承人死亡时为准。如遗嘱人在遗嘱中指定继承人继承某物，在立遗嘱时该物并不为遗嘱人所有，但在被继承人死亡前被继承人已取得了该物的所有权，则遗嘱人所立的遗嘱就是合法的。

立遗嘱时，应当为缺乏劳动能力又没有生活来源的继承人保留必要的遗产份额。而法定继承人是否为缺乏劳动能力又没有生活来源的人，应以继承开始时为准，不能以遗嘱人立遗嘱时继承人的状况为准。遗嘱中未为缺乏劳动能力又没有生活来源的继承人保留必要的遗产份额时，遗嘱并非全部无效，而仅是涉及处分应保留份额遗产的遗嘱内容无效，遗产处理时，应当为该继承人留下必要的遗产，剩余的部分，才可参照遗嘱确定的分配原则处理。

◎ **交互练习：**

甲有二子乙、丙，甲于 2017 年立下遗嘱将其全部财产留给乙。甲于 2022 年 4 月死亡。经查，甲立遗嘱时乙 17 岁，丙 14 岁，现乙、丙均已工作。甲的遗产应如何处理？（　　　）

A. 乙、丙各得 1/2。　　　　　B. 乙得 2/3，丙得 1/3。

C. 乙获得全部遗产。　　　　　D. 丙获得全部遗产。

（五）遗嘱的变更和撤回

遗嘱是遗嘱人死亡时才发生法律效力的遗嘱人单方的意思表示，因此，在遗嘱发生效力前，遗嘱人可随时变更或撤回所立的遗嘱。

遗嘱的变更是指遗嘱人依法改变原先所立遗嘱的部分内容。遗嘱变更之后应以变更后的遗嘱内容执行。遗嘱的撤回是指遗嘱人取消原来所立的遗嘱。遗嘱撤回后，有新遗嘱的，按新遗嘱的内容执行，撤回后没有另立遗嘱的，视为被继承人未立遗嘱。

遗嘱人变更和撤回遗嘱主要通过以下几种途径完成：

（1）遗嘱人重新订立遗嘱，并在新的遗嘱中明确声明变更或撤回原来所立的遗嘱。

（2）遗嘱人立有数份遗嘱，内容相抵触的，以最后遗嘱为准。

（3）遗嘱人可以通过实施与遗嘱内容相抵触的行为，变更或撤回遗嘱。

（4）涂改、损毁遗嘱。遗嘱人可以亲自对遗嘱内容进行涂改，变更遗嘱内容；遗嘱人故意销毁遗嘱的，推定遗嘱人撤回原遗嘱。

◎ **案例分析：**

案例 28-1 中，根据《民法典》第 1138 条，要有效订立口头遗嘱，需要两个以上的见证人，且口头遗嘱，只能在危急情况下使用。本题中叶某订立口头遗嘱，没有两个以上见证人，故口头遗嘱不能有效订立。根据《民法典》第 1142 条，前三份遗嘱均成立，但是内容相抵触，应当以最后的为准。故叶某的遗嘱以 2022 年的为准。

（六）遗嘱的执行

遗嘱的执行，是指在继承开始后，由继承人或者遗嘱指定的其他人实现遗嘱内容的过程。执行遗嘱的人为遗嘱执行人。遗嘱人可以在遗嘱中指定遗嘱执行人。没有遗嘱执行人或遗嘱执行人不能执行遗嘱的，由全体法定继承人共同执行或协商推举其中一人或数人执行。

遗嘱执行人即遗产管理人，其职责参见后文中遗产管理人的职责说明。

◎ 延伸阅读：

瞿某华、瞿某凤诉上海某律师事务所代书遗嘱赔偿案。

◎ 相关法律：

《民法典》第 1133~1135、1137、1139、1141、1143、1148、1150 条；
《民法典继承编解释一》第 24、26、28 条。

◎ 实务操作：

（1）王先生年过花甲，富甲一方，想立一份遗嘱来安排自己的财产，苦于不懂法律不知如何订立，请同学们帮王先生订立一份遗嘱。

（2）杨某共有 3 名子女，蔡某 1、蔡某 2、蔡某 3。蔡某 1 为杨某和老伴蔡某的长子。蔡某多年前已经去世，杨某在老伴去世后的 5 年间一直跟随蔡某 1 和孙女蔡某某共同生活，杨某去世后，蔡某 1 拿出一份落款日期为 2017 年 8 月 5 日的"遗嘱"一份，蔡某 2、蔡某 3 除对遗嘱内容和形式有争议外，蔡某 2 还提出杨某患有痴呆症、脑梗塞等病状导致神志不清，该遗嘱不是杨某的真实意思表示。

遗　嘱

我叫杨某，××年×月×日出生，住北京市通州区某小区某号。我老伴叫蔡某在 2016 年×月×日去世了。为了防止我死后发生争议，特立下遗嘱：我死后，我和老伴蔡某的存款和房产全部归我大儿子蔡某 1 所有，房权证号是：京房权证通私字第×号，房屋建筑面积为 59.86 平方米。以上是我的真实意思表示。

立遗嘱人：杨某（王某代签，有指印）。

代书人：王某。

见证人：胡某。身份证号××××

见证人：段某。身份证号：××××

立遗嘱时间：2017 年 8 月 5 日。

请分析：杨某的遗嘱效力如何？如有瑕疵，具体是哪些？

任务二　适用遗赠

◎ 案例导入：

【案例 28-2】老王有一子一女，儿子常年在外，几乎从未赡养老人。老王和女儿一家共同生活。老王有一侄子，幼年丧父，一直靠老王接济生活。现老王去世，留下遗嘱：全部财产 90 万，一半留给女儿，一半留给侄子。

请思考： 老王的遗产应如何分配？

◎ **知识准备：**

老王合法有效的遗嘱是遗嘱继承还是遗赠呢？我们要了解一下什么是遗赠。

一、认识遗赠

遗赠是指自然人以遗嘱的方式将个人财产赠与国家、集体或者法定继承人以外的组织、个人，而于其死亡后发生法律效力的民事法律行为。立遗嘱的自然人为遗赠人，遗嘱中指定赠与的财产为遗赠财产或遗赠物。遗赠有以下法律特征：

1. 遗赠是要式、单方民事法律行为

遗赠必须以遗嘱的方式进行，而遗嘱是一种单方民事法律行为，因而遗赠也就是一种单方民事法律行为。

2. 受遗赠人是法定继承人以外的自然人，也可以是国家、集体或其他组织等

3. 遗赠是遗赠人无偿给受赠人财产利益的行为

遗赠有单纯遗赠和附负担遗赠之分，附负担遗赠是遗赠人就遗赠附加某种义务或条件的遗赠，但遗赠中所附的负担并不是受遗赠人接受遗赠的对价。

4. 遗赠的生效必须以遗赠人死亡和受遗赠人生存为条件

首先，遗赠的生效必须在遗赠人死亡后，否则遗赠人可以随时随地变更或撤回遗赠。其次，受遗赠人必须在遗赠人死亡后尚生存。受遗赠人在继承开始时已经死亡、与遗赠人同时死亡或被推定为同时死亡，遗赠都不发生法律效力，原遗赠财产只能由遗赠人的法定继承人按法定继承方式继承。

◎ **思政点滴：**

遗赠是遗赠人以遗嘱方式处分自己遗产的行为，不仅对实现遗嘱人的遗嘱自由，减少遗产继承纠纷有很大的作用，还对维系亲情伦理，维护社会秩序，促进社会公益事业的发展和弘扬社会主义核心价值观具有重要的法律和社会意义。

二、区分遗赠与遗嘱继承

遗赠与遗嘱继承都是自然人通过立遗嘱处分自己财产的单方民事法律行为，都是在遗嘱人死亡时转移遗产所有权的方式。但是，遗赠与遗嘱继承毕竟是两种取得遗产的方式，两者的区别主要体现在以下几点：

1. 受遗赠人与遗嘱继承人的主体范围不同

受遗赠人可以是法定继承人以外的任何自然人，也可以是国家和集体，但不能是法定继承人范围之内的人；遗嘱继承人则只能是法定继承人范围之内的人。

◎ **案例分析:**

案例 28-2 中,老王女儿和侄子都可以分得遗产,但女儿为遗嘱继承人,得到遗产是基于遗嘱继承,侄子非继承人范围之内的人,其得到遗产是基于遗赠。

2. 受遗赠权和遗嘱继承权的客体范围不同

受遗赠权的客体只是遗产中的财产权利,不包括财产义务。而遗嘱继承权的客体是遗产,既包括被继承人生前的财产权利,也包括被继承人生前的财产义务。所以遗嘱继承人对遗产的继承既包括承受遗产的权利,也包括负担债务的义务。

3. 受遗赠权和遗嘱继承权的行使方式不同

受遗赠人接受遗赠的,应于法定期间内作出接受遗赠的明示的意思表示。根据我国《民法典》第 1124 条第 2 款规定:"受遗赠人应当在知道受遗赠后六十日内,作出接受或者放弃受遗赠的表示。到期没有表示的,视为放弃受遗赠。"而遗嘱继承人自继承开始至遗产分割前未明确表示放弃继承的,即视为接受继承,放弃继承权必须于此期间内作出明确的意思表示。

◎ **交互练习:**

甲死后留有房屋 1 套、存款 3 万元和古画 1 幅。甲生前立有遗嘱,将房屋分给儿子乙,存款分给女儿丙,古画赠与好友丁,并要求丁帮丙找份工作。下列说法正确的是( )。

A. 甲的遗嘱部分无效

B. 若丁在知道受遗赠后 60 日内没有作出接受的意思表示,则视为接受遗赠

C. 如古画在交付丁前由乙代为保管,若意外灭失,丁无权要求乙赔偿

D. 如丁在作出了接受遗赠的意思表示后死亡,则其接受遗赠的权利归于消灭

三、区分遗赠与赠与

遗赠与赠与都是无偿地将自己的财产给予他人的民事法律行为,但二者有着原则性的区别,主要表现在以下几点:

其一,遗赠是单方民事行为,而赠与是一种双方民事行为。

其二,遗赠在遗嘱人死亡后才发生法律效力,而赠与是赠与人活着的时候发生法律效力。

其三,遗赠采取遗嘱的形式,由民法典继承编调整;而赠与采取合同方式,由民法典合同编调整。

◎ **延伸阅读:**

违背公序良俗遗赠"小三"被判无效案。

◎ **相关法律：**

《民法典》第 1133、1144 条。

◎ **实务操作：**

（1）王老太乃一富孀，膝下三子二女，即甲乙丙丁戊，并有一侄女寅。王老太生前立一遗嘱，云："吾辞别人间后，存款若干归甲；船队归乙；除别墅外的房产归丙；所有股票归丁；所有债券归戊，其余动产归寅。"王老太于 9 月 9 日去世。在此前后，发生如下事件：

①甲于王老太死后次日书面表示，放弃一切继承权。

②寅于王老太死后次日得知遗嘱内容，但两个月过去了，没有任何表示。

③乙、丙一向不和，丙眼红于乙即将得到的船队，欲夺之而后快，遂于 9 月 8 日将乙杀死。

④经查，遗嘱中"所有股票归丁"一句，系丁后来篡改的，原句为"所有股票债券亦归戊所有"。

⑤经查，王老太还有生前居住的别墅一栋，遗嘱忘了处理。

请问王老太的遗产该如何分配？为什么？

（2）张某夫妇及其子与杨某的父亲是邻居关系。自 20 世纪 50 年代以来，张某夫妇给予杨某父亲很多照顾，双方一直相处较好，往来较多。杨某多年未与父亲来往，直至 2011 年 11 月，才取得联系，并探望了父亲。此后，杨某父亲在住院期间，口头表示将其房屋遗赠给张某的儿子，并有多位证人在场证明。2012 年 3 月，杨某父亲去世。后因杨某父亲的遗产继承问题发生诉讼，人民法院依法判决杨某父亲的房屋归张某的儿子所有，其他财产由杨某继承。

请论述：此案例判决的法律依据及如何体现了社会主义核心价值观。

任务三　适用遗赠扶养协议

◎ **案例导入：**

【案例 28-3】周某生前与村委会签订了遗赠扶养协议，约定"村委会负责周某的生养死葬，死后其所有房屋四间、生活用品归村委会所有"。但其后周某又自书遗嘱："房屋两间给自己的长子继承，存款 1000 元给孙女"，周某去世后，周某之子与村委会关于遗产分割问题发生纠纷。

请思考：周某的遗产该如何处理？

◎ **知识准备：**

周某生前立有遗嘱又有遗赠扶养协议，那遗嘱和遗赠扶养协议如何适用呢？

一、认识遗赠扶养协议

遗赠扶养协议是指遗赠人与扶养人订立的，扶养人承担该遗赠人生养死葬的义务，遗赠人的财产在死后转归扶养人享有的协议。《民法典》第 1158 条规定："自然人可以与继承人以外的组织或者个人签订遗赠扶养协议。按照协议，该组织或者个人承担该自然人生养死葬的义务，享有受遗赠的权利。"扶养人可以是自然人，也可以是有关组织。遗赠扶养协议有以下特征：

1. 遗赠扶养协议是一种双方民事法律行为

在遗赠扶养协议中的遗赠人只能是自然人，一般是孤寡老人，没有扶养人，或者扶养人不在身边；而扶养人一方可以是自然人，但不能是法定继承人范围内的人，因为法定继承人与被继承人之间本来就有法定的扶养权利义务关系；也可以是各种组织，这里的组织既可以是法人，也可以是非法人组织，但必须是具备养老职能的组织。该协议由遗赠人和扶养人通过意思表示达成一致而设立，为双方民事法律行为。

2. 遗赠扶养协议是要式、双务、有偿的民事法律行为

遗赠扶养协议涉及遗赠人和扶养人双方的重要权利义务关系，又有存续时间长的特点，应当采用书面签订。扶养人获得遗赠人的遗产是以尽扶养义务为前提的，遗赠扶养协议是双务、有偿的民事法律行为。

3. 遗赠扶养协议优先于法定继承、遗嘱继承适用

如果遗赠扶养协议与遗嘱没有抵触，遗产分别按协议和遗嘱处理；如果有抵触，按协议处理，与协议抵触的遗嘱内容全部或部分无效。遗赠扶养协议的效力优于遗嘱继承，也优先于法定继承而适用。

◎ 思政点滴：

遗赠扶养协议通过契约方式为需要他人扶养的弱势群体，特别是对缺乏劳动能力又无生活来源的老年人、残疾人等弱势群体提供了法律保护，不仅保障了他们的基本生活需求，减少国家和社会的负担，维护社会稳定，同时有助于培养全社会的尊老爱老风气，践行社会主义核心价值观。

◎ 交互练习：

梁某已八十多岁，老伴和子女都已过世，年老体弱，生活拮据，欲立一份遗赠扶养协议，死后将三间房屋送给在生活和经济上照顾自己的人。梁某的外孙子女、侄子、侄女及干儿子等都争着要做扶养人。这些人中（　　）不应作遗赠扶养协议的扶养人。

A. 外孙子女　　B. 侄子　　C. 侄女　　D. 干儿子

二、判断遗赠扶养协议的效力

首先，遗赠扶养协议为遗赠人与扶养人签订的具有法律效力的文书，在两者之间

产生有关权利义务关系。根据协议的规定，遗赠人有受到扶养人扶养的权利，同时还必须对协议中明确的遗赠财产负有妥善保管的义务，不得损毁，不得再将该财产赠与或出卖给他人，扶养人在完成扶养义务之后，有权取得协议约定的遗产。

其次，遗赠扶养协议对遗赠人的继承人、其他受遗赠人也有效力。遗赠人可以根据自己的意愿对遗赠扶养协议所包含的财产之外的遗产进行管理，可法定继承、遗嘱继承，可遗赠他人，也可生前处分。而对于遗赠扶养协议涉及的遗产部分，遗赠人不可再行处分；遗赠人死亡后，占有遗产的继承人应将该遗赠财产转移给扶养人。

◎ **案例分析：**

案例 28-3 中周某与村委会签订的遗赠扶养协议与遗嘱的内容相抵触的部分，以遗赠扶养协议为准，即房屋不能归儿子，但不相抵触的内容，即存款 1000 元给孙女。

三、区分遗赠扶养协议与遗赠

遗赠扶养协议与遗赠都是遗赠人将自己的财产于死后转移给法定继承人以外的其他组织或个人的法律行为，但是，遗赠扶养协议与遗赠有如下区别：

（1）遗赠扶养协议为双方的法律行为，遗赠为单方的法律行为。

（2）遗赠扶养协议为有偿的财产让与，遗赠为无偿的财产让与。

（3）遗赠扶养协议自签订时起生效，而遗赠则于遗赠人死亡时生效。

（4）遗赠扶养协议中的扶养人必须是具有完全民事行为能力的成年人或具备承担养老职能的各类组织，而遗赠中的受遗赠人则不受此限。

◎ **延伸阅读：**

老人家产遗赠村委会 失联子女"冒出"争继承。

◎ **相关法律：**

《民法典》第 1123 条。

《民法典继承编解释一》第 3、40 条。

◎ **实务操作：**

孙某虽家庭殷实，但无儿无女，遂于 2013 年收养了一个儿子，取名孙甲。2018 年，孙某因琐事与孙甲发生口角，孙甲一气之下外出打工，并在外地成家立业。孙某长期与孙甲失去联系，感到难以依靠孙甲养老送终，遂与李某签订了遗赠扶养协议，约定由李某给他养老送终，自己的大部分遗产归李某所有。2021 年，孙某病危，又自书遗嘱一份，赠与张某剩余财产。同年 6 月，孙某去世，李某依约为孙某办了丧事。几天之后，张某持遗嘱找到李某，要求接受遗赠。而孙甲也火速从外地赶回，要求继承遗产。

请分析：该案应如何处理？

项目综合训练

　　王某有一儿一女，妻子早逝，王某退休后与儿子一起生活。2017年2月，王某自书遗嘱，决定在其去世后，全部存款和一套房屋由儿子继承。但是后来因儿媳不孝顺，王某搬到女儿家里居住。2019年5月，王某又立一份遗嘱，全部存款归女儿，一套房屋由儿子继承，并作了公证。2021年1月，王某病重住院，女儿细心照顾，可是儿子很少去探望。王某在弥留之际，当着三个医生的面立下口头遗嘱，将其全部存款和一套房屋都留给女儿继承。王某去世后，一儿一女在继承遗产时发生纠纷。

　　请分析：王某生前立的三份遗嘱是否都有效？按哪一份遗嘱处分遗产？

本项目答案

项目二十九 遗产处理

◎ **知识目标**

- 了解遗产管理人产生的方式和职责。
- 掌握胎儿继承份额的法律规定。
- 掌握遗产债务的清偿方法。

◎ **技能目标**

- 能够运用遗产分配策略解决具体的继承纠纷。
- 能解决遗产与债务并存时债务的清偿问题。

◎ **素质目标**

- 培养将法律问题和大数据相结合，寻求解决继承纠纷的途径。
- 培养务实、细致的分析能力。

任务一 确定遗产管理人

◎ **案例导入：**

【**案例 29-1**】2020 年，李某向张某借款 123 万元，约定如果李某无法如期还款，愿意将自己名下某村的房屋折给张某，价格按折抵时市场价计算，并将自己的集体土地建设用地使用权证交给张某。2021 年李某因车祸去世，123 万借款一直未偿还，后张某将李某的母亲、妻子、女儿起诉至法院，要求她们在继承遗产的范围内偿还借款，但上述几人明确表示放弃继承李某的遗产，导致张某的债权迟迟无法实现。

请思考：张某如何实现债权？

◎ **知识准备：**

继承人明确表示放弃继承遗产，李某的遗产处于无人管理的境地，这就需要确定遗产管理人。

一、遗产管理人的概念

遗产管理，事关继承人、受遗赠人以及被继承人的债权人等各方利益，为避免出现遗产因无人管理和保护而被私分、转移、灭失，或者遗产当中的贵重物品被隐匿，遗产的一部分或全部被破坏、盗窃等，因此，需要有人妥善保管遗产，并在不同主体之间分配好遗产。遗产管理人就是在继承开始后遗产分割前，负责处理涉及遗产有关事务的人。《民法典》增加规定了遗产管理人制度，明确了遗产管理人的产生方式、职责和权利等内容。

二、遗产管理人的产生方式

《民法典》第 1145 条规定："继承开始后，遗嘱执行人为遗产管理人；没有遗嘱执行人的，继承人应当及时推选遗产管理人；继承人未推选的，由继承人共同担任遗产管理人；没有继承人或者继承人均放弃继承的，由被继承人生前住所地的民政部门或者村民委员会担任遗产管理人。"如果遗嘱未指定遗嘱执行人或遗产管理人，而继承人对遗产管理人的选任有争议，或对指定遗产管理人的遗嘱的效力存在争议，或遗产债权人有证据证明继承人的行为损害其利益，依据《民法典》第 1146 条规定，利害关系人可以向人民法院申请指定遗产管理人。

◎ **案例分析：**

案例 29-1 中，李某的全部继承人均表示放弃继承遗产，张某也提交了《借款协议》及生效法律文书证明二人之间存在债权债务关系，属于法律上规定的利害关系人，张某为实现债权有权向法院申请指定遗产管理人。结合李某生前住所地以及借款担保房屋的地址，加之村委会作为最贴近村民的一级组织，全面了解村民的家庭情况，方便对被继承人遗产的管理与清算，法院指定村委会作为李某的遗产管理人管理处理遗产最为妥当。

◎ **交互练习：**

对遗产管理人的确定有争议的，利害关系人可以向（　　）申请指定遗产管理人。

A. 人民法院　　 B. 民政部门　　 C. 福利机构　　 D. 人民政府

三、遗产管理人的职责

遗产管理人选任之后，应当在法律规定的权限范围内实施遗产管理行为。根据《民法典》第 1147 条的规定，遗产管理人的职责包括：清理遗产并制作遗产清单；向继承人报告遗产情况；采取必要措施防止遗产毁损、灭失；处理被继承人的债权债务；按照遗嘱或者依照法律规定分割遗产；实施与管理遗产有关的其他必要行为。例如：参与涉及遗产的有关事项、对遗产情况开展调查等，确保遗产得到妥善处理。

四、遗产管理人的权利与义务

遗产管理人管理遗产需要花费大量时间和精力，还要依法履行法律规定的职责，民法典 1149 条明确规定遗产管理人有权获得报酬。遗产管理人的报酬的多少可以由当事人约定，如果是人民法院指定遗产管理人的，人民法院可以酌情确定遗产管理人的报酬。

民法典第 1148 条规定："遗产管理人应当依法履行职责，因故意或者重大过失造成继承人、受遗赠人、债权人损害的，应当承担民事责任。"遗产管理人承担民事责任应以主观上有故意或重大过失为条件，遗产管理人若仅具有一般过失，即使造成了损害后果，也不承担民事责任。同时，遗产管理人承担的民事责任不因其是否受有报酬而有所区分。

◎ 延伸阅读：

遗产管理人与遗产保管人、遗嘱执行人的异同？

◎ 相关法律：

《民法典》第 1150、1151 条。

◎ 实务操作：

杨某系聋哑孤寡老人。政府相关单位协调安排杨某生活时，杨某选择由顾某甲、顾某乙、顾某丙照顾其晚年生活。因杨某生活不能自理，顾某甲、顾某乙对其进行日常照顾，并帮其雇佣护工照料。杨某生病住院及康复治疗期间，顾某甲、顾某乙、顾某丙定期探望，护工费、伙食费、医疗费等费用由顾某甲负责。顾某甲、顾某乙、顾某丙在杨某死亡后，负责处理了丧葬事宜，并将杨某与其父母一并安葬，按照当地风俗进行祭拜。杨某死亡后遗留房屋一处，没有继承人。

请分析：（1）顾某甲、顾某乙、顾某丙有权提出指定遗产管理人申请吗？为什么？

（2）本案的思政意义？

任务二　分割遗产与清偿债务

◎ 案例导入：

【案例 29-2】张某死亡时，遗产由其母亲甲和妻子乙和非婚生子丙继承，当时乙已经怀孕，所以在分配遗产时为胎儿保留了 5000 元，结果胎儿出生时为死体。

请思考：5000 元应如何处理？如果胎儿出生 1 天后死亡，5000 元又该如何处理？

【案例 29-3】王某的遗产已经分割，甲根据王某的遗嘱继承了 4 万元现款，乙根据王某的遗赠分得价值 2 万元的电脑一台，丙依法定继承分得价值 10 万元的公寓一套。王某生前尚欠丁债务 13 万元。

请思考：丁的债权应如何实现？

◎ **知识准备：**

保留胎儿的继承份额，需要充分了解遗产分割的原则和方式。丁的债权若想实现，更需要明白遗产分割和债务清偿之间的法律关系。

一、分割遗产

遗产的分割是指在共同继承人之间，按照各继承人的应继份额分配遗产的行为。

（一）遗产分割的时间

应当将遗产分割的时间与继承开始的时间区别开，继承开始的时间是法定的，它只能是被继承人死亡的时间；而遗产分割的时间是约定的，它可以是继承开始后的任何时间，具体时间是经过继承人协商或其他方式确定的。

（二）遗产分割的原则

根据《民法典》规定的精神，遗产分割的原则可以概括为以下四项：

（1）遗产分割自由原则。遗产分割自由原则是指共同继承人得随时要求分割遗产，即继承人得随时行使遗产分割请求权，任何人不得拒绝分割。

（2）保留胎儿继承份额原则。在分割遗产时，如果有胎儿的，应当保留胎儿的继承份额。《民法典》第1155条规定："遗产分割时，应当保留胎儿的继承份额。胎儿娩出时是死体的，保留的份额按照法定继承办理。"《民法典继承编解释一》第31条指出："应当为胎儿保留的遗产份额没有保留的，应从继承人所继承的遗产中扣回。为胎儿保留的遗产份额，如胎儿出生后死亡的，由其继承人继承；如胎儿娩出时是死体的，由被继承人的继承人继承。"根据这些规定，在遗产分割时应注意以下三点：

第一，无论是适用法定继承，还是适用遗嘱继承，在分割遗产时，继承人都应当为胎儿保留继承份额，该份额应按法定继承的遗产分配原则确定。在多胞胎的情况下，如果只保留了一份继承份额，应从继承人继承的遗产中扣回其他胎儿的继承份额；

第二，为胎儿保留的继承份额，如果胎儿出生时为活体的，则该份额由其母亲（法定代理人）代为保管。胎儿出生后死亡的，则为胎儿保留的继承份额成为他的遗产，应由他的法定继承人依法定继承的方式继承；

第三，胎儿出生时是死体的，则为胎儿保留的继承份额仍属于被继承人的遗产，应当由被继承人的继承人再行分割。如果没有保留的，则原分割继续有效。

◎ **案例分析：**

案例29-2中，如果胎儿出生时为死体，则5000元钱由被继承人的继承人继承，即由甲、乙、丙继承。胎儿出生后死亡的，则为胎儿保留的继承份额成为他的遗产，应由他的法定继承人依法定继承的方式继承，即由其母亲乙继承。

（3）互谅互让、协商分割原则

（4）物尽其用原则。物尽其用原则是指在遗产分割时，应当从有利于生产和生活的需要出发，注意发挥遗产的实际效用。《民法典继承编解释一》第 42 条规定：
"人民法院在分割遗产中的房屋、生产资料和特定职业所需要的财产时，应当依据有
利于发挥其使用效益和继承人的实际需要，兼顾各继承人的利益进行处理。"按照这
一原则分割遗产，有利于发挥遗产的实际效用，有利于满足继承人的生产和生活需
要。

（三）遗产分割的方式

我国《民法典》第 1156 条规定："遗产分割应当有利于生产和生活需要，不损
害遗产的效用。不宜分割的遗产，可以采取折价、适当补偿或者共有等方法处理。"
根据这一规定，遗产分割的方式主要有以下四种方式：（1）实物分割；（2）变价分
割；（3）补偿分割；（4）保留共有。遗产不宜进行实物分割，继承人又都愿意取得
遗产的，或者继承人基于某种生产或生活的目的，愿意继续保持共有状况的，则可以
采取保留共有的分割方式，由继承人对遗产享有共有权，其共有份额按照应继份额的
比例确定。

◎ **交互练习：**

孙某死后遗留下一张 1 万元的存折、一台电脑和一些旧家具。孙甲、孙乙和孙丙
是孙某的三个儿子，三人根据实际情况，经协商后，孙甲继承了家具，孙乙继承了电
脑，孙丙继承了存折。四个月后，郭某向孙乙出示了自己将电脑借给孙某的借条，孙
乙将电脑还给了郭某。下列说法正确的是(　　)。

A. 孙甲、孙丙构成不当得利

B. 孙甲、孙丙应按照所得遗产的比例向孙乙进行补偿

C. 分遗产时三人已经协商一致，孙乙应自己承担损失

D. 遗产已经分配完毕，郭某仍可要回电脑

（四）无人继承又无人受遗赠的遗产

从实践看来，无人承受的遗产主要包括：没有法定继承人、遗嘱继承人和受遗赠
人的遗产；法定继承人、遗嘱继承人放弃继承，受遗赠人放弃受遗赠的遗产；法定继
承人、遗嘱继承人丧失继承权，受遗赠人丧失受遗赠权的遗产。

《民法典》第 1160 条的规定："无人继承又无人受遗赠的遗产，归国家所有，用
于公益事业；死者生前是集体所有制组织成员的，归所在集体所有制组织所有。"因
此，我国是按照死者身份来确定无人继承的遗产归属的。

二、清偿被继承人债务

（一）被继承人债务的范围

被继承人债务，是指被继承人死亡时遗留的应由被继承人清偿的财产义
务。被继承人的债务属于遗产中的消极财产，又称为遗产债务。被继承人的债务既包

括被继承人个人负担的债务，也包括被继承人在共同债务中应负担的债务额。

（二）遗产债务的清偿原则

继承人继承遗产，就应当清偿遗产债务。《民法典》第 1161 条第 2 款规定："继承人放弃继承的，对被继承人依法应当缴纳的税款和债务可以不负清偿责任。"继承人在清偿遗产债务时，应当坚持如下原则：

1. 限定继承原则

所谓限定继承，是指继承人对被继承人的遗产债务的清偿只以遗产的实际价值为限，超过遗产实际价值的部分，继承人不负清偿责任。《民法典》第 1161 条第 1 款规定："继承人以所得遗产实际价值为限清偿被继承人依法应当缴纳的税款和债务。超过遗产实际价值部分，继承人自愿偿还的不在此限。"

2. 保留必留份原则

《民法典》第 1159 条规定："分割遗产，应当清偿被继承人依法应当缴纳的税款和债务；但是，应当为缺乏劳动能力又没有生活来源的继承人保留必要的遗产。"

3. 清偿债务优先于执行遗赠原则

为防止遗赠人通过遗赠逃避债务，保护债权人的合法权利，对遗赠行为加以限制是有必要的。《民法典》第 1162 条规定："执行遗赠不得妨碍清偿遗赠人依法应当缴纳的税款和债务。"根据这一规定，清偿债务优先于执行遗赠，只有在清偿完债务后，还有剩余遗产时，遗赠才能得到执行。如果遗产已不足清偿债务，则遗赠就不能执行。

（三）遗产债务的清偿方法

继承开始后，如果继承人只有一人，则遗产债务的清偿方法对债权人没有什么影响。但继承人为多数时，如何确定债务的清偿方法，对债权人的利益就会产生很大的影响。我国继承法上没有明确遗产债务的清偿方法，司法实践中一般采取以下两种方法：

1. 先清偿债务后分割遗产

先清偿债务后分割遗产是一种总体清偿方式。按照这种清偿方式，共同继承人首先从遗产中清算出遗产债务，并将清算出的相当于遗产债务数额的遗产交付给债权人；然后，根据各继承人应继承的份额，分配剩余遗产。

2. 先分割遗产后清偿债务

先分割遗产后清偿债务是一种分别清偿方式。按照这种清偿方式，共同继承人首先根据他们应当继承的遗产份额分割遗产，同时分摊遗产债务，各继承人按自己分摊的债务数额向债权人清偿。实践中，如果遗产已被分割而债务还未清偿的，应当按照《民法典》第 1163 条的规定处理。即：既有法定继承又有遗嘱继承、遗赠的，由法定继承人清偿被继承人依法应当缴纳的税款和债务；超过法定继承遗产实际价值部分，由遗嘱继承人和受遗赠人按比例以所得遗产清偿。

◎ **案例分析：**

　　案例 29-3 属于遗产已被分割而债务未清偿的情形，按照《民法典》司法解释的规定，首先由法定继承人丙用所得遗产清偿，即丙偿还 10 万元，剩下的 3 万元由遗嘱继承人甲和受遗赠人乙按照分得遗产的比例即 2 比 1 的比例清偿，由甲偿还 2 万元，乙偿还 1 万元。

◎ **延伸阅读：**

　　（1）最高人民法院指导案例 50 号：李某、郭某阳诉郭某和、童某某继承纠纷案。
　　（2）遗产分配的策略。

◎ **相关法律：**

　　《民法典》第 1130、1131、1156、1159～1163 条。
　　《民法典继承编解释一》第 20～23 条。

◎ **实务操作：**

　　（1）家住北京的李三夫妇，育有一子一女，儿子李东和女儿李西。李三妻子早年去世，未留下遗产。李三常年体弱多病，幸有外地来京当保姆的王某精心照料。2018 年 5 月，李东因车祸死亡。半年后，李三也被查出患有绝症。为感谢王某多年来的照顾以及在自己过世后使王某老有所居，李三立下遗嘱：自己去世后允许王某继续使用自己现居住的三居室商品房中的一间，直至去世；三居室房屋由唯一孙子李小东继承。不久，李三去世。遗产为三居室房屋一套和存款 20 万元。在房屋继承、使用及存款分配问题上，李小东、李西及保姆王某发生纠纷。

　　请分析下列问题：
　　①王某是否有权居住三居室房屋中的一间？为什么？
　　②李小东是否有权取得三居室房屋？为什么？
　　③20 万元应该如何分配？为什么？

　　（2）胡某生前有两个儿子和一个女儿，2000 年以前儿女三人先后成家，胡某的妻子和父母都已经去世，胡某的大儿子生活比较富裕，但是不孝顺，胡某一直和二儿子生活在一起，女儿也经常在生活上照顾胡某，胡某去世后留有遗产。

　　请撰写一个案例法律分析报告：主要包括：胡某去世后，有几个继承人，为什么？继承人之间如何分配遗产？

项目综合训练

　　何某死后留下一间价值六万元的房屋和四万元现金。何某立有遗嘱，四万元现金由四个子女平分，房屋的归属未作处理。何某女儿主动提出放弃对房屋的继承权，于是三个儿子将房屋变卖，每人分得两万元。现债权人主张何某生前曾向其借款 12 万元，并有借据为证。

　　请分析：12 万元债务如何清偿？

本项目答案

模块六　侵权法律事务处理

项目三十　初识侵权责任

◎ **知识目标**

- 掌握侵权行为的含义及分类。
- 理解并掌握侵权责任的归责原则及一般侵权责任的构成要件。
- 掌握多数人侵权行为的类型及其责任。

◎ **技能目标**

- 能正确适用侵权责任的归责原则、构成要件分析案例、解决纠纷。
- 能正确界定不同类型的多数人侵权行为，并能够确定多数人之间的责任承担。
- 会计算损害赔偿数额。

◎ **素质目标**

- 通过完成任务，养成严谨细致的工作态度。
- 在完成任务的过程中培养全面分析实际问题、正确适用法律的能力。
- 养成以事实为依据、以法律为准绳的职业道德。

任务一　认识侵权责任

◎ **案例导入：**

　　【案例30-1】甲乙两家是邻居，甲在自家院中邻接乙家修建一平房。新房落成后，乙的儿子高考落榜，乙请风水大师分析原因，风水大师认为是甲的新房破坏了乙家的风水所致。乙要求甲拆除新房并赔偿其子复读所需的相关费用。

　　请思考：甲修建新房的行为对乙构成侵权吗？

　　【案例30-2】某日突降大雪，某写字楼的物业服务人员因天冷而偷懒，不清扫积雪，导致写字楼门前地面积雪严重，结冰后更是湿滑，租赁该写字楼办公的公司员工多人在路过时因路滑而摔伤。

　　请思考：该写字楼的物业管理公司应否承担侵权责任？

◎ **知识准备：**

　　本任务是判断某一行为是否构成侵权行为、进而确定是否应承担侵权责任。

一、侵权行为

侵权行为是指行为人由于过错，或者在有法律特别规定时不论有无过错、因不法侵害他人合法权益，依照法律规定应承担民事责任的行为。既包括行为人由于过错侵害他人的财产、人身权益依法应当承担民事责任的不法行为，也包括依照法律特别规定应当承担民事责任的其他侵害行为。

依据不同的标准可将侵权行为划分为不同的类型：

（一）一般侵权行为与特殊侵权行为

这是根据侵权行为的归责原则进行的划分。一般侵权行为是指行为人基于自己的过错实施的、适用过错责任原则和侵权责任的一般构成要件的侵权行为；特殊侵权行为是指欠缺侵权责任的一般构成要件，适用过错推定原则或无过错责任原则的侵权行为。两者在归责原则、责任构成要件、责任形态及举证责任的承担上均不同。最主要的是责任形态不同，一般侵权行为是自己责任，即自己对自己的行为所造成的损害承担责任，特殊侵权责任有的是自己责任，有的则是替代责任，即对他人行为或对自己管领下的物件造成的损害承担责任。

（二）积极侵权行为和消极侵权行为

这是根据侵权行为的方式所作的分类。积极侵权行为，又称作为的侵权行为，是指行为人违反法定义务以一定作为方式致人损害的行为。其特点是法律禁止为而主动为之，行为人主动实施违法行为，侵害对方当事人的人身利益或财产利益。消极侵权行为，又称不作为的侵权行为，是指行为人违反法律规定的作为义务而不作为，致使他人受到损害的行为。其特点是当为而不为，一般来说，消极侵权行为的成立以负有某种特定的法定义务为前提，法定义务的来源，一是法律的规定，二是业务或职务上的要求，三是行为人先前的行为引起的义务。

（三）单独侵权行为与多数人侵权行为

这是根据侵权行为人的人数进行的分类。单独侵权行为是指行为人独自实施的侵权行为；多数人侵权行为是指两个或两个以上的行为人，侵害他人合法权益，应当承担侵权责任的侵权行为。多数人侵权行为包括共同加害行为、共同危险行为（准共同侵权行为）、教唆帮助的共同侵权行为及无意思联络的数人侵权行为。

（四）行为人造成损害的侵权行为与物件致害的侵权行为

这是依据引发损害的原因所作的分类，前者是指行为人给他人造成损害的行为，后者是指由人控制下的物件给他人造成损害的侵权行为。

◎ **案例分析：**

案例 30-1 中，甲在自家建房，属于正当行使权利。乙受风水大师的蛊惑，认为是甲建的新房破坏了自家风水致其子落榜，没有法律依据。甲的行为在法律上不具有任何应责性，不构成侵权行为。

二、侵权责任

侵权责任是指侵权人侵害他人权益时，依法应承担的民事法律后果。

（一）侵权责任的特征

1. 法定性

侵权责任的构成、免责事由、责任方式、损害赔偿的范围等均由法律直接规定。

2. 损害填补性

不论是让侵权人承担财产责任还是非财产责任，目的都是填补被侵权人所受的损害，使其权益恢复至未受侵害前的状态。

3. 损害预防性

通过使侵权人承担侵权责任，可以有效预防侵权人或他人实施相同的侵权行为，预防损害的再次发生。

（二）侵权责任与违约责任的竞合

民事责任的竞合是指一个违法行为同时符合两种以上民事责任的构成要件。最常见的是违约责任与侵权责任的竞合。同一违法行为既符合违约行为的成立要件，也符合侵权行为的构成要件，从而出现了违约责任和侵权责任都成立的现象，这种现象称之为违约责任与侵权责任的竞合。尽管如此，违约责任与侵权责任存在很大差别，主要体现在以下几方面：

1. 归责原则不同

违约责任主要采用严格责任原则，只要有违约行为，又没有免责事由，就要承担违约责任，违约责任的成立不以损害的实际发生为要件；侵权责任主要采取过错责任原则，兼采无过错责任原则。

2. 赔偿范围不同

违约责任的赔偿范围以完全赔偿实际损失为原则，包括既得利益的损失和可得利益的损失，但以违反合同一方于订立合同时预见到的或者应当预见到的因违反合同可能造成的损失为限。违约损害赔偿一般不包括精神损害的赔偿，但是因违约损害对方人格权并造成严重精神损害的除外。侵权责任的赔偿范围，原则上包括积极的财产损失和可得利益损失，不受可预见性规则的限制。在侵害人身权时，还可以主张精神损害赔偿。

3. 责任方式不同

违约责任主要是财产责任；侵权责任既包括财产责任，也包括非财产责任。

此外，在举证责任的分配、发生纠纷后的管辖法院等方面二者都存在区别。

由于这两种责任都主要以弥补受害人的损失为目的，因此受害人不能双重请求，只能主张其一，以防其获不当利益。《民法典》第 186 条规定："因当事人一方的违约行为，损害对方人身权益、财产权益的，受损害方有权选择请求其承担违约责任或者侵权责任。"

三、侵权责任的归责原则

侵权责任的归责原则，是指在行为人的行为致人损害后，用以确定和追究行为人民事责任的根据和标准。

（一）过错责任原则

《民法典》第 1165 条第 1 款规定："行为人因过错侵害他人民事权益造成损害的，应当承担侵权责任。"过错是令侵权人承担损害赔偿责任的归责事由，没有过错则没有责任；过错包括故意和过失。故意是指行为人有意造成他人损害，或者明知其行为会造成他人损害仍实施加害行为。过失是指行为人由于疏忽或者懈怠对损害的发生未尽合理注意义务。

◎ **案例分析：**

案例 30-2 中，物业服务人员应当及时清扫积雪，防止进出写字楼的人员跌倒损伤，这是其安保义务的要求，由于其未尽保护义务，导致进出写字楼的员工受伤，物业服务人员具有过错，由此造成的损失应当由物业管理公司承担。

过错责任原则又可以分为一般过错责任和过错推定责任两种模式，二者的主要区别在于举证责任的承担不同。在一般过错责任原则下，受害人要向加害人行使损害赔偿请求权，必须证明加害人具有过错，过错的证明实行"谁主张谁举证"的原则，即受害人负有举证责任。过错推定责任是指在某些特殊侵权类型中由法律推定加害人有过错，让其承担责任，如果加害人能够证明自己没有过错则可以不承担责任，与之相适应的是举证责任倒置的举证规则。我国《民法典》第 1165 条第 2 款规定："根据法律规定推定行为人有过错，其不能证明自己没有过错的，应当承担侵权责任。"

过错推定责任并非一种独立的归责原则，而是过错责任原则的一种特殊适用方式，本质上仍属过错责任原则的范畴。

适用过错推定责任，必须基于法律的明确规定，《民法典》中规定了适用过错推定责任的特殊侵权行为，主要包括：（1）教育机构对无民事行为能力人遭受损害的赔偿责任（第 1199 条）；（2）医疗机构对患者遭受的医疗损害的赔偿责任（第 1222 条）；（3）非法占有的高度危险物致害时，所有人、管理人的连带责任（第 1242 条）；（4）动物园的动物致害责任（第 1248 条）；（5）建筑物、构筑物或其他设施等及其搁置物、悬挂物致害责任（第 1252、1253 条）；（6）堆放物倒塌致害责任（第 1255 条）；（7）林木折断致害责任（第 1257 条）；（8）地面施工及窨井等地下设施致害责任（第 1258 条）。

◎ **交互练习：**

某高校研究生陈某在学校新建的教学楼下课后原本打算乘坐电梯下楼，因学校电梯太少而乘坐电梯的人太多需要长时间排队，陈某改走楼梯下楼。与很多同学一样，陈某下楼时低头玩手机，结果不慎踩空摔伤。关于陈某因摔伤遭受损害的责任承担，下列说法正确的是(　　)。

  A. 学校电梯设计不合理，应对陈某承担全部损害赔偿责任

  B. 陈某与学校均有过错，各自承担与其过错相应的责任

  C. 应适用公平责任，由学校对陈某适当补偿

  D. 学校不承担责任，由陈某自行承担全部后果

(二) 无过错责任原则

  【案例30-3】 王某骑电动三轮车于村内行驶时，遭到李某饲养的两条大型犬追赶。王某躲避时碰撞路边停放车辆，导致翻车并伤及头部。后经医院治疗，诊断为头部外伤、多发软组织损伤。王某向人民法院起诉，要求李某向其赔礼道歉并支付医药费、误工费、护理费、住院伙食补助费、精神损害抚慰金等经济损失。

  请思考：李某应否赔偿？

  无过错责任原则，是指基于法律的特别规定，不论行为人主观上是否有过错，只要其侵权行为与损害后果间存在因果关系，就应承担民事责任的归责原则。《民法典》第1166条规定："行为人损害他人民事权益，不论行为人有无过错，法律规定应当承担侵权责任的，依照其规定。"无过错责任原则有如下特点：

  其一，不以行为人主观上的过错作为侵权责任的构成要件。无论行为人主观上有无过错，都不影响侵权责任的成立。受害人在主张权利时，只需要证明行为人存在加害行为、损害后果以及加害行为与损害后果之间具有因果关系等客观构成要件即可，对行为人主观上有无过错不负举证责任，行为人也不能以自己没有过错为由进行抗辩。

  其二，因果关系是决定行为人责任的基本要件。只有行为人的行为与损害结果之间具有因果关系，行为人才承担侵权责任。

  其三，适用范围由法律作出特别规定。无过错责任原则只有在法律有特别规定的情况下才能适用，依据《民法典》，适用无过错责任原则的有：产品责任、环境污染和生态破坏责任、高度危险责任、饲养动物损害责任（动物园除外）、监护人责任、用人单位责任，机动车一方对行人、非机动车造成损害的交通事故责任。

  其四，对减责事由和免责事由有严格的法律规定。无过错责任并不等于绝对责任或者结果责任，《民法典》仍会根据不同情况规定不同的减责事由和免责事由。例如，在高度危险物致害时，如果能够证明损害是因受害人故意或者不可抗力造成的，占有人或者使用人不承担责任；被侵权人对损害的发生有重大过失的，可以减轻占有人或者使用人的责任。

◎ **案例分析**：

  案例30-3中，饲养动物致害适用无过错责任的归责原则，动物的饲养人或管理人对动物具有的危险性负责，除法定抗辩事由外，不能以证明自己没有过错而免责。如果

李某能够举证证明损害是因王某故意或者重大过失造成的，可以不承担或者减轻责任。

四、侵权责任法

侵权责任法是指调整侵权人与被侵权人之间以损害赔偿为核心的权利义务关系的法律规范的总和，也即调整侵权责任关系的法律规范的总和。侵权责任法是指以《民法典》第七编为核心，包括单行法律中的各种侵权责任法律规范的总和，如《产品质量法》《道路交通安全法》《铁路法》《民用航空法》《水污染防治法》《国家赔偿法》等都有民事侵权责任的规定。

侵权责任法保护人格权、物权等民事实体权利，还保护民事利益，如死者之人格利益、商业秘密、占有、纯粹经济损失等。

◎ **延伸阅读：**

侵权责任中的公平分担损失规则。

◎ **相关法律：**

《民法典》第 1165~1166 条。

◎ **实务操作：**

失恋的甲精神恍惚地骑着自行车逆行在人行道上，将对面走来的乙撞倒，致伤乙的面部，花去医药费若干。

请分析：应当按何种归责原则确定甲的侵权责任？

任务二　确定一般侵权责任的构成

◎ **案例导入：**

【案例 30-4】邹某约王某及李某、张某吃宵夜，到店后，邹某相继点了食物以及 12 瓶啤酒和鸡尾酒。期间，四人通过互相碰杯、玩骰子、猜码进行饮酒，没有劝酒、灌酒行为。直到凌晨 1 点，四人还在聊天、喝酒，邹某突然咳嗽几下后低下头，随后抽搐几下、仰头坐在椅子上。王某几次帮忙将醉酒的邹某的头部扶正、拍胸口、掐人中，邹某并没有清醒。120 医护人员赶到后对邹某进行救治，邹某经抢救无效死亡，经司法鉴定，其符合醉酒后呕吐物返流至呼吸道导致窒息死亡。

请思考：谁应对邹某的死亡承担责任？

◎ **知识准备：**

判断责任的承担应考虑是否具备一般侵权责任的构成要件，《民法典》第 1165 条第 1 款规定："行为人因过错侵害他人民事权益造成损害的，应当承担侵权责任。"

根据该规定，一般侵权责任的成立应当具备四个方面的构成要件。

一、加害行为

加害行为是指行为人实施的给他人合法权益造成损害的不法行为。

不法行为包括作为的不法行为和不作为的不法行为。所谓作为的不法行为，是指行为人实施了法律禁止实施的行为。如伤害他人身体、损坏他人财物。不作为的不法行为是指行为人有义务实施法律要求实施的行为，却消极地不实施。如在公共场所、通道上施工，施工人应设置明显标志并采取安全措施，而施工人未设置明显标志未采取安全措施，致使他人损害的，就属于不作为的不法行为。成立不作为的不法行为应同时具备两个条件：一是行为人在法律上、职务上或业务上负有作为的义务；二是负有一定义务的人在当时具备了履行该义务的条件。

◎ 案例分析：

案例 30-4 中，三名共同饮酒人的行为属于不作为的违法行为，邹某自己及三名共同饮酒人均应承担责任。邹某作为完全民事行为能力人，应当对自己的身体状况和行为有完全的认知能力和控制能力，对过量饮酒可能造成的危险后果应当有足够清醒的认识，但其并未能理性控制饮酒，导致在饮酒过程中出现抽搐、昏睡症状，应当对其死亡的后果承担主要责任。三名共同饮酒人，应当知道过量饮酒所具有的危险性，负有对共同饮酒人的注意、照顾、提醒、劝阻等义务，但是他们没有尽到义务，对邹某的死亡也承担一定比例的赔偿责任。

二、损害事实

损害，指因一定的行为或事件使他人依法受到法律保护的权利或利益遭受某种不利影响的事实状态，包括财产损失和人身利益损失以及精神损害。

财产损失是指受害人因其人身或财产受到侵害所产生的物质性损失，包括直接损失和间接损失两部分。直接损失是指因侵权行为造成的现有财产的损失，如因受伤支付的住院费；间接损失是指受害人本应得到的财产因受侵害而未得到，即可得利益的减少。如因身体受到伤害住院治疗导致工资收入减少等。

人身利益损失是指自然人的生命、健康等人格利益以及身份利益受到损害所带来的人身利益的减损。如违章驾驶车辆致他人被撞死等。

精神损害是指受害人因不法侵害而产生的恐惧、悲伤、怨恨、绝望、羞辱等精神痛苦。精神损害又称无形损害，存在于受害人的主观感受，不能直接以金钱来计算和衡量，但可以用金钱进行一定程度的抚慰。

三、加害行为与损害事实之间有因果关系

【案例 30-5】王甲与刘某系夫妻，育有一子王乙。刘某在某局从事保洁工作，赵某系该局员工。一次，刘某与王甲在家中争吵后服用农药，随后被送往医

院抢救，共支出医疗费 11000 元。派出所民警对二人进行询问的笔录显示，二人吵架的原因系赵某此前给刘某发送过不雅图片和视频。后刘某不治身亡。派出所给予赵某行政拘留 7 日的行政处罚。王甲、王乙认为赵某向刘某发送淫秽视频，给刘某造成极大精神压力，是造成刘某家庭矛盾甚至自杀的直接原因。二人起诉，请求法院判定赵某赔偿医疗费、丧葬费、死亡赔偿金、精神损害抚慰金共计 33 万元。

请思考： 赵某是否应当对刘某服毒自杀承担侵权责任？

受害人自杀是否会引起有关当事人侵权责任的产生，应根据侵权责任的构成要件进行具体判断，除了有侵权行为，损害事实外，还要证明侵权行为与损害之间存在因果关系。

因果关系，是指加害行为与损害后果之间引起与被引起的客观联系。关于因果关系的理论，大陆法系目前多采相当因果关系说，即某一原因仅于现实情况发生某结果时，还不能断定有因果关系，须在通常情形下依一般社会经验，在同一条件下通常能发生同一结果时，才能认定该条件与该结果间有因果关系。

随着侵权法的发展，在侵权责任分配上经历了单纯以因果关系分担责任，到以因果关系和原因力相互补充的责任分配方式的过程。原因力是指违法行为或者其他因素对于损害结果发生或者扩大所发挥的作用力。加害行为与损害事实之间的因果关系，表现为多种形态，有一因一果、一因多果、多因一果及多因多果。在多因一果和多因多果的复合因果关系形态下，因果关系除了作为侵权责任的构成要件，还作为责任分配的依据。我国侵权法理论和实践中，逐渐运用原因力理论以解决数种原因造成同一损害的责任分配，即将与损害发生存在因果关系的因素以其作用大小作为责任分配的依据。

◎ **案例分析：**

案例 30-5 中，虽然赵某向刘某发送淫秽信息导致刘某夫妻争吵。但赵某发送信息与刘某服毒之间存在时间间隔，且依照一般社会生活经验，因收到淫秽信息导致的夫妻争吵在通常情况下并不会产生致人服毒自杀的损害后果。所以，赵某的行为与刘某服毒的损害后果之间不足以形成法律上的因果关系。赵某的行为并不具备侵权责任的构成要件，对于王甲、王乙的诉讼请求不应当支持。

◎ **交互练习：**

张某殴打李某，致其腿骨骨折住院。即将出院时，医院检查发现李某患有晚期癌症，不久李某便在医院死亡。下列表述中正确的有（　　）。

A. 张某对李某的死亡不承担民事责任

B. 张某对李某的死亡承担适当的民事责任

C. 张某对李某的伤害应承担民事责任

D. 张某对李某的伤害不承担民事责任

四、行为人主观上有过错

过错是指行为人对其实施的某种行为和损害结果的发生所持有的一种心理状态，包括故意和过失两种形式。过失分为重大过失、一般过失和轻微过失。重大过失是指行为人连普通人的注意义务都没有尽到的过失，是程度最严重的一种过失，如医生在做手术时将一团纱布遗留在患者体内；一般过失是指行为人没有尽到善良管理人的注意的过失，善良管理人是指具有所处的社会的一般道德水平、一般教育程度等一般性特征的人；轻微过失是指较小过失。判断是否有过失，主要应当考虑行为人是否达到了法律、行政法规、部门规章、操作规程等的要求，以及一个理性人在当时条件下所应作出的合理反应。

在一般情况下，行为人主观上是故意还是过失，或过错程度大小如何，对于民事责任的承担影响不大。但在特殊情况下，行为人的过错程度会影响其责任范围。例如在共同过错情况下，共同侵权人承担连带责任后，其内部应根据各自过错大小，承担相应比例的责任；在一些侵权行为中，只有行为人故意侵权才会导致其承担惩罚性赔偿责任；对于减责事由和免责事由，法律也根据被侵害人的过错程度做出了不同的规定。这些情况下，确定行为人乃至被侵害人的过错程度就显得尤为必要。

◎ **延伸阅读：**
电梯劝烟猝死案。

◎ **思政点滴：**
遵守法律法规和社会公序良俗，是每个公民的义务；维护社会公共秩序和社会公共利益，是每个公民的责任。对合法正当行为，人民法院都会依法予以支持和保护，司法审判永远是社会正能量的守护者。法律要勇敢地保护善良和正当。

◎ **相关法律：**
《民法典》第 1258、1248 条。

◎ **实务操作：**
某日，一火车站西侧人工检票口，刘先生欲将其母亲王女士（时年 67 岁）送入候车，被工作人员告知需先到东侧闸机处办理送站手续。随后，刘先生转身逆行，朝东侧闸机走去，避开了一旁手拉行李箱欲进站的周女士（时年 63 岁）。王女士在转身逆行、追随其子的过程中，双腿碰撞到周女士的行李箱，随即摔倒。休息约 2 分钟后，王女士由刘先生及车站工作人员扶走离开现场，周女士亦离开。当日 13 时许，王女士按原计划乘坐列车，抵达目的地后，王女士已意识不清，被乘警和乘务员用轮椅推下火车，后被当地急救中心送至医院救治。刘先生共计为其母支付医疗费 7 万余元，后王女士因脑硬膜下出血，呼吸衰竭死亡。刘先生认为，对于其母王女士的摔倒，周女士存在重大过错，侵犯了其母的生命权、健康权、身体权，遂将周女士诉至法院，要求对方承担至少 60% 的赔偿责任。

请围绕以下问题撰写案件分析报告：周女士对王女士的摔倒是否存在过错？是否应对刘先生主张的损失承担赔偿责任？

任务三　确定多数人侵权责任

◎ **案例导入：**

【案例 30-6】毛毛 9 岁，班内新转来一个又高又壮的小男孩天天，天天经常欺负毛毛。有一天，毛毛放学回家时，又遭到天天的欺负，正好邻居叔叔经过，对毛毛说："你上去打他，打不过还有叔叔呢。"毛毛跑过去追上天天将他推倒在地，造成天天右胳膊骨折。

请思考：邻居叔叔要承担责任吗？

◎ **知识准备：**

案例中邻居的行为属于教唆他人侵权，教唆他人侵权是多数人侵权的一种。

多数人侵权责任是二人以上实施侵权行为所产生的责任，多数人侵权责任较为复杂，由于责任主体为多人，在侵权行为与损害结果之间存在着多因一果或多因多果，因此在证明因果关系、加害人对结果的原因力、多个加害人对被侵害人如何承担责任以及加害人彼此之间如何分担责任这些问题上就显得较为复杂。

根据法律规定，广义上的多数人侵权行为分为四种：共同加害行为、教唆帮助行为、共同危险行为、无意思联络的数人侵权行为。

一、共同加害行为

（一）共同加害行为的概念和构成

共同加害行为，是指二人以上基于共同过错实施侵权行为，造成他人损害，从而应当承担连带责任。共同加害行为规定于《民法典》第 1168 条，是最典型的共同侵权行为，也即通常所指的"狭义的共同侵权行为"。

构成共同加害行为的条件包括：一是加害人之间存在共同过错之"意思联络"。二是加害人共同实施了加害行为。

共同侵权包括共同故意侵权、共同过失侵权、故意与过失混合的侵权三种情形。例如：甲杂志社为诋毁丙故意捏造虚假故事并撰文刊发，乙报社未尽审查义务，只是觉得该报道颇具市场价值便予以转载，此种共同侵权即属于故意与过失混合的共同侵权。

正是因为共同加害人之间存在共同过错，因此不管在实施的共同加害行为中如何分工，加害人都将被作为一个整体来看待进而承担连带责任。

（二）共同加害行为的法律后果

根据《民法典》第 1168 条规定，二人以上共同实施侵权行为，造成他人损害的，应当承担连带责任。

二、教唆帮助行为

（一）教唆帮助行为的概念和类型

教唆帮助行为，是指教唆人、帮助人通过授意、提供条件等让他人直接实施具体侵权行为。按照被教唆人、被帮助人的行为能力，分为教唆、帮助完全民事行为能力人实施侵权行为和教唆、帮助限制民事行为能力人或无民事行为能力人实施侵权行为两类。

（二）教唆帮助行为的法律后果

教唆、帮助完全民事行为能力人实施侵权行为的，教唆人、帮助人应当与行为人承担连带责任。

教唆、帮助无民事行为能力人、限制民事行为能力人实施侵权行为的，区分两种情况：（1）如果无民事行为能力人、限制民事行为能力人的监护人已经尽到监护责任，没有过错的，不构成共同侵权，由教唆者、帮助者单独承担责任。（2）如果监护人未尽到监护责任的，教唆人、帮助人与监护人构成共同侵权，但不适用连带责任，赔偿权利人有权要求教唆人、帮助人承担连带责任，教唆人、帮助人承担连带责任后，可以向有过错的监护人追偿；赔偿权利人不能要求监护人承担连带责任，但有权请求监护人承担与其过错相应的责任。

◎ **案例分析：**

案例 30-6 中，邻居叔叔要承担责任。毛毛 9 岁，是限制民事行为能力人，根据法律规定，教唆限制行为能力人实施侵权行为的，教唆人应当承担侵权责任。

三、共同危险行为

【案例 30-7】甲、乙、丙三人在河边用石子玩打水漂游戏，比谁打 得更远。正好有一个小孩丁在河对岸玩耍，被打过来的一块石子击伤眼睛。

请思考：谁应对丁的损害承担责任？

（一）共同危险行为的概念和构成

共同危险行为，是指二人以上实施危害他人人身、财产安全的行为，其中一人或者数人的行为给他人造成损害，但不能确定是谁的行为造成了侵害，故而由全体实施危险行为的人承担连带责任的情形。《民法典》第 1170 条规定："二人以上实施危及他人人身、财产安全的行为，其中一人或者数人的行为造成他人损害，能够确定具体侵权人的，由侵权人承担责任；不能确定具体侵权人的，行为人承担连带责任。"

共同危险行为的主要特征在于：加害人不明，受害人难以证明因果关系，故在责任成立上采用因果关系推定，推定加害人的行为与损害间均有因果关系。

共同危险行为的构成要件如下：

第一，二人以上共同实施了难以区分的相同或者相似并且危及他人人身或财产安全的行为。

第二，共同危险行为人主观上没有共同的故意。把行为人联结在一起的是共同过失，即共同疏于对他人权利保护的注意义务。

第三，加害人在一个相对确定的范围内，但不能判明。

◎ **案例分析：**

案例 30-7 中，丁的损害事实上是由甲、乙、丙中某一个人扔出的石子造成的，如果不能确定究竟是由谁造成的，则甲、乙、丙的行为构成共同危险行为，三人对丁的损害承担连带责任。

（二）共同危险行为的责任承担

（1）共同危险行为人对赔偿权利人承担连带赔偿责任。

（2）若能确定实际加害人，由实际加害人单独承担责任，其他行为人免责。

（3）若不能确定实际加害人，行为人即使证明自己的行为与损害无因果关系，也不能免除责任。

（4）免责事由：行为人举证证明了实际加害人后，才能免除自己的责任。

四、无意思联络的数人侵权行为

（一）无意思联络的数人侵权行为的概念和类型

无意思联络的数人侵权行为，是指没有共同意思联络的数人，分别实施侵权行为，造成他人同一损害的情形。

无意思联络的数人侵权行为与共同加害行为不同。共同加害行为要求加害人之间具有"意思联络"，且数个行为人共同实施侵权行为；而无意思联络的数人侵权行为要求数个人之间没有"意思联络"，且数个行为人分别实施侵权行为。

在处理数人实施侵权行为的具体案件时，首先需要甄别是否符合共同加害行为的条件，如果符合，属于共同侵权行为；如果不符合，再看其是否满足无意思联络的数人侵权行为的条件。

无意思联络的数人侵权行为分为两种：无意思联络的数人侵权行为的竞合和结合。无意思联络的数人侵权行为竞合是指二人以上分别实施侵权行为造成同一损害，每个人的侵权行为都足以造成全部损害的。无意思联络的数人侵权行为结合是指二人以上分别实施侵权行为造成同一损害，但每个人的侵权行为都不足以造成全部损害，只有数人的侵权行为结合在一起，才会发生损害结果。

（二）无意思联络的数人侵权行为的责任承担

《民法典》对无意思联络的数人侵权作出了规定。第 1171 条规定："二人以上分别实施侵权行为造成同一损害，每个人的侵权行为都足以造成全部损害的，行为人承担连带责任。"第 1172 条规定："二人以上分别实施侵权行为造成同一损害，能够确定责任大小的，各自承担相应的责任；难以确定责任大小的，平均承担责任。"

◎ 交互练习：

　　一天夜晚，甲开车逆行迫使骑车人乙为躲避甲向右拐，跌入修路挖的坑里（负责修路的施工单位对该坑未设置保护措施），造成车毁人伤。对乙的损失应如何承担责任？（　　）

　　A. 只能由甲承担责任。

　　B. 只能由施工单位承担责任。

　　C. 甲和施工单位各自承担责任。

　　D. 甲和施工单位承担连带责任。

　　值得说明的是，《民法典》在侵权责任编第一章一般规定中明确了上述共同加害行为、教唆帮助行为、共同危险行为、无意思联络的多数人侵权行为及责任承担方式，除此之外，在第三章责任主体的特殊规定中以及第四章至十章的典型损害责任专门规定中，也规定了许多情况下的多数人侵权责任。

◎ 延伸阅读：

　　共同危险行为与共同加害行为的区别。

◎ 相关法律：

　　《民法典》第 1168、1169、1171、1172 条。

◎ 实务操作：

　　刘某将车停在非机动车道上，乘客张某下车开左侧后车门时，适逢黄某驾驶电动自行车路过，致黄某摔倒受伤、车辆损坏。事故发生后，黄某被送至医院诊治，经抢救无效死亡。交警部门认定，刘某、张某对事故负同等责任，黄某无责任。黄某的妻子诉至法院，请求判令保险公司在交强险限额内赔偿医疗费、死亡赔偿金、丧葬费、精神损害抚慰金、误工费等；超出交强险部分由保险公司在第三者责任险范围内赔偿，不属于保险理赔部分由张某、刘某承担，并互负连带责任。

　　请分析：张某、刘某是否承担连带责任？

任务四　判定责任能否减免

◎ 案例导入：

　　【案例 30-8】 甲与朋友聚会，醉酒后打车回家。当出租车在环路上行驶时，甲突然要求出租车司机停车，说要下车方便。出租车司机非常厌恶醉酒之人，便将车停下，让甲下车。甲因醉酒不辨方向，走入快车道，被一辆货车撞死。

　　请思考：司机对于甲的死亡应否担责？

◎ **知识准备：**

要确定侵权责任的承担问题，首先应当判断侵权行为人是否有法律规定可以减轻或免除责任的情形。如果有，针对受害人提出的损害赔偿请求，加害人一方可以提出不承担责任的抗辩。

侵权责任的抗辩事由又称侵权责任的免责事由，是指侵权人得以主张的免除或减轻其侵权责任的法律事实。根据《民法典》的规定，侵权责任的免责事由包括受害人过错、第三人过错、不可抗力、正当防卫、紧急避险、自甘风险、自助行为等。

一、受害人过错

受害人过错是指受害人对于损害的发生具有过错。

《民法典》第1173条："被侵权人对同一损害的发生或者扩大有过错的，可以减轻侵权人的责任。"被侵权人过错不仅适用于过错责任，也适用于无过错的情形。被侵权人过错需要结合不同的归责原则、不同的过错程度作出具体的判定。

◎ **案例分析：**

案例30-8中，出租车司机非常清楚在环路上不能上下乘客，况且甲已经烂醉如泥，如果在车辆密集、车速很快的环路上下车的话，很可能被车撞死或撞伤，但司机依然让其下车，最终导致甲的死亡。所以，司机因为重大过失应该承担责任，但甲自身也有过错，会减轻司机的赔偿责任。

受害人的"过错"不仅包括过失，也包括故意。如果受害人故意是损害发生的唯一原因，则应适用"受害人故意"的免责事由，免除行为人的责任。《民法典》第1174条规定："损害是因受害人故意造成的，行为人不承担责任。"例如，某人因失恋而从火车上跳下自杀；在机动车交通事故案件中，撞车自杀者为直接故意，"碰瓷"者故意碰撞机动车以骗取赔偿等，行为人不承担民事责任。

二、第三人过错

【案例30-9】学生甲放学回家途中与同学乙嬉戏，在嬉戏中乙将甲推向机动车道，被迎面丙超速驾驶的机动车撞伤。

请思考：谁应对甲的损害承担责任？

第三人过错，是指第三人对受害人损害的发生具有故意或过失。当损害的发生完全是因第三人的过错造成时，就应当由第三人承担责任，从而免除其他人的责任。《民法典》第1175条规定："损害是因第三人造成的，第三人应当承担侵权责任。"第三人过错包括两种情况：

（1）损害完全是由第三人的行为造成的，行为人不承担侵权责任。如甲为了盗取炼油厂输油管道中的油，将输油管道凿开了一个大洞，导致大量的原油外泄，污染了旁边乙的农田。此案例中，乙可以要求炼油厂赔偿，也可以要求甲赔偿，炼油厂赔偿之后可以向乙追偿。

（2）第三人和行为人对损害的发生都存在过错时，行为人的责任因第三人的过错而减轻。

◎ **案例分析：**

案例30-9中，丙撞伤甲应当承担侵权责任，但因乙对损害的发生也有过错，可以减轻丙的责任，即丙与乙对甲的损害承担按份责任。

三、不可抗力

不可抗力是指不能预见、不能避免且不能克服的客观情况。不可抗力包括自然原因引起的，例如达到一定强度的自然现象，地震、台风、洪水、海啸等；也包括社会原因的不可抗力，例如战争、武装冲突、暴乱、恐怖活动等。

不可抗力是侵权责任的一般免责事由，适用于法律没有另外规定的侵权责任。根据《民法典》第180条的规定，因不可抗力不能履行民事义务的，不承担民事责任。法律另有规定的，依照其规定。

不可抗力如果是损害发生的唯一原因，则可以完全免除行为人的侵权责任。如果不可抗力是造成损害的部分原因，行为人对于造成损害也有过错的，则不能完全免责，行为人按照其过错程度承担相应的责任。

四、正当防卫

【案例30-10】 某晚，刘某驾驶宝马轿车行至某路口时，与同向骑自行车的于某发生争执。刘某从车中取出一把砍刀连续击打于某，后被于某反抢砍刀并捅刺、砍击数刀，刘某身受重伤，经抢救无效死亡。

请思考： 于某是否应对刘某的死亡承担法律责任？

正当防卫，是指为了避免国家利益、公共利益、本人或他人的人身或者其他利益免受正在进行的不法侵害，而对侵害人实施的防卫行为。

正当防卫的成立须具备以下条件：（1）须有不法侵害行为，该不法侵害针对的可能是本人或他人的合法权益、国家利益、社会公共利益。（2）须针对正在进行的不法侵害实施。对于尚未发生或已经结束的侵害行为，不能进行正当防卫。（3）须针对不法侵害人本人实施。（4）须防卫不超过必要限度。认定正当防卫是否在必要限度内，不能以防卫的手段、强度与不法侵害的手段、强度是否相当为标准，而应当以能否足以制止不法侵害，从而使被侵害的合法权益避免遭受损害或减少损害为标准。

正当防卫是针对不法侵害行为实施的正当的、合法行为，不仅不具有社会危害性，而且有益于社会，为法律所保护、支持、鼓励。《民法典》第181条的规定："因正当防卫造成损害的，不承担民事责任。正当防卫超过必要的限度，造成不应有的损害的，正当防卫人应当承担适当的民事责任。"这里所说的"适当责任"是指行为人对超过必要限度而造成的不应有的损害部分承担责任，不是全部赔偿。

◎ **案例分析：**

案例 30-10 中，刘某的行为属于刑法意义上的"行凶"，已经严重危及于某的人身安全，且刘某的不法侵害是一个持续的过程，一直使于某的人身安全处在刘某的暴力威胁之中，于某出于防卫的目的保护了自己的人身安全，属于正当防卫，于某不负刑事及民事责任。

◎ **思政点滴：**

让正当防卫的人免于承担法律责任是法律对公民自我保护权利的尊重和保障，是法治社会的重要体现；鼓励公民在面对不法侵害时勇于反击，使合法权益不受侵犯，有助于形成一种良好的社会风气，让更多的人敢于维护正义；但在实施正当防卫时，也应注意遵守法律规定，确保防卫行为的合法性和合理性。

五、紧急避险

【案例 30-11】 王某在路上遛狗，狼狗突然挣脱绳子攻击杨某，杨某为了躲避狼狗的袭击，跳上陈某的货摊，导致货摊坍塌，货摊上的物品损坏。

请思考： 谁应对货摊的损失承担责任？

紧急避险，是指为了使公共利益、本人或他人的合法权益免受正在发生的危险，不得已而实施的加害于他人的行为。例如，为避免失控汽车撞到路边行人，司机将车急拐向左边的停车道，撞毁了他人停放的汽车。

紧急避险的成立须具备以下条件：（1）必须是公共利益、本人或者他人的人身、财产权益遭遇现实存在的急迫危险。（2）必须是不得已的情况下采取的紧急措施。所谓不得已，是指如果不采取紧急避险将会有严重后果。（3）避险行为不得超过必要的限度。如果紧急避险造成的损害大于危险可能造成的损害，则为超过必要限度。一般来说，人身价值大于财产价值，因此，为保全财产而损害人身的，为超过必要限度；财产之间应视其价值大小而判断是否超过必要限度，若为保全价值较低的财产而损害价值较高的财产的，则为超过必要的限度。

紧急避险依据险情发生的原因分为两类：人为原因引起的险情以及自然原因引起的险情。《民法典》第 182 条规定："因紧急避险造成损害的，由引起险情发生的人承担民事责任。危险由自然原因引起的，紧急避险人不承担民事责任，可以给予适当补偿。紧急避险采取措施不当或者超过必要的限度，造成不应有的损害的，紧急避险人应当承担适当的民事责任。"这里所说的"适当责任"，是指避险人仅就采取措施不当而扩大的损害部分或超过必要限度的损害部分承担责任，而不是就避险行为所造成的全部损害承担责任。

◎ **案例分析：**

案例 30-11 中，虽然险情是由狼狗引起的，但饲养动物侵权是特殊侵权，归责原则是无过错责任，这就意味着法律不考虑动物的饲养人或者管理人的过错与否，只是要求他们在饲养或管理动物的过程中尽到更高的注意义务，因此陈某货摊的损失不应由杨某赔偿，而应由狼狗的饲养人王某承担赔偿责任。

◎ **交互练习：**

个体户甲因疲劳过度打瞌睡，把车开上了逆行道。对面驾车行驶的乙医紧急右拐躲避甲而碰到了正在右侧骑车的丙。丙治伤半个月没上班，要求赔偿。此案应（ ）。

A. 由乙赔偿 B. 由甲赔偿 C. 赔偿丙的医疗费 D. 赔偿丙半个月的误工工资

六、自甘风险

【案例 30-12】 星期天，足球运动爱好者杨某和李某自发到某公园的足球场踢球，在踢球过程中，两人发生碰撞，杨某失去平衡摔倒在地，被送去某骨科医院，诊断结果为右锁骨中段粉碎性骨折。出院后，杨某认为自己的生命权、健康权、身体权受到了侵害，于是便将李某起诉到了法庭，并要求赔偿医疗费、护理费、住院伙食补助费等各项费用 5 万余元。

请思考： 法院能否支持杨某的诉求？

自甘风险又称自甘冒险，是指受害人事先了解某项活动可能伴随着危险，但仍自愿为此活动，并同意自行承担可能的后果。《民法典》第 1176 条规定："自愿参加具有一定风险的文体活动，因其他参加者的行为受到损害的，受害人不得请求其他参加者承担侵权责任；但是，其他参加者对损害的发生有故意或者重大过失的除外。"按照法条的规定，自甘风险仅适用"具有一定风险的文体活动"，如大多数的竞技体育项目，尤其是身体直接接触的具有较高风险程度的竞技体育项目。

自甘风险的成立应具备下列条件：（1）受害人进入某种危险状态。这种危险状态仅限于具有一定风险的文体活动。（2）受害人自愿进入某种危险状态，即自愿参加具有风险的文体活动。（3）受害人对于危险和可能的损害有预见或者认知。受害人的预见或者认知来源于以下的判断：一是依据自身的经验和知识应当知道危险的存在及可能造成的损害。二是活动的组织者对危险进行了明确和充分的告知或者提示。

自甘风险的抗辩事由须明确两点：一是主张自甘风险抗辩的主体为与受害人一起参加文体活动的其他参加者，原则上不包括活动的组织者。二是文体活动的其他参加者对损害的发生有故意或重大过失的，应承担侵权责任。

活动组织者的责任适用《民法典》第 1198～1201 条的规定，即安全保障义务人的责任，以及教育机构承担的未尽到教育、管理职责的侵权责任。

◎ **案例分析：**

案例 30-12 中，杨某作为参与足球运动的爱好者，对于自身和其他参加者的能力以及足球运动的危险系数，都应该有一定的认知和预见，但杨某自愿参加，应当认定为"自甘风险"的行为，运动风险除非因为他人故意或者重大过失造成之外，一般应当由受害人自行承担。所以，如果杨某不能证明李某故意或重大过失造成杨某骨折，则法院不能支持杨某的诉讼请求。

七、自助行为

【案例 30-13】 一住店客人未付房钱欲要离开旅馆去车站，旅馆服务员见状揪住他不让走，并打报警电话。客人说："你不让我走还限制我自由，我要告你们旅馆，耽误了乘火车要你们赔偿。"
请思考： 客人的说法有无道理？

自助行为是指行为人为保护自己的合法权益，在情势紧迫而又不能及时请求公力机关救助的情况下，对他人的人身加以拘束或对他人的财产予以扣留、毁损的行为。《民法典》第 1177 条规定："合法权益受到侵害，情况紧迫且不能及时获得国家机关保护，不立即采取措施将使其合法权益受到难以弥补的损害的，受害人可以在保护自己合法权益的必要范围内采取扣留侵权人的财物等合理措施；但是，应当立即请求有关国家机关处理。"

自助行为应当具备一定条件才能成立：（1）为保护自己的合法权益。自助行为是为弥补公力救济的不足而设立的制度，只能为保护行为人自己的合法权益而实施。（2）情势紧迫，来不及请求公力救济。情势紧迫是指如不采取自助措施，行为人的权利就难以实现。（3）为法律和社会公德所许可。（4）不超过必要限度。自助行为只能在必要限度内实施。

行为人在采取自助行为后，应当及时请求公力救济。

◎ **案例分析：**

案例 30-13 中，旅馆为了保护自己合法的财产权益，在来不及请求公权力保护的情况下，暂时不允许客人离开是一个自助行为，不侵犯客人的任何权益，当然，旅馆事后必须及时报警，否则可能会造成侵权。

◎ **延伸阅读：**

正当防卫与紧急避险的区别。

◎ **相关法律：**

《民法典》第 1173～1177 条。

◎ **实务操作：**

（1）甲驾车正常行驶在公路上，突遇强烈地震。因地面剧烈颠簸、摇晃，车辆失控，冲向路边正在乘凉的乙，致其重伤。乙要求赔偿，甲拒绝。

请分析： 甲拒绝赔偿有理吗？

（2）杨某乘坐张某开的出租车外出办事，当车正常行使在主干道上时，突然前方有一小孩横穿马路，张某立即紧急刹车，避免了车祸的发生，但却导致杨某的头部擦伤，杨某治疗花去医疗费 500 元。事后杨某找到出租车司机张某和小孩的父亲蔡某要求承担医疗费。但张某和蔡某都认为自己没有过错不应承担杨某的医疗费。

请分析： 对于杨某的损失应该由谁承担责任？

任务五 确定侵权责任方式及数额

◎ **案例导入：**

【**案例30-14**】 某晚，刘某与李某因合伙一事发生口角，刘某抽出事先准备的长约 1 米、直径约 6 分的铁管打李某，致李某受伤。李某被家人送医院治疗，经诊断为左尺骨骨折，医院对李某骨折部位用钢板固定。李某住院 16 天，花去医疗费 29000 元，住院期间由妻子照顾。李某还需要进行二次手术取出臂内钢板。刘某被以故意伤害罪追究刑事责任，李某欲起诉要求民事赔偿。

请思考： 李某应提出哪些赔偿请求？如何确定赔偿标准？

◎ **知识准备：**

本任务涉及侵权责任的方式及如何确定损害赔偿的数额。

一、侵权责任方式的类型

侵权责任的方式，即侵权行为的民事责任方式，是指赔偿义务人依法应当对侵权损害承担的不利法律后果的具体形式。《民法典》第 179 条第 1 款规定了八种承担侵权责任的方式：（1）停止侵害；（2）排除妨碍；（3）消除危险；（4）返还财产；（5）恢复原状；（6）赔偿损失；（7）消除影响、恢复名誉；（8）赔礼道歉。这些承担侵权责任的方式，既能够单独适用，也能够合并适用。

（一）停止侵害

停止侵害是指责令侵害人停止正在进行或者延续的损害他人合法权益的行为。

（二）排除妨碍

排除妨碍是指行为人实施的行为使他人无法行使或不能正常行使人身、财产权益的，受害人可以要求行为人排除妨害权益实施的障碍。如在房屋建设中违反规划，影响邻舍通风、采光的，受害人可主张排除妨碍。妨碍既可以是现实存在的，也可以是将来可能出现的。

（三）消除危险

消除危险是指当行为人的行为或者其管领下的物件存在对他人人身和财产安全造

成损害的危险时，权利人有权要求义务人采取紧急措施消除危险，以防止损害发生。例如，当公路旁的护路树因病虫灾害而枯死存在可能因自然原因树干倒塌、树枝折断的危险时，树木的所有人或管理人负有消除危险的义务。

（四）返还财产

返还财产是指侵权人将非法侵占的财产返还给被侵权人。返还财产通常适用于三种情况：一是返还不当得利；二是民事法律行为被确认为无效或被撤销后，当事人基于该行为取得的财产也要返还；三是不法侵占他人财产的，所有权人有权请求返还财产。

（五）恢复原状

恢复原状是指侵权人损坏他人财产的，受害人有权要求侵权人修复或采取其他措施使财产恢复至原来状态。该责任方式的承担应具备以下条件：一是被损害财产有恢复原状的可能；二是有恢复的必要。恢复原状的费用由加害人承担。如果财产已无法恢复，或虽然可以恢复但权利人已不需要，则应当折价赔偿。

（六）赔偿损失

赔偿损失是民事责任中适用最普遍的方式，既可以适用于违约责任，也可以适用于侵权责任。依据《民法典》第1187条，损害发生后，当事人可以协商赔偿费用的支付方式。协商不一致的，赔偿费用应当一次性支付；一次性支付确有困难的，可以分期支付，但是被侵权人有权请求提供相应的担保。

（七）消除影响，恢复名誉

消除影响是指侵权人在其不良影响所及范围内消除对受害人不利后果的民事责任。恢复名誉是指侵权人在其侵害后果所及范围内使受害人的名誉恢复到未曾受损害的状态。一般来说，消除影响、恢复名誉的范围应与侵权行为所造成不良影响的范围相当，在多大范围内造成损害的，就应在多大范围内消除影响。此种非财产责任方式主要适用于人格权的救济。

（八）赔礼道歉

赔礼道歉是指侵权人向被侵权人公开承认错误，表示歉意。赔礼道歉是一种非财产责任方式，适用于人格权受侵害的情形。

二、人身损害的赔偿责任

面对侵权案件，第一步是确定损害后果是造成一般人身伤害还是造成残疾或死亡，第二步是根据损害后果确定应该赔偿的项目，第三步是确定每个项目的赔偿数额。具体计算要依据《人身损害赔偿解释》以及各省每年公布的道路交通事故人身损害赔偿相关数据。

根据《民法典》第1179条的规定，侵害他人造成人身损害的，应当赔偿医疗费、护理费、交通费、营养费、住院伙食补助费等为治疗和康复支出的合理费用，以及因误工减少的收入。造成残疾的，还应当赔偿辅助器具费和残疾赔偿金。造成死亡的，还应当赔偿丧葬费和死亡赔偿金。

具体如下：

（1）医疗费。医疗费根据医疗机构出具的医药费、住院费等收款凭证，结合病历和诊断证明等相关证据确定。医疗费的赔偿数额，按照一审法庭辩论终结前实际发生的数额确定。

（2）护理费。护理费的数额取决于护理人员的收入、护理人数、护理期限等因素。护理人员原则上是一人，但医疗机构或者鉴定机构有明确意见的，可以参照确定护理人员人数。

（3）误工费。误工费根据受害人的误工时间和收入状况确定。误工时间根据受害人接受治疗的医疗机构出具的证明确定。受害人因伤致残持续误工的，误工时间可以计算至定残日前一天。

（4）交通费。交通费是指受害人及其必要的陪护人在就医或者转院治疗过程中，因需乘坐交通工具而实际发生的费用。交通费应当以正式票据为凭；有关凭据应当与就医地点、时间、人数、次数相符合。

（5）住院伙食补助费。住院伙食补助费可以参照当地国家机关一般工作人员的出差伙食补助标准予以确定。

（6）营养费。营养费根据受害人伤残情况参照医疗机构的意见确定。营养费的赔偿期限，可以委托司法鉴定机构进行计算，也可以在征求医疗机构的意见后酌定。

（7）残疾赔偿金。残疾赔偿金根据受害人丧失劳动能力程度或者伤残等级，按照受诉法院所在地上一年度城镇居民人均可支配收入标准，自定残之日起按二十年计算。但六十周岁以上的，年龄每增加一岁减少一年；七十五周岁以上的，按五年计算。

（8）残疾辅助器具费。残疾辅助器具费按照普通适用器具的合理费用标准计算。

（9）丧葬费。丧葬费按照受诉法院所在地上一年度职工月平均工资标准，以六个月总额计算。

（10）死亡赔偿金。死亡赔偿金按照受诉法院所在地上一年度城镇居民人均可支配收入标准，按二十年计算。但六十周岁以上的，年龄每增加一岁减少一年；七十五周岁以上的，按五年计算。

（11）被抚养人生活费。被扶养人生活费根据扶养人丧失劳动能力程度，按照受诉法院所在地上一年度城镇居民人均消费支出标准计算。被扶养人为未成年人的，计算至十八周岁；被扶养人无劳动能力又无其他生活来源的，计算二十年。但六十周岁以上的，年龄每增加一岁减少一年；七十五周岁以上的，按五年计算。

（12）精神损害抚慰金。侵害自然人人身权益造成严重精神损害的，被侵权人有权请求精神损害赔偿。各省都规定了适用于本省的精神损害抚慰金的赔偿标准。

◎ **案例分析：**

案例 30-14 中，李某可要求赔偿医疗费 29000 元；住院 16 天的伙食费，参照当地国家机关一般工作人员出差伙食补助标准计算；误工费，按照其工资标准计算，误工时间可以通过鉴定确定；住院期间的护理费，按照妻子的工资标准计算；营养费可以参照当地法院判决中关于营养费的给付标准，按照医嘱中的时间确定营养期；另外，还可以主张精神抚慰金，根据伤情酌情主张。李某需要二次手术的，二次手术费等费用待实际发生后再另行主张。

《民法典》第 1180 条规定："因同一侵权行为造成多人死亡的，可以以相同数额确定死亡赔偿金。"第 1181 条规定："被侵权人死亡的，其近亲属有权请求侵权人承担侵权责任。被侵权人为组织，该组织分立、合并的，承继权利的组织有权请求侵权人承担侵权责任。被侵权人死亡的，支付被侵权人医疗费、丧葬费等合理费用的人有权请求侵权人赔偿费用，但是侵权人已经支付该费用的除外。"

三、精神损害的赔偿责任

精神损害赔偿，是指自然人的权利受到不法侵害，导致其精神利益受到损失时，有权从加害人处得到一定数额的财产或金钱，以弥补、慰藉其所受到的精神损失。精神损害赔偿金兼具补偿、惩罚和抚慰功能。

《民法典》第 1183 条规定，侵害自然人人身权益造成严重精神损害的，被侵权人有权请求精神损害赔偿。因故意或者重大损失侵害自然人具有人身意义的特定物造成严重精神损害的，被侵权人有权请求精神损害赔偿。并且，《民法典》第 996 条还规定，因当事人一方的违约行为，损害对方人格权并造成严重精神损害，受损害方选择请求其承担违约责任的，不影响受损害方请求精神损害赔偿。《精神损害赔偿解释》对精神损害赔偿问题做了具体规定。

（一）精神损害的受偿主体范围

依据《精神损害赔偿解释》，只有自然人才可以主张精神损害赔偿，法人或者非法人组织以名誉权、荣誉权、名称权遭受侵害为由，向人民法院起诉请求精神损害赔偿的，人民法院不予支持。

（二）主张精神损害赔偿的情形

主张精神损害赔偿有以下三种情形：（1）因人身权益或者具有人身意义的特定物受到侵害，自然人或者其近亲属向人民法院提起诉讼请求精神损害赔偿的，人民法院应当依法予以受理。（2）非法使被监护人脱离监护，导致亲子关系或者近亲属间的亲属关系遭受严重损害，监护人向人民法院起诉请求赔偿精神损害的，人民法院应当依法予以受理。（3）死者的姓名、肖像、名誉、荣誉、隐私、遗体、遗骨等受到侵害，其近亲属向人民法院提起诉讼请求精神损害赔偿的，人民法院应当依法予以支持。

（三）精神损害赔偿的数额确定

依据《精神损害赔偿解释》，精神损害的赔偿数额参照以下因素确定：（1）侵权人的过错程度，但是法律另有规定的除外；（2）侵权行为的目的、方式、场合等具体情节；（3）侵权行为所造成的后果；（4）侵权人的获利情况；（5）侵权人承担责任的经济能力；（6）受理诉讼法院所在地的平均生活水平。

受害人对损害事实和损害后果的发生有过错的，可以根据其过错程度减轻或者免除侵权人的精神损害赔偿责任。

四、财产损失赔偿

财产损害的赔偿范围，包括实际损失和可得利益损失。对于实际损失的赔偿，无论是采取金钱赔偿的方法，还是采取实物赔偿的方法，都需要确定实际损失的具体数额。《民法典》第1184条规定："侵害他人财产的，财产损失按照损失发生时的市场价格或者其他合理方式计算。"可见，因侵权行为导致财产损失的，一般按照损失发生时的市场价格计算；如果没有市场价格，则按照其他方法如评估方法确定。对于可得利益损失，可以采取收益平均法加以确定，即根据损害发生前的一段时间内被侵权人的平均收益确定可得利益损失。

依据《民法典》第1182条，侵害他人人身权益造成财产损失的，按照被侵权人因此受到的损失或者侵权人因此获得的利益赔偿；被侵权人因此受到的损失以及侵权人因此获得的利益难以确定，被侵权人和侵权人就赔偿数额协商不一致，向人民法院提起诉讼的，由人民法院根据实际情况确定赔偿数额。

五、侵害知识产权的惩罚性赔偿

"惩罚性赔偿"是由法院所作出的超出实际损害数额的赔偿，其目的在于通过重罚惩戒恶性侵权者、震慑其他潜在侵权者。《民法典》第1185条规定："故意侵害他人知识产权，情节严重的，被侵权人有权请求相应的惩罚性赔偿。"《民法典》将惩罚性赔偿条款写入其中，《商标法》《专利法》对于惩罚性赔偿做了具体规定，对于提升全社会知识产权保护意识和保护水平具有重要意义。

◎ **延伸阅读：**
最高法修改人身损害赔偿司法解释，人身损害赔偿标准城乡统一。

◎ **相关法律：**
《民法典》第1179~1187条。
《人身损害赔偿解释》第6~20条。

◎ **实务操作：**
夏某50岁，城镇居民。某日，王某驾驶轿车和下班回家骑摩托车的夏某相撞，交警出具的交通事故责任认定书认定王某负全责。夏某住院3个月（7、8、9月共92天），治疗花费15万元，后续还需花费3万元左右。家中有妻子和成年的女儿还有14岁的儿子。经鉴定为9级伤残，夏某月工资5000元。其住院期间由妻子林某照顾，林某月工资3000元。车祸中修理摩托车的费用是2000元。当地国家机关一般工作人员出差伙食补助标准为每天100元，城镇居民人均消费性支出2000元。
请计算： 王某应如何赔偿夏某？

项目综合训练

（1）沈某正在某农贸大厅里购买食品时，突然农贸大厅拱形顶棚陆续坍塌，沈某不幸被倒塌的大厅支架砸伤。事故发生后，建设工程质量检测部门进行了技术鉴定，结论为：当地遭受百年一遇暴风雪袭击为造成该事故的主要原因，该工程拱壳的设计和构造措施不当、施工安装质量不好、结构构件产生严重锈蚀亦为导致该事故的原因。在协商无果的情况下，沈某决定与商家对簿公堂。

请分析：商家应否承担责任？

（2）甲在某商场购买了乙生产的一台热水器，同时购买了丙生产的多功能漏电保护器。甲请专业人员安装后即开始使用。一日，甲在洗澡时，因热水器漏电和多功能漏电保护器不起作用，致使甲遭电击死亡。

请分析：乙、丙应当如何对甲承担责任？

（3）甲在拆除自家旧房时，不慎将停在墙边乙的货车砸坏。为此，乙花去修理费 3000 元，因停运导致损失 5000 元。乙要求甲赔偿 8000 元，但甲认为赔偿额过高。为此，二人发生争执。

请计算：甲应赔偿的数额。

本项目答案

项目三十一　确定责任主体

◎ **知识目标**

- 掌握监护人责任、教育机构责任。
- 掌握不同用工主体承担侵权责任的不同情形。
- 掌握违反安全保障义务侵权责任的构成要件和责任承担。

◎ **技能目标**

- 能正确判断是用人单位责任还是个人劳务责任。
- 能分析处理被监护人侵权纠纷。
- 能够正确分析未尽到教育管理职责的依据及责任承担。

◎ **素质目标**

- 在处理侵权案件时，保持高度责任心和敬业精神，认真确定侵权责任主体。
- 培养良好的沟通能力，在全面了解案情的基础上对责任的承担做出正确判断。

任务一　认定监护人责任

◎ **案例导入：**

　　【案例31-1】某晚，13岁李某燃放烟火，9岁的梁某前去帮忙。李某引火后警告梁某走开，梁某没走开，结果被烟火击中右眼。

　　请思考：对于梁某的受伤应由谁承担侵权责任？

◎ **知识准备：**

　　本任务是确定被监护人侵权时由谁承担侵权责任。限制民事行为能力人、无民事行为能力人都缺乏承担民事责任的能力，其行为造成他人损害的，首先考虑的是由其监护人承担责任。如果损害发生在学校，则要区分不同情况确定监护人和学校的责任。

一、监护人责任的含义

　　监护人责任是指无民事行为能力人或限制民事行为能力人造成他人损害时，监护人所应承担的侵权责任。

　　监护人责任是替代责任，即被监护人侵权，由负有监督、管理义务的监护人承担侵权责任。监护人责任也是无过错责任，即无论监护人是否尽到监护职责，监护人都应承担侵权责任；监护人尽到监护职责的，可以减轻监护人的责任。

监护人责任注意以下几点：（1）行为人是被监护人，即无民事行为能力人、限制民事行为能力人；（2）被监护人的行为是其自身的独立行为；（3）被监护人的行为具有客观违法性。如果被监护人的行为并不违法，即便造成损害，监护人也不承担责任。

二、监护人责任的承担

依据《民法典》第 1188 条，无民事行为能力人、限制民事行为能力人造成他人损害的，由监护人承担侵权责任。监护人尽到监护职责的，可以减轻其侵权责任。有财产的无民事行为能力人、限制民事行为能力人造成他人损害的，从本人财产中支付赔偿费用；不足部分，由监护人赔偿。可见，监护人责任的承担，根据被监护人的财产状况确定，在有财产的被监护人造成他人损害的情况下，监护人承担的是补充责任，仅对被监护人财产不足以赔偿部分承担责任。

◎ **案例分析：**

在案例 31-1 中，梁某所遭受的人身损害是由李某的侵权行为造成的，按照法律规定，应由李某的监护人对梁某承担赔偿责任。但由于梁某在李某发出警告后没及时离开，其行为也是造成损害发生的原因之一，按照过失相抵原则可以适当减轻李某监护人的赔偿责任。

在委托监护的情况下，如被监护人实施了侵权行为造成他人损害的，应该由监护人承担责任，受托人有过错的，承担相应的责任。

被指定担任监护人的人，如果擅自变更监护人的，被监护人造成他人损害的，被指定的监护人依然应当承担责任。

被监护人造成他人损害，有明确监护人的，由监护人承担赔偿责任；监护人不明确的，由顺序在前的有监护能力的人承担赔偿责任，顺序在前的监护人没有承担能力的，才由顺序在后的监护人承担监护责任。认定监护人的监护能力，应当根据监护人的身体健康状况、经济条件等因素确定。

单位作为监护人时，也要对被监护人的侵权行为承担责任。

◎ **交互练习：**

甲的儿子乙（8 岁）因遗嘱继承了祖父遗产 10 万元。某日，乙玩耍时将另一小朋友丙的眼睛划伤。丙的监护人要求甲承担赔偿责任 2 万元。后人民法院查明甲已尽到监护职责。下列哪一说法是正确的（　　　）。

A. 因乙的财产足以赔偿丙，故不需用甲的财产赔偿

B. 甲已尽到监护职责，无须承担侵权责任

C. 用乙的财产向丙赔偿，乙赔偿后可在甲应承担的份额内向甲追偿

D. 应由甲直接赔偿，否则会损害被监护人乙的利益。

◎ **延伸阅读：**

案例：被监护人致人损害的监护人责任。

◎ **相关法律：**

《民法典》第 1188、1189 条。

◎ **实务操作：**

甲 9 岁时不幸父母双亡。法院指定甲的祖父母为其监护人。半年后，甲的祖父母与外祖父母私下协商，由甲的外祖父母担任甲的监护人，甲的祖父母不再担任监护人。又过了半年，甲致人损害构成侵权。

请分析： 责任由谁承担？

任务二　认定暂时无意识者侵权的责任主体

◎ **案例导入：**

【案例 31-2】 李某患有癫痫病。一日李某骑车行走时突然犯病，将一在路边玩耍的 6 岁儿童撞伤，用去医疗费 300 元。

请思考： 该案责任应如何承担？

◎ **知识准备：**

本任务是解决完全民事行为能力人暂时失去意识的情况下造成他人损害时的责任承担问题。

一、暂时无意识者责任的含义

暂时无意识者责任是指完全民事行为能力人在对其行为暂时没有意识或失去控制时造成他人损害所应承担的侵权责任。暂时无意识者责任注意以下几点：（1）行为人是暂时没有意识或失去控制的完全民事行为能力人；（2）暂时无意识者实施了加害行为；（3）暂时无意识者对于自己暂时没有意识具有过错，即行为人对于暂时没有意识或失去控制存在过错，不是指对损害后果有过错；完全民事行为能力人因醉酒、滥用麻醉药品或者精神药品对自己的行为暂时没有意识或者失去控制的，应当认定行为人有过错。

二、暂时无意识者责任的承担

根据《民法典》第 1190 条规定，暂时无意识者责任的承担主体为暂时无意识的完全民事行为能力人，责任承担分两种情形：

（1）完全民事行为能力人对自己的行为暂时没有意识或者失去控制有过错进而造成他人损害的，应当承担侵权责任。即尽管行为人在致害时因丧失意识而无过错，但其对行为时的意识丧失是有过错的，因此，行为人仍应承担侵权责任。

（2）完全民事行为能力人对自己的行为暂时失去意识或失去控制没有过错，依过错责任原则，行为人不应当承担侵权责任，但应根据行为人的经济状况对受害人适当补偿。此处承担的是"补偿责任"而不是"赔偿责任"。比如驾车途中突发心脏病，造成了他人损害，应根据行为人的经济状况对受害人予以适当补偿。

◎ **案例分析：**

案例 31-2 中，李某突然发病失去意识，并且对自己发病没有过错，路边的儿童也没有过错，双方都无过错，应根据双方的经济情况分担责任，李某应当对小孩给予适当补偿。

（3）完全民事行为能力人因醉酒、滥用麻醉药品或者精神药品对自己的行为暂时没有意识或者失去控制造成他人损害的，应当承担侵权责任。因为醉酒、滥用麻醉药品或者精神药品本身就应认定其有过错。

◎ **相关法律：**

《民法典》第 1190 条。

◎ **实务操作：**

李某患有严重的癫痫病，每日都会发作，李某不顾家人劝阻，我行我素地骑车到处行走。一日李某骑车行走时突然犯病，将一在路边玩耍的 6 岁儿童撞伤，用去医疗费 300 元。

请分析：李某应否承担责任？

任务三　认定用工侵权的责任主体

◎ **案例导入：**

【案例 31-3】某公司的采购员奉命到甲商场采购，途中听说乙商场的价格便宜，遂驾车改道到乙商场，途中撞伤他人。

请思考：责任应该由采购员还是由公司承担？

【案例 31-4】甲商场要求派来的员工具有高级电工的资质，以负责检修商场的用电设施。由于一时找不到合适的人，乙劳务公司将稍懂电工知识的丙派遣至甲商场。由于丙的操作失误发生火灾，造成店内租户的商品受损。

请思考：谁应对租户的损失承担责任？

【案例 31-5】周某到王某家当保姆。应王某要求，周某为王某家擦玻璃，王某负责扶住周某，以保护周某的安全。在擦玻璃时，王某的电话响起，王某遂去接电话，周某手里抓住的窗户框突然松动，周某与窗户框一并从 4 楼坠了下去，砸坏刘某的自行车，王某及时将受伤的周某送到医院急救。

　　请思考：谁应为周某及刘某的损害负责？

◎ **知识准备**：

　　以上案件属于用工中的侵权行为，涉及用人者责任。需要具体分析是哪一种用工关系，进而确定责任如何承担。

　　用人者责任，是指用人者（用人单位、个人劳务使用人）对被使用人（工作人员、个人劳务提供人）在从事职务或劳务活动时致人损害的行为承担赔偿责任。在《民法典》中，用人者可分为用人单位与个人劳务使用人两类，用人单位范围很广，包括国家机关、企业、事业单位、社会团体等，也包括个体经济组织等；个人劳务使用人仅限于个人劳务关系中使用人一方。

　　用人者责任分为用人单位责任和个人劳务责任。

一、用人单位责任

　　（一）用人单位责任

　　用人单位责任是指用人单位的工作人员因执行工作任务造成他人损害时，由用人单位承担侵权责任。用人单位责任适用的是无过错的归责原则，即只要其工作人员在执行工作任务中造成他人损害的行为构成侵权行为，用人单位就应承担侵权责任，而不能通过证明自己在选任或监督方面尽到了相应的义务而不承担责任。

　　（二）用人单位责任的判断

　　1. 判断工作人员是否有执行工作任务的行为

　　要判断某一行为是否为执行工作任务应该从以下几个方面考量：一是否从事用人单位授权或指示范围内的生产经营活动或者其他工作任务。授权或指示的来源一般以劳动合同的约定、用人单位管理制度中的职责、通知、声明、授权委托书等来认定；二是否以工作的名义实施，或遭受损害的第三人是否有理由相信其行为是工作行为。三是工作人员实施的行为是否是为了单位的利益或者与其工作有内在联系。

◎ **案例分析**：

　　案例 31-3 中，用人单位明确指示去甲商场，而采购员却去了乙商场，与用人单位的指示不一致，超越了职权范围，但去乙商场的行为从外观上看，仍然是执行用人单位的工作任务，所以其侵权责任应由用人单位承担。

　　2. 判断工作人员的行为是否构成侵权行为

　　工作人员的行为是否构成侵权行为，应根据归责原则加以确定。例如，在适用过错责任原则时，如果工作人员没有过错，则工作人员的行为不构成侵权；在适用无过错责任原则时，如果工作人员的行为属于法律规定应当承担无过错责任的情形时，工作人员的行为就构成侵权行为。

（三）用人单位责任的承担

（1）用人单位的工作人员因执行工作任务造成他人损害的，由用人单位承担侵权责任。用人单位承担侵权责任后，可以向有故意或者重大过失的工作人员追偿。

用人单位承担无过错责任有利于保护受害人的利益，但工作人员在从事活动中时常出现酒后作业、野蛮施工、违章操作等现象，所以，在用人单位承担侵权责任后，可以向有故意或者重大过失的工作人员追偿。

（2）劳务派遣员工因执行工作任务造成他人损害的，应该由接受劳务派遣的用工单位承担无过错的侵权责任；劳务派遣单位有过错的，承担相应的责任。

劳务派遣是指劳务派遣单位与被派遣劳动者订立劳动合同后，将该劳动者派遣到用工单位从事劳动的一种特殊的用工形式。《民法典》按照"谁用工，谁管理"的原则，劳务派遣单位将劳动者派至用工单位后，劳动过程是在用工单位的管理安排下进行，当劳动者因执行工作任务损害他人权益时，应该由接受劳务派遣的用工单位承担无过错的侵权责任。劳务派遣单位在招聘、录用被派遣工作人员时，应当对其健康状况、能力、资格以及对用工单位所任职务能否胜任进行详尽的考察，否则，劳务派遣单位应当对选任不当等过错行为承担相应的责任。

◎ **案例分析：**

在案例31-4中，店内租户的损失，由甲商场承担无过错替代责任，由乙承担与其过错相应的责任。

◎ **思政点滴：**

规定用人单位对员工行为的替代责任，促使企业在生产经营活动中更加注重安全生产，以减少员工在工作中造成损害的可能性，保护员工和公众的生命财产安全；可以在发生事故时迅速确定责任主体，避免因责任归属不明确而引发的社会纠纷，从而维护社会的稳定和谐。

◎ **交互练习：**

某小区物业公司雇佣的保安在值班时与一业主发生言语冲突，进而将业主打伤，因此业主花去医疗费共5000余元。事后物业公司将保安开除，但认为打人是保安的个人行为，公司不应赔偿。以下说法正确的是（　　　）。

A. 保安超出了职权范围，应当自己承担责任

B. 因为保安侵权是故意行为，因此应当自己承担责任

C. 物业公司应当与该保安承担连带责任

D. 物业公司是雇主，应当单独承担责任，但可以事后向该保安追偿

二、个人劳务责任

个人劳务责任是指在个人之间形成的劳务关系中，提供劳务方在执行劳务过程中

造成他人损害，接受劳务一方应当承担替代赔偿责任的特殊侵权责任。如雇佣保姆、司机等在自然人之间形成的劳务关系。

个人劳务责任区分如下三种情形：

（一）个人劳务提供者致人损害责任

提供劳务一方因劳务造成他人损害的，由接受劳务一方承担侵权责任，接受劳务一方责任适用的是无过错责任原则。接受劳务一方承担侵权责任后，可以向有故意或者重大过失的提供劳务一方追偿。

（二）个人劳务提供者受害责任

提供劳务一方因劳务使自己受到损害的，根据提供劳务方与接受劳务方各自的过错承担相应的责任，此种责任适用的是过错责任原则。

（三）第三人致提供劳务一方损害的责任

提供劳务期间，因第三人的行为造成提供劳务一方损害，此种情况下，提供劳务一方有权请求第三人承担侵权责任，也有权请求接受劳务一方给予补偿。接受劳务一方补偿后，可以向第三人追偿。

◎ **案例分析：**

案例 31-5 中，周某与王某之间形成了个人劳务关系，周某是提供劳务的一方，王某是接受劳务的一方。按照法律规定，在从事劳务过程中造成他人损害的，应由接受劳务的一方承担侵权责任，所以刘某的自行车的损失应该由王某承担。王某在协助周某擦玻璃的过程中，未能尽到必要的注意义务以保护周某的人身安全，并且王某家玻璃框松动，王某也未能及时发现，故王某对损害后果的发生存在过错，周某对损害结果的发生没有过错。所以，周某自身所受到的人身损害，也应由王某承担赔偿责任。

三、承揽关系中的侵权责任

【案例 31-6】 刘某经人介绍承接了王某新房的墙壁粉刷劳务，商量好完工后一次性领取报酬 1 万元。刘某在干活中不小心受伤，因医疗费赔偿问题协商未果，刘某将王某诉至法院。

请思考： 王某是否有责任？

在提供劳务受伤害的案件中，首先要判断双方之间是劳务关系还是承揽关系。

承揽关系是完成工作的法律关系，双方系承揽合同关系，在这种合同关系中承揽人按照定作人的要求完成工作，交付工作成果，定作人给付报酬。

在承揽关系中，承揽人与定作人之间并未形成劳务关系，承揽人应当独立完成承揽工作，因而承揽人在完成工作过程中造成自己或他人损害的，原则上应由承揽人自己承担，定作人不承担侵权责任。如果定作人对定作、指示或者选任有过错的，承担相应的责任。可见，定作人责任适用过错责任。

◎ **案例分析：**

　　在案例 31-6 中，刘某与王某之间形成了承揽关系，承揽人刘某在完成工作过程中自己受到损害，王某并没有过错，因此不承担侵权责任。

四、帮工关系中的侵权责任

　　为他人无偿提供劳务的帮工人，在从事帮工活动中致人损害或自己遭受损害的，区分不同情形承担责任：

　　为他人无偿提供劳务的帮工人，在从事帮工活动中致人损害的，被帮工人应当承担赔偿责任。被帮工人明确拒绝帮工的，不承担赔偿责任。帮工人存在故意或者重大过失，赔偿权利人请求帮工人和被帮工人承担连带责任的，人民法院应予支持。

　　帮工人因帮工活动遭受人身损害的，被帮工人应当承担赔偿责任。被帮工人明确拒绝帮工的，不承担赔偿责任；但可以在受益范围内予以适当补偿。帮工人因第三人侵权遭受人身损害的，由第三人承担赔偿责任。第三人不能确定或者没有赔偿能力的，可以由被帮工人予以适当补偿。

◎ **延伸阅读：**

　　劳动关系与劳务关系的区别。

◎ **相关法律：**

　　《民法典》第 1191~1193 条。

◎ **实务操作：**

　　李某是一个即将待产的产妇，她通过家政公司找了家政服务人员王某上门服务，包括烧饭、洗衣服、打扫卫生等家务。三方签订了一份《家政用工协议书》，约定家政公司可以配合雇主和家政人员去购买保险。上班的第三天，王某在拖地时摔倒骨折，花去医疗费 1 万余元，李某垫付了 8000 元。事后，王某认为她摔倒是因雇主家中的地板太滑导致，所以雇主要承担全部的赔偿责任。而家政公司没有对其进行上岗培训并为其购买保险，也应承担过错赔偿责任。于是，将雇主和家政公司起诉到法院，要求赔偿。

　　请撰写案件分析报告，对王某的诉求进行分析。

任务四　认定网络侵权的责任主体

◎ **案例导入：**

　　【案例 31-7】 2018 年 5 月 8 日，甲公司通过其自媒体账号"暴走漫画"，在"今日头条"上发布了时长 1 分 09 秒的短视频。该视频的内容将叶挺烈士《囚歌》中"为人进出的门紧锁着，为狗爬出的洞敞开着，一个声音高叫着，爬出来吧，给你自由!"篡改为"为人进出的门紧锁着! 为狗爬出的洞敞开着! 一个声音高叫着! 爬出来吧! 无痛人流!"。该视频于 2018 年 5 月 8 日至 16 日在互联网平台上发布传播后，多家新闻媒体对此予以转载报道，引起了公众关注和网络热议，在一定范围内造成了不良社会影响和后果。后叶挺烈士近亲属叶正光等人起诉甲公司侵犯名誉。

请思考： 对于甲公司的行为应如何认定？

◎ **知识准备：**

案例 31-7 涉及利用网络侵权的问题。科技是把双刃剑，网络在为我们的生活提供便利的同时，也带来了诸多网络侵权问题。

网络侵权责任是指网络用户或网络服务提供者利用网络侵害他人民事权益时应承担的侵权责任。

一、网络用户、网络服务提供者自己过错的直接侵权责任

网络用户是指任何使用互联网的民事主体，包括自然人、法人和其他组织。网络服务提供者既包括网络内容服务提供者又包括网络技术服务提供者。

《民法典》第 1194 条规定，网络用户、网络服务提供者利用网络侵害他人民事权益的，应当承担侵权责任。法律另有规定，依照其规定。网络用户、网络服务提供者的直接侵权适用过错责任原则。

网络用户利用网络侵害他人民事权益的行为很多。例如在网络上发表侵害他人名誉权的言论；将涉及他人隐私的视频、音频资料上传到网络上；未经同意将他人享有著作权的电影、歌曲和书籍供人下载；利用网络黑客技术窃取他人账户的资金等。

网络服务提供者利用网络侵害他人民事权益的行为也很常见。例如，未经著作权人同意在线播放或供人下载他人享有著作权的电影、电视、音乐、书籍等作品；随意发表侵害他人名誉权的报道、侵害他人隐私的照片；销售的产品或提供的服务存在缺陷而造成他人人身伤亡等。

◎ **案例分析：**

案例 31-7 是网络用户的直接侵权。甲公司制作的视频篡改了《囚歌》内容，亵渎了叶挺烈士的大无畏革命精神，损害了叶挺烈士的名誉，不仅给叶挺烈士亲属造成精神痛苦，也伤害了社会公众的民族和历史感情，损害了社会公共利益，故甲公司的行为构成名誉侵权。

二、网络服务提供者对网络用户的间接侵权责任

间接侵权，是指网络服务提供者的行为本身不构成侵犯他人权利，但对直接侵权人的行为起到了诱导、帮助作用。被侵权人在获知网络用户实施的侵权行为之后，有

权通知网络服务提供者采取必要的协助措施，网络服务提供者在接到被侵权人的通知后及时转送通知并采取必要措施，未及时采取必要措施的，应当对接到通知之后的损害扩大部分与该网络用户承担连带责任。这是为网络服务提供者设置的"避风港"。

（一）网络服务提供者的转送通知及采取必要措施

当得知有网络用户利用网络对自己实施侵权行为时，权利人有权通知网络服务提供者采取删除、屏蔽、断开链接等必要措施。通知应当包括构成侵权的初步证据及权利人的真实身份信息。通知的内容可以参照《信息网络传播权保护条例》的有关规定，包括：（1）权利人的姓名（名称）、联系方式和地址；（2）要求删除或者断开链接的侵权作品、表演、录音录像制品的名称和网络地址；（3）构成侵权的初步证明材料。被侵权人应当在诉讼中证明自己已经以合理的形式将侵权事实及自己的主张通知了网络服务提供者。

网络服务提供者接到通知后，应当及时将该通知转送相关网络用户，并根据构成侵权的初步证据和服务类型采取必要措施；未及时采取必要措施的，对损害的扩大部分与该网络用户承担连带责任。

权利人因错误通知造成网络用户或者网络服务提供者损害的，应当承担侵权责任。法律另有规定的，依照其规定。

（二）网络服务提供者的"反通知—恢复"措施

网络用户接到网络服务提供者转送的通知后，可以向网络服务提供者提交不存在侵权行为的声明。声明应当包括不存在侵权行为的初步证据及网络用户的真实身份信息。

网络服务提供者接到声明后，应当将该声明转送发出通知的权利人，并告知其可以向有关部门投诉或者向人民法院提起诉讼。网络服务提供者在转送声明到达权利人后的合理期限内，未收到权利人已经投诉或者提起诉讼通知的，应当及时终止所采取的措施。

（三）网络服务提供者知情未采取措施的连带责任

网络服务提供者知道或者应当知道网络用户利用其网络服务侵害他人民事权益，未采取必要措施的，与该网络用户承担连带责任。知道包括明知和应知两种主观状态。例如，一部当下正在全国各大影院上映的热门影片，有人非法将其上传到专业的视频共享网站，导致大量网民下载。再如，网络用户以非常明显的辱骂、诽谤性的文字、图像、音频、视频等内容侵害他人的名誉权、隐私权等人格权的，网络服务提供者仍将这些侵权内容进行推荐、置顶或加以编辑利用的。

◎ **思政点滴：**

网络暴力、造谣诽谤等行为，严重扰乱网络秩序、破坏网络生态、侵害他人合法权益。制定系统完善的法律规则，有助于规范网络信息服务提供者和网络用户的行为、维护健康的网络环境和良好的社会秩序、提高网络用户的法律意识和道德素养，有效应对和解决网络侵权问题。

◎ **交互练习：**

甲、乙是同事，因工作争执甲对乙不满，写了一份丑化乙的短文发布在丙网站。乙发现后要求丙删除，丙不予理会，致使乙遭受的损害扩大。关于扩大损害部分的责任承担，下列说法正确的是(　　)。

A. 甲承担全部责任　　　　　B. 丙承担全部责任

C. 甲和丙承担连带责任　　　D. 甲和丙承担按份责任

◎ **延伸阅读：**

天津市某金属制品有限公司诉赵某等及第三人浙江天猫网络有限公司不正当竞争纠纷案。

◎ **相关法律：**

《民法典》第 1194~1197 条。

◎ **实务操作：**

大学教授丁先生发现有匿名用户在某知名问答社区网站上对其进行恶意中伤及诽谤，丁先生认为这些不实言论已经严重侵害了他的名誉权，于是其向该网站平台的运营者发送了要求删除相应侵权内容的律师函，二十天后平台仍未删除诽谤内容，侵权内容的浏览量已达 10 万以上，丁先生遂再次发律师函要求平台删除，然而三天后平台只删除了部分诽谤内容。丁先生遂将平台诉至法院，要求平台承担侵权责任。平台在收到诉讼材料后才删除了剩余的诽谤内容。

请分析： 平台应否承担侵权责任？

任务五　认定违反安全保障义务的侵权责任

◎ **案例导入：**

【案例 31-8】 甲与朋友一起到 A 饭店吃饭，席间上厕所。因饭店服务员刚用湿抹布拖过地，地面湿滑，甲不小心摔倒在地，致使左大腿根粉碎性骨折。

请思考： 谁应对甲受到的损害负责？

◎ **知识准备：**

这一案例涉及安全保障义务人的责任。安全保障义务，是指宾馆、商场、银行、车站、机场、体育场馆、娱乐场所等经营场所、公共场所的经营者、管理人或者群众性活动的组织者，对于进入该经营场所、公共场所的消费者、活动参与者所应承担的保障其人身安全、财产安全的义务。如果未尽到该义务，则应承担侵权责任，也就是违反安全保障义务的责任。

一、违反安全保障义务责任的构成

（一）主体是经营场所、公共场所的经营者、管理人或群众性活动的组织者

主体包括两类，一是宾馆、商场、银行、车站、机场、体育场馆、娱乐场所等经营场所、公共场所的经营者、管理人。例如，甲公司将一楼出租给乙公司用于经营超市，虽然该一楼的所有人是甲公司，但是乙公司是"超市"这一公共场所的管理人，对其进行实际的管理和控制，因此，乙公司是负有安全保障义务的主体。二是群众性活动的组织者。如体育比赛、游园会、灯会、庙会、人才招聘会、博览会、演唱会等活动的组织者。

（二）未尽到安全保障义务

安全保障义务人未尽到安全保障义务，即在有过错的情况下，才需要承担侵权责任。判断是否尽到安全保障义务，可以考虑：（1）是否有符合法律、法规或者行业惯例要求的相关保障设施和人员配备。如经营场所、公共场所应当配备相应的消防设备，并保证能够随时使用，应当设置合理的紧急疏散通道，以便紧急状态下公共场所内的人员有序疏散。（2）安全保障义务人是否达到审慎管理人的标准，是否尽到了管理和告知义务。例如某些体育活动要告知应该注意的事项及哪些人不能从事该项运动等。

安全保障义务人不采用符合安全规范要求的设施或设备；不采取适当的安全措施，不设置必要的警示或不进行必要的劝告、说明、不配备适当的保安或救生员等措施，没有尽到审慎管理人应尽到的义务，均属于违反安全保障义务的行为。

◎ **案例分析：**

案例31-8中，饭店服务人员没有设置警示标志告知顾客地面湿滑，也没有及时采取措施使地面干燥，导致顾客人身损害，饭店因没有尽到安全保障义务所以要承担责任。反之，如果义务人已经履行了安全保障义务，即没有过错，则不用承担赔偿责任。

（三）他人遭受了损害

"他人"是指安全保障义务人及其工作人员之外的人，可以是与安全保障义务人正在缔约磋商，或者是已有合同关系，或者是没有合同关系的人，例如顾客正在商店中选购货物、或者到宾馆拜访朋友的人。"损害"既包括人身损害，也包括财产损害。

（四）未尽到安全保障义务与他人的损害有因果关系

在违反安全保障义务的责任中，因果关系是指不作为的因果关系，即经营者、管理者或组织者怠于作为而造成了损害。这种因果关系有两种表现形式：一是违反安全保障义务的行为直接造成他人的损害；二是违反安全保障义务的行为间接造成了他人的损害，即第三人的行为造成他人损害时，管理人或组织者未尽到安全保障义务。

二、违反安全保障义务责任的承担

根据《民法典》第1198条规定，违反安全保障义务责任的承担主体为经营场所的经营者、公共场所的管理者或群众性活动的组织者，其承担责任的形式包括以下两种：

（一）直接责任

经营场所的经营者、公共场所的管理者或群众性活动的组织者，未尽到安全保障义务，造成他人损害的，应该承担直接责任。

（二）补充责任

当损害是由第三人的侵权行为所致时，则由第三人承担侵权责任，安全保障义务人未尽到安全保障义务的，承担相应的补充责任，承担补充责任后，可以向第三人追偿。

补充责任包括三个方面：一是只有当受害人能证明负有安全保障义务的管理人或者组织者未尽到安全保障义务的，才能要求安全保障义务人承担侵权责任。二是只有在无法确定直接侵权的第三人或直接侵权的第三人无力赔偿时，安全保障义务人才承担责任。三是安全保障义务人承担与其过错相应的补充赔偿责任，而非全部的赔偿责任。

◎ **交互练习：**

甲在某酒店就餐，邻座乙、丙因喝酒发生争吵，继而动手打斗，酒店保安见状未出面制止。乙拿起酒瓶向丙砸去，丙躲闪，结果甲头部被砸伤。甲的医疗费应当（　　）。

A. 由乙承担，酒店无责任　　　　　B. 由酒店承担，但酒店可向乙追偿

C. 由乙承担，酒店承担补充赔偿责任　D. 由乙和酒店承担连带赔偿责任

◎ **延伸阅读：**

最高人民法院公报案例：张某等诉某超市贸易有限公司生命权纠纷案。

◎ **相关法律：**

《民法典》第1198条。

◎ **实务操作：**

某日下午，住宾馆的甲准备外出，下到三楼楼梯时，不慎摔倒在地，撞到了走在前面的宾馆清洁工乙，致使乙手提的桶里的硫酸溢出，甲身上多处被烧伤。经查，乙系为了清洗宾馆的厕所而从楼上的库房里用桶提取硫酸。同时，乙系某劳务派遣公司员工，基于劳务派遣公司与宾馆的劳务派遣协议，被派遣到宾馆负责清洁工作。乙平时的工作任务、内容由宾馆安排、指示、管理，并应遵守宾馆的规章制度。

请分析： 甲的人身伤害应当由谁承担侵权责任？

任务六　认定教育机构侵权的责任主体

◎ **案例导入**：

【**案例 31-9**】小晓（10 周岁）与小杰（10 周岁）系同学。某日，二人小跑去音乐教室上课。跑到教学楼过道玻璃门时，小杰突然加速绕至小晓前方，抢先冲过玻璃门。不料不小心摔倒，将紧随其后的小晓绊倒，致小晓磕断门牙，产生根管治疗费等费用。事故发生后，小晓父母与小杰父母、学校协商赔偿事宜未果。小晓父母将小杰、小杰父母及学校诉至法院，请求判令赔偿治疗费用。经法院审理查明：由于学校临时安排换教室，学生怕耽误上课一路小跑，且过道玻璃门有两扇，当时只开了一扇，存在安全隐患，也无老师进行引导。该小学未能提供充分证据证明学校已完全尽到教育、管理职责，以避免损害事故的发生。

请思考：对于小晓的损害，谁应承担责任？

◎ **知识准备**：

在学校、幼儿园学习的无民事行为能力人、限制民事行为能力人之间，常常因为不注意而发生损害的情形，这就涉及教育机构有无责任的问题。

一、教育机构责任的含义

教育机构责任，是指无民事行为能力人和限制民事行为能力人在幼儿园、学校或者其他教育机构学习、生活期间因教育机构失职而受到人身损害时，教育机构所应承担的侵权责任。

教育机构包括幼儿园、学校以及其他教育机构。

学习、生活期间的界定，此处应做广义的理解。从教育机构负责的地域范围看，不仅包括幼儿园、学校或者其他教育机构的区域内，而且包括教育机构所组织的参观游览、节目、运动会、夏令营、社会实践等活动的场所以及经过的路途。从时间上看，是指将无民事行为能力人或限制行为能力人交给教育机构时起，到从教育机构接走时止的整个期间。

二、教育机构侵权责任的归责原则

在教育机构接受教育的包括无民事行为能力人、限制民事行为能力人、完全民事行为能力人，《民法典》对受害人为限制行为能力人和无民事行为能力人的责任承担做了特殊规定。

第 1199 条规定：无民事行为能力人在幼儿园、学校或者其他教育机构学习、生活期间受到人身损害的，幼儿园、学校或者其他教育机构应当承担责任，但能够证明尽到教育、管理职责的，不承担侵权责任。

第 1200 条规定：限制民事行为能力人在学校或者其他教育机构学习、生活期间受到人身损害，学校或者其他教育机构未尽到教育、管理职责的，应当承担侵权责任。

当受害人是无民事行为能力人时，适用过错推定的归责原则，即只要其在学校学习、生活期间遭受了损害，就推定教育机构存在过错，教育机构不能证明自己尽到了教育、管理的职责，无法免责。

当受害人是限制民事行为能力人时，教育机构侵权责任的归责原则是过错责任，即受害人需要证明学校或其他教育机构有过错，没有尽到教育、管理的职责。

对无民事行为能力人和限制民事行为能力人采取不同的归责原则是有原因的，主要是因为与限制民事行为能力人相比，无民事行为能力人的判断能力和自我保护能力非常低，他们既容易侵害他人，也容易遭受他人的侵害，且无民事行为能力人遭受人身伤害后多无法清晰描述事发过程，监护人也无从知晓事情的真实情况。所以为了更好地维护无民事行为能力人的合法权益，就需要教育机构尽到更高的注意义务，履行教育和管理的职责。

◎ **案例分析：**

在案例31-9中，小晓摔倒受伤系因小杰所致，小杰作为致害人，应对其行为所造成的损害后果承担主要责任，因小杰系限制民事行为能力人，由其监护人即父母承担侵权责任。

另外，事故发生时无老师在现场管理、疏导，且事发时教学楼的玻璃门只开了一扇，在学生集中拥堵时也易发生意外，学校未能提供充分证据证明学校已完全尽到教育、管理职责，以避免损害事故的发生。因此，学校应承担与其过错相应的赔偿责任。综上，法院可根据各方的过错程度、致害原因等因素，酌情确定小杰方与小学各自承担赔偿责任比例。

◎ **交互练习：**

甲、乙均为17岁，甲已参加工作，乙在高二读书。甲、乙与乙的同班同学丙（17岁）发生口角，甲、乙二人在校园内将丙打伤，在场保安因为害怕甲报复没有敢出面制止。丙经住院治疗后康复，后向法院起诉，要求甲、乙赔偿医药费5000元。对于丙被打伤的医疗费负担，以下关于学校的说法正确的是（　　）。

A. 学校有过错，学校应与甲、乙负连带责任

B. 学校有过错，学校应当承担与其过错相应的赔偿责任

C. 保安有过错，学校应与保安负连带责任

D. 保安有过错，学校不应承担责任

三、在教育机构受到教育机构以外的人侵权时的责任主体

【**案例31-10**】某周六下午，校外人员刘某、邓某到甲中学男生宿舍楼内对华某进行殴打，致使华某轻伤。案件发生后，华某住院治疗15天，花费医疗费16000元。某法医临床司法鉴定所对华某伤情作出鉴定。鉴定意见为：华某外伤

致左额骨骨折，伤残程度已构成十级。华某将刘某、邓某、学校起诉至法院，要求赔偿各项费用 25000 元。

请思考：本案责任如何承担？

如果无民事行为能力人或者限制民事行为能力人在教育机构学习生活期间，受到教育机构以外的第三人侵害，根据《民法典》第 1201 条规定，应由第三人承担侵权责任；幼儿园、学校或者其他教育机构未尽到管理职责的，承担相应的补充责任；承担补充责任后，可以向第三人追偿。

此处的"第三人"指教育机构以外的人员，即教育机构的工作人员及与受害人同在教育机构学习、生活的其他无民事行为能力和限制行为能力人以外的人员，第三人与教育机构不应当存在任何隶属关系。例如来学校接送孩子的家长或未经许可进入到教育机构的其他人员。

在第三人侵害无、限制民事行为能力人时，教育机构承担的是过错责任，有过错才有责任。另外，教育机构承担的是补充责任，在责任承担上有先后顺序，如果第三人能够承担全部赔偿责任，则由第三人全部承担，此时不存在教育机构承担相应的补充责任；如果第三人无力承担或者不足以全部承担赔偿责任，教育机构则要依据过错的程度及原因力的大小承担相适应的赔偿责任，而不是就第三人不能赔偿的部分都予以赔偿。幼儿园、学校或者其他教育机构承担补充责任后，可以向第三人追偿。

◎ **案例分析：**

案例 31-10 中，刘某及邓某无故对原告华某进行殴打，其作为直接侵权人应当承担赔偿责任；甲中学对学生依法负有教育、管理、保护义务，但未尽到相应职责，致使华某在上学期间遭受人身损害，该中学应当承担相应的补充责任。

◎ **思政点滴：**

教育机构侵权的法律规定，不仅是为了保护学生的合法权益，也是为了促进教育机构加强教育和管理职责，使之可以更好地认识到自己在保护学生权益方面的责任和义务，从而提升教育质量和管理水平。

四、教育机构的免责事由

《学生伤害事故处理办法》列举了教育机构可能的免责事由，该办法第 12 规定："因下列情形之一造成的学生伤害事故，学校已履行了相应职责，行为并无不当的，无法律责任：（一）地震、雷击、台风、洪水等不可抗的自然因素造成的；（二）来自学校外部的突发性、偶发性侵害造成的；（三）学生有特异体质、特定疾病或者异常心理状态，学校不知道或者难于知道的；（四）学生自杀、自伤的；（五）在对抗性或者具有风险性的体育竞赛活动中发生意外伤害的；（六）其他意外因素造成的。"

第 13 条规定："下列情形下发生的造成学生人身损害后果的事故，学校行为并无不当的，不承担事故责任；事故责任应当按有关法律法规或者其他有关规定认定：（一）在学生自行上学、放学、返校、离校途中发生的；（二）在学生自行外出或者擅自离校期间发生的；（三）在放学后、节假日或者假期等学校工作时间以外，学生自行滞留学校或者自行到校发生的；（四）其他在学校管理职责范围外发生的。"

◎ **延伸阅读**：

《学生伤害事故处理办法》第二章。

◎ **相关法律**：

《民法典》第 1199~1201 条。

◎ **实务操作**：

甲系某幼儿园学生。在课间休息时，甲从没有安全设施的校园操场边摔至小溪里，头面部受伤。

请分析：幼儿园应否对甲承担赔偿责任？

项目综合训练

（1）甲（12 岁）与乙（12 岁）放学后在校园内打闹，甲将乙绊倒致乙骨折，乙住院治疗花去医药费共 2 万余元。经调查得知：放学后，甲和乙均要在学校门口的值班室等候坐学校所租的校车回家，学校的老师负责学生放学后至上校车之前的这段时间的管理，而在甲与乙打闹过程中和受伤后均无教师在场。

请分析：谁应该对乙的人身损害承担责任？

（2）甲女士虐猫的一段视频在网上公布后，网友们便开始"人肉搜索"。几个小时之内，甲女士的电话号码、身份证号码、家庭住址、工作单位等全部曝光。许多人发短信给甲女士，声称要弄死她。

请分析：网友及网站"人肉搜索"的行为是否构成侵权？甲女士应该如何维权？

本项目答案

项目三十二　特殊侵权法律事务处理

◎ 知识目标
- 掌握各种特殊侵权责任的归责原则、构成要件、责任主体。
- 掌握不同情形下机动车交通事故的责任承担规则。
- 掌握各种物件侵权的构成要件和责任承担。

◎ 技能目标
- 在产品侵权案件中能正确判断责任主体。
- 在机动车侵权案件中能判断责任如何承担。
- 能够正确分析各种高度危险作业侵权案件中责任如何承担。

◎ 素质目标
- 严格遵规守法，安全驾驶，尊重行人，保护自己与他人安全。
- 提高环保意识，节约能源，爱护环境，守护共同的家园。
- 遵守法律法规，尊重社会公德，采取必要安全措施预防和避免饲养动物造成他人损害。

任务一　产品侵权法律事务处理

◎ 案例导入：

【案例 32-1】李某用 100 元从乙商场购买一只电热壶，使用时致李某手臂灼伤，花去医药费 500 元。经查该电热壶是甲工厂生产的，因漏电导致李某被灼伤。

请思考：本案是否构成产品责任？

◎ 知识准备：

一、产品责任的含义

产品责任，是指因产品存在缺陷造成他人人身、财产损害时，生产者、销售者应当承担的侵权责任。《民法典》第 1203 条规定："因产品存在缺陷造成他人损害的，被侵权人可以向产品的生产者请求赔偿，也可以向产品的销售者请求赔偿。"

产品责任与违约瑕疵担保责任不同。违约瑕疵担保责任，是指因产品或者服务的质量不符合当事人的约定或者法律的规定时，提供产品或者服务一方应当承担的违反合同的民事责任。产品责任不以加害人和受害人之间有合同关系为前提，违约瑕疵担保责任以双方之间存在合同关系为前提；产品责任的侵权人承担停止侵害、排除妨碍、消除危险、赔偿损失的责任；违约瑕疵担保责任的责任方承担继续履行、采取补救措施、支付违约金、赔偿损失的责任。

二、产品责任的构成要件

产品责任适用无过错责任原则，产品的生产者或销售者无论有无过错，都应当对被侵权人承担赔偿责任。构成要件如下：

（一）产品存在缺陷

《产品质量法》第 46 条规定了缺陷的含义，产品缺陷是指产品存在危及人身、他人财产安全的不合理的危险；产品有保障人体健康和人身、财产安全的国家标准、行业标准的，是指不符合该标准。

（二）造成他人损害

产品责任中的损害，是指使用缺陷产品所导致的人身伤亡和缺陷产品本身之外的财产损失以及其他重大损失。

（三）缺陷产品与损害之间有因果关系

◎ 案例分析：

案例 32-1 中，电热壶存在漏电的缺陷，李某手臂被灼伤产生医药费等损失，且二者之间具有因果关系，因此成立产品责任。

三、产品责任的承担

在产品责任中，产品责任的承担主体包括产品的生产者和销售者。

（一）生产者承担无过错责任

《民法典》第 1202 条规定："因产品存在缺陷造成他人损害的，生产者应当承担侵权责任。"产品的生产者就缺陷产品致人损害承担的是无过错责任。

（二）销售者承担过错责任

《民法典》第 1203 条规定："因销售者的过错使产品存在缺陷的，生产者赔偿后，有权向销售者追偿。"销售者只有在有过错造成产品缺陷的情况下才承担责任。销售者的过错责任只是在销售者和生产者之间分担责任时才具有意义，销售者不能以其无过错为由主张免责。

（三）生产者与销售者承担不真正连带责任

生产者与销售者承担不真正连带责任，即被侵权人因缺陷产品受到损害，可以选择向生产者和销售者中任何一方请求赔偿，生产者与销售者不得以无过错主张免责，受害人也无须证明生产者、销售者的过错。任何一方赔偿后，在生产者、销售者之间确定最终责任承担者时，生产者承担无过错责任，销售者承担过错责任。

（四）仓储者、运输者不向被侵权人承担责任

根据《民法典》第 1204 条规定，因运输者、仓储者等第三人的过错使产品存在缺陷，造成他人损害的，产品的生产者、销售者赔偿后有权向第三人追偿。被侵权人不能直接向产品的仓储者、运输者要求赔偿，只能向生产者、销售者请求赔偿，生产者、销售者向被侵权人承担责任后再向仓储者、运输者依法进行追偿。

◎ 交互练习：

李某从某超市买了一瓶某肉联厂生产的熟食罐头，吃过罐头后食物中毒，花去医药费数万元。后来法院查明：该批罐头由某超市委托某运输公司运回，而该运输公司在运输中没有采取冷冻措施，致使罐头变质。李某可向谁请求其承担民事责任（　　　）。

A. 超市或肉联厂　　B. 超市或运输公司　　C. 肉联厂或运输公司　　D. 超市和运输公司

四、生产者的免责事由

在产品责任中，虽然生产者承担无过错责任，但如果生产者能够证明具备法定抗辩事由，则不承担赔偿责任，依据《产品质量法》第 41 条的规定，产品的生产者能证明下列情形之一的，不承担赔偿责任。（1）生产者未将产品投入流通的；（2）生产者将产品投入流通时，引起损害的缺陷尚不存在；（3）生产者将产品投入流通时的科学技术水平尚不能发现缺陷的存在的。

五、责任形式

1. 损害赔偿

如果缺陷产品造成了产品的购买者、使用者或他人人身伤亡时，受害人或其近亲属可以按照《民法典》第 1179 条之规定要求生产者或销售者赔偿损失，如果因此造成严重精神损害的，被侵权人还有权请求精神损害赔偿。

2. 排除妨碍、消除危险

《民法典》第 1205 条规定："因产品缺陷危及他人人身、财产安全的，被侵权人有权请求生产者、销售者承担停止侵害、排除妨碍、消除危险等侵权责任。"

3. 警示、召回等补救措施

《民法典》第 1206 条规定："产品投入流通后发现存在缺陷的，生产者、销售者应当及时采取停止销售、警示、召回等补救措施，未及时采取补救措施或者补救措施不力造成损害扩大的，对扩大的损害也应当承担侵权责任。"

4. 惩罚性赔偿

《民法典》第 1207 条规定："明知产品存在缺陷仍然生产、销售，或者没有依据前条规定采取有效补救措施，造成他人死亡或者健康严重损害的，被侵权人有权请求

相应的惩罚性赔偿。"此外,《消费者权益保护法》《食品安全法》中都规定了惩罚性赔偿。通过惩罚性赔偿,增加侵权人的违法成本,遏制侵权事件的发生,使被侵权人的合法权益能够得到更为充足的赔偿。

◎ **思政点滴**:

产品质量无小事,企业要树立诚信经营的理念,严格产品质量管理,加强风险防范,增强法律意识,以防止产品侵权行为的发生。

◎ **延伸阅读**:

区分产品瑕疵与产品缺陷。

◎ **相关法律**:

《民法典》第 1202~1207 条。

◎ **实务操作**:

张某从汽车销售商乙处购买了一辆由汽车生产商甲生产的家用轿车。后,张某携家人外出度假,张某在高速公路以 130 公里/小时(超过了高速公路的限速,但该车设计的最高时速为 240 公里/小时)的速度驾驶,为避免一个意外情况,张某欲紧急刹车减速,结果刹车失灵,车失控撞到路边,张某及其家人受重伤,车严重损毁。后经查明,该车刹车失灵系乙试车过程中造成的。张某及其家人欲提起诉讼,请求赔偿。

请从以下角度为张某出具法律意见书:

(1)本案轿车的生产者甲承担产品责任的归责原则是什么?甲能否以汽车的缺陷是由销售者乙造成的提出自己不应承担产品责任的抗辩事由,为什么?

(2)生产者甲在对张某承担责任后,可否向销售者乙追偿?依据是什么?

(3)张某及其家人向谁、以何种理由提起损害赔偿的诉讼,为什么?

任务二 机动车交通事故法律事务处理

◎ **案例导入**:

【**案例 32-2**】甲驾驶汽车正常行驶,看到前方红灯亮起减速行驶,后方的乙驾驶汽车超速行驶,紧急刹车仍不能避免追尾,两车均不同程度受损。

请思考:对于车辆的损失应当由谁承担责任?

【**案例 32-3**】甲驾驶汽车正常行驶,乙骑自行车突然并入机动车道,甲紧急刹车,但仍将乙撞倒受伤。

请思考:对乙的受伤损失谁应当承担责任?

◎ **知识准备：**

以上案例均为机动车行驶中发生交通事故造成损害的情形，首先了解机动车交通事故责任的含义。

一、机动车交通事故责任的含义

机动车交通事故责任是指机动车在道路上通行造成他人损害时，机动车一方所应承担的侵权责任。

规范机动车道路交通事故责任的有相关法律规范（《民法典》《道路交通安全法》《道路交通安全法实施条例》《机动车登记规定》等）及司法解释（最高人民法院《道路交通事故损害赔偿解释》）。

二、机动车交通事故责任的归责原则

（一）机动车之间发生交通事故的，适用过错责任原则

《道路交通安全法》第 76 条规定，机动车之间发生交通事故，造成人身伤亡、财产损失的，由保险公司在机动车第三者责任强制保险责任限额范围内予以赔偿；不足的部分，由有过错一方承担赔偿责任；双方都有过错的，按照各自过错的比例分担责任。

◎ **案例分析：**

案例 32-2 系机动车之间发生交通事故，应当适用过错责任原则。由于乙违章超速行驶导致其与前车相撞，乙有过错，应当对给甲造成的车辆损失中不能通过乙投保的交强险或者三者险理赔的部分承担赔偿责任。乙车的损失由乙通过自己投保的车损险理赔，保险理赔后仍不能解决的部分由乙自己承担。

（二）机动车与非机动车驾驶人、行人之间发生交通事故的，适用无过错责任

《道路交通安全法》第 76 条规定，机动车与非机动车驾驶人、行人之间发生交通事故，造成人身伤亡、财产损失的，由保险公司在机动车第三者责任强制保险责任限额范围内予以赔偿；不足的部分，非机动车驾驶人、行人没有过错的，由机动车一方承担赔偿责任；有证据证明非机动车驾驶人、行人有过错的，根据过错程度适当减轻机动车一方的赔偿责任；机动车一方没有过错的，承担不超过百分之十的赔偿责任。由本条规定可见，在机动车与非机动车驾驶人、行人之间发生交通事故的，不问机动车一方有无过错，均应承担赔偿责任。

机动车与非机动车驾驶人、行人之间发生交通事故的责任分为三种情况：第一种情况是在非机动车驾驶人、行人没有过错的情况下，由机动车一方承担完全赔偿责任；第二种情况是当非机动车驾驶人、行人有过错时，不管机动车一方有无过错仍要承担赔偿责任，但可因非机动车驾驶人和行人的过错减轻机动车一方的责任；第三种情况是机动车一方没有过错，也应承担赔偿责任，但是作出了承担比例不超过百分之十的限制。

◎ 案例分析：

案例 32-3 系机动车与非机动车之间发生交通事故，机动车一方依法应承担无过错责任，虽然事故完全是由于乙的过错造成，甲没有任何过错，但是甲仍应向乙承担不超过百分之十的赔偿责任。

三、确定机动车交通事故的责任承担

【案例 32-4】 李某在甲租车公司租赁了一辆汽车出行，因雨天路滑，加之操作不当，其驾驶的汽车与周某的汽车追尾，交警认定李某负全责。后经调查，甲租车公司出租的该车刹车有严重缺陷，是造成追尾事故的原因之一。

请思考：周某的损失如何承担？

依据《民法典》第 1213 条规定，机动车发生交通事故造成损害，属于该机动车一方责任的，先由承保机动车强制保险的保险人在强制保险责任限额范围内予以赔偿；不足部分，由承保机动车商业保险的保险人按照保险合同的约定予以赔偿；仍然不足或者没有投保机动车商业保险的，由侵权人赔偿。

生活中，经常会有租赁、借用机动车等情形，导致机动车的所有人、管理人与实际使用人不一致，产生对机动车的支配控制权与运行利益的分离，因此在判定机动车交通事故责任时应遵循两个标准：一是要考虑机动车由何人实际控制和支配，责任就应当归属于谁；二是要考虑该机动车的运行利益归谁，按照权利与义务相一致的原则，责任应当由利益享有者承担。

（一）机动车的所有人承担责任

机动车所有人自己保有且运行车辆时，由于其享有相应的利益，因此应当成为承担责任的主体。我国对机动车实行登记制度，登记在谁名下，谁就是所有权人。

（二）租赁、借用机动车的责任承担

在租赁、借用情况下，机动车所有人与使用人不是同一人，机动车使用人应承担赔偿责任，其责任为无过错责任；机动车所有人对损害的发生有过错的，应承担与过错相适应的赔偿责任，其责任为过错责任。

如何认定机动车所有人对损害的发生有过错，《道路交通事故损害赔偿解释》第 1 条规定："机动车发生交通事故造成损害，机动车所有人或者管理人有下列情形之一，人民法院应当认定其对损害的发生有过错，并适用民法典第一千二百零九条的规定确定其相应的赔偿责任。（一）知道或者应当知道机动车存在缺陷，且该缺陷是交通事故发生原因之一的；（二）知道或者应当知道驾驶人无驾驶资格或者未取得相应驾驶资格的；（三）知道或者应当知道驾驶人因饮酒、服用国家管制的精神药品或者麻醉药品，或者患有妨碍安全驾驶机动车的疾病等依法不能驾驶机动车的；（四）其他应当认定机动车所有人或者管理人有过错的。"

◎ **案例分析：**

　　案例 32-4 中，机动车的使用人是李某，其在操作上有过错，应当承担责任。但是甲租车公司的汽车有刹车缺陷，也存在过错，因此，就周某的损失，李某应当承担责任，甲租车公司也应当就其过错承担相应的责任。

◎ **交互练习：**

　　甲、乙参加宴会后，甲将自己的汽车借给喝了很多酒的乙使用。乙因醉酒失误，驶入人行道将行人丙撞伤。下列说法正确的是（　　）。

　　A. 乙应对丙承担赔偿责任

　　B. 甲对损害的发生有过错，应当适当补偿

　　C. 甲对损害的发生有过错，应当承担补充性责任

　　D. 甲、乙应承担连带责任

（三）未办理机动车转移登记的机动车一方的责任承担

【案例 32-5】 甲把一辆汽车卖给了乙。一年后乙又卖给了丙。又过了一年，丙将该车卖给了丁，在连续发生的交易过程中，始终没有办理车辆的转移登记，登记的车辆所有人依然是甲。某日，丁酒后驾驶该车将戊撞死。

　　请思考： 谁应对戊的死亡承担责任？

　　现实生活中，有的是通过分期付款方式购车或者购买二手车，车辆已经交付但并未办理所有权转移登记，发生交通事故后，根据《民法典》第 1210 条的规定，属于该机动车一方责任的，由受让人承担赔偿责任。《道路交通事故损害赔偿解释》第 2 条也规定："被多次转让但未办理登记的机动车发生交通事故造成损害，属于该机动车一方责任，当事人请求由最后一次转让并交付的受让人承担赔偿责任的，人民法院应予支持。"最高人民法院在《关于购买人使用分期付款购买的车辆从事运输因交通事故造成他人财产损失保留车辆所有权的出卖方不应承担民事责任的批复》规定了分期付款购车的责任承担："采用分期付款方式购车，出卖方在购买方付清全部车款前保留车辆所有权的，购买方以自己名义与他人订立货物运输合同并使用该车运输时，因交通事故造成他人财产损失的，出卖方不承担民事责任。"

　　这些规定都体现了"谁使用，谁负责；谁管控，谁负责"的原则。

◎ **案例分析：**

　　案例 32-5 中，虽然肇事车辆几经转手，但始终未过户，仍在甲的名下，但是车辆的实际所有人同时也是车辆的实际运营者是丁。按照法律规定，发生交通事故的责任就应当由现实的所有人丁承担，所以，应由丁对戊的死亡承担侵权损害赔偿责任。

（四）挂靠机动车一方的责任承担

【案例 32-6】 赵某受王某雇佣，驾驶王某的汽车与骑自行车的孙某相撞，致孙某受伤，车辆损坏。交警认定赵某负事故的全部责任。事故车辆挂靠于甲客运有限公司。因就赔偿问题协商未果。孙某起诉到法院，请求判令被告赵某赔偿损失 55 万，王某、甲客运公司承担连带赔偿责任。

请思考： 孙某的请求能否得到法院支持？

机动车挂靠运营，一般指没有运输经营权的个人或单位为了运输经营，将机动车挂靠于具有运输经营权的公司，从而以该公司名义对外进行运输经营。这种情况下，实际的车主经运输企业同意，以运输企业名义从事道路运输经营活动，其中车主就是挂靠人，运输企业为被挂靠人。机动车挂靠行为实质是具有道路运输经营许可证的被挂靠人向不具备道路运输经营资格的挂靠人非法转让、出租道路运输经营许可证的行为。该行为是违背行政许可、规避国家有关行业准入制度的行为，在法律上应当给予否定性评价。

根据《民法典》第 1211 条的规定，以挂靠形式从事道路运输经营活动的机动车，发生交通事故造成损害，属于该机动车一方责任的，由挂靠人和被挂靠人承担连带责任。

◎ **案例分析：**

案例 32-6 中，赵某作为实际侵权人，应当承担赔偿责任，但赵某受雇于王某，且王某为车主，王某应对事故承担赔偿责任，该车挂靠在甲客运公司名下，甲客运公司应承担连带责任。王某承担赔偿责任后，可以向有重大过失的赵某追偿。

（五）未经允许驾驶他人机动车的责任承担

【案例 32-7】 王某将自己的轿车停放在邓某的维修店修车。邓某未经王某同意擅自开出去，与张某相撞。张某受伤，被认定为十级伤残。经交警大队认定，邓某承担事故的全部责任。张某因此造成各项经济损失达 26 万元。该车在某保险公司投保了交强险，投保人与被保险人均为王某。

请思考： 邓某有无责任？

根据《民法典》的规定，一方未经机动车所有人允许驾驶他人机动车，发生交通事故造成损害，属于该机动车一方责任的，由机动车使用人承担赔偿责任；机动车所有人、管理人对损害的发生有过错的，承担相应的赔偿责任。驾驶人与所有人、管理人承担按份责任。

◎ **案例分析：**

案例 32-7 中，事故发生在保险期间内，保险公司应当在机动车强制保险责任限额范围内赔偿 20 万元。邓某在车辆修车期间，未经车主王某同意，擅自用车发生涉案交通事故造成他人损害，应当承担剩余赔偿责任。

（六）转让拼装、报废机动车情况下机动车一方的责任承担

拼装的机动车，是指没有制造、组装机动车许可证的企业或个人擅自非法制造、拼凑、组装的机动车。已经达到报废标准的机动车是指按照国家强制报废标准，应当报废的机动车。

拼装车、报废车上路行驶，势必会对公众的人身安全和财产安全构成严重的威胁。《民法典》第 1214 条规定："以买卖或者其他方式转让拼装或者已经达到报废标准的机动车，发生交通事故造成损害的，由转让人和受让人承担连带责任。"之所以让转让人和受让人承担连带责任，是因为二者往往非常清楚他们转让的是拼装或者已达到报废标准的机动车，具有共同的故意。拼装车、报废车发生交通事故造成他人损害时，他们就是共同侵权人，要承担连带责任。

《道路交通事故损害赔偿解释》第 4 条对此也作出了规定："拼装车、已达到报废标准的机动车或者依法禁止行驶的其他机动车被多次转让，并发生交通事故造成损害，当事人请求由所有的转让人和受让人承担连带责任的，人民法院应予支持。"

（七）盗窃、抢劫或者抢夺机动车的交通事故责任承担

【案例 32-8】 徐某驾驶抢劫来的小型客车与曹某驾驶的电动自行车发生碰撞，造成曹某受伤及车辆损坏的交通事故，事发后徐某驾车逃逸。交警认定徐某承担事故全部责任，曹某无责任。肇事客车在保险公司投保交强险。曹某以徐某和保险公司为被告起诉要求赔偿。

请思考：应由谁承担曹某的损失？

本案属于驾驶抢劫的车辆发生交通事故，机动车被盗窃、抢劫或者抢夺时，机动车的所有人或者其他合法管理人、使用人已经丧失了对该机动车的支配和控制，也不享有运行该机动车的利益，不应再作为机动车一方承担机动车交通事故责任。关于责任的承担，有如下几种情况：

（1）盗抢机动车发生交通事故后由盗窃人、抢劫人或者抢夺人而非机动车所有人或管理人承担赔偿责任。这一规则也是符合"谁侵权，谁担责"的基本原则的。因为在机动车被盗抢后，机动车由盗窃人、抢劫人或者抢夺人控制使用，在此情况下机动车所有人或管理人对于发生交通事故显然是无法预料更无法控制的，加之车辆被盗抢并非出于机动车所有人或管理人的本意，故其对于机动车的运行利益更是无从谈起。

（2）盗抢机动车的使用人与盗窃人、抢劫人或抢夺人不同时，应由使用人与盗窃人、抢劫人或抢夺人承担连带责任。

（3）保险公司只应在交强险责任限额范围内垫付抢救费用，并在垫付抢救费用

后有权向交通事故责任人追偿。

◎ **案例分析：**

案例 32-8 中，徐某驾驶抢劫来的肇事车辆与曹某驾驶的电动自行车发生碰撞，造成曹某受伤，徐某承担事故全部责任，故保险公司应当在交强险范围内承担赔偿责任，保险公司承担赔偿责任后，有权向徐某追偿。对于交强险限额外的损失，由徐某赔偿。

（八）肇事后逃逸的责任承担

【案例 32-9】马某驾驶小轿车与苏某驾驶的电动三轮车相撞，导致双方车辆不同程度损坏、苏某受伤。事故发生后，马某驾车逃逸。交警作出的道路交通事故认定书认定马某负事故全部责任，苏某无责任。该事故造成苏某花费医疗费 9875 元、经鉴定构成十级伤残的后果。马某所驾车辆在某保险公司投保有交强险，事故发生在保险期间。

请思考： 保险公司是否应当对苏某各项损失在交强险各分项赔偿限额内（包括精神损害抚慰金）予以赔偿呢？

根据《民法典》第 1216 条规定，机动车驾驶人发生交通事故后逃逸，如果该机动车参加强制保险的，由保险人在机动车强制保险责任限额范围内予以赔偿；机动车不明、该机动车未参加强制保险或者抢救费用超过机动车强制保险责任限额，需要支付被侵权人人身伤亡的抢救、丧葬等费用的，由道路交通事故社会救助基金垫付。道路交通事故社会救助基金垫付后，其管理机构有权向交通事故责任人追偿。

◎ **案例分析：**

案例 32-9 中，马某的机动车在某保险公司投保了交强险，保险公司应在交强险分项赔偿限额内赔偿相应损失，包括精神抚慰金，这也是机动车交通事故责任保险优先原则的体现。只有机动车交通事故责任保险优先，才能在机动车驾驶人逃逸的情况下，及时填补受害人的损失，维护其合法权益。

（九）好意同乘的责任承担

【案例 32-10】张某在回家路上碰到了骑摩托车的好友李某，李某搭乘张某一起回家，但半路李某与谢某驾驶的电动三轮车相撞，导致张某受伤。事故发生后，双方未及时报警，事后交警也出具了无法分清责任的事故证明。后，张某向法院起诉李某和谢某，索赔治疗费、残疾赔偿金、误工费等共计 10 万元。

请思考： 李某和谢某应否担责？

这是一起好意同乘引发的侵权纠纷。随着私家车的普及，日常生活中的"好意同乘"情况越来越多，"好意同乘"系善意施惠行为，符合社会主义核心价值观的内在要求。《民法典》第 1217 条规定："非营运机动车发生交通事故造成无偿搭乘人损害，属于该机动车一方责任的，应当减轻其赔偿责任，但是机动车使用人有故意或者重大过失的除外。"

◎ **案例分析：**

案例 32-10 中，李某出于同乡情谊无偿搭乘张某回家，车辆并非营运车辆，李某也不存在故意或重大过失，完全是一种与人为善、助人为乐的行为。事故责任难以查清，因此对张某的损害，李某、谢某应当平均承担赔偿责任，但李某无偿搭乘张某，应减轻李某的赔偿责任。最终，法院判决谢某赔偿 5 万元，李某赔偿 3.5 万元。

◎ **思政点滴：**

案例 32-10 中，法院的裁判既体现公平公正，又呵护人与人之间的良善交往，遵循了我国助人为乐的传统美德，实现了情理法之间的平衡，有利于社会的和谐稳定。

◎ **延伸阅读：**

电动自动车是不是机动车？

◎ **相关法律：**

《民法典》第 1208~1217 条。

《道路交通事故损害赔偿解释》第 1~7 条。

◎ **实务操作：**

朱某驾驶小轿车由北向南行驶至路口处时，因闯红灯，与由东向西行驶的周某驾驶的小轿车相撞，二人都受伤，两车损坏。经公安局交通管理大队出具道路交通事故认定书，认定朱某承担事故的全部责任。朱某的车在某保险公司投保交强险和商业三者险 150 万元及不计免赔险。周某因与朱某、保险公司协商未果，起诉至法院，请求判令朱某和保险公司赔偿周某施救费、车辆损失、鉴定费共计 71230 元。

请分析：法院应该如何判决？

任务三　医疗损害法律事务处理

◎ **案例导入：**

【案例 32-11】周某因病到甲医院看病，医院诊断为左肾病变，做了切除手术后，发现发生病变的为右肾，由于医生的疏忽诊断错误，导致周某被错误地切除了左肾。

请思考：甲医院应当承担何种责任？

【案例 32-12】于某在乙医院住院治疗，某天上午去医院水房洗漱，因地面湿滑而摔倒，导致右手腕骨折。

请思考：乙医院应当承担何种责任？

◎ 知识准备：

本任务是解决在诊疗过程中造成患者损害的责任承担问题，首先了解医疗损害责任的含义。

一、医疗损害责任的含义

医疗损害责任，指医疗机构及其医务人员应当承担的在诊疗活动中因过失侵害患者生命权、身体权、健康权而给患者造成损害的侵权责任。

二、医疗损害责任的归责原则

《民法典》第 1218 条规定："患者在诊疗活动中受到损害，医疗机构及其医务人员有过错的，由医疗机构承担赔偿责任。"医疗损害责任采取过错责任原则。

《民法典》第 1222 条规定了适用过错推定责任原则的几种情形："患者在诊疗活动中受到损害，有下列情形之一的，推定医疗机构有过错：（一）违反法律、行政法规、规章以及其他有关诊疗规范的规定；（二）隐匿或者拒绝提供与纠纷有关的病历资料；（三）遗失、伪造、篡改或者违法销毁病历资料。"推定医疗机构有过错，医疗机构可以提出证据证明自己没有过错，比如，抢救危急患者情况下，医务人员可能采取不太合规的行为，但如果证明在当时情况下是合理的，也达到了抢救目的，就可以认定医疗机构没过错。

三、认定构成医疗损害责任的条件

认定医疗机构承担医疗损害责任的几个条件是：其一，加害人为医疗机构及其医务人员；其二，患者系在诊疗活动中受到损害；其三，诊疗活动与患者损害之间存在因果关系；其四，医疗机构及其医务人员存在过错，医疗机构及其医务人员的过错应当作如下理解：首先，医疗过错应仅指医疗过失，不包括故意。如因故意给患者造成损害，应是一般侵权责任而非医疗损害责任。其次，医疗过错应采用客观标准，即医疗机构及其医务人员未尽到应尽义务即为有过错。

◎ 案例分析：

案例 32-11 中，甲医院对周某进行诊断治疗，由于诊断错误而致周某左肾被错误摘除的损害，应当按照医疗损害责任处理。

◎ **案例分析：**

案例 32-12 中，由于乙医院地面湿滑而致于某摔伤，此种情况不属于因医院提供专业诊疗活动而致的损失，因此不属于医疗损害责任，而是应当按照违反安全保障义务追究医疗机构的责任。

四、医疗机构及其医务人员承担责任的情形

（一）医务人员在诊疗活动中未尽到告知义务

医务人员在诊疗活动中应当向患者说明病情和医疗措施。需要实施手术、特殊检查、特殊治疗的，应当及时向患者具体说明医疗风险、替代医疗方案等情况，并取得其明确同意；不能或者不宜向患者说明的，应当向患者的近亲属说明，并取得其明确同意。

医务人员未尽到前款义务，造成患者损害的，医疗机构应当承担赔偿责任。

《民法典》针对上述说明及同意义务，也做了例外的规定。《民法典》第 1220 条规定："因抢救生命垂危的患者等紧急情况，不能取得患者或者其近亲属意见的，经医疗机构负责人或者授权的负责人批准，可以立即实施相应的医疗措施。"

（二）医疗技术损害

医疗技术损害是指医务人员在诊疗活动中未尽到与当时的医疗水平相应的诊疗义务，造成患者损害，由医疗机构承担赔偿责任。法律用"当时的医疗水平"作为判断医务人员和医疗机构过错的标准：达到与当时医疗水平相应的诊疗义务就被认为是没有过错的；反之，则被认为是有过错的。应当综合考虑以下几个方面确定"当时的医疗水平"所要求达到的注意义务：（1）应当达到法律、行政法规、部门规章、行业规范和惯例所确定的义务之要求。（2）应当达到同行业医务人员"平均"的或者"一般"的医疗水平之注意程度，同行业其他医务人员能想到做到的，涉案的医务人员也应想到做到。（3）社会预期或者期待的医疗水平。因此，确定"当时的医疗水平"应当坚持以法律法规为基础，尊重同行业医务人员"平均"的或者"一般"的医疗水平，参考社会的合理预期或者期待。

（三）医疗产品损害

患者在诊疗活动中因药品的缺陷造成损害的，可以要求医疗机构赔偿。《民法典》第 1223 条规定："因药品、消毒产品、医疗器械的缺陷，或者输入不合格的血液造成患者损害的，患者可以向药品上市许可持有人、生产者、血液提供机构请求赔偿，也可以向医疗机构请求赔偿。患者向医疗机构请求赔偿的，医疗机构赔偿后，有权向负有责任的药品上市许可持有人、生产者、血液提供机构追偿。"

《药品管理法》第 30 条第 1 款规定，药品上市许可持有人是指取得药品注册证书的企业或者药品研制机构等。药品上市许可持有人是药品安全的第一责任人。医疗机构与药品上市许可持有人、缺陷产品的生产者或者血液提供机构承担不真正连带责任，医疗机构无权拒绝患者要求其承担责任的请求。但医疗机构赔偿后，可以向负有责任的生产者或者血液提供机构进行追偿。

（四）泄露患者隐私的损害

医疗机构及其医务人员应当对患者的隐私和个人信息保密。泄露患者的隐私和个人信息，或者未经患者同意公开其病历资料的，无论是否造成患者损害，都应当承担侵权责任。

◎ **交互练习：**

某医院医生李某在为患者张某进行阑尾炎手术时，不慎将一块纱布遗留在张某的体内，张某在手术后疼痛难忍数日并再次检查时才发现纱布，这给张某的身体造成了较大的损害，关于张某的损害责任承担的说法，正确的是（　　）。

A. 应由李某承担责任　　　　　　　B. 应由医院承担责任

C. 应由李某和医院各自承担 50% 的责任　　D. 应由医院和李某承担连带责任

五、医疗损害的免责事由

【**案例 32-13**】李某因交通事故导致腿骨骨折，在甲医院住院接受手术治疗，出院时，甲医院的医嘱说明李某需要卧床静养半月，但李某回家没几日便不遵医嘱，下地干活，导致尚未愈合的骨头错位，不得已又重新进行了二次手术。

请思考：甲医院应否承担李某进行二次手术的损失？

《民法典》第 1224 条第 1 款规定："患者在诊疗活动中受到损害，有下列情形之一的，医疗机构不承担赔偿责任：（一）患者或者其近亲属不配合医疗机构进行符合诊疗规范的诊疗；（二）医务人员在抢救生命垂危的患者等紧急情况下已经尽到合理诊疗义务；（三）限于当时的医疗水平难以诊疗。"

该条第 2 款规定："医疗机构及其医务人员也有过错的，应当承担相应的赔偿责任。"这里所说的"过错"是指过失，比如医务人员未对患者尽到说明、告知义务，导致患者不清楚或者心存顾虑而不配合。

◎ **案例分析：**

案例 32-13 中，甲医院按照诊疗规范，要求李某卧床静养，但李某不遵守医嘱，导致不得已进行二次手术，依照规定甲医院对此无需承担责任，应由李某自己承担损失。

◎ **延伸阅读：**

"错换人生 28 年"相关诉讼。

◎ **相关法律：**

《民法典》第 1218～1228 条。

◎ **实务操作：**

（1）制定诉讼策略：在医疗损害责任中，患者如何证明诊疗活动与自身损害之间存在因果关系？

（2）田某突发重病神志不清，田父将其送至医院，医院使用进口医疗器械实施手术，手术失败，田某死亡。经查实，该医院使用的医疗器械存在严重缺陷，是导致田某死亡的原因。

请分析： 田父可以向谁主张赔偿？

任务四 环境污染和生态破坏法律事务处理

◎ **案例导入：**

【案例 32-14】 甲工厂排放一种废水，经反复检测对人和动物均无损害，但该种废水对海水中的一种微生物（海藻）具有极大杀伤力，致使数万公顷海水中的该种微生物不能存活，引起生态环境恶化。

请思考： 甲工厂的行为是否构成侵权？侵犯了什么利益？应由谁、提起何种诉讼？

◎ **知识准备：**

一、环境污染和生态破坏责任的含义

环境污染和生态破坏责任是指因污染环境、破坏生态造成他人损害时，侵权人所应承担的侵权责任。

环境污染，是指由于人为的原因而使人类赖以生存和发展的空间和资源发生化学、物理和生物特征上的不良变化，以致影响人类健康或生物生存的生产活动或者现象。《民法典》第 1229 条规定："因污染环境、破坏生态造成他人损害的，侵权人应当承担侵权责任。"据此，环境污染责任是指因污染环境造成他人损害时，污染者应当承担的侵权责任。

◎ **案例分析：**

案例 32-14 中，甲工厂的行为破坏了生态环境，根据《民法典》之规定，也构成环境污染侵权，侵犯了社会公共利益，应当由法定机关（如检察机关）作为原告提起公益诉讼。

环境污染责任有如下特征：

（一）以无过错责任为归责原则

环境污染和生态破坏是一种异常复杂的社会现象，若要求被侵权人举证证明侵权人就污染行为或者破坏行为存在过错，是极其困难的；特别是在侵权人达标排污的情况下，要证明侵权人存在过错是不可能的。因此，环境污染和生态破坏责任适用无过

错责任原则。亦即，因污染环境、破坏生态造成损害，不论侵权人有无过错，都应当承担侵权责任。

（二）实行因果关系推定规则

因果关系推定规则，即在发生侵害时，不是由受害人证明侵害行为和损害结果存在因果关系，而是直接推定因果关系的存在，如果行为人能够证明其行为和损害结果之间没有因果关系，才可以免于承担责任。《民法典》第 1230 条规定："因污染环境、破坏生态发生纠纷，行为人应当就法律规定的不承担责任或者减轻责任的情形及其行为与损害之间不存在因果关系承担举证责任。"

（三）排污符合国家规定的排放标准并不是免责事由

排污符合排放标准，但造成环境污染损害的，只能免于承担刑事责任、行政责任，而不能免除民事上的侵权责任。侵权人以排污符合法律规定的排放标准为由主张不承担责任的，人民法院不予支持。

二、环境污染和生态破坏责任的构成要件

（一）有污染环境和破坏生态的行为

污染环境的行为，指排放或者释放废水、废气、废渣、噪声、放射性物质或者射线等对大气、水、土壤以及周围环境造成损害的行为。破坏生态的行为，是指人类社会活动引起的生态退化及由此衍生的环境效应，导致环境结构和功能的变化，对人类生存发展以及环境本身发展产生不利影响的现象。生态破坏的类型主要包括：水土流失、沙漠化、荒漠化、森林锐减、土地退化、生物多样性的减少、湖泊的富营养化、地下水漏斗、地面下沉等。

污染环境、破坏生态行为主要表现为实施某种行为，如排放废水、废气等，在一定情况下，不作为也可以构成污染环境、破坏生态行为，如没有采取安全措施，致使有害气体泄露等。

（二）造成他人损害

环境污染造成的损害既包括人身伤亡，也包括财产损失；既包括直接损失，也包括间接损失。比如，某排污者对他人的鱼塘造成污染，鱼死亡损失 6 万元，成功治理污染需要费用 10 万元，治理污染需要一年时间，这期间鱼塘不能养鱼，经测算可得利益损失为 12 万元。那么污染者应当赔偿的损失就包括直接损失 16 万元（即鱼的损失 6 万元和治理污染费用 10 万元）以及间接损失 12 万元（即可得利益损失）。

（三）存在因果关系

《民法典》第 1230 条规定，因污染环境、破坏生态发生纠纷，行为人应当就法律规定的不承担责任或者减轻责任的情形及其行为与损害之间不存在因果关系承担举证责任。因此，环境污染责任采用因果关系推定，即在举证责任的分配上，被侵权人无需证明污染者污染环境的行为与损害之间具有因果关系，而是由污染者对其行为与损害结果之间不存在因果关系承担举证责任。

根据《环境侵权解释》第七条，侵权人举证证明下列情形之一的，人民法院应当认定其污染环境、破坏生态行为与损害之间不存在因果关系：（1）排放污染物、

破坏生态的行为没有造成该损害可能的；（2）排放的可造成该损害的污染物未到达该损害发生地的；（3）该损害于排放污染物、破坏生态行为实施之前已发生的；（4）其他可以认定污染环境、破坏生态行为与损害之间不存在因果关系的情形。

三、环境污染、破坏生态责任的承担

【案例 32-15】 甲造纸厂与乙造纸厂看中了周边的一块土地，由于当地农民坚决反对，一直未能征用成功。甲、乙于是商量，对该片土地加大污染物的排放，逼迫村民就范。甲、乙的排污行为迅速造成预期的环境污染。

请思考： 谁应当对于环境污染造成的损害承担责任？

（一）侵权人承担侵权责任

因污染环境、破坏生态造成他人损害的，侵权人应当承担侵权责任。《环境侵权解释》第 15 条规定，被侵权人起诉请求侵权人赔偿因污染环境、破坏生态造成的财产损失、人身损害以及为防止损害发生和扩大、清除污染、修复生态环境而采取必要措施所支出的合理费用的，人民法院应予支持。

（二）共同侵权的责任承担

《民法典》第 1231 条规定，两个以上侵权人污染环境、破坏生态的，承担责任的大小，根据污染物的种类、浓度、排放量，破坏生态的方式、范围、程度，以及行为对损害后果所起的作用等因素确定。

关于共同侵权人的责任承担问题，《环境侵权解释》第 3 条做了详细规定，两个以上侵权人分别实施污染环境、破坏生态行为造成同一损害，每一个侵权人的污染环境、破坏生态行为都足以造成全部损害，被侵权人根据《民法典》第 171 条规定请求侵权人承担连带责任的，人民法院应予支持。

两个以上侵权人分别实施污染环境、破坏生态行为造成同一损害，每一个侵权人的污染环境、破坏生态行为都不足以造成全部损害，被侵权人根据《民法典》第 1172 条规定请求侵权人承担责任的，人民法院应予支持。

两个以上侵权人分别实施污染环境、破坏生态行为造成同一损害，部分侵权人的污染环境、破坏生态行为足以造成全部损害，部分侵权人的污染环境、破坏生态行为只造成部分损害，被侵权人根据《民法典》第 1171 条规定请求足以造成全部损害的侵权人与其他侵权人就共同造成的损害部分承担连带责任，并对全部损害承担责任的，人民法院应予支持。

◎ **案例分析：**

案例 32-15 中，甲、乙具有共同故意，构成共同侵权，承担连带责任。

◎ **交互练习：**

甲、乙、丙三家公司生产三种不同的化工产品，生产场地的排污口相邻。某年，当地大旱导致河水水位大幅下降，三家公司排放的污水混合发生化学反应，产生有毒

物质致使河流下游丁养殖场的鱼类大量死亡。经查明，三家公司排放的污水均分别经过处理且符合国家排放标准。后丁养殖场向三家公司索赔。下列选项正确的是（　　　）。

A. 三家公司均无过错，不承担赔偿责任

B. 三家公司对丁养殖场的损害承担连带责任

C. 三家公司因排污标准符合国家标准，不承担责任

D. 三家公司应按照污染物的种类、排放量等因素承担责任

（三）第三人过错侵权的责任承担

《民法典》第 1233 条规定："因第三人的过错污染环境、破坏生态造成损害的，被侵权人可以向侵权人请求赔偿，也可以向第三人请求赔偿。侵权人赔偿后，有权向第三人追偿。"据此规定，侵权人与有过错的第三人之间为不真正连带责任，侵权人不能因污染环境、破坏生态系有过错的第三人造成而主张对被侵权人免责，其在承担责任后可以向第三人进行追偿，由第三人承担最终责任。

（四）侵权人承担修复责任和赔偿责任

我国现有的环境侵权救济体系大体采取的是二分法模式，因污染环境、破坏生态造成人身、财产损害的按照一般环境侵权的救济途径，由被侵害人向侵权人主张，通常称为环境民事私益诉讼。而对给生态环境本身造成的损害则按照生态环境损害赔偿制度和环境民事公益诉讼制度的规定，由法律规定的机关、社会组织及公民等主张，这通常称为环境公益诉讼。

《民法典》第 1234 条规定了修复责任，违反国家规定造成生态环境损害，生态环境能够修复的，国家规定的机关或者法律规定的组织有权请求侵权人在合理期限内承担修复责任。侵权人在期限内未修复的，国家规定的机关或者法律规定的组织可以自行或者委托他人修复，所需费用由侵权人负担。

《民法典》第 1235 条对生态环境损害赔偿的范围作了明确规定：违反国家规定造成生态环境损害的，国家规定的机关或者法律规定的组织有权请求侵权人赔偿下列损失和费用：（1）生态环境受到损害至修复完成期间服务功能丧失导致的损失；（2）生态环境功能永久性损害造成的损失；（3）生态环境损害调查、鉴定评估费用；（4）清除污染、修复生态环境费用；（5）防止损害的发生和扩大所支出的合理费用。

（五）惩罚性赔偿

《民法典》第 1132 条规定，侵权人违反法律规定故意污染环境、破坏生态造成严重后果的，被侵权人有权请求相应的惩罚性赔偿。

《环境侵权解释》对污染环境、破坏生态的"故意"，以及"严重后果"规定了判断标准。被侵权人在生态环境侵权纠纷案件中请求惩罚性赔偿的，应当在起诉时明确赔偿数额以及所依据的事实和理由。人民法院确定惩罚性赔偿金数额，应当综合考虑侵权人的恶意程度、侵权后果的严重程度、侵权人因污染环境、破坏生态行为所获得的利益或者侵权人所采取的修复措施及其效果等因素，但一般不超过人身损害赔偿

金、财产损失数额的二倍。

四、免责事由与减责事由

侵权人不承担责任或者减轻责任的情形，适用海洋环境保护法、水污染防治法、大气污染防治法等环境保护单行法的规定；相关环境保护单行法没有规定的，适用民法典的规定。

（一）免责事由

1. 不可抗力

《水污染防治法》第85条规定："由于不可抗力造成水污染损害的，排污方不承担赔偿责任；法律另有规定的除外。"《大气污染防治法》第63条规定："完全由于不可抗拒的自然灾害，并经及时采取合理措施，仍然不能避免造成大气污染损失的，免于承担责任。"

2. 受害人故意

《水污染防治法》第85条规定："水污染完全是由受害人故意造成的，排污方不承担赔偿责任。"

（二）减责事由

《水污染防治法》第85条还规定："水污染损害是由受害人重大过失造成的，可以减轻排污方的赔偿责任。"

◎ **延伸阅读：**

中国法院网：最高人民法院第37批指导性案例。

◎ **相关法律：**

《民法典》第1229~1235条。

《环境侵权解释》第2、3、4、6、7条。

《生态环境侵权解释》第3、4、7、8条。

◎ **实务操作：**

（1）李某十年来一直生活在乙炼油厂西生活区，2024年，李某被诊断出患了急性混合型白血病。经查，该炼油厂的液化气灌装站经常漏气、炼油厂火炬排放的是含有有害物质苯的气体，而苯是实验证明的导致白血病的一个重要病因。李某遂将乙炼油厂诉至法院，要求其承担赔偿责任。而炼油厂以自己排污符合标准，而且李某没有证据证明其患病与排放物有关，拒绝承担责任。

请撰写案件分析报告，乙炼油厂的抗辩理由是否成立？

（2）甲在水库非法炸鱼，导致溃堤，大水冲毁乙工厂的废水处理池，导致丙的农田被污染。

请分析：谁应对丙的损失承担责任？

任务五　高度危险作业损害法律事务处理

◎ **案例导入：**

【案例32-16】2022年3月21日下午，一架东航波音737-800客机在广西壮族自治区梧州市藤县某地山林坠毁，并引发山火。2022年3月21日16时，民航局发文已确认该飞机坠毁。机上人员共132人，其中旅客123人、机组9人。

请思考：对于飞机上人员的损失应当由谁赔偿？

【案例32-17】个体户甲因为生产需要十几罐氯气，于是与具有运输特殊危险品资质的乙签订运输合同，由乙运回，并叮嘱罐内装有剧毒气体，不能暴晒，千万别弄丢了，否则后果不堪设想。由于乙放置不当，在运输途中，一罐氯气滚落遗失在马路上，烈日暴晒后氯气泄漏，导致周边多人中毒。

请思考：谁应当对氯气泄漏致人中毒承担责任？

◎ **知识准备：**

本任务要解决高度危险作业致人损害的侵权责任承担问题，即高度危险责任。

一、高度危险责任的含义

高度危险责任，又称高度危险作业责任，是指因从事高度危险作业造成他人损害时，作业人应当承担的侵权责任。高度危险责任具有如下特征：

（一）责任的产生是由于高度危险物、高度危险活动致害或者被侵害人进入高度危险区域受到伤害

（二）采用无过错归责原则

在高度危险作业责任中，只要从事高度危险作业造成他人损害，无论作业人是否存在过错，都要承担侵权责任。因此，高度危险责任适用无过错责任原则。但是，具体到每一种高度危险责任，都存在法定的抗辩事由，例如，民用核设施致害责任免责事由是战争、武装冲突、暴乱等情形或者受害人故意；民用航空器致害责任的免责事由是受害人故意。

（三）一般有最高赔偿限额

高度危险责任采用无过错责任，为避免其因无过错责任而承担过重的赔偿责任造成严重的负担，有些情形规定了最高赔偿额。例如：《国内航空运输承运人赔偿责任限制限额规定》中对每名旅客的赔偿责任限额为人民币40万元。

二、高度危险作业侵权责任的承担

依据《民法典》规定，高度危险作业主要包括两种：一是高度危险活动，如使用民用核设施、高速轨道运输工具和从事高空、高压、地下挖掘等高度危险活动；二是占有、使用易燃、易爆、剧毒、高放射性、强腐蚀性、高致病性等高度危险物的行

为。前者由高度危险作业的经营者承担责任，后者由高度危险物的占有人、使用人、所有人、管理人承担责任。具体如下：

（一）民用核设施致害责任

民用核设施致害责任，是指在民用核设施的运营过程中出现核泄漏等核事故而给他人造成损害时，核设施的经营者应当承担的责任。《民法典》第1237条规定："民用核设施或者运入运出核设施的核材料发生核事故造成他人损害的，民用核设施的营运单位应当承担侵权责任，但能够证明损害是因战争、武装冲突、暴乱等情形或者受害人故意造成的，不承担责任。"由此可见，责任主体为民用核设施的营运单位。

民用核设施包括核动力厂、核反应堆以及其他需要严格监督管理的核设施。民用核设施发生核事故造成损害时，适用无过错责任。

（二）民用航空器致害责任

民用航空器致害责任，是指因民用航空器运营而给他人造成损害时，该民用航空器的经营者应当承担的侵权责任。

民用航空器在飞行过程中，可能会造成两类损害：一是对航空器上或者上、下航空器的旅客、货物造成人身伤亡和财产损失；二是因飞行器及其辅助设施、飞行器上的人坠落、脱落、跌落造成地面、水面上的第三人的人身伤亡或者财产损失。

◎ **案例分析：**

案例32-16中，飞机坠毁时破坏了地面上的各类建筑、农田造成的损失以及空难遇难者的人身和财产损失，应当由航空公司承担赔偿责任。

依据《民法典》第1238条规定："民用航空器造成他人损害的，民用航空器的经营者应当承担侵权责任，但是，能够证明损害是因受害人故意造成的，不承担责任。"民用航空器的经营者承担无过错责任。

依据《民法典》和《民用航空法》的规定，有些情形下造成损害发生的，承运人不承担责任：受害人故意造成；由于旅客本人的健康原因造成；由于货物本身的自然属性、质量或者缺陷所致；承运人或者其受雇人、代理人以外的人包装货物的，货物包装不良；战争或者武装冲突；政府有关部门实施的与货物入境、出境或者过境有关的行为。如果损害是部分由于受害人或者其受雇人、代理人的过错造成的，相应减轻责任人的赔偿责任。

（三）从事高空、高压、地下挖掘活动或者使用高速轨道运输工具致害责任

《民法典》第1240条规定："从事高空、高压、地下挖掘活动或者使用高速轨道运输工具造成他人损害的，经营者应当承担侵权责任，但是，能够证明损害是因受害人故意或者不可抗力造成的，不承担责任。被侵权人对损害的发生有重大过失的，可以减轻经营者的责任。"此类侵权责任也被称为"高度危险活动致害责任"，分为高空作业致害责任、高压致害责任、地下挖掘活动致害责任、高速轨道运输工具致害责任。

1. 高空作业致害责任

高空作业通常指的是高处作业，指人在一定位置为基准的高处进行的作业。《高处作业分级》规定："凡在坠落高度基准面2m以上（含2m）有可能坠落的高处进行作业，都称为高处作业。"

2. 高压致害责任

可以分为高压电致害责任和高压容器致害责任。高压电，是指1千伏及以上电压等级的高压电，高压容器是指锅炉、压力容器、压力管道等。对于高压致害，一般认为，其责任主体为电力设施或高压容器的产权人，因此，必须准确界定电力设施产权的分界处或高压容器的所有人。

3. 地下挖掘活动致害责任

地下挖掘是指在地表下一定深度进行挖掘的行为。如掘进矿井、挖掘隧道、构筑地铁等在地下进行的具有高度危险的施工活动。

4. 高速轨道运输工具致害责任

轨道运输工具，是指在铁轨、轻轨、磁悬浮等固定轨道上运行的交通运输工具，如火车、地铁、磁悬浮列车、有轨电车等。

（四）易燃、易爆、剧毒、放射性等高度危险物致害责任

高度危险物致害责任，是指因占有、使用、遗失、抛弃、管理高度危险物造成他人损害的，占有人、使用人、所有人、管理人应当承担的侵权责任。

1. 占有、使用高度危险物的责任承担

《民法典》第1239条规定："占有或者使用易燃、易爆、剧毒、高放射性、强腐蚀性、高致病性等高度危险物造成他人损害的，占有人或者使用人应当承担侵权责任。但是，能够证明损害是因受害人故意或者不可抗力造成的，不承担责任。被侵权人对损害的发生有重大过失的，可以减轻占有人或者使用人的责任。"此种类型的侵权，责任主体为占有人、使用人，占有人、使用人可能为所有人、管理人或实际使用人。

2. 遗失、抛弃高度危险物的责任承担

遗失、抛弃高度危险物造成他人损害的，由所有人承担侵权责任。比如，甲将自营饭店的天然气罐随意扔在垃圾堆旁，结果天然气爆炸，造成乙被炸伤，甲作为所有人应当对其随意弃置易燃易爆高度危险物的行为致乙的损害承担赔偿责任。

3. 将高度危险物交由他人管理的责任承担

所有人将高度危险物交由他人管理的，由管理人承担侵权责任；所有人有过错的，与管理人承担连带责任。所有人的过错包括：（1）选任过失，即所有人没有谨慎选任具有法定资格和相应能力的管理人来管理高度危险物；（2）指示过失，即所有人没有对管理人如实提示高度危险物的名称、性质、危险性以及注意事项。

◎ **案例分析：**

案例32-17中，甲将氯气交给乙运输，甲为所有人，乙为管理人。根据规定，管理人乙应当对氯气这种剧毒气体进行妥善管理和运输，并就氯气泄露致人中毒造成的

损害承担无过错责任。甲在选任管理人上没有过失，也对氯气运输中的危险性进行了充分的提醒，因此甲无需承担责任，由乙承担责任。

4. 非法占有高度危险物造成他人损害的责任承担

非法占有高度危险物造成他人损害的，由非法占有人承担侵权责任。所有人、管理人不能证明对防止他人非法占有尽到高度注意义务的，与非法占有人承担连带责任。

非法占有，是指通过贪污、侵占、盗窃、抢劫、抢夺等方式违背所有人或者管理人意志情况下的占有。如何判断所有人、管理人尽到高度注意义务，参照《危险化学品安全管理条例》，所有人、管理人做到以下几点，可以认为尽到了高度注意义务：（1）在适当位置设置明显的安全警示标志；（2）在作业场所设置适用的通讯、报警装置；（3）设置治安保卫机构，配备专职安保人员。并且还要建立危险品货物记录、常规筛查、事故预案等制度，并在高度危险物发生丢失或者被盗情形下，立即向当地公安机关报告并采取有效措施进行控制。

（五）高度危险区域致害责任

【案例32-18】 未成年人于某跑上高速公路玩耍，被赵某正常驾驶的汽车撞死。经查，事故原因是因该省高速公路管理处对其管理的该路段疏于管理，没有及时将一段缺失近40米长的高速公路护栏修复所致。

请思考： 该省高速公路管理处应否对于某的死亡承担责任？

《民法典》第1243条规定："未经许可进入高度危险活动区域或者高度危险物存放区域受到损害，管理人能够证明已经采取足够安全措施并尽到充分警示义务的，可以减轻或者不承担责任。"此类侵权责任被称为高度危险区域致害责任，这一责任不同于前述几种责任，行为人并非积极主动实施对周围环境造成高度危险的活动，而是因其管理控制的场所、区域具有高度危险性，如果未经许可擅自进入该区域，则易导致损害的发生。

《道路交通事故损害赔偿解释》第7条第2款规定："依法不得进入高速公路的车辆、行人，进入高速公路发生交通事故造成自身损害，当事人请求高速公路管理者承担赔偿责任的，适用《民法典》第1243条的规定。"由此可见，高速公路区域内由于车速过快，也属于高度危险活动区域。

此种类型侵权行为的责任主体为高度危险活动区域或者高度危险物存放区域的管理人，在归责原则上也是无过错，被侵害人无需举证高度危险区域管理人在管理上存在过失，只需要证明其在该高度危险区域遭受了损害即可。在减责事由和免责事由方面，只要管理人能够证明其已经采取安全措施并尽到警示义务，则可以减轻或者免除责任。

◎ **案例分析：**

案例 32-18 中，该省高速公路管理处应该对于某的死亡承担责任。本案中，正是由于该路段的管理人省高速公路管理处疏于管理，没有及时将缺失的高速公路护栏修复导致于某跑进该路段所致，由于其不能证明自己尽到了采取安全措施并警示的义务，因此应当对于某的死亡承担责任。

◎ **思政点滴：**

在高度危险作业中，由于作业本身具有高度的危险性，即使作业者尽到了合理的注意义务，也难以完全避免损害的发生。适用无过错责任原则，一方面能促使作业者作业时更加谨慎小心，严格遵守安全操作规程，采取一切必要的安全防护措施，尽可能减少损害发生的风险；另一方面使受害人在遭受不幸时能够得到及时、充分的救济，从而维护社会的公平正义。

◎ **延伸阅读：**

《国内航空运输承运人赔偿责任限额规定》。

◎ **相关法律：**

《民法典》第 1236~1244 条。

◎ **实务操作：**

甲为了修缮自己的屋顶，从炼油厂购买 1 吨沥青。甲在路旁架起一口大锅，在锅内熔化沥青。中午休息时，甲没有将火熄灭，也没有对锅内的沥青采取必要的防范措施。邻居的小孩乙、丙、丁在锅旁玩耍时，乙不慎将手伸入锅中被烫伤致残。

请分析： 甲应否对乙应否承担赔偿责任？

任务六　饲养动物损害法律事务处理

◎ **案例导入：**

【**案例 32-19**】甲一家驾车游览一野生动物园，当车进入老虎区时，甲不知何故突然开门下车，林中的老虎扑过来将其叼走，甲的丈夫乙为了救甲，冲过去与虎搏斗，被虎咬死，甲被咬成重伤。经查，该野生动物园内并无禁止中途下车的警示措施，当二人被虎撕咬时，工作人员也未及时赶到。

请思考： 动物园是否应对二人的伤亡承担责任？

【**案例 32-20**】甲明知乙有一条性情暴躁的狗且经常咬人，但甲必须从乙家门前路过，一日，当甲路过乙家门口时，乙的狗突然蹿出将甲咬伤。

请思考： 乙能否减轻责任？

◎ **知识准备：**

本任务是解决由人饲养的动物致害他人时的责任承担问题。

一、饲养动物损害责任的含义

饲养动物损害责任是指饲养的动物造成他人损害时，动物饲养人或管理人所应承担的侵权责任。饲养动物应当遵守法律法规，尊重社会公德，不得妨碍他人生活。《民法典》第 1245 条规定了动物侵权的责任承担："饲养的动物造成他人损害的，动物饲养人或者管理人应当承担侵权责任；但是，能够证明损害是因被侵权人故意或者重大过失造成的，可以不承担或者减轻责任。"饲养动物侵权责任具有以下特征：

（一）致害的动物是饲养的动物

饲养的动物应同时具备：为特定的人所有或占有，饲养人或管理人对动物具有适当程度的控制力；依动物自身的特性，有可能对他人人身或财产造成损害；该动物为家畜、家禽、宠物或驯养的野兽、爬行类动物等。

（二）动物独立动作造成了他人损害

饲养动物导致他人损害的行为是基于动物本身的特有危险性所引起的，这种独立危险性可能是由于动物本性，也可能是受外界刺激作出的不良反应，如马听到火车刺耳的笛声受惊狂奔，撞伤了行人。

如果动物是被人用作侵权的工具，如甲唆使自己养的狗咬人，则属于人的侵权行为，不是动物侵权，由行为人对自己的侵权行为承担责任。

他人因动物的危险遭受的损害包括人身伤亡，也包括财产损失。

（三）责任形态为对物的替代责任

造成损害的是饲养的动物，承担责任的是动物饲养人或管理人，这属于典型的对自己管理的物的损害承担赔偿责任的替代责任。

（四）适用无过错和推定过错的归责原则

《民法典》侵权责任编对饲养的动物侵权实行二元归责体系，对动物园饲养的动物侵权实行推定过错责任，其他的饲养动物侵权均实行无过错责任。

二、各种特殊的饲养动物损害责任

（一）未采取安全措施的饲养动物损害责任

《民法典》第 1246 条规定："违反管理规定，未对动物采取安全措施造成他人损害的，动物饲养人或者管理人应当承担侵权责任；但是，能够证明损害是因被侵权人故意造成的，可以减轻责任"。"违反管理规定"是指违反此类地方立法或地方规章性质的管理规定。

（二）禁止饲养的动物造成他人损害的

《民法典》第 1247 条规定："禁止饲养的烈性犬等危险动物造成他人损害的，动物饲养人或者管理人应当承担侵权责任。"禁止饲养的危险动物不仅仅包括烈性犬，还应当包括烈性犬以外的其他危险动物。危险动物包括两类：一种是属于家畜、家禽中的危险动物,如藏獒;一种是饲养危险的野生动物,如狼、虎、毒蛇。

禁止饲养的危险动物造成他人损害,饲养人或管理人就要负赔偿责任,无任何减轻或免除责任的事由,即便是受害人对损害的发生具有故意或者重大过失,也不能减轻或免除饲养人或管理人的责任,属于绝对无过错责任。

（三）动物园饲养的动物致人损害的

《民法典》第 1248 条规定:"动物园的动物造成他人损害的,动物园应当承担侵权责任;但是,能够证明尽到管理职责的,不承担侵权责任。"动物园分为两种:一种是设置在城市市区的动物园;另一种是设置在郊区或野外的森林、山野中的野生动物园。

动物园饲养的动物致人损害适用过错推定原则,即动物园饲养的动物造成他人损害的,推定动物园有过错,动物园要承担赔偿责任,但如果动物园能证明尽到了管理职责,即在管理上不存在过错,动物园不承担责任。

◎ **案例分析:**

案例 32-19 中,野生动物园没有对入园游客进行警示,在侵害发生时也没有采取任何救助措施,因而没有尽到管理职责,应当承担侵权责任。野生动物园可以主张甲、乙违反规定擅自下车造成损害,以此减轻赔偿责任。

（四）遗弃、逃逸的动物致人损害的

《民法典》第 1249 条规定:"遗弃、逃逸的动物在遗弃、逃逸期间造成他人损害的,由动物原饲养人或者管理人承担侵权责任。"被遗弃的动物既包括被抛弃的,也包括遗失的动物,遗失的动物致他人损害的,应当由原动物饲养人或者管理人承担责任。

如果遗弃、逃逸的动物被他人收留,就不应再由动物的原饲养人或者管理人承担责任了,应由新的饲养人或者管理人承担责任。

如果遗弃、逃逸的动物如果已经回归自然,则变成野生动物,原饲养人也不再承担责任。

三、由第三人过错造成的饲养动物损害责任

《民法典》第 1250 条规定:"因第三人的过错致使动物造成他人损害的,被侵权人可以向动物饲养人或者管理人请求赔偿,也可以向第三人请求赔偿。动物饲养人或者管理人赔偿后,有权向第三人追偿。"这一条规定有两层含义:一是第三人实施了有过错的行为;二是受害人的损害完全是由于第三人有过错的行为所致,饲养人或管理人不存在过错。本条规定采用不真正连带责任的规则,被侵权人既可以向动物饲养人请求赔偿,也可以向第三人请求赔偿。如果是向饲养人或管理人行使请求权的,饲养人或管理人承担的赔偿责任为中间责任,并非最终责任。在其承担了赔偿责任后,有权向第三人追偿,第三人的赔偿责任才是最终责任。

四、免除或减轻责任的事由

《民法典》第 1245 条规定，能够证明损害是因被侵权人故意或重大过失造成的，饲养人或管理人可以不承担或减轻责任。被侵权人的故意或重大过失可以成为免责或减责的事由，但被侵权人仅仅有一般过失或轻微过失造成损害的，不得免除或减轻饲养动物所有者或管理者的赔偿责任。但禁止饲养的烈性犬等危险动物造成他人损害的，即便被侵权人有故意或重大过失，也不得减轻或免除饲养人或管理人的责任。

◎ **案例分析：**

案例 32-20 中，甲从乙家门口路过的行为本身不能直接诱发动物致害，因而不能认定甲具有故意或者重大过失，不能据此减轻或者免除乙的责任。

◎ **交互练习：**

小女孩甲（8 岁）与小男孩乙（12 岁）放学后常结伴回家。一日，甲对乙讲："听说我们回家途中的王家昨日买了一条狗，我们能否绕道回家？"乙答："不要怕！被狗咬了我负责。"后甲和乙路经王家同时被狗咬伤住院。该案赔偿责任应（　　　）。

    A. 甲和乙明知有恶犬而不绕道，应自行承担责任

    B. 乙自行承担责任，乙的家长和王家共同赔偿甲的损失

    C. 王家承担全部赔偿责任

    D. 甲、乙和王家均有过错，共同分担责任

◎ **思政点滴：**

党的二十大报告指出，中国式现代化的本质要求包括丰富人民精神世界，促进人与自然和谐共生。随着人民群众生活质量的不断提升，饲养宠物已经成为越来越多人生活内容的一部分。准确适用《民法典》，落实饲养人、管理人的法定义务和责任，培养饲养人和管理人文明养犬、依规养犬的意识和习惯，形成严格执法、全民守法的养犬氛围和环境。

◎ **延伸阅读：**

中国法院网：最高人民法院发布饲养动物损害责任典型案例。

◎ **相关法律：**

《民法典》第 1245～1251 条。

◎ **实务操作：**

某晚，李某牵着自己的重七八十斤的拉布拉多犬到小区散步，碰到 77 岁的刘老

太和丈夫在花园里遛弯。刘老太看到狗离自己越来越近，大声喊停，并向后退了一步，慌乱之下，脚绊到后方的石凳，摔倒受伤。刘老太经过 20 多天治疗后出院，医院诊断显示，老太太股骨颈骨折、股骨大结节骨折。经鉴定为 10 级伤残。随后，刘老太将李某告上法庭，要求李某赔偿各项损失共计 117982 元。李某认为，自己在遛狗时佩戴了狗绳，且老人摔倒时狗离老人还有 5 米远，所以老人摔伤自己并无责任，无需赔偿。

　　请分析：李某应否承担侵权责任？本案如何处理较为恰当？

任务七　建筑物和物件损害法律事务处理

◎ **案例导入**：

　　【案例 32-21】 丁婆婆抱着出生仅 44 天的孙女何欣怡，在居住的小区 11 栋楼下晒太阳。突然，一块鸡蛋大小的水泥块从天而降，砸中小欣怡额头，致其不省人事。经紧急抢救，在两次开颅手术后，小欣怡最终脱离生命危险，但因颅内受创严重，出现脑萎缩的症状，伤情鉴定结果为七级伤残，但不包括智力伤情鉴定。事发后，小欣怡的家人向派出所报案。警方调查认定，孩子受伤是因高空抛物所引起，但无法找到肇事者。小欣怡的父母向法院提起诉讼，将 11 栋 2 楼及以上共 128 户居民全部告上法庭，要求赔偿 46 万余元。

　　请思考：谁应当对孩子的受伤承担责任？如何承担？

◎ **知识准备**：

　　本任务是解决物件致人损害时由谁承担责任的问题，首先了解物件损害责任的含义。

　　一、建筑物和物件损害责任的含义

　　建筑物和物件损害责任是指在建筑物、构筑物或其他设施及其搁置物、悬挂物，堆放物，妨碍通行物和林木等由于存在缺陷或者疏于管理、维护等，造成他人损害，侵权人应当承担的侵权责任。建筑物和物件损害责任有如下法律特征：

　　（1）建筑物和物件损害责任是对物的损害负责的行为；

　　（2）建筑物和物件损害责任一般适用过错推定责任。

　　二、各种具体的建筑物和物件损害责任

　　依据《民法典》的规定，建筑物和物件损害责任的责任主体包括建筑物的建设单位、施工单位或建筑物和物件的所有人、管理人、使用人、第三人等，具体的责任主体因责任类型不同而有所差别。

　　（一）建筑物、构筑物或其他设施倒塌、塌陷的损害责任

　　建筑物致人损害包括在建建筑物致人损害和已交付使用的建筑物致人损害两种情况。

1. 在建建筑物倒塌、塌陷致人损害的

在建建筑物倒塌、塌陷致人损害的，由建设单位与施工单位承担连带责任。建设单位与施工单位能够证明不存在质量缺陷的，不承担侵权责任。建设单位、施工单位赔偿后，有其他责任人的，有权向其他责任人追偿。

建筑物等倒塌、塌陷致人损害的，采过错推定的归责原则。

建设单位是建设工程的业主和发包人，对建设工程的质量负责；施工单位包括建设工程的承包人、分包人、转包人和实际施工人，但不包括个人。建设单位和施工单位之间是连带责任，其他责任人包括勘察单位、设计单位、监理单位及除此以外的责任人，如质量缺陷是由其他责任人的过错造成的，则建设单位、施工单位承担的是垫付责任，其赔偿后有权向其他责任人进行追偿。

2. 交付使用后建筑物倒塌致人损害的

因倒塌、塌陷有多种原因，有的是因质量不合格，有的是由于年久失修，有的是业主擅自改变承重结构，不宜都由建设单位、施工单位承担责任，因此，依据《民法典》规定，因所有人、管理人、使用人或者第三人的原因，建筑物、构筑物或者其他设施倒塌、塌陷造成他人损害的，由所有人、管理人、使用人或者第三人承担侵权责任。

所有人、管理人、使用人承担的是过错责任，有无过错应当由被侵权人举证证明。

（二）建筑物、构筑物或其他设施及其搁置物、悬挂物脱落、坠落损害责任

《民法典》第 1253 条规定："建筑物、构筑物或者其他设施及其搁置物、悬挂物发生脱落、坠落造成他人损害，所有人、管理人或者使用人不能证明自己没有过错的，应当承担侵权责任。所有人、管理人或者使用人赔偿后，有其他责任人的，有权向其他责任人追偿。"

搁置物、悬挂物，一般是人工搁置物、悬挂物，如空调外挂机、防盗网、花盆等，也有可能是自然悬挂物，如自然悬挂于房檐上的冰柱、积雪等。

此类案件中，责任主体是建筑物、构筑物或其他设施的所有人、管理人或使用人。所有人、管理人或使用人承担赔偿责任后，有权向其他责任人追偿。其他责任人通常指两种人：一是其行为造成建筑物、构筑物或其他设施及其搁置物、悬挂物发生脱落、坠落，致人损害的；二是对建筑物、构筑物或其他设施及其搁置物、悬挂物发生脱落、坠落的隐患有过错的人，如施工单位、设计单位、维修单位等。

这一类型的侵权责任实行过错推定的归责原则。所有人、管理人或者使用人不能证明自己没有过错的，应当承担侵权责任。证明自己没有过错，通常是证明尽到了法律、法规等要求的注意义务，并且尽到了所有人、管理人或使用人应当达到的注意程度。

（三）从建筑物中抛掷物、坠落物致害责任

实践中，从建筑物上抛掷物、坠落物致人损害的情形时有发生，"头顶上的安全"引起社会的广泛关注。《民法典》第 1254 条第 1 款是关于抛掷物、坠落物造成他人损害的侵权责任和补偿的规定，第 2 款是关于物业服务企业等未尽到安全保障义

务之侵权责任的规定，第 3 款强调公安机关有义务及时调查、查清责任人。

1. 侵权人依法承担侵权责任

在发生建筑物中抛掷物、坠落物造成他人损害的案件时，由侵权人承担侵权责任。侵权人包括：实施抛物行为的人、致害物品的所有人、管理人、使用人。侵权人承担的是过错责任。

2. 可能加害的建筑物使用人的补偿责任及追偿权

经调查难以确定具体侵权人的，除能够证明自己不是侵权人的外，由可能加害的建筑物使用人给予补偿。可能加害的建筑物使用人补偿后，有权向侵权人追偿。

可能加害的建筑物使用人补偿义务的前提是经有关机关调查，难以确定具体侵权人。"难以确定具体侵权人"中的"难以"理解为不能，并具有客观不能和当时不能双重含义。客观不能是指经过公安机关调查不能找到具体侵权人，或者受害人的举证证明无法达到诉讼法上确定具体侵权人的标准；当时不能是指承担责任时尚不能确定具体侵权人。

可能加害的建筑物使用人，是侵权行为发生时建筑物的实际使用人，且从物理方位、抛掷物或坠落物致害的具体情形等方面判断，对受害人有致害的可能性。可能加害的建筑物使用人可以通过证明自己不是侵权人而免责，此举证责任由实际使用人承担，比如可以证明自己所处的位置无法实施该种行为，如自家的窗户有防护网，不可能往下扔东西；证明自己即使实施该种行为，也无法使抛掷物到达损害发生的位置，如居住的位置距损害发生的位置太远；证明自己不在家，不可能往外抛物等。

可能加害的建筑物使用人之间为按份责任，具体份额应根据案件具体情况确定。

可能加害的建筑物使用人补偿后，有权向侵权人追偿。受害人也有权就其未获得完全赔偿的损失部分向侵权人主张权利。

3. 建筑物管理人的安全保障义务和侵权责任

物业服务企业等建筑物管理人作为公共场所的管理者，对进入小区物业范围内的人具有安全防护义务和警示义务，未采取必要的安全保障措施的，应当依法承担未履行安全保障义务的侵权责任，这一责任为不作为侵权责任和过错责任。

4. 公安等机关的依法及时调查义务

公安机关介入调查，有利于查清具体侵权人；在确实不能查清加害人的情况下，公安机关的调查结论可以作为"难以确定具体侵权人"的证明，从而有效解决高空抛物致人损害的归责难题。

◎ **案例分析：**

案例 32-21 中，法院经审理认为，涉案小区 11 栋 2 单元 2 楼及以上均有致害的可能和部分控制风险的能力，原告主张被告按户承担责任符合法律设定的初衷，故被告应按持有房屋的数额承担补偿责任。最终，法院判决涉案的 128 户业主中，有 31 户不用承担责任。包括因原告撤诉而不用支付补偿的 8 名被告在内，共有 97 户业主需补偿何欣怡医疗费、护理费、伤残赔偿金、精神损害抚慰金等经济损失 39.5 万余元。

（四）堆放物损害责任

堆放物致害是指由于堆放物滚落、滑落或倒塌，致使他人财物或人身权益受损害。《民法典》第1255条规定："堆放物倒塌、滚落或者滑落造成他人损害，堆放人不能证明自己没有过错的，应当承担侵权责任。"

堆放物是指堆放在土地上或其他地方的物品，只能是动产，不仅指堆放在地上的各种物品，如砖头、水泥、木材等，还包括堆放在其他物品上的物。

堆放物致害责任的主体是堆放人，应理解为堆放物品的所有人或管理人。堆放人承担的是过错推定的侵权责任。

（五）公共道路妨碍通行损害责任

《民法典》第1256条规定："在公共道路上堆放、倾倒、遗撒妨碍通行的物品造成他人损害的，由行为人承担侵权责任。公共道路管理人不能证明已经尽到清理、防护、警示等义务的，应当承担相应的责任。"在公共道路上堆放、倾倒或遗撒妨害公众通行的物品，如堆放在路上的沙石、砖块，倾倒在路上的垃圾，从车上遗撒下来的土块，从汽车上漏的汽油，会对公众的人身和财产安全造成极大的威胁。

公共道路既包括机动车道，也包括非机动车道和人行道，其认定核心在于是否允许不特定社会公众通行。本类型案件有如下构成要件：

其一，致害行为发生在公共道路上。

其二，行为人实施了堆放、倾倒、遗撒妨碍通行物的致害行为。妨碍通行物可以是固体，如在公共道路上晾晒粮食，也可以是液体、气体，如运油车将石油泄露到公路上、热力井向道路散发出大量热气。

其三，致害行为与损害结果之间具有因果关系。

其四，侵权行为人或公共道路管理人具有过错。侵权行为人承担过错责任，只要在公共道路上实施了堆放、倾倒、遗撒的行为，即应认定有过错，应当对造成的损害承担侵权责任。公共道路管理人承担过错推定责任，如果不能举证证明已经尽到清理、防护、警示等义务的，应当对妨碍通行物造成的损害承担相应的责任。

侵权行为人与公共道路管理人各自承担责任后，相互不产生追偿权。受害人可以同时请求侵权行为人与公共道路管理人承担责任，也可以选择要求其中的一方承担责任。

（六）林木致害责任

林木折断、倾倒致人损害的案件时有发生，《民法典》第1257条规定："因林木折断、倾倒或者果实坠落等造成他人损害，林木的所有人或者管理人不能证明自己没有过错的，应当承担侵权责任。"

此种类型案件的责任主体是林木的所有人或管理人，所有人即林木的所有权人，管理人是对林木负有管理职责的民事主体，如公园对公园的树木有管理职责，公路养护管理部门对种植在公路两旁的护路树有管理职责，物业公司对小区内的树木负有管理职责等等。

林木致害适用过错推定的归责原则。如果所有人或管理人证明尽到了养护、管理职责，尽到了合理的注意义务，自己对损害的发生没有过错，则不承担责任，否则，即推定其有过错，应当承担侵权责任。

（七）地面施工致害责任

《民法典》第 1258 条第 1 款规定："在公共场所或者道路上挖掘、修缮安装地下设施等造成他人损害，施工人不能证明已经设置明显标志和采取安全措施的，应当承担侵权责任。"

地面施工致害责任的构成要件为：

第一，施工的地方在公共场所或道路上。

第二，进行了挖坑、修缮、安装地下设施等活动，即施工破坏了地表的完整性，有给他人造成损害的危险。

第三，施工时未设置明显标志和采取安全措施。施工人的安全保障义务包括：设置和维护警示标志。设置的警示标志必须具有明显性；施工人要保证警示标志的稳固并负责对其维护，使警示标志持续地存在于施工期间；仅设置明显的标志不足以保障他人安全的，施工人还应当采取其他有效的安全措施。

对施工人是否"设置明显标志和采取安全措施"的判断，应依据法律、法规和规章：如果法律、法规和规章就如何设置明显标志和采取安全措施有明确规定的，应符合这一规定；如果没有明确的规定，应从维护公众安全的角度出发，从严认定施工人是否设置了明显标志和采取了安全措施。

第四，造成他人损害。地面施工致害责任主体为"施工人"，施工人是指在公共场所或道路上从事挖掘、修缮安装地下设施等施工活动的民事主体。如果直接进行施工的人是用人单位的工作人员时，则施工人为用人单位。

地面施工损害责任适用过错推定的归责原则。施工人不能证明尽到了安全保障义务即被认定有过错，应当承担争权责任。

（八）地下设施致害责任

《民法典》第 1258 条第 2 款规定："窨井等地下设施造成他人损害，管理人不能证明尽到管理职责的，应当承担侵权责任。"

地下设施是指在地面以下以人力方式修建的窨井、水井、下水道、地下坑道等。窨井是指上下水道或其他地下管线工程用于检查或疏通而建造的井状构造物。

地下设施致害责任适用过错推定责任，管理人可以通过证明已经尽到管理职责来免除责任。

地下设施致害的责任主体为管理人，该管理人既包括地下设施的所有人，也包括虽非所有人但对地下设施负有管理、维护职责的民事主体，如公路养护段，高速公路管理公司、物业服务部门、市政管理部门等。

◎ 交互练习：

四名行人正常经过北方牧场时跌入粪坑，一人获救三人死亡。据查，当地牧民为养草放牧，储存牛羊粪便用于施肥，一家牧场往往挖有三四个粪坑，深者达三四米，之前也发生过同类事故。关于牧场的责任，下列选项正确的是(　　)。

A. 应当适用无过错责任原则

B. 应当适用过错推定责任原则

C. 本案情形已经构成不可抗力

D. 牧场管理人可通过证明自己尽到管理职责而免责

◎ **延伸阅读：**

最高人民法院公报：最高人民法院关于依法妥善审理高空抛物、坠物案件的意见。

◎ **相关法律：**

《民法典》第 1252~1258 条。

◎ **实务操作：**

（1）某年夏天，台风登陆浙江，某小区业主 70 多岁的张大爷步行至小区花园健身区时，一棵大树突然倒下，张大爷避让不及被压倒在地。经医院诊断，张大爷右股骨近端粉碎性骨折，伤情鉴定构成十级伤残，需要治疗休息 200 日、护理 200 日、营养 150 日。事后，张大爷将小区物业公司告上法庭，要求物业公司赔偿医疗费、营养费、残疾赔偿金等共计 18 万余元，并提供了案涉大树的照片，证明该树根系不深，树形高大致重心不稳，在遭遇大风后折断倒塌。物业管理公司认为，树木倾倒是台风导致，属于不可抗力，且台风来临前，物业对台风可能造成的损害，已提前向居民予以告示，尽到了提示义务，原告自身存在过错，物业不应承担任何赔偿责任。

请撰写案件分析报告：分析原告与被告的主张是否有道理？

（2）如果受害人以"从建筑物中抛掷物品"为由起诉你后，你如何举证自己无责任？

项目综合训练

1. 赵某在洗澡时由于热水器漏电导致重度灼伤，该热水器电路也烧毁，并造成了浴室内其他财产损失。热水器是赵某花 1800 元从北方商城买来的，上面标示的生产厂家为嘉杰电器制造公司。经鉴定，热水器有严重质量缺陷，且此时尚在产品的质保期内。

请分析：

（1）赵某有权对谁提起诉讼？可以提起何种诉讼？能够要求赔偿的项目包含哪些？

（2）如果赵某是将自己的房屋出租给大学生樊某使用，樊某在洗澡时由于热水器漏电导致受伤，樊某可以要求谁承担何种责任？其要求赔偿的项目包含哪些？

（3）赵某提起产品责任侵权之诉的诉讼时效是多长时间？

2. 黄某到华美整形医院进行局部美容，医院的许医生为黄某实施了隆鼻手术和削颧骨手术。术后第二天，黄某脸部开始发炎，发高烧，鼻子填充物也出现凸起。黄某虽然最后治愈了，但不仅没有变漂亮，反而在脸上留下了永久性疤痕，男朋友也与之分手。黄某诉请法院判决华美整形医院赔偿医疗费 5 万元、误工费 5800 元及精神损失费 100 万元。后经鉴定，黄某脸部发炎并最终导致其毁容的根源在于许医生为黄某实施隆鼻手术时用错了药。调查取证过程中，法庭发现华美整形医院提供的病历资料有篡改的痕迹。

请分析：

（1）医疗损害赔偿责任适用何种归责原则？为什么？

（2）华美整形医院是否构成侵权？请从侵权责任的构成要件角度对此进行分析。

（3）许医生实施手术的过程中存在过错，黄某可否直接向许医生主张赔偿？为什么？

3. 吴冬青系从事水产养殖的个体户。2024 年 3 月，其养殖的 380 亩鱼塘的鲴鱼短期内全部死亡。吴冬青遂向法院起诉丰杯公司，要求承担环境污染责任，赔偿损失460 万元。

请分析：

（1）丰杯公司以其排污符合当地政府排放标准为由拒绝承担责任，其理由是否成立？

（2）吴冬青能够证明有很大可能是由于丰杯公司排污导致其鲴鱼死亡，但却苦于不能证明二者之间具有因果关系，是否会因此不能得到法院的支持？

4. 李某乘坐地铁进入车站乘车时，由于其快速奔跑而掉下站台，被地铁轧断左腿和右脚。经急救和住院治疗，双下肢截肢，伤情被鉴定为三级伤残，花去医疗费用7 万余元。

请分析： 李某能否要求地铁公司承担责任？

本项目答案